本书为国家社科基金重大项目《法国大通史》（编号：12&ZD187）的最终研究成果

大国通史丛书

总主编 钱乘旦

法国通史

A History of France

沈 坚 主编

【第三卷】

启蒙时代与法国大革命

（1715—1814）

张弛 著

江苏人民出版社

图书在版编目(CIP)数据

法国通史. 第三卷, 启蒙时代与法国大革命: 1715—
1814 / 沈坚主编 ; 张弛著. — 南京 : 江苏人民出版社,
2024.11

(大国通史丛书/钱乘旦总主编)
ISBN 978 - 7 - 214 - 29084 - 7

Ⅰ. ①法… Ⅱ. ①沈… ②张… Ⅲ. ①法国—历史
Ⅳ. ①K565.0

中国国家版本馆 CIP 数据核字(2024)第 086801 号

书　　　名　法国通史·第三卷　启蒙时代与法国大革命(1715—1814)
主　　　编　沈　坚
著　　　者　张　弛
策　　　划　王保顶
责 任 编 辑　朱晓莹
装 帧 设 计　刘葶葶
责 任 监 制　王　娟
出 版 发 行　江苏人民出版社
地　　　址　南京市湖南路 1 号 A 楼,邮编:210009
照　　　排　江苏凤凰制版有限公司
印　　　刷　南京爱德印刷有限公司
开　　　本　652 毫米×960 毫米　1/16
印　　　张　211　插页 24
字　　　数　2831 千字
版　　　次　2024 年 11 月第 1 版
印　　　次　2024 年 11 月第 1 次印刷
标 准 书 号　ISBN 978 - 7 - 214 - 29084 - 7
定　　　价　880.00 元(全 6 卷)

(江苏人民出版社图书凡印装错误可向承印厂调换)

本书由
中央高校基本科研业务费专项资金
浙江大学文科精品力作出版资助计划
资助出版

前　言

　　本书涵盖从路易十四驾崩至法兰西第一帝国崩溃近 100 年的法国历史。虽然时间跨度不大，但是法国在此期间经历了翻天覆地的变化。政治体制从最初的君主制，历经立宪君主制、共和制、议会制，最终建立帝制。社会结构发生了根本转型，等级社会崩溃，特权被取缔，一个尊重权利、捍卫自由的现代社会逐渐成型。从历史分期看，法国从近代史（la période moderne）步入现代史（l'époque contemporaine）。① 这段历史，大致可以分为三个阶段。

　　1715—1789 年是传统上所谓的旧制度（Ancien régime）时期，包括路易十五和路易十六两位国王的统治，大约可以分为三个阶段。首先是18 世纪初至 18 世纪中叶。在这个阶段，法国逐渐摆脱世纪之初的危机，经济开始复苏，人口有了明显增长，在欧洲舞台上的影响力也有所恢

---

① 在法国学界，历史分期一般采取以下标准：史前史、古典时期（以蛮族入侵、西罗马帝国崩溃为终点）、中世纪（5 世纪末—14 世纪）、近代（14 世纪文艺复兴时期—1789 年）和现代（1789年或 1792 年至今）。不同作者对历史时段节点的选取或有差别，比如法国门槛出版社的多卷本《现代法国史》（*Histoire de la France contemporaine*）以督政府为开端，参见 Aurélien Lignereux, *L'Empire des Français 1799—1815*, Paris：Seuil, 2012。同一出版社另一套《新编现代法国史》（*Nouvelle Histoire de la France contemporaine*）则将法国革命视为现代史的起点，参见 Michel Vovelle, *La chute de la monarchie*, *1787—1792*, Paris：Seuil, 1972。

复。这些成就主要得益于奥尔良公爵摄政以来,法国一直践行稳健的外交政策。但是,一方面随着国内更好战、更崇尚传统荣耀观的年轻贵族开始掌权,另一方面随着英法贸易冲突不断,国际关系日趋紧张,和平格局逐渐瓦解。从波兰王位继承战争开始,法国逐渐卷入日趋激烈的国际争端。直至奥地利王位继承战争结束,欧洲格局出现了逆转,即发生所谓的外交革命,法国与传统宿敌奥地利联手。七年战争构成第二阶段历史,这是旧制度历史的转折期。这是一次全面战争,不仅因为大部分欧洲国家卷入其中,还因为殖民地利益得到了重新分配,全球市场格局得以调整。七年战争标志着法国作为欧洲强国的历史结束了。而且,战争使得脆弱的财税体制不堪重负,进一步激化了王权与高等法院的矛盾。同时,法国的启蒙运动声势赫奕,公共领域日趋成熟,理性成为评判政治合法性的准则。第三阶段以七年战争结束为起点。随着舒瓦瑟尔公爵入主内阁,法国启动了全面改革,影响到财政、军事、行政、司法等各个方面。改革时常因为种种偶然原因中断,威权政治与自由行政频繁交替。尽管如此,通过改革,自由和理性精神渗透到体制的各个层面,王国的行政与经济制度实现统一性的趋势也未曾中断。旧制度最后二十年是法国由改革迈向革命的转折阶段。

1789—1804年,法国发生了革命,这也是现代法国成型的起始阶段。制宪议会以理性、平等和自由为原则,彻底革除了之前的种种弊端,并把这个遵循历史习俗而非理性的社会制度称为"旧制度"。1789年的改革者,对他们所肩负的历史使命有自觉的认识。他们意识到,如果不革除团体和特权,个人便得不到解放,如果不承认法治,权利则得不到保障,如果不承认经济自由,个人的天赋与才华就不可能得到充分发挥。1789—1791年,新、旧原则发生了碰撞。改革不仅触犯了贵族和教士的权益,也侵犯有产者、手工业者、平民、小商小贩等更广泛的社会群体的利益。指券的流通以及随后出现的通货膨胀,更是直接影响到了所有人的生活。所以,革命不断给自己创造敌人。革命与反革命,互为动力,相互推动。① 分裂在革命初期就已出现。随着宗教秩序的破坏以及对欧宣战,分裂逐渐演变成内战。山岳派领导的国民公会和救国委员会不仅继续承担着改革社会的革命使命,同时也担负着拯救共和国的救国使命。共和二年的战争不仅仅是法国与民族敌人之间的对抗,也是一场平民和富人之间的阶级战争。但是,山岳派根本上是出于革命需要,才同无套裤汉联姻,因此他们之间的联合,是有条件,也是暂时的。这正是理解热月政变的关键。革命过程看似跌宕起伏,却有一项基本原则贯穿始终:维持有产者的统治。但如何才能维持统治,却需要不断积累政治经验。法国的有产者从共和二年的经历中意识到,只有打着自由的名义才能保持专政,只有排挤一部分革命的缔造者,才能捍卫革命成果。所以,政变和专政就成了热月政府和督政府稳固政权的手段。

1804—1815 年,法国进入帝制时期。这一段历史非常特殊,因为它的主角是一位历史英雄。毫无疑问,拿破仑是时代的产物。这位葡月将军得以掌权,是形势所需。在极端保王派和民主派的夹缝中,督政府利用政变艰难维持他们的统治。但是,这毕竟只是权宜之计,而且政权的延续性是以牺牲制度与行政效率为代价,而频繁的换选也给了反对派更多可乘之机。正是在这个意义上,拿破仑掌权有利于巩固雾月党人的统治。但是,拿破仑也不完全受制于雾月政治。客观形势有利于他实现个人的野心,而这种野心很大程度上来自他本人,发自他内心深处。这十年的历史在很大程度上取决于他的个人意图、他的远见以及他那非同寻常的想象力。② 在这个意义上,拿破仑也不完全是时代产物。毋宁说,他是时代的缔造者。但是,仅凭克里斯马式的风格并不足以维持他的统治。拿破仑之所以能确立其领袖地位,是因为他尊重制宪议会的社会政治立法成果;他的军事统治之所以得以维持,是因为军事胜利既

---

① 关于这一点解释,本书得益于 D. N. G. Sutherland, *France 1789—1815*: *Revolution and Counterrevolution*, London: Fontana, 1985。

② Alan Forrest, *Napoleon*, London: Quercus, 2011, pp. viii—ix。

保证了这些成果在法国得以扎根,更确保了将法国革命的成就成功地推向欧洲其他国家。这些成果主要包括:保证有产者统治、强化中央集权与国家统一、维持身份平等。在新的社会中,财产、职业、天赋比出身和特权更为重要。不可否认,为稳固帝制、摆脱有产者,拿破仑也曾试图与旧有势力重归于好,但是国家统制经济并未导致旧式团体行会的复辟,大赦流亡者亦未能逆转贵族影响力不断衰落的趋势,与教廷重归于好也没有阻止社会世俗化的进程。拿破仑统领的时代,正是作为革命的一部分,才得以载入史册。[1]

从学术史角度看,本书涉及三个历史问题,而且都是学术研究的热点,争议不断。这些争议从来都不是单纯的学术论辩,而是始终同政治立场、同看待革命的不同态度有关。[2] 这些立场和态度,初步形成于革命后,一直延续到 20 世纪。"旧制度"一词从诞生之初就不具有客观性,它代表了 1789 年革命者眼中必须被彻底取缔的一整套制度。[3] 随着革命进程的展开,"旧制度"的内涵不断改变。就在"旧制度"成为一个被抨击的对象之时,捍卫"旧制度"的声音也开始出现。伯克的《法国革命论》代表这一立场。在革命之后出现的阴谋论中,这种保守派的观点走向了极端。巴吕埃尔(Augustin Barruel,1741—1820)认为,旧制度本身没有问题,革命没有正当性,所以革命起源于共济会的阴谋。[4] 对待"旧制度"的不同态度,与对待革命的不同立场桴鼓相应。支持者与反对者之间的交

---

[1] 乔治·勒费弗尔:《法国革命史》,顾良、孟湄、张慧君译,北京:商务印书馆,2010 年,第 571—629,672—673 页。

[2] 有关法国旧制度研究综述,参见威廉·多伊尔《何谓旧制度》,熊芳芳译,北京:北京大学出版社,2013 年。有关法国革命起源综述,参见多伊尔《法国大革命的起源》,张弛译,上海:上海人民出版社,2009 年;索雷《拷问法国大革命》,王晨译,北京:商务印书馆,2015 年。有关法国革命主要问题的研究综述,参见多伊尔《牛津法国大革命史》,张弛、黄艳红、刘景迪译,北京:北京师范大学出版社,2015 年,第 553—581 页。

[3] Pierre Goubert & Daniel Roche, *Les Français et l'ancien régime*, Tome 1, Paris: Armand Colin, 1991, pp. 13 - 27.

[4] Augustin Barruel, *Mémoires pour servir à l'histoire du Jacobinisme*, 4 tomes, Londres: de l'Imprimerie Françoise, 1797—1798.

锋在帝国时期暂时销声匿迹,1815 年之后又卷土重来。标榜客观与公正的学术研究也从未能彻底清除论战中的意识形态色彩。米涅(François Mignet,1796—1884)和德罗兹(Joseph Droz,1773—1850)的研究在一定程度上都做到了论从史出,但是立场和看法截然对立。米涅认为,革命是必然的。① 德罗兹则证明,如果改革得当,革命本可以避免。第三共和国时期,索邦大学第一任法国革命讲席教授奥拉尔(François-Alphonse Aulard,1849—1928)曾用整整一本书的篇幅,批评已经去世的泰纳(Hippolyte Taine,1828—1893),因为后者撰写的《现代法国的起源》代表了右派学者的权威解释。② 但是,不久之后,奥拉尔的观点遭到了另一位右派学者科尚(Augustin Cochin,1876—1916)的反驳。③ 奥拉尔之后,左派立场在饶勒斯(Jean Jaurès,1859—1914)、马蒂厄(Albert Mathiez,1874—1932)、勒费弗尔(Georges Lefebvre,1874—1959)、索布尔(Albert Soboul,1914—1982)等学者开创的社会经济史传统中得以延续。右派的观点分别表现在以加克索特(Pierre Gaxotte,1895—1982)为代表的法国运动党、罗兰·穆尼埃(Roland Mousnier,1903—1993)领导的右翼保守派以及 70 年代以后弗雷开创的修正学派之中。随着文化史、新文化史的兴起以及社会经济史的衰弱,修正学派支配了 20 世纪 80 年代以后近 20 年的学术研究。21 世纪后,学术天平开始发生倾斜,社会史重新受到关注。④

　　与旧制度与大革命研究相比,有关拿破仑的研究从数量上来说毫不

① 弗朗索瓦·米涅:《法国革命史》,北京编译社译,北京:商务印书馆,1977 年。

② François-Alphonse Aulard, *Taine, historien de la révolution française.* Paris, A. Colin 1907. 中译参见伊波利特·泰纳:《现代法国的起源》,5 卷,黄艳红等译,吉林:吉林出版集团有限责任公司,2015 年。

③ Augustin Cochin, *Les sociétés de pensée et la révolution en Bretagne*（1788—1789）, 2 tomes, Paris: H. Champion, 1925.

④ Jeremy Popkin, "Not Over After All: The French Revolution's Third Century," *Journal of Modern History*, 2002, Vol. 74, No. 4 (December 2002), pp. 801 - 821. 另外,全球史对法国革命研究的影响,参见庞冠群《全球史与跨国史:法国革命研究的新动向》,《史学理论研究》2017 年第 1 期。

逊色。① 法国学者蒂拉尔(Jean Tulard，1933—　)的一句戏言已成为经典:"研究拿破仑和拿破仑时代的书籍数量，比他去世后的天数还要多，没有人能忽视这一点。"②这一说法毫不夸张。蒂拉尔主编的《拿破仑辞典》收入了3 600个词条。法国学者马尔丹(Roger Martin)和皮耶德(Alain Pigeard)于十年前出版的《拿破仑书目》，收入了超过一万种论著。③ 这种情况并不让人奇怪，因为或许没有一个时代像拿破仑时代一样，如此短暂，却又经历了如此频繁的动荡与巨变。仅从战役来看，这一时期，战争之频繁可能前所未有。1796—1815 年，拿破仑总共打了两千多场仗，平均两天一场。帝国时期社会流动与政治晋升也极为频繁。新晋贵族超过十万人，关于他们的系统研究就有 31 卷。④ 另外，或许也很少有像拿破仑一样的历史人物，在不到十年时间里，从一名默默无闻的小军官成为统帅欧洲的皇帝，而且终其一生，扮演着前后截然不同的角色:科西嘉的爱国者、雅各宾派革命者、热月党人、征服者、立法者、共和国的独裁官、皇帝和百日王朝时期的立宪君主。拿破仑传奇一生中，几乎每段经历都有着互相矛盾、针锋相对的叙述。因此，当荷兰学者盖尔(Peter Geyl，1887—1966)系统综述 1945 年之前法国学者关于拿破仑的研究之后，不得不感叹:"当面对这样一个多面性的人物，面对这样一段被当时环境所支配、所激荡的生命历程之时，历史不可能得出不被质疑的结论。"盖尔甚至认为，一切历史写作都是过渡性的，不存在适用于任何时

---

① 参见杰弗里·埃利斯《拿破仑帝国》，陈西帆译，北京:北京大学出版社，2012 年，第2—15 页。

② 转引自 Aurélien Lignereux, L'Empire des Français 1799—1815, p. 4.

③ Jean Tulard ed., Dictionnaire Napoléon, Paris: Fayard, 1999. Roger Martin et Alain Pigeard eds, Bibliographie napoléonienne: près de 10,000 titres pour mieux choisir, préface de Jean Tulard, Dijon: Clea, 2010.

④ Louis Bergeron, G. Chaussinand-Nogaret, Mathieu Marraud eds., Grands notables du Premier Empire: notices de biographie sociale, 31 tomes, Paris: Centre national de la recherche scientifique, 1978—2012. 这套研究按省分卷，目前共出了 31 卷。另见 Louis Bergeron, Les "Masses de granit": cent mille notables du Premier Empire, Paris: ÉHESS, 1979.

代的定论。①

　　拿破仑相关研究尽管丰富，但议题比较单一，研究方法略显陈旧，其中，战争、外交、军事受到太多关注，历史叙述中往往浸淫着对英雄的崇拜。20 世纪 60 年代以后，法语学界才转变研究重点，开始关注支撑拿破仑这座伟人雕像的"花岗岩基石"（masses de granit）。② 贝热隆（Louis Bergeron）于 1972 年出版《拿破仑时代：内政面面观（1799—1815）》，集中体现了新的研究趋势：关注拿破仑治下的法国，而不是拿破仑本人；研究帝国的行政体制、权力结构、社会基础、经济人口以及民众心态，而不是军事行动；聚焦的不是政治事件，而是结构与长时段的发展；不是把历史人物当作具体的人，而是看成某种社会范畴的体现；此外，通过他们的社会背景、家庭关系、婚姻纽带、财产收入、革命时期的职业或政治表现来加以分析，几乎很少分析他们的个人功绩与影响。③ 蒂拉尔于 1977 年出版的经典著作《拿破仑：救世主的神话》中冷静地区分了作为"神话"的拿破仑和作为"历史事实"的拿破仑。通过这种祛

---

① Peter Geyl, *Napoleon：for and against*, translated from the Dutch by Olive Renier, New Haven：Yale University Press，1967，pp. 14 - 15. 盖尔原本计划在 1940 年 6 月发表一篇有关拿破仑的综述研究。但是，当年德国占领荷兰之后，出版社由于担心该书有将拿破仑暗比希特勒之嫌，拒绝出版。此后，盖尔被纳粹关押了四年。第二次世界大战结束以后，盖尔在乌特勒支出版了他的研究成果《拿破仑：支持者与反对者》（*Napoleon, voor en tegen in de franse geschiedschrijving*, Utrecht, A. Oosthoek, 1946），1949 年译成英文。新近法国学者的综述参见 Natalie Petiteau, *Napoléon, de la mythologie à l'histoire*, Paris：Seuil, 1999；Natalie Petiteau ed., *Voies Nouvelles pour l'histoire du Première Empire ：Territoire, Pouvoirs, Identités*, colloque d'Avignon, 9—10 mai 2000, Paris：BH, 2003。
② 拿破仑在 1802 年 5 月 8 日国务会议上讨论荣誉军团勋章（Légion d'honneur）时说道："我们已经摧毁了一切。现在应该重新来创造。应当有一个政府、有权力，但是国家的其他部分是什么呢？是沙粒。我们是一盘散沙，没有体系，没有集会，没有联系。只要我在，我就会向共和国负责。但我们必须向前看。你们认为共和国已经建成了吗？那你们就大错特错了。我们是制造共和国的高手，但我们没有花岗岩，我们也不会有花岗岩，如果我们不把一些花岗岩扔到法国的土地上。"（Antoine Claire Thibaudeau, *Mémoires sur le consulat, 1799 à 1804*, Paris：Ponthieu, 1827, pp. 84 - 85.）拿破仑借用"花岗岩基石"一词指代新创的社会政治制度，包括省长制度、高中、法兰西银行等。
③ Louis Bergeron, *L'Episode napoléonien：aspects intérieurs 1799—1818*, Paris：Seuil, 1972. 这段评价出自该书英译本前言，参见 Louis Bergeron, *France under Napoleon*, translated by R. R. Palmer, NJ., Princeton University Press, 1981, pp. ix - x。

魅式的研究,学者不仅注意到拿破仑时代的社会远比之前所认为的要保守,而且还留意到使这位皇帝光芒暗淡的事。这股修正之风在20世纪80年代之后影响到英语世界,开始涌现一批关于拿破仑时期的行政官员、制度、司法、文化等问题的研究。① 同时,也出现了一种摆脱法国中心论的倾向,有学者从被征服国角度进行分析,也有学者从欧洲整体角度进行考察。②

　　近年来,拿破仑研究也出现了全球史转向。在这一趋势下,拿破仑时代的影响不再仅仅局限于欧洲大陆,而是波及全球。1800年前后几十年的历史被看成一个受到战争驱动的全球化过程的开端。论文集《拿破仑帝国:全球视角下的欧洲政治》旨在展现欧洲内外的区域和全球发展之间的相互联系,除了关注帝国核心区域内的权力分配外,还考察了波罗的海、地中海东部等地区被忽视的国家。③ 比如,沃多皮夫克(Peter Vodopivec)的研究发现,在伊利里亚诸省(Illyrian Provinces),法国的统治与恢复伊利里亚古老传统与文化的希望之间存在内在联系。赫普纳(Harald Heppner)谈到了帝国对多瑙河公国的间接影响。正如茹尔丹(Annie Jourdan)所指出的,全球史有助于学者摆脱研究中的民族主义倾向,她倡议,研究者更应当关注拿破仑政权在大西洋彼岸的远距离

① 有关拿破仑合作者的研究,参见 Isser Woloch, *Napoleon and His Collaborators: the Making of a Dictatorship*, New York: W. W. Norton, 2001。有关拿破仑时期经济与大陆封锁政策研究,参见 F. Crouzet, *L'économie britannique et le blocus continental: 1806—1813*, 2 tomes, Paris: PUF, 1958 以及 Geoffrey Ellis, *Napoleon's continental blockade: the case of Alsace*, Oxford: Clarendon Press; New York: Oxford University Press, 1981。

② *Occupants-occupés, 1792—1815*, colloque de Bruxelles, 29 et 30 janvier 1968, Bruxelles, Université libre de Bruxelles, 1969. P. W. Schroeder, *The Transformation of European Politics, 1763—1848*, Oxford: Clarendon Press, 1994. 关于被占领地区的研究十分庞杂,仅举一例: Thomas Nipperdey, *Deutsche Geschichte 1800—1866: Bürgerwelt und starker Staat*, München: C. H. Beck, 1983. 此书广受赞誉,1996 年出版英译本: Thomas Nipperdey, *Germany from Napoleon to Bismarck, 1800—1866*, translated by Daniel Nolan, Princeton, NJ: Princeton University Press, 1996。

③ Ute Planert ed., *Napoleon's Empire: European Politics in Global Perspective*, Basingstoke: Palgrave Macmillan, 2016.

影响,而不是重新去构建一个以拿破仑为中心的大西洋。① 亚历山大·米卡贝里泽(Alexander Mikaberidze)的新作《拿破仑战争:一部全球史》是一部真正意义上的全球史。② 凭借其出色的语言能力,米卡贝里泽至少引用了十种语言的材料,包括格鲁吉亚语、俄语、瑞典语、德语和葡萄牙语,全面考察了被传统战争史忽略的地方,比如伊朗为了免受俄国入侵,曾一度维持同拿破仑的外交关系。米卡贝里泽追溯了印度和里约拉普拉塔的外交阴谋,南非和马斯卡林群岛的战斗,北非海盗和法国对澳大利亚的科学考察。毫无疑问,没有比拿破仑战争更适合全球史研究的议题了,因为它涉及六个独立联盟、几十项条约、数百场大型战役,以及几乎每个欧洲国家的政体与边界变动。

本书基于西方学者和国内学者最近几十年取得的最新研究成果,尝试将旧制度、法国革命和帝国三个时段组合起来,拼接成一幅前后连贯、线索清晰的历史画面,以便国内读者对法国如何由一个前现代国家过渡到一个现代国家的历史进程有初步的了解。撰写本书,首先需要面对海量的文献,即便时间再充裕,也绝无可能充分阅读和利用已有的研究。更何况,仅法国革命研究每年新增的论著数量,就超过整个法国近代早期每年出版的新书(论文)之和。因此,如何取舍,如何处理观点和立场截然相反的不同研究取向和解释,又应当采取何种叙述风格,篇章结构如何安排,这些都是颇费脑力的问题。思考再三,本书决定采取政治史与社会史结合这样一种比较传统的风格。采取这种风格,有以下两点考虑。

首先,20 世纪 80 年代,随着叙述史的复兴,被冷落了半个多世纪的政治史重新赢得了学者的关注。③ 新政治史有几个热点研究领域:宫廷

① Annie Jourdan, "France, Western Europe and the Atlantic World. Napoleon's Empire: European Politics in a Global Perspective," in Ute Planert ed. , *Napoleon's Empire: European Politics in Global Perspective*, p. 21.
② Alexander Mikaberidze, *The Napoleonic Wars: A Global History*, Oxford: Oxford University Press, 2020.
③ 劳伦斯·斯通:《历史叙述的复兴:对一种新的老史学的反省》,古伟瀛译,《新史学》,第 1 辑,郑州:大象出版社,2005 年,第 8—25 页。

与内阁政治、新制度史、政治文化、传记研究,各自都有一些代表性研究。[①] 这些研究不仅证明了政治史的价值,还在一定程度上深化乃至改变了对 1715—1815 年这段历史的理解。宫廷内阁政治研究充分表明,前现代的社会在何种程度上受制于某些偶然因素。[②] 新制度史将制度看成是权力角逐与利益分配的舞台,而不是静止的规范,更真实地展现了绝对君主制运作的真实面貌。[③] 政治文化考察的是界定集体处境所依赖的假设,这些假设和界定产生了观念和价值、行动者塑造其交往关系的那些论辩逻辑,以及所有可能保持稳定并随着时间推移而缓慢发展或发生突变的方式。[④] 传记则令人信服地展现了历史人物的个性的影响,这一点恰是其他历史叙述所容易忽视的。[⑤]

其次,社会经济史是理解前现代社会的基础。由于种种原因,国内

---

① 宫廷与内阁政治如:Peter Campbell, *Power and Politics in Old Regime France 1720—1745*, London; New York; Routledge 1996. Munro Price, *Preserving the Monarchy: the comte de Vergennes, 1774—1787*, Cambridge; New York; Cambridge University Press, 1995. 新制度史如:Michel Antoine, *Le Conseil du Roi sous le règne de Louis XV*, Genève; Droz, 1971. William Beik, *Absolutism and Society in Seventeenth-Century France: State Power and Provincial Aristocracy in Languedoc*, Cambridge; New York; Cambridge University Press, 1985. Julian Swann, *Provincial Power and Absolute Monarchy: The Estates General of Burgundy, 1661—1790*, Cambridge, U. K,; Cambridge University Press, 2003。政治文化如:Keith Michael Baker ed. , *The French Revolution and the Creation of Modern Political Culture*, 4 vols, Oxford; New York; Pergamon Press, 1987—1994(四卷目录如下: The Political Culture of the Old Regime, The Political Culture of the French Revolution, The Transformation of Political Culture [1789—1848], The Terror)。传记研究如:Michel Antoine, *Louis XV*, Paris; Fayard, 1989。
② 塔克特关于瓦伦事件的研究,尽管有所不同,但也属于政治事件研究。他通过分析路易十六出逃事件,证明这样一个突发事件如何对革命进程产生了结构性影响。参见谭旋《路易十六出逃记》,赵雯婧译,北京:北京师范大学出版社,2019 年。
③ 评论参见张弛《法国绝对君主制研究路径及其转向》,《历史研究》2018 年第 4 期。
④ Keith Michael Baker, "Enlightenment Idioms, Old Regime Discourses, and Revolutionary Improvisation," in Thomas E. Kaiser and Dale K. Van Kley eds. , *From Deficit to Deluge: The Origins of the French Revolution*, Stanford; Stanford University Press, 2011, pp. 166 - 167.
⑤ 法国学者格尼费在新近出版的拿破仑传记中,充分肯定传记对于专业历史研究的价值。参见帕特里斯·格尼费《帝国之路:1769—1802》,王雨涵等译,北京:九州出版社,2020 年,第 7—14 页。

学界对近代早期法国的社会经济史一直不重视,主要原因可能有两点。首先,国内研究法国社会经济史条件有限,接触到经济材料的机会不多,研究很难开展起来。其次,社会经济史研究比较枯燥,不像文化史那样具有可读性。尽管如此,社会经济史对把握时代面貌、理解社会转型而言,依然具有不可否认的基础性意义。而且,如果不了解社会经济,那么对政治文化的作用机制的理解也很容易出现偏差。仅举一例,加以说明。一些研究旧制度的史家发现不少贵族和有产者在1789年陈情书里表达了相似的要求,便认为革命前这些原本不属同一等级的群体之间已经发生了融合,形成了有着共同激进思想的精英群体。这一判断或许站不住脚,因社会身份和利益诉求不同,同样的言辞很可能代表不同的诉求,史家忽视了这一点。① 正如贝克在他的代表作《发明法国革命》中所强调的:"所有的社会活动都是有思想维度的,思想赋予行动以意义,正如所有的思想活动都是有社会维度的,社会界定思想所指。"②考虑到上述原因,本书对以下内容作了较为详细的介绍与分析:政治体制;农业、手工业、外贸等行业的状况;人口结构;税收相关情况;社会分层与收入;土地与财产收入等。

需要说明的另一个问题是历史分期。在传统的历史叙述中,本书涉及的三个时段(1715—1789年,法国革命,第一帝国)不属于同一历史阶段,因此一般都需要分为多卷加以叙述。比如法国阿歇特出版社的"法国史"系列分为《绝对君主制与启蒙:1652—1783年》与《革命与帝国:1783—1815年》。③ 法国大学出版社的"战车手册系列"(Quadrige

① Zhang Chi, "The Return of the Social: On the Historiography of the Origins of the Political Crisis of 1788—89 in France," *World History Studies*, Vol. 3, No. 1 (June 2016), pp. 105 - 117.

② Keith Michael Baker, *Inventing the French Revolution: Essays on French Political Culture in the Eighteenth Century*, Cambridge; New York: Cambridge University Press, 1990, p. 13.

③ Joël Cornette, *Absolutisme et Lumières 1652—1783*, 7e edition revue et augmentée, Paris: Hachette, 2017. Jean-Pierre Jessenne, *Révolution et Empire 1783—1815*, 3e edition revue et augmentée, Paris: Hachette, 2012.

Manuels)也分为两卷,具体分期略有不同:《近代法国史:1498—1789》与《革命与帝制时期的法国》。① 法国贝兰出版社的 13 卷《法国史》也采取类似分期:《启蒙法国:1715—1789》与《革命、执政府与帝国:1789—1815》。② 经过综合考察多部相关论著,尤其是阿歇特出版社的"法国史"系列和英国史家科林·琼斯所著《伟大民族:从路易十五到拿破仑》,本书基本按照编年叙事,但是不同历史时期的权重有所不同。首先,奥尔良摄政与弗勒里执政这一阶段的历史单独成章,原因在于学界公认这一阶段的意义独特,是法国尝试脱离绝对君主制的桎梏,开始探索政治自由主义与行政理性主义的起步阶段。另外,本书采纳法国史家热塞纳(Jean-Pierre Jessenne)在《革命与帝国:1783—1815 年》一书中提供的历史分期思路,将 18 世纪 80 年代君主制的改革与 1789 年制宪议会的改革视为一个整体,弱化 1789 年的转折意义。③ 这样的处理尽管有违背传统叙述之嫌,但有一定的合理之处。在传统史学看来,革命是新旧两个阶级之间不可调和的社会经济利益冲突导致的政治后果。20 世纪中叶,法国革命解释的修正学派颠覆了这套解释。他们认为革命前的法国社会不存在现代意义上的资产阶级,贵族和有产者之间也不存在截然区分,导致革命的不是社会矛盾,而是政治危机。正如美国学者泰勒(George V. Taylor)所言,法国革命是"一场带有社会后果,而不是带有政治后果的政治革命"④。修正派破除了新旧社会在经济意义上的断裂与转折,而近期的研究则进一步证明旧制度在推进法国社会现代化方面所取得的成就。法国经济史家克鲁泽(François

---

① Lucien Bély, *La France moderne*, 1498—1789, 2ᵉ édition, Paris: PUF, 2018. Jean Tulard, *La France de la Révolution et de l'Empire*, nouvelle édition, Paris: PUF, 2014.

② Pierre-Yves Beaurepaire, *La France des lumières 1715—1789*, Paris: Belin, 2011. Michel Biard, Philippe Bourdin & Silvia Marzagalli, *Révolution, Consulat, Empire 1789—1815*, Paris: Belin, 2014.

③ 该书实际叙事始于 1787 年。

④ George V. Taylor, "Noncapitalist Wealth and the Origins of the French Revolution," *The American Historical Review* Vol. 72, No. 2 (Jan., 1967), pp. 469 - 496.

Crouzet, 1922—2010)认为,与同时期英国相比,法国的经济表现毫不逊色。① 另一位经济史家图坦(J. C. Toutain)证明该时期农业生产效率有了显著提高。② 贝奇亚(Alain Becchia)从更系统全面的角度提出,旧制度末期法国社会在人口结构、心理状态、行政理念、市场观念等方面已然出现了革命性的变化。③ 当然,修正派以及近期的研究并不是没有争议的④,但是在一定程度上的确改变了学界对旧制度社会以及革命起因的理解,一方面不能把旧制度的历史理解为勒华拉杜里(Emmanuel Le Roy Ladurie, 1929—2023)所谓的"静止的历史"(histoire immobile)⑤,另一方面革命与旧制度之间的关系极为复杂,不能以二元对立这样一种简单的视角视其为新旧秩序之间的更迭交替。所以,本书在吸收上述研究成果的基础上,除了尽可能客观评价旧制度法国在经济发展、行政理性化和政治改革等方面所取得的成就之外,更想表达这样一种观点:旧制度和革命之间的关联,既是断裂的,也是连续的。不可否认,1789 年革命政府的改革的确是一种历史创举,但是诸种意在彻底清除"旧制度"种种遗迹的议程也是君主制本身所构想且得到部分落实的。

　　既然改革和革命之间的界限并不那么清晰,那么,就需要回答这样一个问题:革命究竟是什么? 一般来说,有这么几种看法。传统叙事史通常将攻占巴士底狱视为法国革命的开端。20 世纪 90 年代以后复兴的事件史也采取类似的角度,但理论取向不同,它更关注事件与文

---

① François Crouzet, *De la supériorité de l'Angleterre sur la France : l'économique et l'imaginaire*, *XVIIIe-XXe siècles, préface de Pierre Chaunu*, Paris: Libr. académique Perrin, 1985.

② Jean-Claude Toutain, *Le produit de l'agriculture française de 1700 à 1958*, Paris: ISEA, 1961.

③ Alain Becchia, *Modernités de l'Ancien Régime, 1750—1789*, Renne: Presses universitaires de Rennes, 2012.

④ 批评参见:Michel Morineau, *Les Faux-Semblants d'un démarrage économique. Agriculture et démographie en France au XVIIIe siècle*, Paris: A. Colin, 1971。

⑤ Emmanuel Le Roy Ladurie, "L'histoire immobile," *Annales. Histoire, Sciences Sociales*, 29e Année, No. 3 (May-Jun. , 1974), pp. 673 - 692.

化结构之间的互动。① 修正派将"全国三级会议"更名为"国民制宪议会"这一事件视为革命的开端,因为此举既表明有产者成为拥有自觉意识的革命者,也标志着最高权力发生了转移。② 事件史和修正派的取向有利于呈现 1789 年历史的复杂性,却不足以解释革命历程本身。只能说,经历了 1789 年的夏天,法国人确信,革命已经发生,但是革命会经历什么,朝着什么方向发展,不得而知。在很长一段时间里,就连人权与公民权的基本原则是什么,革命者也是莫衷一是。叙事史和政治史最突出的问题是目的论,即把革命史写成由历史主角自觉创造的结果。考虑到以上几点,本书决定采取"形成论"的视角,认为革命者是由革命本身所塑造,是在革命的过程中逐渐变成革命者的。同样,革命也是在革命自身推进的过程中锻造自身。革命有自己的动力学,它所遭遇的危机与阻碍,与旧制度末期民众的诉求以及促成革命的原因关系都不大。美国史家谭旋(Timothy Tackett)的《革命者的塑造:法国国民议会代表与革命文化的形成(1789—1790)》与萨瑟兰(D. N. G. Sutherland)的《1789—1815 年的法国:革命与反革命》是运用"形成论"的佳作。③ 当然,"形成论"也有缺陷,不利于处理观念的作用,就如谭旋另一部名著《路易十六出逃记》所呈现的:革命者和革命群众似乎只受事件的支配,不会对事件作出反思,更不会展现行动者的能动性。④ 这或许也是本书的缺陷所在。另外,由于本书作者对法国殖民

---

① William H. Sewell, Jr., "Historical Events as Transformations of Structures: Inventing Revolution at the Bastille," *Theory and Society*, Vol. 25, No. 6 (Dec., 1996), pp. 841 – 881.

② 参见威廉·多伊尔《法国大革命的起源》;Lynn Hunt, *Politics, Culture, and Class in the French Revolution*, Berkeley: University of California Press。

③ D. N. G. Sutherland, *France 1789—1815: Revolution and Counterrevolution*, London: Fontana Press, 1985. Timothy Tackett, *Becoming a Revolutionary: The Deputies of the French National Assembly and the Emergence of a Revolutionary Culture (1789—1790)*, Princeton, NJ: Princeton University Press, 2014.

④ 休厄尔对这一问题有深入的分析,参见:William H. Sewell, Jr., "Ideologies and Social Revolutions: Reflections on the French Case," *The Journal of Modern History*, Vol. 57, No. 1 (Mar., 1985) pp. 57 – 85。

地的历史不甚熟悉，所以，这部分内容所涉不多，只能留待将来更订。

　　另一个需要交代的问题是如何叙述启蒙运动。和法国旧制度与革命研究一样，法国启蒙运动的各个方面的问题都存在争议：启蒙运动缘何而起？谁参与了启蒙运动？启蒙与宗教的关系如何，与1789年革命的关系又如何？……要把这些问题说清楚，可能需要另写一本书。这里想要讨论的是有关启蒙运动的再现形式（representation），即如何去书写这场思想运动。大体上，学界有三种方式。第一种方式集中关注启蒙巨匠及其思想，条分缕析地剖析他们的著作和思想，从中挖掘出一场激进与保守并存的思想运动的主线，如彼得·盖伊（Peter Gay，1923—2015）的《启蒙运动》。① 第二种方式以美国学者达恩顿（Robert Darnton）为代表。达恩顿认为盖伊梳理的哲学巨著，未必受到当时人的追捧，受众面未必那么广，所以，要想真实了解18世纪法国人的心态世界，就必须首先要"深入到他们的日常生活中去"，"考察他们的精神世界"。② 这是达恩顿从事书籍史研究并热衷统计地下读物的原因，他认为这更接近当时人的更为真实的阅读世界。第三种方式是社会史取向的启蒙研究，有两股分支。一种是比较传统的经济史取向，考察思想演变与有产者兴起和贵族反抗之间的关系。这类研究的特点是将1789年之前的法国社会设想为由不同的群体组成的社会，这些群体诉求不同，利益有别，这些差异进一步表现为启蒙运动中的不同思潮。换言之，要解释思想之间的差异，必须要最终归结到社会利益的差异上。③ 第二种取向受年鉴学派影响，考察的不是社会群体，而是文化实践、交流互动、互动网络、体验形式以及心态世界，不仅调查当时人的藏书情况与识字率，也注重观察阅读实践的变化、私人空间的出现，以

① 彼得·盖伊：《启蒙运动》，2卷，刘北成等译，上海：上海人民出版社，2015—2016年。

② 达恩顿对盖伊的评论，参见 Robert Darnton, "In Search of the Enlightenment: Recent Attempts to Create a Social History of Ideas," *The Journal of Modern History*, Vol. 43, No. 1 (Mar., 1971), pp. 113-132。

③ Albert Soboul, Guy Lemarchand, Michèle Fogel, *Le siècle des Lumières*, 2 tomes, Paris: PUF, 1977.

及这些变化所产生的社会效应。① 本书将结合心态史和社会史这两种研究取向，从社会史的角度考察启蒙运动，这是因为分析启蒙时代政治讨论和政治参与的社会空间的拓展，要比仅仅分析启蒙运动的思想脉络更为重要。通过阅读、社交、讨论，一个比以往更开明、更有知识的公众群体诞生了，而公共空间的拓展以及公众群体的成长，使得越来越多的人参与到政治讨论中。这种广泛的讨论与参与慢慢改变了那些对政治生活和社会生活而言具有结构性意义的基本概念和规范，重塑了政治体以及个体和群体的集体存在。

　　本书的出版得到浙江大学"中央高校基本科研业务费专项资金"与"浙江大学文科精品力作出版资助计划"资助。同时感谢浙江大学历史学院和世界史所师友的支持。特别感谢杨磊、叶树彬、章心驰、徐珂、邱韧、董耀威等学生在文字校勘、资料查找等方面提供的帮助。

张弛

2022 年 11 月，于杭州

---

① Annick Pardailhé—Galabrun, *La Naissance de l'intime*：*3000 foyers parisiens（XVIIᵉ - XVIIIᵉ siècles）*, Paris：PUF, 1988. Michel Delon, *L'Invention du boudoir*, Paris：Zulma, 1999. Antoine Lilti, "Private lives, public space：a new social history of the Enlightenment," in Daniel Brewer ed., *The Cambridge Companion to the French Enlightenment*, United Kingdom；New York：Cambridge University Press, 2014, pp. 14 - 28.

目　录

第一章　1715 年的法国

第一节　国家与社会

18 世纪,法国是欧洲人口最多、面积最大的国家。不过路易十四,这位法国绝对主义君主制的奠基者,却不知道他统治着多少臣民、管辖多少土地。路易十五可能也不知道。因为关于国家土地与人口的估算,是相当晚近才发展起来的技术。旧制度时期末年,一位名叫埃斯比耶利(Jean-Joseph Expilly,1719—1793)的教士出版了一套多卷本的《法国高卢历史政治地理辞典》,十分畅销。[①] 根据他的估算,1778 年法国人口超过 2 400 万。这与莫沃(Jean-Baptiste Moheau,1745—1794)的计算结果很接近。莫沃是一位旧制度时期的学者,被誉为现代人口统计学的奠基人。据他估算,1774 年法国人口应在 2 350 万至 2 400 万之间。[②] 十年后,化学家拉瓦锡(Antoine-Laurent de Lavoisier,1743—1794)认为,大

---

① Abbé Expilly, *Dictionnaire géographique historique et politique des Gaules et de la France*, 6 tomes, Paris: Desaint et Saillant, 1762—1770.

② Jean-Baptiste Moheau, *Recherches et considérations sur la population de la France*, Paris: chez Moutard, 1778, pp. 64 - 70.

革命前法国人口接近 2 500 万。① 上述估算与现代学者的研究结果差距不大。一般认为,1700 年,法国人口在 2 000 万到 2 100 万之间,几乎是同时期英国人口的三倍。② 18 世纪初,整个欧洲的人口总数估计在 1.8 亿到 1.9 亿之间,这意味着,大体上有 1/5 的欧洲人生活在这片六角形的国土上。

如果不算美洲和非洲的殖民地,在路易十四统治末年,法国国土面积大约是 50 万平方公里。不过,这是现代人的理解,当时人并不用数字理解空间,而是通过脚程来计算距离。在他们的理解中,从法国南部走到北部要花 22 天,从东部到西部要花 19 天。③ 从中世纪晚期到大革命前,法国的疆域从未停止过扩张,扩张的手段无非是领土征服、签订条约、王室联姻等。1532 年布列塔尼并入法国;1552 年通过威斯特伐利亚和约(Peace of Westphalia),法国获得三主教区(trois Evêchés)④;1558 年获得加莱和再征服地区(pays reconquis);1620 年得到贝阿恩(Béarn)、弗瓦伯爵领(Comté de Foix)和下纳瓦尔(basse Navarre);1648 年得到除了斯特拉斯堡和牟罗兹之外的阿尔萨斯全部领地;1659 年到 1678 年安图瓦、弗兰德尔(Flandre)、埃诺南部(Hainault méridional)、鲁西永(Roussillon)、塞尔达涅(Cerdagne)的部分地区以及弗朗什-孔泰

① Antoine Laurent Lavoisier, *De la richesse territoriale du royaume de France*, texte et documents présentés par Jean-Claude Perrot, Paris: Editions du C. T. H. S., 1988. 该书第一版于 1791 年出版。
② Jacques Dupâquier, *La population française aux XVIIe et XVIIIe siècles*, Paris: PUF, 1979. Pierre Goubert & Daniel Roche, *Les Français et l'ancien régime*, Tome 1, La société et l'État, Paris: Armand Colin, 1991, p. 34. 据英国学者维里格利(Tony Wrigley)估算,1680 年英国人口约为 650 万。参见 E. A. Wrigley, "British Population during the 'Long' Eighteenth century, 1680—1840," 载 *The Cambridge Economic History of Modern Britain*, vol. 1 Industrialisation, 1700—1860, edited by Paul Johnson & Floud, Roderick, Cambridge: Cambridge University Press, 2004, pp. 57 - 95。
③ Pierre-Yves Beaurepaire, *La France des lumières*, Paris: Belin, 2011, p. 26.
④ 三主教区指位于东北部的图尔(Toul)、梅茨(Metz)、凡尔登(Verdun)三个主教区,与德国有历史渊源。详见 Le Roy Ladurie, *The Royal French State*: *1460—1610*, Oxford: Blackwell Ltd, 1994, pp. 136 - 137; Lucien Bély ed., *Dictionnaire de l'Ancien Régime*: *royaume de France*, *XVIe-XVIIIe siècle*, 3. éd, Paris: PUF, 2010, pp. 1232 - 1233。

(Franche-Comté)陆续归入法国版图。与前几个世纪相比,18 世纪时法国领土变化不大。1766 年路易十五继承了洛林,1768 年又得到了科西嘉。截至 18 世纪 70 年代,法国国土面积计约 71 万平方公里。在这片土地上,居住着大约 2 000 万居民,这意味着当时 1 平方公里土地上只有40 人。①

除了人口和国土面积外,行政框架也是理解国家的基本角度。对当时的法国人来说,王国最基本的构建单元是外省(province,或称行省)②。1753 年,法国大约有 58 个外省。③ "province"一词源于privincia,原本指的是隶属于同一个主教城市管辖的各个教区的集合(province ecclésiatique),直到 15 世纪后半叶才被用在行政文件中,取代了之前的一些措辞,比如不再称香槟伯爵领(comtés de Champagne),而称"我们的香槟省"(nos provinces de champagne)。法国史家罗兰·穆尼埃认为,外省是"一块地区,其特点是有着共同的文明、习俗、传统以及借其法人身份所传达的特权和共同利益,有永久性的政治组织,借以表达其共同利益"④。可见,当时法国人理解中的外省,与现代的行政概念不太一样,它所代表的不是一个抽象的行政单元,而是历史形成的认同感。正因为外省不是一个行政概念,所以外省与外省之间的边界也不明确。至于旧制度时期的法国到底有多少外省,自然也就众说纷纭,莫衷一是。

对于王国的行政管理而言,真正意义上的行政单元不是外省,而是财税区(généralité)。财税区的出现与形成与近代法国的财政管理方式的改变有密切关系。中世纪以降,王室领地的产出——即所谓的常规财政(finances ordinaires)——难以满足国家的需求,因此税收收入——即

---

① 与当代法国进行比较,据统计,2016 年法国人口密度约为 122.5 人/平方公里。

② 译作"外省",以区别于大革命创立的"省"(département)。

③ Pierre Doisy, *Le royaume de France et les États de Lorraine, disposes et forme de dictionnaire, contenant les nom de toutes les provinces*, Paris, 1753, p. 73.

④ Roland Mousnier, *Les institutions de la France sous la monarchie absolue*, Tome I, Paris: PUF, 1980, p. 470.

所谓的非常规财政(finances extraordinaires)——越来越重要。近代法国地方行政体制的塑造,基本上就是围绕着"非常规财政"的管理展开。1450 年,查理七世(Charles Ⅶ,1403—1461)将国家分为四大财政区,各设管理常规财政的国家财务官(trésoriers de France)1 名和管理非常规财政的财政主管(généraux des finances)1 名。此后弗朗索瓦一世(François Ⅰ,1494—1547)结束了财政地方化的趋势,将两类财政的管理权合并,收归中央,设立储蓄金库,即后来的国库,将全国分为 17 片财政区,设财政署,各设主席 2 人,财务官(trésoriers généraux)8 人,直接对御前会议(conseil du Roi)负责。① 这套制度一直保留到大革命时。

尽管财税区是人为设置的,但也不统一,根据直接税②征收方式不同,可以分为三类。第一类是占领地区(pays conquis)③,大体上指的是路易十四和路易十五时期新占领的土地,包括北部阿图瓦、弗兰德尔、埃诺(Hainault)、康布雷(Cambrai)、弗朗什-孔泰,东北的阿尔萨斯、洛林、三主教区,还有南部的鲁西永以及科西嘉,这类地区的直接税直接受中央政府控制。第二类是三级会议地区(pays d'états),税收由保留下来的地方三级会议负责征收。每个地方的自治权以及三级会议的组织方式都不同。18 世纪,较大的三级会议地区有朗格多克、布列塔尼、勃艮第、普罗旺斯、贝阿恩、那瓦尔、弗瓦伯爵领,此外弗朗什-孔泰,阿图瓦、康布雷等地也有地方三级会议,但权力较小。④ 第三类为税区地区

---

① 上述内容参见 Roger Duchet, *Les Institution de la France au XVIᵉ siècle*, Tome I, Paris: A. et J. Picard, 1948,第 12、13 章。

② 旧制度法国税收,由国家征收的税收大体可以分为两类:第一是直接税,即向人(即产业主)征收的税;第二是间接税,即向商品征收的税。18 世纪的直接税大体上包括军役税(taille)、1/10 税(dixième)、1/50 税(cinquantième)、1/20 税(vingtième,也称"廿一税")和道路劳役捐(corvée)。间接税主要有盐税。详见本书第四章第五节。

③ 也称课税地区(pays d'imposition)。

④ François Hincker, *Les Français devant l'impôt sous l'ancien régime*, Paris: Flammarion, 1971. p. 19.

（pays d'élections），税收由派官（élu）[1]这类国家官员管理。税区就是派官的管辖区域。

　　1789 年前，法国共计有 34 个财税区。[2] 所有财税区都设督办官（intendant），作为中央在地方的最高代表。但是，由于财税区内部建制不同，所以三级会议地区和税区地区的督办官，无论是权力还是管理方式，都不太一样。三级会议地区的督办官需要事事同地方三级会议协商，而税区地区的督办官无此限制，可以直接负责，直接领导派官负责税务。不过，不能因此就认为三级会议地区的督办官权力远小于税区地区，因为总体上任何地区的督办官都需要依赖地方贵族的合作，而且 18 世纪督办官出现了地方化、世袭化情况，他们更多扮演着周旋于地方和中央之间的类似于政治掮客的角色，而不是中央在地方的代理人。那种把他们等同于拿破仑时代省长角色的看法，往往是 19 世纪历史学家的发明。

　　督办官制度的形成也是一个复杂的问题。19 世纪的史家阿诺托（Gabriel Hanotaux，1853—1944）认为，督办官最早出现在瓦卢瓦王朝的晚期，成形于黎塞留时代，是中央从行政法院审查官（maître des requête）[3]中

---

[1] 取杨人楩先生翻译的马迪厄《法国革命史》第一卷第 38 页译法。派官起源于 14 世纪，意为地方税务官，负责直接税的摊派工作。从字面上看，élus 是当选者的意思，即最初他是由选举产生的。

[2] Lucien Bély ed.，*Dictionnaire de l'Ancien Régime：royaume de France*，*XVIe-XVIIIe siècle*，pp. 601 - 602. 对财税区的数量，史家却存在不小的分歧。马里翁和博德尔都认为是 34 个，穆尼埃则说是 27 个，琼斯说是 33 个。参见 M. Marion，*Dictionnaire des institutions de la France*，p. 257. Maurice Bordes，*L'administration provinciale et municipale en France au XVIIIe siècle*，Paris：Société d'édition d'enseignement supérieur，1972，p. 132. Roland Mousnier，*Les institutions de la France sous la monarchie absolue*，Tome 2，p. 278. P. M. Jones，*Reform and Revolution in France*，pp. 18 - 19。

[3] 行政法院审查官（maître des requête）是王国官僚体系中职位比较低的一类文官，从历史上看，这类官职起源于王室的行政官员（magistrat），负责处理递送到王室的负责处理上交到王室的诉状（requêtes de l'hôtel），审查涉及王室成员的案件，审查有特权的官员、达官贵人、高级教士和宗教团体。他们也可以以专职人员的身份参与中央层级的某些会议，但不得列席国务会议（Conseil d'Etat）。参见 Lucien Bély éd，*Dictionnaire de l'Ancien Régime*，pp. 785 - 786。

遴选出来、用于牵制总督(gouverneur)的专员(commissaire)。① 阿诺托是研究制度史的权威,他的看法统治了学界近一个世纪。1982 年,安托万(Michel Antoine,1925—2015)发表一项重要研究,推翻了阿诺托的结论。② 他认为,督办官在亨利二世时代就已出现,最初的督办官也不是从行政法院审查官中选调,而是原本就是总督的助手,所以设立督办官的目的也不是为了牵制总督,而是为了协助他们的工作。亨利二世为应对1548 年基耶内地区的盐税叛乱,派出了由枢机主教充任的专员,当时称总监(lieutenant général)。这一措施在宗教战争时期得以延续发展,至亨利三世时期,总督身边都会安置由国王任命或授权的穿袍之人或笔吏(hommes de robe et de plume),主要为了负责落实宗教敕令,比如著名的南特敕令就是由这类专员负责落实。1616 年这类官员有了正式头衔,称司法督办官。从 1643 年开始,他们逐渐摆脱了总督顾问或助手的角色,独立负担税务工作,成为设立在地方财政区的财政署的国王代表。③18 世纪末,法国大部分地方事务都由这 33 名督办官负责。④ 随着行政体制的发展,督办官负责的事务越来越繁重,于是就出现了督办官助手(subdélégués)一职。助手严格来说不属于政府官员,而是督办官自己雇用,类似私人秘书,随他一同调任。中央原先不认可督办官雇自己的助手,因为督办官本由中央授权,而根据罗马法,被委托授权的人没有委任之权。⑤ 但是一方面督办官助手适应了地方行政发展的趋势,而且这也

---

① Gabriel Hanotaux, *Origines de l'institution des intendants des provinces d'après les documents inédits*, Paris: Champion Libraire, 1884.

② Michel Antoine, "Genèse de l'institution des intendants," *Journal des savants*, 1982, N°3 - 4, pp. 283 - 317.

③ Roland Mousnier, "Etat et commissaire: Recherches sur la création des intendants des province (1634—1648), " in *La plume, la faucille et le marteau: institutions et société en France du moyen Age à la révolution*, Paris: PUF, 1970, pp. 181 - 199.

④ 图卢兹和蒙彼利埃两个税区共有 1 名督办官。

⑤ 罗马法规定:代理人不能转让其受托权限。参见 Michel Antoine, "La notion de subdélégation dans la monarchie d'Ancien Régime,"*Bibliothèque de l'école des chartes*, 1974, Tome 132, No. 2, p. 275. 科尔贝尔于 1679 年得知蒙彼利埃的督办官长期以来一直在他的辖区内设立助手时,便以此公法原则予以否决。不过对此法国史家埃斯莫南(Edmond (转下页)

是个炙手可热的职位,于是渐渐得到中央许可,成了可以被售卖的官职。所以在 18 世纪,督办官助手渐成定制,据统计,33 名督办官共领 705 名督办官助手。[1]

对国家管理而言,还有两个重要的行政概念,即城市(ville)与村庄(village)。时人理解的城市概念要比现在复杂。穆尼埃认为,城市至少有三重含义:首先代表安全,因为有城墙、民兵自卫组织;其次是特权,不仅享有一定的财政和税收豁免权,而且能从事只有他们能从事的商业、手工业;第三城市是统治的区域,因为是资金、权力、汇票等各类资源的集中地。[2] 18 世纪初,法国城市化程度不高,城市居民只占总人口的 16%,大革命前为 29.5%,远远落后于英国。18 世纪初,英国农业劳动力占人口总数 55%,1800 年接近 40%。英国史家里格利(E. A. Wrigley)认为,英国农业人口比重的下降,主要是因为城市规模扩张很快,而这又同法国不同。[3] 法国的城市规模不大,发展速度也落后于英国。1725 年,居民超过两千的市镇人口总数仅 400 万人。整体上,在南特—里昂一线以北的地区城市化进程较快,以南地区相对落后。[4] 城市本身是历史演进的产物,其组织形态也不外如是。18 世纪,法国城市的行政组织模式大约有三类,分别是居民大会(assemblée générale)、市镇显贵会议(或称政治咨询会,conseil des notables ou conseil politique)[5]

(接上页)Esmonin,1877—1965)有另外一套解释,他认为实际上当时委任助手的情况十分普遍,甚至在督办官政治制度化之前就已经存在。而科尔贝尔之所以禁止督办官委任助手,并不是反对这种制度本身,而是禁止督办官利用助手代管所有的事情。参见 Edmond Esmonin, "Les Origines et les débuts des subdélégués des Intendants," in *Études sur la France des XVIIᵉ et XVIIIᵉ siècles*, Paris: Presses universitaires de France, 1964, p. 137.

[1] François Xavier Emmanuelli, *État et pouvoirs dans la France des XVIᵉ-XVIIIᵉ siècles: la métamorphose inachevée*, Paris: Nathan, 1992, p. 76.

[2] Roland Mousnier, *Les institutions de la France sous la monarchie absolue*, Tome 1, p. 437.

[3] E. A. Wrigley, "British Population during the 'Long' Eighteenth century, 1680—1840," p. 91.

[4] Daniel Roche, *France in the Enlightenment*, Cambridge, Mass.: Harvard University Press, 2000, p. 180.

[5] 为区别于全国性的显贵会议(Assemblée des notables),此处意译为市镇显贵会议。

和市府(corps de ville)。相对而言,居民大会的规模最大,凡是符合资格的市民都有权参加。法国南部把这类有权参与居民大会的人称为有产者执政官(bourgeoisie consulaire)。不过,总体上来说,市政机构的规模不断萎缩,这是绝对王权发展的结果。比如 1457 年上诺曼底的卢维埃组建的居民大会有 12 名成员,到 17 世纪末只剩下 2 人。① 市府这种形式较为普遍,其官员在北方地区一般称为助理法官(échevin),南部称为行政官吏(consul),在西南的基耶内和比利牛斯地区称市政官吏(jurat)。

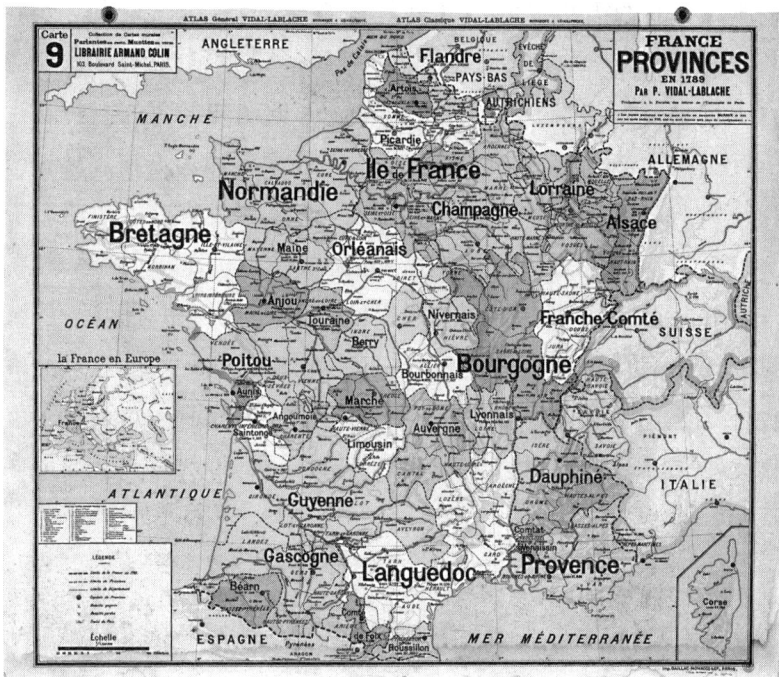

图 1　旧制度法国外省②

_____

① Suzanne Deck,"Les municipalités en Haute-Normandie," *Annales de Normandie*, 11e année, N°4, 1961, pp. 288 - 289.

② 图片来源:《白兰士图集》(*Collection de cartes murales de Vidal-Lablache*, Paris: Librairie Armand Colin, 1942);作者:白兰士(Paul Vidal de La Blache, 1845—1918)。

大部分法国人住在农村,农村人口约占总人口的 80%。18 世纪,法国的村庄主要有三种体制:堂区(paroisse)、居民共同体(communauté d'habitants)①和领主制。堂区是最基本的单元,既是信众居住的宗教区域,也是负责管理财产等的民事区域。大约从 12 世纪开始,有些地区的村民在教会和地方堂区的支持下形成了居民共同体,逐渐获得了成立公社(commune)的特权契约。随后大多数村庄都从领主手中获得了特许状,在此基础上逐渐形成了村庄的习惯法,并逐步获得了共同体资格。②村庄有一定自治权,通过各类形式的村民议会,选举村官,管理村务。③ 领主制普遍存在,但有地区差异,不同地方的领主与村民自治团体的关系不同。大体上,法国的西北部、东部和南部地区的村庄早先与领主的关系密切,其村官基本由领主任命,并服务于领主的利益,后来这些共同体逐渐拥有了不同程度的独立性,并逐步侵占领主的行政和司法权力,同时村庄的权力被少数地方显贵垄断,形成了寡头制。而法国北部和中部的村庄,很早就脱离了领主的控制,一般靠村民大会来管理,其民主参与程度比西北和东部的村庄要高。但是他们在司法和财政方面的独立性却比较低,因为村庄的实权被王权控制。中央权力在这些地区的渗透程度也更高。史学家福兰(Antoine Follain)称前一种村庄模式为市政共同体(communautés municipales),后一种为堂区共同体(communautés paroissiales)。④

虽然行政建制已十分复杂,但是还不足以充分体现旧制度法国的差异性,因为这不过只是各种辖区划分中的一种。就司法而言,法国由 13 个高等法院分地管辖。⑤ 这些高等法院的历史长短不一,历史最悠久的

---

① 居民共同体也有其他表述,比如村庄共同体(communauté villageoise)、农业共同体(communauté agraire)、农民共同体(communauté paysanne)、地域共同体(communauté territoriale 或 collectivité territoriale)、堂区共同体(communauté paroissiale)。

② 熊芳芳:《近代早期法国的村庄共同体与村民自治》,《世界历史》2010 年第 1 期。

③ 地方行政长官的称谓各地措辞不同,法国的北部和中部一般称执事(syndic),南方称行政官吏(consul)。

④ Antoine Follain, *Le village sous l'Ancien Régime*, Paris: Fayard, 2008, p.71.

⑤ 参见庞冠群《司法与王权:法国绝对君主制下的高等法院》,北京:人民出版社,2020 年,第 25—30 页。

巴黎高等法院设立于 1307 年,成立最晚的是建于 1775 年的南锡高等法院,用于取代新并入法国的洛林地区原有的公爵法庭。各高等法院辖区面积差别很大,巴黎高等法院几乎占了 1/3 的国土,而波城(Pau)和杜埃(Douai)高等法院的辖区面积只比最小的行省略大。此外,教会也有自己的主教辖区,全国有 18 个大主教区和 136 个主教区,教区集中分布在南方,主教区往往地域狭小且历史悠久。但很多主教喜欢在不属于自己管辖的主教区内圈出自己的裁判权飞地,布列塔尼多尔地区(Dol in Brittany)的主教就有不少于 33 个这样的飞地。[①] 这些不同性质的辖区之间并不重合,若将它们以叠加的方式绘制在同一幅地图上,那么旧制度法国就好像是一幅马赛克拼贴画。

　　法国的地方差异性还不止于此。除了王室法令之外,各个地方都有自己的习俗与习惯法。南方是以成文罗马法为主,北方以习惯法为主,大约有 56 条广泛适用的基本习俗和 300 多条地方性的习俗,所以,地方之间婚丧嫁娶的方式都不一样,在一个地方适用的遗嘱或合同,在另一个地方可能完全不适用。地方的计量单位不同,要求统一度量衡,这大约是在 18 世纪中叶以后的事情。地方税制也不同,比如王国最基本的税收军役税(taille),就有属物军役税(taille réelle)和属人军役税(taille personnelle)之分,而对于王国最重要的间接税盐税(gabelle),全国就有六种盐税区,征收方式完全不同。相对而言,关税体制较为简单,全国仅有三类关税区[②],但是,各包税区内的税种也十分复杂。比如从弗朗什-孔泰出发,经由索恩河和罗讷河运往地中海的货物,途中要分别向 36 个税卡交钱,而这 36 个分税卡中既有国家的也有私人的。[③] 语言也不统

---

① William Doyle, *The Oxford History of French Revolution*, Oxford: Oxford University Press, 2002, p. 4.

② 分别是五大包税区(包括北部和中部 14 个省,根据 1664 年法令对这些地区的关税税率进行了统一和简化)、被视为外国的省(包括南部地区)和实际上的外国省(指的是类似洛林这样新并入法国的地区)。参见 Marcel Marion, *Histoire financière de la France depuis 1715*, Tome 1, Paris: Rousseau, 1914, p. 29。

③ William Doyle, *The Oxford History of French Revolution*, p. 4.

一,1780—1789 年时,法国的启蒙哲人对全国的方言进行了统计,发现大约有 1 600 万法国人说奥依语,基本上在北方,但庇卡底、诺曼底和勃艮第的方言有所不同,此外有 700 万—800 万人说奥克语,分布在普罗旺斯、加斯科涅、利穆赞和奥弗涅,剩下的还有说佛拉芒语、布列塔尼语、阿尔萨斯方言、巴斯克语和加泰罗尼亚语的。实际上,1539 年之后,法语才成为宫廷语言,大约在 1650 年之后才成为主要的印刷文字。所以,当路易十四来到距巴黎仅 50 公里的庇卡底,当地人根本听不懂他们的国王在台上说了什么,这也毫不奇怪。①

第二节 绝对君主制

理论上,法国国王不需要加冕礼,因为他在先王驾崩时即刻领受神恩,登基为王。他奉上帝之名,管理尘世。王权本身就体现了国家的统一性。1720 年,掌玺大臣达盖索(Henri-François d'Aguesseau,1668—1751)这样描述当时法国的君主制:

> 在我们仔细考察法国政府的本质时,我们会发现它在我们第一王朝时开始形成,在第二王朝的时候逐步完善,在第三王朝的时候完全确立,我们会发现现在的法国政府本质上有两个主要特征:首先,法国政府是由王权统治的,国王实行绝对的统治(domination absolute),权力由国王一人掌握,国王只对上帝负责;其次,这种至高权力只能通过法律来制约,国王及其臣民都要受到法律的约束。②

在上述引文中,达盖索准确地指出了法国君主制的两个特征。首先,法

---

① Pierre Goubert & Daniel Roche, *Les Français et l'ancien régime*, Tome 2, culture et société, Paris: Armand Colin, 1991, p. 207

② Henri-François d'Aguesseau, "Fragmens sur l'origine et l'usage des Remontrances," in *Œuvres complète du chancelier d'Augesseau*, Tome 10, Paris: Fantin et Cie, 1819, p. 23. 本节中有关绝对君主制的理论阐述的撰写,得到河南大学历史学院杨磊的协助。在 18 世纪的文献中,第一王朝(la première race de nos rois)指墨洛温王朝,第二王朝(la second race de nos rois)指加洛林王朝,第三王朝(la trois race de nos rois)指卡佩王朝。

国国王拥有绝对权力,同时受法律的约束,包括神法、自然法以及内涵从不明确的王国基本法。其次,王国臣民受国王制订的人为法和神法的双重约束。除此之外,达盖索勾勒的王权发展历程也基本符合史实。法国的绝对君主制基本上成形于卡佩王朝时期,在亨利四世(Henri Ⅳ,1553—1610)在位时期(1589—1610)奠定基础,于路易十三(Louis ⅩⅢ,1601—1643)在位时期(1610—1643)逐步完善,在路易十四(Louis ⅩⅣ,1638—1715)统治时期(1643—1715)臻至完善。不过,旧制度的法国人一般用"绝对权力"(pouvoir absolute)或"绝对统治"一类的表述来形容这一制度,"绝对主义"(absolutism)是后革命时代的发明。夏多布里昂(François-René de Chateaubriand,1768—1848)在1797年问世的《试论古今革命》中创造了这一术语,用来指遭到1789年革命者抨击并被颠覆的专制君权。[①] 尽管"绝对主义"是一个新词,但是有关绝对君权或绝对权力的理论却有着漫长的发展历程。

　　根据学者理查德·博尼(Richard Bonney,1947—2017)的考证,有关绝对权力的表述最早出现于罗马帝国晚期。塞涅卡支持尼禄使用仁慈,因为"在无限权力面前才会有最真实的自我控制,对人类的博爱",甚至对于个人而言,最高权力的好处就在于此。[②] 经中世纪教会法学家和近代早期人文主义学者的阐释,复兴的罗马法为君主垄断立法权铺垫了理论基础:"国王不受法律约束""国王的意愿便是法律""唯国王是立法者"

[①] François-René Chateaubriand, *Œuvres complètes*, Tome 1, Paris: Ladvocat, 1826, p. xxxix. 中译本参见夏多布里昂的《试论古今革命》,王伊林译,北京:华夏出版社,2015年,第21页。"absolutisme"被译作"专制"。该词诞生的思想背景分析,参见 Denis Richet, *La France Moderne: l'esprit des institutions*, Paris: Flammarion, 1973, p. 37;张弛,《法国绝对君主制研究路径及其转向》,《历史研究》2018年第4期。事实上,"朕即国家"(l'état, c'est moi)也是19世纪的发明,路易十四从未说过类似的话。

[②] Richard Bonney, *The Limits of Absolutism in ancien régime France*, Aldershot: Variorum, 1995, p. 93.

构成了王权论的核心箴言。① 16 世纪，法国法学家卢瓦瑟尔（Antoine Loysel，1536—1617）重申了这一论断，认为国王的意愿即法律（qui veut le roi，si veut la loi）。16 世纪末，让·博丹（Jean Bodin）在其著作《共和六书》（*Les six livres de la république*）②中提出了主权（souveraineté）这一概念，为法国的绝对主义理论奠定了基础。他认为："主权是共和国内永久的和绝对的权力。"③因此，绝对权力就是主权的应有之义，这意味着从本质上说主权不可分割。立法权是构成主权的关键要素。立法权不仅赋予了国王通常制订法律的权力，还使国王具备了现代意义上的宪政权力，即改变宪法的权力。拥有立法权的国王，除了既有法律的秩序维护者这一角色之外，还可以通过颁布新的法律扮演改变秩序的改革者的新角色："国王最高权威和绝对权力的主要特征就是可以在不征求臣民同意的情况下对臣民颁布法律。"④17 世纪初，法学家卢瓦索（Charles Loyseau，1564—1627）进一步深化并拓展了博丹的主权理论。在继承博丹主权理论主要观点的同时，卢瓦索在 1608 年出版的《论领主权》（*Traité des seigneuries*）一书中对于主权的定义、君主的权力从法理上进行了深入的阐述和发展。卢瓦索对于绝对主义理论的创新之处在于 1610 年出版的《官职法五书》（*Cinq livres du droit of office*）中对于持官者的定义和分析，他通过对国家、君主、公共权力、持官者以及特派员等概念进行界定和分析各自之间的关系，构建了一整套绝对主义官职理

① Rex solutus legibus est（国王不受法律约束）、Quod principi placuit legis habet vigorem（国王的意愿便是法律）、Princeps solus conditor legis（唯国王是立法者），参见 Michèle Fogel，*L'Etat dans la France moderne de la fin du XVᵉ au milieu du XVIIIᵉ siècle*，Paris：Hachette，1992，pp. 67-72。
② 博丹的《共和六书》最初于 1583 年在巴黎出版，在 1606 年由 Richard Knolles 翻译成英文，书名为 *The six books of Commonwealth*（London）。此处主要参考了 Gérard Mairet 编辑的现代法语版本的博丹原著，同时对照了 Richard Knolles 翻译的英文版本以及由中国政法大学出版社出版的剑桥政治思想史原著系列（影印本）中的博丹《论主权》一书。
③ Jean Bodin，*Les six livres de la Républic*，édition et présentation de Gérard Mairet，Paris：Librairie générale française，1993，p. 111.
④ Jean，Bodin，*On Sovereignty*，edited by Julian H. Franklin（影印本），北京：中国政法大学出版社，2003 年，第 23 页。

论,成为直到 1789 年法国大革命爆发前法国政治思想家思考国家权力和国家机构理论的基础。卢瓦索对于主权的定义如下:

> 主权是国家合法占有的权力……主权与国家密不可分,国家建立在主权之上,国家没有主权就不能称之为国家,君主的统治因此也建立在主权之上。……因为主权最终是以国家的形式存在的,同理,国家拥有主权才能被称为国家,因此,主权是最高的权力,国家就是在主权的基础上建立的。[①]

主权是由国家占有的权力,并且这种占有权类似于财产所有权,国家是主权的所有者。卢瓦索在随后的解释中着重区分了"私有领主权"(la seigneurie privée)和"公共领主权"(la seigneurie publique)两个概念,以此来论证国家是主权所有者的合法性。在他看来,唯有领主和君主拥有"公共领主权",而封建领主是通过一种僭越的方式分割了主权:"这种通过公共权力进行公开统治的公开领主权就是主权,而有一部分人僭居(usurpée)了一部分主权,对于这部分僭居的主权,我们可以用封建君主权(suzeraineté)一词来称呼。"[②]卢瓦索继承了博丹的主权不可分割、主权是共和国内绝对和永久的权力等理论,并在此基础上继续论证主权的完美性和至高无上。正如王冠上缺了任何一环就不再完整那样,主权如果有任何缺陷也就没有意义。主权是一个国家内最高的权力,主权之内没有等级之分,因为有了等级高低的区分它就不再是一种完整且完美的权力。

此外,卢瓦索阐述了主权的永恒性。在他看来,国王不是主权的所有者(possesseur),而是主权的持有者(titulaire)。主权独立于时间和个人之外,不因时间的推移和个人的消亡而消逝,是一种永久延续的权力。正如恩内斯特·康托洛维茨(Ernst Kantorowicz,1895—1963)在《国王的两个身体:中世纪政治神学研究》中所指出的:"国王在他里面有两个身体,即,一个自然之体,一个政治之体。他的自然之体(若依其自身考

---

① Charles Loyseau, *Traité des seignevries*, Paris: Abel L'Angelier, 1608, p. 25.

② Charles Loyseau, *Traité des seignevries*, pp. 18 - 19.

量)是一个有朽之体……但是他的政治之体乃是一个不可见、不可把握之身体……政治之体包括了自然之体,但自然之体是较为次等的,由此,政治之体与之相联合……国王的两个身体就成了一个不可分割的单位,每一个身体都完全包含在另一个之内。"[1]国家的连续性不会因为国王自然之体的死亡而中断,王权的延续也不会因为国王自然之体的逝去而停止。只有作为王权的象征、国家的象征的国王才有资格持有主权,主权不会因为前任国王之死而消逝,而是会在历代国王之间完整地传递。

博丹以降,直至博须埃(Jacques-Bénigne Bossuet,1627—1704),大多数人都认为,王权是绝对的。博须埃甚至认为王权本身就是神圣的,但是他们同时强调,国王也需要履行义务。首先是公益(bien publique),这是自然法传统的延续。博丹认为:"国王应当尊重自然法本身,并只能以公益为目的。"但究竟什么是公益,并不是很清楚。其次是基本法,内涵更复杂,变化也很多,有些是之前国王制定的规定或章程,有些则是不可侵犯的法律。某些基本法规定了王位的承继,比如萨利克法。严格来说,法国并不是世袭君主制,因为决定承继的,既不是先王的遗愿,也不是血统,而是基本法。所以,奥尔良公爵最后不履行路易十四的遗嘱,完全合理合法,因为先王的遗愿无约束力,这也是王国的基本法。[2]

王权是神圣的、绝对的,但是国王的统治依赖于御前会议(conseil du roi)。御前会议是一项古老的制度,源自中世纪的王会(curia regis),开会的地方称为"议厅"(cabinet du conseil),紧挨着国王的起居室,与会者围着椭圆形长桌讨论。国王坐扶手椅,其他人坐折椅。这套制度,经路易十四的改革,一直沿用至 18 世纪。御前会议有以下五种,处理的具体事务不同,有权列席的大臣也不同。

---

[1] 恩内斯特·康托洛维茨:《国王的两个身体:中世纪政治神学研究》,徐震宇译,上海:华东师范大学出版社,2018 年,第 77—79 页。

[2] Jean de Viguerie, *Histoire et dictionnaire du temps des Lumières 1715—1789*, Paris: Robert Laffont, 1995, p. 10.

首先是国务会议(Conseil d'État)①,负责最重要的内外政务,唯有国务大臣(ministre d'État)才能出席,这是国王最信任的人。路易十四对国务会议设置了很多限制,有权列席的只剩下三四个人。路易十五时期,人数有所增加,教士以及佩剑贵族均有权列会。其次是负责内政的公文会议(Conseil des dépêches),由国王主持,参与者为四名国务秘书(sécrétaire d'État),国务大臣也常列席。② 公文会议处理的事务包括由督办官及督办官助手上奏的报告以及臣民起诉官员的诉状等。然后是财政会议(Conseil des finances)。这个机构建立于1661年,专门审理财政税务,列席者包括部分国务大臣、部分国务秘书以及财政督办官(Intendants des finances)。上述几种会议都由国王列席并主持。此外还有诉讼会议、负责教会事务的信仰会议和处理商业的商业会议。

1661年,路易十四对中央政府进行了重组,废除了首相(primier ministre),并对御前会议进行了调整。首先将王太后、血亲亲王(Prince du sang)、王公贵族、元帅以及司法大臣(Chancillier)排除在外。当时被允许列席会议的仅有财政总监富凯(Nicolas Fouquet,1615—1680)、战争国务秘书米歇尔·勒泰利埃(Michel Le Tellier,1641—1691)和外交国务秘书于格·德·利奥那(Hugues de Lionne,1611—1671)。三人都是穿袍贵族。可见,佩剑贵族的权力受到了钳制。其次,主持公文会议的不再是司法大臣,而是国王本人。第三,在逮捕了富凯之后,路易十四废除了财政总监管(Surintendants des Finances)一职,设立财政会议,总体事务由国王亲自负责,由时任财政督办官的科尔贝尔(Jean-Baptiste

---

① 也称楼上会议(Conseil d'en hau),因会址在二楼。
② 这四名国务秘书分别是:战争国务秘书(Guerre)、海军国务秘书(Marine)、国王侍从院国务秘书(Maison du Roi)和外交国务秘书(Affaires étrangères)。国王侍从院国务秘书基本负责内廷事务,亨利三世(Henri Ⅲ,1551—1589)于1578年正式予以规范化和体制化,分为教士侍从(maison ecclésiastique)、文职侍从(maison civile)以及不同的军团构成的军事侍从(maison militaire)。参见 Jean-François Labourdette, "Maison du Roi," in *Dictionnaire de l'Ancien Régime: Royaume de France, XVIᵉ-XVIIIᵉ siècle*, éd. Lucien Bély, Paris: PUF, 1996, pp. 941 - 944。另外,本书使用"内阁"一词通称国王政府高层,并不特指某一具体机构。

Colbert,1619—1683)任财政总监(Contrôleur général des finances),负责具体事务。学界把这场改革称为"1661年革命",因为它在一定程度上改变了君主制的性质。[1] 传统上,司法大臣位高权重,"是王国所有事情的管理者和矫正者"[2],而且他是国王的一部分,是正义国王的化身,也是王国延续性的象征,有权代国王主持国务会议,是国王去世后王国内唯一不需要服丧的人。此外,司法大臣掌王国印玺,身兼掌玺大臣(Garde des sceaux de France)一职。印玺可以收回,但司法大臣一职永不能撤销。"1661年革命"后,司法大臣权力旁落,失去了自中世纪以来一直掌控的财政大权,也不得参与国务会议,而财政会议成了最重要的部门,财政总监成了最核心的官职。经此改革,法国的君主制由先前的司法君主制变成行政君主制。

18世纪,这套体制的基本框架没有发生根本变化。不过,在路易十五和路易十六两朝出现了一些迹象,值得留意。首先是贵族重新掌控中央政府各部要职,这或许和路易十四身后所谓的"贵族反动"有关。在中央官员任职方面,路易十四的某些禁令有所松动。比如此前血亲亲王、主教、宫廷贵族不能任国务大臣,但1723年以后,枢机主教、军官元帅列席国务会议的现象越来越突出。另外,路易十四有意在穿袍贵族或行政官员中遴选,不考虑那些门第悠久的贵族。但从路易十五开始,宫廷贵族出任国务秘书,而且外务国务秘书基本上都由亲王和首席贵族(ducs et pairs)担任。[3]

---

[1] Michel Antoine, "Colbert et la Révolution de 1661," in *Un Nouveau Colbert: actes du Colloque pour le tricentenaire de la mort de Colbert*, organisé par le Ministre délégué à la culture représenté par Jean Favier, Paris: Éditions SEDES/CDU, 1985, pp. 99 - 109.

[2] 17世纪法学家卢瓦索界定,见 Roger Doucet, *Les institutions de la France au XVIe siècle*, tome 1, Paris: Picard, 1948, p. 105.

[3] 旧制度下,首席贵族是地位仅次于亲王的高级贵族,在一些重要仪式中,如钦断(lit de justice,或译御临会议)中,他们的座次仅次于亲王。首席贵族一般出身古老的佩剑贵族世家。并非所有公爵(ducs)都可称为 pairs,而且有的 pairs 可以是伯爵。有时候也将家族亲王算作 pairs,如路易十六的弟弟普罗旺斯伯爵和阿图瓦伯爵。Pair 原先是个司法词汇,在封建时代,附庸最珍视的权利之一乃是在领主法庭上接受同一领主的其他附庸的审判,因此 pair 意思接近同侪审判。经长期演化,该词后来基本上指的是地位显赫的贵族。法国的首席贵族最初是6个教会贵族和6个世俗大贵族。有关上述变化,参见 Michel Antoine, *Le Conseil du Roi sous le regne de Louis XV*, Genève: Droz, 2010, pp. 210 - 211; Lucien Bély éd., *Dictionnaire de l'Ancien Régime: Royaume de France, XVIe—XVIIIe siècle*, pp. 448-450。

另外一个值得注意的现象是中央政府的科层化和官僚化趋势。国王在政务中扮演的角色越来越少。各国务秘书和财政总监有一批办事人员。这些人在巴黎有自己的宅邸,也雇有助手。他们在王国法令文件与章程决议的起草过程中扮演了决定性的角色,御前会议徒具形式,国王更不参与具体问题的讨论。此外国务会议的重要性降低,而公文会议变得日趋重要,公文数量、下达指令的数量以及办事人员的数量都不断上升,行政事务日趋繁重,官僚体制也日趋完善。

第三节　欧洲局势

西班牙王位继承战争充分体现了导致 18 世纪欧洲国际关系变动的主要原因:王室继承危机、松散的同盟关系和商业利益。战争爆发的直接原因并不复杂。出身哈布斯堡家族的西班牙国王卡洛斯二世(Carlos Ⅱ,1661—1700)体弱多病,一直没有子嗣。王位继承问题早已成为国际争端的焦点。根据西班牙王国哈布斯堡家族的继承法,如果国王死后没有男性继承人,那么与王朝家族有血缘关系的人享有同等的继承权。因此,法王路易十四与神圣罗马帝国皇帝利奥波德一世(Leopold Ⅰ,1640—1705)都有权继承西班牙王位,因为他们的母亲同为西班牙国王腓力三世(Felipe Ⅲ,1578—1621)的女儿。解决继承争端的传统办法是瓜分领土,于是就有了两份瓜分条约,即 1698 年的《海牙条约》(Treaty of The Hague,又称《第一瓜分条约》)与 1700 年的《伦敦条约》(Treaty of London,又称《第二瓜分条约》)。但是,卡洛斯二世对领土瓜分的结果十分不满,因此生前立下遗嘱,将王位传给路易十四的后代或利奥波德一世的次子、奥地利大公卡尔三世(Karl Ⅲ,1685—1740)。

卡洛斯立下此遗嘱的真正意图,是要通过与法、奥任何一方结盟,确保西班牙领土完整。他觉得,路易十四不会拒绝他的遗嘱,因为一方面路易十四扩疆拓土的热忱很高,而且就西班牙王位继承问题而言,不管是选择接受遗嘱,还是选择瓜分条约,战争看来都很难避免,所以在这样的情况下,卡洛斯认为路易十四或许是最有实力保证他的王国国土完整的君主。果不出其所料,路易十四接受了卡洛斯的遗嘱。1701 年初,太阳王的孙子、安茹公爵菲利普(Duke Philip of Anjou,1683—1746)抵达马德里,成为西班牙国王,是为腓力五世。路易十四公开宣布,若法国的波旁家族绝嗣,西班牙王室有权继承法国王位。这无疑威胁到了欧洲的均势。于是,在此前征战中已经筋疲力尽的欧陆各国再度披挂上阵。1701 年 9 月,支持奥地利的大同盟(Grand Alliance)成立,包括德意志境内的几个邦国、英国和联省王国。1702 年 5 月 15 日,大同盟正式向法国宣战,而支持法国的只有西班牙、巴伐利亚、科隆、葡萄牙等国。这场战争可以说法国完全凭借一己之力与整个大同盟对抗,因为西班牙已经衰落,来自维特尔斯巴赫家族的巴伐利亚选帝侯和科隆选帝侯都是想要借助法国的力量称霸一方,才选择加入路易十四的阵营。法国唯一可以依靠的,只有西属尼德兰的防御工事以及意大利境内的力量,萨伏伊公爵(Vittorio Amedeo II,1666—1732)和教宗克雷芒十一世(Clement XI,1649—1721)都是亲法一方。

最初的战场在欧陆,包括尼德兰、莱茵河下游地区、德意志南部以及意大利北部地区。大同盟和法国各有得失,不过仰仗着巴伐利亚和科隆两个前哨阵地,1703 年夏天,法国和巴伐利亚的联军得以成功逼近维也纳。但是,马尔伯勒公爵丘吉尔(John Churchill,Duke of Marlborough,1650—1722)与欧根亲王(Prince Eugene,1663—1736)这两位军事天才联手,在布伦海姆战役中大败法国的维拉元帅(Villars,1653—1734),奇迹般地扭转了整个战局。这是百年战争以来英国又一次在陆战中击败法国。这对法国人震撼极大。数年后,孟德斯鸠写道:"在布伦海姆战役中,我们丧失了历经三十年胜利积累起来的信心。"[1]伏尔泰也说:"没有人敢向国王禀报这一如此残酷的事实真相。必须由曼特侬夫人(Marquise de Maintenon,1635—1719)负责告诉他:他已不再是战无不

---

[1] Montesquieu, Pensée 1306, in *Pensées & Le Spicilège*, édition établie par Louis Desgraves, Paris: Robert Laffont, 1991, pp. 457 - 459.

胜。"①这场战役是决定性的,不仅拯救了维也纳,而且使法国失去了在德意志境内的最后一个盟友巴伐利亚,被迫转攻为守。1705 年之后,大同盟联军频频告捷,法国不仅失去了西属尼德兰的大部分地区,而且也从意大利北部撤出。1709 年 9 月 11 日决战发生在马尔普拉凯,双方各自投入了近十万兵力,近百门大炮。尽管同盟国遭受重创,但法国最终战败撤军。

但是,战场上的胜败得失并不是结束西班牙王位继承战争的主要原因。与战争无关的几个突发事件决定性地改变了各国的关系。首先,皇帝约瑟夫一世(Josef Ⅰ,1678—1711)死于天花,他的弟弟奥地利大公卡尔三世继皇帝位,是为查理六世(Charles Ⅵ)。作为利奥波德一世的次子,查理六世是哈布斯堡家族中最有权承袭西班牙王位的人,如果腓力五世去世,意味着哈布斯堡家族将有机会重现查理五世(Charles Ⅴ,1500—1558)的霸权时代。因此,令各国担忧的,不再是法国,而是奥地利。此外,迫于国内国际的压力,英国不得不脱离大同盟。一方面,连年征战令辉格党尽失民心,在 1710 年大选中败北,掌权的托利党反对继承战争,求和心切。再者,持续了多年的大北方战争(Great Northern War,1700—1721)局势日益明朗,1709 年波尔塔瓦会战中,瑞典几乎全军覆没,卡尔十二世(Karl Ⅻ,1682—1718)败逃土耳其,瑞典开始走向衰败。而沙俄乘势攻下波罗的海沿岸的数座重要港口城市,这严重威胁到英国在该地区的商业利益,因此必须从继承战争中抽出兵力,遏制沙俄。1711 年,英法开始议和。

从 1713 年到 1714 年,各国分别签订了 11 份和平条约。除了神圣罗马帝国与西班牙依然在交战之外,大规模的战争基本告一段落。这一系列条约统称《乌德勒支和约》(Treaty of Utrecht)。根据和约的规定,腓力五世放弃继承法国王位的权利,1712 年 11 月 5 日,他在卡斯提亚会议上宣布,将西班牙的王室血脉与法国的王室血脉以及所有的分支永久分

---

① 伏尔泰:《路易十四时代》,吴模信等译,北京:商务印书馆,2018 年,第 269—279 页。

离,他和他的继承人将放弃继承法国王位的权利,并与"热爱的西班牙共生死"。同样,法国宣布,包括波旁家族和奥尔良家族在内的亲王放弃继承西班牙王位的权利,1713 年 3 月 15 日巴黎高等法院认为尽管此项规定有违王国基本法,但有助于保障人民的福祉,因此予以注册通过。[①] 同时,身为神圣罗马帝国皇帝的查理六世也宣布放弃继承西班牙王位的权利,但作为补偿,他获得了尼德兰、米兰、那不勒斯、曼图亚、撒丁以及西班牙在托斯卡纳的各港口。法国承认汉诺威选帝侯有权继承英国王位。安妮女王没有子女,根据 1701 年继承法,天主教徒无权继承王位,而汉诺威选帝侯是与安妮女王血缘关系最近的新教徒。同时法国承认萨伏伊公爵为西西里国王,勃兰登堡选帝侯为国王。英国是大赢家,不仅从法国手里获得了加拿大的新斯科舍、纽芬兰、哈得逊湾,还得到了西班牙在地中海的直布罗陀和米诺卡岛。

《乌德勒支和约》不仅标志着西班牙王位继承战争的结束,也奠定了18 世纪欧洲的基本格局。法国已经丧失了它从 17 世纪 60 年代以来积累的军事优势,失去了称霸的实力。各国之间建立了一种相对均衡的态势,这也意味着在一定时期里它们将会进入缔结联盟与解散联盟的无休止的循环中。同样,西班牙也遭受了严重的打击,海外殖民地和意大利的领地被瓜分,输送奴隶到美洲殖民地的许可权被分给了英国,战争耗尽国帑,1709—1710 年的天灾也让重振国力变得更加困难。从王位继承战争中获益最大的无疑是英国。通过这场战争,英国不仅扩大了殖民地与贸易特权,而且通往地中海的航线已然畅行无阻。英国的优势在战争中就已展露无遗,大同盟基本上唯英国马首是瞻。荷兰尽管不情愿,但也只得跟随英国亦步亦趋,在继承战争中终止与法国的一切贸易,以换取英国的支持。不过,英国也有自己的隐患。安妮女王去世后,汉诺威家族入主英国。但是,乔治一世(George Ⅰ,1660—1727)与英国的关系比较疏远,他英语说得不流利,而且也不经常出席内阁会议,只能依靠辉

---

① Lucien Bély, *La France modern*, 1498—1789, Paris: PUF, 2013, p. 459.

格党,但辉格党是少数派。詹姆斯三世(James Ⅲ,1688—1766)始终是个潜在的威胁。所以,乔治一世在英国的地位并不稳固。不仅如此,他在汉诺威的领地也一直受到沙俄的威胁。所以,乔治一世急需一位强有力的盟友。这同战后开始休养生息的法国的诉求不谋而合。另外,18 世纪初英法两国主政的大臣都奉行和平审慎的外交政策,因此,英法走向了和解,而这是欧洲国际关系得以缓和的重要因素。另外,某些矛盾正在慢慢地酝酿激化。西班牙虽已衰败,但并不甘心。腓力五世的王后伊丽莎白・法尔内塞(Elisabeth Farnese,1692—1766)和枢机主教阿尔韦罗尼(Giulio Alberoni,1664—1752)既有权谋,又有野心。普鲁士和沙俄在大北方战争中得以崛起,对东北欧的格局有一定影响。但是,这些因素还不足以改变整个格局。18 世纪 30 年代以前,在英法的联手下,欧洲经历了难得的和平。

第四节　国内危机

1715 年的法国,如同衰老的太阳王一样,疲惫不堪。经历了 17 世纪后半叶的连年战争,法国人口比 17 世纪初减少了 200 多万。在西班牙王位继承战争中,法国投入了 30 多万军力,超过整个盟军的总人数。[1] 战时法国总支出与英荷奥三国支出的总和相当,平均每年支出约合 1 600 吨白银。[2] 从 1701 年到 1705 年,法国政府总开销从 1.3 亿里弗增加到 1.7 亿里弗,其中军事开支从 8 000 万里弗增加到 1.1 亿里弗。[3] 政府采取传统办法,回收铸币,减少成色,再度投入流通,结果从 1686 年到 1709 年,铸币的价值减少了 1/3。

1710 年法国开征什一税(dixième)。原则上,这是一项针对所有收

① Pierre-Yves Beaurepaire, *La France des Lumières* (1715—1789), Paris: Belin, 2011, p. 16.
② Emmanuel Le Roy Ladurie, *The Ancien Régime: A History of France, 1610—1774*, translated by Mark Greengrass, Oxford, OX, UK; Cambridge, Mass., USA: Blackwell Publishers, 1996, p. 260.
③ Lucien Bély, *La France modern, 1498—1789*, p. 462.

入的普遍税,即不论是贵族平民,还是特权者和非特权者,都不能豁免。尽管如此,各种特权团体依旧通过不同方式规避税负。法国教会再度以自愿捐献(dons gratuits)的形式,一次性付给国王 800 万里弗而获得豁免权。马耳他骑士团(Ordre de Malte)以 6 万的价格获得豁免权。因此,1710 年第一次征收什一税仅得 2 400 万里弗。次年,法国政府总支出高达 2.64 亿里弗。[1] 既然常规手段无法填补赤字,政府只得再度采取非常规手段,即卖官与举债。[2] 出售公职的做法始于 13 世纪,这曾给国家带来了丰厚的收入。1689—1716 年间,售官所得超过 2 亿里弗。[3] 18 世纪,法国公职人员的数量比科尔贝尔时代增加了一倍,政府本应能通过卖官鬻爵获得大量收益。但是,这项制度有其内在弊端,因为采取包税的形式,从中获益最大的不是国家,而是金融家与公职经纪人,大约有 1/3 收入被这些人侵吞。1689—1715 年间,包税商从中所得更是超过 180 亿里弗。[4] 陷入困境的国家本想通过出卖官职爵位敛财,以解燃眉之急,结果反而把大笔财富送入金融家的腰包。1715 年,法国政府债务高达 12 亿里弗,其中即将到期的短期债务有 10 亿里弗。同年国家税收收入仅 6 900 万里弗,正常支出就有 1.46 亿里弗,常规赤字就有 7 700 万里弗。此外,来年收入中有 1.3 亿里弗已经预支。这是旧制度时代法国所经历的最严峻的时刻之一。

1709—1710 年欧洲遭遇了有史以来最严酷的冬天。约有 7%—8% 的法国人在这场严寒中丧命。据说连路易十四餐桌上的葡萄酒都冻住了。连续几个寒冬,以及相继出现的收成危机,夺走了数百万人生命,出生率大

---

[1] 黄艳红:《法国旧制度末期的税收、特权和政治》,北京:社会科学文献出版社,2016 年,第 113—118 页。

[2] P. Harsin, "L'argent est-il le nerf de la Guerre?" *Revue des Sciences Politiques*, Tome lviii (1935), p. 232.

[3] William Doyle, *Venality: The Sale of Offices in Eighteenth-Century France*, Oxford: Clarendon Press, 1996, p. 40.

[4] Henri Leclercq, *Histoire de la régence pendant la minorité de Louis XV*, Tome 1, Paris: É. Champion, 1921, p. 304.

幅下降,盗匪横行,各地叛乱频仍。1707 年 5—7 月间,凯尔西地区爆发了抗税叛乱。逃亡卡奥尔的督办官被一万多农民围攻。天灾人祸之下,民众生不如死。17 世纪末,著名的道德学家拉布吕耶尔(La Bruyère,1645—1696)在《品性论》(*Les Caractères ou les Mœurs de ce siècle*)中写道:"乡间游荡着一些雄性和雌性的野兽……它们赖以存活的只是黑面包、清水和草根,它们使人省去播种、耕作和收获之苦……所以,它们也不应该吃不到自己播种的面包。"①普罗旺斯地区的督办官莫朗(Thomas-Alexandre de Morant,1642—1713)在信中告诉科尔贝尔:"在埃克斯(Aix)和其他大城市,既看不到贵重的家具,也没有任何新建的漂亮建筑。"法国的惨状给前来游玩的英国索尔兹伯里(Salisbury)主教比尔内(Gilbert Burnet,1643—1715)留下了深刻的印象:"从巴黎到里昂的路上,如此悲惨的景象让我震惊。到处是破旧的小屋,褴褛的衣衫,一张张憔悴的脸。"②

　　路易十四统治末年流行的歌谣以及匿名的墓志铭,传达了民众对这位穷兵黩武的国王的怨恨:"为了我们能休养生息,他才离去。"③时代的悲剧也是批判思想孕育的温床。重商主义遭到了抨击。一些商人,甚至包括王国的官员,纷纷建言献策,呼吁放宽管制,实现商业自由。领主贝莱巴(Belesbat)向路易十四提交了六份备忘录,其抄本在鲁昂、南特、格勒诺布尔等地广为流传。流亡的新教思想家阐发了人民主权的思想,朱里厄(Pierre Jurieu,1637—1713)撰写的《渴望自由的奴役法兰西的叹息》(*Les Soupirs de la France esclave qui aspire après la liberté*,1689)言辞激烈,感情充沛。年轻的伏尔泰在《颂时代之不幸》(*Ode sur les malheurs du temps*,1717)中抨击了路易十四的好战。圣皮埃尔教士(Saint-Pierre,1658—1743)的《永久和平论》(*Projet de paix perpétuelle*)开

---

① 转引自布朗伯利编《新编剑桥世界近代史》,第 6 卷,中国社会科学院世界历史研究所译,北京:中国社会科学出版社,2008 年,第 431 页。

② 转引自 Lionel Rothkrug, *Opposition to Louis XVI : The Political and Social Origins of the French Enlightenment*, Princeton:Princeton University Press,1965,pp. 235 - 236。

③ Francis Assaf, *La Mort du roi : une thanatographie de Louis XIV*, Tübingen:G. Narr Verlag,1999. 该书的附录收录了各类讥讽式墓志铭。

启了关于欧洲联盟的构设。最重要的一批改革者是路易十四之孙勃艮第公爵(duc de Bourgogne,1682—1712)身边的重臣,其中包括费讷隆主教(Fénelon,1651—1715)、博埃维里耶公爵(duc de Beauvilliers,1648—1714)、谢弗勒斯公爵(duc de Chevreuse,1746—1712)以及圣西蒙公爵(duc de Saint-Simon,1675—1755)。[1] 这些新的思想,或许并不成熟,也缺乏体系,却是启蒙运动的先声,是 18 世纪法国君主制改革与革新的萌芽。

　　世纪之交的另一个危机来自冉森派(Jansenism)。[2] 冉森派本是 17 世纪末法国境内追随神学家冉森(Cornelius Jansen,1585—1638)的一种宗教异端。冉森生前曾任伊普尔主教(Ypres),出版了皇皇三卷《奥古斯丁》(Augustinus,1640)。他重提奥古斯丁主义,强调上帝的绝对主宰与人性的彻底败坏,否认人的自由。这本是对文艺复兴以来人文主义的一种反动。在世俗层面,冉森主义是越山主义(Ultramontanism)的一支,强调教宗和教会的权威。[3] 可想而知,在宗教战争背景下,这势必会遭到世俗政权的迫害。1638 年,枢机主教黎塞留(Richelieu,1585—1642)将当时冉森派的代表、圣锡兰(Saint-Cyran)修道院院长奥朗纳(Hauranne,1581—1643)投了文森监狱。随着宗教战争的平息,冉森派度过了一段相对平静的时光。1698 年,风波再起,帕斯奎耶·魁奈尔(Pasquier Quesnel,1634—1719)发表了《福音书道德沉思》(Réflexions morales)。在正统冉森主义的教义中,魁奈尔吸收了里歇主义(Richerism)的思想。里歇(Edmond Richer,1559—1631)是 17 世纪上半叶一位法国神甫,他认为信仰和宗教的管理不仅属于教宗与主教,也属于普普通通的神甫以

① George Tréca, Les Doctrines et les réformes de droit public en réaction contre l'absolutisme de Louis XIV dans l'entourage du duc de Bourgogne, Librairie de la Société du recueil général des lois & des arrêts & du Journal du palais, 1909.

② 国内研究,参见庞冠群《冉森派与 18 世纪法国的政治》,载北京大学历史学系编《北大史学》11,北京:北京大学出版社,2005 年;崇明:《论十七世纪法国冉森派的神学和政治》,《浙江学刊》2013 年第 2 期;王印:《何为冉森派?——冉森派史学研究梳理与思考》,《史林》2017 年第 2 期。

③ 越山主义又称教宗至威主义和教宗至上论,是罗马天主教中强调教宗权威和教会集权的一种学说,"越山主义"一词有北欧的教会成员总是向阿尔卑斯山以南的教宗寻求指示的含义。

及整个信众群体,也就是说教宗的权威受到教务大会的限制。这种激进民主的色彩不仅对底层的教士很有吸引力,而且也自然会对绝对主义的宗旨造成影响。① 晚年的路易十四对冉森派的态度十分严厉,他甚至放弃了1682年确立的限制教宗权力的原则,希望借助教宗的势力打压冉森派。1713年,教宗克雷芒十一世颁布的《乌尼詹尼图斯谕旨》(*Bull Unigenitus*,下简称《通谕》),谴责那本已经再版了五次的《福音书道德沉思》中有101条论点是有罪的。1714年2月,该《通谕》依法国基本法程序,送达巴黎高等法院进行注册。但是,法官们认为,这与高卢教会的自由原则相悖,不同意注册。1713年10月—1714年2月召开的主教大会也反对《通谕》,因为会议主席、枢机主教诺阿伊(Louis Antoine de Noailles,1651—1729)本身就是冉森派,亲手修订过《福音书道德沉思》一书的行文措辞。面对高等法院的反对,路易十四意欲采取钦断。钦断是一种古老的仪式,始于14世纪,原指带着华盖的国王宝座出现在高等法院中,这是国王强迫高等法院接受其意志的仪式。可是,这次钦断没有落实,因为路易十四的身体越来越差。悬而未决的《通谕》势必会进一步引发争端,在18世纪的语境下,冉森主义不再仅仅是宗教上的异端,而且也是政治上的异端,它融合了里歇主义的民主色彩,不断挑战绝对主义的信条,并逐步孕育了现代的民族意识。

18世纪初,法国面临的另一个问题是继承危机。1711—1714年,路易十四的子孙接二连三过世。1711年4月14日,路易十四的长子、大王太子(Grand Dauphin,1661—1711)死于天花。1712年,大王太子的长子勃艮第公爵和太子妃死于麻疹,幼子贝里公爵(duc de Berry,1686—1714)死于一场事故。1712年,勃艮第公爵的次子布列塔尼公爵(duc de

---

① Jonathan Israel, *Radical Enlightenment : Philosophy and the Making of Modernity 1650—1750*, Oxford University Press, 2002. Edmond Préclin, *Les jansénistes du XⅧ^e siècle et la constitution civile du clergé : le développement du richérisme, sa propagation dans le bas clergé, 1713—1791*, Paris: J. Gamber, 1929.

Bretagne,1707—1712)死于麻疹。① 于是,按照继承序列,勃艮第公爵幼子,也就是路易十四的曾孙继承了安茹公爵(duc d'Anjou)的头衔,成为法国王位继承人。

1715 年 9 月 1 日上午八点十五分,统治了法国 72 年的路易十四驾崩,安茹公爵继位,是为路易十五。但是,继承问题依然悬而未决。因为根据王国的基本法,国王年满 13 岁才算成年,才能加冕。若无王太后扶持,需立摄政王。根据继承序列,当时有资格担任摄政王的有两人,其一是路易十四的侄子、奥尔良公爵腓力二世(duc d'Orléans,1674—1723)。第二位就是西班牙国王腓力五世,根据《乌特勒支条约》,他无权问鼎法国王位。因此,奥尔良公爵成了摄政王。但是,这位公爵名声不佳,甚至有谣言说几位王太子就是被他投毒害死的。路易十四对他这位侄子也很不放心,因此在 1714 年 8 月 2 日颁布的遗嘱中规定,他死后,应设立由摄政王领导的摄政会议(le conseil de régence),由血亲亲王以及一干重臣组成。国务均由摄政会议投票决定。另外,路易十四又将他的两个私生子曼恩公爵(duc du Maine,1670—1736)和图卢兹伯爵(comte de Toulouse,1681—1737)升任为合法继承人,规定在所有的血亲亲王都绝嗣后,他们有权继承王位。1715 年 5 月又把他们立为亲王,并规定这两位亲王皆有权出席摄政会议。路易十四通过这一有违王国基本法的举动,限制奥尔良公爵的权力,试图保证王位平稳继承。但事实上,这并不容易。安茹公爵素来身体孱弱,而且早已感染麻疹,多亏旺塔杜尔公爵夫人(duchesse de Ventadour,1654—1774)的悉心照料,才得以侥幸存活。很少有人相信他能活到成年。继位问题是萦绕在奥尔良公爵八年摄政时期的一个核心问题,因为一旦路易十五去世,最有权继承王位的就是这位奥尔良公爵,在他之后还有两位血亲亲王:孔蒂与孔代,以及路易十四的两位私生子。此外,尽管有《乌特勒支条约》的约束,腓力五世也是潜在的继承人。摄政时期的内政、外交乃至路易十五的婚姻,无不与此有关。

---

① 勃艮第公爵的长子出生后不到一年即去世。

第二章 奥尔良摄政（1715—1723）

第一节 多部会议制

根据王国基本法,先王的遗嘱其实没有约束力。废除或修改遗嘱也有先例。1643 年,路易十三的遗嘱在巴黎西岱岛(Île de la Cité)司法宫被废,法国进入安娜王后(Anne d'Autriche,1601—1666)摄政时期。路易十四的遗嘱遭遇了同样的命运。1715 年 9 月 2 日,在司法宫举行钦断。巴黎高等法院的所有法官、亲王以及王公贵族身着孝服,聚集一堂,商讨摄政事宜。奥尔良公爵启封先王遗诏,当众宣读。当他获知要设立摄政会议的时候,佯作震惊。实际上,奥尔良公爵早做了周详的安排,不仅严防消息传入西班牙,还与那些不满私生子干政的亲王们结成了同盟,甚至还拉拢了反感曼特侬夫人等虔诚派的高等法院法官。奥尔良公爵向那些意图改革的人承诺,他会践行勃艮第公爵身边那群改革派的主张。[1] 所以,在场的所有人或许不会对这次钦断的结果感到意外。高等法院宣布,根据遗诏中"设立代表王国的唯一领袖"这一要求,废摄政会

---

[1] Colins Jones, *The Great Nation：France from Louis XV to Napoleon 1715—1799*, New York：Columbia University Press, 2002, pp. 37 - 38.

议,立奥尔良公爵为摄政王。为回报高等法院,1715 年 9 月 15 日,摄政王以国王的名义宣布:"高等法院在登记法律之前,就公共利益向朕陈述它认为合适的看法。"①这一令诏恢复了 1673 年由路易十四下令中止的谏诤权(remontrance)。② 这意味着,此后国王下达的所有重要法令与敕令,若不经高等法院的注册,便不能生效。

奥尔良公爵不仅联手高等法院,推翻了路易十四的遗嘱,而且还对御前会议进行了大刀阔斧的改革,他于 9 月 15 日颁布诏令,恢复贵族在政府高层决议中的权力。奥尔良公爵首先将原先国务会议、公文会议、财政会议和商业会议的职务全部并入摄政会议,由摄政会议统领内外政务。每周开四次会,每次讨论不同议题,比如周日和周三商议外交,周六下午商议财政,周二下午商讨军务和各外省事务。摄政会议由摄政王奥尔良代国王出席,如果他缺席,则由波旁公爵(duc de Bourbon,1692—1740)代表。路易十五在 10 岁后才正式出席会议。然后,将原先由各国务秘书领导的部门均变成会议制,分别设立信仰会议(Conseil de Conscience,由枢机主教诺阿伊主持)③、外务会议(Conseil des Affaires Étrangères,由于塞尔元帅[Nicolas Chalon du Blé,1652—1730]主持)、军事会议(Conseil de la Guerre,由维拉元帅和图卢兹伯爵分别主持)、海军会议(Conseil de la Marine)、财政会议(Conseil des Finances,由诺阿伊公爵[Maurice de Noailles,1678—1766]主持)、内政会议(Conseil des Affaires du dedans du Royaume,由安廷公爵[duc d'Antin,1665—1735]主持)④以及商业会议(Conseil du Commerce,由拉夫尔公爵[Duc de La

---

① Isambert, Jourdan & Decrusy (eds.), *Recueil général des anciennes lois françaises*, Tome 21, pp. 40 - 41.

② 路易十四并未废除高等法院的谏诤权,而是规定在法令登记生效之后,巴黎高等法院才能提交谏诤书。由此,谏诤权失去了应有的意义。参见 Michel Antoine, "Les remontrances des cours superieures sous le regne de Louis XIV (1673—1715)," *Bibliothèque de l'école des Chartes*, Tome 151, 1993, pp. 87 - 122。

③ 此会议负责宗教事务。

④ 此会议即为现代法国内政部的前身,故译为内政会议。

Force,1672—1725]主持)。在此之前,各部的职务与决定权都集中在各国务秘书手里,只有他们有权下达决议(Arrêts)。[①] 所以,改革实际上限制了国务秘书的权力。不过,所设各部会议并无决策权,仅有协商权,协商后将议案提交摄政会议,由摄政王联席各部会议主席讨论决定。所以,多部会议制的改革有两个基本特点,首先是将国务秘书的专人负责制变成了集体内阁制(ministères collégiaux),[②]其次,参与高层决策的人数相应增多,根据 1715 年 9 月 15 日诏令,各会议均有 12 名成员。这些成员中,一半由旧贵族担任,一半则从先前的公职人员中遴选。在路易十四一朝受排挤的那些佩剑贵族或是名门望族得以重新回归政坛。

　　在路易十四统治末年,已有不少人以不同方式表达了改制的愿望和想法,希望借此约束王权,恢复贵族地位。改制的计划,不仅包括中央层面,也涉及地方行政。圣西蒙公爵(duc de Saint-Simon,1675—1755)于1712 年致信路易十四,劝其建立类似的分部会议制。费讷隆主教在1711 年 11 月起草著名的《与肖尔纳公爵协商政府计划》,就教区、地方三级会议、全国三级会议等方面提出一套全面的改革计划。[③] 谢弗勒斯公爵为其修改文稿时,又加上了取消督办官、恢复总督权力等方案。他们选择此时起草计划,是因为他们的学生勃艮第公爵在大王太子去世后将成为王储,有望通过他落实改革。因此,从这个角度来看,奥尔良的改革

---

① 诏书(Lettres Patentes),是由国务秘书副署的供最高法院签字的国王文件;御前会议决议(Arrêts du Conseil),这是司法形式的文书,常常在行政领域使用。从 17 世纪末起,很多参政会决议不再提交国王参政会,只由一个大臣制定。其他形式的法令如诏令(Déclaration),是对敕令、命令的解释文本,上盖有蜂蜡制成的黄色大印章。其他几种官方文书及其含义分别是:国王命令(Ordres du roi),上盖有国王密印,由国王和一个国务秘书签字,专门处理具体事务,或者指专门由国王签字的命令,现金收据或公证证书;敕令(Édit),在整个王国有效的法律,从原则上来说只限于一件具体的事,上盖有绿色蜂蜡制成的大印章;法令(Ordonnance),在整个王国有效的法律,上盖有绿色蜂蜡制成的大印章。一直到 17 世纪三四十年代,法令的内容都涉及很多领域,从路易十四时代起变得专门化起来。参见 François-Xavier Emmanuelli, *État et pouvoirs dans la France des XVIe-XVIIIe siècles: la métamorphose inachevée*, Paris: Nathan, 1992, p. 26。

② Michel Antoine, *Le Conseil du roi sous le règne de Louis XV*, Genève: Droz, 2010, p. 83.

③ 一般简称 Tables de Chaulnes,参见 *Œuvres de Fénelon*, *archevêque de Cambrai*, Tome 3, Paris: Lefèvre, 1835, p. 446。

似乎适应了贵族复辟的趋势。圣皮埃尔神甫对改革很满意,并把这套新制度称之为多部会议制(Polysynodie),并以此为题写了一部小册子,为改革辩护。[1]　布兰维里埃(Henri de Boulainvilliers,1658—1722)和圣西蒙从奥尔良的改革看到了全面变革的希望,希望借此机会,以多部会议制作为基础,恢复全国三级会议和地方三级会议。[2]

　　不过,奥尔良公爵恢复贵族权力,不过是为了稳固他自己的地位。因为根据王国的法律,摄政王本身没有绝对权威,只不过代表幼主行使绝对王权。而且还必须考虑到,当时很多人都不认为路易十五会长命,所以作为第一继承人,王位会落入奥尔良家族,所以奥尔良公爵也很可能有长远打算,恢复贵族地位或许只是一种权宜之计。但是不论如何,从结果来说,改革并没有真正恢复并稳固贵族权势,其中有许多客观原因。首先与贵族本身有关。多部会议制吸收了不同的贵族,有穿袍贵族,也有前朝重臣,比如拉努瓦雷(Daniel Voysin de La Noiraye,1654—1717)、费里波家族成员(Phélypeaux),还有路易十四的私生子图卢兹伯爵、曼恩公爵。这些人常常就身份、座席、发言顺序等繁文缛节,斤斤计较,互不相让,结果冲突多于合作,工作效率低下。另外,尽管形式上保留了摄政会议的讨论,但是实际上很多事务都是奥尔良公爵一人决定。安廷公爵经常抱怨说摄政会议上基本没有讨论,因为事情在会前早已内定。[3]　另外,改革只涉及中央,对地方毫无影响,这给中央与地方之间的工作衔接带来了麻烦,而且各部委在地方事务方面的分工也没有明文规定清楚,致使外省的每位督办官必须"同时与七个委员会,以及委员会里

[1] Saint-Pierre, *Discours sur la polysynodie*: *où l'on démontre que la polysynodie*, *ou pluralité des conseils*, *est la forme de ministère la plus avantageuse pour un roi*, & *pour son royaume*, Amesterdam: EDHIS, 1719.

[2] Henri Leclercq, *Histoire de la régence pendant la minorité de Louis XV*, Tome 1, pp. 99, 154—155, 187—188.

[3] Colins Jones, *The Great Nation*: *France from Louis XV to Napoleon 1715—99*, p. 41.

的每个议员"联络。①

实际上，奥尔良公爵真正信任和仰赖的不是这些贵族，而是负责外交的枢机主教杜波瓦(abbé Dubois,1656—1723)和负责财政的约翰·劳(John Law,1671—1729)。1718 年 9 月 24 日，他废除多部会议制，恢复了路易十四时期的国务大臣与御前会议的体制，杜波瓦负责外交，约翰·劳任财政总监，不到 20 岁的莫勒帕伯爵(comte de Maurepas,1701—1781)担任海军国务秘书。莫勒帕伯爵出身于显赫的费里波家族，他的仕宦生涯伴随着波旁王朝在 18 世纪的兴衰起伏不定。奥尔良公爵此次改制招致大量非议，但是他已大权在握，毫不心慈手软地镇压了异见者：高等法院法官被流放到蓬图瓦兹(Pontoise)，被伏尔泰誉为最博学的达盖索被贬。② 与此同时，于两年前成立的通用银行(Banque générale)正式晋升为王家银行(Banque Royal)，这意味着由那位来自苏格兰的炼金术士主持的财税改革正步入新的阶段。③

第二节　约翰·劳改革

此间内阁大臣一个接一个走马上任，此生彼灭，犹如四季的更替。三年以来，我看到财政制度变了四次……在先王去世之时，法国如多病之躯。Nxxx 手执利刃，割掉附赘悬疣，用了一些补药，但还剩下一种内疾有待医治。此时来了一个外国人，着手治疗。用了许多猛药之后，他以为已经使法国恢复丰腴，其实他只是使法国浮肿而已。

上述引文出自《波斯人信札》，孟德斯鸠说的"一个外国人"，指的就是约

---

① 1717 年 10 月 5 日布列塔尼督办官的申诉。转引自 Michel Antoine, *Le Conseil du roi sous le règne de Louis XV*, p. 95。

② Jean Égret, *Louis XV et l'opposition parlementaire*, 1715—1774, Paris：A. Colin, 1970, pp. 34 - 38。

③ Isambert, Jourdan & Decrusy (eds.), *Recueil général des anciennes lois françaises*, Tome 21, pp. 167 - 168.

翰·劳。在他看来,劳非但没能把法国的病治好,反而颠覆了法国的社会秩序:"这个外国人把法国搞得天翻地覆,就像收破烂者翻改旧衣一样,把原来在底下的放到上面来,原来在上面的放在下面。"①不过,经济学家熊彼特(Joseph Alois Schumpeter,1883—1950)却对劳赞赏有加,称他"才华出众,思想深刻",是现代宏观经济学的鼻祖。② 劳担任财政总监时间不长,却对整个18世纪法国产生了深远且复杂的影响。

劳出生于爱丁堡一个银行家兼金银匠家庭,1714年来到法国,住在巴黎大路易广场一所豪华寓所里,凭着高超的赌术结识了不少名流政要。劳曾数次拜访财政总监德马雷,并谎称路易十四已经批准了他提出的建银行的计划。③ 奥尔良公爵和其他政府高层官员也都十分欣赏劳的设想。当时法国政府濒临破产,众人一筹莫展,劳的计划虽然大胆,却让人看到了希望。④ 而且,劳建银行,也不只是为了筹款,更有政治思考。他认为,信用有着无可估量的力量,它能使法国无须动用武力,成为欧洲的霸主。与共和制和宪政体制相比,绝对王权能为信用机制提供更有效、更稳定的保障。反过来,健康的公共信用体制又能为王权提供一套"合乎理性"的原则。摄政王被他打动了。

1715年,劳提议建立银行,吸收存款,发行纸币。仅此来看,他的计划既不算创举,也算不上激进。法国人对这种发行纸币或信用券的做法并不陌生。英国在1694年就建立了类似的银行。纸币早在马札然时代就已出现。路易十四末年也使用过信用券。劳的改制,真正的突破不在于此,而在于由代表国家的银行全权负责金融财政事务。这意味着,法

① 孟德斯鸠:《波斯人信札》,梁守铿译,北京:商务印书馆,2006年,第263—264页。引文中的 Nxxx指诺阿伊,内疾指财政赤字。
② 熊彼特:《经济分析史》,朱泱等译,第1卷,北京:商务印书馆,2001年,第453页。
③ John Law, *Œuvres*, edited by Paul Harsin, Tome 2, Paris: Librairie du Recueil Sirey, 1943, p. 30. A. E. Murphy, *John Law: Economic Theorist and Policy-Maker*, Oxford: Clarendon Press, 1997, p. 124.
④ 前两次政府宣布破产分别在1648年和1661年。

国今后可以摆脱金融家和包税商。① 这也是他的改革深得民心的原因之一,因为民众对包税商和金融家早已深恶痛绝,称他们是寄生虫,是吸血鬼。旧制度法国有一种法庭,叫作正义法庭(Chambre de Justice),专门接受民众的举报,审查金融家,一旦查实,举报者会从政府所没收的财产中得到一定数额的奖励。但是 1717 年之后,正义法庭不再召开,原因是包税商和金融家已跻身上流社会,与政府要人和达官显贵的关系更紧密了。② 当时流传一份佚名回忆录,对此有生动的描述:"金融家把女儿嫁给宫廷中最有权势的公侯,他们的儿子则娶了首席法官的女儿……朝廷,法官和贵族都在为他们说情。"③所以,劳的改革既得到政府上层的重视,又顺应民意。

1716 年,劳获准建立通用银行。这是一家私人银行,总资产大约是600 万里弗,分 12 000 股,每股 500 里弗,发行的票据贴现率为 6％。银行也接受存款,向持有票据的人发行可以和银行兑换的票据。这类票据称为埃居(écu)。政府在银行设有专员,负责监管。④ 通用银行很快吸收了大量的存款,并承揽了外汇交易的业务,但是所发行的票据却屡屡告败。1716 年 5 月 22 日《摄政公报》(Gazette de la Régence)报道,在民众看来,新银行就是虚幻的东西,人人都嘲笑它,没人相信。⑤

但是,奥尔良公爵决定力挺劳。1717 年 4 月,政府规定,劳银行发行的票据为法定流通货币,用以支付税款。这引起了巴黎高等法院的不满。法官大多为食利者,劳的改革必然会触犯他们的利益。不过,真正

---

① A. E. Murphy, *John Law：Economic Theorist and Policy-Maker*, p. 143.

② J. F. Bosher, "Chambres de justice in the French," in Bosher ed., *French Government and Society 1500—1850：Essays in Memory of Alfred Cobban*, London：Athlone Press, 1973, pp. 19 - 40. Daniel Dessert, *Argent, pouvoir et société au Grand Siècle*, Paris：Fayard, 1984, pp. 238 - 257.

③ 雷吉娜・佩尔努(Régine Pernoud):《法国资产阶级史》,下册,康新文等译,上海:上海译文出版社,1991 年,第 156—157 页。

④ Isambert, Jourdan & Decrusy (eds.), *Recueil général des anciennes lois françaises*, Tome 21, pp. 100 - 103.

⑤ 转引自 A. E. Murphy, *John Law：Economic Theorist and Policy-Maker*, p. 157。

让他们担心的是劳银行很有可能会强化国王的权力。于是,高等法院以
"劳计划挑战王国一切法律"为由,联合审计法院(Chambres des
Comptes)、货币法庭(Cour des monnaies)和税务法院(Cours des
Aides),一同反对劳的银行。很明显,这违背了奥尔良公爵的意志。此
时,摄政王地位已经稳固,不再需要高等法院的支持。在御临会议
(séance royale)上,奥尔良摆出君王的权威,利用钦断,将高等法院法官
流放蓬图瓦兹。一旦有了政府的背书,票据很快就成了俏货。1717年8
月,劳建立了密西西比公司,获得了路易斯安那的专营权,获准发行股
票,每股面值500里弗,共20万股。密西西比公司逐步合并领导东印度
公司、法国—塞内加尔公司等,获得了在东方各国的贸易特权。新大陆
和东方的遍地黄金仿佛已是密西西比公司的囊中物。它的股票自然一
路水涨船高。很快,密西西比公司的单股卖到了18 000里弗。

　　类似的一幕正在英国上演。差不多同时期,南海公司(South Sea
Company)接管了英国政府的大部分公债,美洲的商业利润被大大夸张,
短时间内公司的股票涨了十倍。[1] 人们创办了各式各样的公司,例如"使
用大柜运送活鱼到市场的公司","确保女性贞节的保险公司","在适当
时候才公布业务"的公司,等等。实际上,公司的业务越荒诞,股票价格
就越高。劳银行所在的那条堪康普瓦街上挤满了梦想一夜暴富的人。
房租涨了九倍。卡里尼昂亲王(prince de Carignan,1690—1741)干脆在
他的花园里搭起了150间木屋,以每月500里弗的价格出租给买股票的
人。一个名叫邦巴里奥的小个子驼背把自己的驼背出租给投机商做书
案,赚了大钱。波旁公爵赚到5 000万里弗的财富。[2] 劳本人购买了至
少七处地产。现在,勒萨热笔下那位一夜暴富的贵族跟班蒂尔卡雷成为
每一个人的缩影。爱尔兰经济学家坎蒂隆(Richard Cantillon,1680—

[1] 有关"南海公司",参见 Richard Dale, *The First Crash : Lessons from the South Sea Bubble*,
New Haven: Princeton University Press,2016。
[2] Henri Leclercq, *Histoire de la régence pendant la minorité de Louis XV*, Tome 2, pp. 395-
397. Faure, *La Banqueroute de Law*(17 juillet 1720), pp. 98-111.

1734)当时也住在巴黎,从这场投机风暴中获利不少。不过,他早有预言,银行的股票必将大跌。

金融业的繁荣持续了三年多。1719 年年底,劳不仅控制了海洋贸易,而且已经垄断了烟草专卖和征税。1720 年 1 月,他擢升为财政总监。股票票值升到了顶峰。纸币大量发行,导致物价暴涨。1721 年 2 月每斤肉涨到了 14 苏,而 1716 年仅售 4 苏。[1] 而公司承诺的那些商业计划无法实现,持有股票的人为他们的钱担心,开始抛售股票,股市行情急剧下跌。1720 年 10 月,劳被撤职,赶出法国。实际上,投机的风暴还持续了数月,不少人认为眼前的危机很快会过去,劳也会重整金融市场。直到发生了一连串自杀和破产事件后,人们才开始相信,繁荣是虚假的。

人祸总与天灾相伴。正当巴黎人为自己手里的股票寝食难安之时,南方传来了骇人听闻的消息。1720 年 5 月,一艘携带鼠疫病毒的商船停靠在马赛港口。当局尽管采取了封锁措施,但还是没能阻止病毒传播。起初,人们对医生善意的警告嗤之以鼻,讥讽"这又是一个密西西比(un nouveau Mississipi)"[2]。很快,1/3 的马赛人丧命。8 月,病毒传到埃克斯,患者中侥幸存活的不足 0.6%。10 月,鼠疫侵袭土伦,近 1 万人丧命。据不完整统计,在这场鼠疫中丧命的人超过 10 万。直到四十多年后,法国南部地区的人口才逐渐恢复到世纪初的水平。这场灾害给劳体系(système de Law)造成了致命的打击。民众对未来彻底丧失信心。伴随着疾病的蔓延,食物和医疗物资都出现了短缺,更催生了对金属货币的需求。股票和债券很快变得一文不值。劳在 1723 年的一份回忆录中写道,1720 年普罗旺斯的这场鼠疫对信用有极大的影响,如果没有这场危机,银行信用体系或许不会那么容易崩塌。[3]

如果不结合当时的背景,我们不太能理解这场改革的影响。在旧制

---

[1] 雷吉娜·佩尔努:《法国资产阶级史》,下册,第 159 页。

[2] P. Ed Lémontey, *Essai sur la monarchie de Louis XIV : suivi de la peste de Marseille*, Paris: Landois et Compagnie, libraires, 1835, p. 13.

[3] Murphy, *John Law: Economic Theorist and Policy-Maker*, pp. 287 - 289.

度法国,王权介入货币流通,这历来被看成是大忌。勒布朗(François Le Blanc,? —1698)曾警告过,币值与度量衡乃是万物之制度,秩序之基础,不可轻易更改。[1] 所以,劳的改革不可谓不大胆。熊彼特将劳体系看作管理通货思想的鼻祖,实不为过。[2] 大多数经济学家对劳并无好感,他们认为,滥发纸币,而在采取通货紧缩政策时又十分犹豫,体制崩溃是必然的。[3] 不过,史家对劳同情更多。在他们看来,劳在政策上的前后变动,并不是出自本意,而是碍于政治压力的无奈之举。想要落实计划,劳必须不断取悦奥尔良公爵。而摄政王又需要通过其削减债务的做法,替显贵们还债,拉拢亲信,以博得这些人的支持。因此,金融根本上依赖于不可预测的政治。有人获利,必然有人受损,而那些受损的债务人也必定会动用一切手段败坏银行的信用。[4] 迪托(Nicolas Dutot,1684—1741)把这些思考写进了《约翰·劳体系的历史:1716—1720》,为劳辩护。身为劳的助手,迪托既为体系的崩溃倍感惋惜,也意识到利率对货币供应量的影响。为此,他撰写《关于金融和贸易的政治思考》一书,系统阐述了这方面的理论,成为数量经济学的先驱。[5]

1720 年 10 月 17 日,与劳体系相关的所有文件在沙滩广场焚毁殆尽。劳也被迫离开法国。但是,劳这个名字深深地刻在了法国人的脑海里。五年来所发生的一切令人感到不可思议。首先财富变化带来的剧烈的社会动荡给人留下了深刻的印象,这或许也影响了人们对社会晋升的理解。孟德斯鸠说:"半年前的富人,目前均在贫困中;而过去没有面

---

[1] François Le Blanc, *Traité historique des monnoyes de France*, chez Pierre Mortier, 1692.

[2] 熊彼特:《经济分析史》,第 1 卷,第 495 页。

[3] 如见 Peter Garber, *Famous First Bubbles*: *The Fundamentals of Early Manias*, Cambridge: MIT Press, 2000。

[4] 如见 Edgar Faure, *La Banqueroute de Law* (17 *juillet* 1720), Paris: Gallimard, 1977; Paul Harsin, *Crédit public et banque d'état en France du XVIe au XVIIIe siècle*, Paris: E. Droz, 1933。

[5] Nicolas Dutot, *Histoire du système de John Law*, *1716—1720*: *publication intégrale du manuscrit inédit de Poitiers*, édited et introduire par Antoin E. Murphy, Paris: INED, 2000。

包的人,今天却财富用之不尽。"①他感叹说,即便上帝把人从微贱中拯救出来,也不会如此迅速。劳的影响是多方面的,对经济思想的影响最为深远。近代法国的自由主义经济理论便发端于劳改革失败前后。有关奢侈的论战也由此开始。梅隆(Jean-François Melon,1675—1738)和迪托作为劳的助手,著书立说,为功利主义辩护。1740年,曼德维尔(Bernard Mandeville,1670—1733)《蜜蜂的寓言》被译介到法国,更起到推波助澜的功效。对于商业自由、奢侈、欲望的论述逐渐改变了时人对政治、等级、社会结构以及法国命运的理解。②

　　劳倒台后,包税商卷土重来。1726年,在被取缔了十年后,总包税所(Ferme Générale)得以重建。该机构成立于1680年,负责盐税、商品税和关税的征收权。旧制度法国的税收大体上有四种征收形式:征收(collecte)、一次性支付(abonnement)、包税(ferme)和国家直接征收(régie intéressée)。直接税大都采用直接征收方式,由财政会议确定每年税收总额,并按税区进行摊派征收。一次性支付指的是像省三级会议这样的特权机构,在知晓中央今年所需征收直接税数额之后,开会商议一个数额,一次性付给中央,换来得到中央认可的征税权,而此后征多征少都与中央无关,实际上就是以一笔费用买断直接税的征收权。这样的做法对中央和地方都有好处。因为中央尽管下达了征收诏令,但是实际上能收上来多少,会征多久,并不知道,所以一次性征收对中央而言既省时又省力。对地方而言,也有好处,因为这笔费用必然会比中央的索要要低。③ 另外两种方式针对间接税。所谓包税,简单来说,就是国家将某项税收的征收权交给包税人(partisans 或 traitants),而包税人按照双方签订的租约(bail)向国家缴纳一定款额。本质上和一次性支付的性质类

---

① 孟德斯鸠:《波斯人信札》,信138。
② Jean-Claude Perrot, *Une histoire intellectuelle de l'economique politique*, XVIIe-XVIIIe, Paris：EHESS, 1992,第1章。John Shovlin, *The Political Economy of Virtue：Luxury, Patriotism and the Origins of the French Revolution*, Ithaca and London：Cornell University Press, 2006,第1章。
③ 教会有类似的做法,但不叫一次性支付,而叫一次性赎买(rachat)。

似。1780年,财政总监内克(Jacques Necker,1732—1804)削减了总包税所的业务范围,商品税和王室领地税脱离包税制度,由新成立的国家税务总局(régie générale)负责,并由中央派遣的带薪税吏直接征收,此即上文提到的第四种征收方式。

重建总包税局后,中央政府分别与40名总包税人签订了40份租约,负责各项间接税的征收。通过这40份租约,政府一次性获益8000万里弗,占上一年财政总收入的40%。此后,租约的金额不断上升,1744年,租约总值为9200万里弗,1750年上涨到1.02亿里弗,1768年为1.32亿里弗,1774年为1.52亿里弗,基本上都占到国家财政总收入的40%以上。包税局的规模也是令人吃惊的,到旧制度末年,巴黎总共有58名包税商,雇了685人,外省有228名包税商,雇佣了28 762人,他们形成了有组织、有效率的官僚科层体制,成了真正的国中之国。① 金融家的势力也今非昔比,不少人在劳体系中一夜暴富。他们不再只是某位王公贵族的债务人,而成了经济的主宰,甚至成了政治世界的主宰。路易十五的情人蓬帕杜侯爵夫人(marquise de Pompadour,1721—1764)的父亲是金融家,丈夫是包税商,而她对法国在18世纪中叶前后的内政外交都产生了至关重要的影响。

不过,在劳的帮助下,法国财政危机有了明显缓解。大批地主摆脱了土地债务。改革对经济产生了持续的推动作用。贸易、工业都从中得益。道路的兴建和运河的开凿也没有停工。失业率在一定程度上得到了缓减,海外贸易进步显著。不过,人们对纸币和中央银行产生了近乎病态的恐惧心理,更愿意把钱投向土地。股份制和借贷体制的发展被延后了。路易十五政府试图在小范围内重建民众对借贷体制的信心,但是,1767年设立的贴现银行(caisse d'escompte)也以失败告终。股份制迟迟不能发展起来。与公债概念联系在一起的往往是危机与灾

---

① Gwynne Lewis, *France 1715—1804*: *Power and the People*, Harlow, Essex; New York, N. Y. Pearson/Longman, 2005, p. 13. 黄艳红:《法国旧制度末期的税收、特权和政治》,第65页。

难。这种心态一直延续到大革命时。劳体系带来的另一个显见的后果就是东山再起的高等法院势必会对国家的财政法令多加干涉。在对政府多项税务的抗议中，高等法院扮演着为民请命的角色，以法律受托人(dépositaire des lois)的身份自居，以公益之名维护自己的一己私利。1725 年开征的 1/50 税与 1749 年开征的 1/20 税都遭到了高等法院的抵制。他们本是食利者，劳时代的革新加深了他们对国家债权人的戒心，对暴发户的深恶痛绝，使之在财税问题上表现得越发保守。[1]

第三节　思想风气

奥尔良公爵肯定不喜欢凡尔赛。当路易十四的遗体尚未运出王宫的时候，摄政王和年幼路易十五的马车已启程驶向巴黎。公爵说："凡尔赛的空气不利于路易十五养病。"之后，群臣也跟着离开，贵族、军官、商人、手工业者也纷纷离去。摄政王斩钉截铁地说道："总有一天，凡尔赛要变成一个无人区。"凡尔赛人去楼空，房租很快降了八成。投机商人发现了发财的机会。摄政时代的投机活动由此开始。留在凡尔赛的只有那些负责修缮房屋的人以及马厩里的马匹。结果，满怀期待，想要一睹世界之都风采的沙皇彼得一世(Pierre Ier de Russie，1672—1725)只能闻到阵阵霉腐味。[2]

巴黎则是另一番景象，洋溢着欢乐，充满了生气。人们甚至开始放纵自我。曼特侬夫人写道，男人们现在喜欢夜间出行，这让他们很自在，他们让他们的女人抽烟、喝酒、赌博、光着身子，丝毫不觉得羞耻。伤风败俗的事情随之涌现。深夜街上疾驶的华丽马车并不比白天少。《文雅

---

[1] 参见 J. H. Shennan, "The Political Role of the Parlement of Paris，1715—1723，" *The Historical Journal*，No. 2，1965，pp. 179 - 200；J. H. Shennan, "The Political Role of the Parlement of Paris under Cardinal Fleury," *The English Historical Review*，No. 320，1966，pp. 520 - 542；Jean Égret, *Louis XV et l'opposition parlementaire*，1715—1774。

[2] Jacques Levron, *La vie quotidienne à la cour de Versailles aux XVIIe et XVIIIe siècles*，Genève：Famot，1978，pp. 174 - 179。

信使报》(*Mercure Galant*)有一篇报道写道,如果你没有晚上驾车狂奔,那你就落伍了。人们在广场上载歌载舞。放纵的贵族宛如没有家长看管的孩子一样,似乎完全忘记了自己尊贵的身份。黎塞留公爵(duc de Richelieu,1696—1788)和马提翁元帅(marchal de Matignon,1647—1729)的儿子在街上厮打,旁若无人。喝得醉醺醺的孔蒂亲王(prince de Conti,1685—1727)当着他夫人的面,与几位王公贵族互拍巴掌,以此取乐。烂醉几乎成了一种独特的狂欢方式。在贝里夫人(Mme de Berry)家中,年轻的阿尔布雷公爵夫人(duchesse d'Albret)死于酒醉。赌博之风很盛。卢森堡广场和罗亚尔宫咖啡馆的纸牌吸引着各界名流。赌桌旁,既能看到身为法兰西学院院士的布瓦万(Jean Boivin,1663—1726),也能遇到法律界赫赫有名的法官巴尔比耶(Edmond Jean François Barbier,1689—1771)、名律师马雷(Mathieu Marais,1664—1737)等人。1722年8月6日的一场赌博几乎成了一次盛典。萨扬(marquis de Saillans,1683—1746)与昂特赖格(marquis d'Entraigues)两位侯爵以8万里弗作为赌资,看谁能骑马在六小时内往返尚蒂伊(Chantilly)和巴黎两地。圣丹尼教堂门口搭建了一座供孔代亲王和宫廷贵妇使用的巨型看台。一座大钟被搬上了天文台,用于比赛计时。超过四千人观看了这场比赛。被禁止快一百年的决斗悄然复苏,决斗场就设在杜伊勒里宫门口。重新启幕的剧场吸引了大批观众。安坦公爵组织的每周三次的化装舞会是巴黎的新时尚。奥维涅亲王(prince d'Auvergne,1668—1730)因发明了一种能瞬时更换舞台布景的活动地板,获得两千埃居的奖金。①

　　思想风气也变得很自由。书报禁令开始松弛。这或许是整个18世纪中出版最自由的时期,各类手稿在坊间流传。沙龙如雨后春笋,开始复苏,而且讨论的问题不再局限于文学,而是拓展到政治与哲学。出入朗贝尔夫人(Madame de Lambert,1647—1733)和唐森夫人(Madame de

---

① 摄政时代的日常生活,参见 Henri Leclercq, *Histoire de la régence pendant la minorité de Louis XV*, Tome 1, pp. 207 - 226, Tome 3, pp. 371 - 380; Jean Meyer, *La vie quotidienne en France au temps de la Régence*, Paris: Hachette, 1979。

Tencin,1682—1749)的沙龙成了贵族的时髦活动。当时最著名的沙龙莫过于中楼俱乐部(Club de l'Entresol,1723—1731)。[1]

中楼俱乐部的创立者阿拉里教士(Pierre-Joseph Alary,1689—1770)是法兰西学院院士,被博林布鲁克子爵(Henry St John,1st Viscount Bolingbroke,1678—1751)誉为"欧洲数一数二的天才"。阿拉里知识渊博,擅于社交,曾去过英国,又深得枢机主教弗勒里(Hercule de Fleury,1653—1743)的赏识,1720年起担任路易十五的历史教师。他住在巴黎高等法院法官艾诺(Charles-Jean-François Hénault,1685—1770)的寓所里。这座房子坐落在巴黎最繁华的大路易广场(Place Louis le Grand)[2]。每逢周六,阿拉里教士都会略备茶点,招待朋友。由于他的房间在第二层楼,故该俱乐部名为中楼俱乐部。

俱乐部规模不大,但是往来者皆是当时欧洲最显赫的人。根据史家蔡尔兹(Nick Childs)的整理,主要成员大约有25人,其中有4位法国国务参事(Conseiller d'État),包括达让松侯爵(marquis d'Argenson,1694—1757)、帕吕(Bertrand René Pallu,1662—1740)、蓬波纳教士(abbé de Pomponne,1669—1756)和圣孔泰斯特侯爵兄弟(marquis de Saint-Contest)。名重当时的圣皮埃尔神甫也是此间常客。此外,还有地位显赫的夸尼伯爵(comte de Coigny,1670—1759)、佩莱洛伯爵(comte de Plélo,1699—1734)。路易十四时期最后一任外交国务秘书、科尔贝尔的外甥托尔西侯爵(Jean-Baptiste Colbert de Torcy,1655—1746)和英国大使沃波尔(Horatio Walpole,1678—1757)偶尔也会光临。孟德斯鸠因出版《波斯人信札》而声名鹊起,也有可能参加过俱乐部的讨论。

---

[1] Robert Shackleton, "When did the French 'Philosophes' become a Party?," *Bulletin of the John Rylands University Library of Manchester*, Vol. 60 (1977), p. 186. 本节相关材料皆采自 Nick Childs, *A Political Academy in Paris 1724—1731: The Entresol and its Members*, Oxford: Voltaire Foundation, 2000. 该书是关于中楼俱乐部的唯一完整研究专著。

[2] 即旺多姆广场。

与其他俱乐部不同，中楼俱乐部成员中只有男性，没有女性。达让松侯爵回忆道："这是一个英国式的俱乐部，或者说一群喜欢对时事高谈阔论的人组成的松散而自由的政治团体，他们聚集在一起，坦陈己见。"①讨论从晚上五点开始，一般先由达让松侯爵和阿拉里教士读一读时事新闻，随后展开评论，最后，在场各位提交他们的作品，以供众人审阅。聚会常常延至深夜。在酷热难耐的日子里，他们会走出寓所，信步行至不远的杜伊勒里宫花园，继续讨论。在这些供批评的作品中，有圣皮埃尔的《完善等级政府的计划》《欧洲永久和平论策》和《论多部会议制》，拉姆奇(Andrew Michael Ramsay，1686—1743)的《市民政府政治论策》，达让松侯爵的《法国教士公法史》和《法国古今政体论》。史家夏克尔顿(Robert Shackleton，1919—1986)认为，从博须埃的《据圣经论政治》(*Politique tirée de l'Ecriture sainte*)直至孟德斯鸠的《论法的精神》问世，其间法国政治思想的转型便由中楼俱乐部成员的手稿奠定。②

时人认为，法国的政治科学很不发达，"尚在襁褓之中"，因为还没能在政治世界中发现"牛顿定律"，因此提出需要建立统治科学。③ 他们认为，政治和统治都要实现理性化。这一考虑既受牛顿影响，也与他们的经历有关，因为统治绝不能听凭君主反复无常的喜好，而是要遵循某种稳定的、持之以恒的原则，满足国家与社会的真实需求。所以，政治理性化正是摆脱绝对统治的一种尝试。那么，如何才能发现政治自身原则呢？首先必须了解国情。布兰维里埃曾调查过 32 个财税区的情况，沃邦元帅(Sébastien Le Prestre de Vauban，1633—1707)也在 20 多个外省

---

① 转引自让-皮埃尔·里乌、让-弗朗索瓦·西里内利主编《法国文化史》(第一版)，第三卷，朱静等译，上海：华东师范大学出版社，2006 年，第 42 页。引文略有修改。

② 罗伯特·夏克尔顿：《孟德斯鸠评传》，第 85 页。

③ Nick Childs, *A Political Academy in Paris*，*1724—1731：The Entresol and its Members*，pp. 95 - 96.

做过调研。① 调查所得的数据,不仅仅有力地支撑他们的观点,更有深远的意义,因为这些经验材料表达的是社会的公益,这才是理性统治的真正基础。"公益"(bien public)这个词开始流行起来,逐渐取代了自黎塞留时代以来盛行的国家理据(raison d'État)。是否符合公益,成为判定统治合理性的新的标准。与此相关,功利主义思想开始浮现。布阿吉尔贝尔(Pierre Le Pesant, Sieur de Boisguillebert, 1646—1714)认为,个人幸福是政治哲学的首要原则。达让松侯爵和圣皮埃尔的思想对后世影响深远,值得一提。

达让松侯爵出身于一个古老的贵族家庭,家族的历史可以追溯到1244年。他当过埃诺-坎布雷西斯地区的督办官,1724年调回巴黎,任国务参事,1744年升任外交国务秘书。《法国古今政体论》一书大约起草于18世纪20年代末,最初的题目是《直至民主得以被君主制政府接纳》,约成稿于1733年,但一直没有出版。达让松把稿本誊录多份,分赠友人。伏尔泰、卢梭等人都读过。卢梭对此书赞誉有加,1764年决定将此书出版,书名改为《法国古今政体论》,此时作者已去世多年。达让松认为,绝对君主制的问题在于绝对君主完全不了解地方实情,因此统治十分盲目。只有恢复地方民主,才能实现下情上达、上令下行。为此他建议,建立由督办官统一领导下的地方自治体制。这就是他所谓的"民主"。另外,达让松提出,要实现符合社会公益的统治,必须清除一切私利,这就意味着要废除特权体制。② 达让松无意挑战君权权威,却对法国特权体制构成了挑战。因此,法国革命初期,有不少人把革命的思想源头追溯到达让松。③

政治的理性化虽然只是改变统治手段,长远来看,却导致了对权力

---

① 参见 James King, *Science and rationalism in the government of Louis XIV, 1661—1683*, Baltimore: Johns Hopkins Press, 1949; Gille Bertrand, *Les sources statistiques de l'histoire de France: des enquêtes du XVIIe siècle à 1870*, Genève: Droz, 1980。

② d'Argenson, *Considerations sur le gouvernement ancien et present de la France*, edited and introduced by Andrew Jainchill, Liverpool, England: Liverpool University Press, 2019.

③ 参见张弛《〈法国古今政府论〉析义》,《浙江大学学报·人文社科版》2018年第5期。

和行政体制的重新评估。圣皮埃尔的贡献主要集中在这方面,他认为,如果说合理的统治应当符合社会公益,应当符合某种政治功利主义的标准,即通过最小的代价,最大程度地提升最大多数人的福祉,那么这就意味着,权力合理的标准不是权力的来源,而是权力的实效。换言之,君权神授这个概念虽未遭到质疑与抨击,却逐渐被悬置。在政治功利主义影响下,圣皮埃尔主要考虑的是统治如何符合上述标准。这便引出了对行政体制的反思。他把国家比作一架政治机器,认为应该由那些熟谙统治、熟悉政治科学的专家来驾驭。由政治专家组成的官僚机构,承载了统治的全部重量。[1] 那么,如何培养政治人才呢?圣皮埃尔建议,应当广泛建立政治学院(académie politique),培养政治专家,设立政治会议(conférences politiques),集思广益。[2]

1731 年,中楼俱乐部被弗勒里强行关闭,具体原因并不清楚。大概俱乐部关于国际政治的讨论触犯了当权派的外交原则。不过,俱乐部声望日盛,容易遭到当权者的猜忌。这个 18 世纪法国最惹人注目的私人团体就此结束了七年的历程。但是,探索新的君主制的努力并未就此中断。批判的时代由此开启。上演国家命运的舞台,不再是路易十四时期的宫廷,而是融合了文化与政治的公共领域。

第四节　英法和解

《乌德勒支和约》奠定了 18 世纪 30 年代之前的欧洲局势,和平得以维系。但是,一些不稳定的因素也在酝酿。首先,英国由于早在 1712 年就脱离了大同盟,因此与同盟国的关系,尤其是同神圣罗马帝国的关系,变得十分紧张。另外,《乌德勒支和约》也没能得到全面落实。根据该条约的防御条款,法国必须拆除敦刻尔克的防御体系,但法国拒不执行。

---

[1] Saint-Pierre, *Discours sur la polysynodie*, p. 127.

[2] Saint-Pierre, "Sur le Ministère de l'Intérieur de l'État," in Saint-Pierre, *Ouvrajes*, Tome 7, Rotterdam, 1734, pp. 1-279.

此事也不了了之。和以往一样,王位继承问题始终是核心矛盾。神圣罗马帝国皇帝利奥波德一世在世时,曾颁布过《相互继承协定》(succession mutuelle,1703 年),规定他的两个儿子,即长子约瑟夫一世、次子奥地利大公卡尔三世,若任何一人去世且没有男性继承人,那么帝国就完整地由另一人继承,女儿也有继承权。1711 年,约瑟夫一世死于天花,膝下无子,只有两个女儿。按照《相互继承协定》,卡尔三世继位,是为查理六世。可是,查理六世一直没有儿子,这意味着约瑟夫一世的女儿便有优先继承权。因此,为了保证皇位继承,1713 年,查理六世规定,只有在他同时没有男女继承人的前提下,约瑟夫的女儿才有继承权。此为《国事诏书》(Sanctio Pragmatica)。不过,这份诏书当时并未得到各国的一致认可,皇位继承问题始终悬而未决。另一个不安的根源是西班牙。腓力五世入主西班牙,随他而来的还有一批优秀的治国专家,其中有管理财政的让·奥里(Jean Orry,1652—1719)。奥里厉行节俭,精简机构,调整税制,有力地推动了西班牙国力的复苏。这为腓力五世第二位妻子法尔内塞实现自己的野心创造了条件。这位女性非常擅于交际,而且很有谋略。她很快控制了腓力五世,完全掌控了政局。她一心想为自己的儿子在意大利谋取一块世袭领地。当时,西班牙另一位有权势的人是枢机主教阿尔韦罗尼。此人精力充沛,很有冒险精神,也想要重振国威。不过,由于西班牙拓展海外殖民势力困难重重,所以阿尔韦罗尼想把势力范围延伸到地中海,考虑如何从神圣罗马帝国皇帝手里夺取西西里。他的想法和法尔内塞不谋而合。上述不安因素,就像是闷烧的柴火,随时都有可能演变成一场大火,不过尽管已经出现了一些局部冲突,却终究没有演变成更大规模的战争,这很大程度上得益于英法的和解。

英国需要和平,或者更准确地说乔治一世需要和平。他在英国本土没有根基,完全仰仗辉格党。博林布鲁克说他更像是一位来自德意志的游客。不过,辉格党尽管在 1715 年选举胜出,但是不仅政治势力远不及托利党,而且还导致了詹姆斯党叛乱。另外,乔治一世在汉诺威的领地也不安全。中北欧的局面并不明朗。瑞典的卡尔十二世尽管败给了沙俄,但这位精力充沛、意志坚定的国王不甘失败,一心想要重振君威,东山再起。沙俄的力量更不容忽视,彼得大帝麾下的军队人数超过四万人,就驻扎在梅克伦堡,与汉诺威仅隔着易北河。[1]崛起后的普鲁士国王腓特烈一世(Friedrich Ⅰ,1657—1713)对乔治一世控制的几块领地虎视眈眈,尽管他与汉诺威家族有姻亲关系,但是1716年与沙俄结盟后,却成了英王的心头之患。此外,查理六世的威胁也不容忽视,因为在击败了土耳其(1718年)、夺回匈牙利后,神圣罗马帝国的东部边界安全无虞,皇帝完全可以腾出手来应对西北事务。

法国也需要和平,或者说奥尔良公爵更需要一位强有力的盟友。尽管奥尔良动用了一切手段,千方百计稳固手中的权力,但是他的地位仍不牢固。腓力五世虽然宣誓放弃了法国王位,但是根据国家的基本法,这种宣誓并没有约束力,因为继任者乃是受上帝召唤,根据基本法规定的继承序列登上王位。而且奥尔良家族毕竟是旁支,因此法国国内有不少人由于不愿意王位落入奥尔良家族,故而支持腓力五世。当然,理论上奥尔良也有权利继承腓力五世的位子,谁都知道这位国王的身体状况堪忧。可见,继承问题使西班牙与法国的关系十分紧张。

此时,全权负责外交事务的是枢机主教杜波瓦。这位主教瘦小干瘪,在路易十四时代就已崭露头角。他曾是奥尔良公爵的家庭教师,因此深得摄政王的信任。1716年,杜波瓦乔装改扮,前往海牙,与当时英国的国务大臣斯坦厄普伯爵(James Stanhope,1673—1721)会面,同年10月与汉诺威家族签订协约,承诺法国不会在敦刻尔克建军港,而英国承认《乌德勒支和约》。1717年在获得了关税优惠方面的承诺以后,荷兰加入同盟,由此形成了三国同盟。

当时,欧洲有两个骚乱中心。一个是波罗的海沿岸地区,沙俄与瑞典的战争还在继续,作为汉诺威选帝侯,乔治一世想要占领波罗的海南部地区瑞典的领土,三方之间的关系复杂多变,而对英国而言,最好的办

---

[1] Pierre-Yves Beaurepaire, *La France des Lumières* (*1715—1789*), p. 104.

法是维持瑞典与沙俄的竞争,避免任何一方胜出。第二个骚乱中心是地中海沿岸地区。西班牙对《乌特勒支条约》很不满,于1717年10月出兵从神圣罗马帝国手里夺取了撒丁岛,对西西里岛虎视眈眈。阿尔韦罗尼很清楚,北方的局势越乱,就越有机会控制地中海,因此他支持卡尔十二世,并挑动匈牙利内战,鼓动土耳其攻打神圣罗马帝国,又在布列塔尼挑唆叛乱。所以,南北问题交织在一起,北欧的局势变得更加不稳定。在多方利益受到威胁的情况下,神圣罗马帝国最终接受斯坦厄普伯爵的建议,加入三国同盟。四国同盟(Quadruple Alliance,1718年8月2日)由此成立。

事实证明,阿尔韦罗尼野心太大。瑞典不过是强弩之末,土耳其也未必会听他摆布,詹姆斯党起义与布列塔尼骚乱很快就被平息。1718年11月30日,卡尔十二世遇刺身亡,阿尔韦罗尼计谋告败。法国国内,发生了切拉马雷阴谋(Conspiration of Cellamare)。包括曼恩公爵、支持西班牙的领主,以及一部分意大利教权主义至上者(阿尔韦罗尼本人就是教权主义至上者)在内的一批贵族,意欲颠覆奥尔良公爵政柄。奥尔良非但不费吹灰之力就获得了反对西班牙和同情冉森派的高等法院的支持,而且也有了出兵干涉的充足理由。1719年1月9日,法国向西班牙宣战。腓力五世很快投降,将阿尔韦罗尼撤职,再次宣布放弃对法国王位的继承,被迫加入了四国同盟。和平得到了保证。

奥尔良公爵去世后,亲英派波旁公爵接任首相。同时掌权的还有主教弗勒里,他老成持重,也倾向和平。因此,英法的和平关系得以维系。英法的联手对整个欧洲的局势稳定而言,起到了十分关键的作用。西班牙加入四国同盟后,获益甚少,心怀不满,但也没有能力改变整个局面。查理六世在海外贸易方面与英国多有摩擦,渐同西班牙靠拢,但是面对英法的联手,奥西结盟也掀不起任何风浪。因此,在奥地利王位继承战争(1740—1748)爆发之前,欧洲只出现了一些局部争端。

第三章　枢机主教弗勒里（1726—1743）

第一节　国王年幼

路易十五长什么模样？从米歇尔·范洛（Louis-Michel van Loo，1707—1771）为他创作的画像中，我们可以一窥其真面目。从这幅画可以看出，路易十五虽已成年，但是依旧保留着孩子气。他的脸长得很精致，甚至有点女气，鼻梁很直，嘴唇很薄，看不出有胡子，神情带着一份率真，很有精神。他的眼睛很大。律师马雷在日记中写道："国王长得很漂亮，眼睛很大，有世界上最迷人的眼神"（1724 年 6 月）。[1] 这位老律师平时唠唠叨叨，特别爱抱怨，但在日记中也丝毫不掩饰他对国王的仰慕。

幼年的路易十五身体羸弱，经常生病，这或许与家族遗传有关。照看他的旺塔杜尔公爵夫人经常说："让他健康一点吧，我也就祈祷这个。"7 岁时，他走路还需要别人牵着引导绳。矫正姿势的塑身衣一直穿到 10 岁。

---

[1] Mathieu Marais，*Journal et mémoires de Mathieu Marais*，Tome 2，Paris：Firmin Didot frères，1864，p. 110.

图2 路易十五像①

不过,成年以后,路易十五就变得很健壮,精力充沛。他酷爱狩猎,几乎每天都会去打猎,到晚年都是如此。但是,他不爱说话,不爱同人交往,很腼腆,这或许与他幼年的经历有关,毕竟他很早就失去了双亲,感受不到亲人的关爱,这让他变得很内向,对人有点冷漠。有人说,他打猎时更关心自己的猎狗,对周边的侍从丝毫不在意。一旦要面对公众,他会变得有些紧张,甚至言不达意。一次,路易十五邀请了贝勒-伊斯元帅(maréchal de Belle-Isle,1684—1761)一同进餐。当时,这位元帅身兼驻法兰克福大使,全权负责法国的外交事务。席间,元帅夫人被安排在国王身边,她原本以为能从国王那里听到对她丈夫的赞许。可是谁知,直到晚宴结束,路易十五始终一言未发。事后,国王对他的情妇梅利夫人

---

① 油画,现藏于凡尔赛宫;作者:路易-米歇尔·范洛(Louis-Michel van Loo,1707—1771)。

(Mme de mailly,1710—1751)祖露内心："你很了解我,既拘谨,又腼腆。我也不想这样,事实上,我有数十次想要张嘴和她说话。"①可想而知,路易十五对他曾祖父创立的繁琐冗长的公共表演的仪式一定十分抵触。他甚至不太喜欢接触民众。1715 年,奥尔良公爵和路易十五从凡尔赛迁居到杜伊勒里宫。巴黎民众欢喜雀跃,他们确实很爱他们的国王,无论路易十五有任何大病小情,都会以不同方式表示安慰。但是,国王很不喜欢巴黎,更不习惯被民众簇拥。1722 年 6 月,他就搬回了凡尔赛。1723 年 10 月,路易十五在兰斯大教堂加冕。按照惯例,国王加冕后,允许民众进入教堂,以此表示他们的认可和拥戴。但是,路易十五下令关闭教堂大门,不准民众进入。圣西蒙公爵在他的回忆录中将此举视为"有违迄今为止所有加冕仪式之精神与一贯坚持之传统的巨大错误"②。

路易十五学习很用功。当若侯爵(marquis de Dangeau,1638—1720)回忆说,国王没有旷过一次课。他对自己的家庭教师、年过花甲的枢机主教弗勒里不仅十分敬重,甚至有些依赖,这毕竟是他幼年时少数几位朝夕相处的人。弗勒里也十分负责,他将为君之道融入拉丁语、意大利语阅读训练中。在三年半时间里,路易十五每周都要翻译古圣先哲的名言警句。此外,他还要学科学、地理、工匠技术等课程。弗勒里为国王聘请了法国一流的学者,还带他参观巴黎一些著名的私人实验室。军事工程师德尔蒙(Robert-Alexandre d'Hermand,1670—1739)的收藏以及波利尼埃(Pierre Polinière,1671—1734)的电学实验,都给年幼的国王留下了深刻的印象。8 岁那年,国王还亲自完成了一次透镜实验。③ 尽管对这类新知识充满了好奇,但这位国王仍旧十分虔诚,他在杜伊勒里

---

① Jean de Viguerie, *Histoire et dictionnaire du temps des Lumières 1715—1789*, p. 39.
② 转引自 Colins Jones, *The Great Nation：France from Louis XV to Napoleon 1715—99*, p. 75。
③ Michel Antoine, *Louis XV*, pp. 69 - 79.

宫住了六年,总共去过教堂 106 次。①

1720 年,奥尔良公爵和杜波瓦给路易十五安排了一桩婚事。尽管当时法国与西班牙的矛盾有所激化,但是杜波瓦似乎并不愿意使两国关系进一步恶化,所以于 1721 年 3 月同西班牙结成防御同盟,次年达成了婚约。法国承诺迎娶腓力五世唯一的女儿,当时年仅三岁的公主安娜(Maria Anna,1718—1781)。而腓力五世的儿子,也就是未来西班牙王位继承人路易斯一世(Louis I of Spain,1707—1724,1709 年受封阿斯图里亚斯亲王)迎娶奥尔良的女儿为妻。婚事背后有着极为复杂的政治利益考虑。首先,腓力五世此前已经宣布奥尔良公爵比他更有资格担任摄政王,这意味着奥尔良家族在法国的地位仅次于波旁家族,而此次联姻使奥尔良家族一跃成为欧洲最显赫的家族。更重要的是,奥尔良公爵觉得体弱多病的路易十五很可能活不到继承王位的年纪,安排一位如此年幼的公主作为王后,很可能会让王室绝嗣,那么他自己便最有可能继承王位。② 杜波瓦是他的左膀右臂。这位主教很有外交天赋,一方面维持与英国的联盟关系,另一方面又拉拢西班牙,而且到处行贿,最终竟然成功让年迈多病的英诺森十三世(Pope Innocent XIII,1655—1724)当上了教宗,进而仰仗教宗的权势与人脉,成功升任枢机主教。1722 年,杜波瓦晋封首相。他想成为第二个马札然。③ 可是,不久后杜波瓦的身体状况开始恶化,于 1723 年 8 月 10 日去世。四个月后,奥尔良公爵死于中风。随着两人的离世,王位继承问题再度掀起波澜。

1722 年 3 月,安娜公主由旺塔杜尔公爵夫人亲自接来巴黎,怀里紧紧地抱着一个洋娃娃。路易十五事先并不知道这桩婚事,但是一见到安

① Pierre-Yves Beaurepaire, *La France des Lumières* (1715—1789), pp. 73 - 74.

② Andrew Lewis, *Royal Succession in Capetian France: Studies on Familial Order and the State*, Cambridge, Mass.: Harvard University Press, 1981.

③ 参见 Pierre-Edouard Lemontey, *Histoire de la regence et de la minorite de Louis XV jusqu'au ministere du Cardinal de Fleury*, Tome 2, Paris: Palin, 1832, 第一章; Pierre Bliard, *Dubois, cardinal et premier ministre* (1656—1723), 2 tomes, Paris: P. Lethielleux, 1900—1903.

娜公主,立即对她产生了好感。国王送了她一个新洋娃娃,镶满宝石,据说价值超过 2 万里弗。当时有谣言说公主身体有异样,分娩会有困难。奥尔良公爵去世后,掌权的是孔代家族的波旁公爵。奥尔良家族与孔代家族素有矛盾,关系紧张。因为奥尔良公爵的独子路易四世(Louis IV,1703—1752)早已完婚,妻子已有身孕,这让奥尔良家族更有可能继承王位。所以,在继位首相后,波旁公爵的唯一选择就是让路易十五尽早生下王储,避免王位旁落。他选择了波兰公主玛丽·蕾捷斯卡(Marie Leszczenska,1703—1768),原因有二。首先,蕾捷斯卡比路易十五年长七岁,尽管不漂亮,但身体很好,若无意外,顺利产下王储应当不成问题。其次,蕾捷斯卡的父亲是波兰废王斯坦尼斯瓦夫·莱什琴斯基(Stanisław Leszczyński,1677—1766),当时流亡国外,十分落魄,对波旁公爵构不成任何威胁。[1]

1725 年 4 月,安娜公主被遣返回国。同年 9 月 5 日,路易十五迎娶玛丽·蕾捷斯卡。他们两人十分恩爱,至少在婚后一段时间里是如此。莫勒帕说:"国王只爱他的女人。"[2]1729 年,王储法兰西的路易(Louis de France,1729—1765)降生。婚后十年里,王后产下 2 男 8 女共 10 个孩子,其中 7 个孩子得以存活。王位继承问题终于得以解决。虽然如此,撤销婚约也需要付出代价。家族关系与国家关系始终息息相关。法国与西班牙的关系开始恶化。腓力五世倍感羞辱,随即于 1725 年 4 月与神圣罗马皇帝查理六世结成了亲家,并且于次月正式接受了《国事诏书》。西班牙与神圣罗马帝国的结盟不久将改变整个欧洲局势。正如史家林赛所言:奥地利与西班牙的婚礼钟声是英法两国的丧钟。[3]

① Colins Jones, *The Great Nation: France from Louis XV to Napoleon 1715—1799*, p. 80. Michel Antoine, *Louis XV*, pp. 153 - 160.
② 转引自 Jean de Viguerie, *Histoire et dictionnaire du temps des Lumières 1715—1789*, p. 39。
③ 林赛编:《新编剑桥世界近代史》,第七卷,中国社会科学院世界历史研究所组译,北京:中国社会科学出版社,1999 年,第 258 页。

第二节　国家管理

奥尔良去世后,波旁公爵继任首相(1723—1726)。[1] 他尽管出身显赫,但是才智平庸,长相丑陋,而且天生是罗圈腿,不为时人所重。他在位的三年里,法国的政治基本上被其他两方势力操控,其一是金融家出身的德普里夫人(Madame de Prie,1698—1727),其二是同为金融家出身的帕里斯兄弟[1]。这一事实本身就说明经历了约翰·劳的改革后,法国社会出现了根本改变,金钱的力量已足以同出身相匹敌。

德普里夫人不仅有野心,而且很会培植自己的势力。她安排自己的亲信翁布雷瓦尔(Nicolas Ravot d'Ombreval,1680—1729)担任巴黎警察总长(lieutenance générale de la police de Paris)这一要职,还插手路易十五与蕾捷斯卡的婚事,甚至在蕾捷斯卡的寝宫里安插了很多眼线,以便及时获悉内廷的秘密。在约翰·劳离职后,帕里斯兄弟虽然没有担任财政总监一职,但是通过金融、银行以及包税等途径控制了法国的财政,并开始推行一系列改革。[2] 首先,在他们的提议下,政府颁布诏令,开征1/50 税(le cinquantième),以偿还累积的 5 100 多万债务。这是一项性质截然不同的新税。非常规税收一般都是在战时开征,以满足非常之

---

[1] 波旁公爵执政时期素来不是史家关注的重点,相关研究不多。财政研究参见:Marcel Marion, "Un essai de politique sociale en 1724," *Revue du XVIIIe siècle*, Tome 1 (1913—14), pp. 28—42;Hiroshi Abakane, "La crise de 1724—1725 et la politique de déflation du contrôleur général Dodun: Analyse de l'aspect monétaire d'un type de crise économique," *Revue d'histoire moderne et contemporaine*, T. 14e, No. 3 (Jul.-Sep., 1967), pp. 266-283;Albert Babeau, "La lutte de l'etat contre la cherté en 1724," *Bulletin du comité des travaux historique*, *section des sciences économiques et sociales*, 1891, pp. 64—86。内政研究参见:Jean Dureng, *Le duc de Bourbon et l'Angleterre*, Paris:Hachette, 1911。

[1] 帕里斯兄弟四人是多菲内地区一位小旅店老板的儿子,分别是安托万·帕里斯(Antoine Pâris,1668—1733)、克劳德·帕里斯(Claude Pâris,1670—1744)、约瑟夫·帕里斯(Joseph Pâris,1684—1770)和让·帕里斯(Jean Pâris,1690—1766)。四人均晋升贵族,而且都从事金融活动。

[2] 据说,帕里斯兄弟曾写过十几份改革备忘录。参见 Pierre-Yves Beaurepaire, *La France des Lumières* (1715—1789), p. 127。

需。但是,1/50 税是法国历史上第一次在和平时期开征的非常规税收。其次,这是一笔实物普遍税,意味着所有人都不得豁免。实物税曾经深得沃邦元帅的肯定,他在《王国什一税》(La dîme royale,1707)中提出,实物税比货币税更公平,因为能避免币值波动带来的不公正。此外,帕里斯兄弟还推行了一系列军事改革,比如建立军校、规范军事训练等。①在推进税负公平方面,1/50 税无疑是一次重要尝试,有利于缓解旧制度法国在税收财政方面所承受的结构性压力。很不幸,1725 年发生了严重的饥荒。当年夏天阴雨连绵,农作物歉收,加之此前政府采取的通货紧缩政策,导致物价暴涨,民怨沸腾。结果,帕里斯兄弟以及他们推行的税收改革成了替罪羊。公众认为 1/50 税是一种榨干百姓的饥荒契约(Le pacte de famine)。特权等级也乘机煽风点火,1725 年教士大会以自由意愿为原则,捍卫本等级免税特权,迫使政府于次年做出让步。1726 年帕里斯兄弟被流放,财政总监多丹(Charles Gaspard Dodun,1679—1736)下台。同年 6 月 12 日,波旁公爵与其情妇被逐出宫廷。四天后,路易十五宣布废除首相一职,亲自统治法国,"事事以我的曾祖父为榜样"。不过,谁都清楚,真正掌权的不是他,而是那位时时侧身站立于国王身边的太傅弗勒里。

弗勒里面相和善,十分健谈,且平易近人,但是城府很深,多谋善断。正是凭着这种坚毅冷静的性格,他才得以在路易十四身后的复杂政局中存活下来。弗勒里出身并不好,祖上世代以纺织为业,在朗格多克小镇洛代夫(Lodève)有些名望。他的父亲任洛夫代教区什一税征收官,叔叔在朗格多克任盐税督办官。弗勒里天资聪颖,被寄予厚望。6 岁时便前往巴黎念书,因其出色的表现,很快就得到了达官显贵的赏识,不久奉诏入宫。②但是,他仕途不顺,后又被流放外省,直到 1699 年才被派往弗雷于斯教区(Fréjus)任主教。这是一个既偏僻又穷困的教区。不过,在冉

① Peter Campbell,*Power and Politics in Old Regime France 1720—1745*,pp. 89 - 90.
② Guy Chaussinand-Nogaret,*Le Cardinal de Fleury：le Richelieu de Louis XV*,Paris：Payot & Rivages,2002.

森教引发的冲突中,弗勒里力挺教宗,支持《通谕》,因此赢得了路易十四的青睐。老国王在临终前将其召回,任命他为王储的老师。

奥尔良摄政期间,宫廷政治派系林立,新老势力之间斗争不断,王位继承问题又悬而未决,所以局势十分复杂。但弗勒里一直保持中立,隔岸观火,不介入派系斗争。无论是奥尔良派,还是孔代派,抑或是路易十四的私生子图卢兹伯爵,他都不得罪。他力挺福尔特(Le Peletier des Forts,1675—1740)出任财政总监,不过是为了向奥尔良家族示好。这位财政总监是个无能之辈,连简单的算术都不会。弗勒里为了赢得国王的信任,甚至对国王沉迷女色都听之任之,即便王后前来告状,也绝不会指责国王。

1726 年,路易十五宣布亲政的时候,弗勒里已是 74 岁高龄。谁也不会想到,他还能统掌枢务十余年。弗勒里凭借高超的权谋之术,在波旁公爵倒台后,很快组织起一个既听命于自己、又有才干的内阁。福尔特被辞退,接替他担任财政总监的是弗利波特·奥里(Phlibert Orry,1689—1747)。昂热维利耶尔(Bauyn d'Angervilliers,1675—1740)出任战争国务秘书。达盖索被召回,重新任司法大臣。肖夫兰(Germain Louis Chauvelin,1685—1762)任掌玺大臣。年轻的莫勒帕出任海军国务秘书,并兼任国王侍从院国务秘书。律师马雷很快注意到,基本上所有的国务大臣都在弗勒里家中办公。[1] 这足以证明弗勒里对内阁的掌控。

与之前相比,这届内阁有以下几个特点。首先,穿袍贵族明显占了多数。莫勒帕和另一位专门负责新教事务的国务秘书圣-弗伦朗坦(Saint-Florentin,1705—1777)都出身菲利波(Phelypeaux)家族,这是旧制度法国最显赫的穿袍家族之一,属于被穆尼埃称为"每一代都有人出任国务参事,从不中断的家族之一"[2]。实际上,佩剑贵族仅在奥尔

---

[1] Colins Jones, *The Great Nation: France from Louis XV to Napoleon 1715—99*, pp. 79 - 80.

[2] Roland Mousnier, *Le conseil du roi de Louis XII à la Révolution*, Paris: PUF, 1970, p. 35.

良摄政时期有过短暂的复兴,此后直至路易十六登基,穿袍贵族是法国政府的支配性力量。据统计,1715—1774 年在 569 名家世情况清楚的王国官员中,仅有 72 人来自佩剑贵族,而 78% 来自金融界和穿袍贵族。[1] 其次,这几位国务秘书年纪都超过 40 岁,不仅在官场很有名望,而且经验丰富,处事稳重。奥里是西班牙财政大臣奥里之子,其母出身拉穆瓦尼翁家族,他本人当过里尔、鲁西隆和苏瓦松三地的督办官。昂热维尔当过 25 年地方官。达盖索更是德高望重。作为 17 世纪法学权威多玛(Jean Domat,1625—1696)的传人,他主持的司法改革是法国法律体系现代化的重要阶段。

在弗勒里内阁的领导下,法国政府的行政管理朝着科学化和理性化迈出了重要一步。人们开始意识到,王国的行政治理应当建立在扎实可靠的信息的基础上,同时为获取这些信息,必须有专业的行政技术人员。当然,这种认识在 17 世纪末就已出现。当时,有不少人意识到绝对君主制统治的弊端是随意性和任意性,所以一些改革者认为,合理的统治就应当实事求是,以具体真实的情况作为基础。[2] 所以,一名合格的君主,不仅需要符合基督教的道德,还需要了解国情。费讷隆在《考察君主义务的意识》中,将此作为君主学习为君之道的必修课:"您知道您的国家有多少人吗? 有多少男人,多少女人,多少农民,多少技工,多少律师,多少商人,多少教士修士,多少军人? 您会觉得牧羊人完全不知道他有多少只羊吗?"[3]通过问卷调查的方式考察地方实情,这一举措也出现在 18 世纪初。博埃维里耶公爵将一套由沃邦元帅设计的问卷发给外省 32 名督办官,调查每个省的城镇、乡村、小村庄和教区的数

① Emmanuel Le Roy Ladurie, *The Ancien Regime*: *A History of France*, *1610—1774*, translated by Mark Greengrass, Oxford: Blackwell, 1996, pp. 329 - 330.

② 背景参见艾琳·简斯·约《18 和 19 世纪的社会调查》,载西奥多·M. 波特和多萝西·罗斯主编《剑桥科学史》,第 7 卷《现代社会科学》(第一版),第 71—85 页。

③ Fénelon, "Examen de conscience sur les devoirs de la royauté," *Œuvres*, Tome 3, Paris: Desrez, 1837, p. 336.

量以及每个教区的居民人数。① 这些材料现在成为了解 18 世纪初法国国情的重要资料《督办官备忘录》(*Les mémoires des Intendants*)。

在路易十五时期,这种行政调查的习惯不仅得以延续,并且变成了一种常规的治理手段。财政总监多丹曾领导过五次全国范围内的普查,内容包括官职持有者的数量、待售官职及其价格、官员工资情况、全国慈善机构的情况、经济情况。达尔梅农维拉(Joseph Fleuriau d'Armenonville,1661—1728)开展了一项对全国法庭和法官的调查。在奥里任财政总监时期,行政调查变得更加频繁。奥里依靠当时重组的商业会议,对全国各个行业开展了一场规模浩大的调查:全国商业与生产(1730 年)、渡船与入港税(1731 年)、制革厂(1731 年)、造纸厂(1741 年)、冶金厂(1740—1744 年)、矿厂(1741 和 1742 年)。② 法国现代意义上的第一次人口普查也始于这个时期。1744 年,奥里对全国居民进行了一次彻底普查,普查的内容不仅仅包括居民数量,还包括各地工商业情况,民众的富裕与贫困情况和捐税的能力,教外人员持有银器情况,符合征兵要求的未婚男子数量。根据他的调查,当时法国居民总数为 17 017 737。③ 这个数字显然远低于实际人口数量,这是因为奥里所调查的居民,仅指那些定居人口,不包括流动人口。此后,法国人口普查的技术越来越成熟,内容也日渐丰富。1736 年以后,法国政府要求各级教区上报每年的洗礼人数、结婚人数以及下葬人数,根据这些数据,计算出每年的出生率与死亡率。1746 年,数学家德帕尔西厄(Antoine Deparcieux,1703—1768)完成了法国第一份死亡统计表。④

---

① Edmond Esmonin, *Études sur la France des XVIIe et XVIIIe siècles*, Paris: PUF, 1964, pp. 121 - 123。

② Michel Antoine, *Louis XV*, pp. 319 - 322. Michel Antoine, *Le Conseil du roi sous le règne de Louis XV*, p. 137.

③ François de Dainville, "Un dénombrement inédit au XVIIIe siècle: l'enquête du Contrôleur général Orry 1745," *Population*, 7e Année, No. 1 (Jan. -Mar. , 1952), pp. 49 - 68.

④ Cem Behar et Yves Ducel, "L'arithmétique politique d'Antoine Deparcieux," in *Arithmétique politique dans la France du XVIIIe siècle*, sous la direction de Thierry Martin, Paris: INED, 2003, pp. 147 - 161.

　　除此之外,法国的行政官员也开始完善对王国的空间认识。现代测绘技术不断成熟,逐渐将空间转化为便于理解的具体而清晰的表象。这一行政理念最初出现在重商主义时期。科尔贝尔任财政总监之时,卡西尼一世(Jean-Dominique Cassini,1625—1712)协同皮卡尔(Jean Picard,1620—1682)等人,完成了法国沿海轮廓图的图稿(1683年)。[1] 但是,由于各种原因,实地测绘工作进展不大,这限制了地图绘制的发展。奥里主政时期,为推进王国公共工程的发展,重新启动了全国实地测绘。1740年,卡西尼二世(Jacques Cassini,1677—1756)及其子卡西尼三世(César-François Cassini de Thury,1714—1784)初步完成了法国东西和南北测量三角链的测绘工作,四年后,共测得800个测地三角和19条基线,他们以此为基础,绘制出版了《包含主要测地三角、作为法国地貌描绘之基础的新图》(*Nouvelle carte qui comprend les principaux triangles qui servent de fondement à la description géométrique de la France, levée par ordre du Roi*)。这份地图共分18幅小图,每幅小图表示实地东西80公里、南北50公里,比例尺为1∶86 400,省略了地形,而表现为测地三角链骨架,并附有查询主要城市之间距离的表格。

　　实地测绘需要专业人才,这推动了培养工程师的现代技术学校的发展。1747年,国立路桥学校(École nationale des ponts et chaussées)成立,其前身是绘图局(bureau des dessinateurs)。[2] 在特吕代纳(Daniel-Charles Trudaine,1703—1769)和工程师佩罗内(Jean-Rodolphe Perronet,1708—1794)的领导下,现代科学理念与专业化的课程训练得以结合,工程师成为定期领取薪水的国家公务人员。工程师的专业要求很高,完成全部学业需要五到七年,但是大约只有1/3的学生最终能成为公务员。[3] 出于

① Josef Konvitz, *Cartography in France, 1660—1848: Science, Engineering, and Statecraft*, Chicago: University of Chicago Press, 1987, pp. 7-8.

② Antoine Picon, *L'invention de l'ingénieur moderne: l'Ecole des ponts et chaussées, 1747—1851*, Paris: Presses de l'Ecole nationale des ponts et chaussées, 1992.

③ 参见罗伯特·福克斯《科学与政府》,载罗伊·波特主编:《剑桥科学史》,第四卷《18世纪科学》,方在庆主译,郑州:大象出版社,2010年,第104页。

类似的理念,1748 年,梅济耶尔王家工程学院(École du corps royal du Génie de Mézières)成立,三年后变成一所专门培养军事工程师的学校。学校规模很小,直到旧制度末年,在校人数不超过 20 人。学校的教学方法很灵活,以实践为主,但不忽视理论训练。学生一入学,就开始训练他们绘图,有军官负责实际授课。[①]

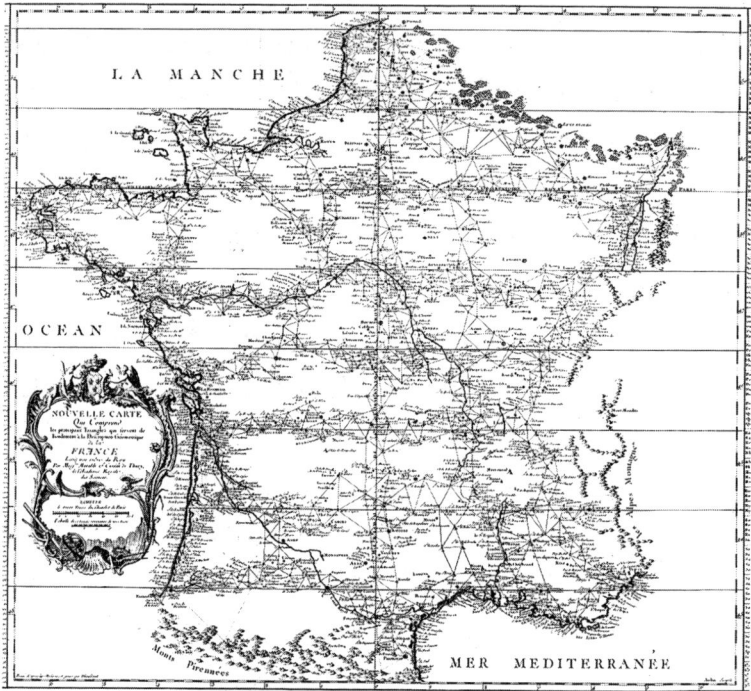

图3 《包含主要测地三角、作为法国地貌描绘之基础的新图》(1744 年)[②]

---

① Bruno Belhoste, Antoine Picon and Joël Sakarovitch, "Les exercices dans les écoles d'ingénieurs sous l'Ancien Régime et la Révolution," *Histoire de l'éducation*, No. 46, Travaux d'Élèves: Pour une histoire des performances scolaires et de leur évaluation (mai 1990), pp. 53 - 109, p. 75.
② 图片来源:法国国家图书馆;作者:卡西尼三世、马拉迪(Giovanni Domenico Maraldi,1709—1788)。

随着测绘技术的成熟以及专业工程师队伍的壮大,法国的道路系统也进一步完善。原先,地方道路的修建由地方负责,后来逐渐接受中央统一部署。奥尔良摄政时期,法国初步完成了全国道路系统的整体规划。根据 1725 年 5 月 3 日御前会议决议,全国道路分为五类,道宽以路两边的排水沟之间距离计算。巴黎通向大城市、港口及边境城市的称主干道(grands routes)或干道(routes),道宽 60 法尺(pieds)①,设哨所、邮驿(messageries)和公共马车(coches publics)。巴黎或外省省府通往其他城市的称大道(grands chemins),道宽 48 法尺,设哨所和邮局。连接城市与非首府城市(ville non capitales)的道路,称国道(chemins royaux),宽 36 法尺,设公共交通工具(voitures publiques)。连接城市和城市的道路称小道(chemins de traverse),宽 30 法尺。② 奥里当政时期,逐步落实这套规划,修建道路桥梁。伴随着道路管理的统一,路桥工程师队伍也需要进行相应的改革。摄政时期建立了以财税区为基本框架的道路工程师系统,1720—1733 年确定了各级工程师和监察员(inspecteurs généraux)的薪水等级。特吕代纳建立的路桥会议(Assemblée des ponts et chaussées),统领全国的路桥改建工作。这个组织是旧制度政府管理专业化的最好体现,延续了 27 年。同时,法国路桥工程修建的投入资金也相应有了大幅上升,1700 年前后平均每年不到100 万里弗,1740 年接近 500 万里弗,1786 年达到了 900 万里弗。③

同时,道路徭役(corvée royale)也得到了完善。这种徭役大约出现在路易十四时代,即征用劳役维护王国的道路。原先只是一种地方措施,徭役的轻重、节奏毫无定制,听凭督办官自行处置。奥里在管理苏瓦松地区时,曾对本地的道路徭役进行了初步改革,待其就任财政总监之

---

① 1 法尺约合 0.325 米。

② E. J. M. Vignon, *Etudes historiques sur l'administration des voies publiques en France aux dix-septieme et dix-huitieme siecles*, Tome 2, Paris: Dunod, 1862, pp. 98 - 99.

③ 参见丹尼尔·罗什《启蒙运动中的法国》,杨亚平等译,上海:华东师范大学出版社,2010 年,第 38 页。

后,逐步将这套地方经验推广到全国。1738 年政府颁布指令,规定劳役由各地待修道路周边幅员 4 法里(约 16 公里)以内的教区提供,包括人力与工具物资,比如马车等。严禁以钱代役,拒绝服劳役的人将受罚款、充军、监禁等处罚。劳役多安排在农闲时节,一般一年为 8—40 天不等。[①] 奥里说:"与其向农民索要他们自己都不多的金钱,我宁愿要他们提供劳动力。"[②]

18 世纪 20 年代中叶后,法国逐渐从西班牙王位继承战争的创伤中恢复过来。社会经济的复苏得益于许多因素。首先,法国经历了长达 20 年的和平期,既无天灾,也无人祸。其次,政府治理的理性化、科学化以及管理效率的提升,也是不容忽视的原因。道路系统的完善既便于管理,也提高了物资调配的速度。同时,以巴黎为中心的谷物仓储网体系开始建立,这是新任巴黎警察总长埃罗(René Hérault,1691—1740,任职时间为 1725—1739 年)的功劳。最后,约翰·劳与帕里斯兄弟的改革虽然备受诟病,但是从客观上缓解了国家债务,稳定了币值。18 世纪 30 年代,金路易与里弗的兑换比例为 1∶24,银埃居与里弗的兑换比例为 1∶6,此比例一直维持到 1789 年。

经济复苏最显著的表现是人口增加。1710 年,法国人口总数约 2 260 万人,1730 年约为 2 380 万,1740 年增加到 2 400 万人。大部分大中型城市的居民人数都在增加。鼠疫过去短短二十年,马赛的人口就恢复了 1/3。北部卡昂的居民人数在 30 年内增加了 5 000 人。[③] 由于大规模流行病消失,死亡率也开始下降,但是间歇性的死亡高峰期仍会出现,比如 1738 年莫朗(Meulan)地区的死亡人口就突然猛增至平常年份的两倍。18 世纪 40 年代以前,尽管大规模的流行病不太常见,但是地区性灾

---

① Anne Conchon, "Le temps de travail en quête de mesure: La corvée royale au XVIIIe siècle," *Genèses*, 2011/4 (No. 85), pp. 50 – 69.

② 转引自 Leon Aucoc, *Conferences sur l'administration et le droit administratif faites a l'Ecole des ponts et chaussees*, Tome 2, Paris: Vve. C. Dunod, 1886, p. 21。

③ Jacques Dupâquier, "Les Caractères originaux de l'histoire démographique française au XVIIIe siècle," *Revue d'Histoire Moderne & Contemporaine*, 33 (1976), pp. 193 – 202.

害疾病依旧不少,比如 1723 年 8 月巴黎爆发了天花,超过 3 000 名儿童丧命。[1]

经济复苏的另一突出表现就是物价开始攀升,地价上涨。对大部分食利阶层来说,土地租金是他们的主要收入。以勃艮第地区为例,该地区的一座农场在 1725 年时价值 1 500 里弗,1730 年为 1 800 里弗,1738 年增加到 2 100 里弗。[2] 工资也在上涨。比如 1695—1730 年间,法国中南部科(Caux)地区工人的平均工资增加了 10%到 20%不等。民众承担的税负有所缓解。这两点原因保证了民众能应付物价的上涨。物价上涨既与经济复苏有关,同时也与局部性灾害天气有关。1725 年夏天,巴黎面包从原来的 2 苏涨到 7 苏。18 世纪 40 年代初,勃艮第的面粉价格涨了 1/3。[3]

农业也有了明显发展。首先是一些新作物得以推广。玉米很早被引入巴斯克地区,但是直到 17 世纪最后 25 年,才最终被阿基坦和图卢兹地区的民众所接受。18 世纪上半叶,玉米在朗格多克和加斯科涅(Gascogne)地区得以普及。玉米普及使法国南方免遭饥馑。在春季青黄不接之时,实行两年轮作制的地区可以用玉米补充粮食不足,不但人可以食用,饲养牲畜的价值更高,有助于农民大幅提高收入,因为他们可以留下玉米充饥,把小麦送往集市。图卢兹正是靠扩大玉米种植,才得以发展粮食贸易,从而成为专门从事小麦贸易的地区。16 世纪,土豆进入欧洲,直到 17 世纪中叶才开始移种到大田,随后从德意志和奥地利传到意大利、瑞士、多菲内等地,18 世纪上半叶进一步推广到法国境内的奥弗涅等地区。不过,在很长一段时间里,由于培植质量不好,土豆只有穷人和牲畜才食用,直到 18 世纪后半叶,它的食用价值和烹饪价值才得到

---

[1] Mathieu Marais, *Journal et mémoires de Mathieu Marais*, Tome 3, p. 1.

[2] Pierre de Saint Jacob, *Les paysans de la Bourgogne du nord au dernier siècle de l'ancien régime*, Dijon: Bernigaud et Privat, 1960, p. 241.

[3] Jean de Viguerie, *Historie et dictionnaire du temps des lumière 1715—1789*, pp. 78 - 79.

广泛认可。[1]

　　手工业也有一定发展。由于受重商主义影响,近代早期法国的手工业生产呈现出地方化特点,因为生产是一项特权,需要特许状,因此某些行业集中在某些城市,成为一种地方特权。比如,呢绒和织布分散在佛莱明地区、庇卡底(Picarde)、里昂、图赖讷(Touraine)、曼恩(Maine)、普罗旺斯等多地,锻造业和兵工业集中在香槟(Champagne)、福雷(Forez)、波旁(Bourbonnais)、吉耶讷(Guyenne)等地,造纸中心在特鲁瓦、奥尔良、奥弗涅、利穆赞等地。从总体上看,18世纪初手工业的恢复与发展并不明显,但是某些行业的规范开始完善,这为后期的发展奠定了基础。很明显,这种做法是重商主义传统的延续,通过制定规范,保证产品质量,进而保证其竞争力,同时也避免竞争。比如1721年法令规定了羊毛长袜的织造方式,解决产品过于细薄的问题。另外,1686—1748年间,政府下达了2份御前会议决议和大约80份敕令,禁止印花棉布的引入与生产。这种布料当时被称为印度布(indiennes,也称印花布),很受欢迎,但主要靠进口,所以对本土织物造成了很大冲击。[2] 另外一类规范就是有关生产特许状。比如1700年3月御前会议决议重新规范了织袜行业,规定全国只有18个城市有生产特权。类似的规范推动了行业的发展,比如有生产特权的卡昂,其织袜行业行会师傅的数量从18人很快增至120人。另外如勒芒地区的平纹织物行业,1712年仅有400台织机,1740年增至800台。[3] 国内经济生产的恢复也带动了对外贸易的发展。从远洋贸易来看,贸易中心集中在黎凡特(Levant)[4]、安的列斯群岛以及

---

① 费尔南·布罗代尔:《法兰西的特性》,顾良等译,北京:商务印书馆,2020年,第661—662页。

② Edgard Depitre, "La prohibition du commerce et de l'industrie des toiles peintes aux XVII e et XVIII e siècles," *Revue d'histoire des doctrines Économiques et Sociales*, Vol. 4, 1911, pp. 361—381.

③ Jean de Viguerie, *Historie et dictionnaire du temps des lumière 1715—1789*, pp. 79 - 80.

④ 黎凡特指地中海东部地区,包括今黎巴嫩、叙利亚、约旦、以色列、土耳其和塞浦路斯全境或部分地区。

远东地区。1716—1748 年,法国出口年均增长维持在 4.1%左右。①

总之,18 世纪 40 年代之前,得益于多种因素,法国经历了近 20 年的和平与发展,国力得以恢复,人口出现明显增长,这为路易十五重新谋划法国在欧洲政治格局中的地位创造了条件。

第三节　冉森派冲突

奥尔良摄政时期,冉森派的问题继续发酵。随着时局的日益复杂和外交政策的多变,在《通谕》问题上,法国国内势力逐渐分裂为两派,即拥护《通谕》的拥谕派和反对《通谕》的反谕派。站在拥谕派一边的是宫廷高层以及各地主教。由于《通谕》后被立为法国法律,因此拥谕派也称为宪政派。反谕派的主力是高等法院法官,而且在巴黎、兰斯和南特等地的神学院中也有较大影响。

对待教派分歧,奥尔良公爵采取了一种实用主义的态度。为稳固自己的地位,他需要高等法院的支持,所以在摄政初期表现出亲冉森派的姿态。他令诺阿伊这位冉森派领袖领导信仰会议的工作,并将儒里·德·弗勒里(Joly de Fleury,1675—1756)、皮塞勒(abbé Pucelle,1655—1745)等一干冉森派信徒笼络进政府,任命那位被称为"高等法院之鹰"的达盖索担任掌玺大臣与司法大臣。此外,奥尔良还释放了冉森派同性恋教士塞尔维安(abbé Servien),把路易十四的耶稣会告解神甫勒泰利埃(Le père Le Tellier,1643—1719)流放到亚眠。② 这些措施势必会让原先慑服于路易十四之威权统治的反谕派力量重新抬头。巴黎高等法院不仅撤回了支持《通谕》的承诺,③而且在兰斯主教区神甫的推动下,严禁全国

① Jean de Viguerie, *Historie et dictionnaire du temps des lumière 1715—1789*, p. 81. Pierre Léon, *Economies et societés pre-industrielles*, Tome 2, Paris: Armand colin, 1970, p. 174.

② Jean Buvat, *Journal de la régence*:(1715—1723), Tome 1, Paris: Plon, 1865, p. 94.

③ Emmanuel Le Roy Ladurie, *Saint-Simon and the Court of Louis XIV*, with the collaboration of Jean-François Fitou, translated by Arthur Goldhammer, Chicago: University of Chicago Press, 2001, p. 268, note 47.

各地主教在未经教士大会(Assemblée du clergé)许可的情况下,强迫本区神甫接受《通谕》。此外,巴黎主教诺阿伊还下令,禁止耶稣会士在其辖区内布道或是聆听忏悔。沙隆、梅斯、凡尔登以及蒙彼利埃等教区纷纷效仿。但是,当时拥谕派的势力也很强大,基本控制了政府上层,1715 年 10 月召开的教士大会重申了拥护《通谕》的立场。两派关系更加紧张。

尽管如此,当时拥谕派和反谕派的矛盾暂时还没有公开化,这主要有两个原因。首先,奥尔良地位稳固之后,就改变了亲高等法院的立场,采取控制与压制的策略,于 1720 年将那些桀骜不驯的法官予以流放,结果高等法院不得不注册了执行教宗《通谕》的法令。其次,1724 年英诺森十三世去世,新任教宗本笃十三世(Benedic XIII,1649—1730)立场比较温和,所以冉森派以及《通谕》引起的矛盾暂时得到了平息。

弗勒里虽然身为主教,从立场来看却属于比较温和的高卢主义者,对《通谕》并不支持,但他还是对冉森派采取了相对强硬的打压政策。他之所以会这么选择,是因为他把冉森派问题看成政治危机,而不是单纯的宗教问题。弗勒里最担心的是冉森派与新教结盟,酿成宗教战争。[①]他动用警察力量,逮捕了近百名亲冉森派活跃分子,并将冉森派赶出大学,还提拔了一大批反冉森派的主教。除此以外,他还利用全国教士大会,进一步压制冉森派力量,酝酿了昂布兰绑架(Brigandage d'Embrun)事件。[②]

1727 年,全国教士大会在昂布兰(Embrun)召开。主持会议的是昂布兰主教唐森(Pierre Guérin de Tencin,1679—1758)。会上,年迈的瑟内(Senez)主教索阿讷(Jean Soanen,1647—1740)宣读了他自己起草的

---

① Colins Jones, *The Great Nation：France from Louis XV to Napoleon 1715—1799*, p. 100. Emmanuel Le Roy Ladurie, *The Ancien Régime：A History of France, 1610—1774*, p. 339. Pierre-Yves Beaurepaire, *La France des Lumières*(*1715—1789*), p. 129.
② 有关此次事件,参见 E. R. Briggs, "La crise des idées à Paris entre 1727 et 1732 ou 'le brigandage d'Embrun' et la défense des droits individuels contre le ministère et la monarchie," in *Études sur le XVIII ème siècle*, Tome 11, Idéologies de la noblesse, éd. R. Mortier et H. Hasquin, Bruxelles：Université de Bruxelles, 1983, pp. 21 - 38。

《滥用职权申诉》(*Appel comme d'abus*)[1]，抨击此次拥谕派的教士大会，结果被撤销圣职，最后被流放到偏远破落的奥夫涅的拉谢斯德约(La Chaise-Dieu)修道院。事实上，这一切都是弗勒里一手策划。他惩处这位反谕派主教，希望起到杀鸡儆猴的作用。此次教士大会还规定，《通谕》为教会的教规教旨，不得对之进行任何形式的上诉。[2] 此后，弗勒里进一步削弱主教中反谕派的力量。反对《通谕》的主教被撤职。迫于压力，不少反谕派倒戈。巴黎主教诺阿伊在去世前也接受了《通谕》。新任主教万迪密尔(Vintimille du Luc，1655—1746)是位温和派，基本上听命于弗勒里。

昂布兰绑架事件是18世纪上半叶法国冉森派运动的转折点。[3] 经此事件，主教中支持冉森派、反对《通谕》的力量遭到了严重削弱。诺阿伊去世后，全国只剩下三名反谕派主教。[4] 不过，下层教士中依旧有不少人反对《通谕》。这意味着冉森派运动中，里歇主义的倾向越来越明显。因此，当问题再度爆发时，所牵涉的问题不再只是针对《通谕》的态度，也不只是高卢教会独立，还关系到法国教士群体内部的问题，即相对贫寒的底层教士与有丰厚收入的高级神职人员之间的矛盾。除了下层教士外，另一支反谕派的主力是世俗力量，包括律师、法官，所谓"司法界冉森主义"(Jansénisme judiciaire)逐渐成形。随着司法界力量的介入，冉森派运动的另一个特点也开始表现出来，即世俗力量不断要求教会权威应当服从世俗法律的倾向。上述几个特点，决定了18世纪中叶以后冉森派运动的基本走向。

1730年4月3日，弗勒里通过钦断，宣布《通谕》正式成为国家法律。此举很快在巴黎激起了轩然大波。当年夏天，巴黎街头开始流传一份由

---

① 《滥用职权申诉》是向高等法院提交的一种申诉，反对教会裁判中滥用权力的现象。
② Jean Carreyre. "Le Concile d'Embrun（1727—1728），" *Revue des questions historiques*，Tome 14，1929，pp. 47 – 106，318 – 367.
③ Peter Campbell，*Power and Politics in the Old Regime France*，p. 211.
④ Colins Jones，*The Great Nation：France from Louis ⅩⅤ to Napoleon 1715—99*，p. 101. 林赛编：《新编剑桥世界近代史》，第七卷，第149页。

四十名律师联名签署的小册子,题为《四十人请愿书》(*Mémoire dit des quarante*)。[1] 请愿书阐述了司法界冉森主义的基本立场,强调高等法院可以通过《滥用职权申诉》,对教会行使司法权。这不仅直指将《通谕》立为国家法律一事,实际上也暗指昂布兰绑架是一次非法举动。《四十人请愿书》的措辞十分激进,它基于高等法院的基本职权,重新阐述了王国的构成法(constitutions):

> 根据王国的诸项构成法所确立的普遍原则,高等法院是国民的元老院(le Senat de la Nation),以国王之名,代表上帝,赋予民众理应享有的正义,高等法院享有公共权威,对国家所有教俗成员履行最高司法权……法律是统治者和被统治者之间真正的契约。[2]

这套言辞很有颠覆性。它阐述了一种契约理论,高等法院享有权威,不是因为王权的授予,而是因为它是王国契约的守护者。[3] 换言之,高等法院的权威从理论上独立于王权。1731 年,巴黎高等法院在《1731 年 9 月 7 日决议》这份著名的文件中重申了同一原则,教会权威必须服从高等法院所代表的世俗权威,并将这一原则与第五项高卢原则联系在一起:"世俗的权力独立于其他一切权力,只有它才能负责有关王国臣民的一切事务。教会的神职人员应在国王的领导下,对其行使的管辖权向最高法院负责。"[4]

上述文本与言辞充分体现出昂布兰绑架危机后冉森派运动的新特

---

[1] 全名为:*Mémoire pour les Sieurs Samson cure Olivet Couët curé de Darvoi Gaucher chanoinede Jargeau diocèse Orléans et autres Ecclésiastiques de différents diocèses intimés Sur effetdes Arrest des Parternens tant provisoires que définitifs en matière appel comme abus des Censures Ecclésiastiques*, Paris: Ph Nie Lottin, 1730。研究参见:Catherine Maire, "L'Église et la nation. Du dépôt de la vérité au dépôt des lois: la trajectoire janséniste au XVIIIᵉ siècle," *Annales ESC*, 46ᵉ année, No. 5, 1991. pp. 1177—1205。

[2] *Mémoire pour les Sieurs Samson*, pp. 1 - 3.

[3] 有关基本法的相关不成文规定,参见:Michel Antoine, *Le Conseil du roi sous le règne de Louis XV*, p. 20。

[4] 林赛编:《新编剑桥世界近代史》,第七卷,第 296—297 页。Jourdan & Decrusy (eds.), *Recueil général des anciennes lois françaises*, *depuis l'an 420 jusqu'à la révolution de 1789*, Tome 21, Paris: Berlin-Le-Prieur, 1830, pp. 366 - 367.

点。不仅法官和律师成为运动的主力,而且《通谕》越来越被视为对王国和臣民的威胁,政府的做法也被认为有专制之嫌。达盖索敏锐地注意到了这一切,他针对《四十人请愿书》写道:"(请愿书说)高等法院是公共权威的受托者,为什么不说是国王权威的受托者? 高等法院自己都没这样说过! ……(请愿书说高等法院是)国民法庭。再也不是国王的法庭……认为法律是国民借由全国三级会议表达其意愿的结果,这是公然挑衅!"①

里歇主义继续发酵。当时流亡在联省王国的前兰斯主教勒格罗(Nicolas Le Gors)出版了《论教士第二等级的权利》。他说的教士第二等级,指的是本堂神甫与教区神甫,也就是教士等级中的下层教士。勒格罗为这些教士的权利辩护,认为凡是有关宗教的事务,都应由教士大会决定。这本是中世纪教会会议至上主义(Conciliarism)原则。勒格罗将此原则推广到世俗政治领域:"就教会以及针对其他所有一切而言,最不幸的事情乃是用绝对主义的管理(gouvernement absolu)取代法官的管理(gouvernement des juges),法官的管理乃是集体管理的方式,并依照神圣的法典(Saints Canons)。"②

另一个重要变化体现为,弗勒里时期的冉森派冲突不再只是主教和政治家讨论的议题,而是慢慢进入了公共领域,成了一项公共议题。《四十人请愿书》虽然很快被查禁,但是已经刊印了 3 000 余份,在各地散播。③ 另一份冉森派出版物更有影响力,这就是《教会新闻》(*Nouvelles ecclésiastiques*)。《教会新闻》从 1728 年开始发行,由于售价低廉,所以传播很广,发行量超过 5 000 份,不仅在巴黎,就连特鲁瓦、蒙彼利埃和瑟

---

① 转引自 Peter Campbell, *Power and Politics in the Old Regime*, pp. 219‑220。坎贝尔原引文并不完整,为便于阅读理解,引者特添加括号中内容。

② Nicolas Le Gors, *Mémoire sur les droits du second ordre du clergé: avec la tradition qui prouve les droits du second ordre*, En France, 1733, p. 79.

③ Edmond-Jean-François Barbier, *Chronique de la régence et du règne de Louis XV*, deuxième série, Paris: Charpentier, 1857, p. 131.

内等地方都能读到。① 《教会新闻》力挺冉森派,发刊词丝毫不掩饰其反谕派立场:"要让公众知晓反谕派获得的成功与遭遇的不幸,要让那些迄今为止尚不关心此事的人清楚《谕旨》的后果,要让公众充当法官,因为耶稣会和拥谕派无法腐化他们的观念。"② 有很多人为《教会新闻》提供各种信息情报。巴黎有名的律师勒佩日(Louis-Adrien le Paige,1712—1802)就是其中之一,据说他搜集了 3 000 余卷(份)通信和传单。情报网络的触角很可能已经渗透到宫廷。因为某天弗勒里惊讶地发现,他写给巴黎高等法院法官和总检察官的私人信件竟赫然出现在某一期《教会新闻》上。③ 越是隐秘的信息销路越好,也越容易让人相信这不是空穴来风。所以,《教会新闻》不仅卖得很好,而且也很有权威性。被广泛传播的不仅仅是文字,还有图像。诽谤昂布兰会议的讽刺画竟然也出现在巴黎街头小贩的货筐里。这让警察总长埃罗难以招架。④

　　随着 18 世纪 30 年代初圣梅达尔教堂(Saint-Médard)圣迹事件的发生,冉森派运动的公共影响达到了一个新高潮。1727 年,年仅 30 岁的执事帕里斯(François de Pâris,1690—1727)去世。这位冉森派教士几乎是圣徒的化身。他出身显赫富裕的官宦世家,但为了信仰,只身一人来到圣马尔索郊区(Faubourg Saint-Marceau),散尽家财,救济穷人,过着苦修生活。他死后葬在圣梅达尔教堂,不久就有传言说,某些身患重病的人从他墓地回来后就痊愈了。很快,帕里斯的墓地成了朝拜圣地。1731年,朝拜者纷纷出现痉挛现象,全身抽动,胡言乱语,在旁观者看来,宛如受难圣徒一般。某些人甚至将《圣经》吞下。宗教狂热很快导致情况失

---

① Françoise Bontoux, "Paris janséniste au XVIIIᵉ siècle, les Nouvelles ecclésiastiques," *Mémoires publiés par la Fédération des sociétés historiques et archéologiques de Paris et de l'île de France*, 1955, p. 105 - 220. 也有说 6 000 份的,见 Pierre-Yves Beaurepaire, *La France des Lumières* (1715—1789), p. 133。

② 转引自 Catherine Maire, *De la cause de Dieu à la cause de la Nation: Le jansénisme au XVIIIᵉ siècle*, Paris: Gallimard, 1998, p. 225。

③ Michel Antoine, *Louis XV*, p. 275.

④ Peter Campbell, *Power and Politics in the Old Regime France*, p. 206.

控。帕里斯的圣像成了人人抢购的紧俏物。妇女裸露上身,肆无忌惮地在街上游走。这就是所谓的"痉挛运动"。主教万迪密尔及其手下的一群反冉森派神甫根本控制不了场面。由于朝圣的人太多,通往教堂的穆浮塔路难以通行。政府接连不断地下达密札(lettres de cachet),也丝毫驱散不了狂热的民众。弗勒里一贯慎重,但这次也有点失控,采取了过激的措施。因为参与痉挛运动的基本上是底层民众,他很担心爆发群众运动,所以动用了军队,强行关闭墓地,并将极端冉森派(Les convulsionnaires,即痉挛运动者)关进了巴士底狱。①

弗勒里强行管控的措施再度引发高等法院的抗议。高等法院刚在《9月7日决议》中重申了它的基本职能,可是政府却完全无视其存在,擅自动用武力。于是,抗议声四起,小册子被到处传阅。越来越多的底层神甫无视教会查禁《教会新闻》的规定,竟公开在各自教区或教堂宣读。巴黎主教万迪密尔即使采取了愈发严苛的惩罚措施,但也难以遏制这股声势。高等法院的态度越来越激进。1732年5月,巴黎高等法院法官宣布集体罢工。冉森派问题一下子演变为公开的政治危机。司法、治安以及法律注册等工作完全悬置。危机持续了数月,最终慢慢缓和。一方面,弗勒里恩威并施的措施有效地化解了矛盾。他先是下令限制高等法院的某些注册权(1732年8月),引起了法官们更激烈的抗议以及规模更大的罢工。弗勒里旋即将139名法官流放。② 此后,他开始安抚、召回官员,撤销8月敕令。弗勒里非常清楚,矛盾和冲突不能越界。他既给高等法院保留了颜面,但也有效地展示了他自己的威严。另一方面,外部原因导致双方关系得以缓和。波兰王位出现了继承危机,加剧了国际局势紧张。高等法院也暂时收敛锋芒,全力应

---

① 关于圣迹现象的研究,参见:Robert Kreiser, *Miracles, Convulsions, and Ecclesiastical Politics in Early Eighteenth-century Paris*, Princeton: Princeton University Press, 1978; Catherine-Laurence Maire, *Les convulsionnaires de Saint-Médard: miracles, convulsions et prophéties à Paris au XVIIIe siècle*, Paris: Gallimard; Julliard, 1985; Daniel Vidal, *Miracles et convulsions jansénistes au XVIIIe siècle: le mal et sa connaissance*, Paris: PUF, 1987。

② Peter Campbell, *Power and Politics in the Old Regime France*, p. 237.

付国际问题。但是,冉森派危机并未根除。二十年后,巴黎主教博蒙(Christophe de Beaumont,1703—1781)在忏悔证问题上发难,冉森派危机再度升温,并随着世纪中叶高等法院与王权持续不断的交锋而不断激化。不过,1830年代的预演已充分表明,《通谕》问题促成了高卢主义、冉森主义与里歇主义的融合,而这种有别于17世纪的新的冉森派将变成一股政治力量,其引起的论战也将危及王国的基本结构。

第四节 两次王位继承战争

1733年2月1日,波兰国王、萨克森选帝侯、韦廷王朝(House of Wettin)的奥古斯特二世(Auguste Ⅱ,1670—1733)去世。像以往任何时候一样,王位继承问题很快成为国与国之间矛盾激化的开端。当时,有两人有资格继承王位:一位是奥古斯特二世之子奥古斯特三世(August Ⅲ,1696—1763)。另一位是斯坦尼斯瓦夫·莱什琴斯基。因为在大北方战争中,瑞典国王卡尔十二世曾在里加战役(Battle of Riga,1701)中大败波兰军队,攻下华沙,迫使贵族议会废除奥古斯特二世,另选斯坦尼斯瓦夫为国王(1704年)。不久,随着卡尔十二世在波尔塔瓦战役(Battle of Poltava,1709)中被彼得大帝击败,斯坦尼斯瓦夫失去了王位,出逃流亡。当时欧洲各国中,支持奥古斯特三世的有神圣罗马帝国和俄国,支持斯坦尼斯瓦夫的则是法国。不过,波兰王位继承战争的重要性,不在于最终决定由谁继承波兰王位,而在于战争本身反映出杜波瓦和斯坦厄普伯爵努力维持的欧洲和平局面出现了裂隙。从这一点来看,这场战争是18世纪上半叶欧洲局势转折的开始。

自《乌特勒支条约》签订以后,英法之间一直保持着稳定的关系,这与两国主政的政治家很有关系。英国方面,罗伯特·沃波尔(Robert Walpole,任期为1721—1742年)老成持重,把精力放在发展经济上。杜波瓦去世后,弗勒里继续奉行温和审慎的策略,并有效地化解了西班牙与法国的矛盾。先前因婚约问题,西班牙放弃了和法国结盟,与神圣罗马帝国缔结了合约,但是此举非但没能实现本国试图拓展在意大利势力的野心计划,更因1729年奥地利单方面撕毁婚约而备受羞辱。弗勒里利用这个机会,多方调停,终于与西班牙、英国和奥地利实现了难能可贵的和解:英国承认国事诏书,换取皇帝认可西班牙王后法内塞尔的儿子唐·卡洛斯(Don Carlos,1716—1788)在帕尔玛和托斯卡纳两地的统治权。此项协议非但进一步稳定欧洲和平,而且也巩固了弗勒里的地位和权力。

不过,英法之间存在着难以调和的矛盾,主要表现在海外贸易上。18世纪上半叶,法国对外贸易发展极为迅速。[1] 18世纪40年代,法国进出口贸易总额比三十年前几乎增加了一倍,羊毛制品全面占领黎凡特、北美殖民地、葡萄牙等地。这对英国的利益构成威胁。1715年,英国在士麦那(Smyrna)[2]有20家商行,二十年后仅剩3家。1738年一份英国杂志写道:"蒸蒸日上的贸易可以被战争破坏殆尽,而停滞衰弱的贸易则有可能通过战争得到复苏。"[3]英法矛盾的另一个根源是国防问题。根据1716年两国签订的协约,法国不得在敦刻尔克建海港。但事实上法国食言了,并没有兑现承诺。这令英国十分愤慨。当时在伦敦游历的孟德斯鸠,亲眼见证了英国下议院在谈及该问题时群情激愤的情景:"法国被骂惨了。我觉得,这正是两国之前猜忌的根源。"[4]英法之间的矛盾,尤其是对外贸易上的竞争,是决定两国关系乃至欧洲局势的关键因素。

与此同时,东北欧的矛盾也在持续发酵。虽然查理六世与英国签订了协约,但这无法根本化解两国矛盾。英国始终对《国事诏书》心存芥

---

① Henri See, *Economic and Social Conditions in France during the Eighteenth Century*, translated by Edwin H. Zeydel, New York: Crofts, 1927, p. 159.

② 士麦那位于土耳其西部,现名伊兹密尔(Izmir)。

③ 转引自 Richard Pares, *War and Trade in the West Indies*, *1739—1763*, London: Frank Cass, 1963, p. 62.

④ Montesquieu, "Notes sur l'Angleterre," in *Œuvres complètes de Montesquieu*, texte présenté et annoté par Roger Caillois, Paris: Gallimard, 1949, p. 881.

蒂,担心这会导致天主教势力进一步在德意志境内蔓延,进而威胁到汉诺威家族的领地。另外,查理六世一心想要提升奥地利的经济实力,摆脱依附,故而在奥斯坦德(Ostend)兴建贸易公司,这不仅进一步加深了与英国的矛盾,也威胁了法国的海外利益。所以,查理六世急需强有力的盟友对抗英法,这与俄国的需求不谋而合。大北方战争后,沙俄开始崛起,势力不断往欧洲内陆渗透,但在波罗的海遭遇英法两国的阻挠。所以,尽管利益不同,但俄国与神圣罗马帝国既有共同的需要,也有共同的敌人。

因此,阻止俄国和神圣罗马帝国的扩张,成了英法两国能暂时搁置矛盾、一致对外的主要原因。1726年,英国率先出兵波罗的海。1727年,丹麦和瑞典加入汉诺威同盟。1726年8月,受到威胁的神圣罗马帝国与俄国联手。随后,普鲁士加入奥俄联盟,恢复了它对神圣罗马帝国的传统忠诚。与此同时,洛林公国引发的争端进一步激化了法国与哈布斯堡家族的矛盾。洛林公国一直是哈布斯堡家族的忠诚盟友。1729年,奉行中立的洛林公爵利奥波德(Leopold, Duke of Lorraine, 1679—1729)去世后,其长子弗朗茨一世(Francis Ⅰ, 1708—1765)继位。弗朗茨一世从小在维也纳长大,与查理六世的女儿玛丽亚·特蕾西亚(Maria Thérèsia, 1717—1780)早有婚约,素有扩张洛林公国的野心。洛林公国与哈布斯堡家族关系进一步巩固,阻断了法国企图以接受《国事诏书》作为条件换取洛林的计划。[1] 至此,欧洲形成了两大对立阵营。波兰王位继承问题成了两大阵营第一次交锋的导火索。

路易十五极力支持他的岳父斯坦尼斯瓦夫继承波兰王位。在法国的策划下,斯坦尼斯瓦夫秘密入境。之前奥古斯特二世实行高压统治,导致民怨沸腾,所以斯坦尼斯瓦夫很快赢得了民众支持,当选国王。奥地利与俄国随即出兵干涉。俄军侵入华沙,强迫议会选举奥古斯特三世

① Arthur McCandless Wilson, *French Foreign Policy during the Administration of Cardinal Fleury, 1726—1743: A Study in Diplomacy and Commercial Development*, Cambridge: Harvard University Press, 1936, p. 251.

为波兰国王。斯坦尼斯瓦夫再度流亡,逃回法国。于是,路易十五不仅有了正当理由出兵,而且必然会得到法国民众的支持,因为他们不会接受他们的国王迎娶一位平民之女。达让松曾对路易十五说道:陛下是与一位平民缔结婚约,因此王后必须成为国王的女儿。[1] 英国和荷兰都选择不干涉法奥争端。沃波尔说:"尽管欧洲一年内有 5 万人参战,但是没有一个是英国人。"[2]事实上,俄国给奥地利的支持也很有限。另外,弗勒里进一步修复与西班牙的关系,1733 年 11 月 7 日法、西两国签订了《第一份家族协约》(le premier Pacte de Famille),西班牙支持法国,而法国援助西班牙夺取意大利的公国。基于这些因素,波兰王位继承战争可以说是欧洲两大宿敌——波旁家族与哈布斯堡家族——之间的抗衡,所以,战争规模不大,而且对法国很有利。

弗勒里尽可能控制战场规模。他很清楚,战火决不能蔓延到波罗的海,否则会威胁英国利益。对法国而言,最合理的做法是在保证欧洲现有均势的前提下夺取洛林。弗勒里也不断向他的盟友英国和联省王国表示诚意,决不往奥属尼德兰派兵。[3] 所以,这次战争的主战场基本上局限在法国的西部莱茵河和意大利。法国西部战场见证了两位伟大元帅的对决。70 岁高龄的欧根亲王率领近八万人的部队,与 63 岁的贝里克公爵詹姆斯·菲茨詹姆斯(James FitzJames,1st Duke of Berwick,1670—1734)率领的六万法军在菲利普斯堡展开激战。菲利普斯堡一役(Siege of Philippsburg,1734),贝里克公爵战死,但是法国取得了最后胜利。欧根亲王损失了一万余人,大败退军。法军顺势占领了菲利普斯堡和洛林。在意大利战场,奥军损失更惨重。80 岁的维拉元帅领军,越过塞尼山口,进入米兰,于 1733 年 11 月 3 日从撒丁国王手里夺回伦巴第。他晋

---

[1] 转引自 Vladimir Potiemkine ed. , *Histoire de la diplomatie*, Tome 1, Paris: Librairie de Médicis, 1947, p. 247。

[2] Lucien Bély, *La France moderne*, p. 504.

[3] Jeremy Black, "French Foreign Policy in the Age of Fleury: reassessed," in *The English Historical Review*, Vol. 103, No. 407, (Apr, 1988), p. 367. Pierre-Yves Beaurepaire, *La France des Lumières* (1715—1789), p. 152.

升大元帅(maréchal général)后不久,死于都灵(1734 年 6 月 17 日)。西班牙也连连告捷。唐·卡洛斯在那不勒斯完败奥地利军队(1734 年),正式受封为那不勒斯国王。

波兰王位继承战争充分展现了弗勒里卓越的外交才能与冷静的政治头脑。尽管法国取胜,但他绝不愿意采取任何大胆冒进的举措,以避免局部战争演变为全面战争。所以,在夺取了洛林后,法国停止进军,与奥地利重归于好,不仅正式接受《国事诏书》,而且多次向皇帝表明愿意建立同盟。[①]

不过,有两个重要的因素不断侵蚀着弗勒里的和平外交政策。首先,就法国国内而言,亲奥政策尽管是明智之选,但得不到宫廷与贵族的支持,因为法国与奥地利是宿敌,贵族普遍反对奥地利。在波旁公爵的支持下,掌玺大臣肖夫兰与敌国秘密来往,企图颠覆法奥同盟,结果于1737 年 2 月 13 日被贬流放。但是,年轻一代贵族的反奥倾向更为明显,他们对路易十四统治末年法国社会的悲惨状况没有切身体会,对和平与稳定更缺乏冷静的认识。法国在波兰王位继承战争中的胜利,让他们变得更加自信冲动,认为法国重新成为欧陆霸主的时机已经成熟。这些年轻贵族以黎塞留公爵(duc de Richelieu,1696—1788)和贝勒-伊斯元帅为首,他们聚集在路易十五的情人沙托鲁公爵夫人(duchesse de Châteauroux,1717—1744)身边,通过公爵夫人影响国王的决定,改变法国的外交走向。

其次,国际局势对弗勒里也越来越不利,其中既有偶然因素,也有必然因素。为争夺海外殖民地,英国和法国之间的冲突势所难免。18 世纪40 年代,法国的对外贸易发展极快,海军力量也在不断壮大。据统计,1725—1740 年间,平均每年从洛里昂(Lorient)出港驶往印度洋的商船

---

① 1735 年 12 月 2 日弗勒里致信查理六世,转引自 Arthur McCandless Wilson, *French Foreign Policy during the Administration of Cardinal Fleury，1726—1743：A Study in Diplomacy and Commercial Development*, p. 275；Jeremy Black, "French Foreign Policy in the Age of Fleury：reassessed," p. 382。

超过二十艘。1740 年,东印度公司拥有四十艘货船,超过 60 吨位的有十艘。1743 年 9 月,根据官方统计,法国共有 5 308 艘船,总吨位是 269 909 吨,其中平均吨位为 45 吨的有 3 365 艘。① 这些情况令英国十分担心。德克(Matthew Decker,1679—1749)和利特尔敦(Gorge Lyttelton,1709—1773)在他们各自撰写的小册子中纷纷表示,只有通过开战,才能遏制法国的发展势头。②

不过,战火却先在西班牙和英国之间点燃。1737 年,英国船长詹金斯(Robert Jenkins)来议会申诉,并出示了他自己的一只据说是被西班牙当局割下的耳朵。一时间,群情激愤。尽管沃波尔竭其所能平息民愤,但是议会宣战的决心十分坚定,甚至拒绝了弗勒里提出的和解方案。③ 1739 年,英国向西班牙宣战,史称詹金斯耳朵战争(War of Jenkins' Ear)。

詹金斯耳朵战争原本只是一场局部争端,但是由于接连出现的几个偶然因素,很快转变为一场全面战争。首先,法国曾与西班牙签订过《第一份家族协约》(1733 年),因此有义务出兵援助西班牙,这意味着英国和西班牙的冲突有进一步扩大的可能。其次,1740 年,欧洲三位国王接连去世,彻底扭转了整个政局。

1740 年,普鲁士国王腓特烈·威廉一世(Friedrich Wilhelm Ⅰ,

---

① Arthur McCandless Wilson, *French Foreign Policy during the Administration of Cardinal Fleury, 1726—1743: A Study in Diplomacy and Commercial Development*, pp. 315 - 317.

② Sir Matthew Decker, *An Essay on the Causes of the Decline of the Foreign Trade: Consequently of the Value of the Lands of Britain, and on the Means to Restore both. Begun in the year 1739*, G. Faulkner, 1740. William Perrin, *The Present State of the British and French Sugar Colonies*, London: Printed for T. Cooper, 1740. 参见:Charles M. Andrews, "Anglo-French Commercial Rivalry, 1700—1750: The Western Phase Ⅰ," *The American Historical Review*, Vol. 20, No. 3 (Apr., 1915), pp. 539 - 556. Charles M. Andrews, "Anglo-French Commercial Rivalry, 1700—1750: The Western Phase Ⅱ," *The American Historical Review*, Vol. 20, No. 4 (Jul., 1915), pp. 761 - 780.

③ Paul Vaucher, *Robert Walpole et la politique de Fleury*, Paris: Plon-Nourrit, 1924, pp. 294 - 295. 该书是这一阶段英法外交的经典研究,新近论著参见 Philip Woodfine, *Britannia's Glories: The Walpole Ministry and the 1739 War with Spain*, Rochester, N. Y.: Royal Historical Society, 1998。

1688—1740)去世,其子腓特烈二世(Friedrich Ⅱ,1712—1786)继位。威廉一世当政期间,不仅组建起一支人数达 8 万、堪称全欧最强悍的陆军,而且国库充盈,国力有了显著恢复。他尽管对内施行极权统治,但在外交上比较怯懦,因为他思想比较传统,忠诚于霍亨索伦王朝,忠诚于神圣罗马帝国,也敬畏皇帝。但是,腓特烈二世完全不受这些观念的束缚。这位年轻国王将基督教斥为"古老的形而上学的虚构物"。他要求霍亨索伦王朝服从普鲁士的利益,对神圣罗马帝国只有轻蔑与鄙视。腓特烈二世著有《反马基雅维利》(Anti-Machiavel)一书,抨击那些只满足于蝇头小利、见识短浅的无能公侯。所以,腓特烈二世将他父亲缔造的军队变成了撼动整个欧洲的可怕的武器。[1]

1740 年 10 月 20 日,皇帝查理六世去世,留下一个空空如也的国库,一支士气低沉的军队,以及一帮资质平庸的老臣。《国事诏书》虽然已得到大部分欧洲国家的认可,但是作为合法继承人的玛丽亚·特蕾西亚并无威信,难以服众。更何况,哈布斯堡家族本来就得不到贵族的拥护。查理六世去世后,巴伐利亚选帝侯阿尔伯特(Charles Albert,1697—1745)很快宣布,自己拥有波西米亚王冠,所以有权继承皇帝位。奥地利和波西米亚境内大批贵族都站在他这一边。匈牙利的贵族也支持他,他们都想借此机会削弱哈布斯堡家族对他们的统治。1740 年 10 月 28 日,俄国女沙皇安娜去世。继位的沙皇伊凡六世(Ivan Ⅵ,1740—1764)未满周岁。俄国很快陷入了争夺帝位的继承危机,无暇顾及东欧局势。所以,特蕾西亚四面楚歌,形单影只。腓特烈二世绝不会放过这个机会:"安娜的死……最终让我下定了进攻的决心。"[2]

欧洲局势的变动让法国国内的鹰派蠢蠢欲动。他们纷纷支持阿尔伯特继承王位。弗勒里同鹰派最终达成妥协,同意玛丽亚·特蕾西亚继承波西米亚与匈牙利,皇帝位则由选举产生。弗勒里如此选择,也并非

---

① 蒂莫西·布莱宁:《追逐荣耀:1648—1815》,吴畋译,北京:中信出版社,2018 年,第 709 页。Lucien Bély, *La France moderne*, p. 507.
② 蒂莫西·布莱宁:《追逐荣耀:1648—1815》,第 711 页。

毫无根据,因为 1735 年法国在承认《国事诏书》时就承诺过:不伤害第三方利益。1740 年 12 月 11 日,贝勒-伊斯元帅代表路易十五前往法兰克福,游说诸侯,让他们给查理·阿尔伯特投票。[1] 弗勒里尽其所能周旋于各派之间,维持岌岌可危的和平局面。

　　1740 年 12 月 16 日,普鲁士突然入侵西里西亚,宣称这原本是普鲁士的领地。次年 4 月,双方在莫尔维茨决战。普鲁士大败奥地利。莫尔维茨会战(Battle of Mollwitz)具有深远的政治影响。这既意味着欧洲和平的结束,也让普鲁士朝着大国迈进了关键一步。另外,此次战役也使得法国国内的鹰派信心倍增。他们相信法国今后完全可以仰仗普鲁士。于是,法国开始了一系列频繁、积极的外交活动,与普鲁士、巴伐利亚、西班牙达成协约(1741 年 6 月 5 日)。根据这份协约,查理·阿尔伯特承认西班牙对哈布斯堡家族在意大利的领地享有统治权,路易十五则保证腓特烈二世占有西里西亚。另外,法国派出马耶布瓦侯爵(marquis de Maillebois,1682—1762),积极游说英国,劝服乔治二世不要参战。此外,法国还授命萨克森伯爵莫里斯(Maurice de Saxe,1696—1750)作为法军统帅。此人是继维拉元帅之后,法国仅存的少数几位能征善战的贵族之一。这一系列安排的结果是,弗勒里越来越难以控制朝局。

　　战争爆发后,英国、荷兰袖手旁观,俄国更无暇插手,奥地利孤立无援,节节败退。乔治二世在汉诺威的领地尽管遭到了威胁,但他还是不愿动用武力。因此,很快,法国和巴伐利亚的联军长驱直入,占领了林茨(Linz)、帕绍(Passau)和波西米亚。1742 年 1 月,查理·阿尔伯特当选神圣罗马帝国皇帝,为查理七世。这不过是一个插曲,对整个战局没有影响。而且,查理七世始终是法国的一枚棋子。路易十五以及那些鹰派贵族有一番宏伟的计划,他们想要利用现在有利的局面,一举改变中欧的局面,把下西西里划给普鲁士,把波西米亚、奥地利西部、蒂罗尔、布莱斯高和皇帝头衔给巴伐利亚,把下奥地利、摩拉维亚和上西西里给萨克

---

[1] Lucien Bély, *La France moderne*, p. 508.

森,把剩下的奥地利领地和匈牙利给哈布斯堡家族,由此形成四个面积相当的国家。[1]

这当然是不切实际的空想。国际格局瞬息万变。法国很快身陷逆境。令所有人都没有想到的是,玛丽亚·特蕾西亚竟如此坚强,誓不服输,率领残存的老兵残将拼死抵抗。她的勇气很快有了回报,不仅赢得了匈牙利贵族的支持,而且在蒂罗尔州(Tyrol)募兵也进展得十分顺利。英国国内的情况也在发生变化。乔治二世和沃波尔遭遇了和弗勒里一样的困难,他们的和平政策越来越不得人心。英国人越来越相信,一味姑息、选择和平,这不仅是示弱的表现,而且也有损英国在海外殖民地方面的利益。沃波尔下台后,康普顿(Spencer Compton,1st Earl of Wilmington,1673—1743)任首相,但是真正掌权的是加特利勋爵(John Carteret,1690—1763)。加特利勋爵代表殖民地商人的利益,是强硬的反法派。所以,英国的外交策略发生了逆转,一方面积极拉拢腓特烈二世,另一方面援助玛丽亚·特蕾西亚,组建反法同盟。另外,法国的同盟内部也出现了裂隙。腓特烈二世绝不会像查理七世那样听命于法国,而且很多小道消息让他相信法国人同时正在和奥地利秘密接头。这不是没有可能的,波兰王位继承战争中就发生过类似的事。所以,腓特烈二世也决定同特蕾西亚秘密谈判。不过,此时普鲁士也不得不选择谈判,因为到了1742年夏天,它已成强弩之末,军队筋疲力尽,资金耗尽。是年6月11日,两国签订《布雷斯劳预备条约》(Preliminaries of Breslau)分割西里西亚,预示着普奥战争的结束。

在意大利战场上,法国也逐渐陷入被动,因为随着西班牙不断深入,亚平宁半岛的均势被打破。西班牙原本计划趁着特蕾西亚被动挨打,一举占领奥地利在意大利的全部领地。这引起了撒丁王国国王查理-伊曼努尔(Charles-Emmanuel,1701—1773)的担心。他认为,仰仗着法国土伦舰队的护卫,西班牙势不可当,于是为了自保,他选择投靠特蕾西亚,

---

[1] 蒂莫西·布莱宁:《追逐荣耀:1648—1815》,第712页。

于 1742 年 6 月签订了条约。[1]

所以,当弗勒里去世时(1743 年 1 月 29 日),法国陷入了几乎完全孤立的局面,唯一可以依靠的是西班牙,但与西班牙的关系又不稳固。一方面,两国并未确立正式同盟关系;另一方面,西班牙似乎也在与英国或奥地利谈判。与此同时,欧洲的同盟关系发生了转变。1743 年 9 月,英国、奥地利和撒丁王国正式结盟,签订了《沃尔姆斯条约》(Treaty of Worms),主要内容是撒丁王国支持英国和奥地利,换取英国金钱上的资助,奥地利把米兰公国的部分地区和皮亚琴察(Piacenza)划给查理-伊曼努尔,并放弃收复菲纳莱(Finale)的权利。《沃尔姆斯条约》预示着奥地利开始在德意志地区扩张。这势必会引起其他国家的警觉。腓特烈二世对奥地利的扩张甚为不满,他转向与法国携手。法国也匆匆同西班牙签订《第二份家族协约》(le deuxieme pacte de famille,1743 年 10 月),确保西班牙占领直布罗陀和米诺卡岛。

于是,到 1734 年年底,欧洲形成了两大阵营,一方是英国、奥地利和撒丁王国,另一方是法国、普鲁士与西班牙。[2] 尽管局势已明朗化,但是战争并未全面爆发,这主要同当时各国国内的动荡有关。英国国内的舆情很快倾向于反战,这有两个原因。一方面,乔治二世出师不利,威信扫地;另一方面,加特利勋爵在内阁中的影响也越来越小,不久便仓皇下野。法国也越来越没有动力参战。1744 年 3 月至 5 月间,法国先后正式向英国、汉诺威和奥地利宣战,但这不过是在履行《第二份家族协约》的承诺而已。同年 5 月,路易十五亲率法军入侵尼德兰,并由萨克森伯爵挂帅,不过此次出征也只是为了重振士气,不为掠夺。1745 年 1 月,巴伐利亚选帝侯阿尔伯特去世,只留下腓特烈二世一人独自对抗奥军主力。另外,俄国已恢复元气,平稳度过了继承危机,女沙皇伊丽莎白(Elizabeth I,1709—1762)麾下有一支人数超过 30 万的军队。

---

[1] 参见林赛编《新编剑桥世界近代史》,第七卷,第 539—540 页。
[2] Michel Antoine, *Louis XV*, p. 363.

所以,战争对普鲁士很不利。腓特烈力图速战,他在霍恩弗里德贝格战役(Hohenfriedberg,1745年6月)和索尔战役(Soor,1745年9月)中接连获胜,迫使奥地利签订了《德雷斯顿和约》(Treaty of Dresden)。根据条约,普鲁士承认特蕾西亚为奥地利大公,其夫婿弗朗茨一世为神圣罗马帝国皇帝,奥地利则把西里西亚割让给普鲁士。特蕾西亚起初并不接受这些条件,但是迫于同法国的关系变得越来越紧张,不得不选择和谈。法奥关系之所以出现裂痕,是因为1745年9月15日,随着特蕾西亚的丈夫弗朗茨一世当选为神圣罗马帝国皇帝,哈布斯堡家族逐渐恢复元气,而这是法国所不能容忍的。[1]

倾向于和谈的不只有奥地利。英国在尼德兰战场上接连战败,又因为詹姆斯党蠢蠢欲动,也萌生了和谈的想法。西班牙也想摆脱战争。新登基的国王费迪南多六世(Fernando Ⅵ,1713—1759)胸无大志,只想维持现状,不愿锐意进取,开始与英国和谈。尽管这次和谈失败,但西班牙的行径引起了法国的猜忌与不满,《家族协约》出现裂隙。由于海外殖民地严重受损,法国左支右绌,难以承受高昂的军费开支,无心恋战。这影响到了荷兰的态度。在遭到萨克森伯爵莫里斯的军事威胁后,荷兰以退出战争为由,向英国索要一笔巨大的贷款,英国当然不能接受,但是一旦失去了荷兰的支援,英国在欧陆的力量也将受到严重影响。

任何两国的关系因一些偶然因素出现变动,这些变动就会很快像涟漪一样播散开来,影响整个局面。奥地利王位继承战就在这样的局面中结束。1748年初,各国在埃克斯拉沙佩勒(Aix-la-Chapelle)协商,签订了《埃克斯拉沙佩勒和约》(Treaty of Aix-la-Chapelle),基本恢复了战前的局面。条约保证了腓特烈拥有西里西亚,尽管这一保证未必有效。法国失去了印度殖民地,而西班牙和撒丁王国得到了奥地利在意大利的部分领地。对当时的欧洲来说,这场战争的真正意义在于,几乎亡国的哈布斯堡得以幸存,而且它对神圣罗马帝国和奥地利的统治也得到了诸侯

---

[1] 参见林赛编《新编剑桥世界近代史》,第七卷,第548—549页。

的一致认可。

不过，正如上文所述，奥地利王位继承战争的结束，并非是因为在战场上分出了胜负，而是因为各国不愿继续作战。正因为如此，《埃克斯拉沙佩勒和约》是妥协的产物，只能保证一时之和平，不可能真正化解各国之间的矛盾。条约对普鲁士做出了巨大让步，原因是英法都希望一旦未来有分歧，可以借助普鲁士这支新兴力量。特蕾西亚愿意放弃她在意大利半岛的利益，是为了有余力对付腓特烈。这说明普鲁士和奥地利之间的关系只会越来越紧张。另外，这场战争原本是法国挑起的，尽管从某种程度上说也实现了削弱哈布斯堡家族势力的目的，但是它自己从中并没有得到任何实际好处。因此，法国人在讽刺人愚蠢的时候，常说"像和约一样愚蠢（bête comme la paix）"，指的就是《埃克斯拉沙佩勒和约》。

第四章　世纪中叶的法国

第一节　法国人口

18 世纪上半叶,不少有思想的法国人都认为,国家出现了严重的人口危机。在法语中,"人口锐减"(dépopulation)先于"人口"(population)一词出现,并在沃邦、费讷隆、布阿吉尔贝尔等人的著作中被广泛使用。[①]这些人讨论的问题很多,方式也不同,但是都关注同一个问题:到底是古代世界的人口多,还是现代世界的人口多? 在《波斯人信札》中,孟德斯鸠花费了不少篇幅对此加以分析。他说,经过"尽可能准确的计算之后",他发现现在地球上的人口几乎不到古代的 1/10。令人震惊的是,全世界人口日益减少,而如果这种趋势持续下去,那么十个世纪后全球势必要成为一片沙漠。[②] 法国人之所以担心人口锐减这个问题,同他们的经历有关。17 世纪末至 18 世纪初,法国接连经受几场严重的危机。1693—1694 年,法国人口减少了大约 10%,将近有 220 万人丧生。过了不到一

---

① *L'invention des populations：biologie，idéologie et politique*，sous la direction de Hervé Le Bras，avec la collaboration de Sandrine Bertaux. Paris：O. Jacob，2000.

② 参见孟德斯鸠《波斯人信札》,信 113—122。

代人时间,1709 年的寒冬带走了 7%—8% 的法国人的生命。1720 年马赛鼠疫导致四万到五万本地人丧生,而后又带走了近十万邻省人的生命。这些经历令他们对人口问题十分敏感。

事实上,在前现代社会,由于生产力、饮食结构等多种因素制约,社会整体非常脆弱。从法国史家古贝尔(Pierre Goubert,1915—2012)关于博韦的经典研究中可窥一斑。[①] 图 4 展现了 1660—1740 年间,博韦地区的小麦价格与人口的出生率、死亡率之间的关系。不难发现,伴随着战争、疾病和自然灾害,死亡高峰期有规律地重复出现。这一现象取决于旧制度脆弱的经济结构。如果遇到灾害天气,哪怕是比较短暂的灾害,物价必然上涨,再加上农业收成不好,农民收入更受影响。他们本来就没有储蓄,所以很快身陷饥荒,营养不足,婴儿死亡率随之上升。城里人也会有同样的经历,工资可能会增加,但远远跟不上物价上涨,所以只能节衣缩食。这又会产生连锁反应。消费一旦萎缩,市场就会受影响,产品滞销,这会引起大批手工业者失业。失业人口变成流民。流民一旦增多,非但会给社会治安造成压力,而且会传播传染病。这样的状况会延续很多年,由于营养不良、生活困苦,结婚率和生育率也会陷入低迷。

不过,记忆和现实之间总会存在时间上的偏差。尽管人们对"人口锐减"的悲痛记忆还停留在 17 世纪末、18 世纪初,但是现实已经发生了变化。事实上,从整个 18 世纪来看,战争对经济人口结构的威胁正在消退,而马赛鼠疫也是最后一次大规模的自然灾害。尽管人们并未摆脱灾害的记忆,尽管有关"人口锐减"的争论仍在继续,但是人口开始增长,并在一定程度上突破传统瓶颈。从整体上来看,法国 18 世纪人口复苏的节奏基本上与当时欧洲的整体节奏吻合:经历停滞或缓慢增长阶段(1650—1700),然后是普遍而适度增长(1700—1750),最后是更加迅速地膨胀(1750—1800)。[②] 一般认为,法国人口的复苏大约出现在 18 世纪后半叶。根据

① Pierre Goubert，*Beauvais et le Beauvaisis de 1600 à 1730：contribution à l'histoire sociale de la France du XVIIe siècle*，Paris：S. E. V. P. E. N.，1960.
② 参见蒂莫西·布莱宁《追逐荣耀:1648—1815》,第 54 页。

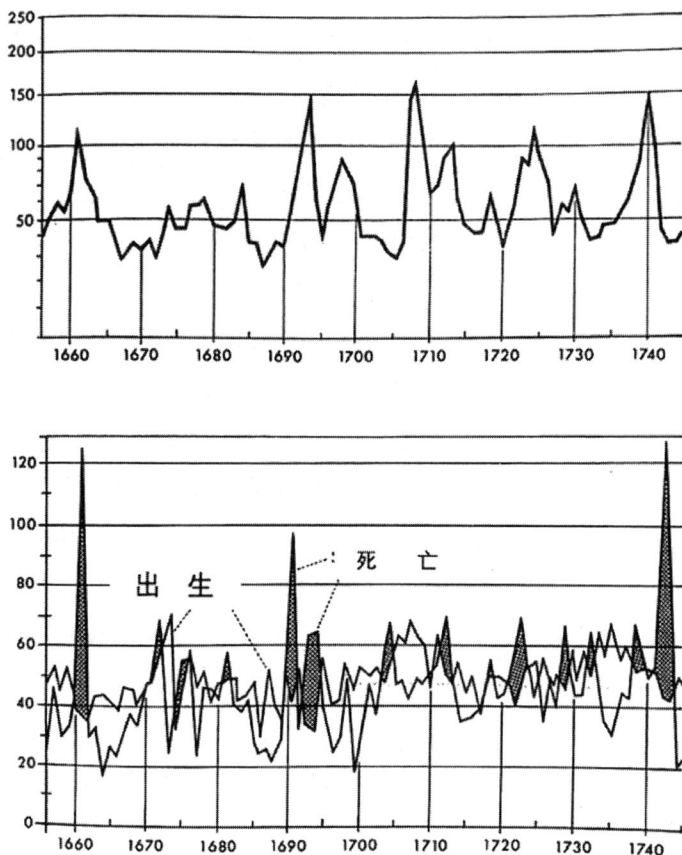

图 4　17 世纪博韦地区小麦价格与人口出生率、死亡率的关系①

人口学家迪帕基耶（Jacques Dupâquier）的研究，路易十五在位时期，人口曲线已经出现了回升。② 1700 年，法国人口为 2 200 万，1710 年为 2 260 万，1730 年为 2 380 万，1740 年为 2 400 万。1755 年，法国人口第一次跨越了 2 500 万界限。1789 年，法国人口接近 2 800 万。人口增长

---

① 转引自 Pierre Goubert & Daniel Roche，*Les Français et l'ancien régime*，Tome 1，La société et l'État，p. 45。

② Jacques Dupâquier，"Les Caracteres originaux de l'histoire demographique francaise au XVIIIᵉ siècle," *RHMC* 33 (1976)，pp. 193 - 202.

有地区差异:埃诺、弗朗什-孔泰、贝里等地增速最快,巴黎盆地、中央高原、西南部和南部地区增速中等,诺曼底地区增速最慢。另外,也有一些地区的人口没有显著增加。比如布列塔尼是法国最贫瘠的省份之一,1690 年 20 万人,到 1720 年增加到 22 万,而在此后的五十年内仅增加了 10 万人,从 1750 年开始人口数量开始下滑,每年大约减少 3.5%。此外,巴黎人口增速并不高,1700 年为 51 万人,1750 年 57.6 万人,1780 年为 60.4 万人。[1]

城市的新增人口主要来自移民,不是新生儿。比如波尔多在路易十四时期有 4.5 万人,到 18 世纪增加到了 10 万人,但 1737—1791 年间死亡人数是 3.5 万,所以增加的人口主要是移民。外来人口移居城市的原因,或是为了谋生,或仅仅出于对大城市的向往,后一个原因更重要,这类人大约占移民总数的 51%。[2] 旧制度法国的人口流动呈现出比较稳定的模式。整体上,移民潮自西向东,由山区迁往城市,迁徙的模式凸显了偏僻的居住地与人口密集地区之间的差异。来自不同地区的移民,在城市中从事不同职业。比如,在整个 18 世纪,涌进巴黎的外来务工人群主要来自奥弗涅、利穆赞、萨沃伊等地区,他们长年累月选择固定的职业,诺曼底人往往做木匠活,石匠一般是利穆赞人,烟囱工人大多是萨沃伊人,而箍桶匠和铜匠则是奥弗涅人,从阿尔萨斯和洛林来的人干农活。农忙的时候,不少人又会回家务农。迁徙的节奏伴随着时令而变化,很有规律。启蒙作家梅西耶(Louis-Sebastien Mercier,1740—1814)生动地说道:"他们好像鸟儿,寒冷把他们送到温暖的地方,有八个多月,家乡的山脊上覆盖着厚厚的积雪,他们躲避了那样的寒冬。但他们每年都会回家,生子育女,然后把孩子交给老人或地方上的教士去管。"[3]

---

[1] Gwynne Lewis, *France 1715—1804*: *Power and the People*, Harlow, Essex; New York, N. Y. Pearson/Longman, 2005, p. 147.

[2] 参见罗什《启蒙运动中的法国》,杨亚平等译,上海:华东师范大学出版社,2010 年,第 60 页。

[3] Louis Sébastien Mercier & Restif de la Bretonne, *Paris le jour*, *Paris la Nuit*, Paris: Robert Laffont, 1990, p. 57, 159—163. 转引自 Gwynne Lewis, *France 1715—1804*: *Power and the People*, pp. 128‑129。

大部分民众的生活很艰辛。他们辛苦一年所挣的钱仅够糊口。不同地区的工资水平差别很大,这又进一步加剧了不平等。巴黎的工资相对较高。根据英国史家索恩舍(Michael Sonenscher)的估算,1768 年,巴黎一个熟练印刷工每周可以挣 13 里弗,全年无休的话基本上可以挣 680 里弗,建筑工一年如果工作 225 天,则可以挣到 472 里弗。外省工资较低。比如根据阿布维尔市(Abbeville)当地的经济学家统计,1764 年一个纺织工的收入约为 388 里弗。1744 年,里昂一名熟练的纺织工人一年所得为 161 里弗,1786 年有所上涨,但也只有 374 里弗。这些收入中大部分用于最基本生活物资的消费,无法应对任何经济与社会危机。比如对于阿布维尔一位年收入 388 里弗、拥有四口之家的纺织工而言,他要想满足一年的基本生活物资消费,需要花费 312 里弗,其中,食物消费占了 2/3,仅面包消费就占了这其中的 40%,而用于其他开支的预算仅剩 76 里弗。巴黎工人的工资高,但消费也高。一般来说,18 世纪末,一名工人吃住需要 30 苏一天,这意味着每天必须要挣够 42 苏才不会饿肚子。但是很多人达不到这一水准。史家贝纳布(Erica-Marie Benabou)详细考察了 18 世纪后半叶巴黎纺织工的收入与生活,他统计 13 760 名织衣工后,发现 1774 年,约有 72.2% 的人一天挣不到 20 苏,38.8% 的人挣不到 10 苏,而按当时的物价一天最低的面包消费要 9 苏,而且女工的情况更糟,她们的收入仅有男工的 1/10,18 世纪末巴黎女工一天仅能挣到 2—8 苏。[1]

既然一日三餐都成问题,很多年轻人就自然而然选择晚婚。18 世纪

---

[1] Gwynne Lewis, *France 1715—1804*: *Power and the People*, p. 129. Michel Morineau, "Budgets populaires en France au ⅩⅧe siecle," *Revue d'histoire économique et sociale*, Vol. 50, No. 2 (1972), pp. 229 - 230, 452—454. Michael Sonenscher, *Work and Wage*: *Natural Law*, *Politics and the Eighteenth-Century France Trades*. Cambridge: Cambridge University Press, 1989, pp. 203 - 204. Robert Schwartz, *The Policing of the Poor in Eighteenth-Century France*, Chapel Hill: University of North Carolina Press,1988, pp. 109 - 110. Jeffry Kaplow, *The Names of Kings*: *the Parisian Laboring Poor in the Eighteenth Century*, New York, Basic Books, 1972, pp. 52 - 55. Erica-Marie Benabou, *La propostitution et la police des moeurs au ⅩⅧ siècle*, Paris: Libr. académique Perrin, 1987, p. 312.

上半叶,法国人平均结婚年龄是 25 岁。18 世纪末,法国男性平均结婚年龄为 27—28 岁,女性为 25.5 岁。① 在前现代社会,人的平均寿命比较短,大约只有 40—45 岁,最佳生育年龄段也比较短。一般来说,18 世纪妇女在婚后 18 个月产下第一胎,此后大约两年生育一胎。② 所以,与现代社会相比,晚婚对生育的影响更大,能间接起到节育的作用。正是在这个意义上,法国史家肖努(Pierre Chaunu,1923—2009)将晚婚称为"古典时代欧洲的一种避孕武器"(arme contraceptive)。③ 当然,影响生育的不只是晚婚,还有避孕。避孕措施在 18 世纪推广很快,尤其在上层社会。比如在巴尔德(Jean-Pierre Bardet)研究的鲁昂地区,上层精英家庭平均只生 3—4 个孩子,避孕的比例很高,1730 年前后有 20％—30％的家庭采取避孕措施,18 世纪 80 年代这个比例上升到 50％。④ 贵族普遍选择避孕,或许因为他们看重自己的生活品质。所以,在公众眼中,这自然成了贵族自私自利的表现。莫沃在他的《法国人口研究与思考》中将避孕看成是一种"致命的秘密"(funestes secrets)。⑤ 在遭遇了七年战争惨败之后,类似的指责愈演愈烈,成为反贵族言论的一部分。此外,18 世纪法国家庭规模也开始变小。一般来说,在天主教控制较严的地区,比如旺代和布列塔尼,家庭规模没有出现萎缩。而越是开放的城市,越是上层社会,人为干涉生育越明显,家庭规模越小。以贵族等级为例,18 世纪初,贵族家庭平均生养 2.7 个孩子,1749 年为 2 个。首席贵族平均生养 2—5 个孩子。不过,他们的平均结婚年龄要远远晚于其他人群,18 世

---

① Pierre Goubert & Daniel Roche, *Les Français et l'ancien régime*, Tome 1, La société et l'État, p. 37.

② Pierre Goubert & Daniel Roche: *Les Français et l'ancien régime*, Tome 2, Culture et société, p. 109.

③ 转引自 Jean-Pierre Bardet, Jacques Dupâquier, "Contraception: les Français les premiers, mais pourquoi?," *Communications*, vol. 44, 1986, p. 5。

④ Jean-Pierre Bardet, *Rouen aux XVIIᵉ et XVIIIᵉ siècles: les mutations d'un espace social*, 2 tomes, préface de Pierre Chaunu, Paris: S. E. D. E. S., 1983. 罗什:《启蒙运动中的法国》,第 545 页。

⑤ Moheau, *Recherches et considérations sur la population de la France*, 1778, p. 102.

纪初约为 19.3 岁,在整个世纪中不断呈现年轻化的趋势,到世纪末,约为 18.4 岁。[1]

综合上述因素,18 世纪法国的出生率并不太高,基本维持在 3.5%—3.8% 之间。当然,整个世纪的出生率有一定波动。18 世纪 40 年代,出生率为 3.99%,50 年代达到 4.1%,经历短暂的下滑后,60 年代恢复到 3.9%,在旧制度末年在 3.7% 左右。[2] 死亡率基本与此持平。当时,新生儿的死亡率非常高。一般来说,有 1/4 的新生儿活不到一岁,只有一半能活过十岁。不过,在医学有真正革命性突破之前,婴儿的死亡率一直很高。实际上,1900 年,法国新生儿的死亡率依旧有 16%。此外,整体来看,18 世纪死亡率基本呈下滑趋势。18 世纪 40 年代死亡率为 4%,1775—1789 年有所下降,在 3.06%、3.71% 和 3.55% 之间波动。下降的原因是饥荒和疾病有所减少。全国范围内,18 世纪死亡率的高峰期出现在以下这几年:1710 年、1741 年和 1771 年。所以,18 世纪人口增加,不是因为出生率超过了死亡率,而是因为在度过了危机重重的 17 世纪后,出生率赶上了死亡率,两者持平,人口回升到一个正常的状态。

18 世纪,2 800 万法国人分为三个等级:教士等级、贵族等级以及第三等级。第三等级包括所有非特权阶层的人,比如有产者、手工业者、商人、农民等。三个等级的划分源自中世纪对社会范畴的理解:一部分人祈祷,一部分人作战,其他人劳作。[3] 三个等级占人口比例不同,拥有的权利和财富也完全不同。

1789 年前,法国教士大约有 169 500 人,约占人口总数的 0.6%。[4] 教

---

[1] Pierre-Yves Beaurepaire, *La France des Lumières*(1715—1789), p. 522.

[2] Yves Blayo, "Mouvement naturel de la population française de 1740 à 1829," *Population*, 1975, vol. 30, no. 1, pp. 15 - 64.

[3] 参见威廉・多伊尔《牛津法国大革命史》,张弛、黄艳红、刘景迪译,第 40 页。另见 Georges Duby, *Les trois ordres*:*L'imaginaire du féodalisme*, Paris:Gallimard, 1978。

[4] 参见彼得・麦克菲《自由与毁灭:法国大革命史》,杨磊译,北京:中信出版社,2019 年,第 15 页。博桑加(Gail Bossenga)认为教士约有 13 万人,不到人口的 1%。参见 Gail Bossenga, "Society," in William Doyle ed., *Old Regime France*, Oxford:Oxford University Press, 2001, p. 54。

士大体上可以分为正式教士和在俗教士两类。正式教士约 81 500 人,主要由修道院的教士、僧侣和修女组成。在俗教士约 59 500 人,由牧师和助理牧师构成。教士等级虽然占人口比重不高,却占有全国 6%—10% 的土地,主要收入来源是什一税。这是一种针对农产品征收的税收,包括谷物、葡萄酒以及其他土地产出。尽管名义上是十抽一,但具体税率在各地差别很大,最低的地方可能只有 1/30,最高的地方可以达到 1/7。根据其所占有的土地估算,教士等级一年总收入大约在 6 000 万至 1.8 亿里弗之间。但是,由于这些财产被认为得自上帝的恩赐,具有神圣性,所以不用缴税,只需通过自愿捐献的形式——由教会自愿奉献,而非被迫征收——缴纳很少的税款,仅占其总收入的 3%—5%。教士还享有其他特权,比如无须缴纳军役税,不得由任何世俗法官提起诉讼,不得因民事债务被逮捕,不得扣押他们的私人物品等等。

教士等级内部等级森严。在该等级的上层,主教(bishops)、大主教(archbishops)等高级职位一般都由贵族把持,[①]大约有 136 位,其中约有 1/4 主教职位由 13 个贵族家族把持。贵族把子女送去教会,既可以避免提供奢侈嫁妆,也用不着瓜分家产。在 18 世纪,主教贵族化是一个比较明显的趋势。1682—1700 年,只有 8% 的主教不是贵族出身,1774—1790 年这一比例下降到 1%。另外,在 18 世纪中叶,大约有 60% 的主教来自家世超过两百年的贵族家族。[②] 主教和大主教把持了大量的财富,他们从全法国最重要的教区获得的收入超过 100 万里弗。不过,主教之间的收入差距也很大。斯特拉斯堡大主教罗昂的年俸是 45 万里弗。阿尔卑斯的阿普特主教年俸只有 2 万里弗。教士等级的最底层是教区本堂神甫(curés)和他们的助理神甫。这些本堂神甫承担教育、济贫、布施等社会职能,仲裁日常纠纷,并为信众提供精神慰藉,满足他们的信仰需求。此外,本堂神甫都识字,有一定文化水平,所以他们也是地方信息来

---

① 塞内主教辖区主教的博韦神甫除外。
② Gail Bossenga, "Society," p. 54.

源、舆论首领,并负责公布政令。总体上,本堂神甫出身贫寒,在教士等
级中地位较低,而且很少有升迁机会。这些因素都激化了他们同主教之
间的矛盾。18世纪另一个特点是征召本堂神甫变得越来越难,这或许是
宗教热情普遍衰退的结果。

　　18世纪法国大约有五万个教区,有97%的居民是天主教徒。宗教
身份与社会身份纠缠在一起,宗教纽带也是社会纽带。上帝既然是尘世
的主宰,那么个人进入这个世界就必须始于教会的洗礼,离开尘世则需
要有临终圣事。忏悔和圣餐为化解冲突提供了一种宽恕与和解的途径。
但是,这套仪式很难为非天主教徒所用。不过,法国境内依旧有其他教
派的教徒存在。加尔文教徒和路德教徒曾享有一定程度的合法权利。
1598年颁布的《南特敕令》给予加尔文教徒以宽容。1648年签订的《威
斯特伐利亚和约》规定法王可以建立国教,但不能驱逐阿尔萨斯地区的
加尔文教徒和路德教徒。[1] 但是,路易十四1685年撤销《南特敕令》后,
约有14万—16万新教徒离开法国。不过,有20多万人留在了法国南方
塞文山脉(Cévennes)地区,他们在18世纪初曾多次挑起宗教对抗与冲
突。[2] 其次是犹太人。1394年,犹太人被驱逐,但是有若干犹太团体
获得了不同形式的合法权利。塞法迪犹太人(Sephardic Jews)居住在
波尔多和巴约讷的郊区(Bayonne),阿什肯纳兹犹太人(Ashkenazi
Jews)在阿尔萨斯和洛林地区享有更完整的权利,并拥有有限居住
权。[3] 不过,无论何种身份的犹太人,都不允许拥有土地,也不得持有官
职,这意味着他们只能经商。塞法迪犹太人更富有,阿什肯纳兹犹太人

---

[1] 不过要注意《和约》并未规定宗教宽容。

[2] P. Gachon, "Les Prédicants protestants des Cévennes et du Bas-Languedoc (1681—1700),"
in *Bulletin de la Société de l'Histoire du Protestantisme Français*, Vol. 63, No. 1 (Janvier-
Février 1914), pp. 89 - 94.

[3] 塞法迪犹太人,是指那些在15世纪遭到驱逐,祖籍为伊比利亚半岛并遵守西班牙裔犹太人
生活习惯的犹太人。塞法迪犹太人属于犹太教正统派的一支,大约占犹太人总数的20%。
阿什肯纳兹犹太人,指的是源于中世纪德国莱茵兰一带的犹太人后裔。参见 Arthur
Hertzberg, *The French Enlightenment and the Jews*, New York: Columbia University
Press, 1968。

一般靠放高利贷、走私等为生。商业猜忌不断加深法国人对犹太人的仇视，一直延续到旧制度末年。①

第二等级是贵族，他们人数不多，仅占总人口的 0.5%—1.5%，大约有 12 万到 35 万，但他们占有的土地占国土总面积的 1/4 到 1/3，并享有约占 1/4 的农业收入。另外，贵族统治着法国的文化生活，他们是艺术领域中举足轻重的赞助者，引领时尚的潮流，也是思想界的中流砥柱。贵族的特权可以大体分为荣誉性和实用性两类。佩剑、座席、服饰、族徽等属于荣誉性特权。贵族有权佩刀，显示着他们曾为国而战的传统。他们有权因犯罪而被斩首，免于绞刑。实用性特权很多：免军役税（在旧制度下，服军役本身就是身份低下的标志），免交或少交各类间接税（比如盐税、酒税等），免征徭役，且有权让上诉法院直接审理其司法案件。不过，由于征收普遍税越来越频繁，这意味着贵族也承担了一定的税负。另外，在保留了地方三级会议的地区，贵族因身份特权，在省三级会议中享有较大的政治权力，这进一步保证了他们在地方的特殊地位。

和教士等级一样，贵族等级内部也存在不同的身份，但分类十分繁多。比如从家族历史来分，有很多身份，这些身份来自不同时期的法令。比如最为古老的称远古贵族（noblesse immémoriale，直译为"不可追忆的贵族"），这指的是那些真正能上溯到封建时代的贵族，在 18 世纪这类贵族相当少。另如所谓的世家贵族（noblesse de race），源于 1583 年 5 月 5 日亨利三世颁布的法令，指那些家世可以上溯四代（百年）的贵族家族，这样的贵族又可以被称为显贵（gentilhomme），四代以下只能称新晋封贵族（anobli）。18 世纪还有一类新身份，为觐见贵族（noblesse présentée），指家族历史可以追溯到公元 1400 年之前，这类贵族享有觐见国王的殊荣，即所谓的宫廷礼遇（Honneurs de la cour）。② 从职业分，有佩剑贵族（noblesse d'épée）和穿袍贵族（noblesse de robe）两类。佩剑

① Gail Bossenga, "Society," pp. 55-56.
② François Bluche, *Les honneurs de la Cour*, 2 tomes, Paris, 1957.

贵族一般从军,穿袍贵族一般通过卖官鬻爵获得司法部门(主要是高等法院)职位,供职于司法机关或行政机关。

在18世纪,佩剑贵族与穿袍贵族的情况比较复杂,而且变动较多。趋势之一是军队中佩剑贵族越来越讲家世。由于军装、马匹和装备需要自己提供,因此这些贵族往往是比较富有的新贵族的后代,而不是那些已经破败的老贵族世家。这些人关心的是自己的升迁,而不是军功荣耀,这对国家很不利。舒瓦瑟尔(duc de Choiseul,1719—1785)和塞居(comte de Ségur,1753—1830)试图扭转这一局面,确保只有世家贵族才能成为军官。另外,直至法国革命,通过买官升迁仍旧是实现社会流动的主要途径。史家威廉·多伊尔(William Doyle)估算,18世纪法国通过文职受封的新贵,大约有8 000人成为贵族,按一家五口计算,新贵族大约有4万人。① 而仅在1774—1789年,就有2 477人受封晋升贵族。② 这种情况的出现,一方面固然来自商人想成为贵族的强烈欲望,另一方面则是因为政府频频通过售卖官职获得收入,弥补亏空。这笔收入一共有两类:其一是来自售卖官职所得,比如只有虚名而无实权的国务秘书(secrétaire du roi)在巴黎的售价约12万里弗;其二是来自拥有官职的人需要交纳的税,此即波莱税(Paulette),只要每年向国王交纳所持有官职价格的1/60(此额历年不一)作为转让税,官职即可变为私产,可继承,也可转让。③ 到旧制度末年,来自卖官鬻爵的收入已占政府常规收入的大半。据统计,革命前,法国职位约有7万余个,价值超过8亿里弗,而1788年政府总收入不过5亿里弗。④ 18世纪,佩剑贵族与穿袍贵族的关系也变得很复杂。就双方是否一直处于相互龃龉对抗的状态,学界争议很大。史家富兰克林·福特(Franklin Ford,1920—2003)在他的经典研

---

① 参见多伊尔《捐官制度:十八世纪法国的卖官鬻爵》,高毅、高煜译,北京:中国方正出版社,2017年。
② Gail Bossenga, "Society," p. 61.
③ 参见黄艳红《钱与权:制度史视角下法国旧制度时代的职位买卖》,《史林》2015年第5期。
④ 参见黄艳红《法国旧制度末期的税收、特权和政治》,北京:社会科学文献出版社,2016年,第79页。

究《袍和剑：路易十四之后法国贵族的重新整合》中提出，18世纪时佩剑贵族与穿袍贵族的对抗已经成为过去，他们已经融合成一体。① 这一判断符合史实。1614年全国三级会议上，穿袍贵族只能与第三等级共席，但在1789年全国三级会议上，则可以同佩剑贵族共席。但是，佩剑贵族和穿袍贵族出现融合是因为他们彼此更能接纳对方，还是因为很多穿袍贵族在成为持官者之前早已是贵族，身份区别早已被忘却？ 这一问题并没有明确答案，不过，在看到贵族融合的同时，也应当注意到老贵族对那些满身铜臭味的暴发户始终不屑一顾。

贵族等级内部不仅身份繁多，而且贫富悬殊。处于等级最上层的是大贵族（Les Grands），家世能追溯到中世纪，是某位战功显赫的贵族的后裔，血亲亲王（Prince du sang）、首席贵族都属于这一类。大贵族仅占贵族总数的1%至2%，却垄断了教会、政府和军队中几乎所有的高级职位，每年收入超过5万里弗。其中最富裕的如奥尔良公爵年收入为200万里弗，孔代亲王年收入超过350万里弗。根据史家诺加莱（G. Chaussinand-Nogaret）统计，只有250户贵族家族收入超过了50 000里弗，3 500户收入在1万—5万里弗，7 000户约4000—10 000里弗，有超过10 000户收入为1000—4000里弗，5 000户收入不足1 000里弗。最贫困的贵族与穷人的生活没有区别，上诺曼底的农村贵族中至少有1/3，下奥弗涅的农村贵族中近1/3贵族都属于这一类。②

旧制度法国社会流行一种说法："过得像个贵族"（vivre noblemen）。这话的内涵很丰富，而且不同历史时期的具体意涵有所区别，但有一点是共通的，那就是"过得像个贵族"意味着不劳动，仰仗继承来的财富以及年金，过一种不事生产的、讲究修养的、有闲暇的生活。因此，社会生产完全依赖于第三等级。与前两个等级不同，第三等级没有明确的界定，除去教士等级和贵族等级，剩下的就是第三等级，从法律上说，上至

---

① Franklin Ford：*Robe and Sword*：*The Regrouping of the French Aristocracy after Louis XIV*，Cambridge，Mass.，Harvard University Press，1953.

② G. Chaussinand-Nogaret，*La Noblesses au XVIII siècle*，Paris：Hachette 1976，pp. 74 - 92.

大商人、金融家、律师等团体,下至手工业者、小商贩、农民,都可以算是第三等级。他们主要承担四类劳动,即农业生产、手工业生产、商业和特殊劳动。所谓特殊劳动,指的是科学研究、自由职业、仆役等。此外,第三等级没有特权,必须承担劳役、兵役等。在旧制度下,某些税收形式本身就同身份相关,比如军役税(taille)起初就是第三等级独自承担的税收,所以,"缴纳军役税的人"(tailliable)与"平民"(roturier)同义,是身份低微的标志。[1]

　　第三等级没有明确的法律身份,是一个剩余范畴,相较于前两个等级而言,内部差异更大。其中,最重要的两个群体当属有产者和农民。什么是有产者(bourgeois)?从词源上说,有产者指的是居住在城市里,拥有一定特权的自由民。在中世纪晚期的西欧社会,经历了数百年的萧条与凋敝后,城市开始勃兴,凭借其有利的地理位置和财力,获得国王颁发的特许状。城市居民因此成为自由民,享有特权,比如可以免交军役税。根据多伊尔的推算,1700 年法国有产者的数量大约在 70 万到 80 万之间,1789 年增至 170 万,约占人口总数的 6%。[2] 有产者垄断了海外贸易,并从事手工业、银行业和金融业等活动,这是他们的财富来源。在 18世纪的法国,这些经济部类的财富只占私人财产的 1/5,地产占了剩余的4/5,而在这类业主式财富中,有产者仅占不到 1/4,所以有产者并不是经济的主宰者。对当时人而言,从事不同的行业是有产者同农民有所区别的根本所在。正如当时某位贵族所言:"这群人赖以为生的是手艺,或者是某种生产性的行当,他们要么是自行创业,要么是从父辈那里接手这些产业;……那些人……不需要靠双手劳动。"[3]"靠双手劳动"的是农民,他们住在农村,占第三等级总人数的 4/5。18 世纪,法国仍旧是一个农业社会。

---

[1] 参见黄艳红《法国旧制度末期的税收、特权和政治》,第 53 页。
[2] 参见多伊尔《法国大革命的起源》,第 137 页。
[3] 转引自 Gwynne Lewis, *Life in Revolutionary France*, London:Batsford;New York:Putnam,1972,p.76。引文中的"这群人"指的是有产者。

第二节　农村

法国农村社会最突出的特点就是复杂性和多样性。每走三四十公里,农村的生活方式、自然条件、聚落类型乃至土壤颜色,全都不同。[1] 法国西部的瓦讷地区是典型的博卡日地貌,零星分布的村庄,彼此之间由树木丛或矮灌木分开。这里山丘林立,同开阔的巴黎平原地区截然不同。由西往南行走几十公里,便到了鲁伊半岛(Presqu'île de Rhuys),景观为之一变,以敞地(openfield, chump ouvert)为主。再往诺曼底地区走,便能看到两种土质完全不同的地区,一种是土壤白垩化的科地区(pays de Caux),适合谷物栽种,另一类是黏土质的布雷地区(pays de Bray)。这些繁复多样的差异样貌并非呈现均匀分布,而是彼此嵌套,形成一种接近鱼鳞状的布局。地方和地方之间很不一样,而每个地方本身也不是"统一而不分割"的,比如普罗旺斯地区当然与周边地区的风貌不同,但是它自身又可以被分成地中海沿岸、罗讷河流域和阿尔卑斯山区。贫瘠的山区和平原河谷之间的差异,不会比普罗旺斯与周边地区的差异来得小。[2] 法国史家布罗代尔(Fernand Braudel,1902—1985)在《法兰西的特性》一书中,极其细致地展现了这些令人瞠目结舌的差异。不过,我们需要首先对法国的自然地理与农业样貌有一个整体认识。如果从土地景观、土地制度和轮作方式来看,法国的农村可以分为三类。[3]

第一类是敞地,主要分布在法国的西北部和东北部。敞地地区人口相对密集,村庄位于一片空旷辽阔的土地中心,土地和土地之间没有树木或灌木作为分割线。耕地呈条状延伸,界限分明,这是因为这片地区土质肥沃、土层厚,需要重犁,耕地成长条状,可以减少犁地来回的次数,

---

[1] Emmanuel Le Roy Ladurie, *Histoire des paysans français : de la peste noire a la Revolution*, Paris: Seuil, 2002.

[2] 参见布罗代尔《法兰西的特性》,顾良等译,北京:商务印书馆,2020 年,第 1 章。

[3] 这部分内容参考布罗代尔《法兰西的特性》,第 740—750 页,并综合了 Pierre-Yves Beaurepaire, *La France des Lumières*(*1715—1789*), pp. 553 - 554。

但是也不适用于圈地。这里实行三年轮作制,集体化程度较高。

第二类是博卡日地区,分布在中部和西部。博卡日地区的村落分散隔绝,相对闭塞,田埂上种着树篱,往往实行分成制租田。个体化程度比较高,耕田和耕田之间有明晰的边界界限。但是,博卡日地区内部差异很大,上面提到的瓦讷地区便是一例。博卡日地区的整体景观与北方的敞地不同,借用 19 世纪经济史家拉韦涅(Léonce Guilhaud de Lavergne,1809—1880)的说法,在莱昂镇登高望远,布列塔尼别具一格的景色尽收眼底,仿佛是"划分成无数格子的一个棋盘"。

第三类农村地区包括了索恩河和罗讷河流域的东南部地区,这道巨大的河谷裂缝从地中海一直延伸到孚日地区,夹在萨瓦、多菲内、普罗旺斯的阿尔卑斯山、中央高原和比利牛斯山中间。这部分地区差异性更大,既有罗讷河地区的葡萄园,又有利穆赞的牧场,还能见到地中海三种典型的作物:葡萄、小麦和橄榄树。作物的多样性堪与土地和景色相媲美,果树与小麦同样茁壮成长,随处见缝插针。拉韦涅说:"在一块几百平方米的土地上,竟同时种着果树、橄榄树、桑树、小麦、蔬菜、葡萄和花卉",两排葡萄藤之间,挤进了蔬菜、桃树乃至橄榄树。伊泽尔河流域的格雷齐沃唐谷地"四季如春",恰与"寒冬经过"的山区遥遥相对。这一类地区的另一特点是城市、集镇和大村庄遍布各地。

大体上,北方实行三年轮作,蓄养牲畜的方式是放养,因此不能使用长柄大镰刀,这样可以保证留下足够长的茎秆,供牲畜食用。公共放牧权是北方农村集体主义的典型表现,休耕的土地是邻近几个村庄共同行使权利的地方,任何个体都不享有绝对支配权,这是圈地的最大阻力。南部地区实行两年轮作,土层薄,无须深耕,广阔的耕地也因此无须形成规则的分布。

1789 年之前,在法国的可耕土地中,教士占有 10%,贵族占有 20%—25%,有产者占有 30%,农民占有 35%,剩下 5%左右为公地(biens commnaux)。[1] 当然,各地差异很大,有些地方占有土地最多的不是贵

---

[1] 公地一般来说指的是没有开垦的或是不利于开垦的土地、牧地、矮林、沼泽。几乎每个省都有公地,但大小不一,一般来说山区多,平原少。

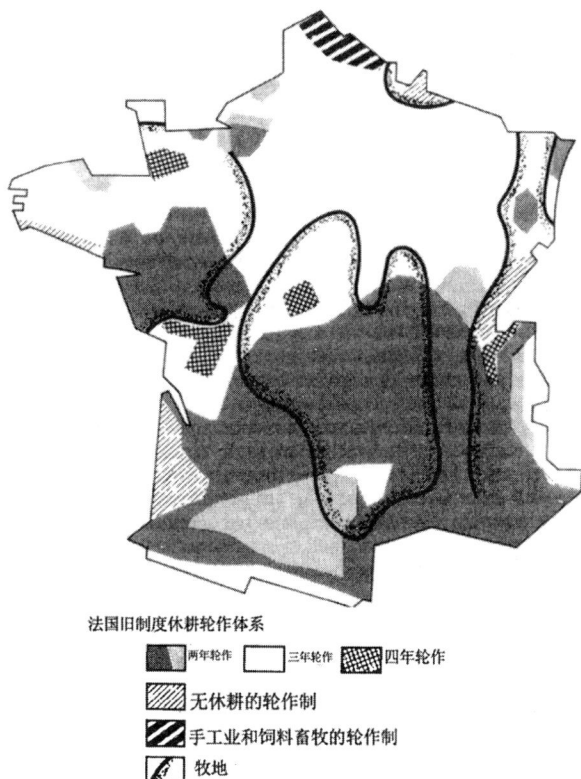

法国旧制度休耕轮作体系

■ 两年轮作　□ 三年轮作　▦ 四年轮作

▨ 无休耕的轮作制

◤ 手工业和饲料畜牧的轮作制

◢ 牧地

图 5　旧制度法国休耕轮作制分布①

族。比如在革命后建立的诺尔省,即法国的东北地区,贵族仅占 22％的
土地,西南的凯尔西(Quercy)仅有 15％的土地属于贵族。采邑、领主权
利等是贵族财富的基础。那些家世显赫的佩剑贵族往往是大地主,比如
孔代家族在 1700 年的地产总价高达 2 000 万里弗,每年从土地上获得的
收入超过 70 万里弗。罗昂家族在布列塔尼占有的采邑上,贵族数量不
低于 257 名。穿袍贵族占地的比例也很高,比如朗格多克的卡斯塔涅尔
家族原本经营纺织业,1720 年购买了国务秘书一职,随后将大量的商业

---

① François Sigaut,"Pour une cartographie des assolements en France au début du XIX e siècle,"
Annales ESC, 31e Année, No. 3 (May - Jun. , 1976), p. 632.

资本投资地产,五年后便占有了 23 片领地,45 片大地产,总价高达2 000万里弗。[1] 除了特权者之外,有产者占有的土地份额也在不断增加,侵蚀教士和贵族的土地。比如在史家莫里索(Jean-Marc Moriceau)研究的巴黎郊区,早在 16 世纪就有 1/5 的土地落入有产者手里。[2] 对当时的有产者而言,将从商业和手工业中获得的利润变成地产更为可靠。在杜格朗(Roger Dugrand,1925—2017)研究的下朗格多克地区,马赛、尼姆和蒙彼利埃这些工商业市镇的有产者都把资本投放到农村。[3] 他们这么做主要是为了摆脱有产者身份,"像贵族一样生活"。这种反资本主义式的投资方式也充分说明有产者并不是一个稳定的身份范畴。

　　领主体制与一种高贵的生活方式联系在一起:通过领主体制,领主可以消费农民产出的东西,而隶属领主管辖范围的农民(或者严格来说大多数农民),在法律上对领主负有各种义务。领主体制不仅是一项榨取剩余价值的经济体制,也是一项控制农民的政治司法体制。革命前的法国农村中,领主大部分都是贵族。领主的土地一般分为两类,一部分称领主自留领地(domaine seigneurial ou réserve),或称领主产业,另一部分称采地(tenue),或称采邑。领主产业即农业庄园,包括住宅、农田建筑、园地、荒地或森林。领主产业未必是完整的一块地,有时会同佃农的地混在一起,但与后者相比,领主的地面积比较大。领主产业由领主自己管理或者托人管理。一般来说,领主不会自己种地,而是会强迫佃农在自己的产业上劳动。这类劳动称为领主劳役(corvée seigneuriale)。这种做法很普遍,只是各地的强度不同。一般来说,东欧地区对农民的

① Peter McPhee, *Revolution and Enviroment: Peasants, Lords, and Murder in the Corbières 1780—1830*, Oxford: Clarendon Press, 1999, p. 25.

② Jean-Marc Moriceau, *Les Fermiers de l'Île de France: L'ascension d'un patronat agricole, XVᵉ-XVIIIᵉ siècle*, Paris: Fayard, 1994, pp. 773–783. 转引自 Gwynne Lewis, *France 1715—1804: Power and the People*, p. 79。

③ Raymond Dugrand, *Villes et campagnes en Bas-Languedoc*, Paris: PUF, 1963。

约束更强。俄国流行的说法是"农民半年为领主劳动,只有半年为自己"①。法国的情况是一周三天。② 采地由佃农(tenure,或称租地农)耕种,领主收取年贡(cens)。领主与佃农签订的租约一般有两种形式。第一类是固定额度的租约(baux à ferme),租约期限一般是 3 年、6 年或 9 年,到期按规定交纳固定的租金。第二类是分成制租约(baux à mi-fruits),双方各负担一部分生产资料,到期按照商定的比例对收成进行分配。③ 包括年贡在内,领主对农民享有的权利本质上是他对土地所拥有权利的延伸。当然,这些权利因地区不同而有所差异。通常来说,领主在农民转让土地时可收取一定费用,称为土地转让金(lods et ventes),为转让价格的 1/5—1/6 不等。④ 领主还有专营权(banalité),包括强制使用磨坊、葡萄压榨等权利。领主有权设立领主法庭,对其管辖范围内的民事和刑事案件进行初审,还有狩猎垄断权,可以设立鸽舍,在屋顶上竖起风向标。如果他们拥有高级司法权,还可以在草坪上设立绞刑架。

　　农民总体比较贫困,但也不能一概而论。比较富裕的农民有以下几类。第一类被称为有犁的农民(laboureur,或译"富农",南部某些地区称之为 ménager 或 cultivateur)。史家乔治·勒费弗尔(Georges Lefebvre,1874—1959)把他们形象地称作"村间大亨"(coqs du village)。富农人数很少,大约只占农民的 10%。⑤ 一般来说,富农拥有一定土地和生产工具,条件更优越的甚至有自己的耕地或种植园。博韦地区有一位富农,名叫安德鲁(Francois Andrieu),他留下的财产清单所示,1690 年他拥有耕地 31 公顷、林地和灌木丛 2.5 公顷、牧地和苹果园 3 公顷,农具包括 4 匹马、1 只鸡、3 头母牛、2 只小牛犊和 8 头猪,每年向政府纳税 106 里

① 伊塞·沃洛克、格雷戈里·布朗:《18 世纪的欧洲:传统与进步(1715—1789)》,陈蕾译,北京:中信出版社,2016 年,第 111 页。
② 参见马克·布洛赫《法国农村史》,余中先、张朋浩译,北京:商务印书馆,1997 年,第 88 页。
③ Pierre-Yves Beaurepaire, *La France des Lumières* (*1715—1789*), p. 555.
④ Gwynne Lewis, *France 1715—1804*: *Power and the People*, p. 82.
⑤ Pierre-Yves Beaurepaire, *La France des Lumières* (*1715—1789*), p. 568.

弗。[1] 富农除了从事农业生产外，有余力者也会发展非农业经济。在法兰西岛周边农村就有许多从事农产品批发的富农—商人（laboureur-marchand）。第二类比较富裕的农民为包租人（fermier），他们可能是殷实的农民，也可能是商人，主要工作是帮助领主收租。在法兰西岛地区，最富足的包租人可以买下一整块领地。这些人周旋于领主与农民之间，不仅有钱，而且有权，在一些领主势力较弱的地区，他们成了地方的真正显贵。莫里索把他们称为贵族—包租人（gentilshommes-fermiers），让-皮埃尔·热塞纳（Jean-Pierre Jessenne）称之为包租人寡头（fermocratie）。[2] 这些包租人也成了革命前农民运动与暴力行径的主要目标。

当然，绝大部分农村居民是贫农。他们只有很少一部分土地，或者没有土地，仅依靠土地收成无法满足其生计，必须依靠打工、副业和小手工业来获得必要的生活物资。贫农在正常年景下也只能勉强度日，遇到收成不好或是战争，遇到歉收或自然灾害时，只能背井离乡，前往城市，成为临时打工者、乞丐和流浪汉。在领主体制下，农民的负担到底有多重？这很难给出明确的答案。一般来说，经济欠发达地区农民的负担较重，而商业资本渗透较充分、领主权利相对受限的地区，农民负担较轻。比如，1789 年前，在手工业经济较为活跃的康布雷西地区，领主税占农民总收入的 2％左右。在较偏远落后的利穆赞地区，这一比例可能达到33％。[3] 另外，根据麦克菲（Peter McPhee）估算，18 世纪中叶，在科比耶尔地区的波马（Pomas），大约有一百来户人家，他们的收入大约有 1/5 要交给教会和领主，15％交给国家。[4] 但是，不能因此认为手工业生产和商业活动就一定会侵蚀领主特权。恰恰相反，领主利用特权垄断市场的情

① Gwynne Lewis, *France 1715—1804：Power and the People*, p. 85.

② Jean-Pierre Jessenne, *Pouvoir au village et révolution：Artois, 1760—1848*, Lille：Presses universitaires de Lille, 1987. Jean-Marc Moriceau, *Les Fermiers de l'Île de France：L'ascension d'un patronat agricole, XVᵉ-XVⅧᵉ siècle*, Paris：Fayard, 1994.

③ Gail Bossenga, "Society," p. 64.

④ Peter McPhee, *Revolution and Enviroment：Peasants, Lords, and Murder in the Corbières 1780—1830*, p. 25.

况也很普遍。比如在经济较为发达的诺曼底蓬圣皮耶尔地区（Pont-Saint-Pierre），在领主收入中，领主税所占比重不到 10%，大部分收入来自领主所垄断的谷物磨制权。在皮卡迪地区，情况也类似，领主常常会趁木材价格飞涨，出租森林砍伐权，牟取暴利。在图卢兹和波尔多一带，领主利用他们的强买权（droit de retraite），迫使最近获得土地的个人将土地转卖给领主。[1] 这些情况表明：首先，只是考察领主税，无法正确评估领主体制的重要性；其次，在一个新兴的商业资本主义体系中，领主体制并非必然同市场机制冲突，相反领主特权很容易造成法律上的任意性，并扭曲市场，从中牟利。

　　与领主体制相关的另一个问题是领主反动（réaction seigneuriale）。[2] 领主反动大概始于 16 世纪，18 世纪中叶达到高潮，指的是领主雇佣职业法学家，通过研究文献和契约，恢复一些已经失效的领主权利。但是，历史学家对这个问题难以取得共识：领主权利恢复程度如何？总体趋势又如何？与之前相比，18 世纪有何特点？学界分歧很大。但是，不可否认，在一些地区，领主反动很有成效。而且，正如博桑加所指出的，法律职业化以及商业资本主义的发展肯定起到了一定的推动作用。此外，恢复领主权利，本身也是采邑管理理性化的一部分，而且经济发展也使得领主垄断市场变得更为容易。[3]

　　与前两个世纪相比，18 世纪法国农村社会的另一个显著特点是农民叛乱显著减少，这表明了他们对国家的认可程度似乎有明显提高。17 世纪发生了许多起规模较大的农民叛乱，其中抗税和反对地方官吏的运动

---

① Gail Bossenga, "Society," p. 64. 所谓强买权，指的是有权优先从个人手里买得待售土地。

② 参阅：Jean-Michel Sallmann, "Les biens communaux et la 'réaction seigneuriale' en Artois," *Revue du Nord*, 1976, Vol. 58 (229), pp. 209 - 223. Olwen Hufton, "The Seigneur and the Rural Community in Eighteenth-Century France. The Seigneurial Reaction: A Reappraisal," *Transactions of the Royal Historical Society*, Vol. 29 (1979), pp. 21 - 39. Rafe Blaufarb, "Conflict and Compromise: Communauté and Seigneurie in Early Modern Provence," *The Journal of Modern History*, Vol 82, No 3 (September 2010), pp. 519—545。

③ Gail Bossenga, "Society," p. 65.

占了绝大部分。在 1675 年之后,这类叛乱逐渐减少,到 18 世纪几乎消失了。比如以军役税为例,1661—1700 年,反对军役税的骚乱有 120 起,而 1761—1789 年仅剩 16 起。根据尼考拉(Jean Nicolas)统计,1660—1789 年骚乱总计 8 528 次,其中 3 350 次(接近 40％)发生在 1765—1789 年,310 次发生在 1789 年头四个月。所有这些骚乱,发生在农村的占 60％,城市占 40％。不过,绝大多数骚乱规模很小,持续时间也很短,总体呈现以下特点。首先,骚乱受宗教影响越来越小。其次,由于 18 世纪法国政府越来越依赖于间接税,而不是直接税,所以抗税运动大幅减少,而反对间接税的骚乱却在增加。反对盐税的骚乱 1661—1700 年有 174 起,1761—1789 年增加到 955 起。第三,农民反领主的骚乱也在减少,总体上仅占 5％,1690—1720 年仅 44 起,但是到旧制度末期有所增加,1760—1789 年上升到 145 起。最后,对 18 世纪的民众而言,抗争最主要的对象是粮食问题,1690—1720 年有 182 起粮食骚乱,1760—1789 年则有 652 起。

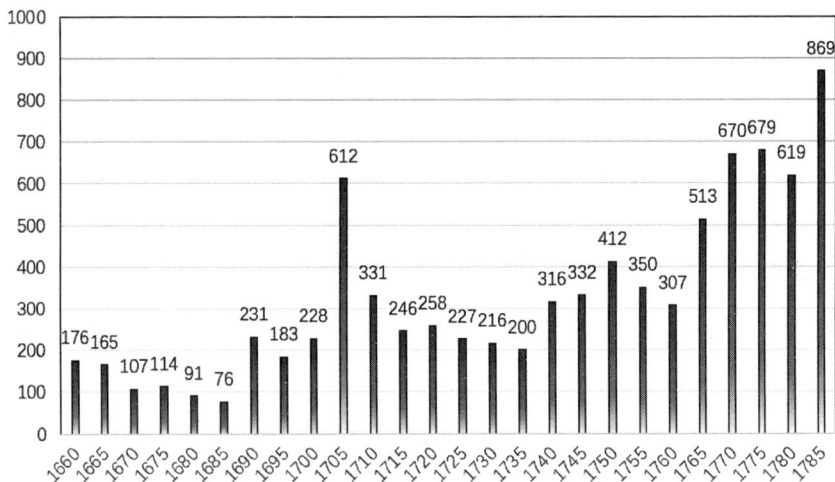

图 6　1660—1785 年法国各地骚乱①

① Jean Nicolas, *La rébellion française 1661—1789*, Paris: Gallimard, 2008, p. 51.

总体来看,18 世纪的法国农村依旧是一个稳定、缺乏变动、静止的世界。大部分农民一辈子都生活在他出生的农村。对他们而言,农村就是整个世界,无法动摇,也无法突破。农民的生活完全依赖于土地,而出于耕作经营的需要,可耕土地以及可利用的土地(如森林)决定了农民活动范围。但是,可耕或可利用的土地存在天然的限制,因为劳动生产力有限,工具简陋,很少使用铁器,所以耕作的范围必然存在限度。此外,基于当时的生产状况,土地一旦达到了经济效益和来往距离的极限,效益就会下降。因此,乡镇—集市尽管对农民有一定吸引力,但距离太远,运输成本太高,就很不划算。基于上述种种原因,农民生产与日常活动有明确限制,这个范围大体上是一个以出生地为圆心、8—16 公里为半径的空间。所以,在农民眼里,所谓的陌生人(étranger)主要指的不是翻山越岭过来的远乡人,而是邻村人。婚姻模式也能证明这种行动的空间限制。一般来说,农村教区(parroisse)中 2/3 的新婚夫妇都是本地人,剩下的 1/3 来自邻近的村庄。[①] 对于农民的这种安土重迁,当时一句俗语说得很生动:"对本村教堂塔尖的忠诚"(esprit de clocher)。

农民生活的时间节奏基本上一成不变,按时令和季节,周而复始。布尔迪埃(Pierre Bordier)是生活在朗塞(Lancé,位于法国中部卢瓦尔-谢尔省)的农民,记录了他所熟知的农耕生活,还全文抄录了一份普及型读物,即丹尼尔的《永恒的预言》。该书试图阐明一种假说:每隔 28 年,时间就会原原本本地循环一次。对布尔迪埃而言,他从中找到了解读现实的秘诀,由于 28 岁是结婚的正常年龄,所以人类世世代代的繁衍生息以及农耕生活的偶然事情都能从中得到解释,包括小麦锈病的复发、反复无常的降雨,都可以用预言来证实。[②]

---

① Pierre Goubert & Daniel Roche, *Les Français et l'ancien régime*, Tome 1, La société et l'État, p. 48.

② 罗什:《启蒙运动中的法国》,第 86 页。Jean Vassort, *Les papiers d'un laboureur au siècle des Lumières:Pierre Bordier:une culture paysanne*, préface de Daniel Roche, Seyssel:Champ Vallon, 1999.

农民的饮食也同样千篇一律,主食永远是面包。面包的重要性,可以通过以下这句俗语来表现。如果一个农民说:他能"赚取自己的面包"(gagner son pain),这就等于告诉你,他能"养活自己"(gagner sa vie)。[1]家境富足的农民,可以吃上小麦做的白面包,穷人只能吃黑面包,更穷的人,只能吃那些难以下咽的、栗子做的面包。这种面包大多是在村庄的公用炉灶里烘烤,体积很大,但便于保存,放好几天也不会变质。除了面包,饭桌上常见的还有粥、麦糊、油煎鸡蛋薄饼和烘饼,农民吃得最多的是黑麦的烘饼,或是小麦与黑麦混合面做成的烘饼。西南地区的人吃玉米,而土地贫瘠的地区食用荞麦和小米。肉并不少见,山区的农民也会吃禽类。喝得也很简单,基本喝水,或者是果渣兑水调制的饮料。做饭的方式很简单,主要是汤,或加点肉,或添加一些调味剂。面包是主食,要么是汤泡面包,要么是面包抹大蒜和油。农村的饮食习惯受到劳动节奏的影响,冬季白天短,一般吃三顿饭,夏天可能是四顿,也可能是五顿。早餐吃得很早,在太阳升起的时候,大约5、6点,基本上是有汤的热餐,汤里配肉;11—12点是午餐,夏天是冷餐,冬天是热餐;16—17点,有充饥的面包和蔬菜冷餐;晚上7点以后是全家一起吃的热餐。对富人而言,进餐可能是一种社交活动,但对穷人来说,进餐就是日复一日地满足基本需求。[2]

不过,在启蒙时代,农村世界出现了变化。从布尔迪埃的日记中可以发现,家庭关系已经超出堂区界限,因为亲属关系的网络绵延了三四古里(lieue)。[3] 布尔迪埃去过最远的地方是七古里以外的布卢瓦(Blois),不过很少去。客观来说,这种变化主要得益于道路系统的完善,所以农民出行更便利,速度更快。法国公路系统的统筹改革始于重商主

[1] *Dictionnaire de l'Académie Françoise*, Tome 1, Lyon: Joseph Duplain, 1776, p. 559.
[2] 参见罗什《平常事情的历史》,吴蒯译,天津:百花文艺出版社,2005年,第290—295页。
[3] Jean Vassort, *Les papiers d'un laboureur au siècle des Lumières: Pierre Bordier: une culture paysanne*, préface de Daniel Roche, Seyssel: Champ Vallon, 1999. 罗什:《启蒙运动中的法国》,第62页。每古里约合四公里。

义时代,至 18 世纪上半叶已初显成效。道路更宽,完全可以容得下两辆马车,改良的路面不仅更能承重,而且牢固坚硬,不会因为下雨就变得泥泞难行。驿站加快了出行速度,缩短了路程,使物资和人员的交流变得更快捷。1700 年法国有大约 800 个驿站,1788 年为 1 426 个,不同的路线上,约 13—17 公里设立一个中继站。① 我们可以从路易·西蒙(Louis Simon)的回忆录中,发现道路系统的改变对农民生活的影响。西蒙生活在勒芒(Le Mans)附近的农村,经营粗纱纺织物,留下了一本回忆录。② 他详细记述了他看到的变化:"我在法国生活期间遇到的新鲜事",见证了人们视野的扩大,从乡村到王国,而这种变化同公路的开通联系在一起,公路改变了人们的生活与眼界:"我看到了勒芒到拉·弗雷什(La Flèche)③之间,宽阔的公路在田野、草地和荒原上延伸,建筑这条公路的是服劳役的人。"西蒙开了两家客栈,旅客络绎不绝,他们坐着周二早上 6 点的驿车离开巴黎,中午在勒芒用午餐,周六在福勒图尔特(Foulletourte)过夜,周一上午 10 点抵达昂热。④

第三节　城市

如果说农村是一个静止的、单调的、千篇一律的世界,那么城市就完全不同。城市像一个水泵,不断吸收,不断输出。城市的主要功能就是交换。莫沃在《法国人口研究与思考》中从资源交换的角度,界定了城市的本质:

> 城市居民与乡村居民组成了两种不同类型的人群。城市居民的产业更加兴旺,生活也相对舒适;而乡村居民更勤劳,穿着更简

---

① 参见罗什《启蒙运动中的法国》,第 40 页。
② Louis Simon, *Souvenirs d'un villageois du Maine Louis Simon*（1741—1820）, Rennes: Presses universitaires de Rennes, 2006. 罗什:《启蒙运动中的法国》,第 126 页。
③ 两地的直线距离差不多 50 公里。
④ Anne Fillon, *Louis Simon: villageois de l'ancienne France.* préface de Pierre Chaunu, Rennes: Ouest-France, 1996.

单,人口密度更高,风俗更为多样。农业把人分散到乡村,商业和艺术又把人集中到城市,就好像农业种植要比其他类型的工作更需要劳动力一样。在所有外省,村庄里的人口要比城市人口要多,但是数量上的优势在某种程度上是由手工制造业的质量和数量、商业机会和需求、财富的充裕与快乐的欲望所决定的。最后,城市的本质是从乡村招募人员,吸纳人口,除非农村人有落叶归根的想法或是城里的孩子又回到农村居住。[1]

不过,这并不是城市最初的样貌。直到 17 世纪,城市的主要功能是防御,它基本上扮演一种能够自给自足的堡垒的角色。走近一座城市,首先映入眼帘的就是高高的城墙和宽宽的护城河。这是城市最显见的标志。每到夜晚,市政长官(échevins)在举行简单的仪式后,下令关闭城门。城门隔开了两个世界。护城河和城墙之外,是强盗、逃兵、流浪者、小偷、盗匪横行的世界。城门之内则是一片安全的区域,以及自由民得以享用的城市带给他们的享乐与便利。城外的百姓一旦遇到了危险,都会拖家带口,牵着牛羊,推着推车,匆匆地躲进城避难。他们知道,城里更安全。所以,城市最首要的特点是一块由独特且明显的物质特征界定的安全空间。若古(Louis de Jaucourt,1704—1779)在《百科全书》里提到了城市的三个标准:建筑、权利和人口数量。在他看来,城市首先是一个空间意义上的共同体:

> 街上林立的房屋由共同的围墙围成一个整体,一般来说,是城墙和护城河构成了城市共同的边界(clôture commune)。但是,要更准确地界定城市,这道封闭的城墙,将若干街区(quartiers)、若干道路,以及某些公共广场或是其他建筑围在一起。[2]

---

[1] Moheau, *Recherches et considérations sur la population de la France*, 1778, p. 58. 译文参考罗什《启蒙运动中的法国》,第 173 页。

[2] Louis de Jaucourt, "Ville," in *Encyclopédie, ou Dictionnaire raisonné des sciences, des arts et des métiers*, texte établi par D'Alembert, Diderot, Tome 17, Paris: chez Briasson, 1765, pp. 277 - 282.

当然,城墙不仅仅意味着安全,还意味着特权。城市享有特权,这是与农村最主要的区别。城市的特权身份源于历史。在经历了 10 世纪相对和平的阶段后,欧洲的人口开始增加,荒地得到开发,在欧洲南部的威尼斯和意大利,以及北部的佛兰德海岸,商业开始复苏。到处游走的商人逐渐定居下来,他们在中世纪的城堡之外建立自己的聚落。这类聚落一开始类似郊区(suburbium),称为新堡(novus burgus),区别于与其毗邻的城堡。郊区的出现推动了城市的复兴。城市的发展首先得益于商业,其次得益于王权。逐渐强大的王权协助城市对抗领主,这便是 11 世纪后半叶至 12 世纪初的公社运动(Mouvement Communautaine)。公社得到王权认可,获得权利,反过来同君权携手对抗教权与领主,促成了君权的壮大。这便是城市特权的由来。[1] 城市最重要的特权便是通过公社运动而获得的自治权。自治权首先表现为市政长官由市民选举产生。以上诺曼底的几个城市为例。1287 年,布雷特伊城(Breteuil)从腓力四世(Philippe le Bel,1268—1314)那里获得特权,此后市镇事务便由居民选举的所谓的正直之人(probi homines)[2]组成的议会(ad concilium)负责管理。卢维耶城(Louviers)获得自治权主要归功于呢绒商的努力。1296年,呢绒商从主教手里租得此地后,便建立了一个以市长和其他五名官员组成的行政机构,每年由本地的好人(bones gens)选举产生。[3] 除了自治权外,城市还有其他不同类型的特权,比如可以自己雇佣行政官员,1550 年波尔多市民雇佣了 50 多名行政官员。这些官员的薪酬一般来自城市的入市税。此外,地方的慈善事业、公共建设等,也都由城市自己负责。这些都是城市拥有的基本特权。除此之外,某些城市还拥有一些特权。在《百科全书》"城市"词条中,若古列举了各种类型的特权城市:有

---

① 参见亨利·皮雷纳《中世纪的城市》,陈国樑译,北京:商务印书馆,2013 年。

② 或译公断人,因为他们主要处理城市居民、技工之间的纠纷。

③ Suzanne Deck, "Les municipalites en Haute-Normandie," *Annales de Normandie*, 12e annee, 11e annee, n°4, 1961, pp. 279 - 300, n°2, 1962, pp. 77 - 92, 12e annee, n°3, 1962, pp. 151 - 167, 12e annee, n°4, 1962, pp. 213 - 234.

自愿捐税城市(villes abonnées),这类城市每年的税赋以一笔定额的款项一次性交给中央,避免实际征税,这个定额往往比同年度其他城市最后上交的税负要低很多;还有优等城市(bonnes villes),这类城市可以自己来任命地方法官、陪审员。

城市自己无法生产,其存续所依赖的资源只能来自商业。商业供养着城市。随着商业的发展,城市作为一个防御单位的重要性逐渐消失。当然,还有其他因素起作用,比如王权逐渐壮大,不能容忍耸立了城堡与城墙的城市。17世纪中叶以后,代表了特权和军事功能的城墙逐渐被拆除。城市逐渐向现代迈进,此后,城市成为资源的集散地,成为经济交换的中心,是商业的城市,是流动的城市,借用法国史家罗什(Daniel Roche,1935—2023)的说法,也是希望的城市。[1]

城市交换的首要资源就是人。18世纪,法国的城市吸引着大量的农村人口。城市,尤其是大中型城市的一大特点,便是外来人口很多,以山区、河谷的移民为主。以鲁昂为例,史家巴尔德(Jean-Pierre Bardet)统计了344户家庭的信息,其中有334户信息比较完整。他发现,其中有128户人家不是本地人,约占38.3%,这些人家都是在外地结婚后,迁居到鲁昂,另有206户是在鲁昂当地完婚,但是其中超过一半(53.9%)的夫妻中至少有一方不是本地人。[2] 巴黎的情况类似。1750年左右每年大约有1万外来人口,1790年大概有2万人。18世纪80年代,巴黎大约有2万名来自上马尔什地区(Haute-Marche,利穆赞北部)的石匠,"利穆赞人"(limousins)这个词的另一层含义就是石匠。[3] 对大部分民众而言,迁居最主要的原因是城市工资水平高。1750年前后,利穆赞地区平均工资

---

[1] Daniel Roche, *La Ville promise*, Paris：Fayard, 2000.

[2] Jean-Pierre Bardet, *Rouen aux XVIIe et XVIIIe siècles：les mutations d'un espace social*, 2 tomes, préface de Pierre Chaunu, Paris：S. E. D. E. S., 1983. 转引自 Emmanuel Le Roy Ladurie, "Baroque et Lumières," in *Histoire de la France urbiane*, Tome 3, Paris：Seuil, 1981, p. 302。

[3] Pierre-Yves Beaurepaire, *La France des Lumières* (1715—1789), p. 598. 罗什:《启蒙运动中的法国》,第177页。

每天为 25 苏,而在巴黎付出同样的劳动可以拿到 2 里弗。史家加尔登 (Maurice Garden)在研究里昂时,发现一个有趣的现象。里昂拉巴尔路 (rue de la Barre)192 号有一幢楼房,共五层,还有一个顶层阁楼。房东 是本地人,80 多岁,19 年前从不远的比热(Bugey)迁居至此。这层楼里 住着多菲内人、博若莱人(Beaujolais)、弗朗什-孔泰人,除了里昂本地的 手工业者之外,有来自讷韦尔(Nevres)的理发师、沃苏勒(Vesoul)的细 木工、奥弗涅的商人、盖雷(Guéret)的卖艺人、意大利的工场主、多菲内 的制帽商等等,总共有 36 户人家,只有 10 户是本地人。[1] 这些邻居用法 语进行交流。

　　城市在吸收外来人口的同时,也在输出人口。以格勒诺布尔为例。 据统计,18 世纪 70 年代,该地新婚男女中约有 63%的男性和 54%的女 性是外地人,这些人主要来自克吕斯(Cluses)、阿尔卑斯山谷等地区。但 是,尽管大量外来人口涌入,格勒诺布尔的人口却并未增加。事实上,格 勒诺布尔在整个 18 世纪人口仅增加了 17.1%,远低于全国平均水平 43.6%。[2] 原因在于,迁出格勒诺布尔的居民很多。史家科图里埃 (Marcel Couturier)对沙托丹(Châteaudun)地区人口结构的分析更能说 明问题。沙托丹位于法国中北部,是一个人口不到 6 000 人的中小城市。 科图里埃发现,从外地迁居至此的新家庭,在定居了一两代人后,又开始 外迁,首选地是巴黎、奥尔良和沙特尔等城市。这些重新选择外迁的家 庭往往很贫困,外迁的往往是家族里较为年长的孩子。[3] 不过,人口迁移 并没有改变农村整体的稳定性。从农村迁出的人口数量仅占农村人口 总数的 0.176%—0.2%。正如克鲁泽所说,在旧制度时期,对农村的大 规模的侵蚀尚未开始。[4]

---

[1] Maurice Garden, *Lyon et les Lyonnais au XVIIIᵉ siècle*, Paris：Belles lettres, 1970, p. 80.

[2] Emmanuel Le Roy Ladurie, "Baroque et Lumières," p. 296.

[3] Marcel Couturier, *Recherches sur les structures sociales de Châteaudun*, Paris：S. E. V. P. E. N. , 1969.

[4] Emmanuel Le Roy Ladurie, "Baroque et Lumières," p. 307.

在旧制度法国,所谓城市居民,指的是那些住在人口超过两千的居住点的人。[①] 不过,当时所谓的人口统计实际上是估算,而不是精确普查。因为城市可以拒绝被统计,这是它的特权之一。尽管如此,统计学的确有了长足发展,这同国家治理能力的提升有关。莫沃认为:"在一个国家里,如果人口是未知数,就不可能有装备精良的政治机器,也不可能有开明的行政管理。"[②]他的看法早已成为政治精英的普遍共识。1725年,法国对城市进行了第一次人口普查,所得结果如下:全国居民总数为23 450 000,其中城市人口为3 752 000,占全国人口的比例约为16%。这同现代的研究结果存在一定差距。根据法国人口研究国家中心(Institut national d'études démographie,简称 INED)的研究,1789 年法国人口为2 800 万,其中城市人口为53.2 万,占全国总人口的19%,这个数字显然更为可靠。比较上述两个结果,可以得出这样一个大致的印象,18 世纪法国城市人口增加了 156.8 万,增速为 41.8%。同时期,农村人口增加了298.2 万,增速为 15.1%。[③] 因此可以得出结论,法国经历了快速的城市化,城镇居民增速远远超过总人口的增速。

推动城市人口增长的诸多因素中,商业发展的影响最为重要。根据法国人口研究国家中心提供的人口增速表,居民数量增加了一倍以上的城市有五个,分别是塞特(Sète)、尼姆、波尔多、布雷斯特和南特。这些都是重要的沿海港口城市,也是手工业和商业中心。相反,传统的政治行政中心人口增速不快,比如亚眠为 28%,巴黎人口仅增加了 20%,鲁昂增加了 26.1%,雷恩的人口增速不到 20%。当然,由于当时的城市功能没有完全分化,政治中心往往也是商业中心,所以完全将城市化进程视为商业发展结果也失之偏颇。不过有一点可以肯定,地方政治中心的发展速度远比不上中等城市。所以,正如城市史家勒佩蒂(Bernard Lepetit,1948—1996)所认为的,18 世纪法国城市发展的特点之一是中等

---

① Emmanuel Le Roy Ladurie, "Baroque et Lumières," p. 295.

② Moheau, *Recherches et considérations sur la population de la France*, 1778, p. 20。

③ Emmanuel Le Roy Ladurie, "Baroque et Lumières," pp. 296 - 297.

城市(人口不足一万)的繁荣。1750 年,法国中等城市大约有 65 个,1780 年增加到 88 个,革命前为 95 个。勒佩蒂依据城市规模,勾勒了由不同等级的城市组成的都市金字塔:顶端是 30 多个有影响力的商业城市,大多人口超过两万,在不同程度上受巴黎的支配,分布在各地,但法国中部很少;而在金字塔底端,是 100 多个以第三产业为特点的城市,它们是消费城市,而非生产城市。上述模式,见证了巴黎以及其他重要行政中心相对衰弱的过程,目睹了多功能的商业城市的崛起,同时也见证了各类小乡镇所扮演的角色。①

表 1　18 世纪城市人口增速②

城市	时间/居民数量(单位:人)				增速
塞特	1705 年	1 024	1789 年	5 316	419.1%
尼姆	1716 年	17 000	1787 年	50 000	194.1%
波尔多	路易十四末期	45 000	1 790	110 000	144.4%
布雷斯特	约 1700 年	15 000	1789 年	30 000	100%
南特	17 世纪末	40 000	1789 年	80 000	100%
奥尔南(Ornans)	1688 年	1 618	1790 年	3 030	87.3%
米约(Millau)	1699 年	3 000	1785 年	5 500	83.3%
斯特拉斯堡	1700 年	30 000	1789 年	50 000	66.7%
日内瓦	1711 年	18 500	1788 年	30 000	62.2%
南锡	1738 年	20 000	1777 年	30 000	50%
里昂	1700 年	97 000	1780—1789 年	150 000	54.6%
维恩(Vienne)	1713 年	7 500	1790 年	11 000	46.7%
马赛	约 1720 年	75 000	1794 年	110 000	46.7%
卡恩	约 1700 年	26 500	1789 年	38 000	43.4%
尼斯	1716 年	15 000	1783 年	21 500	43.3%

① 罗什:《启蒙运动中的法国》,第 182—183 页。
② 表格引自 Emmanuel Le Roy Ladurie, "Baroque et Lumières," p. 297.

城市	时间/居民数量(单位:人)				增速
蒙彼利埃	约 1700 年	22 500	约 1780 年	29 260	30%
巴黎	1715 年	505 000	1789 年	600 000	20%
兰斯	1770 年	25 000	1789 年	32 000	28%
鲁昂	1700 年	57 500	1791 年	72 500	26.1%
图卢兹	1695 年	43 000	1790 年	52 863	22.9%
格勒诺布尔	1710 年	20 500	1780 年	24 000	17.1%
沙托丹	1700 年	5 000	1790 年	6 000	20%
里尔	约 1700 年	55 000	约 1789 年	约 65 000	18.2%
雷恩	约 1700 年	30 000	约 1789 年	35 500	18.3%
阿维尼翁	1706 年	24 548	1781 年	26 152	6.5%

18 世纪法国城市人口飞速增加,整体人口恢复到正常水平,究其原因,无外乎有以下几点。首先,大规模战争消失。在法国革命前,波及范围最广的或许是七年战争,但是即便是这次战争,对法国内陆影响也相当有限。其次,大面积的饥荒基本消失。尽管局部的粮食危机并没有完全退出历史舞台,尽管谷物价格时有飞涨,但是死于饥荒的人越来越少。正如已故法国史家德鲁埃(Bernard Derouet)所言:"在路易十六时代,人们不会再饿死了。"[1]第三,总体来看,赋税的增加低于谷物价格的上涨。比如在卡昂地区,1740—1789 年税赋仅增加了 66%,远低于物价上涨。1743—1774 年间,法国各地的谷物价格和肉类价格普遍上涨了 50%—60%,木材价格上涨了 65%,其他农产品的价格也有不同程度增长。第四个原因是社会救济能力提升,广泛建立谷仓,丰收时节存储粮食,以应不时之需。另外像巴黎这样的大城市,都会定期召开治安管理会议(assemblée de police),出席会议的包括高等法院的庭长、市政官员等,商

---

[1] Bernard Derouet, "Une démographie différentielle: clés pour un système auto-régulateur des populations rurales d'Ancien Régime, " *Annales ESC*, 35 année, N. 1, 1980, p. 32.

讨粮食价格与供给。① 人口增长的第五个原因是医疗卫生条件明显改善。流行病的威胁降低。天花在 17 世纪的致死率约为 6.2%，在 18 世纪为 5.4%，革命时期降低为 4.8%，第一帝国时期为 1.8%。城市居民摄入的营养越来越多，1736 年每个居民每年摄入 6.5 公斤的糖，肉类摄取在 1730 年每年为 60 公斤，1780 年增至 80 公斤。医疗队伍扩大，得益的主要是城市。据统计，以 1786—1790 年布列塔尼地区为例，医生与居民的比例，城市平均为 1/3 400，贫困的农村地区为 1/10 000，助产士与居民的比例，城市约为 1/25 000，农村为 1/20 万。②

城市既是人口资源中心，也是财富中心。首先，城市占有了大量的不动产及其土地收益。革命前，全国可耕地资源中（除 5% 的公地），农民占了 35%—40%（同时期英国农民仅占 20%），剩余的 60% 都为城市所占。其中，教士、贵族和有产者所占比例分别为 8%、22% 和 30%。土地收入大部分也掌握在城市人手里。由于大部分贵族不回领地，住在城市里，所以 18 世纪城市人占有土地收入的比重进一步提高，17 世纪占有的比重为 13.5%，18 世纪则上升到 27%。③ 与前一个世纪相比，另一个显著不同是城市有产者占有农村不动产的比重也有所上升。比如格勒诺布尔的法律界人士，在农村都拥有土地，种植葡萄。圣伊斯米耶（Saint-Ismier）小镇一半以上的葡萄园都是城里人的。城市也是重要的商业中心。除了不动产之外，城市还集中了大量流动财富。这一点毫不奇怪，因为 18 世纪法国商业，尤其是海外贸易有飞速发展，而大部分商人都住在城市。波尔多因其便利的交通条件，成为法国海外贸易的主要港口。1715—1765 年，波尔多贸易额年增长率为 5%，1771 年占法国海外贸易总额的 40%。这给英国旅行家阿瑟·杨（Arthur Young，1741—1820）留下了很深的印象，他在游记中写道："尽管关于波尔多的商业、财富和恢

---

① Alan Williams, *The Police of Paris*, *1718—1789*, Baton Rouge: Louisiana State University Press, 1979.
② Emmanuel Le Roy Ladurie, "Baroque et Lumières," pp. 340-342.
③ Emmanuel Le Roy Ladurie, "Baroque et Lumières," p. 349.

宏,我读到了不少,也听说了不少,但是这座城市依旧远远超出了我的预期。巴黎似乎在这些方面难以匹敌,根本无法与伦敦媲美,但是我们的利物浦完全赶不上波尔多。"①南特的商人从 1725 年的 230 人增加到 1790 年的 400 人,他们掌握的流动资金从 600 万里弗增加到 2 300 万里弗,总财产从 1 800 万里弗增加到 1.2 亿里弗。② 入市税证明了城市的消费能力。财政总监内克在《论法国的财政管理》中公布了税收数据,他指出入市税占了王国税收的 1/8。1789 年一份小册子宣称"法国两个省的累积税收也比不上巴黎征收的消费税总额"③。

　　除了集中人口与物资资源外,城市也是重要的消费中心。城市就像一个巨大的胃,四通八达的道路系统就像血管,将各种所需的物资输送到城市。所以,谈到城市的消费,首先需要总体上了解法国的公路系统,因为它承载了物资运输。1789 年前,法国总计有 25 000 公里的公路,但分布并不均匀,东部和北部的公路相对密集,形成以巴黎为中心的稠密的公路网,中部和南部的道路比较稀疏。公路的修建与分布体现了城市的地位,因为一般来说先修建主要城市之间的道路,而后再将一段段道路连接起来。修建的过程十分复杂,也充满了矛盾,因为要协调拥有各式特权的地方。总体上,三级会议省的公路系统要比督办官管辖的地区发展更快。当时的政治经济学家伊纳尔(Achille-Nicolas Isnard,1748—1803)很形象地描绘了公路和城市构成的几何关系:"宽敞的道路越来越多,结果形成了一个个小三角形,而每个城市都成了三角形的顶角,但也应该看到,在这些图形的旁边,要穿过那些村庄小镇,势必要走歪歪扭扭

① Arthur Young, *Travels in France during the years 1787, 1788 and 1789*, edited by Constantia Maxwell, Cambridge: The University Press, 1929, pp. 58 - 59.

② Natacha Coquery, "La beauté d'une ville: un château bien bâti ou un théâtre magnifique? Nantes d'après Brackenhoffer (1643—1644) et Young (1788)," in Claude Petitfrère ed., *Images et imaginaires de la ville à l'époque moderne*, Tours: Université François-Rabelais, pp. 79 - 94.

③ 转引自罗什《平常事情的历史》,第 34—35 页。

的一段路。"①除了公路之外,水路也承运了大量物资。1789 年前,法国有大约 8 000 公里可通航的河流,并开放了近 1 000 公里的运河。这一成就得到了重农学派的高度肯定,因为在他们看来,修建公路会侵占土地,而土地是财富之源。②

通过公路或水路,各类物资被输送到王国各处,并通过市场(marché)和集市(foire)这两类中转站进入城市。在重农学派代表杜尔阁(Anne Robert Jacques Turgot,1727—1781)看来,市场和集市在保证不同资源的交易与集散方面,所发挥的功能完全不同。③ 市场仅为一个城市服务,是一个城市或一个地方的天然的交易买卖场所。集市则是为多个地方服务,享有免税待遇,甚至能成为国际货物的集散地。杜尔阁将集市称为"国家之间的约会"(rendez-vous des nations)。以巴黎为例。巴黎周边有两个主要的畜牧集市,分别位于现在上塞纳省的索镇(Sceaux)和伊夫林省的普瓦西(Poissy)。这两处集市是诺曼底的放养牛(bœuf d'herbe)和利穆赞的圈养牛(bœuf d'étable)的集散地。每年的 6 月—12 月,这里主要卖的是诺曼底的牛,剩余的日子则聚集了利穆赞的商人,有时还会售卖来自下特尔、莫城(Meaux)和埃唐普等地的谷物以及来自卢瓦尔河流域的酒。这两处集市每年供给巴黎大约 8 万头成年牛、10 万头小牛、35 万头羊以及数万头猪,由此形成了一个经济体,囊括周边方圆数百公里内的农村。④ 不过,集市容纳的资源是有限的,因为买卖的收益必须要抵偿所有成本,其中最主要的就是运输成本。距离越远,边际效益越低。所以,大型集市一般都集中在交通枢纽纵横密布的

① Achille-Nicolas Isnard, *Traité des richesses*, Tome 1, Londres: chez François Grasset, 1781, p. 114.
② 参见罗什《启蒙运动中的法国》,第 44 页。
③ Turgot, "Foire," in *Encyclopédie, ou Dictionnaire raisonné des sciences, des arts et des métiers*, texte établi par D'Alembert, Diderot, Tome 7, Paris: chez Briasson, 1757, pp. 39 - 41. 另见 Turgot, "Foire et Marchié," in *Œuvres de Turgot*, texte établi par Eugène Daire, Paris: Guillaumin, 1844, pp. 291 - 298.
④ Pierre-Yves Beaurepaire, *La France des Lumières* (*1715—1789*), pp. 580 - 581.

北部地区,集中在某个省级城市或巴黎周边。根据史家马尔盖拉(D. Margairaz)的统计,1789 年前,法国有 4 264 个集市,其中有 3/4 集中在居民人数不足两千的市镇。[①]

除了这些传统的交换方式外,随着商业资本主义发展,城市和农村之间通过生产资料和劳动力,建立起早期的具有资本主义性质的关系。欧贝尔坎普夫(Christophe Oberkampf,1738—1815)的例子很有代表性。此人是一位虔诚的新教徒,原籍瑞士,但法语说得很好,起初在巴黎的一家染布坊当学徒。当时,印花布(indienne)销量非常好,需求很大,尤其受到年轻贵族的追捧。欧贝尔坎普夫后来获得了生产印花布的特许状,把工厂厂址选在巴黎西北不到 20 公里的茹伊昂若萨(Joue-en-Josas),雇佣了一千多工人。这些工人都是来自周边农村的农民,是典型的农民—工人无产者(prolétariat ouvrier-paysan)。欧贝尔坎普夫从英国或是与印度有着紧密商业关系的洛里昂(Lorient)进坯布,加工印染后出售。图布夫(Pierre Tubeuf,1730—1795)是当时另一名企业主,他在阿莱斯(Alès)有一家煤厂,在庇卡底(Picardy)的圣戈班(Saint-Gobain)地区有一家玻璃工厂,工人来自附近农村地区。图布夫的工厂管理十分严格,煤厂的工人每天不到四点必须准时起床,否则会被罚掉一天的工资,一旦发现喝醉,要罚掉一周工资,并且不准在井下打牌、抽烟、排便。工作条件很差,玻璃工厂只有很有经验的成熟工人才有权享用火炉,雇佣八九岁童工的情况也很普遍。[②]

---

① Dominique Margairaz, *Fores et Marchés dans la France pré-industrielle*, Paris: EHESS, 1988.

② Gwynne Lewis, *France 1715—1804: Power and the People*, pp. 123 - 124. 另见 Gwynne Lewis, *The Advent of Modern Capitalism in France*, *1770—1840*, Oxford: Oxford University Press, 1993; Aziza Gril-Mariotte, "Christophe-Philippe Oberkampf (1738—1815) et l'industrie des toiles peintes en France: L'impact du protestantisme sur son parcours et la création," *Revue d'histoire du protestantisme*, Vol. 1, No. 2 (Avril — Mai-Juin, 2016), pp. 207 - 227.

由此可见，18 世纪的法国城市已经发育出一种比较原始的资本主义生产模式。城市逐渐垄断了一切有利可图的行业，而将厂址选在农村附近，把没有技术含量的工作留给农村，充分利用农村的劳动力。一种跨国或跨地区的分工合作机制也在形成。比如当时一块在巴黎销售的日内瓦手表，其零部件的生产和组装可能由东部的热克斯(Gex)和茹拉(Jura)、东南的福西尼(Faucigny)等地区或是中部克吕斯(Cluses)河谷地区的农村工人完成。这种早期手工业的发展不仅改变了城市的结构，也改变了农村的生活。毫无疑问，在工场挣的钱更多，所以大量的农民开始离开田地，成为工人。18 世纪初，在一些手工业较为发达的地区，这种情况很突出。比如1715 年博韦地区的某个村庄，耕地的农民只有 20 人，但做哔叽的工人有208 个。[1] 这是一种新型的城乡关系，将资本主义的生产结构和非资本主义地区联系起来，通过把农民转变为工人，进一步推动了资本的渗透。这种关系更表现出一种支配与依附性质，强化了城市对各式资源的吸收与垄断，以至于当时不少法国人都开始指责城市的垄断。达让松侯爵说金钱都流入了巴黎，制造业都是为满足城市里富人的奢侈需求，农村和地方都变得很穷，法国"正在蜕变为蜘蛛，头很大，脚却又细又长"[2]。米拉波侯爵(marquis de Mirabeau, 1715—1789)在《人类之友》中说道，这样的国家很容易"中风"。[3] 城乡差异及其不平等关系，成为旧制度法国社会众多不平等中一种极为显见的现象，饱受抨击。

第四节　国家财富

18 世纪上半叶，得益于和平的国际环境、稳健的税收政策以及有效

[1] Emmanuel Le Roy Ladurie, "Baroque et Lumières," p. 377. 有关博韦的情况，参见 Pierre Goubert, *Beauvais et le Beauvaisis de 1600 à 1730: contribution à l'histoire sociale de la France du XVIIᵉ siècle*, Paris: S. E. V. P. E. N., 1960。

[2] d'Argenson, "Pensées sur la Réformation de l'État," *Mémoires et journal inédit du marquis d'Argenson*, Tome 5, Paris: P. Jannet, 1858, p. 325.

[3] Mirabeau, *L'ami des hommes, ou, Traité de la population*, avec une préface et une notice biographique, par M. Rouxel. Paris, Guillaumin et cie, 1883, p. 52.

的社会管理等诸多因素,法国经济开始复苏,并以惊人的速度增长。这一现象从奥尔良摄政之初一直持续到七年战争。

经济复苏最显著的是海外贸易。法国的海外贸易在黎塞留时期(1624—1642)起步,在路易十四时期基本建立了全球贸易网。海外贸易的基本模式是进口原材料,出口制成品。法国在占领了北美和西印度群岛后,便逐步建立三角贸易模式,即从本国出口奢侈品,用获得的金银在非洲换取黑奴,运到美洲,开发种植园,再将殖民地产品运回本国,加工后出口。大部分殖民地产品出口到欧洲其他国家。在这些出口产品中,最主要的是蔗糖和咖啡。通常情况下,圣多明各的蔗糖占出口总量的3/4,马提尼克岛的咖啡占比更大。所以,在法国对外贸易总额中,殖民地产品的再出口占据了绝对的优势。以1787年为例,当年出口总额为5.416亿里弗,殖民地产品再出口额为3.132亿里弗,[①]占了总额的57.7%。

表2　1787年法国对外贸易[②]

(单位:百万里弗)

地区	农产品	手工产品	总计
11个沿海财税区	74.2	85.4	159.6
9个边境财税区	36.4	36.2	72.6
9个内陆财税区	6.0	6.5	12.5
巴黎	0.1	20.4	20.5
里昂	1.6	31.1	32.7
殖民地(再出口)	153.2	0.4	153.6
国外产品再出口	40.0	50.1	90.1
合　计	311.5	230.1	541.6

可见,海外贸易决定了法国对外贸易的整体水平。18世纪,法国与西印度群岛的贸易,在各个方面都有显著进步。圣多明各在1685年时

---

① 表2中11个沿海财税区出口额与殖民地再出口额合计。

② 表格引自 Paul Butel, *L'Économie française au XVIIIe siècle*, p. 85。

几乎没有种植园,1717 年已超过 100 座。奴隶贸易步入繁荣阶段。从非洲运抵西印度群岛的奴隶,1700 年大约为 9 000 人,1715 年增加到24 000人,到了 1730 年上升到 8 万人。得益于充足的劳动力和不断提升的贸易水平,种植园的生产也有了突飞猛进的发展。1742 年,西印度群岛的蔗糖总产量是 1714 年的 6 倍。以圣多明各为例。1713 年至 1756年,该地的蔗糖和靛青的产量各增加了 7 倍多。圣多明各仅用 40 年就超越了牙买加,成为蔗糖第一大产地。1789 年法国的蔗糖产量为 10 万吨,其中 4/5 来自圣多明各。而同时期,英国蔗糖产量仅 89 000 吨。法国从蔗糖进口国一举变成蔗糖出口国。17 世纪,法国蔗糖依赖于荷兰进口,在 18 世纪,法国则向荷兰出口圣多明各蔗糖,1750 年出口量高达15 000吨。[1] 1686—1720 年间,法国在西印度群岛的另两处殖民地——马提尼克岛(Martinique)和瓜德罗普(Guadeloupe)——的人口增加了三倍。相应地,法国的远洋运输能力也有明显提高。与 1667 年相比,1715年法国远洋贸易船只的总载重量增加了 2.5 倍。[2]

　　仰仗着繁荣的殖民地生产和海外贸易,法国的对外贸易呈现出一片欣欣向荣的景象。从整体上看,奥尔良摄政时期,法国对外贸易额大约是 2.15 亿里弗,路易十六当政末期(1784—1788 年)大约是 10.62 亿里弗,增加了 5 倍。这一增速远超英国。18 世纪初,英国对外贸易额约3.25 亿里弗,超过法国,但是 18 世纪末只有 7.75 亿里弗,只有同时期法国的 73%。[3] 具体到各阶段,弗勒里执政的 20 年是法国对外贸易发展的转折阶段。1736 年,对外贸易额首次突破 2 亿里弗大关,当年实际额度 2.44 亿里弗。此后,对外贸易一直保持高速发展的态势。1740 年,对外贸易额猛增到 3.422 亿里弗。此后,受七年战争影响,贸易额一度跌

---

① Paul Butel, *L'Économie française au XVIIIe siècle*, p. 106.

② Colins Jones, *The Great Nation: France from Louis XV to Napoleon 1715—99*, p. 160.

③ 按旧制度末,1 先令＝25 里弗换算。英国对外贸易数据参见 François Crouzet, "Angleterre et France au XVIIIe siècle: essai d'analye compare de deux croissances économiques," *Annales ESC*, 1966, p. 261.

落到 2.92 亿里弗(1760 年),但很快开始恢复,1764 年为 5.55 亿里弗。[1]
对外贸易的繁荣对法国本土影响也很大。如上所述,沿海商业城市是 18
世纪法国人口增速最快的地区,这与外贸发展不无关系。与这些城市相
比,巴黎则相形见绌。18 世纪,巴黎人口增加了 30%,而南特增加了一
倍,世纪初居民人数为 42.5 万人,世纪末为 80 万。波尔多的发展极为
显著,人口在世纪初为 45 000,世纪末增至 11 万,1713 年对外贸易额为
1 300万里弗,1740 年则为 5 000 万里弗。不过,对外贸易对内陆的影响
很小,正如当时一位颇有洞察力的经济学家加里亚尼(abbé Galiani,
1728—1787)所言:"所有法国的财富都集中在边界地区,所有富足的城
市都在国家的边缘地区,而内陆地区极其虚弱,极其空虚,极其薄弱。"[2]

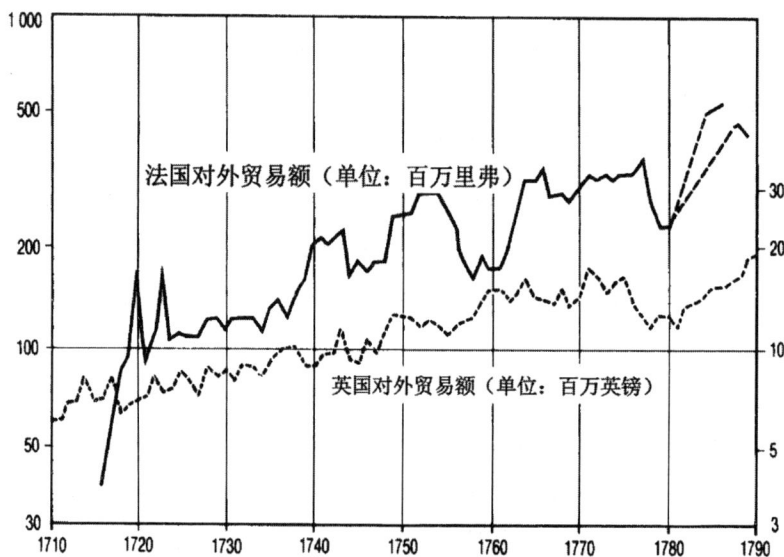

图 7　18 世纪英国和法国对外贸易[3]

---

[1] Paul Butel, *L'Économie française au XVIIIe siècle*, pp. 81 - 83.

[2] Abbé Galiani, *Correspondance*, eds. L. Perey and G. Maugras, Tome 1, Paris: 1883, p. 247. 转引自 Colins Jones, *The Great Nation: France from Louis XV to Napoleon 1715—99*, p. 166. 另见 Edward Fox, *History in Geographic Perspective: the Other France*, New York: Norton, 1971。

[3] 图引自 Paul Butel, *L'Économie française au XVIIIe siècle*, p. 80。

了解了 18 世纪法国对外贸易的总体趋势后,再看下制成品出口情况。法国对外贸易市场主要分为以下几个区域。最重要的出口地区是北欧和德意志。在这两个地区,法国的出口物资占据绝对优势。就市场份额而言,法国商品在北欧和德意志的比重,奥尔良摄政时期为 10% 和 6%,之后很快增加到 18% 和 15%。同时,法国维持着绝对的贸易顺差,比如出口到德意志北部的罗斯托克(Rostock)的物资是从该地区进口数额的三倍。波兰境内的格但斯克(Dantzig)也极为依赖法国产品,以至于当地人感叹说:"所有人都认为,由于贸易问题,格但斯克这个地方每年都欠法国一大笔钱。"[1] 普鲁士是法国蔗糖第二大进口国,葡萄酒第一大进口国。每年,大约有价值 800 万里弗的法国殖民地产品通过斯德丁(Stettin)运往普鲁士。[2] 根据 1789 年的统计数据,当年出口到普鲁士的蔗糖多达 10 709 吨,葡萄酒为 17 480 吨。[3] 法国殖民地产品很受北欧各国居民的青睐。洪堡和不来梅是北欧地区进出口贸易的大门,从七年战争到北美独立战争期间,通过这两个港口进入北欧市场的法国商品中,蔗糖、咖啡和靛青三类商品占了约 82% 到 83% 的份额,而法国本土生产的葡萄酒仅占 10%。斯堪的纳维亚半岛是例外,因为这里的居民更喜欢法国的葡萄酒。[4] 总体来说,1774—1776 年法国出口到北欧和德意志地

① 转引自 Pierre Jeannin, *Marchands d'Europe: pratiques et savoires à l'époque moderne*, Paris: Rue d'Ulm, 2002, p. 117; *Aires et structures du commerce français au XVIIIe siècle*, colloque national de l'Association française des historiens économistes, Paris, C. N. R. S., 4—6 octobre 1973, sous la direction de Pierre Léon, Lyon: Centre d'histoire économique et social de la région lyonnaise, 1975, p. 61。

② 相关情况参见 Paul Butel, *Les négociants bordelais*, *l'Europe et les Iles au XVIIIe siecle*, Paris: Aubier, 1974, pp. 71 - 73。

③ Paul Butel, *L'Économie française au XVIIIe siècle*, p. 89.

④ Pierre Jeannin, "Les marches du Nord dans le commerce français au XVIIIe siècle," in *Aires et Structures du commerce fraçais au XVIIIe siècle*, dir par Pierre Lénon, Paris: CNRS, 1973, pp. 47 - 74. Pierrick Pourchasse & Éric Schnakenbourg, "La France et la Scandinavie aux XVIIe et XVIIIe siècles: aperçu historiographique et tendances actuelles de la recherche," *Histoire, économie & société*, vol. 01, 2010, pp. 7 - 12,

区的殖民地商品,总价达 5 164 万里弗。[1]

表3　法国出口至欧洲各国(地区)贸易额(单位:百万里弗)[2]

	德意志地区	英国	北欧	葡萄牙	西班牙	意大利	荷兰
1716 年	2.9	5.7	1.5	0.2	10.7	4.1	5.8
1754 年	11.6	11.4	11.8	1.03	23.5	40.4	21.4
1772 年	16.2	12.4	14.2	2.3	27.6	31.7	21.3
1787 年	63.9	63	31.6	10.4	33.3	82	33.1

　　西班牙和意大利也是法国出口的主要地区,但与北欧地区不同,这两个地区更倾向于进口法国本土的手工业产品。1787 年,法国出口到西班牙的物资中,手工业产品占了 37%,其中布、呢绒、丝织品所占比重分别为 25%、8.32%、3.99%。18 世纪,西班牙与法国一直保持着频繁的贸易往来。1750 年,法国出口到西班牙的物资价值接近 5 000 万里弗,1772 年贸易额为 4 410 万里弗,占当年法国出口总额的 13.16%,1778 年价值为 4 440 万里弗,但占比下降为 8.15%。[3] 法国与意大利地区的贸易始终比较繁荣,出口贸易额仅次于北欧和德意志地区。意大利半岛上的撒丁王国以及威尼斯各主要城市,主要进口法国的纺织业产品,这些产品所占进口份额分别为 32.14% 和 32.25%。1787 年,法国出口到意大利地区的物资总额为 27 575 067 里弗,从意大利进口额为 46 035 594 里弗,其中那不勒斯是主要的进出口地区,1772 年进口额和出口额分别为 9 029 111 里弗和 5 404 030 里弗。意大利与法国的贸易往来主要通过马赛,1789 年,通过马赛,意大利进口额与出口额分别为 4 300 万里弗和 1 200 万里弗,其中进口的主要物资是来自法属安德列斯群岛的咖啡。[4]

---

① Paul Butel, *L'Économie française au XVIIIᵉ siècle*, p. 90.

② 根据 Paul Butel, *L'Économie française au XVIIIᵉ siècle*(第 88 页)提供的信息制作。

③ Paul Butel, *L'Économie française au XVIIIᵉ siècle*, p. 96.

④ Charles Carrière, *Négociants marseillais: Contribution à l'étude des économies maritimes*, 2 tomes, Marseille, A. Robert, 1973.

除此之外,法国与黎凡特、美国及英国的贸易往来也较为频繁,但所占份额不高。在奥尔良摄政时期,法国与黎凡特即已确立了较为稳定的贸易关系,出口主要物资是原材料和手工产品,比如棉花与纺织产品,根据 1787 年的统计数据,这两类物资分别占出口总额的 77.30% 和 30%。棉花与纺织产品主要产自南部朗格多克地区,通过马赛运抵地中海东部地区。但是,七年战争后,黎凡特市场趋于饱和,而且由于土耳其帝国走向衰败,因此对进口法国物资的热情明显衰减。[1] 独立以后的美国,主要从法国大量进口谷物,出口木材、烟草等,但由于结构性因素,体量有限,1789 年法国出口到美国的物资价值仅 120 万里弗,进口也不过 1 310 万里弗。[2] 英法的外交关系直接影响着两国的贸易往来。18 世纪中叶以前,由于两国关系较为和缓,法国保持一定的贸易顺差,但随着关系趋于紧张,优势明显减弱,1772 年后出口收缩,进口发展缓慢,走私活动开始猖獗,据估计 1784 年报关的货物价值 1 300 万里弗,但走私的货物价值高达 1 100 万里弗。[3] 法国与荷兰的贸易体量不小,1787—1789 年法国出口额为 4 070 万里弗,进口额为 2 820 万里弗。[4]

如前所述,法国对外贸易蓬勃发展的主要原因是殖民地经济的繁荣以及相对稳定和平的国际关系。除此之外,另一个不容忽视的原因是物价持续上涨。以法国国内最大的市场南部的博凯尔(Beaucaire)为例,1770—1789 年该地的棉布售价是 1735—1741 年的 1.62 倍。这不是孤立现象。英国农学家阿瑟·杨在法国游历时就发现:"在法国政治经济方面,很少有能像过去二十年内物价的普遍上涨那样能产生如此重要影响的事情。这是一个确凿的迹象,即货币的总量在大幅增加,其原因是

---

[1] Katsumi Fukasawa, *Toileries et commerce du Levant d'Alep à Marseille*, Aix: CNRS, 1987.

[2] Paul Butel, "Des illusions perdus: les marché américain et le négoce des ports français en 1786—1787,"*Actes du 104ᵉ congrès national des sociétés savantes*, Tome 1, Bordeaux, 1979, pp. 185 – 201. Paul Butel, *L'Économie française au XVIIIᵉ siècle*, pp. 101 – 102.

[3] Paul Butel, *L'Économie française au XVIIIᵉ siècle*, p. 104.

[4] Paul Butel, *L'Économie française au XVIIIᵉ siècle*, p. 107.

各地工业不容置疑的发展。"①

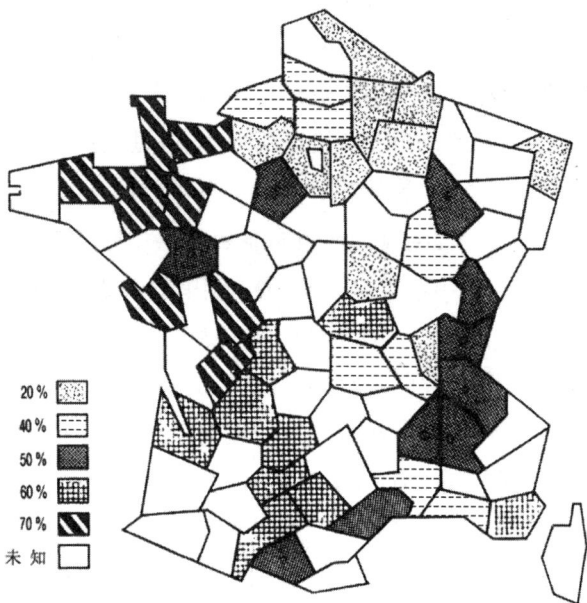

图8　1726—1750年至1781—1787年法国各地谷物价格增幅②

　　在18世纪的法国,物价上涨是一个很普遍的现象,不限于殖民地产品。与1726—1750年相比,1781—1787年谷物价格普遍上涨了47%。当然,物价上涨也存在地方差异。从全国来看,西南部、中西部和西北部地区的物价涨幅较高,比如西部的波瓦第尔(Poitier)增幅超过了两倍,西北部的圣布里厄(Saint-Brieuc)、雷恩、卡昂等地接近两倍。肉类的价格也上涨了50%—60%,原材料和燃料的上涨大体较缓,不过木材价格上涨了63%。相反,北部地区物价涨幅较小。③ 除了物价之外,工资也在增加。从弗勒里当政时起(18世纪20年代)直至路易十六在位,工资

---

① Arthur Young, *Travels in France during the years 1787, 1788 and 1789*, p. 315.

② David R. Weir, "Les crises économiques et les origines de la Révolution française," *Annales ESC*, 46 année, N. 4, p. 927.

③ *Histoire économique et sociale de la France*, dir par Fernand Braudel et Ernest Labrousse, Tome 2, Paris: PUF, 1970, p. 405.

增长的趋势一直没有中断。在某些手工业城市,比如马赛与圣马洛,工资增幅超过了50%。同时,仆役的工资也有所增加,与1726—1750年相比,女仆的工资增加了61%,从33里弗一年增加到55里弗一年,男仆的工资涨幅较低,平均为50%。[①] 工资涨幅不仅有地方差异,而且不同工种的工资涨幅程度也不尽相同。以波尔多为例,该地日工(即打零工的工人)的工资基本没有变化,但是水手的工资涨了两倍,从每天18或19苏涨到36苏,造船厂中技术最好的工人在1716年就能拿到每天22苏。很明显,不同工种之间工资水平差异甚大,这或许与行业繁荣程度有关。

但是,考虑到物价上涨,工资上涨的实际价值并不高。阿瑟·杨将18世纪80年代法国人的工资水平与同时期英国做了一番比较。他认为,当时法国的劳动力平均价格为19苏,英国为33.5苏,而法国的肉价为7苏,英国为8.5苏,法国面包为2苏,英国为3.5苏。考虑到其他因素,杨认为总体上法国人工资的实际价值仅有英国人的75%。经济史家唐纳德·韦尔(Donald Weir)表达了类似的观点,他认为从18世纪20年代到1789年间,工资的实际价值(real value of wage)仅减少了7%。另外,工资上涨也不足以根本改变工人的生活状况,因为他们要把一半以上的收入用来买面包,其余16%的收入要花在其他食物和酒类的消费上。这意味着面包价格的涨跌决定了他们的生活水平。[①]

不过,物价与工资普遍上涨总体上体现了法国人消费能力的提升,也证明了市场规模与商品体量都有明显扩大。经济史家拉布鲁斯

① Paul Butel, *L'Économie française au XVIIIᵉ siècle*, p. 60. 有关仆人的研究,参见 Sarah Maza, *Servants and Masters in Eighteenth-Century France: The Uses of Loyalty*, Princenton: Pricenton University Press, 1983; Cissie C. Fairchilds, *Domestic Enemies: Servants and their Masters in the Old Regime France*, Baltimore: John Hopkins University, 1984; *Towards a Global History of Domestic and Caregiving Workers*, edited by Dirk Hoerder, Elise van Nederveen Meerkerk, Silke Neunsinger, Leiden: Brill, 2015.
① Paul Butel, *L'Économie française au XVIIIᵉ siècle*, p. 58. Arthur Young, *Travels in France during the years 1787, 1788 and 1789*, pp. 314 - 315. David R. Weir, "Les crises economiques et les origines de la Revolution française," *Annales. Economies, sociétés, civilisations*, 46 année, N. 4, 1991. pp. 935. 多伊尔:《法国大革命的起源》,第167页。

(Ernest Labrousse，1895—1988)认为这是 18 世纪法国经济"有活力地攀升"(allègre montrée)的重要表现。① 无可否认，当时法国还是一个农业国，经济基础是农业，支撑市场繁荣的主要动力也来自农业，那么，市场繁荣是否意味着法国农业也有了决定性发展呢？对于这个问题，学界一直存在争议，莫衷一是。1961 年，经济史家图坦(J. C. Toutain)在进行了详尽的统计研究之后，证明法国农业生产效率有显著提高。② 十年后，另一位经济史家米歇尔·莫利诺(Michel Morineau)给出了截然不同的答案。他认为，直到 1740 年，法国的北部和西部在农业技术上相对先进，而南部和中部远远落后，但是这两类地区在随后的一个世纪中都没有发生有任何意义的变革，因此并不存在农业革命。③ 20 世纪 80 年代以来的研究又提供了不同的看法。与莫利诺的观点相比，勒华拉杜里的判断更为乐观，他认为从什一税的征收来看，法国农业产量大约增加了 25% 到 40%，这接近英国的水平，1700—1790 年间英国农业产量增加了 35%。④

毋庸置疑，法国农业发展的确存在着一些结构性限制因素，比如农作物种类单一，大部分产区种植小麦、黑麦、燕麦，南部某些地区则以种植玉米、栗子、橄榄为主，而且休耕地太多，交通不便。此外，气候条件也不利于农业发展，17 世纪后半叶—19 世纪中叶，经常出现冷冬暖夏，气候变化越来越频繁，而且每次变化都会导致新一轮的持续低温天气。⑤

---

① Ernest Labrousse, *La Crise de l'économie française à la fin de l'ancien régime et au début de la Révolution*, Paris：PUF, 1990, p. xi.

② Jean-Claude Toutain, *Le produit de l'agriculture française de 1700 a 1958*, Paris：ISEA, 1961, pp. 276 - 277.

③ Michel Morineau, *Les faux-semblants d'un demarrage economique, agriculture et demographie en France au XVIIIe siecle*, Paris：Colin, 1970.

④ 上述论战参见 Michel Morineau, "Ruralia," *Revue Historique*, T. 286, Fasc. 2 (580) (Octobre-Décembre 1991), pp. 359 - 384。

⑤ 参见 Emmanuel Le Roy Ladurie, *Histoire du climat depuis l'an mil*, Paris：Flammarion, 1967；*Histoire humaine et comparée du climat*, Paris, Fayard, 2004；*Abrégé d'histoire du climat du Moyen Âge à nos jours*, entretiens avec Anouchka Vasak, Paris：Fayard, 2007。

但同样不可否认的是,18 世纪也出现了不少有利于农业改革的条件,其中最突出的就是农学的兴起与发展。18 世纪中叶,农业和农艺成了最热议的话题。出现这股潮流的原因很复杂。在国际竞争中,法国意识到他们在商业方面始终无法与英国抗衡,而由于某种民族主义情绪的高涨,他们进一步觉察到法国原本就是个大陆国家,应当以农业为本。另外,贵族的败落也让很多有识之士认识到,当务之急是要遏制社会风气的腐化,商业与金钱一直被认为有损于美德,而农业则被认为是改善国民性、救治奢侈腐化之风的药方。① 在《人类之友》中,米拉波侯爵认为,农业不仅仅是一种生产活动,更是一种社交活动,是最荣耀、最必要、最有价值、最天真的技艺,而且,由于土地不可能无限产出,所以从事农业不会让人的欲望无限膨胀,这是不动产与动产的主要区别。②

　　事实上,在重农学派出现之前,这股重视农业的风气就已经取得了包括政府高层在内的各阶层精英的普遍关注。贝尔坦(Henri Bertin,1720—1792)是一位中国迷,对中国文化情有独钟,1759 年担任财政总监,力图以中国为榜样发展法国农业。在他的支持下,1761—1763 年共建了 16 个外省农业科学会。这些农业科学会致力于将科学知识与农业实践结合起来,改进农业技术。18 世纪中叶,法国农业科学发展迅速。德孟梭(Duhamel du Monceau,1700—1782)引进了英国的农业实验技术,他所创作的《论土地耕种》(*Traité de la culture des terres*,1762)试图通过科学观察与分析改进农耕技术。图尔(Jethro Tull,1674—1741)提高了农耕效率;弗尔科瓦尔伯爵(comte de Fourcroy,1755—1809)发展了培育技术,基于秘鲁鸟粪层的分析,并结合土层的化学分析,找到了更有效的育种手段。畜牧业也得到重视。18 世纪 60 年代里昂等地建立了

① John Shovlin, *The Political Economy of Virtue Luxury*: *Patriotism and the Origins of the French Revolution*, Ithaca and London: Cornell University Press, 2006.

② Mirabeau, *L'ami des hommes*, *ou*, *Traité de la population*, avec une préface et une notice biographique, par M. Rouxel. Paris: Guillaumin et cie, 1883, pp. 37, 55—57.

兽医学院。英国人诺福克的柯克(Coke de Norfolk,1754—1842)关于畜牧与农业的论述也传到了法国。此外,工具的改善也在一定程度上提升了劳动效率。先前,由于要为放养的牲畜提供必要的饲料,因此收割的时候只能使用镰刀(faucille)。18世纪中叶以后,这一习俗被废除,长柄大镰刀(la faux)的使用使得收割效率大约提升了一倍。[①]

　　除了农艺理论方面的发展外,政府也下达了一系列法令,推动农业发展,其中最重要的措施就是开垦荒地:1761年敕令将鼓励开荒的措施推广到18个财税区,并规定开荒的地免除十年内的什一税和捐税;1764年敕令鼓励开垦沼泽、沼地和被淹的土地,将豁免权延长到此后15年;1766年敕令确认了捐税豁免权。[②] 对当时的农村而言,所谓开垦荒地,实际上就是在分割公地。根据当时官方统计,从1766年到1789年,全国范围内新开垦荒地面积大约是51万公顷。根据拉布鲁斯的估算,当时法国可耕地面积大约是2 200万公顷,所以,新开垦的荒地面积大约占了2.5%。各地推行开垦荒地政策力度不一。效果最好的是布列塔尼地区,1758—1789年共开垦4.5万公顷,占全省耕地总量的4.5%;勃艮第地区通过开垦荒地,耕地面积增加了8%—10%;朗格多克地区在1771—1788年新开垦了38 858公顷,占总面积0.92%。总体而言,北方地区收效不如南方。比如在古贝尔研究的博伟地区,每个村庄也就多了1公顷可耕地。[③]

　　通过开垦荒地,增加耕地面积,对农业发展起到了一定的推动作用。农业产量增加的趋势一直持续到18世纪70年代末。这与耕地扩充不无关系。农产品亩产量相应也有所提高,但并不明显。根据经济史家迪

---

① 具体发展参见 André Bourde, *Agronomie et agronomes en France au XVIIIe siècle*, 3 tomes, Paris: S. E. V. P. E. N., 1967。

② Paul Butel, *L'Économie française au XVIIIe siècle*, pp. 172 - 173. Fernand Braudel, Ernest Labrousse, *Histoire économique et sociale de la France*, Tome 2, *des derniers temps de l'âge seigneurial aux préludes de l'âge industriel*(1660—1789), Paris: PUF, 1970, pp. 418 - 431.

③ Paul Butel, *L'Économie française au XVIIIe siècle*, pp. 172 - 173.

永(Pierre Deyon)估算,北方地区谷物平均产量,1715 年为每公顷 23—26 百升(hectolitre),1780 年为 28—29 百升。勒华拉杜里认为,法国很多地方的农业亩产还达不到这个水平。[1] 法兰西岛的勒普莱西(Le Plessis)地区,1738—1741 年燕麦产量为每公顷 26 百升,1782—1789 年为 29 百升。相比之下,畜牧业的发展十分迅速。同样以法兰西岛的勒普莱西为例,1730 年该地区每年能产羊 180 到 298 只,1750 年数量上升到 600 只。[2] 推动农业和畜牧业发展的因素,除了开垦荒地外,因劳动条件的改善而导致劳动效率提升,也起到了一定作用。比如勒普莱西地区,与 17 世纪相比,18 世纪末每一百公顷土地所需要的劳动力减少了 13%,原先收割使用镰刀,180 公顷土地平均需要 50 名收割者,改用长柄大镰刀后,只需要 25 名收割者。[3]

农业发展还表现在某些新作物的推广上。在重农学派的大力推动下,土豆的播种面积在 1765 年之后迅速扩大,而且被越来越多的消费者所接纳,成为餐桌上一道常见的食物。1778 年,土豆的收成已基本上占到谷物收成的 1/4。玉米播种也得到了推广,比如在阿尔萨斯地区,玉米的播种面积接近谷物种植面积的 14%。由于葡萄在每块耕地上的产量都很高,几乎所有法国人都会在小块的边际土地上种葡萄,以贴补生计。以南部阿泽雷(Azereix)地区为例,1632 年种植葡萄的面积约为 13 公顷,1767 年为 56 公顷,这大约占了该地区可耕种面积的 1/10。东南奥德河谷(vallée de l'Aude)地区的葡萄种植面积增长更快,从 1661 年的 785 公顷,增加到 1777 年的 923 公顷。[4] 农作物总体产量有了明显上升。法国人口持续增加,这本身就足以说明法国农业产业完全能够满足需求。前一个世纪那种因总体歉收而导致人口剧减的情况,已经成为历史。

---

[1] Emmanuel Le Roy Ladurie, "De la crise ultime à la vraie croissance 1660—1789," in Georges Duby, *Histoire de la France rurale*, Tome 2, Paris: Seuil, 1981, p. 416.

[2] Paul Butel, *L'Économie française au XVIIIe siècle*, p. 188.

[3] Paul Butel, *L'Économie française au XVIIIe siècle*, p. 189.

[4] Emmanuel Le Roy Ladurie, "De la crise ultime à la vraie croissance 1660—1789," p. 396.

手工业的发展也十分明显,总体来说,增长趋势比较平缓,年均增速约为 1.5%。较为传统的生产部门,基本保持这个增速。比如制呢业每年增长 0.6%—1%,棉布行业为 1.5%,采矿业和煤炭行业为 2.3%,冶金业略高,为 2.4%。与此不同,新兴行业增速更快。比如诺曼底地区的鲁昂和博尔贝克(Bolbec)印花棉布(toiles peintes)在 1780—1785 年间增速接近 80%。[1] 纺织业的发展尤为显著,据统计,纺织品的产量在 1716 年为 1 111 470 件,1789 年增至 1 551 530 件,换算成面积,则是从 17 471 000 平方古尺(aunes carrée)增加到 30 705 000 平方古尺。[2] 法国手工业的增速远超英国。把手工业生产总值按当时物价换算,18 世纪初,法国平均每年手工业生产总值约为 3.85 亿里弗,80 年代为 15.74 亿里弗,增加了 4 倍,而同时期英国增加了 3.9 倍。[3] 此外,以 18 世纪 80 年代数据为例,此时法国手工业生产效率是同时期英国的三倍有余。[4] 无论是相对数量还是绝对数量,法国丝毫不逊色于英国。

除了高速的发展之外,18 世纪法国手工业还有另一个特色,即出现了生产与资本集中。以色当为例,该地区是纺织业中心。1715 年至 1750 年间,色当的纺织工场数量从 114 个减少到 33 个,这并不意味着行业衰败,因为资本积累有突飞猛进的发展,同时期,纺织业资本总额从原先的 7.5 万里弗增加到 41.9 万里弗。[5] 其他地区、其他部门也有类似表现。比如 18 世纪 80 年代,卢维耶(Louviers)地区的商人德克雷多(Jean-

① Fernand Braudel, Ernest Labrousse, *Histoire économique et sociale de la France*, Tome 2, *des derniers temps de l'âge seigneurial aux préludes de l'âge industriel*(*1660—1789*), p. 519. 另见 Edgard Depitre, *La toile peinte en France au XVIIe et au XVIIIe siècle*, Paris: Marcel Rivière, 1912。

② Paul Butel, *L'Économie française au XVIIIe siècle*, p. 220. 1 平方古尺约等于 1.44 平方米。

③ Paul Butel, *L'Économie française au XVIIIe siècle*, p. 203.

④ Jean-Charles Asselain, *Histoire économique de la France du XVIIIe siecle a nos jours*, Tome1, Paris: Seuil, 1984, p. 96.

⑤ Gérard Gayot, "Les entrepreneurs au bon temps des privilèges, la draperie royal de Sedan au XVIIIe siècle," in *Revue du Nord*, 1985, pp. 426 - 427. Paul Butel, *L'Économie française au XVIIIe siècle*, p. 214.

Baptiste Decrétot,1743—1817)投资 80 万里弗建了一家棉纺纱厂,奥尔良公爵在奥尔良地区建工场花了 60 万里弗。资本的膨胀也带来了私人合股的投资形式,比如在讷维尔(Neuville)地区,来自曼恩的著名银行家圣-詹姆斯(Claude Baudard de Saint-James)与其他多名投资者共同投资 60 万里弗,分 25 股。①

　　法国手工业尽管规模和产值都有一定发展,但是并没有突破结构限制,在法国国民生产总值中所占比重始终不高。这与英国的情况有所差别,比较 18 世纪初至 18 世纪中叶两国手工业产值在国民生产总值中所占的比重,法国从 26%增加到 43%,英国从 30%—34%增加到 41%,但是英国有 43%劳动力投入工业生产,而法国仅有 19%。② 这说明,工业的高速发展并没有从根本上改变劳动力结构,法国依旧是个农业国。关于这一点,学界的看法比较统一。拉布鲁斯评价说,法国的工业成就不容否认,但根本上却是"新瓶装旧酒"。③ 经济史家克鲁泽也有类似的看法:"18 世纪法国手工业经历了相对高速发展,但却是外延性的扩张(extensive),而这一切依旧是在一种大体上传统的组织结构和生产手段中展开……直到大革命前夜,法国的经济依旧与路易十四时期没有根本的差异,只不过产量提高了。"④

　　除了农业劳动力占比较高之外,法国经济结构的传统特质还表现在作为重商主义的遗产,行会制度和手工工场监察员(inspecteurs des manufactures)制度在 18 世纪得以延续。行会是一项古老的制度,可能

① Paul Butel, *L'Économie française au XVIIIᵉ siècle*, p. 215.
② Patrick O'Brien and Caglar Keyder, *Economic Growth in Britain and France*, *1780—1914*: *Two Paths to the Twentieth Century*, London; Boston: G. Allen & Unwin, 1978, pp. 92 - 93.
③ 转引自 Albert Soboul, *France à La Veille De La Revolution*, Paris: Centre De Documentation Universitaire, 1964, p. 32。
④ François Crouzet, *De la supériorité de l'Angleterre sur la France*: *l'économie et l'imaginaire*, *XVIIᵉ-XXᵉ siècles*, Paris: Libr. académique Perrin, 1985, pp. 34 - 35.

承袭自罗马传统。[1] 墨洛温时期,手工业基本为领主所控制,行会师傅也由领主指派。从 12 世纪开始,控制权逐渐转移到国王手里,行会行规不断完善。行会对行业起到一定保护作用,有权制定相关技术规则,管理相应物资的供应量,评估工资标准,并解决相关争端。行会内部有严格的等级,师傅权力很大,从学徒工到熟练工人需要熬很多年。18 世纪,行会发展很快,1672 年巴黎行会约有 60 个,到 18 世纪初就增加到 113 个,普瓦捷在 1650 年时有行会 25 个,1713 年增加到 43 个。[2] 手工工场监察局是 17 世纪重商主义的产物。这是一个由政府组建的,专门对手工工场进行管理和监督的机构,1740 年,该组织通过类似分片包干的方式实现了对全国所有地区的监管,成员一度达到 326 人。[3] 从政治经济学的角度来看,行会和手工工场监察局都是一种供给经济学。管制是为了确保质量与价格,不考虑需求。从根本上说,这类管制体制保障的是消费者的利益,而非生产者的利益,因为它不鼓励技术创新,遏制竞争,致使生产者越来越依赖政府保护,缺乏投身市场的勇气。当海外贸易及其贸易垄断权受到威胁时,盖亚克地区商人拉孔波(Benoît Lacombe,1759—1819)首先想到的是希望政府能充当保护者和仲裁者。[4] 七年战争之后,朗格多克地区生产的纺织品之所以无法与国外产品竞争,原因就在于此,过度的管制导致了产品质量的下滑。[5] 另外,行会本质上是一种特权体制,师傅为了保证自己的权利,必会限制行业发展,对徒弟出师以及熟练工人晋升师傅设置重重阻碍,这势必会激化师傅与学徒之间的矛盾。这也为革命时期废除行会体制埋下了伏笔。

---

① 参见乐启良《近代法国结社观念》,上海:上海社会科学院出版社,2009 年。François Husson, *Artisans français: étude historique (les charpentiers)*, Paris: Marchai & Billard, 1903.

② Paul Butel, *L'Économie française au XVIIIe siècle*, pp. 206 - 207.

③ Philippe Minard, *La Fortune du colbertisme: état et industrie dans la France des Lumières*, Paris: Fayard, 1998, pp. 65 - 67.

④ 参见 Joel Cornette, *Un revolutionnaire ordinaire: Benoit Lacombe, negociant, 1759—1819*, avant-propos d'Emmanuel Le Roy Ladurie, Paris: Presses universitaires de France, 1986。

⑤ Paul Butel, *L'Économie française au XVIIIe siècle*, p. 239.

　　法国的经济依旧比较传统,农业是重中之重,而手工业虽然有所发展,但整体过于脆弱,而且太依赖农业经济。手工业本质上只是为富余农产品提供流通渠道的一种经济部类。实际上直至 18 世纪末,3/4 的商业都是由本地产品的境内交易构成的,其中大多是纺织品和农产品。[①]另外,在法国政治经济学家的著述中也能发现,劳动分工从来不是一个关键分析角度。经济结构的脆弱性以及手工业对农业的依赖性,在很大程度上决定了旧制度法国难以摆脱经济危机。18 世纪 70 年代,法国遭受了严重的农业歉收,危机很快波及数省,并"冲击着法国经济的方方面面,从谷物、葡萄酒到纺织业与建筑业"[②]。薪酬下降明显,面包价格飞涨让大部分人无力购买其他消费品,随着市场萎缩,纺织业很快衰退,有些地区的产量降幅达 50%,利润下降导致大批工人失业,比如里昂地区短时期内就有 2 万—3 万丝绸工人失业。手工业的凋敝也会减少农民的就业机会,降低他们的收入,使原本就身处饥荒边缘的农民沦为流民。这一系列连锁反应体现了整个经济结构的脆弱性。所以,就 18 世纪法国农业、手工业的发展而言,既不能忽视其发展,也不能高估其成就。

第五节　税收与财政

　　18 世纪,法国不仅存在国家税收(或称王家税收,impôts royaux),还有领主在其领地以及教会在其辖区征收的各类捐税。国家税收是政府主要收入,大体上可以分为两类。第一类是直接税(impôts directs),征收对象是人,包括军役税(taille)、人头税(capitation)、1/10 税、1/50税、1/20 税和道路劳役捐(corvée)。第二类是间接税(impôts indirects),征收对象是商品,包括盐税(gabelles)、商品税(aides)、关税(traites)、烟

---

① 参见罗什《启蒙运动中的法国》,第 144 页。
② Ernest Labrousse, *La Crise de l'économie française à la fin de l'ancien régime et au début de la Révolution*, p. xlviii.

草税(tabac),印花税(timbre)等。[①]

军役税是一项古老税种,起源于领主对其附庸征收的一种贡赋(tribut),1439 年成为一项由国家征收的永久性税收。除了教士、贵族、官职持有者以及自由城市(villes franchises)的市民之外,其他所有人都需要缴纳军役税。所以,缴纳军役税一般被看成身份低贱的象征。军役税分为两类:一类根据纳税人的财产状况课税,称之为属人军役税(taille personnelle);一类是根据土地性质征税,而不考虑所有者的身份,称之为属物军役税(taille réelle)。总体上,法国大约有 2/3 的地区征收属人军役税,主要集中在北方,而南方有些地区则征收属物军役税,这意味着如果占了非贵族属性的土地,那么即便土地所有者是贵族,也需要缴纳军役税。军役税一般由地方督办官负责,在三级会议地区则由地方三级会议负责。总体来说,军役税与个人收入比例可能在 20% 左右。[②] 1695 年之前,军役税是唯一一项国家直接税,由于缺乏合理税册,而且采取一种集体征收方式,教区内所有纳税人都要对他人负有连带责任,所以军役税广受诟病。

道路徭役税出现在 17 世纪,在路易十五时期成为一项全国性税收,这与道路改建和扩建有关。1738 年 6 月 13 日,财政总监奥里规定距工地 4 法里(约合 16 公里)以内的各教区应为工程提供人力和车马等工具,不得以金钱赎买,拒服劳役者将受罚款、充军、监禁等处罚。[③] 劳役多安排在农闲时节,一般 8—40 天。有时农民还需提供石头等建筑材料,所以开始时道路劳役是一种实物捐税。1766 年财政总监杜尔阁将徭役变成一项劳役税的附加税,以货币形式征收。1786 年改革最终明确了道路劳役转换成代役捐。

人头税开征于 1695 年,这是为了应付财政危机而确立的一笔临时

---

① 参见黄艳红《法国旧制度末期的税收、特权和政治》,第 48—91 页。

② 参见黄艳红《法国旧制度末期的税收、特权和政治》,第 57 页。

③ Marcel Marion, *Histoire financière de la France depuis 1715*, Tome 1, pp. 164-165.

税,于1697年停征,1701年恢复,后经1715年7月9日法令,一直延续到1790年。在旧制度税收史上,人头税具有革命性意义,原因有两点。首先,这是一项原则上无人有权豁免的普遍税;其次,人头税明确以个人财产作为核税税基。1695年1月18日颁布的敕令规定,"陛下的所有臣民依据各自的能力承担",同时将全国居民分为22等,每一等级设立了不同的纳税额度。第一等级包括太子、亲王、大臣和总包税人等,每人年纳税2 000里弗,最后一个等级包括士兵、粗工和短工,每年纳人头税1里弗。随后颁布的几道敕令对这22个等级进行更细致的划分,总共将纳税人划分为569类。[①] 1701年之后,政府对人头税又有调整,增加了不同形式和不同额度的附加税。一般而言,由督办官负责人头税以及相应的核税工作。学者科瓦斯(Michael Kwass)认为人头税间接地改变了国家与等级社会的关系,推动了一个个体化的有产者社会的成形。[②]

1/50税设立于1725年,目的是偿还路易十四和摄政时期留下的巨额债务。根据征收法令,这是一笔临时税,开征12年后取消,同时也是一笔普遍税,"无论是教会的还是世俗的",所有业主一并承担。1/50税是一笔实物税而非货币税,意在铲除隐匿财产一类的舞弊行为。由此可见,1/50税也是一大革新。但是,由于波旁公爵当政时期政治动荡,而且实物征收十分不便,再加上1725年农业歉收,所以1726年落实征收时便将实物税改为货币征收,1728年宣告废除。在这两年间,1/50税总收益仅有400万里弗。[③]

1/10税于1710年开征,为的是应对西班牙王位继承战争造成的亏空,于1717年8月结束征收,后于1733年11月—1737年11月(波兰王

---

① Alain Guéry, "Etat, classification sociale et compromis sous Louis XIV: la capitation de 1695," *Annales ESC*, 41e année, N. 5, 1986. pp. 1041－1060.

② Michael Kwass, *Privilege and the politics of taxation in eighteenth-century France: liberté, égalité, fiscalité*, Cambridge; New York: Cambridge University Press, 2000.

③ 参见黄艳红《法国旧制度末期的税收、特权和政治》,第122页。

位继承战争期间)以及 1741 年 8 月 29 日—1748 年 10 月 21 日(奥地利王位继承战争期间)两度恢复,1749 年后改为 1/20 税,一直征收到大革命爆发。从原则上来说,1/10 税既是一项普遍税,也是一项严格意义上的收入税,征收对象包括地产收入、其他不动产收入以及动产收入,规定由臣民主动申报财产的种类和数量,并按同等比例,由地方督办官负责征收。

1749 年,财政总监马肖(Machault d'Arnouville,1701—1794)决定将 1/10 税这项战时的临时税改成和平时期的永久普遍税,于是设立了 1/20 税。所以,1/20 税可以看成是旧制度政府设立普遍税的重要尝试。1/20 税的历史比较复杂,前后总共征收过三次。第一笔由马肖开征,本质上是一笔偿还基金,用来偿还国债。1756 年,开始征收第二笔 1/20 税,亦称战时 1/20 税(vingtième militaire)。这也是一种临时税,规定在战争和约签订三个月后取消,但实际上战争尚未结束时征收就停止了。但是,上述税收都无法弥补七年战争导致的巨大财政亏空。1759 年,法国政府赤字高达 2.17 亿里弗,不得不开征第三笔 1/20 税。上述三笔廿一税断断续续,一直征收到 1789 年。1/20 税本质同 1/10 税类似,都是收入税,都由督办官负责征收。不过,马肖是一位十分强势的财政总监,意在借助征收 1/20 税的机会,力图革除旧有税制中的种种弊端,削减教士团体和地方三级会议的财税特权,彻底清除三级会议省的一次性支付特权,勒令教士向征税官员申报财产。他成功关停了朗格多克省的省三级会议。在 18 世纪历史上,这是绝无仅有的。最终,由于遭到特权阶层和宫廷的普遍反对,失去了路易十五的支持,马肖被罢官后黯然还乡。这段历史体现了旧制度法国反复触碰却又无法突破的瓶颈:若非遭遇严重的财政危机,政府绝不会痛下决心锐意改革,而这样的处境往往令王权无力实施有效的改革,只能在弥补亏空的急切需求下采取短视措施,饮鸩止渴,最终导致改革的停滞不前。

表 4　18 世纪法国主要直接税一览表

税种	征收时期	性质	征收
军役税	1439—1789	属人、属物	督办官、地方三级会议
道路徭役税	1738—1786	劳役	督办官
1/50 税	1725—1728	普遍财产税	督办官
1/10 税	1710—1749	普遍收入税	督办官
1/20 税	1749—1789	永久普遍收入税	督办官

盐税是一项比较重要的间接税,出现在中世纪,后经腓力六世(Philippe Ⅵ,1293—1350)改革,推广到全国。盐税来自政府所垄断的盐的销售。政府售卖盐的机构为盐仓(greniers à sel)及其分售点(chambres à sel)。1680 年,科尔贝尔将全国分为 6 个盐税区,各区实行不同的税率。这 6 个盐税区分别是:① 大盐税地区(pays de grande gabelle),盐价为 58 里弗/每米诺(Minot,合 39 升);② 小盐税地区(pays de petite gabelle),盐价为 29 里弗/每米诺;③ 盐场地区(pays de salines),盐价为 24 里弗/每米诺;④ 赎买地区(pays rédimés),盐价为 9 里弗/每米诺;⑤ 煮盐场(quart bouillon),盐价为 13 里弗/每米诺;⑥ 免盐税区,盐价为 5 里弗/每米诺。1789 年,法国国库收入中的 1/10 来自盐税。①

商品税本质上是中世纪附庸向领主缴纳的帮助金(aides),主要是针对各类商品征的税,商品包括皮革、酒类、肥皂、油等。不过,具体哪些商品需缴纳商品税,并无统一规定,视地方具体情况而定。总体来说,大部分奢侈品都需要缴纳商品税。

与现在的理解有所不同,旧制度的关税主要是国内不同省区之间商品往来需要缴纳的税。经科尔贝尔的改革,法国国内形成三大类关税

---

① 参见黄艳红《法国旧制度末期的税收、特权和政治》,第 59—60 页。

区,分别是:① 五大包税区(les cinq grosses fermes),包括北部和中部 14 个省,税区内商品可以自由流通,按统一税率征收;② 被视为外国的省 (les provinces réputées étrangères),包括南方各省、布列塔尼和阿图瓦 等,占了全国面积的一半,这些省区之间以及它们与另两类关税区之间 的贸易均须缴纳关税;③ 实际上的外国省(les provinces de l'étranger effectif),这是最后并入法国的一些省区,如东北部的阿尔萨斯和洛林, 以及三主教区和西南部的热克斯。外国省可以与外国自由贸易,但与法 国其他地区的贸易须纳关税。[①]

　　直接税一般由督办官或地方三级会议负责。国家按时需,先确定总 税额,再按照具体情况摊派到各财税区。摊派的过程十分复杂,充满了 权钱交易。三级会议省由于组织完备,具有一定优势,它们通常会定期 向巴黎派出请愿团,向达官显贵送礼,或为本省减轻所需承担的税赋,或 说服中央允许接受一次性支付。包括盐税、商品税和关税在内的间接 税,采取包税的方式进行征收。包税制度就是国家将某项税收的征收权 交给包税人,后者按租约(bail)向国家缴纳一定的款项。租约一般 6 年 缔结一次,规定征收范围和每年应向国家上缴的数额。不同时期,签订 的租约数量不同,负责出资的总包税人(Fermiers généraux)数量也不 同。总包税所是一个庞大的机构,拥有众多的雇员,在其鼎盛时期,从事 征税工作的雇员达 27 000 人,从事反走私工作的雇员为 23 000 人。这些 人由包税所付薪水,并不是正式的国家职员。总包税所是旧制度时期最 能体现官僚理性主义的机构,它上交的收入在国家收入中占比很高,基 本上维持在 40% 左右。[②]

---

① 参见黄艳红《法国旧制度末期的税收、特权和政治》,第 61—62 页。

② Yves Durand, *Les fermiers généraux au XVIIIᵉ siècle*, Paris: Presses universitaires de France, 1971.

表5 1726—1788 年法国政府常规收入①

（单位：百万里弗）

	1726	1751	1775	1788
间接税	88.6	116.6	183.9	219.3
直接税	79.9	109.0	150.7	163
自愿捐献	5.7	8.0	23.9	20.6
教士	1.8	14.3	3	—
领地	1.5	5.6	9.4	51.2
其他	3.5	5	6.3	17.5
总计	181	258	377	471.6

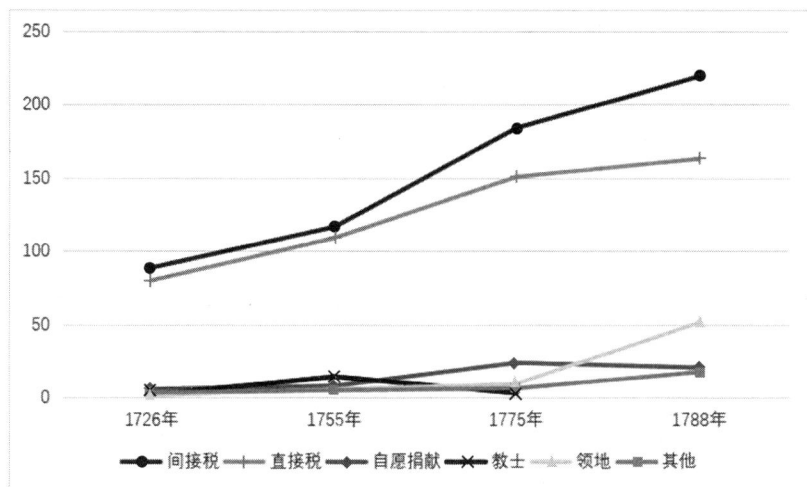

图9 1726—1788 年法国政府各项常规收入涨幅

上述图表从不同角度反映了 1726—1788 年法国政府各项常规财政收入情况。表 4 表明各项收入的具体所得，图 10 表示各项收入的涨幅。整体上看，1726 年政府常规收入大约 1.81 亿里弗，1788 年为 4.716 亿里弗，增加了 2.6 倍。考虑到 18 世纪法国人口，大约可以估算出，1726

① 依据 Paul Butel, *L'Économie française au XVIIIᵉ siècle*, p. 250。

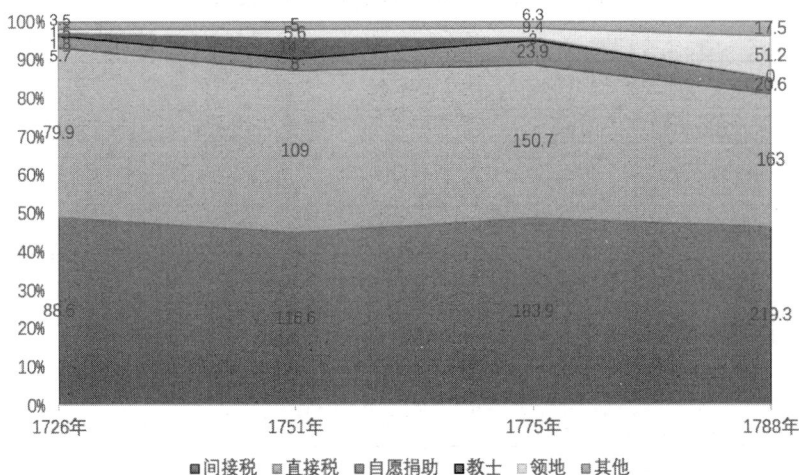

图 10　1726—1788 年法国政府各项常规收入占比

年人均税负大约是 8.1 里弗,1788 年为 17 里弗,增加了 2.1 倍。如果考虑物价,那么大体上,18 世纪法国人均税负增加了大约 1.4 倍。如果转化成劳动时间,那么为了交齐所有税负,一名普通工人在 1726 年时需要劳动 10 天,在 1788 年则需要劳动 14 天。当然,存在地区差异,不过很多地区的人均税负远低于这个水平。比如卡昂地区,1740—1789 年人均税负仅仅增加了 66％,远低于同期谷物的增幅。此外,法国人均税负也低于同时期英国。将先令折合成里弗后,1725 年英国政府常规收入为 592 万里弗,1790 年为 4.37 亿里弗,考虑到物价和通货紧缩,增幅大约是 1.66 倍,1725 年人均税负约为 17.6 里弗,1790 年为 46 里弗,大约增加了 2.6 倍。[①]具体到各项税收。1726 年—1788 年间,间接税增加了 2.48 倍,直接税增加了 2.04 倍,涨幅基本持平。但是,政府对两类税赋的依赖程度有差别,对直接税的倚重有明显减弱,从占比来看,间接税在政府常规收入中的占比由 49.0％下降到 46.5％,直接税的比重则由

[①] 上述数据引自 Michel Morineau, "Budgets de l'Etat et gestion des finances royales en France au dix-huitième siècle," *Revue Historique*, T. 264, Fasc. 2 (536) (octobre-décembre 1980), pp. 289-336。

44.1％下降到 39.0％。

上述比较说明,18 世纪法国民众承担的绝对税负并不高,远低于同时期的英国人。由此可推断,革命前民众对税制的不满,与其说是税负过重,不如说是"税感"沉重。近期的比较研究表明,代议制使得英国政府享有较高的公信力,而绝对王权体制则令民众对政府的认可程度偏低,即便较低的税负也会引起他们的不满。[①] 正如孟德斯鸠在《论法的精神》中所说:"税收可因臣民享有的自由增多而加重,反之奴役增大时税收必须随之减轻。这是一条普遍规律,过去始终如此,将来也始终如此。"[②]

表 6　1726—1788 年和平时期法国政府开支[③]

（单位:百万里弗）

	1726	1751	1775	1788
海军	8.0	28.8	33.2	51.8
战争(guerre)	57.0	76.9	90.6	107.1
外交	4.3	22.8	11.8	14.4
国王侍从院	31.0	26.0	43.0	42.0
赏金与年金	14.0	18.9	33.0	47.8
其他费用开支	—	—	23.0	65.4
公共建设	2.0	6.4	5.4	14.9
慈善与救济	—	—	—	19.0
偿还债务	61.0	71.8	154.4	261.1
其他	5.0	4.7	17.0	9.6
总计	182.3	256.3	411.4	633.1

[①] Richard Bonney, *Economic Systems and State Finance*：*The Origins of the Modern State in Europe 13th to 18th Century*, Oxford：Oxford University Press, 1995. 大卫·斯塔萨维奇:《公债与民主国家的诞生》,毕竞悦译,北京:北京大学出版社,2007 年。熊芳芳:《再论法国大革命的财政起源》,《史学月刊》2018 年第 11 期。

[②] 孟德斯鸠:《论法的精神》,上册,许明龙译,北京:商务印书馆,2014 年,第 260 页。

[③] Paul Butel, *L'Économie française au XVIIIe siècle*, p. 246.

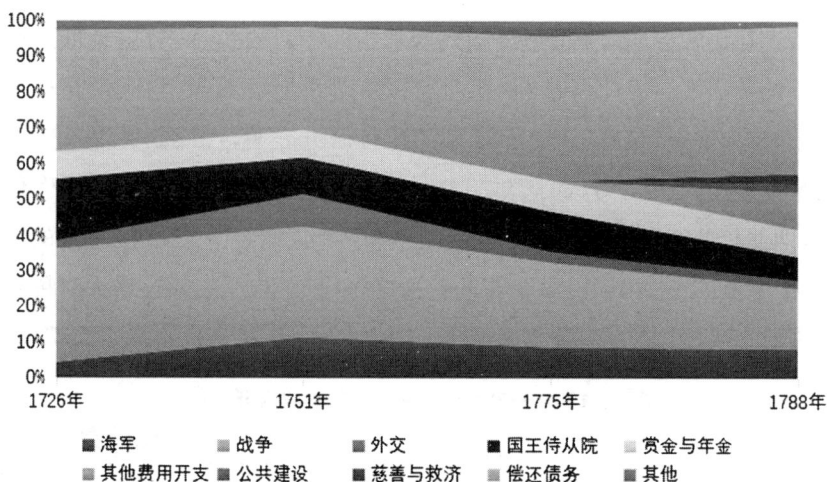

图 11　1726—1788 年和平时期法国政府开支涨幅

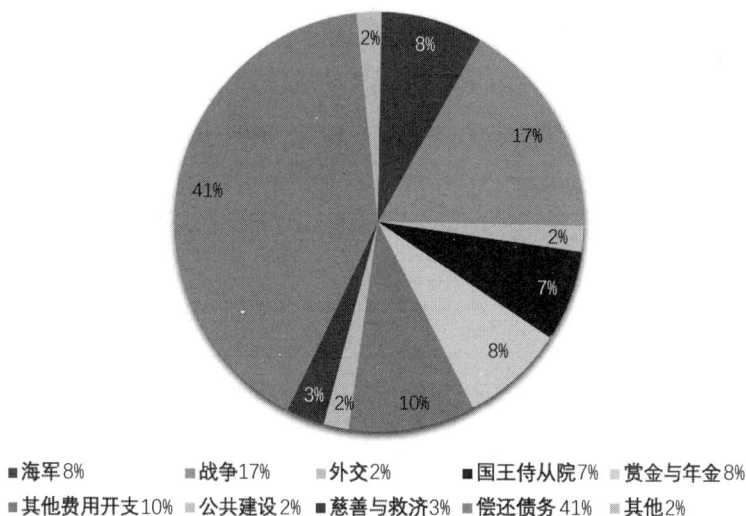

■海军8%　　　■战争17%　　　■外交2%　　　■国王侍从院7%　　　■赏金与年金8%
■其他费用开支10%　■公共建设2%　■慈善与救济3%　■偿还债务41%　■其他2%

图 12　1788 年法国政府开支占比

上述图表从不同角度反映了 1726—1788 年旧制度法国政府各项常规财政开支情况。战争对政府开支的影响一目了然。18 世纪 20 年代，即当约翰·劳任财政总监之时，法国军费开支总计约 6 500 万里弗，占当年总开支(1.823亿里弗)的1/3,其中战争部(guerre)①为5 700万里弗,海军部为800万里弗。1734年波兰王位继承战争后,军费开支达到了9 500万里弗。奥地利王位继承战争开销约为10亿—12亿里弗,七年战争耗资约18亿里弗,美国独立战争为10亿—13亿里弗。总体算来,在大约六十年时间里,军费开支占当年财政总支出由最初的50%上升到70%,1788年战争与海军两个部门的总开支是1726年的2.6倍,这一增速基本上已经与政府常规收入的增速持平,但是却远远高于政府其他开支部类的增速,比如用于内廷开支的国王侍从院开支同期仅增加了1.4%。

表7　1739—1783年英法两国公债占军费开支之比②

	1739—1748	1756—1763	1776—1783
英国	85%	81%	100%
法国	28%	65%	91%

18世纪,英法两国军费开支总额差别不大,法国为44.8亿里弗,英国约为46.7亿里弗。但是,两国支付军费的方式截然不同。如上表显示,英国越来越依赖于公债,而法国对公债的依赖程度较低。以1782年为例,英国政府各项债务总计约55.32亿里弗,需支付年利息2.25亿里弗,当年收入约3.25亿里弗,仅债务利息就占了总收入的70%。③与之相比,法国借债总额远低于英国,而且利息更高。1782年,法国各类债务累积总计33.15亿里弗,加上当年财政总监卡隆(Charles Alexandre de Calonne,1734—1802)所借,总计约40亿里弗。英国政府举债的利息一般为3%—3.5%,而法国政府的利息高得多,比如1779年内克举债的利息达6.67%。如果地方团体出面举债,则利息稍低,因为信誉更可靠,比

---

① 战争部实际上就是陆军部。

② Paul Butel, *L'Économie française au XVIIIe siècle*, p. 247.

③ 上述数据参见 P. O'Brien, "Taxation in Britain and France, 1715—1810: A Comparison of the Social and Economic Incidence of Taxes Collected for the Central Governments," *Journal of European Economic History*, Vol. 5, No. 3 (January 1976), pp. 601 - 650. 相关分析参看 Paul Butel, *L'Économie française au XVIIIe siècle*, 第7章。

如省三级会议借债的利息约为 5%，勃艮第省三级会议只需要 2%—4%。[1] 这也是旧制度末期，法国政府越来越倚重地方三级会议省举债的原因。在旧制度最后 30 年中，通过这类机构举债总额达 330 亿里弗，占政府总收入的 1/4。[2] 除此之外，两国偿还债务的方式也不同。英国政府设立了专门的偿还基金，法国不仅没有类似的基金，而且经常依靠行政手段，比如临时征税，或变相赖账。1/50 税只征了两年，根本无法填补亏空。1746 年，为缓解债务危机，政府强制扣留部分债权人的利息收益用作偿还国家债务，并美其名曰"让国家的债权人为偿还国债做出贡献"，但事实上这是强行降低公债利息，结果导致了大量的荷兰人撤资。[3]

公债问题反映的是政府信用。与英国的议会制相比，法国的绝对君主制信用不佳，这是人所共知的事实。美国史学家戴维·宾(David Bien)指出，王权的根本缺陷在于长期贷款不足，而贷款不足本身又是制度的结构缺陷所导致。[4] 君主的绝对权威固然让国王不受束缚，政府的行政效率也更高，但是这恰恰损害了政府的信用，因为没有任何机构能有效地保障债权人的利益，结果政府只有通过高利息才能吸收足够的资金。这样一来，便形成了高利息—赖账—高利息的恶性循环。事实上，18 世纪初经历了西班牙王位继承战争，法国人已经意识到这个问题。他们发现像英国这样一个资源有限的蕞尔小国竟能与法国抗衡，而且靠的

① Julian Swann, *Provincial Power and Absolute Monarchy: the Estates General of Burgundy, 1661—1790*, Cambridge; New York: Cambridge University Press, 2003, p. 321.

② Marie-Laure Legay, *Les États Provinciaux dans la Construction de l'État Moderne: aux XVIIe et XVIIIe siècles*, pp. 200, 220, 343—344, 346. Julian Swann, *Provincial Power and Absolute Monarchy: the Estates General of Burgundy, 1661—1790*, pp. 295, 300—301, 320—323, 327—328. Stephen Miller, *State and Society in Eighteenth-Century France: A Study of Political Power and Social Revolution in Languedoc*, Washington, D.C.: Catholic University of America Press, 2008, p. 105.

③ Marcel Marion, *Histoire financière de la France depuis 1715*, Tome 1, p. 236.

④ David Bien, "Offices, Corps, and a System of State Credit: The Use of Privilege under the Ancien Régime," in Keith Baker ed., *The French Revolution and the Creation Modern Political Culture*, Vol. 1, *The Political Culture of the Old Regime*, New York: Pergamon Press, 1987, pp. 89 - 114.

不是税收这种传统手段，而是发行公债。他们开始思考英国制度，比较政体差异，逐渐对法国政体的缺陷有了更清晰、更本质的认识。他们希望借助某种外在的力量，或约束王权，或引导王权，或为王权提供全新的根基。圣皮埃尔教士把这种力量称之为公共精神或公共舆论。达让松侯爵名之为"公益"（bien public）。孟德斯鸠称之为"源于事物本性的必然关系"。重农学派的表述更抽象："明证性"（évidence）。经过半个多世纪的争论与论辩，启蒙哲人将公正、理性与意愿三个核心概念融入对王权政治与社会团体的思考中，形塑了关于正当性的新话语，并形成了一套具有法国特色的政治理论。①

---

① Keith Baker，"Enlightenment Idioms，Old Regime Discourses，and Revolutionary Improvisation，" in Thomas Kaiser and Dale Van Kley eds. ，*From Deficit to Deluge：The Origins of the French Revolution*，Stanford，CA：Stanford University Press，1994，pp. 165 - 197.

第五章　启蒙时代

第一节　公共领域

1782 年,畅销作家梅西耶在《巴黎图景》(*Tableau de Paris*)中写道:

> 仅仅三十年,我们的思想就发生了一场伟大而重要的革命。在
> 欧洲,公共舆论如今已经拥有占据绝对优势的力量,这是人们无法
> 阻挡的。只要认识到启蒙的进步以及它将带来的变化,人们可以这
> 样合理地期望,公共舆论将给世界带来最大的好处,各种暴君将在
> 响彻和唤醒整个欧洲的普遍呼声面前颤抖。

梅西耶学识平庸,但是有着敏锐的观察,他把自己看到的东西,像剪贴画
一样拼在一起:"谷仓""城市的面貌""采石工人""快乐""壁炉""林荫道"
"咖啡馆""书籍"等等,构成了 12 卷《巴黎图景》中的各章标题,不仅呈现
了人们讨论的话题,还展现了他们说话的语气、背景以及转换话题的方
式。他以拟人的方式看待公共舆论。梅西耶写道:

> 这是一种难以定义的混合物。如果要呈现它的真实特点,画家
> 会把它的脸画成某个名人的样子,留着农民的长发,穿着绅士的花

边外套,头戴教士的无边便帽,腰上系着贵族的剑,肩上披着工人的短披风,脚上套着贵族的红色高跟鞋,手里拿着医生的手杖,胸前佩戴着官员的肩章,左侧纽扣孔上有一个十字架,右臂上系着一块头巾。你会觉得,就像他的穿着一样,这位先生的理性能力也一定非常棒。

但是,梅西耶很快就陷入了疑惑之中。他困惑不解,街头那些始终与变幻莫测的时事纠缠在一起的闲言碎语,难道就是真正的公共舆论?它们充满了分歧与争议,毫无真理可言。他说:"公共(公众)真的存在吗?什么是公共的?它在哪里?表达公共意愿的机制又是什么?"[1]

19世纪的政治学家托克维尔(Tocqueville,1805—1859)在《旧制度与大革命》中,花了一章的篇幅讨论公共舆论。他对公共舆论的态度较为负面:

> 法兰西民族对自身事务极为生疏,没有经验,对国家制度感觉头痛却又无力加以改善,与此同时,它在当时又是世界上最有文学修养、最钟爱聪明才智的民族,想到这些,人们就不难理解,作家如何成了法国的一种政治力量,而且最终成为首要力量……在法国呢,政界仿佛始终划分为两个互不往来、彼此分割的区域。在前一个区域,人们治国理民,在后一个区域,人们制定抽象原则,任何政府均应以此为基础。在这边,人们采取日常事务所要求的具体措施;在那边,人们宣扬普遍法则,从不考虑用何手段加以实施:有些人负责领导事务;另一些人负责指导思想。
>
> 现实社会的结构还是传统的、混乱的、非正规的结构,法律仍旧是五花八门,互相矛盾,等级森严,社会地位一成不变,负担不平等,

---

[1] Louis-Sebastien Mercier, *Tableau de Paris*, Amsterdam, 1782—1783, Tome 3, p. 282, Tome 4, p. 135, Tome 6, p. 268. 转引自 Robert Darnton, *Poetry and the Police: Communication Networks in Eighteenth-Century Paris*, Cambridge, Massachusetts: The Belknap Press of Harvard University Press, 2010, pp. 129-139。

在这个现实社会之上,逐渐建造起一个虚构的社会,在这里,一切显得简单、协调、一致、合理,一切都合乎理性。

逐渐地,民众的想象抛弃了现实社会,沉湎于虚构社会。人们对现实状况毫无兴趣,他们想的是将来可能如何,他们终于在精神上生活在作家建造起来的那个理想国里了。①

托克维尔认为,催生公共领域,并使公共舆论成为支配力量的,恰是绝对君主制本身。历经 17 世纪的发展,绝对君主逐步将传统社会的各种公权力吸纳进来,成为公共性的唯一代表,国家本身是讨论国家公共事务的唯一的合法身份。而这些被驱逐出公共讨论和公共批判的传统精英——贵族和传统官僚——转向了知识界:理智的权威脱离了实权,哲学垄断了公共讨论,一种与政治经验脱节的抽象讨论成为理性批判的尺度,渐具合法性,并最终塑造了孕育革命激进主义的想象的社会。

20 世纪 60 年代,德国学者哈贝马斯(Jürgen Habermas,1929—)出版了他的奠基之作《公共领域的结构转型》,1989 年被译成英文出版。在哈贝马斯看来,公共领域的出现与成熟经历了两个截然不同的阶段。

16、17 世纪为第一阶段,公共领域的产生源于君主国家不断吸收先前由半公共的团体机构——如市镇、行会、地方三级会议——履行的权力。这一制度改组孕育了"公共领域"和"私人领域"的区分。所谓"公共领域",指的是与国家相关的、由那些官僚机构支配的领域,而这些机构具有规范的管辖权,并垄断对暴力的合法使用。所谓"私人领域",指的是那些没有官职的或是无涉公共权力的个体或团体占据的领域。"公"与"私"的分离,本质上是此前独立且有权的精英被非人格化的官僚体系剥夺权威的结果。

17 世纪末—18 世纪为第二阶段,"公"与"私"的区分是在国家与社会的充满紧张的关系领域中逐渐成形。这一阶段表现为两个方面,其一是国家的不断去人格化,宫廷渐渐失去其贵族的特性;其二则表现为传

———————————

① 托克维尔:《旧制度与大革命》,冯棠译,北京:商务印书馆,1996 年,第 174—183 页。

统社会中各类精英在类似沙龙这种私人性质的聚会场所实现的重新整合。哈贝马斯认为,第二阶段的发展过程本质上是商业资本主义交换的产物。因此,18世纪的公共领域是资产阶级性质的。在哈贝马斯看来,这一资产阶级的公共领域,使得先前属于资产阶级家庭的价值在公共场合得以表达。除此之外,以宫廷为代表的公共领域是排外性的、等级性的,但资产阶级的公共领域是包容性的,是批判性的公共舆论得以平等自由交流的场所。[①]

哈贝马斯与托克维尔的理解有共通之处,都将"公共的"视为国家的一种属性。事实上,14世纪之后,publiques(公共的)一词指的就是社会集体所共有的,与那些仅仅为某个家族或某个个体所占有形成对照。比如1372年查理五世颁布的特许状这样写道:"正如在巴黎这座美好的城市里,各类行当、商品、生计食物,来自世界各个地方,也充盈着各个地方,这些所有的东西服从而且理应服从于一种基于公共事务的益处(l'utilité de la chose publique)考量的管理。"[②]不同之处在于,哈贝马斯提出的资产阶级公共领域有另一层含义,即是由私人占据并借以表达自己理性的空间,而这个空间本质上外在于国家。在这个空间中,一些为公众关注的问题充分地得到公众的检验,通过各种形式的讨论,公共领域不断政治化,并将公共舆论融聚成新的权威的法庭,与君主的绝对权威分庭抗礼。

公共领域这个概念不仅重新阐释了启蒙时代的文化史与社会史,而且也改变了启蒙运动的学术研究。传统上,启蒙研究关注思想史,尤其注重考察像卢梭、伏尔泰这类伟大思想家的思想及其传世的经典作品。这类研究在20世纪中叶达到了巅峰。法国学者雷内·波莫(René Pomeau,1917—2000)和美国学者艾拉·韦德(Ira Wade,1896—1983)关

[①] Thomas E. Kaiser, "The Public Sphere," in William Doyle ed. , *The Oxford Handbook of the Ancien Régime*, Oxford: Oxford University Press, 2012, pp. 409 - 428.

[②] René de Lespinasse ed. , *Les métiers et corporations de la ville de Paris XIVᵉ-XVIIIᵉ siècle*, Tome 1, Paris: Imprimerie Nationale, 1886, p. 50.

于伏尔泰的研究、拉尔夫·利(Ralph Leigh)对卢梭的研究、夏克尔顿(Robert Shackleton, 1919—1986)关于孟德斯鸠的研究,都已成为经典。[1] 彼得·盖伊的《启蒙运动》更是这一研究取向的集大成之作。[2] 上述学者尽管对启蒙运动的具体理解有所不同,但是并不认为启蒙运动本身存在问题。他们觉得启蒙运动的思想不仅是统一的,而且有效地挑战了当时的基督教正统,并推进了社会政治改革。这种研究取向及其对启蒙运动的理解,与20世纪中叶反法西斯以及冷战时期反极权主义的背景有一定关系。1980年代以来,受哈贝马斯的影响,同时也受惠于学科之间的互动与交流,书籍、沙龙、社交、阅读、出版等议题成为启蒙运动研究的新宠。丹尼尔·罗什、罗杰·夏蒂埃(Roger Chartier)、罗伯特·达恩顿、莫娜·奥祖夫(Mona Ozouf)、基斯·贝克(Keith Baker)等欧美学者,尝试自下而上研究启蒙运动,把高高在上的启蒙运动拉回到社会层面。[3] 法国学者里尔蒂(Antoine Lilti)倡议书写启蒙的社会史。他在关于18世纪巴黎社交圈的研究中,成功地将18世纪的思想巨匠同社会生活结合起来。[4] 这些研究让我们更清楚地了解到书籍、作者、思想观念和读者之间到底发生了什么样的联系,致使这场思想运动能深远地改变法国的政治与观念。本章叙述以上述研究作为基础,首先考察构成公共领域的几项基本要素。

---

[1] René Pomeau, *La religion de Voltaire*, Paris: Librairie Nizet 1956. René Pomeau ed., *Voltaire en son temps*, 5 tomes, Oxford: Voltaire Foundation, Taylor Institution, 1985—1994. Ira Wade, *The Intellectual Development of Voltaire*, Princeton, N. J., Princeton University Press, 1969. R. A. Leigh, *Rousseau and the Problem of Tolerance in the Eighteenth Century*, Oxford, New York: Oxford University Press, 1979. Robert Shackleton, *Montesquieu: a Critical Biography*, London: Oxford University Press, 1961.

[2] 彼得·盖伊:《启蒙运动》,2卷,刘北成等译,上海:上海人民出版社,2015—2016年。

[3] Robert Darnton, "The High Enlightenment and the Low-Life of Literature in Pre-Revolutionary France," *Past and Present*, Vol. 51, No. 1(May, 1971), pp. 81–115.

[4] Antoine Lilti, "Private Lives, Public Space: a New Social History of the Enlightenment," in Daniel Brewer ed., *The Cambridge Companion to the French Enlightenment*, United Kingdom; New York: Cambridge University Press, 2014, pp. 14–28. Antoine Lilti, *Le monde des salons: sociabilité et mondanité à Paris au XVIIIe siècle*, Paris: Fayard, 2005.

存在公共领域的必要前提是大众识字能力的提高。18世纪，法国的识字率有大幅提升。史家通过考察教区签名，分析识字率的变化。1686年之后，法国政府规定新婚夫妇需要在当地教区登记册上签名，所以，这类材料很丰富。经过统计发现，1686—1690年间，约有29％的男性和14％的女性会签自己的名字。到18世纪末，这一比例分别提升至48％和27％。深入研究进一步凸显性别差异与城乡差异。法国学者统计了1740—1749年的婚约签字情况，发现在农村，约有36％的男性和15％的女性能在婚约上签名，而在城里，会签名的男性与女性的比例分别为61％和41％。在旧制度末年，签名情况有明显改善。1780—1789年，农村会签名的男性和女性比例分别提升到42％与21％，城镇中的比例约为男性65％和女性43％。另一重显著差异体现在地区之间。1877—1879年，马焦洛校长（Louis Maggiolo，1811—1895）在经过详细的调查研究后发现，在法国识字率的地域分布上，存在一条圣马洛-日内瓦（Saint-Malo-Genève）分界线。具体来说，该线以北，包括诺曼底、巴黎盆地、皮卡迪、内陆和海上的佛兰德、香槟、洛林以及弗朗什-孔泰，面积约占王国1/3的地区，签名率较高，超过80％，洛林、香槟和弗朗什-孔泰地区的比例更高。该线以南包括王国剩余2/3的地区，签名率较低，且较北部地区改善速度更缓，19世纪亦是如此。① 总体而言，18世纪法国识字率低于欧洲其他国家。18世纪中叶，苏格兰男性识字率已达到65％，英国也达到了60％，德意志西北地区识字率更高，93％的男性与46％的女性会签自己的名字。②

① François Furet & Wladimir Sachs, "La croissance de l'alphabétisation en France：XVIIIᵉ- XIXᵉ siècle," *Annales. Histoire, Sciences Sociales*, 29ᵉ Année, No. 3 (May-Jun. , 1974), pp. 714 - 737. Pierre-Yves Beaurepaire, *La France des lumières 1715—1789*, Paris：Belin, 2011, p. 620.
② Jean de Viguerie, *Histoire et dictionnaire du temps des Lumières 1715—1789*, p. 109. Pierre-Yves Beaurepaire, *La France des lumières 1715 -1789*, pp. 615 - 623.

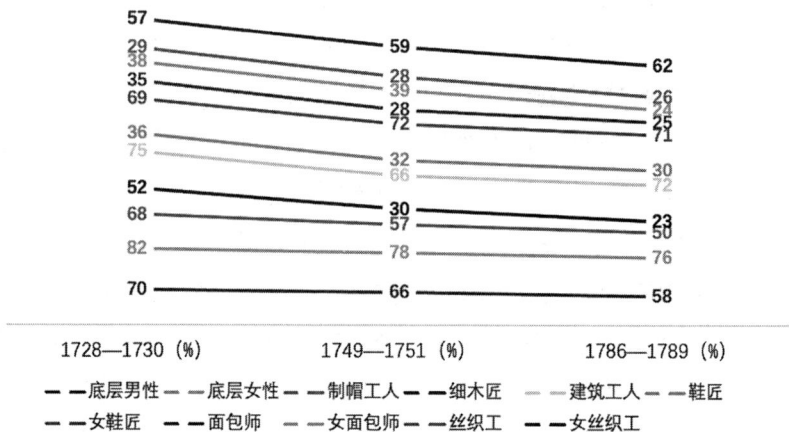

图 13　里昂地区不同职业中无签名能力的男女比例[1]

识字率的提高无疑要归功于教育。1760 年,法国男子中学有 300 多所,其中 1/4 建于 18 世纪,上学的人数大约有 48 000 人,占同龄人总数的 1/50。大学大约有 20 多所,入学人数大约有 13 000 人,这在整个 18 世纪没有太大变化,其中大部分学生来自官员家庭,以学习法律为主,这类学生占了大约 65%。[2] 在越来越趋向于职业化和专业化的学校教育中,神学变得越来越不重要。但是,不能完全将识字率的提升看成是世俗化教育的结果。事实上,正如史家梅尔顿(James Van Horn Melton)指出的,在欧洲的天主教国家中,由于受到了新教的冲击,天主教的改革者越来越相信提高民众识字率是成功传教的必备武器,因此像圣约翰·喇沙(St. Jean-Baptiste de la Salle,1651—1719)在 17 世纪末建立的免费的宗教学校,实际上对于推动提升识字率,尤其是城市贫民的识字率,功莫大焉。这一点在外省也有体现,比如中部利穆赞高地民众识字率相当低,这是因为这个地区几乎没有受到反宗教改革运动的影响。[3] 除了

---

[1] Pierre-Yves Beaurepaire, *La France des lumieres*, p. 616.

[2] Gwynne Lewis, *France 1715—1804*: *Power and the People*, p. 161.

[3] James Van Horn Melton, *The Rise of the Public in Enlightenment Europe*, New York: Cambridge University Press, 2001, p. 84.

学校教育之外,城市化也是推动识字率上升的重要原因。在各个国家,城市与农村的识字率差别都很大,比如伦敦有 69％ 的仆人会签名,而农村的比例仅有 24％。18 世纪 40 年代,法国约有 60％ 的城市男性会签名,而农村的比例仅有 35％。从西部的圣马洛延伸到东部的日内瓦,这条线以北地区,城市化程度和商业化水平较高,识字率也高于该线以南地区。

不过,婚约签名并不是理解识字率的可靠材料。会签名的人不一定识字。法国史家布鲁姆(Alain Blum)和胡代尔(Jacques Houdaille)的研究表明,实际上出身上层社会的男子,或是年长的男子,不会签名的比例很高。[1] 而且,签名能力无法告诉我们这人到底认识多少字。另外,和现代社会不同,旧制度下,能阅读的人未必会写字,女性尤其如此,所以仅看签名很容易低估女性的识字率。因此,需要依靠其他类型的材料,才能对识字率有更为完整的理解。私人藏书能提供更多信息。死后的财产清单显示,18 世纪法国,生前只藏有一本书的人,在西部城市基本上占了 33.7％,里昂约为 35％(1750—1800 年),鲁昂更高,约为 63％(1785—1789 年),但是只有不到 1/4 的巴黎人有书。罗什认为存在这个差异或许是因为巴黎的财产公证工作比较粗枝大叶。具体到各行业的情况,在整个 18 世纪,巴黎的雇佣劳动者、法官和贵族三个阶层中,有藏书的比例分别从世纪初的 13％、32％ 和 26％ 上升到世纪后半叶的 35％、58％ 和53％。[2] 这一藏书的比例并不明显高于同时期欧洲其他地区。德意志地区藏书比例很高,如赖新根地区的施瓦本村庄,1748—1820 年的数据显示,该村庄 556 户人家中,有 550 户有藏书,而且藏书的规模也相当惊人,1748—1751 年平均每户藏书约 11 本,1781—1790 年增加到 14 本。[3]

18 世纪法国的图书市场经历了前所未有的繁荣,令人印象深刻。从

---

① Alain Blum & Jacques Houdaille, "L'alphabétisation aux XVIIIᵉ et XIXᵉ siècles: l'illusion parisienne?," *Population*, Vol. 40, No. 6 (Nov. - Dec., 1985), pp. 944-951.

② 罗什:《启蒙运动中的法国》,第 193 页。

③ James Van Horn Melton, *The Rise of the Public in Enlightenment Europe*, p. 83.

18 世纪 70 年代早期开始,图书贸易进入了真正的急剧膨胀阶段,销量在 1788 年达到了顶峰,且持续了近三十年。[①] 以 1764 年为例,根据阿尔迪尔(Jacqueline Artier)的统计,当年境内外法语出版物的总数为 2 500 卷,其中出版地为巴黎的占 57.5%,外省 10.6%,国外 19%。[②] 出版商很清楚出版与普及图书的重要性。著名的纳沙泰尔公司,在第一份招股说明书(1772)中提到"要使各种类型和各国出现的好书更普遍、更迅速地传播"[③]。因此,译本、版本、再版、重印、盗版、赝品变得极为重要。《论法的精神》第一次出版于 1748 年。1750 年 1 月,孟德斯鸠感叹:"我的这部作品有 22 个版本在欧洲传播。"[④]

出版物市场繁荣的另一个指标是各类报纸杂志等大量涌现。1804 年,德意志史学家、出版家奥古斯特·路德维希·冯·施洛策尔(August Ludwig von Schlözer,1735—1809)在回顾 18 世纪欧洲信息空间兴起的过程中,特别强调了公报和报纸所发挥的作用。他说:"公报是伟大的文化工具之一,多亏了它,我们欧洲人才有了今天的成就。"[⑤]一个世纪前,荷兰语言学家吉斯贝特·库佩尔(Gisbert Cuper,1644—1716)在给友人比尼翁神甫(abbé Bignon,1662—1743)的信中写道:"我们可以称这个世纪为报纸的世纪。"[⑥]法国近代的不定期出版物大约出现在 17 世纪初,形式很多,有各类新闻通报(bulletin)、通告(affiches)、报纸(gazettes)等,以《法兰西信使报》(Mercure français)、《各地普通新闻报》(Nouvelles ordinaires de divers endroits)以及在黎塞留授命下创办的《公报》

---

① 比较可靠的统计参见 R. Estivals, La Statistique bibliographique de la France sous la monarchie au XVIIIe siècle, Paris: The Hague, 1965。

② Henri-Jean Martin, "Une croissance séculaire," Roger Chartier & Henri-Jean Martin eds., Histoire de l'édition française, Tome 2, Le livre triomphant 1660—1820, Paris: Fayard, 1990, p. 127.

③ 转引自 Pierre-Yves Beaurepaire, L'Europe des Lumières, Paris: PUF, 2013, p. 63。

④ Montesquieu, Défense de l'Esprit des lois, Oxford: Voltaire Foundation, 2010, p. 181.

⑤ 转引自 Pierre-Yves Beaurepaire, L'Europe des Lumières, p. 43。

⑥ 转引自 Pierre-Yves Beaurepaire, L'Europe des Lumières, pp. 43 - 44。

(*Gazette*)为代表。① 总体上,1610—1660 年间类似的刊物有 80 份,但大部分延续时间不到 1 年。评论杂志出现在 17 世纪中叶,如 1665 年创办的《学者报》(*Journal des savants*)、1672 年创办的《文雅信使报》(*Mercure galant*)。这些评论杂志形式上与现代书籍类似,大多是月刊,刊载各类篇幅不长的评论。不同杂志有不同的倾向,比如《学者报》侧重选择科学与艺术评论,相关文章占了 40%,历史类文章较少,只占 29%,基本不涉及当时哲学领域的重大辩论。② 杂志流露出一种报道新闻时事的急切心态:"如果我们的报道延迟一月或一年,那么事情很快就会过时。"③

17 世纪 80 年代,法国的定期出版物进入一个急速繁荣期,原因有二。一是英国革命推动了公众对新闻,尤其是政治新闻的渴求;二是法国撤销了《南特敕令》以后,不仅激起了有关宗教宽容的热议,而且流亡的新教徒将他们的印刷作坊和出版物带到了其他各国。1630—1680 年间法国每年出现的新杂志大约有 20 份,1680—1689 年间则有 40 份,而且发行期更长。在这 40 份杂志中,一半以上发行时间超过一年,有 1/4 超过了 10 年。其中最有影响力的如皮埃尔·贝尔(Pierre Bayle,1647—1706)主办的《新文人共和国》(*Nouvelles de la république des lettres*)和两份书评类杂志,其一是勒克莱尔(Jean Le Clerc,1657—1736)的《历史书籍总目》(*Bibliothèque universelle et historique*),其二是波瓦尔(Basnage de Beauval,1657—1710)主编的《学者著作史》(*Histoire des ouvrages des savants*,创刊于 1687 年,结束于 1709 年)。18 世纪,法国的杂志出版市场持续繁荣。以十年为比较期限,1720—1729 年新出版的杂志计约 40 份,1780—1789 年上升到 167 份。1700—1789 年出版的杂

①《公报》和现代报纸不同,类似杂志,为双周刊,通常是四开本。
② Pierre-Yves Beaurepaire, *L'Europe des Lumières*, p. 45.
③ 转引自 Jean Sgard, "La multiplication des périodiques," Roger Chartier & Henri-Jean Martin eds., *Histoire de l'édition française*, Tome 2, p. 247.

志综述约为 800—900 份。① 除了数量上增多之外,18 世纪定期出版物的另一个特点是出现了大量专业化的刊物,如《经济杂志与备忘录》(*Journal économique, ou Mémoires*,1751—1772),《农业、商业与金融杂志》(*Journal de l'agriculture, du commerce et des finances*,1765—1783)②,《医学杂志》(*Journal de médecine*,1754—1793),以及《女性图书》(*La Bibliothèque des Femmes*,1759)等。1748 年第一份外省定期出版物在里昂发行,到 18 世纪 80 年代,大多数重要的外省市镇以及某些小市镇也都有了自己的报纸。③ 正如 1758 年的《百科全书杂志》所说:"以前杂志只给那些有学问的人看,这早成了历史……现在人们什么都读,什么都想读。"④

但是,图书与定期出版物的定价都不低。18 世纪 60 年代,巴黎单本期刊的价格可能是 24 里弗,外省刊物定价约为 33 里弗,这几乎是熟练工人一周工资的两倍。第一版《百科全书》的售价相当于工人九十三周的工资,即便后来出版的廉价普及版也相当于他们十五周半的工资。⑤ 外省某个阅览室读者的会费是 24 里弗。订阅《莱登报》每年要花 36 里弗,《文学年鉴》和《百科全书报》则是 24 里弗,《阿维尼翁信报》18 里弗。外国的期刊价格更贵,因为运费很高,而且邮局是国家垄断行业。比如 18 世纪 40 年代《阿姆斯特丹公报》(*Gazette d'Amsterdam*)在荷兰的定价大约是 21—24 里弗,卖到巴黎大约是 104 里弗。直到 18 世纪 60 年

---

① Jean Sgard, "La multiplication des périodiques," Roger Chartier & Henri-Jean Martin eds. , *Histoire de l'édition française*, Tome 2, p. 248.

② 这份杂志在不同阶段,刊物名字有所不同,1765—1768 年称《农业、商业与金融杂志》,1769—1771 年称《农业、商业、艺术与金融杂志》(*Journal de l'agriculture, du commerce, des arts et des finances*),1772—1774 年称《鲁波神甫主办的农业、商业、艺术与金融杂志》(*Journal de l'agriculture, du commerce, des arts et des finances par M. l'abbé Roubaud*),1778 年恢复为《农业、商业、艺术与金融杂志》,1783 年后称《文人社创办的农业、商业、艺术与金融杂志》(*Journal de l'agriculture, commerce, finances et arts par une société de gens de lettres*)。

③ C. Bellanger, et al. , *Histoire générale de la presse française*, Tome 1, Paris: PUF, 1969, p. 171.

④ 转引自多伊尔《法国大革命的起源》,第 86 页。

⑤ 转引自多伊尔《法国大革命的起源》,第 88 页。

代,在法国境内销售的外国报刊才开始享有邮资免费的待遇。所以,对实际掌控国家邮政运输命脉的战争国务秘书卢福瓦侯爵(Marquis de Louvois,1641—1691)而言,管理外国报刊是一笔收入极为丰厚的生意。①

《蓝色丛书》的普及方便普通人接触到书籍。所谓《蓝色丛书》指的是一种专门为大众而制作的廉价图书,出现在 17 世纪,定价很低,大部分每本不到 6 丹尼尔(denier),主要出版地在里昂和特鲁瓦。这类书籍有两个显著特点。首先,装帧简单,纸质封面,大部分图书的封面以蓝色为主,故称为《蓝色丛书》。其次,这类书的内容大多是出版商为迎合大众需求,从已有的畅销书中截取内容后,进行缩写删减,拼凑而成。被书商选入"蓝色丛书"的,一般是道德戒律小说、冒险小说、童话等,比如佩罗的《鹅妈妈讲故事》在 1734、1737 和 1756 年三次被出版商制作成《蓝色丛书》。

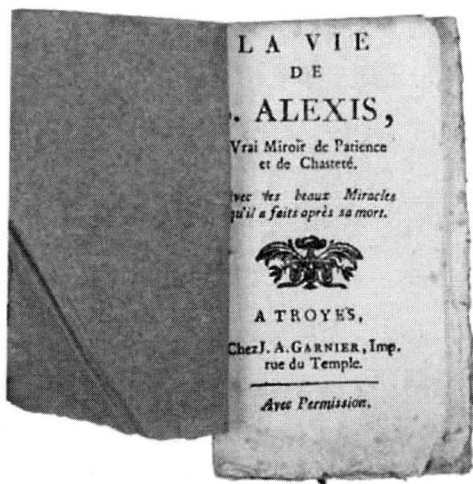

图 14　《圣亚历克西斯生平》(1765—1780 年)②

---

① Pierre-Yves Beaurepaire, *L'Europe des Lumières*, p.46.
②《蓝色丛书》中的一本,由特鲁瓦著名的书商加里尼(J. A. Garnier)出版,但图中显示的书乃是卡昂地区的盗版书。

　　书籍市场的繁荣从一个侧面反映出图书审查体系的松动。法国近代的审查体系,大约完善于 17 世纪。审查权为王室垄断,1620 年颁布的《米肖法令》(Code micheau)正式明确由司法大臣行使审查权。1667 年法令规定了巴黎印书作坊的数量,从原先的 72 座减少到现在的 36 座,1687 年和 1704 年颁布的两份法令规定了外省印书作坊的数量,并明确了印书特权。此后,所有的出版物只有拿到出版特权后才算是合法出版物,才能正式出版。但是,这些禁令在 18 世纪都有松动。根据 1686 年禁令,巴黎的每家印刷作坊可以印两种刊物,1723 年增加到三种,1764 年平均为八种。18 世纪初,巴黎有印刷工大约 300 人,1785 年为 1 100 人。[1] 书籍审查官员的数量在路易十四亲政时不到 10 人,17 世纪末增加到 60 人,其中有 36 人专门负责审查宗教书籍。马尔泽尔布(Lamoignon de Malesherbes,1721—1794)任书报检查总监时,审查官超过 120 人,革命前超过 200 人。这些人主要来自特权等级,基本上都是有学识的人,60% 是专业人士,比如医生、律师等,各学院院士占了 40%。很多审查官都是某份定期出版物的主编。审查官人数增多,说明待审查、待发行的图书增多,但不等于审查越来越严苛。实际上,真正被查禁的书并不多。1700 年前,平均每年经审查书籍 200—400 本,1750—1765 年每年超过 500 本,1780 年超过 1 000 本,但被禁止出版的仅占 10%—30%。总体上,从 1659—1789 年,共有 942 人因书籍贸易而被关入巴士底狱,占关押人数的 17%。[2] 事实上,包括审查官在内,大部分人都意识到,某本书如果被查禁,反而会卖得更好。肖夫兰在 1731 年写信告诫图书审查官:"没有什么比严控更违背书籍的贸易。"[3]

　　除了识字能力提高,阅读兴趣高涨之外,公共领域存在的另一个重

① 巴比耶:《书籍的历史》,刘阳等译,桂林:广西师范大学出版社,2005 年,第 225 页。

② Daniel Roche, "La censure, " Roger Chartier & Henri-Jean Martin eds. , *Histoire de l'édition française*, Tome 2, p. 92.

③ Daniel Roche, "La censure, " Roger Chartier & Henri-Jean Martin eds. , *Histoire de l'édition française*, Tome 2, p. 103.

要标志是开明社交组织数量越来越多,形式越来越丰富。最流行的社交形式就是沙龙。一般认为,沙龙最早出现在 16、17 世纪,起源于由贵妇人主持的、以朗诵诗歌和交流阅读体会为主的文学集会。18 世纪,其内容政治化,以信息交流、集体批评、讨论时政为主。在奥尔良摄政时期,首批政治沙龙出现,最著名的是中楼俱乐部。① 18 世纪中叶,巴黎有很多著名的沙龙,这些沙龙大多还是由女贵族主持,讨论不同的议题,举办的时间有所不同,而且各有各的常客,文人忙忙碌碌穿梭在不同宅邸,这成了街头一景。马蒙特尔(Jean-François Marmontel,1723—1799)在《回忆录》中,以调侃的口吻记录了忙于社交的启蒙哲人:"奈盖尔夫人和我们三人商量一起建立一个文学团体,选一个既不要与若弗琳(Madame Goeffrin,1699—1777)星期一的沙龙和星期四的沙龙冲突,又不和爱尔维修(Claude Adrien Helvétius,1715—1771)的周二和霍尔巴赫星期四和星期六的沙龙冲突的日子,于是选择了周五。"②当时著名的沙龙有若弗琳夫人主持的沙龙,招待的常客包括丰特奈尔(Bernard de Fontenelle,1657—1757)、达朗贝尔(d'Alembert,1717—1783)、孟德斯鸠、布封(Leclerc de Buffon,1707—1788)、格林(Baron von Grimm,1723—1807)、加里亚尼;有德芳侯爵夫人(Marquise du Deffand,1697—1780)主持的沙龙,招待的常客包括杜尔阁、孔多塞等。沙龙不仅是讨论的场所,也是一个权力的场域,众女贵族纷纷充当保护人:达朗贝尔三次落选法兰西学院院士,最后是靠德芳侯爵夫人推荐,才得以成功当选。

学院是另一类重要的开明社交形式。③ 在英语和拉丁语中,Académie 一词都指大学,但法语的意思完全不同。《特雷武辞典》写道,法语 Académie 指的是"博学之士的集会,一起讨论博学问题"④。17 世

---

① 参见本书第二章第三节。

② 转引自让-皮埃尔·里乌、让-弗朗索瓦·西里内利主编《法国文化史》(第一版),第三卷,第42 页。

③ Pierre-Yves Beaurepaire, "Sociability," in William Doyle ed. , *The Oxford Handbook of the Ancien Régime*, pp. 379 - 383.

④ *Dictionnaire universel françois et latin*, Tome 1, Trévoux: F. Delaulne, 1721.

纪初,法国的学院还是一种非正式的组织,在黎塞留和科尔贝尔时期,得到政府的支持,进入了新的发展阶段。法兰西学院(1643 年)、绘画与雕刻学院(Académie de peinture et de sculpture,1648 年)、法兰西科学院(Académie des sciences,1666 年)、音乐学院(Académie de musique,1669 年)、建筑学院(Académie darchitecture,1671 年)相继建立。从 17 世纪末到 18 世纪中叶,创办的学院更多。1710 年法国有 9 个地方学院,1750 年增加到 24 个,1770 年为 40 个。在所有人口超过两万的城市中,有 3/4 成立了自己的学院。在整个 18 世纪,有 6 000 名法国人成为学院院士,其中贵族超乎寻常地占到了 37％或更多。① 达朗贝尔在《百科全书》“学院”词条中写道:“学院的数量与日俱增;这类机构迅猛增加是否有用? 我们其实不用担心这个问题,至少我们不会不同意,这些机构在一定程度上有助于传播和维系对文学和研究的品位。即便是在那些没有学院的市镇中,也有了文学社,也能实现类似的功能。”②

学院是一个特权机构。在整个 18 世纪中,法国的学院和会员总计有 6 000 人左右,其中有 37％是贵族。18 世纪上半叶,学院的排外性就引起了不少思想家的不满。伏尔泰在《哲学通信》中讽刺了学者对学院的那种卑躬屈膝的态度:“有一天,这个国家里的一位学者向我索要法兰西学院的论文。我对他说:‘它绝对没有写论文;它却印刷了 60 卷或 80 卷的颂词。’”尽管如此,学院在传播文化和提升品位方面功不可没。伏尔泰纵有不满,也承认“外省学院有助于培养人们见贤思齐、臻于至善(émulation),推进研究,培养年轻人对优秀作品的品位,荡涤偏见与遗忘,激发文雅,尽可能地让人们摆脱迂腐”。③ 伏尔泰提到的 émulation,是启蒙时代的一个核心概念,它不同于嫉妒与好胜,指的是体现美德、追

---

① Pierre-Yves Beaurepaire, *La France des lumières*, pp. 354 – 359.
② 转引自 Pierre-Yves Beaurepaire, “Sociability,” in William Doyle ed., *The Oxford Handbook of the Ancien Régime*, p. 380。
③ 伏尔泰:《哲学通信》,高达观译,上海:上海人民出版社,2005 年,第 133 页。引文中“这个国家”,指的是英国。引文有所改动。

求美德的一种竞争意识。根据《百科全书》的界定，émulation 指的是"一种高贵的、勇敢的激情，它钦佩他人的优点、他人美好的事物以及行为，并且意欲模仿甚至超越……这便是竞争意识的特征，这一特征使其有别于混乱的野心、妒忌以及羡慕：它与这样或那样的恶习完全不沾边。通过寻求尊严、职务和工作，竞争意识激发出了荣誉感以及对义务和祖国的热爱"①。所以，可以把 émulation 理解为见贤思齐。那么，学院如何致力于培养这种见贤思齐的精神呢？主要途径就是论文竞赛。各地学院会不定期举行论文比赛，主题不一。以第戎科学、美文与艺术学院（Académie des sciences，Belles-Lettres et Arts de Dijon）为例。该学院成立于 1693 年，受孔代亲王的保护，1741 年正式获得王室特许状，确立了学院的章程，明确了经费管理，也是从这一年开始，学院公开举办论文竞赛，议题非常丰富。比如，1741 年的题目是"确定液体通过柔性管道和通过弹性管道的速度差"，1742 年的题目是"如果没有政治法的协助，自然法是否能使社会走向完善？"②学院的论文竞赛不仅成就了像卢梭这样的启蒙思想家，也培育了罗伯斯庇尔（Maximilien de Robespierre，1758—1794）、格雷古瓦教士（Abbé Grégoire，1750—1831）这一代革命者。③ 1700—1749 年，法国各类征文比赛大约有 598 次，1750 至 1789 年间则高达 1 404 次。17 世纪后期至整个 18 世纪，法国各地举行的征文竞赛的数量超过了欧洲其他国家同类比赛的总和。

共济会是 18 世纪另一种既十分流行，也很有代表性的社交方式。共济会是一种欧洲现象，正如哲学家克日什托夫·波米安（Krzysztof

---

① 转引自庞冠群、顾杭《见贤思齐、臻于至善：18 世纪法国社会中富含美德的竞争观念》，载《史学集刊》2013 年第 1 期。

② 材料依据 Antoine-François Delandine, *Couronnes academiques ou Recueil des prix proposes par les Societes Savantes*, Paris：Cuchet, 1787, pp. 259 - 274。相关研究参见 Jeremy L. Caradonna, *The Enlightenment in Practice：Academic Prize Contests and Intellectual Culture in France*, 1670—1794, Ithaca：Cornell University Press，2012。

③ 格雷古瓦教士多次获论文竞赛奖，包括 1773 年斯坦尼斯拉斯学院（Académie de Stanislas）论文奖、1787 年梅茨学院论文奖。罗伯斯庇尔获得过 1784 年梅茨学院论文奖。

Pomian)在他的《欧洲及其民族》(L'Europe et ses nations)中所说:"共济会迅速成为一种欧洲体制(une institution européenne),仅次于天主教会。"[1]18世纪40年代以前,共济会已经基本占领欧洲主要国家,并开始向殖民地渗透。都柏林的共济会正式成立于1723年,伦敦的共济会活动在17世纪70年代就已经相当活跃了,在伊比利亚半岛,里斯本和马德里于1728年、直布罗陀于1729年、巴塞罗那于1749年分别成立了共济会,1737年共济会通过汉堡进入德意志地区,1736—1743年间,共济会在日内瓦、洛桑和纳沙泰尔落脚,在此后陆续出现在北欧的斯德哥尔摩(1735年)、哥本哈根(1734年)、奥斯陆的克里斯蒂安娜(1749年)。法国的共济会可能在17世纪后半叶就开始活动,但是档案记录始于1725年。弗勒里密布警察,严加管制。此后,环境变得较为宽松,共济会才得以进入了繁荣阶段。1738年,巴黎成立了母会(Grande Loge de France),1773年更名为大东方会(Grand Orient de France)。18世纪40年代以后,法国共济会发展很快。1789年前,各地共济会总计超过900家,会员约有4万—5万人。据统计,18世纪法国所有作家中,约有10%为共济会员。[2] 这些共济会主要分布在港口城市、行政中心,比如高等法院驻地,但在内陆城市或小城市也有分会。比如1763—1789年的斯特拉斯堡有5万人,共济会有29个,成员超过1 500人,而且共济会的教会场所十分奢华,成员以贵族和商人为主,本地家世悠久的贵族家庭有100个,其中37个加入了共济会。[3] 另外,像鲁西永地区仅有几百户人家的圣保罗-德弗努耶(Saint-Paul de Fenouillet)都有共济会。各地以及各国的共济会之间时常因控制权和支配权发生争吵,但是它们依旧团结在一

---

[1] 转引自 Pierre-Yves Beaurepaire, L'Europe des Lumières, p. 88。

[2] Pierre-Yves Beaurepaire, "Sociability," in William Doyle ed., The Oxford Handbook of the Ancien Régime, p. 384. Margaret C. Jacob, Living the Enlightenment: Freemasonry and Politics in Eighteenth-Century Europe, New York, Oxford: Oxford University Press, 1991, p. 74.

[3] Margaret C. Jacob, Living the Enlightenment: Freemasonry and Politics in Eighteenth-Century Europe, pp. 181 - 183.

起,形成一张密集的共济会网络。

根据共济会的自述,该组织起源于公元前 4000 年,即光明之年(Anno Lucis)。他们把自己看作该隐的后人,负责建造巴别塔。在巴别塔倒塌之后,他们就组成了共济会。所以,共济会的目标就是要重建巴别塔,要把散落在两个半球上的兄弟团结起来。他们认为:"整个世界是一个伟大的共和国,每个国家都是一个家庭,每个人都是一个孩子。"①秉持这种博爱精神,共济会成了美德的社会实验室。成员要学会节制,要控制自己的影响,要学会与不同的人平等相处,尊重他人的语言和社会选择。与其他社交形式相比,共济会有几个显著特点。首先,除了在路易十五时期有几次尝试之外,共济会从未试图获得官方的认可。其次,共济会对第三等级的知识分子和职业团体,更为开放。约有 3/4 的共济会员来自第三等级,比如商贩、小店主和手工业者。共济会将城市的开明精英和各层级的活跃的社会力量结合在一起,服从同一套规范,参加同一种活动,对于宽容、进步和思想自由持有同样的价值观。共济会本身是一个平等的社交空间,超越等级与政治边界,形成人类共同体。它甚至为政治避难者提供庇护。1688—1746 年,欧洲的政治难民,包括詹姆斯党、1785—1787 年巴达维亚爱国者在内,都在共济会中找到了他们需要的帮助。共济会自始至终致力于推动启蒙运动,在各地建立博物馆和文学院,它们彼此之间的频繁联谊和集会更显示了共济会与外省学院之间的密切关系。巴黎的九姐妹分会(Les Neuf Sœurs)接待过伏尔泰和富兰克林。

不过,类似的平等社交不只限于共济会。1966 年,法国史家阿居隆(Maurice Agulhon,1926—2014)在他的开创性研究中,证明普罗旺斯地区的忏悔兄弟会组织与共济会十分相似。② 类似的兄弟会在阿维尼翁、

---

① Pierre-Yves Beaurepaire, *Le mythe de l'Europe française au XVIIIe siècle : diplomatie, culture et sociabilités au temps des Lumières*, Paris: Autrement, 2007, p. 266. Pierre-Yves Beaurepaire, *L'Europe des Lumières*, p. 90.

② Maurice Agulhon, *Pénitents et francs-maçons de l'ancienne Provence*, Paris: Fayard, 1968.

萨伏依、勒皮等地区也存在。如果从更广泛的意义上进行考察,其他类型的平等兄弟会,如技工兄弟会、祷告兄弟会、圣体圣事兄弟会(confréries du Saint-Sacrement),在法国北部十分普遍,上诺曼底地区就有一千多个。这说明,旧制度下社交形式具有很强的可塑性。从18世纪下半叶直至第一帝国时期,这类组织承载了社交形式的转型:世俗化、责任义务的个体化以及社交领域摆脱监督权。[1]

除了上述社交形式外,巴黎还有梅西耶所谓的"六七百家"咖啡馆。根据警察的调查,巴黎咖啡馆的数量可能超过1 800家。在这些咖啡馆中,有拥护当局的人,也有反对派,"讨论的话题总也离不开国家事务的小道消息"。在旧制度的最后几十年中,社交文化形式极其丰富,为之推波助澜的各类社交网络,团结了十万人,运用他们的理性,对各类问题进行批评思考。

18世纪中叶,随着一连串政治危机爆发,公共舆论不仅变得更难控制,而且越来越成为新的合法性来源。此前,尽管对出版审查态度不一,但是政府基本上能控制图书市场。而在世纪中叶以后,尤其是经历了冉森派危机、谷物贸易自由化讨论以及莫普改革之后,王国的面貌为之一变,不仅有争议的"非法"出版物一版再版,而且销量极好,另一方面公权力本身也无法躲避公共舆论的审判。[2] 最突出的例子是高等法院。传统上,审判书或裁决书不能公开发行,但是从世纪中叶开始,高等法院开始不断地出版谏诤书,这说明这个机构越来越关心自己的公共声望。高等法院很清楚,公众舆论具有至高无上的合法性。1750—1763年间,负责书报检查的马尔泽尔布默许《百科全书》出版,他反对书报审查,认为合适的措施应当是"宽容大度"。[3] 在同国王政府对抗过程中,那些支持高等法院的人甚至开始将公共舆论和公意看成是权力的来源。波尔多高等法院的年轻法官塞日(Guillaume-Joseph Saige,1746—1804)在1775

[1] Pierre-Yves Beaurepaire, *La France des Lumières* (1715—1789), p. 366.
[2] 见本书第六章。
[3] 转引自多伊尔《法国大革命的起源》,第90页。

年出版的《公民教义问答》中,将启蒙的理性主义与历史叙述融为一体,认为高等法院作为一项国家的制度,合法性不是来自国王的授权,而是来自国民授意。他说,一切政治社会的成立源于原始契约(contrat primitif),而所谓的原始契约,乃是社会团体与其每个成员签订的一份公约(convention),结成政治社会的目的是保护成员的共同福祉。18 世纪 70 年代以后,在不少地方的高等法院的谏诤书中,"同意"或"公意"是频频出现的关键词。比如南锡高等法院写道:"永恒的基本法,乃成形于三级会议,得到臣民与君王的同意。"①梅伊(Claude Mey,1712—1796)与莫尔特罗(Gabriel-Nicolas Maultrot,1714—1803)于 1775 年推出了一部巨著《法国公法原理》,从历代法律文献中总结并区分了两类基本法,一类是自然法,适用于所有的君主制,体现普遍公正。另一类是实在法,界定君主与臣民的关系。他们认为,实在法只有得到民众的普遍同意后才有效力。② 旧制度最后几任财政总监,包括杜尔阁、内克在内,都以不同的方式博取公众的支持,为自己的改革助力。内克于 1781 年出版《上疏》(Compte Rendu au Roi),为自己的改革辩护。《上疏》成了畅销书,前后再版了 17 次,总计销量超过四万本。③ 外省官员也向公众赞颂自己的政绩。甚至连国王都不得不重视公共舆论,新登基的路易十六罢免莫普,恢复高等法院,因为他觉得这是民心所向。正如孔多塞在《人类精神进步史纲要》中说的:

　　它所形成的公共舆论,由于共同享有这种意见的人数之多才强

---

① 转引自 Roger Bickart, *Les parlements et la notion se souveraineté nationale au XVIIIe siècle*, Paris: F. Alcan, 1932, pp. 44 - 45。参见汤晓燕《十八世纪法国思想界关于法兰克时期政体的论战》,《中国社会科学》2018 年第 4 期。

② Claude Mey, *Maximes du droit public française: tirées des capitulaires, des ordonnances du royaume etdesautres monuments de l'histoire de France*, Tome 1, Amsterdam: M. -M. Rey, 1775, p. 136.

③ Michael Kwass, *Privilege and the Politics of Taxation in eighteenth-century France: liberté, égalité, fiscalité*, Cambridge; New York: Cambridge University Press, 2000, p. 214.

劲有力,也是因为决定它的动机是同时波及每个人的精神,哪怕这些人彼此之间距离十分遥远,所以,公共舆论才显得生机勃勃,于是,一座独立于一切人间势力之外的法庭建立起来,它拥护理性与正义,人们很难向它隐藏什么,而且也不可能躲开它。①

第二节　哲人的时代

英国史家夏克尔顿在一项经典的研究中曾问道:法国启蒙哲人(philosophe)在何时自成为一派?② 之所以会有如此一问,是因为夏克尔顿认为,后代人习惯于把启蒙哲人看成是整体,有共同的目标,有共同的宗旨,但这是否也是哲人自己的认识? 他们到底是如何认识自己的? 彼此之间是否存在共同的认同,对他们所从事的这项事业是否存在明晰且一致的认识? 在当时,这场运动还不能称为启蒙,因为最先赋予启蒙一词现代意义的,是康德(Emmanuel Kant,1724—1804)写于 1784 年的《什么是启蒙》。简而言之,当时的思想家是否把"哲人"自觉视为一种身份?

这个问题不容易回答。夏克尔顿试图从蛛丝马迹中找到一些线索。他发现了几个阶段性的变化。第一阶段是路易十四统治末期直至 18 世纪 20 年代中叶,政府言论控制较为宽松,思想环境比较活跃,不过,哲人之间似乎很少有共识。伏尔泰和孟德斯鸠尽管彼此相识,都住在巴黎,社交圈也有重叠,但是并没有见过面。更有意思的是,夏克尔顿发现,1723 年 4 月 6 日晚上,他们都去了法兰西歌剧院,当晚上演拉莫特(Antoine Houdar de la Motte,1672—1731)的歌剧《卡斯楚的印妮丝小

---

① 孔多塞:《人类精神进步史表纲要》,何兆武等译,北京:生活·读书·新知三联书店,2003 年,第 102 页。引文有所改动。

② Robert Shackleton, "When did the French philosophes become a party," in *Essays on Montesquieu and on the Enlightenment*, edited by David Gilson and Martin Smith Oxford: Voltaire Foundation at the Taylor Institution, 1988, pp. 447 - 460.

姐》(*Inés de Castro*),但他们没有说话。[1] 夏克尔顿认为,孟德斯鸠与伏尔泰尽管在后人眼中被视作启蒙运动的旗手,但是在 18 世纪 30 年代并没有结成深厚友谊。非但如此,两人还彼此轻视。孟德斯鸠觉得伏尔泰轻浮,只会写诗,没写过任何优秀的历史作品。[2] 伏尔泰对孟德斯鸠也有不满,觉得他选上法兰西学院院士全靠关系。

所以,18 世纪 30 年代之前,启蒙哲人尽管已经陆续推出了他们各自的代表作,但是并没有把"哲人"看成一种共同身份,也不觉得他们同属一个阵营。弗勒里当政时期,出版审查再度收紧,思想界暂时陷入了沉寂。伏尔泰开始研究牛顿,孟德斯鸠开始欧洲之旅。这是第二阶段:法国哲人推出的原创作品很少,以翻译、介绍为主。

第三阶段大约始于 18 世纪 40 年代中叶。1743 年,一本匿名小册子在阿姆斯特丹出版,题为《新的思想自由》(*Nouvelles libertés de penser*)。这是一部文集,收录了丰特奈尔、米拉伯(Jean-Baptiste de Mirabaud,1675—1760)等人写的五篇文章。这些文章之前大多被秘密传阅,从未公开出版。其中第五篇《哲人》(Philosophe)出自奥拉托利会前会友杜马塞(César Chesneau Dumarsais,1676—1756)之笔。[3] 杜马塞是一位律师,担任过约翰·劳的家庭教师,与当时不少上层贵族来往密切,但是由于从不掩饰自己无神论的倾向,所以处处碰壁,生活穷困,既进不了科学院,也得不到政府的养老金。在《哲人》中,杜马塞为当时的思想家正名。他认为,哲人不是那些过着隐居生活的人,不是那些看上去很聪明的人,也不是那些借由思想自由推翻宗教桎梏的人,而是完全依靠理性来推动身体这架机器的人。杜马塞写道:

---

[1] Robert Shackleton, "Allies and Ennemies: Voltaire and Montesquieu," in *Essays on Montesquieu and on the Enlightenment*, p. 156.

[2] 孟德斯鸠写道:"伏尔泰从未写过优秀的历史作品,他就像个僧侣,他不是为了对象而进行研究,而是为了自己的修会的荣誉著书立说。伏尔泰为他的修道院而挥笔写作。"(Pensée 1446,参见 Montesquieu, *Pensées & Le Spicilège*。)

[3] A. W. Fairbairn, "Dumarsais and Le Philosophe," *Studies on Voltaire*, Vol. 87 (1972), pp. 375 - 392.

人们应当对哲人有一个更为公正的看法。以下是我们赋予这些人的基本特征：

哲人也是人的机器(machine humaine)，这和其他人没有差别；但是，哲人这部机器能借助其自身的机械构成反思它的运作。其他人的这部机器的运作则受制于其他因素，既感觉不到这些原因，也不知道这些原因，更不能进行思考。

相反，哲人能够影响他的各种原因，经常能预见到这些原因，或者尽管受制于这些原因，却能对此有充分认识。哲人就好像一架能自己上发条的时钟(horloge)。因此，他能避开所有引起不适宜的或是不适于理性存在的感觉的对象，而寻求那些能够激发他的适宜于存在或者适宜于发现自己所处状态的对象。对哲学家而言，理性就像恩典(la grace)对基督徒一样。恩典决定基督徒行动，理性决定哲人行动。

其他人都受制于激情(passions)，他们在行动之前没有反思。这些人是在黑暗中(ténèbres)前进，相反，哲人即便也受激情影响，但会在反思后行动，即便也是在黑夜中前进，但是手持火炬。①

他进一步认为，哲人的思考建立在对无数个别事物的观察之上，因此，"哲学精神(esprit Philosophique)是一种观察精神和精确精神，把所有的事物与它们的真正原则联系起来"。不过，哲人的任务不只是培育哲学精神，还需要以"正直的精神，直面自身职责的态度，以真诚地不愿成为无用的或令人尴尬的成员的想法，供奉和尊重公民社会，公民社会乃是尘世间唯一神圣的存在"②。杜马塞关于"哲人"的界定，后为《百科全书》"哲人"词条所收，代表着18世纪40年代以后，法国哲人开始出现自觉身份意识的起点。③

---

① César Chesneau Dumarsais, "Philosophe," in *Nouvelles libertés de penser*, Amsterdam: Piget, 1743, pp. 173 - 204. 引文出自第174—175页。

② César Chesneau Dumarsais, "Philosophe," pp. 184, 188.

③ Dumarsais, "Philosophe," in *Encyclopédie, ou Dictionnaire raisonné des sciences, des arts et des métiers, texte établi par D'Alembert*, Diderot, Tome 12, Paris: chez Briasson, 1765, pp. 509 - 511.

此后,哲学著作以前所未有的速度出版,如拉美特利(La Mettrie,1709—1751)的《灵魂的自然史》(*Histoire Naturelle de l'Âme*,1745年)、狄德罗的《哲学思维》(*Pensée philosophiques*,1746年)、图森(François-Vincent Toussaint,1715—1772)的《道德论》(*Les Moeurs*,1748年)、孟德斯鸠的《论法的精神》(1748年)、布封《自然史》第一卷(*L'Histoire Naturelle*)等。拉美特利是布列塔尼的医生,他宣扬物质永恒,否认灵魂可以独立肉体单独存在。当时,狄德罗尽管还只是一位初出茅庐的年轻作者,但是已经成为警方监控的重点对象,被贴上了"极度危险"的标签。图森是一位巴黎律师,宣扬自然神论,他的《道德论》极为畅销,至少再版了14次。① 孟德斯鸠和布封的情况有所不同,他们都是贵族,而且早已确立了自己的名声。不过,上述几部著作的命运却很类似:《灵魂的自然史》《哲学思维》和《道德论》因涉及自然神论,为巴黎高等法院所查禁。《论法的精神》与《自然史》因被控为宗教异端,被索邦神学院查禁。

夏克尔顿认为,对启蒙运动来说,这一阶段有转折意义,不仅因为出版的哲学著作越来越多,更是因为当局的审查越来越严。不断收紧的审查制度促成了哲人群体把他们自己看成同属一个阵营,身份意识越来越明确。有些人甚至就把哲人看成是持激进思想,与当局对立,与正统思想对立的人。达让松侯爵就有这样的看法。1749年8月22日,他在日记中写道,很多有识之士和作者都被关进了监狱,监狱人满为患,其中就有"一位名叫狄德罗的人,被关进了文森城堡,他写过两部下流的作品《不谨慎的珠宝》(*Bijoux indiscrets*)和《有洞察力的盲人》(*Aveugle clairvoyant*)……这位狄德罗先生在被捕前,还准备写一部抨击宗教的作品,题为《偏见的坟墓》(*Le Tombeu des préjugés*)"。在1750年12月21日的日记中,达让松说,那些所谓的哲人讨论的问题很有煽动性,而且

---

① 参见达尼埃尔·莫尔内《法国革命的思想起源》(1715—1787),黄艳红译,上海:上海三联书店,2011年,第93—113页。

很可能受到了"从英国吹来的风气"的影响,结果法国整个民族都"燃烧起来了"。他估计,不久"贵族就会加入教士,然后加入第三等级,其结果必然是召开王国的全国三级会议,届时就会规范王国的财政以及对金钱的需求"①。1746 年,教宗在批评冉森派的一份文献中,提到当今无神论在英国、法国、荷兰、德意志地区的北部,甚至在意大利地区大行其道,教宗指责道:"谁又能知道,这个冠以共济会(freemasons)之名的组织是否是为了将自然宗教的所有信徒团结在一个团体中而建立的?"②

　　当局的审查不仅让"哲人"一词的含义越来越明确,也让他们愈发团结。1748 年,《论法的精神》因其宗教相对论色彩,遭到了冉森派和耶稣会的攻击。孟德斯鸠尽管撰写了《为〈论法的精神〉辩护》,也没能扭转局势,他被告上了罗马教廷。伏尔泰挺身而出,匿名出版了一份小册子《真诚地向一位仁慈之人致谢》(Remerciement sincère à un homme charitable)。③ 夏克尔顿称,这可谓一次伟大的举动,因为哲人们开始搁置他们之间的私人恩怨,一起对抗当局审查。1751 年,拉美特利说,真正对社会有害的,不是那些哲人,而是把哲人投入监狱的政府。④ 所以,到18 世纪中叶,哲人们不仅对自己的身份有了更明确的认识,而且对他们所从事的共同的事业,也渐渐达成了共识。《百科全书》运动的发展较为清晰地体现了这一历程。

　　1751 年,《百科全书》第 1 卷问世时,达朗贝尔把团结在他周围的哲人,称之为"一群文人"(une société de gens de lettres)。他在《序言》中

① d'Argenson, *Journal et mémoires du marquis d'Argenson*, publiés pour la première fois d'après les manuscrits autographes de la bibliothèque du Louvre pour la Société de l'histoire de la France, par E. J. B. Rathery, Tome 6, Paris: Mme ve J. Renouard, 1864, pp. 26, 320. 即《盲人书简》(*Lettre sur les aveugles*)。——引者注

② Albert Monod, *De Pascal à Chateaubriand: Les défenseurs français du Christianisme de 1670 à 1802*, Paris: Alcan, 1916, p. 303. Robert Shackleton, "When did the French philosophes become a party," p. 455.

③ Voltaire, *Œuvres completes*, ed. L. Moland, Tome 23, Paris: Garnier frères, 1877—1885, pp. 457 - 461.

④ La Mettrie, *Œuvres philosophiques*, Berlin: chez Etienne de Bourdeaux, 1751, p. LⅡ.

说道:"我们向公众呈现的这部《百科全书》,正如标题所示,乃是文人群体的作品,即便我们未曾参与其中,我们也确信这部作品的所有撰稿人都是名副其实的博学之士。"①他同狄德罗最初只是想要翻译钱伯斯(Ephraim Chambers,1680—1740)的《百科全书》(*Cyclopaedia*),描绘各项技艺的发展情况,并展现各类知识之间的关系,既不激进,也丝毫没有革命意义。路易十四时期,科尔贝尔就有过类似的计划。达朗贝尔撰写的《序言》,语气平和,态度恭顺。他认为《百科全书》的价值主要在于提供更为有用、更符合理性的知识体系。但是,随着普拉德事件的发生,情况起了变化。

1751 年底,普拉德教士(Jean-Martin de Prades,1720—1782)向索邦神学院提交了学位论文。该论文的核心是分析神圣性理论。普拉德认为,耶稣的神迹与埃斯库拉庇乌斯能治病,没什么本质区别,都取决于自然法则。他宣称,社会的基础只有一个,那就是功利,而人的所有观念都来自感觉。对于这种朴素的唯物主义观点,索邦神学院大为震怒,联手巴黎高等法院和教会,取消了普拉德的学位,将其流放。② 由于普拉德和狄德罗关系密切,而且据说他的论文也得到了达朗贝尔和狄德罗的指导,所以,《百科全书》也受到牵连,出版特权被取缔。1753 年,在蓬帕杜夫人的协助下,《百科全书》又获准出版。在 1755 年刊印发行的第 3 卷中,狄德罗亲自撰写了"百科全书"这一词条。他重新界定这群文人所从事的事业。狄德罗认为,编写《百科全书》的目的,不仅仅为了把分散在各地的文人聚集在一起,把"在全世界范围内传播的知识"收集起来,而且有更明确的智识主张,即"改变共同的思维方式"(changer la façon

---

① 达朗贝尔:《启蒙运动的纲领》,徐前进译,上海:上海人民出版社,2020 年,第 3 页。《百科全书》的完整标题是《百科全书或科学、艺术和工艺详解辞典,由文人群体所著,由狄德罗先生以及普鲁士王家美文与科学学院整编出版,与数学相关部分,由达朗贝尔先生和巴黎王家科学院、普鲁士王家科学院和伦敦王家科学院整编出版》,所以,达朗贝尔会在《序言》中说"正如标题所示"。

② John Lough, *Essays on the Encyclopédie of Diderot and D'Alembert*, London, New York: Oxford University Press, 1968, pp. 266 - 267.

commune de penser)。狄德罗写道：

> 我曾说过,只有在一个哲学的世纪(siècle philosophe),才敢于
> 尝试编纂一部《百科全书》。我之所以这样说,是因为这项工程处处
> 比那品位普遍贫贱的时代更需要胆识。人们必须毫无例外地、毫无
> 顾忌地检验一切,推翻一切……我们必须把那一切古老的愚昧践踏
> 在脚下;推翻不是由理智设置的障碍;恢复科学和艺术宝贵的自由,
> 并告诉古代的崇拜者们:只要你们承认这出戏闪耀着崇高的美感,
> 你们可以随意给《伦敦商人》起其他任何名字。我们需要的是一个
> 推理的时代(un temps raisonneur),我们不是在作者身上,而是在自
> 然界中寻找规则。①

《百科全书》是一项伟大的工程,集中体现了法国启蒙运动的许多基本特
点:文人之间的集体合作、崇尚理性、信奉进步、文人与开明官员的合作。
参与词条撰写的哲人大多匿名,有名可考者约为 150 人。② 这些作者大
部分不是现代意义上的有产者,其中 4%为商人或制造业者,4%为贵族,
15%为医生,12%为政府官员,8%为神职人员。③《百科全书》总计有 7
万多个词条,3 000 幅插图。第一版共 17 卷,另有 11 卷插图,大约印了
4 000 至 5 000 份。直至 1789 年革命爆发,连同所有再版与重印本,《百
科全书》在全欧洲总共销售了大约 25 000 套,其中大约有一半是在法国
境内销售。出版商共投入 150 万至 220 万里弗,总收益达 400 万里弗。
狄德罗个人收益就达 8 万里弗。难怪纳沙泰尔公司在 1778 年写信给法
国出版商庞库克(Charles Joseph Panckoucke,1736—1798)时称之为:

---

① Diderot, "Encyclopédie," in *Encyclopédie, ou Dictionnaire raisonné des sciences, des arts et des métiers*, texte établi par D'Alembert, Diderot, Tome 5, Paris: chez Briasson, 1755, p. 644.

② 参见达朗贝尔《启蒙运动的纲领》,第 131—143 页。

③ 有关《百科全书》的相关信息和材料,若没有特别说明,皆引自罗伯特·达恩顿《启蒙运动的生意:〈百科全书〉出版史(1775—1800)》,叶桐、顾杭译,北京:生活·读书·新知三联书店,2005 年。

"出版界未曾有过的最好的生意。"

《百科全书》不仅是一项收益可观的生意,也是一项危险的事业,不断遭到来自政府、耶稣会、冉森派、高等法院、教会等多方面的攻击,多亏了一些政府高层官员的鼎力支持,才得以躲过劫难。普拉德事件发生后,由于书报检查总监马尔泽尔布多方周旋,御前会议最后才下达了一份不痛不痒的决议,称《百科全书》"有多个条目试图破坏王权,培植独立和反叛精神,并试图以隐晦和模棱两可的词语来为错误、道德腐化、不信教和怀疑确立基础"。1757—1759 年,危机四伏,不仅法国政府在七年战争中屡遭挫败,高等法院与国王政府冲突公开化,甚至出现了达米安刺杀路易十五这样的事件。激进出版物自然成了围攻的靶子。1757 年 4 月 16 日政府下达了一份极为严厉的文件,宣称书写或印刷任何反对教会和国家的文字的人将被处死。《百科全书》首当其冲,被指控宣扬异端邪说,出版特许状被收回。又是马尔泽尔布出面保护,不仅哲人免受警察的骚扰,而且《百科全书》的稿本和相关文献也幸免于难。蓬帕杜夫人和舒瓦瑟尔公爵也都是《百科全书》的赞助人。在画家德·拉图尔为蓬帕杜夫人创作的巨幅画作中,蓬帕杜夫人身旁的书桌上,摆放着伏尔泰的《亨利亚德》(*Henriade*,1723 年)、孟德斯鸠的《论法的精神》以及刚出版的第四卷《百科全书》。

事实上,从《百科全书》的销售情况来看,该书的订阅者、购买者和阅读者中,有不少人是政府官员。根据达恩顿的统计,四开本的《百科全书》在那些有高等法院、科学院的城市卖得最好,比如波尔多订购了 356 套,图卢兹订购了 451 套。贵族十分热衷于购买百科全书,高等法院的法官和军官预订四开本的比例很高。律师、官员和教士在购买者中也占有相当比例,而工商业阶层以及手工业者订购得很少。在 1745 年的预订名单上,我们能看到穆西元帅(Maréchal de Mouchy,1715—1794)、拉瓦利埃公爵(Duc de la Vallier,1708—1780)这类地位显赫之人的名字。在 47 名预订者中,只有 2 人是商人,其他所有人都是国家官员。预购是旧制度下较为流行的图书出版方式,原是为了保障书籍生产商的利益,避免供过于求,造成无法弥补的损失。但是,这一预订的模式无形中充当了《百科全书》的保护伞,因为这首先是一笔生意,对这些显贵而言,《百科全书》若不能出版,他们交的订购费便打了水漂,所以,他们一般也会尽可能促成《百科全书》的出版。因此,《百科全书》的精神是兼容并包,既是文人之间的合作,也是知识分子与国家统治精英之间的携手,尽管他们之间的观点和立场未必尽然相同。

图15 蓬帕杜侯爵夫人全身像①

《百科全书》不仅将各类知识汇聚在一起,而且将功利主义确立为评判知识的唯一标准。首先,《百科全书》更重视手工技艺,而不是那种纯

___

① 粉彩画,藏于卢浮宫,作者:莫里斯-昆汀·德·拉图尔(Maurice Quentin de La Tour,1704—1788),作于1752—1755年。

粹思辨的知识,将原先被看成是低下无知的"技艺"放置在知识序列的顶端。狄德罗在"技艺"(art)词条中写道:与物理学和形而上学相比,制造一架制袜机,体现了更多才智、更多智慧,影响也更大。在狄德罗看来,评判知识价值的唯一标准是是否有用。哲学最有价值,因为这是一种最社会化的知识。① 在《百科全书》的措辞中,社会的或是社会性的,本质上就等同于价值与功用。相反,宗教最无用。功用性与社会进步联系在一起,有用的东西更能促进社会的进步,这是《百科全书》的基本信条。达朗贝尔在他写的《序言》中将培根推崇为经验主义、演绎法的代表,贬低了被看成是先验论、理性主义代表的笛卡尔。他问道:"今天有多少发明创造,是之前所没有预见到的?"

在这种进步观背后,蕴含着对历史的特定看法。在"百科全书"词条中,狄德罗写道:"百科全书就是要将散落在世界各处的知识收集起来,将其概貌和结构展示给当代人,并传诸后世,从而使前人的作品也能为后代所用。这样,我们的子孙将变得更有教养,同时也变得更有德行,更加幸福,而我们在人类面前,也将因此死而无憾。"②理性的进步是历史发展的基调。这种摩尼教式的隐喻,将历史塑造成人类理智的进步,而这种进步又被展现为光明逐步驱散黑暗的每一个角落。哲人和《百科全书》被塑造为启蒙运动的使徒,只不过他们从事的是一项世俗的事业。进步的观念带来了被卡尔·贝克尔(Carl Becker,1873—1945)称为"对后世崇拜"的心态。在哲人的观念中,后世的评判有着无可否认的权威性,他们希望在未来世代的记忆中,而不是在彼岸世界中获得不朽。他们寻找更普遍的权威作为裁判者,而不是依赖社群同辈的评判,他们诉诸人道的评判,以供后世之用。在 18 世纪后半叶,这种对后世的崇拜逐渐转变为一种高度情绪化的、近乎宗教性的反响。后世,像自然界一样,

---

① Diderot,"Art," in *Encyclopédie, ou Dictionnaire raisonné des sciences, des arts et des métiers*, texte établi par D'Alembert, Diderot, Tome 1, Paris: chez Briasson, 1751, pp. 713 - 717.

② Diderot,"Encyclopédie," p. 635.

被人格化了,被尊敬地称之为神明,并且是以一种祈祷的声调在为人所祈求。在这样的一种启蒙神学中,后世把上帝挤出了审判席之外,成为评判不朽的新权威。①

在进步与功利的标准下,世俗权力也受到了审判。达朗贝尔在第三卷序言中写道:"即便是亲王以及其他大人物,他们也没有权力出现在《百科全书》中,除非他们做出了对科学有价值的工作⋯⋯这是有关人类精神的历史,而不是关于人类虚荣的历史。"②《百科全书》不仅批判了现实权力,而且也抨击了法兰西科学院。狄德罗认为这个由政府建立的学术院无法承担知识进步的使命,原因在于主导学院的贵族本身对科学并没有真正的认同,与此相比,《百科全书》代表了一种独一无二的价值,"这是一群来自社会各个阶层的人,他们是有价值的人,但是由于身份,他们无法进入学院"。

因此,聚集在《百科全书》周围的哲人,高举理性与启蒙的旗帜,拓展了可知的范围,并运用批判的精神,创造出对社会有用的知识。在许多方面,卷帙浩繁的《百科全书》都反映了认识论革命,其撰写与出版过程则表现出一种读者和作者以及哲人之间的合作关系。他们被统一在理性之光下,知识的交流不仅构成了社会的基础,而且也成为形塑知识本身、改造新人的基础。《百科全书》的核心精神,乃是对一种适合于启蒙时代的新型政治的渴求,是对一种基于反思性和理性的社交形式的渴求。因此,启蒙时代的宗旨是通过改变人们的思维,来改变人们的思想和国民性格。③

---

① 参见卡尔·贝克尔《18世纪哲学家的天城》,何兆武译,北京:生活·读书·新知三联书店,2001年,第4章。

② 转引自 Colins Jones, *The Great Nation: France from Louis XV to Napoleon 1715—1799*, p. 176。

③ Colins Jones, *The Great Nation: France from Louis XV to Napoleon 1715—1799*, p. 177.

第三节 政治经济学

18 世纪中叶,政治经济学成为一门显学。伏尔泰觉察到:"临近 18 世纪 50 年代,充斥着诗歌、悲剧、喜剧、歌剧、小说、浪漫史、更加浪漫的伦理思考以及有关恩宠和动荡的神学争论的国家,开始对小麦进行理性思考了。"①根据对出版物的统计,1660—1789 年,法国政治经济学出版物总数为 2 869 份,1715—1789 年为 2 525 份,其中 1750 年之后的政治经济学作品占了整个世纪总数的 85.6%。②法国学者泰雷(Christine Théré)统计了 1550—1789 年间八类经济学出版物。在此期间,总共有 2 227 名作者出版了 3 652 部作品。2 227 名作者中,信息有据可查的大约为 1 672 人。这些人中,贵族为 557 人(占 33.3%),教士为 381 人(占 22.8%),1650 年之前作者大多为贵族,之后教士开始介入,1789 年前夕第三等级开始成为主力。从职业来看,政治经济学出版物的作者中有四类职业占比很高:神职人员(13%)、律师(10%)、文人(10%)和法官(10%)。③

依据出版物数量,可以分为三个阶段。第一阶段是 1560—1680 年,平均每十年的出版数量不超过 30 本,1610—1619 年超过了 41 部,与亨利四世遇刺、美第奇摄政等一系列政治变故有关。第二阶段是 1680—1749 年,出版物数量整体上呈增长趋势,三个时期(1690—1699、1720—1729、1730—1739)出版量超过了 70 部,但增长的同时也有回落。第三个阶段为 1750—1789 年,特点是出版量一直处于增长趋势,增幅极快,总计有 2 820 部作品,占总数的 77.2%。这充分证实了 1758 年《法兰西信使报》的评论:

① 转引自 Georges Weulersse, *Le Mouvement physiocratique en France*(*de 1756 a 1770*), Tome 1, Paris: F. Alcan, 1910, p. 25。

② Jean-Claude Perrot, *Une histoire intellectuelle de l'économie politique*: *XVIIe-XVIIIe siècle*, Paris: EHESS, 1992, p. 75.

③ Christine Théré, "Economic Publishing and Authors 1566—1789," in Gilbert Faccarello ed., *Studies in the History of French Political Economy from Bodin to Walras*, London; New York: Routledge, 1998, pp. 1 - 56.

"政治经济学是今天最时髦的科学。"除此之外还有 613 部匿名作品。匿名
出版物与政治局势关系很紧密,一般出现在时局较为动荡的时候,比如投
石党运动期间。

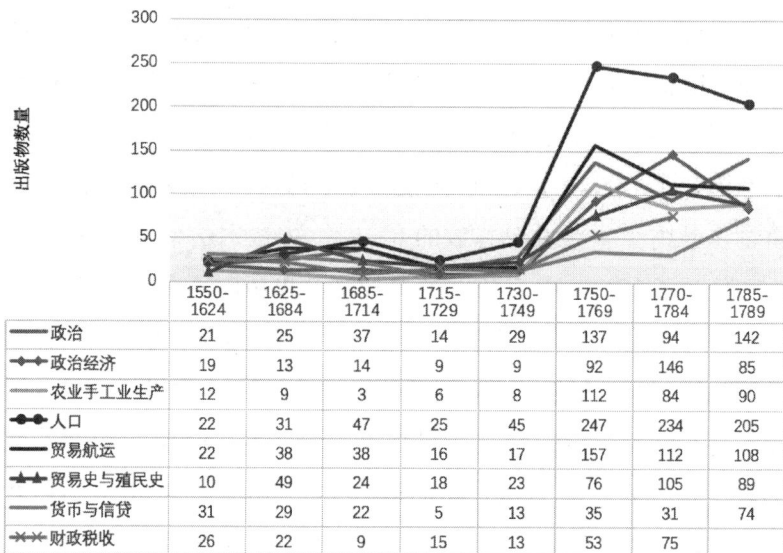

	1550-1624	1625-1684	1685-1714	1715-1729	1730-1749	1750-1769	1770-1784	1785-1789
政治	21	25	37	14	29	137	94	142
政治经济	19	13	14	9	9	92	146	85
农业手工业生产	12	9	3	6	8	112	84	90
人口	22	31	47	25	45	247	234	205
贸易航运	22	38	38	16	17	157	112	108
贸易史与殖民史	10	49	24	18	23	76	105	89
货币与信贷	31	29	22	5	13	35	31	74
财政税收	26	22	9	15	13	53	75	

图 16　1550—1789 年法国经济学出版物

　　"政治经济学"由两个适用范围相反的词组成。所谓"经济的"
(œconomie),意思是家政学,指的是家庭理财等问题,属于私人领域的范
畴,如色诺芬在《经济论》中阐述的内容。"政治的"(politique)指的是城
邦管理,属于公共领域范畴。在法语中,把这两个词连用,最早出现在马
耶讷(Théodore de Mayerne,1573—1655)于 1611 年出版的《贵族民主君
主制》一书中。① 蒙克莱田(Antoine de Montchrétien,1575—1621)出版

① Louis Turquet de Mayerne, *La monarchie aristodémocratique, ou Le gouvernement composé et
meslé des trois formes de légitimes républiques: aux Estats-généraux des provinces confédérées des
Pays-Bas*, Paris: I. Berjon, 1611, p. 558. 相关研究参见 Nannerl Keohane, *Philosophy and
the State in France: the Renaissance to the Enlightenment*, Princeton, N. J.: Princeton
University Press, 1980, pp. 128 - 129; Roland Mousnier, "L'opposition politique bourgeoise
à la fin du XVIᵉ siècle et au début du XVIIᵉ siècle: L'œuvre de Louis Turquet de Mayerne," in
La plume, La faucille et le marteau, Paris: PUF, 1970, pp. 57 - 76。

于 1614 年的《政治经济学概述：1615 年敬呈国王和国王母后》(*Traicte de l'oeconomie politique dedie en 1615 au Roy et a la Reyne mere du Roy*)，则是法语世界中第一部政治经济学著作。

蒙克莱田出生于卡尔瓦多斯，是一位诗人兼剧作家。1615 年，全国三级会议召开，他借机将他对时局的看法撰写成文，进呈君主。所以，从体裁上看，《政治经济学概述》属于传统的君王宝鉴 (miroirs des princes)。但是，该书的内容极有新意。蒙克莱田将"世界的镜像""商人的实践""君主的政治"整合在同一个分析框架中。他深化了文艺复兴以来对人和社会的新的理解，并奠定了一种从世俗、理性和功利角度理解国家、管理国家的理论基础。蒙克莱田在书中写道："我们应当反对亚里士多德和色诺芬的看法，因为既然不能将整体的各个部分分开，那么想要建立一门有关财富的科学，就不能把家政学与政治学分开……无论是针对共和国，还是针对家庭，都是共通的。"[①]他将家庭生产和社会生产视为本质相通的整体，既然社会产生于某种义务性的或是强制性的分工与合作，那么，社会与个人在利益方面就不会有根本矛盾，因此，家庭财政分析的方法和理论也完全可以适用于国家。最后，蒙克莱田把社会看成是由不同利益个体组成的整体，他以一种机械论的方式说道，若要想增加社会财富，君主应当扮演一种维持社会调节 (régulation sociale) 的角色，尽可能减少社会这架机器的摩擦与阻力，他说："管理人的最好的办法，乃是了解人的倾向、动向、激情和习惯，通过这种手段，便能将人带往他想要带往的地方。"蒙克莱田把这个共同目标界定为"公益"(utilité commune, utilité publique)。[②]

不过，蒙克莱田发明的"政治经济学"这个术语在很长时间里并没有引起任何反响，但这并不阻碍法国政治经济学的发展。通常认为，法国

---

① Montchrestie, *Traicte de l'oeconomie politique dedie en 1615 au Roy et a la Reyne mere du Roy*, avec introduction et notes par Funck-Berntano, Paris: Librairie Plon, 1889, pp. 31 - 32.

② Montchrestie, *Traicte de l'oeconomie politique dedie en 1615 au Roy et a la Reyne mere du Roy*, pp. 22, 27, 137, 140—141, 244.

的自由主义政治经济学是在路易十四统治后期出现的悲惨时局中发展起来的。17世纪后半叶,国贫民困、通货紧缩的现状促使大批商人开始反思重商主义的管制政策,不少经济文献以手稿或匿名的形式秘密流传。布阿吉尔贝尔在1695年匿名出版了《法国详情》。领主勒莱巴(Relesbat)的《呈奏路易十四的备忘录》(*Mémoires sur divers points d'économie politique d'histoire et de philosophie*,*présentés à Louis XIV*)以手稿形式在巴黎、格勒诺布尔、南特等地流传,甚至连国王身边的人都在阅读。[①] 这些政治经济学著作有几个共同特点。特点一是对社会底层抱有深切的同情。因此与英国同时期的论著相比,法国的政治经济学家更关注的不是批发商的利益,而是小生产者的命运,不是殖民地贸易,而是手工业和农业发展。由于通货紧缩,更因为首先需要保障农民利益,所以布阿吉尔贝尔认为解决之道在于提高必需品的价格,唯有如此,农民的生活才有指望,他们才能有购买力,手工业才能有发展的希望。这是第二个特点。第三个特点是,这些作者将法国的积弊归罪于绝对主义,所以认为摆脱困境的办法是,政府管得越少越好。布阿吉尔贝尔提出了"合乎比例的价格",证明即便没有人为干涉,市场也不会崩溃。换言之,只要给予充分自由,便会形成有益的经济规律。可见,自由市场成了王权不得干涉的领域。所以,这些政治经济学论著的另一个共同点在于,它们将自由经济或自由市场视为限制王权的手段。由此便不难理解,这些政治经济学著作势必让当局感到不适。沃邦元帅的《王国什一税》在1707年被判定为非法出版物,布阿吉尔贝尔出版了《法国详情补遗》后,出逃至布里夫。

出版审查从来阻止不了思想的发展,当然也无法阻挡政治经济学的繁荣。这一繁荣,表现在很多方面。法兰西学术院素来轻视这类实用之学,但最后也改变了态度,1762年举办了一场以"颂絮利"(Éloge de

---

[①] Lionel Rothkrug, *Opposition to Louis XIV*:*the Political and Social Origins of the French Enlightenment*, p. 328.

Sully)为主题的论文竞赛,获奖的是支持重农学派的文人多玛斯(Antoine-Léonard Thomas,1732—1785)。亚眠、波尔多、图卢兹等地的学院对经济问题也很有兴趣,而且大多是抱着改善本地经济生产的实用目的。格拉斯兰(Jean-Joseph Graslin,1727—1790)与圣佩拉维(Saint-Péravy,1735—1789)论述里穆日间接税的文章,以及杜邦·德·内穆尔(Dupont de Nemours,1739—1817)论述苏瓦松谷物问题的文章,都为他们在文人共和国中赢得了声望。

政治经济学繁荣的另一表现在于,世纪中叶出现了大量经济学刊物,比如创办于 1751 年的《经济杂志与备忘录》(*Journal économique,ou Mémoires*,1751—1772),刊登了不少重要译文,包括休谟的论文。这一局面的出现,与重农学派的推动分不开。这一学派很重视宣传。《公民历书》(*Ephémérides du citoyen*)由博德神甫(Nicolas Baudeau,1730—1792)创刊于 1765 年,次年便成了重农学派的核心刊物。1765—1766年,重农学派还短暂接管了《农业、商业与金融杂志》。在重农学派的影响下,反对他们的人也开始发行刊物,作为宣传反重农理论的渠道,比如《商业杂志》(*Journal de Commerce*,1759—1762)。据统计,1750—1754年出版经济类刊物 133 份,1765—1769 年增加到 292 份,1780—1784 年172 份。在这些刊物上发表论文的到底是些什么人?坎普夫(H. Kempf)通过研究《农业、商业与金融杂志》,发现 35％的作者来自外省,而且有 1/4 的人是地方某类协会的成员,北方人占了 2/3。① 这一情况既同识字率的高低有关,也与城市的商业化程度有关。某些沙龙也成了经济学家的茶座。菲里奥尔伯爵夫人是唐森夫人的妹妹,在她主办的沙龙里,沃邦元帅是常客。朗贝尔夫人、方丹夫人(Louise Marie Madeleine Fontaine,1706—1799)的沙龙接待过圣皮埃尔神甫。1740 年后,经济学沙龙越来越多。最著名的要算拉罗什富科公爵夫人(Marie Louise Nicole

---

① Hubert Kempf,*Le journal d'argiculture,de commerce et de finances(1765—1783)*, Paris,Mémoire de l'Institut d'histoire économique et sociale,1978.

Elisabeth,1716—1797)举办的沙龙,这个沙龙春天在巴黎举办,冬天则转移到法兰西岛西北部的拉罗什吉永城堡(Château de La Roche-Guyon),汇聚了当时一流的经济学家:魁奈、米拉波侯爵、博德神甫、后出任财政总监的贝尔坦、杜邦·德·内穆尔、杜尔阁、孔多塞等。

法国政治经济学之所以受到追捧,得以发展,有几方面原因。首先,西班牙王位继承战争后,法国被英国打败,这是百年战争后从未出现过的情况。时人受到极大震动。[1] 法国人开始思考原因,反思重商主义与绝对主义对社会经济造成的侵害。这是起因。其次,奥尔良摄政时期,环境比较自由,出版审查也相对宽松,思想交流不受限,约翰·劳的改革及其失败更激发了人们对金融、信贷等问题的兴趣。越来越多的人开始考察英国,因为这个岛国可谓完全仰仗着公债,打赢了法国。[2] 这是推动政治经济学发展的背景。通过与英国比较,有识之士意识到自由贸易是财富的根源。伏尔泰在《哲学书简》"论贸易"一篇中写道:"在英国,贸易已使国民富足,因而它促进了国民的自由。这种自由反过来又加快了贸易的扩张,由此实现了国家的强大。"通过自由贸易,这个"本身只有一点铅、一点锡,还有一点点漂白土和粗羊毛"的小岛,最终变成了"竟敢在罗马公民面前寸步不让"的强国。[3] 自由不仅仅是商品交换的自由,也是生产的自由,更是人性的自由。既然承认了商业自由,必然也会承认欲求的自由和人性的自由。正是在这样的背景下,逐渐形成了对人性的功利主义和世俗主义的看法,奢侈讨论由此开始。[4]

---

[1] 伏尔泰:《路易十四时代》,第 269—279 页。参见本书第一章第三节。

[2] Gabriel Bonno, "La Culture et la Civilisation Britanniques devant L'opinion Française de la Paix D'Utrecht aux Lettres Philosophiques (1713—1734)," *Transactions of the American Philosophical Society*, Vol. 38, No. 1 (1948), pp. 1 - 184.

[3] Voltaire, *Lettres philosophiques*, édition critique avec une introduction et un commentaire par Gustave Lanson, Paris: Librairie Hachette, 1915, pp. 120 - 129.

[4] Istvan Hont, "The Early Enlightenment Debate on Commerce Luxury," in Mark Goldie and Robert Wolker eds., *The Cambridge History of Eighteenth-Century Political Thought*, Cambridge: Cambridge University Press, 2006, pp. 379 - 418. André Morize, *L'Apologie du luxe au XVIIIe siècle et "Le Mondain" de Voltaire*, Geneva: Didier, 1970.

孟德斯鸠在《波斯人信札》(1721年)中讲述了一则"穴居人寓言"。[①]他构想了不同阶段和不同制度下穴居人的生活状态,试图寻找一种制度,既能满足古典政治哲学推崇的美德,又不能为贫困所困扰。伏尔泰在《世俗人》(Le Mondain,1736年)中表达了对苦行僧般的道德观的不满。梅隆的《商业政治论》(Essai politique sur le Commerce,1734年)中称颂了奢侈:"奢侈乃是来自政府之财富与安全的一种特别的奢华(somptuosité extraordinaire),这是所有获得良好治理的社会的必然的结果,这总是能在那些富足的社会中发现。"[②]1740年,曼德维尔(Bernard Mandeville,1670—1733)将之译成法语,进一步推动了奢侈论战。论战进而蔓延到贵族是否可以经商这一问题上。夸耶神甫(Gabriel-François Coyer,1707—1782)于1756年出版的《商人贵族》(La Noblesse commerçante)一书中,宣称17世纪中叶以来贵族越来越贫困,解决办法就是鼓励他们从商。这遭到了德阿尔克(Chevalier d'Arc,1721—1795)的反击。他是路易十四的后代。在《军人贵族或者法国爱国者》(La Noblesse militaire ou Patriote français,1756年)中,德阿尔克谴责了金钱的魔力,主张贵族"重操旧业",以军功和战绩作为唯一升迁标准。这既能给予贫穷贵族可靠的谋生手段,也能塑造更加专业的军官群体。[③]

在后世看来,孟德斯鸠的《论法的精神》是法学和社会学经典,但在当时人眼里,这是政治经济学的奠基之作。杜邦·德·内穆尔在历数18世纪政治经济学代表作时,指出:"时代的巨变推动了人们开始关心政治

[①] 孟德斯鸠:《波斯人信札》,信11—14。穴居人在梁守锵译本中作特洛格洛特人。

[②] Jean François Melon, *Essai politique sur le commerce*, préface par Francine Markovits, Fontes & PaginÆ: Presses Universitaires de Caen, 2014, p. 106.《商业政治论》被称为"让曼德维尔法国化的作品"。参见 A. Strugnell, "Diderot on Luxury, Commerce and the Merchant," *Voltaire Studies*, 217, 1983, pp. 83—93。

[③] Jay M. Smith, "Social Categories, the Language of Patriotism, and the Origins of the French Revolution: The Debate over noblesse commerçante," *The Journal of Modern History*, No. 72, No. 2(June 2000), pp. 339 - 374.

经济学(Economie Politique)的研究,这种巨变可以上溯到孟德斯鸠先生。其才华之卓绝,风格之迷人,遣词造句之优美、生动、起伏跌宕,甚为迷人,而这一切乃是其《论法的精神》一书的特点。"①《论法的精神》的奠基性意义表现在,商业不再仅仅是一种牟利的交换活动,还是一种影响着政体性质与立法活动的决定要素之一。② 这一点集中表现在温和商业对权力的影响上:"对于所有人来说,当他们激情迸发想要干坏事的时候,利益却提醒他们别这样胡作非为;倘若能够生活在这样的境遇中,那当然就是幸福的。"③孟德斯鸠认为,获利的欲望将会阻止滥用权力的欲望,用欲望克制欲望,这是权力制衡理论的根基,原因在于商业产生了大量的流动财富,与地产或人口不同,这种流动财富是不可见的,可以随处藏匿,汇票的发明使得在中世纪随处受压制的商业摆脱了暴力,得以在各地维持下去。借助这样一种性质的商业,孟德斯鸠回答了他在"穴居人寓言"中提出的问题:如何既保持繁荣,又不失美德。

但是,孟德斯鸠的理论与现代意义上的经济自由主义之间还有很长一段距离。他从未超越社会等级与秩序讨论商业经济问题,这意味着经济尚未在一个抽象层面加以讨论。所以,经商活动依旧受制于社会习俗:贵族不能经商,当权者也不能经商。相比之下,古尔纳圈子(Le cercle de Vincent de Gournay)里的经济学家提出了更为彻底、更为现代的经济自由

① Dupont de Nemours, "Notice abrégée des différents Écrits modernes qui ont concouru en France à former la Science de l'économie politique," in *Éphémérides du citoyen ou bibliothèque raisonnée des sciences, morales et politiques*, Tome 1, Paris: chez Lacombe, 1769. pp. xi-xii. 这篇长文的节选,后收入 *Œuvres économiques et philosophiques de F. Quesnay*, publiées avec une introd. et des notes par Auguste Oncken, Francfort s/m: J. Baer, 1888, pp. 145−158。

② 参见潘戈《孟德斯鸠的自由主义哲学:〈论法的精神〉疏证》,胡兴建、郑凡译,黄涛校,北京:华夏出版社,2016 年;Céline Spector, *Montesquieu et l'émergence de l'économie politique*, Paris: Champion, 2006;张弛:《孟德斯鸠论商业精神与征服精神》,《世界历史》2020 年第 3 期。

③ Montesquieu, *L'Esprit des lois*, in *Œuvres complètes*, Tome 2, Paris: Gallimard, 1951, p. 641.

概念。①

　　古尔纳圈子的核心人物是文森·德·古尔纳（Vincent de Gournay，1712—1759）。他生于圣马洛，早年在耶稣会学校求学，17 岁就开始经商，在加迪斯发了大财，名声大噪。1744 年回国，次年奉海军大臣莫勒帕之命，赴汉堡、荷兰、英国进行经济考察。1751 年，在财政总监马肖和莫勒帕的推荐下，他开始掌管商业署（Bureau du commerce）。② 商业署是商业议会的下设部门，负责搜集和处理商业经济数据。在管理商业署期间，古尔纳招揽了一批志同道合的文人，翻译国外的经济著作。这些人包括：鼓励贵族经商的夸耶神甫、准备编写《商业新辞典》的莫雷尔神甫（André Morellet，1727—1819）、③著有《英国殖民商业史》（Histoire et commerce des colonies angloises，1755）并因介入奢侈论战而名声大噪的布代尔-杜蒙（Georges Marie Butel-Dumont，1725—1788）、《论法国商业》（Dissertation sur l'état du commerce en France，1756）的作者科里克·德·贝尔瓦什（Clicquot-Blervache，1723—1796）、著作等身的经济学家福尔博奈（Duverger de Forbonnais，1722—1800）以及杜尔阁。当时，这些人大多不满 30 岁，大部分来自外省，而且懂外语。他们工作勤勉，仅在 1753 年就翻译出版了 9 本政治经济学著作，其中译自英语和西班牙语的各 2 本。

　　古尔纳相信商业自由，这种自由不仅应当存在于国内，更应当成为国家之间商业往来的基本准则。因此，他反对特权，更反对行会。1755年，古尔纳向财政总监塞谢尔（Jean Moreau de Séchelles，1690—1760）建

---

① *Le cercle de Vincent de Gournay*：*savoirs économiques et pratiques administratives en France au milieu du XVIIIᵉ siècle*，sous la direction de Loïc Charles，Frédéric Lefebvre et Christine Théré. Paris：Institut national d'études démographiques，2011.

② David Kammerling Smith，"Structuring Politics in Early Eighteenth-Century France：The Political Innovations of the French Council of Commerce," *The Journal of Modern History*，Vol. 74，No. 3（September 2002），pp. 490 – 537.

③ Morellet，*Prospectus d'un nouveau Dictionnaire de commerce*，Paris：chez les Frères Estienne，1769.

议,取缔行会。另外,古尔纳相信,只有降低利息率,才能将资本引向生产。为此,他带领着身边那群年轻的经济学家,翻译了英国经济学家柴尔德(Josiah Child,1630—1699)的《商业论》,并做了大量批注,意在推广利息理论。[1] 传统上,利息和财政都属于"国王的秘密事务"(secret du roi),公众无权知晓。古尔纳圈子的研究工作有助于推进国家政务的公开化与世俗化。

古尔纳等人的研究得到了法国政府的支持。文人与官员的合作是法国启蒙时代政治经济学发展的一大特点。特吕代纳是古尔纳的上司,很支持他的想法,并且聘任古尔纳圈子中某些文人,为他的路桥部门出谋划策。马尔泽尔布也很欣赏古尔纳,大力支持他们的译作与专著的出版。法国的政治经济学论著大多十分实用,所阐述的并不完全是抽象理论,而是实用的知识与技能。比如《经济杂志与备忘录》在创刊号中强调,本刊特别推崇那些"简单而明智的经济,这种经济通过农业、艺术和商业,为我们提供了丰富的财富和一切生活便利"[2]。当格尔(Plumard de Dangeul,1722—1777)匿名出版的《就商业及其他国家权力之来源,论英法各自的优势与劣势》,充分表现了这种实用主义和功利主义。当格尔为法国农业发展寻找出路,认为应当采取市场化和商业化的手段。[3]

1759 年,古尔纳去世后,其他人继续著书立说,布代尔-杜蒙出版了13 本著作,福尔博奈留下了 20 多部著作。他们的研究共同推动了法国政治经济学的成熟。不过,需要注意的是,时人常用的措辞不是政治经济学,而是商业科学(science du commerce)。对他们而言,所谓商业科

---

[1] Josiah Child, *Traités Sur Le Commerce De Josiah Child Avec Les Remarques Inédites De Vincent De Gournay*, texte intégral d'après Les manuscrits conservés à la Bibliothèque municipale de Saint-Brieuc par Takumi Tsud, Tokyo: Kinokuniya Company, 1983.

[2] *Journal économique*, *ou Mémoires*, Tome 1, janvier-mars, Paris: Boudet, 1751, pp. 4 - 6.

[3] Plumard de Dangeul, *Remarques sur les avantages et les désavantages de la France et de la Gr. Bretagne par rapport au commerce et autres sources de la puissance des États*, Leyde et Paris: les frères Estienne, 1754.

学,是一门有关国家治理和发展的科学,所包括的不仅是某些规范性的实践方式,还有与之相关的技术性的程序和完善的途径。

借助商业科学的知识,管理者和立法者可以通过世俗的和功利的角度,剖析并管理国家的经济与生产活动。本质上,商业科学将源于自然科学的确定性原则应用到国家管理中,将社会生产的各个部门视为紧密关联的要素,通过结构视角,从整体上加以分析。因此,商业科学不仅是商人的实践知识,更是行政官员与技术专家对话的共同话语。此前,由于彼此之间的隔绝,商业知识与行政实践之间既无法沟通,更无法互利互惠。商业科学或政治经济学的成熟,不仅为国王及其官员提供了一种既是技术性的、同时也是概念性的工具,而且为经济改革培养了有才识、有远见的官吏,正如莫雷尔神甫在他的《商业新词典·序言》中所言:"政治经济的科学(la science de l'économie politique)······致力于寻找最好的法律,借此能让商业为整个社会的最大的幸福服务。"①

第四节　重农学派与谷物贸易改革

与古尔纳等人推崇的商业科学类似,重农学派也认为政治经济学应当是一门实用科学,所不同的是,他们认为法国重振国力的核心,不是商业,而是农业。这同18世纪中叶农学热的兴起有关。不少法国人认为,法国的进步来自农业的发展,而且发展农业更符合法国的国情。比如德孟梭等人推崇谷物轮作制和圈地运动,他们认为法国在民情和制度方面与英国差别很大,应当选择一条完全不同的道路。② 作为重农学派的奠基者,弗朗索瓦·魁奈(François Quesnay,1694—1774)也有类似看法。他在评注《论法的精神》的文章中提出了"农业国"与"商业国"的概念,他

① Pierre-Yves Beaurepaire, *La France des Lumières* (1715—1789), pp. 301 - 302.
② Richard Whatmore, *Republicanism and the French Revolution: An Intellectual History of Jean-Baptiste Say's Political Economy*, Oxford; New York: Oxford University Press, 2000, p. 46.

认为法国当属农业国,应当以农业和土地产出作为唯一的财富来源,他强调应当持续增加对农业的投入,而不是冒险优先发展海外贸易和由国家控制的信贷。① 重农学派得以兴起,除了农学热这一背景外,还因为某些革新收效甚微,不信任商人的偏见持续存在。所以,如果既想要保障国家财政收入,又保护经济生产中最有力的生产部门,就自然而然地要关注到如何增进农业生产这个老问题上来。

商业科学重视贸易,重农学派倚重农业,既然侧重不同,对国家的基本看法也就不同。比如商业科学更强调放任自由,而重农学派更加看重国家的家长式的责任,认为保障生活物资是国家的基本职责,而不能仰仗市场。18 世纪,政治经济学的内涵很宽泛,所涉及的不仅仅是增加财富,还包括社会的结构与国家的组成,本质上是一门有关社会与国家构成的道德科学。正如杜邦·德·内穆尔所说,政治经济学是"一种应用到,而且理应应用到文明社会的自然法的科学",以及"所有社会关系中——内在的与外在的——开明的正义"。② 所以,这些重农的思想家不仅需要证明农业生产的重要性,更需要阐述一套以不动产为核心的社会政治结构。③

魁奈出身于凡尔赛附近的小镇梅雷(Méré),是一名普通律师的儿子,后到巴黎学医,毕业后一直从医,声名不错。1749 年,他 55 岁,入凡尔赛,充当路易十五情妇蓬帕杜夫人的私人医生,继而又担任国王的医疗顾问。他自视博学,喜欢高谈阔论,频频出入各类沙龙,身边逐渐聚集

① François Quesnay, "Remarques sur l'opinion de l'auteur de L'esprit des lois concernant les Colonies," in *François Quesnay et la physiocratie*, Tome 2, Paris: Institut national d'études démographiques, 1958, pp. 781 - 790.
② Elizabeth Fox-Genovese, *The Origins of Physiocracy: Economic Revolution and Social Order in Eighteenth-Century France*, Ithaca and London: Cornell University Press. 1976, p. 10.
③ T. J. Hochstrasser, "Physiocracy and the politics of laissez-faire," in *The Cambridge History of Eighteenth-Century Political Thought*, edited by Mark Goldie & Robert Wokler Cambridge University Press, 2006, pp. 419 - 442.

了一批文人,出版过几部医学论著,但从未写过任何经济学作品。[1] 1757
年 7 月某天,魁奈结识了米拉波。[2] 米拉波侯爵来自佛罗伦萨一个古老
的家族。1268 年以后,该家族定居普罗旺斯,开始经商。米拉波侯爵是
一位开明贵族,1756 年出版《人类之友》(*Ami des hommes*)一书,名声大
噪。这是启蒙时代最为畅销的作品之一,据说三年内(1757—1760 年)出
了 20 版,为他带来了 86 000 里弗的收入。[3]

魁奈与米拉波相识之后,合作完成了三部作品。《论君主制》(*Traite
de la monarchie*)由米拉波主笔,魁奈批注,表达了他们对君主制的看法。
他们认为君权起源于军事政府,宗教是君主制不可或缺的构成部分。社
会由四个等级组成:教士等级(ordre ecclésiastique)、军事等级(rdre
militaire)、市民等级(ordre civil)以及市镇等级(ordre municipal)。他们
认为,君主制的腐败源于君权的肆意膨胀侵蚀了这四个等级,因此完善
的手段便是恢复四个等级的力量。《论君主制》没有出版,一直以手稿形
式保留。[4]《税赋论》(*Théorie de l'impôt*,1760 年)和《农村哲学》
(*Philosophie rurale*,1763 年)也是两人合作完成,但出版时只署了米拉
波一人的名字。《税赋论》极为畅销,据说前后一共再版了 40 次。[5] 此
外,魁奈还为《百科全书》撰写了一些词条:"明证性"(évidence)、"租地农
场主论"(Fermier)和"谷物"(Grains)。《经济表》是他的代表作,共有
三版。

---

① 有关魁奈的生平,参见 Gustav Schelle, *Le docteur Quesnay: chirurgien, médecin de Madame
de Pompadour et de Louis XV, physiocrate*, Paris: F. Alcan 1907。

② 有关魁奈与米拉波相识的经历,参见 Gino Longhitano, "Introduction," in Victor Riquetti,
marquis de Mirabeau & François Quesnay. *Traite de la monarchie*, texte établi par Gino
Longhitano, Paris: Harmattan, 1999, pp. xii-lxxi。

③ M. Rouxel, "Introduction," in *L'ami des hommes, ou, Traité de la population* de marquis
de Mirabeau, avec une préface et une notice biographique, par M. Rouxel, Paris: Guillaumin
et cie, 1883, p. vi.

④ Victor Riquetti, marquis de Mirabeau & François Quesnay. *Traite de la monarchie*, texte
établi par Gino Longhitano, Paris: Harmattan, 1999.

⑤ Henry Higgs, *The Physiocrats: Six Lectures on the French Économistes of the 18th
Century*, New York: The Macmillan Company, 1897, p. 19.

除了魁奈和米拉波外,杜邦·德·内穆尔是另一位重农学派代表。他精力充沛,很懂得宣传,深得魁奈赏识。魁奈曾对米拉波这样说道:"让我们来照顾他,等我们去世了,他还能继续替我们说话。"①魁奈去世后,杜邦·德·内穆尔负责出版了第一部魁奈文集,前后在重农学派刊物《公民历书》上发表了120篇文章。拉·里维埃(Mercier de la Rivière,1720—1794)是重农学派阵营中的政治理论家。关于此人早年生平,世人所知甚少,只知道1747年后他开始在巴黎高等法院供职,后出任马提尼克督办官(intendant de la Martinique)。1767年,拉·里维埃出版了代表作《政治社会的自然秩序与根本秩序》(L'ordre naturel et essentiel des sociétés politiques)。此书被亚当·斯密誉为对重农学派教义"最明确和最优秀的阐释"②。《政治社会的自然秩序与根本秩序》出版之际,沙皇叶卡捷琳娜二世(Catherine Ⅱ,1729—1796)正在起草法典,嘱托驻法国大使加里津亲王(Prince Galitzin,1734—1803)在巴黎寻觅一位合适的哲人,征求意见。亲王十分喜欢《政治社会的自然秩序与根本秩序》,于是把拉·里维埃推荐给沙皇。拉·里维埃把重农学派的政治理念带到了俄国,他告诉叶卡捷琳娜二世,治理国家的最好方式是依法统治,而法律的唯一基础是"事物和人的本质"③。重农学派最后一位重要成员是勒特罗纳(Le Trosne,1728—1780)。他原为律师,直到1766年才开始从事政治经济学研究,因此加入重农学派较晚。他的两部代表作分别为《社会秩序》(De l'ordre social,1777年)和《社会利益》(De l'intérêt social,1777年),阐述了以重农学派原则为基础的社会秩序。1787年,勒特罗纳参加图卢兹学院论文竞赛,撰写《论外省管理与税收改革》(De l'administration provinciale, et de la reforme de l'impôt),直接影响了

---

① 转引自 Henry Higgs, *The Physiocrates : Six Lectures on the French Économistes of the 18th Century*, p. 62。

② 转引自 Henry Higgs, *The Physiocrates : Six Lectures on the French Économistes of the 18th Century*, p. 68。

③ Eugène Daire ed. , *Collection des principaux économistes*, Tome 2, Osnabrück : Zeller, 1966, pp. 432 - 433.

省议会改革。①

　　大约从 1767 年开始,重农学派的主要成员定期在每周二集会,朗读并讨论各自的文稿。这些文稿大部分后来发表在《公民历书》上。参与集会的人很多,除了米拉波等人外,还有政界要人,比如舒瓦瑟尔公爵、杜尔阁、柏里斯勒元帅、马尔泽尔布,以及外国的政要,比如加里津亲王。重农学派的影响主要集中在 18 世纪 50 年代中叶至 70 年代末,此后很快就退出了公众的视野。魁奈于 1774 年去世。去世前不久,他对重农学派的经济理论已经失去了兴趣。他开始研究数学。两年后,随着杜尔阁失宠,重农学派的影响力迅速下滑。米拉波侯爵又因为家庭矛盾,闹得满城风雨,名誉扫地。而与此同时,亚当·斯密的《国富论》出版,其影响盖过了当时几乎所有经济学理论。重农学派由此失去了影响力。借用熊彼特略带嘲讽的话说:"1750 年还没有重农学派,从 1760 年到 1770 年全巴黎的上层人都在谈论它,而在凡尔赛则谈论更多。到 1780 年,每一个人(除了自命为经济学家的人之外),都把它忘记了。"②

　　1767 年 3 月,博德神甫最先使用"重农学派"(physiocratie)一词,指称即将问世的魁奈文集。③ Physiocratie 由两个希腊语词根组成,physis 指的是自然的,另一个词根是 de kratos,指一般意义上的物理力量或物质力量,与"理性"对立,可以理解为一种构成原则或构成法。所以,简单地说,重农学派或重农主义,意思就是自然的统治。④ 魁奈这样概括重农

---

① Jérôme Mille, *Un physiocrate oublié*, *G. -F. Le Trosne*（1728—1780）: *Étude économique, fiscale et politique*, Paris: L. Larose et L. Tenin, 1905.

② 熊彼特:《经济分析史》(第一版),朱泱等译,第 1 卷,北京:商务印书馆,2001 年,第 354 页。

③ N. Baudeau, "Vrais principes du droit naturel," *Ephémérides du citoyen, ou Bibliothèque raisonnée des sciences morales et politiques*, Paris: Delalain-Lacombe, janvier 1767-mars 1772, Tome 3. p. 116.

④ N. Baudeau, "Vrais principes du droit naturel," *Ephémérides du citoyen, ou Bibliothèque raisonnée des sciences morales et politiques*, Tome 3, Paris: Delalain-Lacombe, janvier 1767-mars 1772, p. 116. 魁奈文集题为 *Physiocratie, ou constitution naturelle du gouvernement le plus avantageux au genre humain*。

学派的宗旨："权利、秩序和法律皆来自自然,人、专断(arbitraire)、管制(réglementation)以及强制(contrainte)不外如是。"[1]所以,重农学派首先是一套自然法理论,是关于如何由原初社会进化到特定社会或特殊社会的理论,[2]其次才是一套关于生产与交换的经济理论。

重农学派的经济理论以农业为基础,认为农业生产是一切社会财富的来源。[3] 魁奈把农业生产分为两类,以此来分析农业会创造财富。第一类为小农场经营(la petite culture),这类农业可以简单地理解为仅满足农民自身需求的生产。第二类为大农场经营(la grande culture),表现为由富裕的租地农场主,用马拉犁耕作大面积的土地,雇佣散工,向财产所有者支付货币地租。通过计算成本收益,魁奈发现,只有大农场经营才能获利,每阿庞土地每年大约能盈利 17 里弗 8 苏。这部分收益,魁奈称之为净产品(produit net)。[4] 净产品就是社会财富的唯一来源,其他生产部类,如手工业、商业,不过是转化净产品的形式,本身无法增加净产品的数量。魁奈的上述看法可能受到了坎蒂隆的影响。坎蒂隆在《商业性质概论》中指出,土地是生产财富的源泉或质料,劳动是生产财富的形式,人的劳动将土地的产出转化为财富的形式。[5] 魁奈同样认为,土地和人是财富生产必不可少的要素。[6] 因此,借用后来政治经济学的表述方式,加大资本投入是增加收益的必不可少的条件。这是他推崇大农场经营的根本原因。

---

[1] François Quesnay, *Physiocratie, ou Constitution naturelle du gouvernement le plus avantageux au genre humain*, recueil publié par Du Pont, Leyde: Merlin, 1768, 封面卷首语。

[2] Mercier de La Rivière, *Ordre naturel et essentiel des sociétés politiques*, Tome 1, Londres: chez Jean Nourse, 1767, pp. 19 - 32.

[3] François Quesnay, "Impôt," in *Œuvres économiques complètes et autres textes*, édités par Christine Théré, Loïc Charles et Jean-Claude Perrot, Tome 1, Paris: INED, 2005, pp. 218 - 219.

[4] François Quesnay, "Grain," in *Œuvres économiques complètes et autres textes*, Tome 1, p. 164. 阿庞(arpent):法国旧时的土地面积单位,1 阿庞相当于 2 000 至 5 000 平方米。净产品也译作纯产品。

[5] 参见坎蒂隆《商业性质概论》,余永定、徐寿冠译,北京:商务印书馆,2014 年,第 1 页。

[6] François Quesnay, "Grain," p. 186.

净产品是魁奈经济理论的基石。若要增加社会财富，就需要找到提高净产品的手段。魁奈认为有两种手段，第一，加大资本投入，拓展大农场经营。在魁奈的理解中，农业资本主要指家畜。第二，提高农产品价格，避免价格下跌，价格下跌的话农业就会减产，会引发饥荒。[①]　认为维持谷物高价便能刺激农业生产，这是当时法国农学家的基本观点。通过分析净产品的再分配，魁奈将社会分为以下几个部分。首先是创造净产品的生产阶级，他们预付农业生产开支，租种土地，通过盈利创造净产品。[②]　其次是土地所有者阶级，拥有土地但不事生产，依靠地租，包括君主、土地所有者及什一税的征收者等。第三是不生产阶级，指从事农业以外的其他工作，比如自由职业者、技工等。社会的财富来自净产品，净产品构成了其他两个阶级的所有收入，包括地租、工资、商业利润等。魁奈通过《经济表》，形象地告诉读者，每个阶级如何依赖于其他每一个阶级，净产品如何在不同阶级之间分配。魁奈的理论是革命性的，他认为只有真正的财富才能作为课税对象，因此唯一合理的税收是土地税，这对 18 世纪中叶以后将土地税或是与之相关的不动产所有权视为最重要的财产权，并将之界定为个人政治参与的资格，有直接影响。更重要的是，魁奈的社会构成排斥了特权与等级，代表了现代意义上的个人的出现。[③]

重农学派不仅有一套经济理论，还有一套独具特色的政治理论。拉·里维埃在《政治社会的自然秩序与根本秩序》中提到，生存权先于社会存在，是一种绝对的权利。[④]　要维持生存，必须保障以下三种权利：其一是对自身的享有权，此为人身权（propriété personnelle）；其二是对其

① François Quesnay，"Fermier，" p. 142.

② François Quesnay， "Tableau économique，" in Œuvres économiques complètes et autres textes，Tome 1，pp. 391 – 526. "Second Dialogue entre Mr. H. et Mr. N，" in Œuvres économiques complètes et autres textes，Tome 1，pp. 951 – 973.

③ Marie-France Piguet，Individualisme：une enquête sur les sources du mot，Paris：CNRS，2018.

④ 国内有关拉·里维埃的研究，参见张慧《在保守与激进之间：拉里维埃政治思想研究》，《政治思想史》2019 年第 4 期。

劳动所得的排他的享有权,此为动产权(propriété mobiliaire)①;其三,当人组成社会后,出现耕种,便有了土地分配,形成了对土地的所有权,此即不动产权(propriété foncière)。和当时的自然法学家一样,重农学派也认为人类社会发展有两个阶段,从一种原初的或自然的状态过渡到有公约、有组织的社会。所不同的是,重农学派大体上认为,这一过渡与发展过程的核心是不动产的出现。有了不动产,才有了契约。正如米拉波评注弗吉尼亚宪章时所说:"只有当不动产确立的时候,才需要有序的管理。"②不过,重农学派的政治理论并不完全是一套世俗的观点。在他们的理解中,作为社会运作必须遵循的自然秩序或自然法,本质上是"上帝赋予全宇宙的一种物理构成,据此,一切之运作皆符合自然"③。是故,自然法便是上帝的律令,而实在法(lois positives,或译人定法)则忠诚地遵循自然法,是自然法的宣布与落实。因此,在重农学派的理解中,不存在立法这个行为,一切法律皆由上帝规定,立法者只是"宣布(déclarent)这些法律"④。这便涉及重农学派另一个核心概念"合法专制"(despotisme légal)。

合法专制一词最早出现在魁奈的《中华帝国的专制》(Despotisme de la Chine,1767 年)一书中,拉·里维埃在《政治社会的自然秩序与根本秩序》中也做了阐述。⑤ 博德神甫在一篇评述中给出了较为清晰的界定。他说道:

---

① 拉·里维埃对动产权未做详细说明,不过联系上下文大约可知,此处所谓的劳动,不是农耕,而是狩猎与采集。

② George Weulersse, *Les manuscrits economiques de François Quesnay et du marquis de Mirabeau aux Archives nationales* (M. 778 a M. 785). *Inventaire, extraits et notes*, Paris: Librairie Paul Geuthner, 1910, pp. 143 - 146.

③ Dupont de Nemours, "Discours de l'éditeur," in Eugène Daire ed. , *Collection des principaux économistes*, Tome 2, p. 21.

④ Dupont de Nemours, "Maximes du Docteur Quesnay ou résumé de ses principes économie sociale," in Eugène Daire ed. , *Collection des principaux économistes*, Tome 2, p. 390.

⑤ François Quesnay, "Despotisme de la Chine," in *Œuvres économiques complètes et autres textes*, Tome 2, p. 1009. Mercier de La Rivière, *Ordre naturel et essentiel des sociétés politiques*, Tome 1, pp. 301 - 317.

专制(despotism),意思是一种高于一切私力(toute force privée)之
上的力量,属于某位具有祖产所有者身份的主人;但是合法(légal),
这是说这种权力只是为了保障每个人的财产/所有权,为了让所有
人都能知晓社会与自然的秩序,为了消除愚昧,制止侵占的行为;这
种强力的基础是一种牢不可破的结合(association indissoluble),并
且明确了解君主的利益和每个有产者的利益。①

根据重农学派的理解,几何原则对物理世界和自然世界的统治,既是合
理准确的,也是无法抗拒的,因此是专制的,这便是魁奈所谓的明证性
(évidence)。同样,自然法对人的统治也是如此,因此,作为确保自然法
得以落实的国家和君主,他们的统治也是绝对的、不可抗拒的。所以,所
谓合法专制,实际上是一种自然神论。重农学派用自然法的绝对统治取
代了君主一人的统治,这并没有偏离绝对君权理论。

18世纪中叶的政治形势对重农学派越来越有利。一方面,七年战争
期间,政府背负了巨额债务,急需摆脱财政危机。另一方面,有关农业的
讨论越来越激烈,人们不仅把农业看成是一种经济生产,更看作是治愈
德性腐败的良药。当时,前后几任财政总监都是重农主义者,信奉谷物
贸易自由。西卢埃特(Etienne de Silhouette,1709—1767)不仅热衷农
业,而且崇拜中国,写过一本《关于中国的统治和德行的一般看法》。② 接
替他的贝尔坦积极兴建农学会,聘请经济学家担任政府顾问,其中有不
少是魁奈的信徒。拉维尔迪(François de L'Averdy,1724—1793)是一位
开明官员,信奉自由主义。杜尔阁本人就是经济学家。因此,在前后十
余年间,重农学派的理论对法国的行政理念产生了直接的影响,谷物贸
易自由化改革由此展开。

这场改革始于1763年5月,结束于1776年5月,历经五任财政总

---

① N. Baudeau, "Critique raisonnée de L'ordre naturel et essentiel des sociétés politiques," in
Éphémérides du citoyen, Tome 12, pp. 207 – 208.
② Etienne de Silhouette, *Idée générale du gouvernement et de la morale des chinois*, Paris:
impr. de G. -F. Quillau, 1729.

监：贝尔坦、拉维尔迪、丹沃(Étienne Maynon d'Invault,1721—1801)、泰雷神甫(Joseph Marie Terray,1715—1778)和杜尔阁,大体可以分为两个阶段。第一阶段(1763年5月—1768年),法国政府颁布了《五月诏令》(Déclaration de Mai,1763年)和《七月敕令》(Édit de juillet,1764年),推动贸易自由化。《五月诏令》许可省内自由贸易,废除通行税、过路税、过桥税等。《七月敕令》许可谷物与面粉自由出口,专门开辟加莱、圣瓦莱里等二十个港口作为出口港口城市,并且规定,出口谷物只能使用法国的船只,船长和2/3的船员应该是法国人。[1]《五月诏令》和《七月敕令》得以顺利通过,有一个不容忽视的原因。1763—1764年,法国农业丰收,农产品价格迅速下滑,巴黎的谷物价格仅有正常价格的一半。这为改革创造了条件。《五月诏令》实现了国内谷物贸易的自由化,《七月敕令》将贸易自由化推广到对外贸易领域,尽管如此,这两轮改革并未完全实现彻底的自由化,因为相关规定依旧反映出某种重商主义的倾向,不可否认,《七月敕令》与英国的航海条例十分类似。

第一阶段结束于1766—1768年。此时,法国出现了灾害性天气,各地粮食普遍歉收,谷物价格飞涨。巴黎、鲁昂等地区两三年内发生了几十起食物骚乱。1768年秋天,面包价格涨了两倍。民众怨声载道,归罪于政府,认为实施谷物贸易自由实际上就是放弃了供养臣民的传统职责。于是,饥荒阴谋(Le complot de famine)开始流传。民众认为政府和商人勾结,倒卖粮食,不顾民众死活。[2] 某些之前支持改革的官员也开始反对改革。鲁昂高等法院要求撤回自由化诏令,尽管它承认高物价的确可以刺激农业发展,但认为这会"将整个民族带入最悲惨的境地,扰乱整

[1] Marcel Marion, *Histoire financière de la France depuis 1715*, Tome 1, p. 243.
[2] Steven Kaplan, "The Famine Plot Persuasion in Eighteenth-Century France," *Transactions of the American Philosophical Society*, Vol. 72, No. 3 (1982), pp. 1-79. 饥荒阴谋也称饥荒协定(Le pacte de famine),19世纪末有不少学者持类似观点,批评18世纪后半叶的谷物贸易自由化,综述参见 Gustave Bord, *Le pacte de famine, histoire, légende*, Paris: A. Sauton, 1887。

个商业经济"①。危机的本质在于如何平衡生产者和消费者的利益。重农学派支持的贸易自由化,首先有利于生产者,而不是消费者,有利于农村,而不是城市。如果农业收成较好,能有效保障消费者的利益,那么推广自由贸易阻力不大。但是一旦遇到收成危机,保障消费者的利益就成为首先需要关注的问题,此时,推广自由贸易就被看成是私欲凌驾于公益之上的做法。1768 年巴黎街头出现的一份布告很清楚地表达了这种看法:"在路易十四时代,我们也经历了几次面包价格上涨:这一方面是因为战争;另一方面是因为天气不好导致真正的饥荒,但我们仍有一位国王。如今,我们不能把面包昂贵归咎为战争,也不能归咎为真正的饥荒。但我们根本没有国王,因为国王是谷物商人。"②这是反对自由化政策的基本论点。巴黎高等法院向路易十五递交的谏诤书说道:"保障臣民的生计是谷物贸易的原则与目的,这也是平衡各类对立利益的古代法律(lois anciennes)的意旨。"法官们对自由贸易表示了怀疑:"商业很容易导致渎职行为以及由此引发的一系列可怕的后果,这是由商业的本性决定的,所以,必须采取一系列预防措施。"③作为反重农主义的重要代表,加利亚尼神甫于 1770 年出版了《谷物贸易对话录》。他进一步指出,自由贸易会动摇等级,滋生矛盾,最终侵蚀社会结构。另外,高层政局变动也出现了不利于改革的状况。当时,掌控朝局的舒瓦瑟尔公爵尽管并不信奉重农学派理论,但是为增加政府收入,也支持谷物出口,因此并不阻拦拉维尔迪改革,但是他最终不能接受财政总监削减军费开支、平衡政府财政的做法,遂说服路易十五将其撤职。泰雷神甫当政期间,基本废除了此前颁布的改革措施,第一阶段改革至此结束。④

---

① 转引自 Steven Kaplan, *Bread*, *Politics and Political Economy in the Reign of Louis XV* , Vol. 2, The Hague: Martinus Nijhoff, 1976, pp. 414-416。

② 转引自 Steven Kaplan, "The Famine Plot Persuasion in Eighteenth-Century France," p. 54。

③ J. de. Flammermont ed., *Les Remontrances du Parlement de Paris au XVIIIe Siècle*, Tome 3, p. 34.

④ 参见本书第六章第四、五节。

1774 年 7 月,杜尔阁被任命为新一任财政总监,开始了第二阶段改革。[1] 他思想开明,信奉进步主义,与古尔纳相识,并奉其为导师。在《颂古尔纳》(*Éloge de Gournay*,1759 年)一文中,杜尔阁阐发了对自由竞争与和谐的理解:

> 古尔纳先生发展了从经验中得来的一些原则,而这些原则也得到了与他一起共事的那些最开明的商人的普遍认同。可以把这些原则称为一套新体系,这对古尔纳而言,不过是一些最简单的常识。这套所谓的新体系建立在这样的原则之上:一般来说,每个人都比其他人要更了解自己的利益,而他的利益对其他人而言则是无关紧要的。由此,古尔纳先生得出结论,当个人的利益恰好同普遍利益(intérêt général)一致时,最好的办法就是让每个人自由地做他想做的事情。古尔纳先生发现,如果不干涉商业,个人利益是不可能与普遍利益不一致的。[2]

在利摩日担任督办官期间,杜尔阁就开始在地方推行自由化,尽管遭到了不少抵制,但是他还是坚持通过宣传等各种方式,向公众澄清利弊。在升任财政总监后,杜尔阁启用了一批重农学派的经济学家担任顾问,其中有杜邦·德·内穆尔、孔多塞、博德神甫。在他的推动下,路易十六政府开始清除泰雷神甫的遗产,重新开启谷物贸易改革。

第二阶段改革主要包含两份改革决议。"1774 年 9 月 13 日决议"恢复了《五月诏令》和《七月敕令》,并将谷物自由贸易推广到全国,同时允许自由进口。在法令序言中,杜尔阁强调,王国各地谷物收成不同,只有通过自由流通,才能解决这种不平衡。[3] 不过,这份决议没有涉及谷物自由出口,而且在巴黎地区依旧保留了谷物管制的特权。这份决议赢得了

---

[1] 参见本书第七章第一节。

[2] Turgot, "Éloge de Gournay," in Eugène Daire ed., *Collection des principaux économistes*, Tome 3, p. 270.

[3] Turgot, "Arrêt du Conseil d'État du 13 septembre 1774," Eugène Daire ed., *Collection des principaux économistes*, Tome 3, pp. 169 - 177.

不少哲人的称许。年过八旬的伏尔泰在写给友人的信中称赞道:"我欣赏他的胆识,我钦佩他的精神。他的所作所为体现了我的观点,代表了我的期许。在我看来,9 月 13 日决议乃是一份真正的智慧的杰作,是一份真正具有说服力的杰作。"①第二份改革法令即著名的《六道敕令》(six projets d'édits)。杜尔阁大约从 1775 年年中开始起草,至 9 月完成,原定于 10 月 1 日付诸实施,但未能落实。1776 年 1 月,杜尔阁将《六道敕令备忘录》呈交给路易十六。②《六道敕令》包括六方面改革:废除道路徭役;废除巴黎谷物管制;废除巴黎码头官员、市场官员和港口官员;废除行会(jurande);废除普瓦西银行(la Caisse de Poissy)③;改革动物脂税。很明显,《六道敕令》的核心是废除《五月诏令》和《七月敕令》中的不完善部分,全面推广谷物贸易自由化。正如杜尔阁所言,像先前法令那样保留巴黎的特权,乃是"让自由这一事业存有缺陷"④。《六道敕令》是一项革命性变革,但其革命性意义不在于每项改革内容,而在于试图一举废除有碍自由贸易的所有阻碍。《六道敕令》于 1776 年 2 月 9 日送交巴黎高等法院。后者仅注册通过了废除普瓦西银行一项章程,否决了其他所有内容。3 月 12 日,路易十六以钦断的形式,迫使高等法院注册。尽管杜尔阁的改革得到了路易十六的支持,但是触犯了大部分显贵的利益。比如,废除市场税损害了奥尔良公爵的收入。如果废除行会,孔代亲王

---

① Voltaire, *Œuvres complètes de Voltaire*, Tome 49, Paris: Garnier frères, 1882, p. 299. 另见 Pierre Foncin, *Essai sur le Ministère de Turgot*, Paris: Germer-Baillière, 1877, p. 276。
② Turgot, "Mémoire au Roi sur six projets d'édits," in Eugène Daire ed., *Collection des principaux économistes*, Tome 4, pp. 237 - 251。
③ 普瓦西银行是一个金融机构,大约出现于 15 世纪中叶。普瓦西是巴黎周边最重要的牲畜市场,保证着巴黎的肉类供应。因此,屠夫们组织了一个行会,向牲畜市场上的所有交易收取费用,并把资金贷给那些需要购买牲畜的屠夫。这个机构在 1791 年被废除,1802 年又被执政府恢复。1858 年,第二帝国废除了巴黎的屠夫行会,普瓦西银行才被最终取缔。参见 André Gravereau, *Histoire de la Caisse de Poissy*, Paris: H. Maillet, 1953; Sylvain Leteux, "Les formes d'intervention des pouvoirs publics dans l'approvisionnement en bestiaux de Paris: la Caisse de Poissy de l'Ancien Régime au Second Empire," *Cahiers d'Économie et de Sociologie Ruraies*, Vol. 74, 2005, pp. 49 - 78。
④ Turgot, "Mémoire au Roi sur six projets d'édits," p. 245.

每年损失将达 5 万里弗。[1] 再加上莫勒帕从中作梗,动摇了国王对杜尔阁的信任,1776 年 5 月 11—12 日,国王辞退了马尔泽尔布和杜尔阁这两位开明的大臣,并流放了一干经济学家。谷物贸易自由化改革至此流产。

　　不过,难道就可以将自由化改革的失败完全归罪于特权等级不愿放弃自己的经济利益吗? 这一判断失之偏颇。借助沙龙、学会等机制,启蒙思想已然渗透到社会各个阶层。包括穿袍贵族、佩剑贵族以及众多开明有产者在内的精英们,早已明确地意识到,君主制需要改革,既有的体制存在根本弊病。但是,当真正需要面对一场结构性改革的时候,他们往往又退缩了。对特权等级而言,谷物贸易自由化改革的真正威胁,并不是会损害他们的既得利益,而是有可能会侵蚀等级社会的根基,改变社会构成的基本原则。正是在这个意义上,司法大臣米罗梅尼尔(Hue de Miromesnil, 1723—1796)认为《六道敕令》是颠覆性的,必须予以遏制。他说:"是的,我反对他,因为我的看法和他不同。贵族和教士的特权,从根本上说,是不正义的;某些城市、某些团体的特权也是如此,我同意他的看法。不过,我想这些特权必须要得到尊重,因为这和其他一切紧紧联系在一起。"[2]尽管《六道敕令》以及谷物贸易改革可以被废止,但是理性与历史、平等与特权之间的斗争将贯穿 18 世纪后半叶的整段历史。

---

[1] Douglas Dakin, *Turgot and the Ancien Régime in France*, London: Methuen, 1939, p. 243.

[2] 转引自 John Hardman, *The Life of Louis XVI*, New Haven: Yale University Press, 2016, p. 95。引文中的"他"指杜尔阁。

第六章　哪怕洪水滔天

第一节　世纪中叶的危机

1757 年初,法国发生了一件"最为人始料未及、最令人失魂落魄的事件",致使所有人"淹没在一种遍及全国的惶恐不安中"。①

这年冬天很冷。法官巴比耶在日记里写道:"这一年的冬天来得格外早,寒冬伴随着一股极寒冷之气开始,而且有不断加剧之势。"②路易十五想要住到特里亚农宫(Trianon),既为了避寒,也借着这个机会看望病重的女儿维多瓦公主(Madame Victoire,1733—1799)。她是路易十五第七个孩子,5 岁那年就被送到了风弗洛修道院,成年以后才回到宫廷。

1 月 5 日夜晚,正当路易十五走下凡尔赛宫殿的台阶,在御马大总管布里昂纳伯爵(comte de Brionne)和首席御马官伯兰根男爵(Marquis de Beringhen)的搀扶下,准备登上马车的时候,一个又瘦又高、身披斗篷、头戴帽子的人,猛地冲开了瑞士护卫队,一刀刺向国王的右肋,"这一刀刺

---

① 伏尔泰:《路易十五时代简史》,吴模信译,北京:商务印书馆,2016 年,第 293 页。
② 转引自洪庆明《达米安事件的舆论建构与 18 世纪中期法国的思想气候》,《史学集刊》2014 年第 6 期。

在第五根肋骨下面,深入肌肉四法寸"①。路易十五本能地捂住了右肋。他发现自己在流血,但好像完全没有反应过来,更没有感觉到疼痛,只淡淡地说:"有人碰到了我。"当他转头看到那个"碰他"的人正在擦拭刀上的血迹,才意识到自己受伤了。路易十五下令:"抓住这个人,不要伤了他。"国王身边的人迅速将凶手按倒在地。

　　路易十五被抬上了楼。他觉得自己快要死了,找来了告解神甫,做了临终托付,而且向王后和女儿们,为自己一生的过错,做了忏悔。但是,外科医生发现伤口不深,刀子刺进了第四根和第五根肋骨之间,留下了一道长仅4法寸(约10厘米)的伤口,并不致命。经进一步检查,医生发现刀上无毒,所以他断言,国王不会有生命危险。路易十五大约休息了十天,刀伤痊愈,重新开始执掌朝政。

　　当局迅即对凶手展开了审讯。这名刺客被关在一间被称为卫士沙龙(sallon des gardes)的房间里。卫队首领阿延公爵(duc d'Ayen,1713—1793)、司法大臣拉穆瓦尼翁(Guillaume de Lamoignon,1683—1772)、掌玺大臣马肖、外交大臣鲁耶(Antoine Louis Rouillé,1689—1761)也赶到现场。凶手名叫罗贝尔-弗朗索瓦·达米安(Robert-François Damiens,1715—1757),40来岁,来自阿图瓦省,先前给很多地方高等法院的法官做过仆人,后来失业了。② 审讯拖得很长,持续了一个多月。达米安最后被转移到巴黎裁判所的监狱。据他自己供认,刺杀路易十五完全是他个人所为,没有受任何人唆使。事实上,法官们最终也没能找到同谋,在结案记录中,他们给出的结论是:达米安是一个狂热分子,刺杀行动没有同谋共犯。

　　1757年3月28日,达米安被判处弑君罪。他被带到巴黎教堂大门前公开认罪,而后被押送到格列夫广场(Place de Grève)受刑。福柯

----

① 伏尔泰:《巴黎高等法院史》,吴模信译,北京:商务印书馆,2015年,第301页。
② 关于达米安的经历、信仰和家庭背景,参见 Dale Van Kley, *The Damiens affair and the Unraveling of the Ancien Régime*, 1750—1770, Princeton, N. J. : Princeton University Press, 1984。

(Michel Foucault,1926—1984)在《规训与惩罚》开篇,详细描述了整个受刑过程:[1]

> 他应"乘坐囚车,身穿囚衣,手持两磅重的蜡烛","被送到格列夫广场。那里将搭起行刑台,用烧红的铁钳撕开他的胸膛和四肢上的肉,用硫黄烧焦他持着弑君凶器的右手,再将融化的铅汁、沸滚的松香、蜡和硫黄浇入撕裂的伤口,然后四马分肢,最后焚尸扬灰"。

不过,四马分肢的过程很不顺利。福柯援引 1757 年 4 月 1 日《阿姆斯特丹报》写道:

> 最后,他被肢解为四部分。这道刑罚费了很长时间,因为役马不习惯硬拽,于是改用 6 匹马来代替 4 匹马。但仍然不成功,于是鞭打役马,以便拉断他的大腿、撕裂肌肉、扯断关节……
>
> 据说,尽管他一贯满嘴秽言,却从未亵渎过神明。过度的痛苦使他鬼哭神嚎般地喊叫。他反复呼喊:"上帝,可怜我吧! 耶稣,救救我吧!"圣保罗教区的教士年事已高,但竭尽全力安慰这个受刑者,教诲在场的所有观众。

事实上,没有人会相信达米安是无名小辈,也没有人会相信整件事就这么简单,背后没有阴谋。正如史家范凯莱(Dale Van Kley,1941—2023)在《达米安事件与旧制度的崩塌(1750—1770)》一书中写道:"如果他是个无名小辈,那么这个无名小辈背后一定有一位相当重要的人物。"[2]这种猜忌合情合理,因为达米安的经历说明他有一定人脉,而且与不少法官、律师熟识。另外,在受审的时候,达米安宣称他实际上并不想杀死国王,而只是想通过某种类似宗教触摸的方式唤醒国王,能把"和平和秩序重新带回王国",因为税收太重,民不聊生。达米安提到的"触摸",很明

[1] 福柯:《规训与惩罚》,刘北成、杨远婴译,北京:生活·读书·新知三联书店,2013 年,第 1—6 页。
[2] Dale Van Kley, *The Damiens affair and the Unraveling of the Ancien Régime*, 1750—1770, p. 23.

显是对"御触"的借用与讽刺。长期以来,法国民众相信,他们的国王有神力,能通过触摸的方式,治好他们身上的瘰疬病。① 现在,根据达米安的说法,他们的国王已"病入膏肓",能让他"起死回生"的是他的臣民。可是,达米安这样的小人物,怎么会有这样的想法呢? 他的供词只能让人更加坚信,他一定受人指使。不过,尽管审问的法官一再逼问,达米安至死也没有招供。他越是不招认,反而越会引起人们的猜忌。1757 年 3 月 5 日出现的一份小册子,表达了时人对此事的看法:

> 众所周知,他出生于并生活在低贱的环境中,唯一显而易见的是,有某种隐秘的敌人密使,将他们的狂热传播给了他。一个在社会中既无名亦无地位的人,不可能有任何强烈的个人不满,使之起而攻击国王。②

当时有不少人觉得,指使达米安行刺路易十五的是高等法院。这种猜测不无道理。18 世纪 50 年代,巴黎高等法院与国王之间的关系不断恶化,矛盾的根源是冉森派问题。18 世纪 30 年代以后,冉森派问题尽管一度平息,但是并未解决。随着社会不平等问题的加剧,冉森主义中的共和民主色彩越来越突出,而且与某些激进的启蒙思想开始融合,因此同绝对君主制的基本原则之间的关系更为紧张,随时都有可能成为政治反对派的话语武器。1746 年,冉森派问题再度激化。是年,德·博蒙被任命为巴黎大主教。这位主教思想保守,敌视启蒙运动,更不能接受政府在冉森教问题上不置可否的模糊态度。于是,他打压冉森派,力图在巴黎主教区里开展一场根除冉森派异端的运动,并恢复了一项古老的、业已废弃不用的措施:颁发忏悔证(billets de confession)。博蒙规定,一个将死的教徒如果想要做最后的圣事(临终圣餐和临终涂油),必须先得到一个由拥护《通谕》的法定神甫签署的忏悔证,证明有拥谕的神甫曾听过该

---

① 马克·布洛赫:《国王神迹:英法王权所谓超自然性研究》,张绪山译,北京:商务印书馆,2018 年。
② 转引自洪庆明《达米安事件的舆论建构与 18 世纪中期法国的思想气候》,第 66 页。

教徒的忏悔。此外，为得到忏悔证，该教徒还必须向法定神甫保证他服从谕旨。根据上述规定，反谕派教士一般来说不太可能获得忏悔证，无法做最后的临终圣事。

勒梅尔（Lemerre）是一位十分虔诚的巴黎教士，而且在民众中很有声望。1752 年 3 月，临终的勒梅尔因冉森信仰，无法得到临终圣事。于是，一场规模浩大的民众抗议运动爆发了。巴黎高等法院很快介入，并于 4 月 18 日颁布禁令，要求神职人员不得拒绝给不能提供忏悔证的教士做临终圣事。高等法院认为，博蒙主教此举侵犯了个人权利，扰乱了公共秩序，更严重的是越权，因为无论是信仰还是法规，最终的权力应在法律，而不是教会。教权和俗权重启战端。很多人支持高等法院，包括达米安。在审讯中，他供认就在主教拒绝圣事的那一刻，他便已下定决心行刺国王。这份供词是导致行刺事件与冉森冲突纠缠在一起的关键证据。

于是，高等法院与政府的矛盾再度白热化，而且问题激化的方式和 18 世纪 30 年代基本类似。国王政府摆出一副威权姿态，下令取缔高等法院的禁令，由于《通谕》已成为王国法律，因此进一步规定，凡是与《通谕》有关的所有事务，高等法院一律不得干涉。高等法院不甘示弱，联合所辖教区，弹劾博蒙，没收他的财产。1753 年 5 月，高等法院向路易十五递交了《大谏净书》（*Grandes remontrances*），言辞激烈地要求国王勒令博蒙放弃他在强制执行《通谕》时的不宽容态度，呼吁国王遵循法国的古老基本法传统，包括国王通过中间机构高等法院保持与臣民磋商的传统，并重申高卢主义的传统。此外，这份《大谏净书》也体现了某种类似契约论的观点：臣民效忠并服从他们的统治者，统治者对臣民享有保护和捍卫的义务。① 除了递交了《大谏净书》外，巴黎高等法院的法官通过集体请辞的方式，对政府施压（1753 年 5 月 5 日）。

集体请辞当然是一种极端的选择。高等法院的法官们觉得，一旦罢

---

① J. de. Flammermont ed. , *Les Remontrances du Parlement de Paris au XVIIIᵉ Siècle*, Tome 1, Paris：Imprimerie nationale, 1888, p. 523.

工,司法体系就会陷入瘫痪,就能逼迫政府让步。这番计划能否奏效,很大程度上取决于政府的态度。如果高层比较懦弱,或是也想要妥协,法官就胜算很大,反之,法官就很可能是在自掘坟墓。当时,拉穆瓦尼翁·德·布兰迈斯尼尔任司法大臣,他同当时高等法院院长老莫普(René-Charles de Maupeou,1688—1775)[1]的关系很僵。拉穆瓦尼翁与莫普两大家族尽管是近亲,但为了争夺司法大臣一职,闹得水火不容。[2] 老莫普很想利用冉森派冲突,扳倒拉穆瓦尼翁。结果,高等法院的法官如意算盘没能实现,因为政府绝不愿意妥协。1753 年 6 月,政府下令流放某些领头的法官(至 1754 年 9 月召回),9 月成立王室法庭(chambre royale),代行高等法院的工作。

这几乎是 1771 年另一场司法革命的预演。但是,政府不久就放弃了其强硬立场。这同政府政治结构的改变有关,与政府中的派系斗争也有一定关系。"1661 年革命"之后,司法大臣的权力式微已成定局。到 18 世纪中叶,这一趋势进一步强化,表现在达盖索之后,直至 1771 年莫普(René-Nicolas-Charles-Augustin de Maupeou,1714—1792)出任司法大臣之前,司法大臣和掌玺大臣一直都由两人兼任,这无疑增加了出现矛盾和分歧的可能性,也削弱了政府同高等法院一决高下的决心。考虑到 18 世纪 50 年代具体情况,当时的派系斗争也起到了一定作用。其时,执掌掌玺大臣一职的是马肖。[3] 他属蓬帕杜侯爵夫人一党,支持高等法院。在上述因素的作用下,政府未能贯彻绝不妥协的立场,反而采取了和稀泥的态度。因此,路易十五只能邀请局外人来调停。于是,孔蒂亲王(prince de Conti,1717—1776)奉命出面周旋。双方言和,法官复职,路易十五下达《肃静法令》(loi de Silence):"肃静……是保证公共安

---

① 他是主持 1771 年改革的莫普的父亲,为区分,故称之为老莫普。
② 自 17 世纪以来,拉穆瓦尼翁家族一直与莫普、塞吉耶(Séguier)、若利(Joly)等家族轮流掌控法国的司法大权。
③ 马肖在当时政府高层身兼数职:财政总监(1745—1754)、掌玺大臣(1750—1757)、海军国务秘书(1754—1757)。

宁的最佳手段",并命令高等法院"确保……不发生任何事情。"①

　　但是,这场冲突并未因此结束。被流放 15 个月后,高等法院法官官复原职。但他们并没有完全放弃之前的立场。这里应当强调,实际上高等法院中真正支持冉森派的人并不多,但是这些人很有影响力。② 复职后,高等法院法官马上否决了《肃静法令》。1755 年 3 月,他们进一步否决《通谕》享有法国教会和国家法律的地位。当时,法国与英国的关系越来越紧张,战争一触即发。面对这样的局势,政府只能做出让步,希望能一致对外。教宗本笃十四世(Benedict XIV,1675—1758)下达了 *Ex Omnibus*,暂时平息了《通谕》的争端。③

　　前文已述,此时,冉森派冲突已然同宫廷内部纷争牵扯在一起。弗勒里当政时期,宫廷基本不会干涉内政。路易十五亲政之后,宫廷与政府开始牵扯到一起。达让松在 1750 年 12 月 27 日的日记中写道:"宫廷已经成了国家唯一的元老院(la seul sénat)。"④这些关系或矛盾十分复杂,瞬息万变,且对局势有深远影响。

　　世纪中叶,政府高层主要分为两派。一派为虔诚派(parti dévôt),另一派以蓬帕杜夫人为核心。支持虔诚派的主要有王室成员,如国王、王后、王储等,还有一些大臣,如司法大臣拉穆瓦尼翁、时任战争国务秘书的达让松伯爵与时任外交国务秘书的达让松侯爵都属于虔诚派。由于当时耶稣会垄断了教育,所以,虔诚派与耶稣会关系密切。虔诚派这种说法可能出现在 16 世纪末,不过,当时更流行的说法是虔诚党(parti des dévots),指狂热的神圣同盟,想要根除异端,保证天主教正统。这就不难

---

① 转引自 Julian Swann, *Politics and the Parlement of Paris under Louis XV , 1754—1774*, p. 93。

② 英国史家斯旺认为,冉森派法官可能只有十几人,Julian Swann, *Politics and the Parlement of Paris under Louis XV , 1754—1774*, p. 99。

③ Dale Van Kley, *The Damiens affair and the Unraveling of the Ancien Régime, 1750—1770*, pp. 142 - 150.

④ d'Argenson, *Journal et mémoires du marquis d'Argenson*, Tome 6, p. 321.

理解,虔诚党更支持天主教正统,不能容忍冉森派与高等法院。[1] 与虔诚派对立的是蓬帕杜夫人一党。蓬帕杜夫人主要因为个人经历,对虔诚派深恶痛绝。18 世纪中叶,她权倾朝野,把控着人事任免权以及外交活动。与她一个阵营的有舒瓦瑟尔公爵、掌玺大臣马肖等人。这一派主要利用高等法院,尤其是高等法院中的冉森派,与虔诚派抗衡。这一派还得到了一帮大贵族(pair)的支持。18 世纪 50 年代以后,在巴黎高等法院的邀请下,一些血亲亲王参与高等法院的会议,加入他们的阵营。他们之所以选择这么做,主要出于个人原因。比如孔蒂亲王支持高等法院,因为他原本有可能出任波兰国王,但是在七年战争前后的外交变动中受到排挤,因此对国王怀恨在心。

所以,上述几层因素纠缠在一起,导致了冉森派问题再度激化。其中,《通谕》引起的分歧是根本原因,特殊的政治格局是直接原因,而司法大臣与掌玺大臣的分离则是矛盾恶化的制度原因。王权与高等法院之间的矛盾愈演愈烈,甚至一度到了不可收拾的地步,以至于教宗下达的《通谕》非但没起到平息局势的效果,反而使冲突进一步恶化。本笃十四世的 *Ex Omnibus* 大约是在 1756 年 10 月送抵法国。高等法院似乎觉得教宗站在他们一边,于是更加有恃无恐。1756 年 12 月 10 日,路易十五下达一份注册通谕的诏令和改组高等法院的敕令,要废除一大批空闲的职位,并取缔两个调查庭(chambre d'enquêtes)。[2] 这意味着,大约有超过 90 个官职将被取缔。这无疑会大大削弱法官的权力。路易十五突然

---

[1] Dale Van Kley, *The Damiens affair and the Unraveling of the Ancien Régime*, 1750—1770, p. 145. Dale Van Kley, *The Religious Origins of the French Revolution: from Calvin to the Civil Constitution*, 1560—1791, New Haven and London: Yale University Press, 1996, p. 32.

[2] 巴黎高等法院内部包括:一个大法庭(Grand' Chambre)、五个调查庭(Enquêtes)、两个诉讼审理庭(Requêtes)和一个轮审庭(chambre de la tournelle)。大法庭审理那些牵涉大贵族、王室高官的案件和一些重要的刑事案件,在大法庭任职的都是些资格老、地位高的法官。而调查庭的法官多是些缺乏经验的年轻法官。诉讼审理庭的法官资历居于上述两者之间。轮审庭的法官则从上述法庭中轮流选人组成。参见 Peter Campbell, *Power and Politics in Old Regime France*, p. 225。

采取这样的措施，有多重考虑。一方面当然是与当前冉森派的冲突有关。另一方面，随着欧洲局势越来越紧张，很有可能爆发战争，但是廿一税法令（1756 年 7 月 7 日第二笔廿一税）连连遭到巴黎高等法院的否决，所以他考虑先发制人，压制高等法院，为战时征税做准备。1756 年 12 月 13 日，路易十五采取钦断的方式强行进行登记注册。但是，高等法院毫不退让，大约有 1/3 的法官辞职，以示不从。①

这是达米安行刺路易十五的背景。因为种种原因，这个突发事件与世纪中叶的政治冲突和宗教矛盾的方方面面纠缠在一起。达米安曾在不少贵族家做过仆役，其中就有不少贵族担任过法官。他又声称民众税赋太高，这些情况都难免让人怀疑他同这些法官有关系。而且，在政府的一再逼迫下，法官辞职，这间接地影响到他们的仆人的生计。因此，失去生计的达米安难道不会铤而走险，迁怒于国王？反过来，这个事件也被各方利用，这又进一步加深了分歧和矛盾。

被捕后，达米安由高等法院进行审讯。法官们不愿背负弑君的恶名，所以想要通过审讯，尽可能摆脱嫌疑。所以，在他们的审讯记录中，达米安被描述为一个疯子，其所作所为完全是一种个人行为原因，同任何人也没有关系，完全是自己所为。达米安受刑，也是经过了精心谋划。受刑地点选在格列夫广场，这是为了让公众觉得，达米安与 1610 年 5 月 27 日在此地被处决的弗朗索瓦·拉瓦莱克（François Ravaillac，1577—1610）一样，都是狂热的天主教徒。至于公众是不是真的会如此认为，这很难给出明确答案。不过，至少巴比耶不这么想，他认为，达米安不是像刺杀两亨利的凶手——雅克·克莱门特（Jacques Clément，1567—1598）和拉瓦莱克那样的狂热的宗教信徒，相反倒更像是个高等法院狂热分子

---

① 整个巴黎高等法院大约有 500 个职位。实际上，18 世纪中叶，官职价格开始下滑，很可能是因为司法事务有所减少，所以取缔官职反而很可能让官职涨价。因此，可以认为此次抗议与高等法院的私利无关。Colins Jones，*The Great Nation：France from Louis ⅩⅤ to Napoleon 1715—99*，p. 230.

(fanatique parlementaire),而非冉森派。①

　　达米安事件对政府高层也产生了影响。路易十五尽管没有生命危险,但是变得情绪低落,精神萎靡,甚至有很长一段时间没有去看望他的情人蓬帕杜夫人。路易十五曾对吕伊内公爵(Duc de Luynes,1695—1758)说:"这件事比你想象得要糟糕得多,因为它刺伤了我的心。"②1757年2月1日,路易十五罢免了马肖和达让松伯爵两人。客观来看,这是一个十分鲁莽的决定,因为此二人不仅能力突出,而且行事果断,有可能帮助法国顺利渡过七年战争的危机。但是,意志消沉的路易十五恰恰考虑的不是大局,而是个人得失。他认为,马肖策划了12月13日的钦断,而这次钦断又引发出之后一系列事情,马肖应当对达米安事件负责。③达让松伯爵下台既同蓬帕杜夫人有关,但也是马肖下台的间接结果,因为蓬帕杜夫人不愿看到他独揽大权。

　　对政府高层来说,更麻烦的问题在于找不到称职的继任者。马肖下台后,接替他出任海军国务秘书的是当时任财政总监的莫拉(Peyrenc de Moras,1718—1771)。此人能进入政界,完全仰仗他那位年迈且重病缠身的岳父、财政总监塞谢尔(Moreau de Séchelles,1690—1760)的权势。接替掌玺大臣一职的是贝里耶(Nicolas René Berryer,1703—1762)。贝里耶的经历很有代表性。他出生在穿袍贵族家族,娶了包税商的女儿为妻,借助后者在宫廷中的人脉关系,平步青云,博得了蓬帕杜夫人的信任,当上了巴黎警察总监(lieutenant général de police,任职于1747—1757年)。贝里耶设立了一个叫秘密办事处(cabinet noir)的机构,专门为蓬帕杜夫人搜集情报,为时人所不耻。接替达让松伯爵担任战争国务秘书一职的是他的侄子,即达让松侯爵之子波勒米侯爵(marquis de

---

① Barbier, *Chronique de la Régence et du règne de Louis XV*, Tome 6, Paris: Charpentier, 1857, p. 508.

② Julian Swann, *Politics and the Parlement of Paris under Louis XV*, *1754—1774*, p. 141.

③ Dale Van Kley, *The Damiens affair and the Unraveling of the Ancien Régime*, *1750—1770*, p. 153.

Paulmy,1722—1787)。此人才干平平,虽从事外交工作多年,却毫无建树。

事实上,就政府高层而言,马肖和达让松伯爵的离职,可以看成一个新阶段的开始,一直延续到舒瓦瑟尔入内阁,突出特点就是政局不稳。七年战争期间(1754—1763),财政总监、海军国务秘书、外交国务秘书换了四任,战争国务秘书换了两任。这种情况对战争自然有很多负面影响。另一个特点是马肖去职后,掌玺大臣一职由路易十五亲领(亲领时间为 1757—1761 年)。这种情况比较少见,而且此后其他两位掌玺大臣任职时间都很短——贝里耶 1761—1762 年在位,布鲁(Paul Esprit Feydeau de Brou)1762—1763 年在位。这一情况延续到莫普被启用才结束。路易十五政府的动荡、不稳定,可见一斑。这与后宫干政分不开。因为官员撤换频繁,且任命的大多是无能之辈,这当然有利于蓬帕杜夫人掌控政局,但对国家十分不利。在达让松伯爵和拉穆瓦尼翁去职后,虔诚派一度失势。蓬帕杜夫人依靠刚接任外交国务秘书一职的贝尼斯主教(Cardinal de Bernis,1715—1794),进一步影响法国外交。贝尼斯主教曾任驻威尼斯大使,1755 年回到凡尔赛,1756 年促成了法奥的结盟,因此很得路易十五和蓬帕杜夫人的赏识与信任。七年战争期间,真正掌控法国与各国关系的正是贝尼斯主教与他的庇护人蓬帕杜夫人。

内阁不稳,受益的不仅仅是蓬帕杜夫人,还有高等法院。只要政府懦弱,没有能臣干将,高等法院便有恃无恐。18 世纪 50 年代,高等法院与政府的对峙表现出一些新特点。首先,如前文所述,巴黎高等法院经常邀请亲王和高级贵族列席他们的全体会议,借此提高他们的声望与权力。史家弗拉麦尔蒙(Jules Flammermon,1852—1899)称此举为"真正的叛乱"(véritable révolte)。① 其次,高等法院越来越不满足于仅仅扮演所谓的"法律安放处"(dépôt de lois)的角色,而是开始以国民代言人身

---

① J. de. Flammermont ed. , *Les Remontrances du Parlement de Paris au XVIIIe Siècle* , Tome 2, p. 890.

份自居。[1] 律师勒佩日为此进行了理论阐述。他是冉森运动中的老将,从 18 世纪 30 年代开始就通过撰写文章批评《通谕》。18 世纪 50 年代,勒佩日出版《关于高等法院基本功能、关于高级贵族权利以及关于王国基本法的历史通信》一书,为法国君主制提供了一套与绝对主义大不相同的理论框架。勒佩日认为法国君主制由三个根本要素构成:君主、御前会议(cour du roi)和大议会(parlements généraux)。最初有全民大会,但随着法兰克人在高卢地区定居,召开类似的会议变得越来越不现实,于是出现了替代机构,这便是大议会的起源,大议会乃是"保存王国所有法律和法规的地方,而且有义务自主审查并颁布所有新的法律,为国王提供重要的咨询与建议……必要的时候甚至可以抵制国王,钳制国王总想使用的绝对权力"[2]。这种观点在当时很普遍。1757 年初,雷恩高等法院宣称:"高等法院只是以国王的名义向国民致辞,同样,高等法院也是以国民的名义向国王致辞,谏诤书乃是国民的谏诤书。"[3]类似言论毫无疑问侵蚀了"国王的两个身体",动摇了绝对君主制理论的基础。[4]

　　高等法院抗议的另一个特点是地方高等法院不仅参与到抗议阵营,而且提出了各级高等法院联合理论,意义重大,因为这表明法国的高等法院意识到他们应当超越地方性和特殊性,寻求共同的历史起源与共同的政治诉求。特殊性本身是特权体制的本质特点,所以联合理论实际上是对特权体制的冲击。这套言辞当然不是 18 世纪的发明。16 世纪的司

---

[1] 孟德斯鸠《论法的精神》第二章第四节"法律与君主政体性质的关系"中提到,君主政体仅有中间阶层是不够的,还需要"法律的监护机构",他认为法国唯一有资格承担这一角色的,便是由专研法律的穿袍贵族组成的高等法院。

[2] Le Paige, *Lettres historiques sur les fonctions essentielles du Parlement*, *sur le droit des Pairs*, *et sur les loix fondamentales du royaume*, 2 tomes, Amsterdam: aux dépens de la Compagnie, 1753—1754. 参见汤晓燕《十八世纪法国思想界关于法兰克时期政体的论战》,《中国社会科学》2018 年第 4 期。

[3] 转引自 J. Egret, *Louis XV et l'opposition parlementaire*, *1715—1774*, Paris: Armand. Colin, 1970, p. 84。

[4] 参见恩斯特·康托洛维茨《国王的两个身体:中世纪政治神学研究》,徐震宇译,上海:华东师范大学出版社,2018 年。

法大臣洛皮塔尔(Michel de l'Hôpital,1507—1573)早就提过,但含义大不相同。因为洛皮塔尔强调高等法院同源,目的是通过阐述高等法院都是王权派生,从而证明他们应当顺从王权。[①] 在投石党运动期间,巴黎高等法院为寻求外省同行援助,也曾诉诸类似说辞。与此不同,18 世纪中叶,各级高等法院将联合理论演变成了一套较为完整的理论。勒佩日在《历史通信》中说道:"巴黎高等法院是王国中最主要的法院,并且是首都的法院……所有其他的法院都是它的分部,更准确地说是它的延伸。因此首都的法院以及它所有的同行是独一无二的高等法院的不同等级……它们被同样的精神所鼓舞,为同样的原则所滋养,面对同样的问题。"[②]而且,外省法院也支持这套说辞。1756 年,梅茨、格勒诺布尔、鲁昂以及埃克斯的高等法院在各自的谏诤书中都阐述了类似思想。因此,各级高等法院联合理论实际上成了王权与高等法院之间抗辩的核心议题。[③] 达让松侯爵认为,这种同源一体、联合统一的说法是很危险的,他说:"王国中各高等法院宣称的这种联合,是与王权相对抗的,这是一条人们已经走上的危险之途……"[④]而且,对王权而言,更危险的是,各级高等法院联合理论还被付诸实践。1758—1759 年发生的贝桑松事件就体现了这一点。

贝桑松事件的起因并不特殊。与以往任何时候一样,战时财政吃紧,政府为了迫使高等法院登记注册税法,时常会做出一些过激行动。1758 年夏天,政府下达了一系列敕令,意在削减那些反对税法的地方高等法院的特权。贝桑松高等法院起草谏诤书,予以反击。起初,政府态度强硬,反对派中大约有 30 名法官被流放。很快,鲁昂、第戎和巴黎等

① Lucien Bély éd. , *Dictionnaire de l'Ancien Régime* , pp. 960 - 965. 庞冠群:《司法与王权:法国绝对君主制下的高等法院》,第 145 页。

② J. de. Flammermont ed. , *Les Remontrances du Parlement de Paris au XVIIIe Siècle* , Tome 2, p. 138. 转引自庞冠群《司法与王权:法国绝对君主制下的高等法院》,第 146 页。

③ Roger Bickart, *Les Parlements et la Notion de Souveraineté Nationale au XVIIIe Siècle* , pp. 152 - 154.

④ d'Argenson, *Journal et mémoires* , Tome 9, p. 142.

地区的高等法院纷纷介入。[1] 这些高等法院向路易十五前后呈递了不下7份抗议诉状,不仅重申各级高等法院联合理论,还认为政府此举侵犯了国家基本法。[2] 这场抗议运动一直延续到1761年。最后中央退缩了。同年5月,支持政府、兼任贝桑松高等法院院长和弗朗什-孔泰督办官的布瓦讷(Pierre Etienne Bourgeois de Boynes,1719—1783)被迫辞职;10月,被流放的法官复职。地方法官的集体抗议导致一名地方大员罢官,这在旧制度的历史上并不多见。

可见,到了18世纪中叶,王国本身就像路易十五遇刺的身体一样,伤痕累累。王权与高等法院之间的矛盾非但没有化解,反而越来越激烈。再加上政府朝令夕改,宫廷内斗不断,"御前会议有时候倾向于教士,有时候倾向于高等法院,有时候又在教士和高等法院之间摇摆,"[3] 这让政局变得越来越复杂。路易十五非但得不到任何有力支持,而且还流放了米肖等一干能臣干将,更触发了全国高等法院的反对。而正是在这样一种局面中,法国却要应对欧洲历史上第一场全面战争:七年战争。

第二节　七年战争

18世纪中叶,经历了一场颠覆性的变动后,法国与宿敌奥地利结盟。学界称之为外交革命(révolution diplomatique)。欧洲格局之所以会出现如此巨变,有多方面原因。

首先,腓特烈二世桀骜不驯,生性多疑,不愿受法国驱使;其次,他是一位实用主义者,对两国结盟这一传统并不看重。加之普鲁士实力大

---

[1] Julian Swann, "Parlements and political crisis in France under Louis XV: the Besançon affair, 1757—1761," *The Historical Journal*, Vol. 37, No. 4 (December 1994), pp. 803 - 828. Jean Egret, *Louis XV et l'opposition parlementaire*, 1715—1774, pp. 140—144.

[2] 斯旺认为巴黎高等法院如此辩护,原因是贝桑松不属于它的辖区,因此如果"不唱高调",就不方便介入(Julian Swann, *Politics and the Parlement of Paris under Louis XV*, 1754—1774, p. 199)。

[3] 勒佩日1756年12月9日语,转引自Dale K. Van Kley, *The Damiens affair and the Unraveling of the Ancien Régime*, 1750—1770, p. 115.

增,不需要仰赖法国。同时,法国也觉察到,利用普鲁士牵制奥地利的政策越来越难以奏效。因此,法、普两国尽管依旧维持着同盟关系,但已然貌合神离,矛盾日趋尖锐。英国乘机从中坐收渔翁之利,因为它可以利用崛起的普鲁士,对付与它争端不断的奥地利。

另外,奥地利也需要选择新盟友。首先,王位继承战争后,奥地利首要目标是夺回西里西亚,这意味着它的敌人不再是法国,而是普鲁士。其次,奥地利与英国的关系开始冷淡,因为对它而言,海上盟国用处不大,而且如果没有荷兰的援助,英国也越来越不愿意介入大陆争端,而把政策重心放在海外殖民地。最后,奥地利原有的盟国俄国由于卷入俄土战争,且不断受到瑞典牵制,国内政局又不太稳定,无力援助奥地利。基于上述原因,奥地利考虑同法国结盟,尽管它很清楚法国的实力已大不如前。这也是考尼茨侯爵(Prince of Kaunitz-Rietberg,1711—1794)的想法。这位外交官经验丰富,之前担任驻意大利和尼德兰的使臣,出席过埃克斯拉沙佩勒会议,从1749年开始便向特蕾西亚痛陈利害,证明法国才是奥地利可靠的盟友。

与此同时,英法的矛盾逐渐公开化。两国的矛盾源于海外贸易。当时,法国在北美占据了极为优越的地理位置,控制俄亥俄河谷,与加拿大和路易斯安那之间的贸易十分通畅,还占领着宾夕法尼亚的沃伦城。这严重损害了英国在北美的利益。两国摩擦不断,爆发了两次小规模冲突。1754年5月28日,朱蒙维尔(Joseph Coulon de Jumonville,1718—1754)率领一支法国部队,在俄亥俄河谷遭遇了由华盛顿(George Washington,1732—1799)率领的英国部队,朱蒙维尔被打死。次年,两艘法国军舰阿尔西德号(Alcide)和百合花号(Lys)又遭到了英军伏击。[①]海外矛盾的激化极大地扭转了法国外交的走向,它需要重新调整与欧陆各国的关系。

这就是外交革命出现的背景。法奥两国率先结盟。1755年夏天,法

---

① 此次事件又称阿尔西德-百合花事件。

国军队在尼德兰附近集结,奥地利很快便表示了善意。在国务会议通过了与法国结盟的提议后,奥地利决定保持中立,以尼德兰交换在奥地利王位继承战争中割让给西班牙的三块意大利领地。奥地利驻法大使施塔尔亨贝格伯爵(Prince of Starhemberg,1724—1807)向路易十五秘密传达了这个建议。他在蓬帕杜夫人的私人宅邸中,与法国外交国务秘书贝尼斯主教会面。而后,英国与普鲁士相应调整了两国关系,也开始谈判。腓特烈很清楚,英国向他示好,意味着英奥的关系已经恶化。对英国来说,最直接的目的就是确保乔治二世在汉诺威领地的安全。双方谈判的结果,便是在 1756 年 1 月签署了《威斯敏斯特协定》(Convention of Westminster)。英国和普鲁士走得越近,法国与奥地利的关系就越为紧密。法、奥于 1756 年 5 月正式签署《凡尔赛条约》(Treaty of Versailles)。[①]于是,欧洲便形成了两大阵营,一方以法国、奥地利为首,另一方以英国、普鲁士为首。外交革命恰好将欧洲的天主教国家与新教国家对立起来。也正是出于这个原因,教宗克莱蒙特十三世(Clement ⅩⅢ,1693—1769)对法奥这两个天主教国家的和解甚是满意,于是把贝尼斯升为枢机主教。[②]

　　事实上,在俄国加入《凡尔赛条约》之前,普鲁士就开始行动了。腓特烈二世是一位马基雅维利式君主,他预感法国和奥地利可能有军事行动,决定先发制人,打一场闪电战攻下萨克森,接着以萨克森作为跳板攻占波西米亚。波西米亚不仅有重要的战略价值,而且是奥地利的军火库。一旦拿下了奥地利的军火库,就可以轻而易举攻下奥地利。这就是腓特烈二世的计划。这套计划,看似有些冒进,也有点不切实际,但有其合理之处。普鲁士尽管在奥地利王位继承战争中已经跃居欧洲强国之列,但实力毕竟有限。1756 年,普鲁士人口仅有 400 万,只有奥地利的 1/4,不及法国的 1/5。此外,普鲁士本国并没有实现真正

① 也称《第一份凡尔赛条约》(First Treaty of Versailles)。
② 贝尼斯在回忆录中详细记载了《凡尔赛条约》签订的过程,参见 *Mémoires et lettres de François-Joachim de Pierre*, *cardinal de Bernis*, Tome 1, Paris: E. Plon et cie, 1878, pp. 222 – 281。

意义上的统一,它没有国界,内部也不统一。最后,普鲁士的地理位置不佳,东普鲁士完全被分割开来,西里西亚只有一条仅约 11 公里宽的走廊同马克-勃兰登堡连接,萨克森距离柏林仅 7 公里。这意味着普鲁士三面受敌。所以,腓特烈二世如果与任何一国单独作战还有胜算,而对方一旦联手,则其势必寡不敌众。[1] 在这样的情况下,选择闪电战,避免奥俄会师,不失为明智的选择。

1756 年 8 月 28 日,普鲁士入侵萨克森。起初,战争进展得很顺利,普鲁士几乎不费吹灰之力就赶走了奥古斯特三世。随后,普军遭遇冯·布劳恩帝国伯爵(van Browne,1705—1757)率领的奥地利军队。双方在罗布西茨正面交锋,史称罗布西茨战役(Battle of Lobositz)。普军虽然取胜,但是闪电战计划落空,因为奥地利受到攻击,意味着《凡尔赛条约》开始生效。根据条约,30 年内,不论哪一方受到英国或普鲁士的攻击,另一方都有义务出兵援助。从这个角度来说,规模不大的罗布西茨战役是整个七年战争的开端。法国或许意识到自己实力不足,所以一开始的策略是尽量搅浑局面,让整个德意志地区尽可能变得更错综复杂。法军举兵 10 万入侵汉诺威,这是英王乔治二世的领地。1757 年 1 月 11 日,俄国加入了《凡尔赛条约》,这意味着普鲁士要面对有史以来欧洲最可怕的同盟,七年战争就在这样的背景下开始了。这场战争被史家称为全面战争(total war)。[2]

罗布西茨战役非但没有收到预期效果,反而进一步激化了各国的矛盾。1757 年 5 月,奥地利分别与法国和俄国缔结了进攻性的同盟关系。这意味着,腓特烈将要面对的是由法国、奥地利、西班牙、瑞典以及大部分追随皇帝的德意志诸侯国结成的同盟,这有可能是欧洲历史上最强大的同盟组织。所以,腓特烈二世虽然从萨克森榨取了大量的军费,但在

---

[1] 参见林赛编《新编剑桥世界近代史》,第七卷,第 589—593,614 页。

[2] Daniel Marston, *The Seven Years' War*, London:Routledge, 2013, p. 82. 也有学者称之为"世界战争",如 Mark H. Danley and Patrick J. Speelman eds, *The Seven Years' War: Global Views*, Leiden:Brill. 2012。

1757 年上半年连吃败仗。法军则步步紧逼,大败由乔治二世派出、坎伯兰伯爵(Duke of Cumberland,1721—1765)指挥的汉诺威同盟军,此即哈斯滕贝克之战(Battle of Hastenbeck,1757 年 7 月 26 日)。坎伯兰伯爵被迫签订了《克洛斯特采文协定》(Convention of Kloster Zeven,1757 年 9 月 10 日),这导致汉诺威退出同盟,法军占领汉诺威和布伦瑞克。普鲁士西翼门户大开。尽管遭此失利,但是坎伯兰伯爵客观上还是在极其危急的关头牵制了法军主力。东线战场上,俄军在普鲁格尔河(Pregel)大败普军,奥地利乘势往北进军,于 10 月 16 日占领了柏林。

就在普鲁士即将亡国之际,腓特烈二世奇迹般地打了两次胜仗,扭转了整个局面。在罗斯巴赫战役(Battle of Rossbach,1757 年 11 月 5 日)中,腓特烈二世巧妙地利用地形和炮兵优势大败法军,阻止了法国与奥地利的会师,重新赢得了英国的支持和援助。法军则屡战屡败,不敌汉诺威—布伦瑞克联军。在另一场胜仗洛伊腾会战(Battle of Leuthen,1757 年 12 月 5 日)中,腓特烈二世打败了兵力两倍于己方的奥军,乘势收复除了施维德尼茨(Schweidnitz)以外的西里西亚所有地区。

这两次战役以少胜多,充分展现了腓特烈二世采用的斜行序列(Oblique order)战术①的优势。当时,常规的对阵方式是先排阵布局,然后正面交锋,这样做的一个很重要的原因就是军队的机动性比较差。腓特烈很清楚这种战术的优劣,所以在日常的操练中十分重视军队的团结与机动性,并在此基础上发展了一套所谓斜行序列的战术。简单来说,这种战术就是等双方部署完毕后,突然调动己方军队转向敌人的一个侧翼,集合

---

① 又称斜击战术。这并不是腓特烈二世的发明。公元前 371 年,底比斯对阵斯巴达的留克特拉战役中,底比斯军队就采用过这种斜击战术。这是对传统方阵作战的重要改进。底比斯名将埃帕米农达(Epaminondas,公元前 418—公元前 362)把攻击重点放在左侧,并加强己方左翼横列。攻击时,左侧部队率先出发,而后己方右侧跟进,这样部队整体形成斜线。当左翼部队冲入斯巴达方阵右侧,由于人数占优,斯巴达方阵右侧很快被击溃,但是由于方阵是一字排开,所以斯巴达方阵左侧无法很快援助补充。底比斯军队迅速左转,突破斯巴达方阵残余部队。凡遇到双方实力不均时,弱的一方往往会采用斜击战术。斜击战术一直沿用到第二次世界大战。

骑兵、炮兵和投弹兵等所有优势兵力集中攻打这一翼。其优点是：可以以较少的兵力对付人数较多的军队，比如面对一支十万大军，只需三万人就能击溃其侧翼；己方军队还可以留下一支主力，既可以充当撤退时的掩护，在需要的时候也能投入战斗。

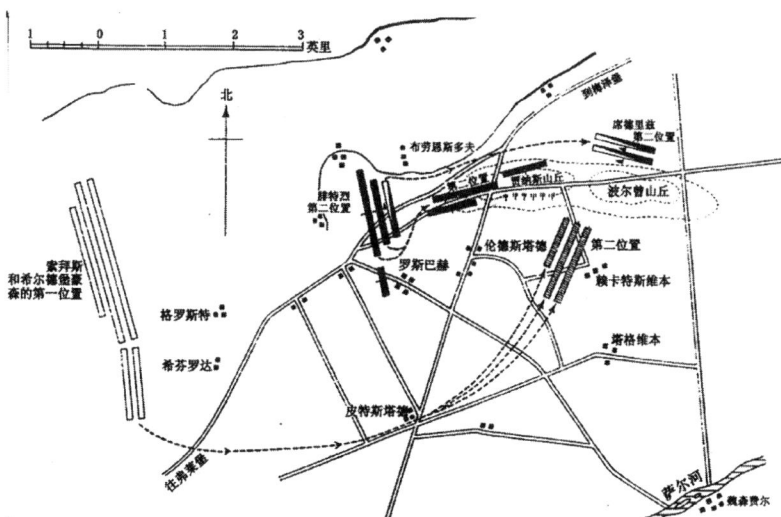

图 17　1757 年罗斯巴赫战役①

这两场战役挽救了濒临亡国的普鲁士。尽管从战果来看，洛伊腾会战的战果更为辉煌，但是从政治影响来看，罗斯巴赫战役的影响更大。自三十年战争（1618—1648）以来，法国一直试图向日耳曼地区扩张，但是从未能跨过莱茵河。相反，尽管巴拉丁领地（Palatinate，又称普法尔茨地区）不断遭到入侵和蹂躏，可是正像凤凰涅槃一样，日耳曼民族总能在战火和废墟中重生并崛起。而罗斯巴赫战役可以看成是转折点。因为日耳曼民族不再处于一种被动挨打的局面。崛起的普鲁士竟然击败了欧陆的传统强国——法国。法国因为战败，而成了全欧洲人的笑柄。所有人都看得很清楚，法国的陆军已经糟糕透顶了。卡拉芒侯爵（Victor

---

① 富勒：《西洋世界军事史》，第二卷，钮先钟译，桂林：广西师范大学出版社，2004 年，第 166 页。

Maurice de Riquet de Caraman，1727—1807)哀叹："这是我们的君主制国家濒临崩溃的信号。"① 坦佩霍夫将军（Georg Friedrich von Tempelhoff，1737—1807)在他的《七年战争史》中说道："在全部战争过程中，没有一次会战会像罗斯巴赫战役那样产生出特殊强烈的印象。无论是敌是友，莫不嗤笑联军的将领。索拜斯亲王（Prince of Soubise，1715—1787)战败后不久还被路易十五拔擢为法兰西元帅，大家就笑得更起劲了。"②这番抨击，绝非无稽之谈。与其他国家相比，法国军队军官太多，平均 15 名士兵有 1 名军官。1775 年法国陆军人数 17 万，军官 6 万。之所以出现如此之高的比例，原因在于政府为弥补亏空，继续通过卖官鬻爵来笼络资金，所以增设军官，以便更多人能晋升贵族。军官太多，导致的结果是指挥不力，因为很多军官根本不了解他们的士兵，而且真正在军队供职的仅占军官总数的 1/6。③ 法国战败后的表现，让人更加失望。外交国务秘书贝尼斯竟然相信普鲁士一定会攻占全欧洲，所以要趁早与其媾和。如果没有特蕾西亚一再坚持，七年战争很可能只需两年时间便可结束。

　　腓特烈二世奇迹般的胜利也扭转了英国的态度。英国介入大陆事务，从来都比较勉强。它原本只想保住汉诺威领地，并不愿意干涉德意志地区。1757 年，英国国会只同意援助普鲁士 16.4 万英镑。只有当它看到腓特烈二世取得了如此决定性的胜利，尤其是意识到法国竟如此不堪一击的时候，才愿意出手援助。1758 年，英国签订了一份新的年度补贴计划(annual subsidy treaty)，答应给普鲁士每年 67 万英镑的津贴，并规定英国和普鲁士任何一方都不得单独进行和谈，另外还加强了驻扎在

① 转引自 Colins Jones, *The Great Nation：France from Louis XV to Napoleon 1715—1799*，p. 235。
② 转引自富勒《西洋世界军事史》，钮先钟译，第二卷，第 167 页。
③ 参见林赛编《新编剑桥世界近代史》，第七卷，第 234 页。Émile Léonard, *L'Armée et ses problèmes au XVIII siècle*，Paris：Plon, 1958，pp 191—214. Jean Chagniot, "Les rapports entre l'armée et la société à la fin de l'Ancien Régime," in *Histoire militaire de la France*，Tome 2，*de 1715 à 1871*，Paris：PUF, 1992, pp. 103 - 128。

施塔德（Stade）的部队，并由精通战术的布伦瑞克亲王费迪南德（Ferdinand，Prince of Brunswick，1721—1792）亲自指挥。这支部队的任务是掩护腓特烈二世的西侧，使法军不能穿越汉诺威。这位初出茅庐的统帅不辱使命，不仅成功阻挡了法军，而且积极出兵，一举扫清威斯特伐利亚、汉诺威、布伦瑞克和黑森等地区的法军，又攻克了明登（Minden，1758 年），并在埃梅里希（Emmerich）把法军赶回了莱茵河左岸，而后又在克雷菲尔德（Crefeld）打败了法军新任命的统帅克莱蒙伯爵（Louis，Count of Clermont，1709—1771）。1760 年 8 月 1 日，他又击败了法国—萨克森联军，收复了汉诺威、黑森-卡塞尔和威斯特伐利亚大部分地区。直至七年战争结束，布伦瑞克亲王成功地抵挡了法军向东部进军，既保住了汉诺威，确保腓特烈二世能够专心对付奥地利和俄国，阻止了法、奥、俄三军会师，又将法国主力牵制在欧洲大陆上，使英国能有余力扩张海外殖民地。[1]

　　所以，在罗斯巴赫战役和洛伊腾战役后，整个西欧战争实际上被切割成两部分。西部以法国为主，它的部队无法跨越莱茵河。东部则是主战场。由于西翼已无后顾之忧，也从英国获得了稳定的军力与财力支持，所以，直至 1758 年下半年，普鲁士在东线战场上一直处于优势。这一格局的形成也意味着法国已经不是战争的主角。1758 年 8 月 25 日，腓特烈二世在佐恩多夫（Zorndorf）以 3.6 万人击败了 5.2 万俄军；10 月 14 日尽管在霍赫克尔青（Hochkirchen）败于奥军的奇袭，但是之后不久便将奥军赶出了萨克森和西里西亚。事实上，腓特烈二世在 1757 年损失不可谓不惨重，总共大约损失了超过 3 万名士兵和将近 1 000 名军官。但是，1758 年，腓特烈二世依旧能召集起与战争初期同样数量的部队投入战争，仅此一项成就，不得不让人佩服。更何况，凭借仅 15 万人的部

① 参见林赛编《新编剑桥世界近代史》，第七卷，第598—599 页。Walter L. Dorn，"Frederic the Great and Lord Bute，" *The Journal of Modern History*，Vol. 1，No. 4（Dec.，1929），pp. 529 - 560. Karl W. Schweizer，*England，Prussia，and the Seven Years War：Studies in Alliance Policies and Diplomacy*，Lewiston，N. Y.：E. Mellen Press，1989，p. 136.

队,竟能周旋于欧洲两大势力之间,这让人瞠目结舌。

不过,公允地说,普鲁士的胜利也不能完全看成是腓特烈二世一人之功。应当承认,俄奥两国彼此充满了猜忌,不能精诚合作,也是不容忽视的原因。此外,奥地利的作战思维很传统,宁愿打保卫战,也不愿主动出击。所以,面对以机动性和灵活性著称的普军,它一再延误战机。另外,俄国虽然在 1757 年冬天之后一直占领着东普鲁士,但是由于同奥军作战计划相互抵牾,所以俄军统帅费莫尔(William Fermor,1702—1771)向勃兰登堡进军后,也始终未能同奥军会师一处。俄军十分不适应奥军的防守战略,误以为他们想要保存实力,所以也没有决战的信心。1759年 7 月,俄军在新任统帅萨尔蒂科夫(Sergei Saltykov,1726—1765)指挥下,成功入侵勃兰登堡,击败普军指挥官韦尔德(Carl Heinrich von Wedel,1712—1782)。8 月 23 日,在奥地利一小股部队的支援下,俄军在波兰境内的库纳斯多夫战胜腓特烈二世主力,史称库纳斯多夫战役(Battle of Kunersdorf)。此次战役中,腓特烈二世投入精锐军力近六万,损失近两万。如果俄奥联军能够利用此次机会,或可一举制服普鲁士。可惜的是,萨尔蒂科夫深信奥地利没有尽全力,所以他也决心保存实力,按原路退回。奥军随后攻占德累斯顿等地,但由于俄军撤退,收效不大。

军事史家通常把库纳斯多夫战役视为腓特烈二世生平最惨痛的失败。① 尽管不久之后,普鲁士又奇迹般地恢复了军队实力,而且在 1759年 8 月击退了法军,并于次年两度打败了奥军,但是毕竟国力有限,独木难支。据统计,战前,法国征兵超过 60 万,战争过程中又增兵 30 万,也就是出动了约 100 万军队,相当于总人口的 4%。普鲁士的军队尽管扩张极为迅速,但直至 18 世纪 80 年代,腓特烈可支配的军队也不过 20 万人。另外,国家财力也开始枯竭,1761 年冬天,腓特烈对形势做了如下评估:"每捆稻草、每批新兵、每笔金钱,我能弄到手的一切都是,或者说都

---

① Franz Szabo, *The Seven Years War in Europe 1756—1763*, London & New York: Routledge, 2013, p 237.

成为敌人的恩惠，或者证明他们的疏忽，因为他们实际上把一切都拿走。"①尤其是老皮特(William Pitt,1708—1778)下台后，英国提供的补给也明显减少。所以，一旦变成持久战，会对普鲁士很不利。1761年下半年，奥俄两国的优势逐渐明朗化。劳登伯爵(John Campbell, 4th Earl of Loudoun, 1705—1782)攻下了西里西亚的施维德尼茨，为奥军扫清了通往西里西亚和西萨克森的道路。俄军攻占了波美拉尼亚(Pomerania)，西部战场布伦瑞克亲王不敌法国名将布罗伊公爵。欧洲局面再度扭转，而令腓特烈二世得以侥幸逃脱被灭国危险的，又是一件不可预料的偶然事件。这一事件不仅挽救了普鲁士，也在很大程度上促成了七年战争的结束。

俄国女沙皇伊丽莎白是一位既有野心、又有谋略的君主，从1741年俄瑞开战以来，就从未停止过对外征伐的脚步。她在位期间，俄国军队由原先的20万增至30万，并成功地将瑞典收为附属卫星国。伊丽莎白从未放过任何一次介入欧洲大战的机会，既同情法国，又不能接受普鲁士的崛起，决定将腓特烈重新变回选帝侯，并计划同奥地利瓜分普鲁士。所以，如果不是女沙皇病逝，普鲁士将难逃厄运。1762年1月5日，伊丽莎白中风去世。女皇无嗣，根据继承顺序，彼得大帝的外孙彼得三世(Peter Ⅲ,1728—1762)承袭帝位。这位沙皇有日耳曼血统，很崇拜腓特烈，继位后很快决定退出七年战争，1762年5月5日单方面与普鲁士签订了和约，归还所有征服的领土，并从东普鲁士和波美拉尼亚撤军。随后，瑞典也效法俄国，于同年5月22日签订了和约。这标志着欧洲大陆的战争基本结束。

不过，七年战争不只发生在欧洲大陆，因为这场战争不仅是普奥俄之间争夺霸权的传统的王朝战争，而且是一场争夺殖民地的海外战争。②自1648年签订《威斯特伐利亚和约》以来，英法两国都不失时机地积极

① 转引自 Sinclair Ramsay Atkins, *From Utrecht to Waterloo：A History of Europe in the Eighteenth Century*, London：Methuen, 1965, p.114。
② 以下内容参考林赛编《新编剑桥世界近代史》，第七卷，第602—605页。Jonathan R. Dull, *The French Navy and the Seven Years'War*, Lincoln：Nebraska, 2005, pp.161-172. James Pritchard, *Louis ⅩⅤ's Navy, 1748—1762：A Study of Organization and Administration*, Kingston：McGill-Queen's University Press, 1987, pp.199-200.

扩张各自在北美的殖民地,摩擦不断。七年战争正是殖民地矛盾累积的结果。在与布伦瑞克亲王周旋的同时,法国越来越重视海外殖民地的安全。这一转变同人事变动有关。由于失去了蓬帕杜夫人的信任,贝尼斯下台。新任外交国务秘书舒瓦瑟尔公爵对局势有自己的判断。他认为法国的主要利益不在大陆,而在海外,主要敌人不是普鲁士,而是英国。基于这种考虑,舒瓦瑟尔与奥地利签订《凡尔赛条约》(1758 年 12 月 30日,又称"第三次《凡尔赛条约》"),将用于大陆作战的军费开支削减了一半,并撤走了驻扎在莱茵河畔的部分军队。舒瓦瑟尔公爵认为,单凭法国的海军,根本无法与英国正面交锋,所以他设想了一个入侵英国,直接打击敌人心脏的计划。[①] 这份计划包括法军从多个港口同时登陆,进攻伦敦。但是实现这个计划的首要条件是突破英国的海岸封锁。然而,事与愿违。基伯龙湾海战(Battle of Quiberon Bay,1759 年 11 月 20 日)中,法国只击毁了 2 艘英国战舰,自己则损失了 7 艘战舰,阵亡 2 500 人,海军主力基本被摧毁,根本无法撼动英国对大西洋的控制权。基伯龙湾海战后,英国利用它对法国的绝对优势,进一步扩大海上势力,稳固了对路易斯堡、瓜德罗普、魁北克等商业重镇的控制权,并于 1762 年侵占蔗糖产地马提尼克、西班牙殖民地哈瓦那(La Habana)和菲律宾的马尼拉(Manila)。印度次大陆上的战争也对法国不利,拉利伯爵(comte de Lally,1702—1766)不敌有钢铁般意志的克里夫(Robert Clive,1725—1774),在被围城了 8 个月后投降,他据守的本地治里(Pondicherry)陷落,标志了法国称霸次大陆的希望就此终结。

　　七年战争既是一场殖民地战争,也是一场王朝战争,同时拥有德意志与海外两个主战场。如果仅从殖民地战争的角度来看,战争实际上早该结束,因为英国一旦在海外市场确立了绝对优势,就萌生了与法国和谈的想法。法国虽然也有同样的倾向,但是只要大陆的王朝战争依旧处

---

① 参见 Jeremy Black, *Natural and Necessary Enemies：Anglo-French Relations in the Eighteenth Century*, London：Duckworth, 1986, pp. 59 - 63。

于胶着状态,只要俄国誓与普鲁士一决雌雄,那么它就难以从战争中脱身。这也是 1761 年法国未能说服俄国同它一起与普鲁士进行和谈的原因。从这个意义上看,1762 年俄国继承危机构成了欧陆战争乃至七年战争的转折点,不仅推动英法和谈的局面进一步明朗化,而且彻底结束了战争。一旦俄国退兵,奥地利无论如何不可能单独与普鲁士对抗。

1763 年 2 月 10 日,各国签订了《巴黎条约》(Treaty of Paris)。从普鲁士、奥地利和萨克森三方关系来看,《巴黎条约》基本上恢复了各国战前的关系,普鲁士保留了西里西亚,放弃了东普鲁士。奥地利也不再为收复西里西亚而大动干戈。俄国因为早就退出了战争,因此不参与条约的讨论,不过,它作为欧洲强国的地位得到了进一步稳固。彼得三世遇刺后,继位的叶卡捷琳娜二世向西扩张,瓜分波兰。从英法一方来看,战争的得失更为明显。英国放弃了西印度群岛和东印度的法国领地,包括本地治里,这不过是英国为了回应普鲁士的讥讽做出的选择。因为在普鲁士看来,这些领地乃是英国在战争中不顾盟国命运擅自取得的不义之财。尽管英国做出了让步,但是它同普鲁士的关系并未因此有所改善。这也是十三年后,当北美殖民地反叛母国时,英国在欧洲找不到任何一个同盟国的主要原因。法国则蒙受了巨大的损失,不仅失去了加拿大,连路易斯安那也作为和谈的筹码,被割让给了西班牙。更重要的是,七年战争标志着法国作为欧洲强国的历史结束了。法国原本企图同时从海上、殖民地和欧陆发动战争,结果三个战场均告失利。这无疑是巨大的耻辱。苏拉威(Jean-Louis Soulavie,1752—1813)是启蒙时代一位开明教士,战后,他感叹说:"1756 年和 1757 年与奥地利签署的条约已被所有大国视为路易十五的耻辱……上述条约使法国从伟大、胜利的大国变成奥地利的附庸。"[1]塞居伯爵说得更透彻:

> "七年战争"出师无名,在这场战争中,法国没有任何可圈可点
> 的表现,一败涂地,毫无所得……失败给民族自尊心造成了剧烈而

---

① 转引自蒂莫西·布莱宁,《追逐荣耀:1648—1815》,第 733 页。

深远的创伤……法兰西君主国不再是一流大国……王室的呆滞、政治的颓废、君主的堕落激起了羞耻感,它既伤害了法国的民族自尊心,又燃起了民族自尊心。从王国的一头到另一头,与宫廷为敌都成了一种荣耀。①

第三节　驱逐耶稣会士

耶稣会是宗教改革时期,天主教接受新思潮并进行自我革新运动的产物,成立于 1534 年,1540 年得到教宗保禄三世(Paulus PP. Ⅲ,1468—1549)的承认。耶稣会受基督教人文主义影响,接受伊拉斯谟式的上帝形象,淡化堕落与原罪观,认为人有自由意志,上帝的恩典是对人通过自己的自由选择而行善的回报,这是 5 世纪佩拉纠主义(Pelagianism)或半佩拉纠主义的延续。②

传统上,耶稣会承担着宫廷忏悔神甫一职,创办学校,并负责向海外传教,不仅地位显赫,而且掌握了巨大的财富。但是,从 17 世纪中叶以来,耶稣会的地位就开始衰落。一方面,在传教的过程中,耶稣会的所作所为背离了教廷的基本原则。礼仪之争就十分典型地体现了这种冲突。在中国的耶稣会士允许皈依者用他们自己的措辞来称呼上帝,采用当地的传统礼仪,允许祭拜孔子和祖先。这自然有利于传教,却背离了天主教的基本主张。克雷芒十一世先后两次予以谴责(1704、1715 年)。本笃十四世在1742 年颁布《自从上主圣意》(Ex quo Singulari)通谕,重申禁令。③ 另一

---

① 蒂莫西·布莱宁:《追逐荣耀:1648—1815》,第 733 页。Louis-Philippe comte de Ségur, *Memoirs and Recollections of Count Segur*:*Ambassador from France to the Courts of Russia and Prussia*, vol 1, London:Henry Colburn, 1825, p. 16.

② Antoine Adam, *Du Mysticisme à la Revolte*, *les Jansénistes du Xviiᵉ Siècle*, Paris:Fayard, 1968, pp. 52-56. Leszek Kolakowski, *God Owes Nothing*:*A Brief Remark on Pascal's Religion and on the Spirit of Jansenism*, Chicago:University of Chicago,1995, pp. 47-48.

③ 可参见苏尔、诺尔主编《中国礼仪之争:西文文献一百篇》,上海:上海古籍出版社,2001 年;李天纲:《中国礼仪之争:历史·文献和意义》,上海:上海古籍出版社,1998 年;黄一农:《两头蛇:明末清初的第一代天主教徒》,上海:上海古籍出版社,2015 年。

方面,耶稣会的衰落也是国家不断世俗化、君权不断发展的必然结果,因为它们所主张的越山主义(ultramontanus)与绝对君主制所强调的"教在国中"存在根本冲突。葡萄牙在 18 世纪上半叶推行的改革及其引发的一系列矛盾,加速了耶稣会衰败的进程。

葡萄牙是一个土地富饶但粮食却不能自给、资源富足而手工业却很落后的国家。在布拉干萨王朝的统治下,葡萄牙王国的官僚体制尽管有所发展,但是无论是行政效率还是行动能力,都远远落后于欧洲其他国家。1750 年,国王若昂五世(John Ⅴ,1689—1750)患病 8 年后去世。若泽一世(José Ⅰ,1714—1777)继位,把军政大权交给德卡瓦略·厄梅洛(de Carvalho e Melo,1699—1782)。此人就是蓬巴尔侯爵(Marquis of Pombal)。他是一位铁腕首相,很有政治头脑,而且思想开明,常年旅居国外,熟悉启蒙思想,对英国和西班牙的情况十分了解,希望借助这两国的经验,在葡萄牙进行改革。蓬巴尔侯爵认为,葡萄牙制度最根本的弊端在于教会权力太大。那时候,葡萄牙或许是全欧洲宗教机构名目最多的国家,据说全国有近 900 个修道院。[①] 蓬巴尔侯爵绝不能容忍教会凌驾于国家之上,因此将改革矛头对准了与葡萄牙殖民政策产生激烈矛盾的耶稣会。[②]

引发矛盾的直接原因是葡萄牙耶稣会对殖民地的控制和管理。巴拉圭地区原属西班牙,但在 1750 年签订的条约中,归属葡萄牙。其中有一片地区属于耶稣会,称为皈依区。当地的改宗者受教士和教会的保护,既不能与殖民者接触,出产物也要用来资助传教团的传教活动。所以,耶稣会的活动直接影响了葡萄牙政府的利益。更令当局不安的是,当时在巴西传教的意大利籍耶稣会士马拉格里达(Gabriel Malagrida,1689—1761)煽动舆情,说里斯本大地震(1755 年)是上帝不赞成葡萄牙

---

① 参见林赛编《新编剑桥世界近代史》,第 7 卷,第 366—370 页。
② 参见戴维·伯明翰《葡萄牙史》,周巩固等译,北京:商务印书馆,2012 年,第 75—86 页。

新政府,对葡萄牙的惩罚。① 蓬巴尔侯爵在 1758 年出版的《简述》(*Brief Relation*)中列举了耶稣会的种种罪证,并将他们描绘成一个独立的共和国的主人,拥有世俗权力与军事权力。蓬巴尔将国王的忏悔神甫免职,禁止耶稣会接触宫廷,关闭他们的修道院和学校,没收他们在殖民地的财产。1758 年 9 月 3 日,葡萄牙发生了一起意图暗杀若泽一世的事件。蓬巴尔不失时机地将叛逆罪加在反对派和耶稣会头上,并在一个世俗法庭上对耶稣会士进行审判。1759 年 9 月 3 日,耶稣会被逐出葡萄牙。次年葡萄牙驱逐了教宗使节,并驳回了克莱蒙特十三世意在和解的请求,告诉教宗,要和解,除非将耶稣会全面镇压。从 1760 年开始,葡萄牙不再听从教廷,长达十年之久。葡萄牙的做法鼓舞了耶稣会在各国的反对派。

对法国而言,达米安事件更起到了推波助澜的作用。如前文所述,由于国内各种复杂的矛盾,巴黎高等法院想要撇清弑君的嫌疑,所以,在审讯中尽可能把一切罪责算在耶稣会头上,于是,掀起了一股势头颇为猛烈的反耶稣会的浪潮。而且,高等法院为把自己树立为基督教的卫道士,开始抨击耶稣会离经叛道。普拉德教士不仅失去了学位,还被逐出法国。德高望重的耶稣会士贝吕耶(Isaac-Joseph Berruyer,1681—1758)也成了靶子。② 在高等法院看来,贝吕耶与阿杜安神甫(Jean Hardouin,1646—1729)合著的《上帝子民史》(*Histoire du Peuple de Dieu*)一书,是耶稣会试图凌驾于教会之上的铁证,应禁止出版。③ 冉森

---

① 有关里斯本地震的新近研究,参见 Theodore E. D. & John Radner (eds.) *The Lisbon Earthquake of 1755: Representations and Reactions*, Oxford: Voltaire Foundation, 2005。

② "德高望重"一词是伏尔泰对贝吕耶的评价,参见 Voltaire, "Adams," *Dictionnaire philosophique, Œuvres de voltaire*, Tome 35, Oxford: Voltaire Foundation, 1994—1995, pp. 300 - 303。

③ 《上帝子民史》分三部分出版。第一部分题为《上帝子民史:从起源到弥撒亚降临》(*Histoire du peuple de Dieu depuis son origine jusqu'à la venue du Messie*),7 卷,1728 年出版,至 1736 年,至少再版 7 次,并译成德语、西班牙语、波兰语等。第二部分题为《上帝子民史:从弥撒亚降临到古犹太教终结》(*Histoire du peuple de Dieu depuis la naissance du Messie jusqu'à la fin de la Synagogue*),1753 年问世,1754 年在安特卫普再版,共 8 卷。第三部分题为《上帝子民史:使徒书信解述》(*Histoire du peuple de Dieu, ou paraphrase des Épîtres des Apôtres*),1757 年出版于里昂,共 2 卷。

派的理论家也出面抨击耶稣会士。勒佩日主编了一套 4 卷本的《法国耶稣会的诞生与发展史》(Histoire générale de la naissance et des progrès de la compagnie de Jésus en France)。① 勒佩日认为,耶稣会素来就有弑君的传统,但仅仅揭露这一点远远不够,还要揭示其组织原则的本质。在他看来,耶稣会的章程是专制的,该组织本身就是一个专制机构。他指出,耶稣会的唯一目标是确立它相对于其他团体的优越地位,它"反对一切团体,一切原则和规章",耶稣会士们想要主宰一切:他们要成为法官,要支配家庭,要控制宗教、商业甚至艺术。这种言论也得到其他人的支持,在一些小册子作者看来,整个耶稣会组织就是专制的,首脑的权威不受限制,修会中的普通成员则如同奴隶,盲目服从。总之,这样一种组织将把法国的君主制转变为专制主义。② 耶稣会本身代表一种反宗教改革的力量,其言论与主张更与 18 世纪的整个启蒙氛围格格不入。相反,启蒙思想更容易接纳冉森派。冉森派关于人的意志在不可抗拒的神的恩典面前是被动的思想,与情感主义者在认识方面的心智被动说是相符的,而且,冉森派和启蒙思想家一样蔑视中世纪,反对教宗至上论的观点也与哲人所强调的国家至上论的倾向相吻合。所以,谴责耶稣会的言论很有受众。

　　导致法国耶稣会陷入危机的直接原因是债务纠纷。拉瓦莱特(Antoine de La Valette,1708—1767)是一位高级耶稣会会士,大约从 1742 年起,在法属马提尼克岛传教。他为了偿还债务,在多米尼克购买了大片土地,并开始从事商业投机活动。但是,他的投机活动失败了,负债累累。七年战争更令他在殖民地的投资血本无归,只得宣告破产。但是,他似乎并不想全身而退。1757 年,拉瓦莱特公然违抗耶稣会总会长

---

① Christophe Coudrette et Louis-Adrien Le Paige (eds.), *Histoire générale de la naissance et des progrès de la Campagnie de Jesus: avec l'analyse de ses constitutions & privileges*, 4 tomes, Paris: s. n., 1761.

② Catherine Maire, *De la cause de Dieu à la cause de la Nation*, *Le jansénisme au XVIIIᵉ siècle*, Paris: Gallimard, 1998, pp. 505 – 507. Dale Van Kley, *The Damiens affair and the Unraveling of the Ancien Régime*, *1750—1770*, p. 197.

洛伦佐·里奇(Lorenzo Ricci,1703—1775)的善意劝告,执意卷入荷兰的商业活动,还公然挑衅教会。1762年,拉瓦莱特接受了耶稣会特别法庭的审判,并被暂停教职。据说,他负债高达240万里弗。在处理债务问题过程中,巴黎高等法院乘机处罚耶稣会为拉瓦莱特偿还所有债务之举,随后又成立了专门委员会,核查耶稣会的规章,并判定耶稣会的章程与法国的法律水火不容。1762年8月,高等法院取缔耶稣会,并查封它在法国的所有财产,宣布耶稣会的宗旨"破坏和违背宗教的一切原则,甚至是忠诚与诚实的原则,有损基督教的道义,毒害文明社会,煽动对国家权力和国王权力的敌视"①。外省高等法院又一次团结在各级高等法院联合理论的旗号下,纷纷声援巴黎高等法院。1764年11月,路易十五正式取缔了作为一个实体组织的耶稣会,只允许3500名法国的耶稣会士以普通公民的身份居住在法国境内。② 1773年,克莱蒙特十三世取缔了整个耶稣会。

尽管从宏观上看,驱逐耶稣会是各国历史发展的必然趋势,但也应当注意到,在当时背景下,法国政府决心取缔耶稣会,与具体的政治环境有关。就其本人而言,路易十五最初只想改革耶稣会,但是在高等法院步步紧逼下,不得不做出让步,以换取后者在注册财税法令方面支持政府。所以,驱逐耶稣会士,取缔耶稣会,是国王政府对高等法院让步的结果。事后,路易十五曾就此问题向舒瓦瑟尔公爵坦言,驱逐耶稣会是"为了我王国的安宁,"但"这有悖于我的意愿"。③ 事实上,在七年战争之后,无论具体人事安排,还是某些重要措施的落实方面,国王政府都表现出试图同高

① 林赛编:《新编剑桥世界近代史》,第7卷,第299页。Alfred Cobban, *A History of Modern France*, Vol.1, London:Penguin Books,1963, p.89. Dale Van Kley, *The Jansenists and the Expulsion of the Jesuits from France*, 1757—1765, New Haven and London:Yale University Press, 1975. *Dix-huitieme siecle*, No.8, numéro spécial, les jésuites, Paris:Garnier Frères, 1976.
② Colins Jones, *The Great Nation:France from Louis XV to Napoleon 1715—99*, pp.107-108.
③ Dale Van Kley, *The Religious Origins of the French Revolution*, New Haven:Yale University Press, 1996, p.158.

等法院握手言和的倾向。这也是舒瓦瑟尔公爵主政的基本策略。

第四节　舒瓦瑟尔改革

整个 18 世纪 60 年代,舒瓦瑟尔公爵权倾朝野,尽管没有首相之名,却行首相之权,掌控着大部分高层政府官员的任命权,把几乎所有重要职位都委任给自己的亲信。1758 年,舒瓦瑟尔公爵辞去外交国务秘书一职,兼任海军国务秘书与战争国务秘书,全权指挥七年战争。他把外交国务秘书一职留给自己的表兄舒瓦瑟尔伯爵(comte de Choiseul,1712—1785),但实际的决策者还是他本人。而且,随着王太子和王后先后去世,虔诚派的势力大为削弱,无人能与之抗衡。另外,公爵在商界也不乏支持者,比如有着传奇经历的巨贾拉波尔德(Jean-Joseph de Laborde,1724—1794)与公爵往来密切。七年战争尽管给法国造成了严重的损失,但是丝毫无损路易十五对公爵的信任。1763 年,舒瓦瑟尔公爵奉命管理阿格诺大司法区(grand bailliage de Haguenau),年金 55 000 里弗,数月后,他购得尚特卢城堡(Château de Chanteloup)。① 当时,甚至有传言说公爵有可能会当上财政总督(surintendant des finances)。②

大权在握的舒瓦瑟尔公爵极力修复与高等法院的关系。他出面调停贝桑松事件,平息矛盾。③ 1763 年,公爵说服国王,专门设立副司法大臣(vice-chancelier)一职。此举有多方考虑。首先,当时担任司法大臣的是拉穆瓦尼翁,既是虔诚派,也是高等法院的宿敌。由于司法大臣一职不可撤销,所以年过八旬的拉穆瓦尼翁尽管受多方排挤,甚至被流放到他自己的领地马尔泽尔布地区,但是依旧可以保留职位。④

---

① Julian Swann, *Politics and the Parlement of Paris under Louis ⅩⅤ*, *1754—1774*, p. 239.
② Barbier, *Chronique de la régence et du règne de Louis ⅩⅤ*（*1718—1763*）, Tome 8 p. 93.
③ 贝桑松高等法院所在地区属于公爵的辖区。
④ Bernard Barbiche, *Les institutions de la monarchie française à l'époque moderne ⅩⅥ^e-ⅩⅧ^e siècle*, pp. 154 - 155. Michel Antoine, *Le Conseil du Roi sous le regne de Louis ⅩⅤ*, Genève: Droz, 2010, p. 46.

因此,舒瓦瑟尔公爵设副司法大臣,是为了架空这位虔诚派的司法大臣,同时向高等法院示好。另外,他让老莫普出任副司法大臣,也颇费了一番思量。这一选择的原因在于:老莫普担任过巴黎高等法院院长一职,在司法界颇有声望,而且他和公爵一样,属亲王权一派。同时,舒瓦瑟尔公爵安排老莫普之子出任巴黎高等法院院长(Premier président du Parlement de Paris)。不过,当时人都知道,已经75岁的老莫普不可能事事亲力亲为,真正出谋划策的是莫普。老莫普新雇佣的秘书勒布伦(Charles-François Lebrun,1739—1824)事后回忆道:"无论是工作、思想还是性格力量,政府所仰仗的是这个儿子。"[1]

出于同样的考虑,舒瓦瑟尔公爵任命拉维尔迪为财政总监,接替与高等法院多有摩擦且态度强硬的贝尔坦。为缓解七年战争带来的财政压力,贝尔坦不断借债,债务高达2 300万里弗,而当时政府常规收入仅300万里弗。[2] 最后他只得将1756年开征的第二笔廿一税延长至1770年,同时宣布核实税基,编订地籍册,以确保公平的税收基础。此举遭到高等法院的反对。于是,贝尔坦说服路易十五,采取钦断,反而引起了外省高等法院的抗议。1764年12月,贝尔坦辞职。拉维尔迪原为巴黎高等法院推事,在与耶稣会的斗争中崭露头角,又是一位冉森派,所以深得高等法院法官的信任。舒瓦瑟尔曾向孔蒂亲王解释道,让拉维尔迪任财政总监,可以让"高等法院没有一点借口,因为选择这样一位财政总监,完全是合了他们的意"[3]。事实证明,这一任命是成功的,至少短期内很

① Charles-François Lebrun, *Opinions, rapports et choix d'écrits politiques*, Paris: Bossange, 1829, p. 10. 勒布伦经历非常传奇,他后来协助莫普进行司法改革,后成为1789年全国三级会议代表,参与网球场宣言,并参与起草1791年宪法。恐怖统治时他被逮捕过两次,但得以侥幸存活。督政府时期,他被选入元老院,后来成为拿破仑的第三执政,第一帝国时期的财政总监,1811—1813年担任荷兰总督。有关勒布伦的介绍,参见庞冠群《司法与王权:法国绝对君主制下的高等法院》,第199—200页。

② James Riley, *The Seven Years War and the Old Regime in France: the Economic and Financial Toll*, Princeton, N. J.: Princeton University Press, 1986, pp. 178 - 179, 202.

③ 转引自 Julian Swann, *Politics and the Parlement of Paris under Louis XV, 1754—1774*, p. 241. Joël Félix, *Finances et politique au siècle des Lumièresle ministère L'Averdy, 1763—1768*, Paris: Comité pour l'histoire économique et financière de la France, 1999, pp. 81 - 113.

见成效。像图卢兹、贝桑松和鲁昂等地区的高等法院很快表现出一副合作态度。第戎高等法院在 1764 年初说道："新阶段开始了。"①

舒瓦瑟尔公爵得以掌权，除了上述政治原因外，还与佩剑贵族入主内阁这一趋势有关。17 世纪后半叶以来，法国政府高层，包括御前会议、国务大臣(Ministre d'État)与各国务秘书，基本上由穿袍贵族担任。血亲亲王、主教、宫廷显贵以及那些家世悠久的佩剑贵族，与政务决策日渐疏远。这自然是路易十四稳固其绝对君主统治的策略之一，但也与佩剑贵族本身的衰败有关。但是，从奥尔良公爵摄政以后，这一趋势开始扭转。1715—1741 年间，越来越多血亲亲王、主教和宫廷贵族担任国务秘书或国务大臣，甚至列席御前会议，他们在政府高层的势力日渐稳固。② 学界一般认为，1758 年贝勒-伊斯元帅担任战争国务秘书是一个转折点，预示着佩剑贵族在政府中的地位开始提升。比如在路易十五一朝中，在贝勒-伊斯元帅之后，先后担任陆军国务秘书的有舒瓦瑟尔公爵和德蒙泰尔侯爵(marquis de Monteynard，1713—1791)，外交国务秘书先后由舒瓦瑟尔公爵、普拉兰公爵(duc de Praslin，即舒瓦瑟尔伯爵)、拉弗里利埃公爵(duc de La Vrillère，1705—1777)和达吉永公爵(duc d'Aiguillon，1720—1782)担任。政府其他高级职位的任职也有类似趋势。而且，在政府高层任要职的佩剑贵族，一般家世都很悠久，大部分可以追溯到 15 世纪以前。佩剑贵族掌控政府高层，甚至占领技术官僚的职位，这一趋势一直延续到路易十六时代。③

这一变化至少产生了三方面影响。首先，加剧了穿袍贵族与佩剑贵族的矛盾。关于这一现象，普拉兰公爵夫人做过如下评价，她把穿袍贵族称为"小有产者"，说道："这些职位终于落到我们手里，这些小有产者

① 转引自 Michel Antoine，*Louis XV*，p. 799。
② Roland Mousnier，*Le conseil du roi de Louis XII à la Révolution*，Paris：PUF，1970，p. 40.
③ Bernard Barbiche，*Les institutions de la monarchie française à l'époque moderne：(XVIᵉ-XVIIIᵉ siècle)* Paris：PUF，2012，p. 182. Colins Jones，*The Great Nation：France from Louis XV to Napoleon 1715—99*，p. 252.

(*petit bourgeois*)再也不会染指了。"①其次,由于担任财政总监的基本上都是穿袍贵族,且大多出身于高等法院,他们对政府行政的理解与佩剑贵族的观念很不一致。穿袍贵族在意如何开源节流、提高行政效率,佩剑贵族在意排场、年金以及军事荣耀。当时法国文人寇勒(Charles Collé,1709—1783)便讥讽这些掌权的佩剑贵族,他说,一旦由这些人掌控了职位,"那么对国家的管理而言,相当糟糕,因为他们不如穿袍贵族博学,但拿的(年金)更多"②。正因为这个原因,所以从 18 世纪中叶直至旧制度末,财政总监主持的财税改革不被掣肘的情况很少,只有泰雷神甫是例外,因为这届政府中主政的大多是亲高等法院的官员。最后一方面的影响表现在,佩剑贵族一旦入主内阁,意味着君权受到的牵制更多。以往,如果国王厌弃某位大臣,可将其流放外地,这是很常见的做法,不太会引起轩然大波。比如老臣莫勒帕因为得罪了蓬帕杜夫人,从 1749 年开始就被流放到布尔日,不准回到他自己的领地。但是,18 世纪 60 年代以后,情况出现了变化。一般来说,家世悠久的佩剑贵族根基深厚,关系复杂,而且他们的团体意识更强,所以,国王很难轻易根除他们对朝局的影响。1770 年 11 月,舒瓦瑟尔兄弟被流放,结果两百多名显贵赶赴尚特卢城堡,表示慰问。③ 所以,佩剑贵族重新掌握他们在路易十四时代失去的权力,也敲响了绝对君主制衰败的丧钟。

不过,制度的危机在 18 世纪 60 年代尚未显现。对历经七年战争挫

① C. Collé, *Journal et mémoires de Charles Collé sur les hommes de lettres*, *les ouvrages dramatiques et les évènements les plus mémorables du règne de Louis XV*, 1748—1777, Tome 3, Paris：F. Didot, 1868, p. 305. 另见 Julian Swann, *Politics and the Parlement of Paris under Louis XV*, 1754—1774, p. 50. 斯旺引文有误。

② 转引自 Julian Swann, *Politics and the Parlement of Paris under Louis XV*, 1754—1774, p. 51。

③ J. Mansergh, "The Revolution of 1771 or the Exile of the Parlement of Paris," unpublished D. Phi, thesis (University of Oxford, 1973). Julian Swann, *Politics and the Parlement of Paris under Louis XV*, 1754—1774, pp. 51 - 52. Julian Swann, *Exile, Imprisonment, or Death：The Politics of Disgrace in Bourbon France*, 1610—1789, Oxford：Oxford University Press, 2017.

败的法国而言,当务之急是如何改革弊端,重振国威。拥有全权且秉持佩剑贵族特有的爱国情感的舒瓦瑟尔公爵正是最佳人选。他既熟悉法国的内政,也了解其他国家的情况。1765 年,舒瓦瑟尔公爵向路易十五递交了一份《备忘录》(*Mémoire au roi*),陈述了他对欧洲未来的看法:

> 英国是您的权力与您的国家的公然的敌人。要警惕英国,要保卫我们的国家,她永远都是。英国对商业的贪婪,在所有事情上她那种不可一世的态度,对您的权力的猜忌,此外,不同阴谋集团轮流执政,意味着要和这个国家建立和平关系,还需要好几个世纪,因为英国的目标是在全世界建立霸权。美洲必然爆发革命,这场革命之后,英国的力量会受到削弱,不再会令欧洲其他国家害怕。为了这一时刻,我们应做好准备,应从政治上提防其危险的计划,并保卫好我们的国家,应该做的一切,我都已在备忘录中一一向您做了说明。①

公爵认为,他的改革正是迎合上述趋势,具体而言包括以下几个方面。首先是国际关系。舒瓦瑟尔认为,未来国际争霸的重点不在大陆,而在海洋,所以要保证后方安全,就需要拉拢奥地利,要提升海上争霸实力,就需要稳固与西班牙的盟约。当然,这一调整也在一定程度上削弱了法国对欧陆的政治影响。这表现在法国不得不放弃波兰。1763 年,波兰国王奥古斯特三世去世。路易十五并没有支持他的岳父莱什琴斯基,而是同意波尼亚托夫斯基(Stanislas Poniatowski,1732—1798)出任波兰国王。这实属无奈之举,因为波尼亚托夫斯基是俄国女沙皇叶卡捷琳娜二世的情人,法国不愿得罪俄国,只能放弃波兰。此后,法国在中欧的影响陡降,接连失去了瑞典和奥斯曼的支持。② 不过,法国还是得到了一些补偿。一是,莱什琴斯基去世后,他治下的洛林和巴尔(Bar)两块公爵领地

---

① 转引自 Jean Meyer et Jean Bérenger, *La France dans le monde au XVIIIe siècle*, Paris: Sedes, 1995, p. 240。

② Lucien Bély, *La France moderne*, pp. 558 - 560.

名正言顺地成为路易十五的领地。二是,舒瓦瑟尔与热那亚于 1768 年 5 月 15 日签订条约,法国帮助热那亚平息科西嘉人的叛乱,条件是热那亚将科西嘉割让给法国。1769 年,科西嘉并入法国。洛林和科西嘉对法国有着重要的战略意义,东南边防得以稳固。

　　其次,舒瓦瑟尔着手改革军队。七年战争结束后,法国退伍军人达 10 万人之多,急需招募新兵。传统上,这项工作由贵族家族承担,与政府无关。从路易十四时代开始,这类做法已成定制。贵族提供军队与军费,换取更多特权和恩赏,并通过战争牟利。据统计,17 世纪后半叶,大约有 25%—30% 的军费开支都来自贵族家族。[1] 结果,公权与私权缠绕在一起,军队纪律涣散,效忠于贵族,而非国家。这正是舒瓦瑟尔公爵的改革想要解决的问题。他借着需招募大量新兵这个机会,削弱贵族的影响,取消了部分军官职务的买卖,规范军官招募,规定军官只能来自世家贵族(noblesse de race)。这项改革事实上迎合了当时要求政治贵族化的趋势。1756 年,圣富瓦伯爵(comte de Sainte-Foy,1721—1795)就开始在名噪一时的《军事贵族》中宣扬类似的观点。[2] 后任战争国务秘书的圣-日耳曼伯爵(comte de Saint-Germain,1707—1778)接续了舒瓦瑟尔的改革,全面取消了军队的卖官鬻爵制度,1781 年颁布的《塞居敕令》(édit de Ségur)规定所有的军官必须来自世家贵族。

　　舒瓦瑟尔进一步改革军队编制,1763 年以后,步兵军团不再随军官命名,而是划归到省的名下,而且士兵在入伍前必须要宣誓效忠国王。他还统一军队制服与武器配备,引进普鲁士的训练体系,建立规范的军队指挥体系。舒瓦瑟尔提高了军队的薪酬,改善装备,任命格里博瓦尔(Vaquette de Gribeauval,1715—1789)为炮兵督查官(inspecteur de

---

① Guy Rowlands, *The Dynastic State and the Army under Louis XIV: Royal Service and Private Interest 1661—1701*, Oxford: Oxford University Press 2012, pp. 265 - 266.

② Chevalier d'Arc, *La noblesse militaire: Opposée à la noblesse commerçante: ou le patriote français*, Amsterdam, 1756. 圣富瓦伯爵是路易十四的私生子图卢兹伯爵之子。

l'artillerie），负责改良炮兵和大炮。① 他研发的新式大炮在斯特拉斯堡举行的军演中一举成名。这项设计在法国革命战争和帝国战争中发挥了关键作用。舒瓦瑟尔也很重视海军的改革。当时，法国上层社会有这样一个共识，那就是海军的无能是导致七年战争失败的关键原因，因此改革海军势在必行。② 1763 年，舒瓦瑟尔起草了一份建设海军的备忘录，计划建造一支由 90 艘战船、45 艘护卫舰组成的海军，建设资金主要来自法国各特权团体组织——比如圣灵骑士团、巴黎六大商会、省三级会议——的捐赠，战舰以资助方命名。1765 年，法国海军装备了有 64 门大炮的"阿图瓦号"（Artésien）以及有 80 门大炮的"圣灵骑士团号"（Saint-Esprit），1766 年装备了三艘战舰，分别是"勃艮第号"（Bourgogne）、"马赛号"（Marseillais）和"布列塔尼号"（Bretagne）。"布列塔尼号"装备精良，有一百门大炮，耗资约 115 万里弗，在 1778 年韦桑岛海战（Battle of Ushant）中，重创英国的著名战舰"胜利风帆号"。在大革命时期，这艘战功赫赫的战舰改名为"革命号"（Révolutionnaire），继续服役直到 1796 年退役。③ 由于种种原因，舒瓦瑟尔建设海军的计划尽管没有完全落实，但依旧取得了令人称许的成果。直至 18 世纪 70 年代，法国新建的海军装备了大约 66 艘战列舰、35 艘护卫舰和 21 艘小型护卫舰。

除了改革军队外，舒瓦瑟尔还领导了一系列行政改革与经济改革。18 世纪 60 年代，经济问题受到了法国文人的普遍关注。正如 1763 年《经济杂志》所说："这个国家的天才几乎每天都在关心经济问题。"④舒瓦

---

① Colins Jones, *The Great Nation: France from Louis XV to Napoleon 1715—99*, p. 254.
② Pritchard, James Stewart, *Louis XV's Navy, 1748—1762: A Study of Organization and Administration*, Kingston: McGill-Queen's University Press, 1987. Michel Vergé-Franceschi, *La Marine française au xviiie siècle: guerres, administration, exploration*, Paris: SEDES, 1996.
③ Jean Meyer et Jean Bérenger, *La France dans le monde au XVIIIe siècle*, pp. 241 - 243.
④ 转引自 Colins Jones, *The Great Nation: France from Louis XV to Napoleon 1715—1799*, p. 258。

瑟尔尽管并不喜欢魁奈,但是相信经济自由化有助于国家繁荣,所以他并未阻挠财政总监拉维尔迪主持的自由化改革。1763—1764 年,拉维尔迪颁布了一系列法令,放宽了对谷物贸易的管制,以提升农业生产,满足大土地所有者,随后又进一步放松对贵族经商的限制。贵族可以从事银行业、金融业和手工制造业,而且经商者可以免服兵役,政府规定每年晋升 2 名商人为贵族。[1]

　　除此之外,拉维尔迪对法国的地方行政体制进行了全面改革。首先,他于 1764 年 8 月和 1765 年 5 月先后颁布两份敕令,废除地方市镇官员(管理市政财政收入和入市税的收纳官员)的卖官体制,恢复官员选举,以人口为标准,建立统一的三套市镇管理模式与选举程序,并放宽市镇财政权。官员选举中,保留等级制,市长不采用直选,而先由地方显贵会议选出候选人,再由国王从中遴选并任命。[2] 自 1629 年颁布《米舒法典》(Code Michau)以来,市镇的财政权一直受到王权或领主的严格监管,一般来说,任何超出常规开销(dépenses ordinaires,或译日常开销)的额外开销(dépenses extraordinaires),都需要首先得到督办官(南方地区为居民大会)的批准,一切地方附加税都需要取得御前会议的正式认可。[3] 拉维尔迪的改革一定程度上增大了市镇显贵会议的财政权力,由显贵会议负责地方常规开销、债务等事务。总体上,1764—1765 年市镇改革在各地的落实情况不尽相同。一般来说,在有选举传统的南方地区和巴黎高等法院辖区,落实较为顺利,但在领主权力根深蒂固的北方地区,阻力较大,勒阿弗尔、鲁昂和迪耶普(Dieppe)三个地方的反对最为猛

---

① Steven Kaplan, *Bread, Politics and Political Economy in the Reign of Louis XV*, Vol. 1, p. 327.

② 地方市镇通过选举的显贵会议,其规模与市镇人口相关,比如超过 4 500 人的市镇,通过选举产生的显贵会议(assemblée des notables)至少 14 人,其中分贵族、教士、财政署、行会、公证人等进行名额分配,最后基本上特权和上层阶层占 8 人,技工和小有产者为 6 人,参见 Maurice Bordes, *L'administration provinciale et municipale en France au XVIIIe siècle*, p. 256。

③ 有关市政财政权的问题,参见 Maurice Bordes, *L'administration provinciale et municipale en France au XVIIIe siècle*, pp. 191 - 194。

烈,直到 1770 年才最终落实。

　　1766 年,拉维尔迪开始推动省议会改革。[①] 与市镇改革类似,这场改革的初衷是试图通过恢复选举,重建地方行政议会。由于种种原因,拉维尔迪只针对东北芒什沿海的布洛奈(Boulonnais)和西南的阿基坦地区起草了改革方案,但并未真正落实。尽管如此,此次改革尝试亦对后来的省议会改革有启示作用。从他的方案中可以发现,省议会是一套完整的地方议会体制,从最基层的堂区直至省,设立不同层级议会,而且财产(主要是不动产)是议会代表选举的主要资格标准,并且贵族代表十分重视家族历史。[②] 另外,尤其需要注意的是,议会代表选举按人头投票,而不是按等级投票,而且议会中第三等级代表数量也是前两个等级的两倍,这显然都是借鉴了朗格多克省三级会议的模式。至少从 18 世纪中叶开始,有不少人呼吁,把朗格多克省三级会议推广到全国。政府高层也有类似的认识,舒瓦瑟尔有一份《三级会议省草案》(*Projet d'États provinciaux*,1778 年)。据说,路易十五也有类似的计划。[③] 这说明至少在 18 世纪中叶,政府高层已意识到,与督办官辖区相比,三级会议地区的征税效率更高,为完善国家税收,必须要改革地方行政体制,让纳税者参与到管理中,因此,按人头投票并增加第三等级代表人数是更可取的做法。

---

① Marie-Laure Legay, "Un projet meconnu de decentralisation au temps de Laverdy (1763—1768): les grands Etats d'Aquitaine," *Revue historique*, T. 306, Fasc. 3 (631) (Juillet 2004), pp. 533 – 554.

② 以阿基坦三级会议为例,在这个省议会中,贵族代表资格为:1. 4 000 里弗的地产(fonds de terre);2. 150—200 年的贵族历史;3. 年满 25 岁。

③ 路易十五读过米拉波的书,而且写过一份备忘录,谈到建省三级会议(Jacques-Mathieu Augeard, *Observations modestes d'un citoyen sur les opérations de finances de M. Necker, et sur son compte rendu, adressées à MM. les pacifiques auteurs des "Comment?" des "Pourquoi?" et autres pamphlets anonymes*, 1781, p. 31; Pierre Renouvin, *Les assemblées provinciales de 1787: origines, développement, résultats*, Paris: A. Picard, 1921, pp. 25 – 26)。他甚至考察过英国的制度,并向英国人询问过,他们的议会制是否能在法国落实(Julian Swann, *Politics and the Parlement of Paris under Louis XV, 1754—1774*, p. 221)。

在上述改革的推动下,法国经济出现了复苏,物价普遍上涨。据统计,谷物和肉类的价格上涨了 50%—60%,木材价格上涨了 63%,土地租金涨幅很大,基本上除了工资收入群体外,所有其他的有产者都从经济复苏中获益。1760 年,法国对外贸易额为 2.92 亿里弗,1764 年增加到 5.55 亿里弗。爱国主义热情高涨,贝卢瓦(Buirette de Belloy,1727—1775)创作的《占领加莱》(Le Siège de Calais)掀起一波又一波热潮,甚至波及圣多明各。① 法国开始走出七年战争的阴影。

第五节 莫普改革

18 世纪 60 年代后半叶,舒瓦瑟尔公爵的地位出现了危机。一方面,拉维尔迪的自由化改革尽管得到他的支持,但触犯了贵族利益,遭到权势阶层的反对。主政佛兰德的索拜斯亲王向舒瓦瑟尔控诉:"(这项改革)破坏了国家的宪政……剥夺了它的特权。"②另一方面,政府和高等法院的矛盾再度升级,这也是必然的。若要完善税制,必须公平征收,前提是要有可靠的税册,而建立完善地籍册势必触犯高等法院法官的利益,因为大部分法官都拥有不动产。③ 矛盾开始激化。和往常一样,税收是导火索,一场新的风暴正在酝酿。这就是布列塔尼事件(affaire de Bretagne)。④

拉维尔迪上台后,将前任贝尔坦留下的一份财税计划(1763 年 11 月 21 日诏令)提交高等法院注册。这份计划包括建立统一地籍册(cadastre

---

① M. M. Moffat, "Le Siège de Calais et l'opinion publique en 1765, " *Revue d'histoire littéraire de la France*, 1932, pp. 339 - 354.

② Maurice Bordes, *La réforme municipale du contrôleur general L'Averdy et son application*, 1764—71, Toulouse: Association des publications de la Faculté des lettres et sciences humaines, 1963, p. 142.

③ 有关建立地籍册的叙述,参见 Antonella Alimento, *Réformes fiscales et crises politiques dans la France de Louis XV : de la taille tarifée au cadastre général*, Bruxelles: P. I. E. Peter Lang, 2008。

④ 庞冠群:《司法与王权:法国绝对君主制下的高等法院》,第 149—154 页。Michel Antoine, "En marge ou au cœur de l'affaire de Bretagne?: Intrigues et cabales de M. de La Chalotais," *Bibliothèque de l'École des chartes*, Vol. 128, No. 2 (Juillet-Décembre 1970), pp. 369 - 408.

général)以及清偿债务两项基本任务。① 拉维尔迪动用他在高等法院的人脉关系,顺利使诏令通过巴黎高等法院和其他大部分地方高等法院的注册。1764 年 6 月 5 日,布列塔尼的雷恩高等法院经讨论,也通过了注册,但附加了一项条款:高等法院无权损害本省的"权利、豁免权和自由"。② 10 月,布列塔尼三级会议召开,审议 11 月 21 日诏令,反对针对本省所征收的关税征收"每里弗 2 苏"的税。此抗议得到雷恩高等法院的核准。

这场危机之所以会不断发酵,而且影响不断扩大,与以下几个因素有关。首先,布列塔尼位于法国边陲,地方观念很重,是法国最后一个设督办官的外省,由古老的佩剑贵族控制布列塔尼三级会议,较为贫困的贵族把持雷恩高等法院。③ 督办官不仅权力很小,而且一直受到雷恩高等法院与省三级会议的辖制。其次,布列塔尼事件发生时,时任督办官为勒布雷(Le Bret,1719—1765)。此人不仅毫无威望,而且缺乏政治经验,且经常不住在布列塔尼,他的无能更助长了地方贵族的气焰。④ 第三个因素与布列塔尼总督达吉永(d'Aiguillon,1720—1782)有关。达吉永家族属新贵,他的祖上因同枢机主教黎塞留攀上了姻亲关系,开始发迹。不过,直到 18 世纪 30 年代,达吉永通过购得军官职务才晋升为贵族。但是,达吉永很有政治野心,在奥地利王位继承战争和七年战争中表现突出。他一心想要凭借自己的表现,同时仰赖他的叔叔、时任外交国务秘书的圣·弗洛朗坦伯爵(comte de Saint-Florentin,1705—1777)的提携,进入政府高层,因此 1753 年被任命为布列塔尼总督之后,他所做的

---

① Michel Antoine, "En marge ou au cœur de l'affaire de Bretagne?: Intrigues et cabales de M. de La Chalotais," *Bibliothèque de l'Ecole des Chartes*, Tome CXXVIII (July-Dec. 1970), p. 370.

② Julian Swann, *Politics and the Parlement of Paris under Louis XV: 1754—1774*, p. 252.

③ 布列塔尼督办官设立于 1689 年,参见 Henri Fréville, *L'intendance de Bretagne, 1689—1790: essai sur l'histoire d'une intendance en Pays d'Etats au XVIII siècle*, 3 tomes, Rennes: Plihon, 1953.

④ Henri Fréville, *L'intendance de Bretagne, 1689—1790: essai sur l'histoire d'une intendance en Pays d'Etats au XVIII siècle*, Tome 2, pp. 14, 65.

一切只为博得中央的好感,所以绝不允许地方抗命不遵。另外,达吉永与雷恩高等法院的高级检察官(Procureur-Général)拉夏洛泰(La Chalotais,1701—1785)素来不睦。他认为拉夏洛泰性情乖戾,而且同情耶稣会,对拉夏洛泰在驱逐耶稣会中的积极表现十分不满。以上便是布列塔尼事件爆发的背景。

布列塔尼地区的抗议一直持续到1765年,雷恩高等法院法官全体请辞(1765年5月22日)。此外,也出现了小册子和传单,抨击圣·弗洛朗坦伯爵,还出现了攻击国王的匿名信。圣·弗洛朗坦伯爵介入调查。拉夏洛泰被安上了莫须有的罪名,包括他在内的6名法官被捕(1765年11月10日),这引起了民众的普遍同情。在法国游历的英国军官谢克尼斯(Philip Thicknesse,1719—1792年)坚信拉夏洛泰父子是无辜的,并认为高等法院是为了"自由这项人人生而具有的权利而斗争"①。人们普遍认为,把拉夏洛泰投入大牢,这是达吉永公报私仇的结果。

中央政府派出专员,展开调查。下派到布列塔尼的专员,有未来先后成为财政总监的乔利·弗勒里(Joly de Fleury,1718—1802)与卡隆,以及出任巴黎警察总监的勒努瓦(Jean-Charles-Pierre Lenoir,1732—1807)和巴黎督办官贝尔捷·德萨维尼(Bertier de Sauvigny,1737—1789)。调查专员肩负两项任务。第一项任务是重组雷恩高等法院,这项工作在1766年年初完成,新招募的21名法官基本上是达吉永的亲信。第二项任务是审讯在押的6名法官。此举引发了新一轮抗议。但是,中央态度坚决,不肯让步。1765年底,36岁的王储(Louis de France,1729—1765)死于肺结核,王储与王太子妃的儿子,也就是路易十五的孙子路易·奥古斯特(Louis Auguste,即未来的路易十六)成为王储。路易十五悲痛万分,决心不能把分裂的、软弱的王权传承给王储。宫廷中受压制的虔诚派也找到了复仇的机会。他们乘机鼓动路易十五,惩罚叛乱

① John Lough, *France on the Eve of Revolution*, *British Travellers' Observations 1763—1788*, London and Sydney: Croom Helm, 1987, pp. 249 - 250.

的高等法院。局势对他们也越来越有利,因为蓬帕杜夫人已于 1764 年 4 月去世。达吉永、他的堂兄黎塞留元帅(duc de Richelieu,1696—1788) 以及圣·弗洛朗坦伯爵正是虔诚派的核心人物。

政府与高等法院继续对峙。巴黎高等法院对雷恩法院的重组十分不满,向国王递交抗议书,前后不少于 13 份。① 他们在 1766 年 2 月 2 日的谏诤书中宣称,政府的行为公然侵害了国家的神圣权利,践踏了国民的权利与尊严。同年 3 月 3 日,路易十五亲临巴黎高等法院,做了著名的《鞭笞训辞》(la séance de la flagellation),予以回应。他说:

> 最高权力只存在于我手中……我的法院及其权威皆因我而存在……立法权只属于我,无须依靠什么,也不可分享……民族的权利与利益(有些人胆敢认为它是与君主相分离的)必然是与我的权利与利益相结合的,并且只在我的手中……有些坏人宣称这个团体是不可分割的,它是君主制的本质与基础,它是民族的中心、民族的法庭和工具。他们还称这个团体是民族自由、利益和权利的保护者和主要的保管处。……他们还断言,这个团体负责一切关乎公众福祉的事务,它不仅向国王负责还向民族负责。……他们是国王与他的人民之间的仲裁者……要从原则上确立这样一种有害的新鲜玩意儿,就是要滥用法官的职位,就是要同法官的机构相抵触,背叛其利益并漠视国家的根本法。②

这份《鞭笞训辞》充分展现了绝对君主制的基本原则,即在整个王国内,只有国王才能代表整个国民的公共性,只有王权才是一切权威的根本来源。无论是高等法院宣称的各级高等法院联合理论,还是他们自称在国王面前代表国民代言人这一身份,都是对绝对君权的挑衅,是对国家基

---

① Julian Swann, *Politics and the Parlement of Paris under Louis XV*: *1754—1774*, p. 251.
② F J. de. Flammermont ed., *Les Remontrances du Parlement de Paris au XVIIIe Siècle*, Tome 2, pp. 555 - 559. 转引自庞冠群《司法与王权:法国绝对君主制下的高等法院》,第 152—153 页。

本原则的颠覆。路易十五所做的《鞭笞训辞》，以及对高等法院的惩戒，并不过分，因为这正是绝对君权的体现。事实上，他的曾祖父曾经就这么做过。对旧制度法国的政治史而言，个人因素很重要。如果路易十五能坚持自己的原则，能有他曾祖父的气魄，那么，之后的政治史可能会有大不相同的走向，当然这不是说历史会被改写。但不幸的是，对我们这位国王，还有他的王孙、未来的路易十六而言，这些要求都有些不现实。这两位国王，由于某种性格缺陷，总会在不恰当的时候，表现出不恰当的强硬态度，结果往往很糟糕。

从实际表现来看，此时的路易十五政府颇有点色厉内荏，看似强硬，却无作为，对布列塔尼地区的抗议听之任之，不加管制，反而让下派的专员以及新组建的法院很难开展工作。民众把新法院讥讽为达吉永法庭（bailliage d'Aiguillon）。[1] 另外，路易十五优柔寡断、犹豫不决的性格缺陷很快暴露出来，他原本想提审拉夏洛泰，1766 年年底突然改变了态度，"我不想再给他找罪证了"[2]。而且，不知何故，政府委派奥吉尔（Jean-François Ogier，1703—1775）前来出任布列塔尼三级会议特别会议的主席。此人原属舒瓦瑟尔一党，与达吉永素来不和。达吉永觉得，他可能失去了中央的奥援，只得于 1768 年 8 月主动请辞。

之后的事态发展表明，政府的确放弃了与高等法院正面对峙的立场，转而采用相对迂回的策略。中央启用了莫普。莫普在处理图卢兹高等法院危机时所表现出来的才干与智慧，早已为他确立了声望。1768 年 9 月，拉穆瓦尼翁主动请辞，莫普顺理成章地接过了司法大臣一职。他就任后第一项措施，就是召回流放的法官，重建雷恩高等法院。但是，事态的复杂性超出了他的预期。一方面，路易十五又转变了态度，不愿宽赦拉夏洛泰的罪行，更不愿恢复他的职位。另一方面，被召回的法官也不

---

① 关于这个法庭的构成和运作，参见 Barthélemy Pocquet, *Le duc d'Aiguillon et La Chalotais*, Tome 3, Paris: Perrin, 1901, pp. 245 - 276。Marcel Marion, *La Bretagne et le duc d'Aiguillon*, *1753—1770*, Paris: Fontemoing, 1898, pp. 358 - 423。
② Colins Jones, *The Great Nation: France from Louis XV to Napoleon 1715—99*, p. 274.

愿接受莫普的和谈条件,他们决心重申1766年案件,不过被告不是拉夏洛泰,而是达吉永,罪名是贿赂证人做伪证,借机打压拉夏洛泰。

无奈之下,达吉永只得接受审讯,不过他只愿意接受巴黎同侪法庭(Cour des Pairs)的审讯。因为,首先他的身份是大贵族,雷恩高等法院无权审问。其次,他觉得在巴黎接受审讯可能更有利。蓬帕杜夫人去世后,杜巴利夫人(du Barry,1743—1793)成了国王的新宠,头衔是国王首席情妇(maîtresse en titire)①。杜巴利夫人能进入高层,完全是黎塞留元帅一手操办。另外,先前下派布列塔尼的专员弗勒里也已升任巴黎高等法院的庭长,他曾私下向达吉永保证肯定会无罪释放他。虔诚派的力量似乎有所恢复,这也让达吉永有了些许安心。他给路易十五写了一封信,表达了自己从来都是奉命行事,从无二心:"调查一定很快结束,而且由您主持,审讯必定不会拖拉,我有理由相信对我的指控都是捏造的。"②

1770年4月4日,巴黎高等法院开庭审讯。出席庭审的有国王、司法大臣莫普以及其他大贵族。法院推翻了雷恩高等法院的判决,认为只有巴黎高等法院有权审讯大贵族。法官们认真审查了雷恩法院提交的材料,前后提审了66名证人,一直到6月底,迟迟未能做出最后审判。路易十五似乎失去了耐心,6月27日他决定以钦断的方式,结束审讯,做出判决。这一决定在很大程度上改变了事态的进展。不论国王为何做出这个决定,在旁人看来,他以如此专断、仓促的方式结案,有欲盖弥彰之嫌。因此,法官们更坚信达吉永有罪,而且对国王的专断行为更为不满。③ 法官的

---

① 国王首席情妇(maîtresse en titire)是个半正式的身份,始用于亨利四世时期。享有此头衔的情妇,有自己正式的寓所,与国王的关系是公开的。成为"首席情妇"的一个前提是必须是有夫之妇。1769年在黎塞留元帅的安排下,让娜·兰孔(Jeanne Rancon)嫁给了杜巴利伯爵(Comte Guillaume du Barry,1723—1811),成为杜巴利伯爵夫人,同年4月成为首席情妇。
② 转引自 Julian Swann, *Politics and the Parlement of Paris under Louis XV*:1754—1774,p. 324。
③ 关于这个选择,学界有很多不同的解释,Marcel Marion, *La Bretagne et le duc d'Aiguillon*, 1753—1770, pp. 573,578—579;William Doyle,"The Parlements of France and the Breakdown of the Old Regime," in Doyle, *Officers, Nobles and Revolutionaries:Essays on Eighteenth-Century France*, London:Hambledon Press,1995,pp. 1-49。

抗议也得到了众多血亲亲王和大贵族的支持,因为他们被禁止列席法院会议,觉得权利受到了侵犯。

1770 年 7 月 2 日,高等法院下达决议:第一,不能以钦断方式结束审讯;第二,开除达吉永的大贵族身份。① 巴黎高等法院态度如此坚决,如此毫无顾忌,因为他们有舒瓦瑟尔公爵支持。正如英国史家科班所说:"在舒瓦瑟尔时期,王权向高等法院低头已成了惯例。"②但是,舒瓦瑟尔公爵的权威很快受到了挑战。

1769 年 12 月,财政总监丹沃因提出再次延长廿一税,遭到抵制,主动辞职。莫普公然反对舒瓦瑟尔提出的候选人,自作主张推荐了泰雷神甫出任财政总监。泰雷神甫没有显赫的出身,他的家族直到路易十四时代才晋升贵族。③ 泰雷神甫从 21 岁起在巴黎高等法院供职,负责财政事务,担任"法庭报告起草人",工作勤勉,政声卓著,但是心机很深。莫普任命泰雷,很重要的原因是他们两人对财政问题的理解比较一致,而且都意识到开源节流的重要性。他们有这种认识,与一味贪图军功的佩剑贵族自然会有矛盾冲突。所以,莫普和舒瓦瑟尔之间有个人矛盾,但更主要的是穿袍贵族和佩剑贵族之间的矛盾。

面对王权和高等法院之间的冲突,莫普的选择很有限。如果他要化解与舒瓦瑟尔的个人恩怨,就意味着必须对付达吉永,那么只能听凭高等法院发难,局势可能会不可收拾,而且很可能会失去泰雷神甫这位得力助手。所以,莫普只能选择压制高等法院,与舒瓦瑟尔关系恶化也在所难免。此外,之前负责调查布列塔尼事件的专员,此时大多已升任高

---

① 原文参见 J. de. Flammermont ed. , *Les Remontrances du Parlement de Paris au XVIIIe Siècle* , Tome 3, pp. 126 - 127。

② Alfred Cobban, "The Parlements of France in the Eighteenth Century," *History*, New series, Vol. 35, No. 123/124 (February and June, 1950), p. 75.

③ 参见 Steven L. Kaplan, *Bread, Politics and Political Economy in the Reign of Louis XV* , Vol. 2, pp. 490 - 491。有关泰雷神甫,至今依旧缺少一部完整的传记。相关信息可参考 Lucien Laugier, *Un ministère réformateur sous Louis XV : le Triumvirat（1770—1774）*, Paris: La Pensée universelle, 1975。

位，他们也支持达吉永。权衡了这些利害关系之后，莫普于 1770 年 8 月 20 日下令逮捕了 3 名布列塔尼法官。他甚至没有给高等法院喘息的机会，策划了又一次《鞭笞训辞》，9 月 3 日，在没有事先通告的情况下，他陪同国王，驾临巴黎高等法院。国王勒令撤销审讯。莫普则毫不掩饰地警告高等法院，以冒犯国王的名义逮捕了布列塔尼法官。他宣称，今后类似的行为必会受到同样的惩罚。他还警告说，高等法院之间的任何联络都是对王权的侵犯。这等于禁止了各级高等法院联合理论。

在此次行动中，莫普坚毅果断，雷厉风行，没有给法官留下任何可以妥协的余地。1770 年秋天，在泰雷神甫的协助下，莫普不断攻击高等法院。他最后起草了一份决议，重申《鞭笞训辞》的基本原则，而且列举了自路易十五统治之始高等法院所犯的诸种罪状，全面驳斥了各级高等法院联合理论、高等法院为国民代表的种种理论，重新宣告绝对王权原则，并限制了高等法院抗议的手段和言论，包括禁止使用"团结一致"（unité）、不可分割性（indivisibilité）和"各高等法院联合"理论，不得公开传播法庭的文件与决议，禁止集体请辞，另外还规定：

> 我们允许他们在注册我们的法令、宣言或诏书之前提出谏诤书或抗议，他们认为这是有利于我们人民的利益或有利于对我们的服务……在我们认为有必要了解并判断他们的评论时，我们会听取其意见，在此之后，我们将坚持自己的意愿，并要求在我们或送信人面前注册我们的命令、法令、宣言和诏书，我们禁止其提出任何可能阻止、扰乱或延迟执行上述法令的决议。①

这一条款无形中削弱了高等法院最重要的一项权力，虽然可以保留谏诤权，可以对待注册的法律提出不同意见，但是如果国王不听取，他们就得无条件服从。这等于说，此后谏诤权徒有形式，而无实效。对此巴黎高等法院必然予以抗议，不断提交诉状，甚至把高等法院的命运与整个王

---

① 完整译文参见庞冠群《司法与王权：法国绝对君主制下的高等法院》，第 158—159 页。

国的命运联系在一起。但是，这也无法让路易十五回心转意。12 月 7 日，路易十五再次采取了钦断，亲临高等法院，勒令法官停止抗议。高等法院并未驯服。抗议一直延续到 1771 年年初。

1771 年 1 月 20 日，周日，凌晨 1 点到 4 点之间，巴黎高等法院每一名法官宅邸的门都被两名王室卫兵敲响。这些人奉了国王与司法大臣之命而来，手持密札，传达国王命令，要求法官们立即回到法院，恢复工作，并且命令他们不要对送信人犹豫迟疑、拐弯抹角，而是要直接给出接受或拒绝的书面答复。在这些法官当中，有 35 个人拒绝直接回答，70 个人给出了否定的答复，50 个人表示服从。在这 50 人中，其实只有 38 人明确回答"是"，而另 12 个人表示周一可以去法院。这样算来，总共 117 个人或者是给出了否定的答复，或者拒绝回答，抑或仅仅许诺周一上午出现在法院；而只有 38 人屈服了。1 月 20 日，当法官们回到高等法院所在的司法厅，当即表决通过了一份决议，重申他们绝不妥协的决心。是夜，除了屈服了的 38 人以外，其他所有法官都被流放到各个不同的偏远地区。不久，剩下的 38 名法官也变得坚决起来，决定与他们的同僚共患难，次日夜晚也踏上了流放之路。①

高等法院法官的团体意识素来很强。这一方面和职业有关，大部分法官一生中几乎只在一个法院任职，而这个职位也可能传给他的后代。因此法院的命运与他们自身的命运乃至家族的命运息息相关。法院既是他工作的地方，也是保护他的机构。另一方面，法官团体意识的不断强化，也与他们同王权的长期斗争有关。所谓王国基本法的理论与历史，为他们塑造了认同的基础。所以对他们来说，法官这个身份，不仅仅是一个职位，更代表了声名与荣耀。这是大部分法官会选择与高等法院

---

① 斯旺分析了高等法院法官选择服从的政治文化背景，参见 Julian Swann, "'Silence, respect obedience': political culture in Louis ⅩⅤ's France," in Hamish Scott, Brendan Simms (eds.), *Cultures of Power in Europe during the Long Eighteenth Century*, Cambridge, UK: Cambridge University Press, pp. 225 - 249。另见庞冠群《司法与王权：法国绝对君主制下的高等法院》，第 162—163 页。

共存亡的原因。在 18 世纪,高等法院法官被判流放并不少见,但是这次流放有所不同。无论是惩罚的力度,还是受罚人数之多,都可以说史无前例。首先,所有法官不仅被判流放,而且在流放后他们的职位也被没收,这意味着他们不可能再恢复职位。另外,从 12 月 3 日下达决议,到 12 月 7 日的钦断,直至次年 1 月 21 日全体法官被流放,前后不足两个月,这充分体现出了莫普的老辣与铁腕。最后,以往经常是将法官流放到一个地方,而这次,法官们被流放到不同的地方,这些地方地处偏僻,生活条件艰苦,也都是莫普精心安排的结果。

　　莫普旋即对高等法院展开了大刀阔斧的改革。首先,他于 1771 年 4 月 13 日完成了巴黎高等法院的重组,精心挑选了一批亲信,组建新法院,史称莫普法院(Parlement Maupeou)。由于其他法院——比如马尔泽尔布①领导的间接税法院——也加入了反莫普的行列,所以,新法院规模很小。原先巴黎高等法院有法官 170 人,莫普法院只有 75 人,其中 7 个庭长,68 个推事。② 接着,莫普缩减了巴黎高等法院的辖区,削弱了其权力。原先,巴黎高等法院的司法辖区大约覆盖了法国国土面积的 2/3。新法院仅管辖法兰西岛、奥尔良、庇卡底大区、兰斯和苏瓦松地区。此外,在外省,莫普在原先没有高等法院的地区,如阿拉斯、布卢瓦等,共设立 6 个新法院,其目的是尽可能使各高等法院辖区均衡,实现彼此之间的牵制。与其他高等法院不同,这 6 个新法院属于高级法院(conseils supérieurs),其职能仅限于注册法令,但不能延迟注册,权力十分有限。再者,莫普进一步削减高等法院的谏诤权。根据 1771 年 2 月 23 日颁布的新法令,只有巴黎高等法院保留谏诤权,有权对待注册的法案表示抗议,但是谏诤书必须在法院接到新法令的两个星期内呈上,可以复制谏诤书,但不可以印刷。最后,莫普废除了杜埃(Douai)、梅茨、东贝(Dombes)和鲁昂四座最不驯服的高等法院,削减了图卢兹高等法院的

---

① 马尔泽尔布与司法大臣拉穆瓦尼翁同属拉穆瓦尼翁家族,20 岁步入司法界,8 年后接替父职,升任间接税法院的院长。马尔泽尔布是托克维尔的曾祖父。
② Julian Swann, *Politics and the Parlement of Paris under Louis XV : 1754—1774*, p. 353.

司法权限,将某些高等法院的职权移交本地的审计法院,解雇了那些在此前各类风暴中顽固站在中央对立面的法官,保留立场温和的官员。

除此之外,莫普改革中影响最广的措施是全面废除司法官职的买卖。从 16 世纪开始,法官的职位都是出钱购买,终身担任,而且允许子承父业,因此官职本质上是一种私产。[1] 大量官职的售卖,强化了法官阶层的团体意识,也对王权构成了挑战,因为国王若不能补偿官职费用,就无法罢免法官职位。莫普利用 1770 年的政治危机,废除法官职位的售卖,并向那些自愿辞职的人退还购买职位的本金,新设的法官实际上是由中央政府任命的领薪的公务员。另外,莫普还取消了为时人所诟病的诉讼费(épices),并对律师系统也进行了改革,设立了一百个可供出售的职位,名为高等法院的律师(avocats du parlement),既是律师,也是检察官。另外,之前毕业生和行会的学徒工一样,满 3—7 年的见习期后才能担任辩护律师。而现在,所有法律系的毕业生毕业后都有权成为辩护律师。最后,莫普计划编纂一部统一的法兰西法典。[2]

对于这场改革,学界分歧很大。有人称之为莫普政变(coup d'état de Maupeou),也有人称之为莫普革命(Révolution Maupeou),不同称呼代表了不同立场。在 20 世纪初的法国学界,右翼保守派学者会为莫普摇旗呐喊,他们认为王权战胜了特权。左翼共和史学家也有类似立场,但是理由不同,他们认为莫普革命朝着废除特权、推动社会进步迈出了关键一步。[3] 不论持何种立场,无人会否认莫普改革对法国君主制所产生的深远影响。高等法院是一个团体,和行会、市镇团体没有本质区别,有自身的传统,拥有完整的法人身份。莫普改革本质上就是清除君主制国家中的团体制度和团体精神,确立一个更为纯粹的绝对君主制国家。

---

① 参见黄艳红《钱与权:制度史视角下法国旧制度时代的职位买卖》,《史林》2015 年第 5 期;董小燕、杨磊《旧制度时期法国捐官制与绝对主义王权的关系探讨》,《浙江学刊》2020 年第 1 期。

② Colins Jones, *The Great Nation: France from Louis XV to Napoleon 1715—99*, pp. 282 - 283.

③ 参见庞冠群《司法与王权:法国绝对君主制下的高等法院》,第 8—10 页。

卖官鬻爵体制的废除,进一步推动了清除团体制度的进程,使公权力与私权力的区分更加明确。就此而论,莫普改革动摇旧制度的根基,丝毫不为过,这也是为什么有史家会把法国革命的起点定在1770年。①

莫普改革对当时的舆论和观念产生了更为直接的影响,激起了公众对政治的热情。奥地利驻法国大使梅西伯爵(comte de Mercy,1727—1794)向特蕾西亚透露:"现在,宫廷里,社会上,城里乃至整个王国,讨论的唯一问题就是政治。"②仅1771年就出现了一百多份小册子,或是批评莫普,或是支持政府。启蒙哲人对这场改革的态度莫衷一是。伏尔泰曾因让·卡拉案(1762年),对宗教不宽容的高等法院深恶痛绝。在他眼中,莫普改革体现了他所青睐的那种开明专制:"尽管我热爱自由,但我宁愿服从于天生比我更为强壮的狮子,也不愿被一千只像我一样的耗子吞食。"③反莫普的小册子数量庞大,作者包括法官、律师、亲王以及启蒙哲人。这些人被冠以爱国党(parti patriote)之名,其中有爱尔维修、雷纳尔神甫(Abbé Raynal,1713—1796)、霍尔巴赫等人。④ 政府收紧了书报检查的力度,焚毁了6 000多套新版《百科全书》。但是,由于爱国党得到奥尔良公爵、孔蒂亲王以及巴黎警察总长萨尔蒂讷(Antoine de Sartine,1729—1801)等人的支持和保护,所以,反莫普的小册子传播极快。

这类小册子内容庞杂,质量不一,但有几个共同的主题。首先是抨击内阁专制(despotisme ministériel),哀叹作为专制最后屏障的贵族自由传统的丧失。马尔泽尔布在1772年6月写给友人的信中坦陈,莫普

---

① François Furet, *The French Revolution*, *1770—1814*, translated by Antonia Nevill, Oxford, UK; Cambridge, Mass. , USA: Blackwell, 1996.
② Durand Echeverria, *The Maupeou Revolution*: *A Study in the History of Libertarianism*, *France*, *1770—1774*, Baton Rouge: Louisiana State University Press, 1985, p. 27.
③ Durand Echeverria, *The Maupeou Revolution*: *A Study in the History of Libertarianism*, *France*, *1770—1774*, p. 156.
④ 关于爱国党的社会性质,埃切维里亚认为比较难以界定,参见 Durand Echeverria, *The Maupeou Revolution*: *A Study in the History of Libertarianism*, *France*, *1770—1774*, p. 38。

所作所为,将带领法国沦为东方专制(depotisme oriental)。① 狄德罗也认为,改革动摇了法国的构成法(constitution),"现在要向那些能防止君主制沦为专制的各类特权告别了"②。另外,莫普改革证明了以孟德斯鸠为代表的贵族理论的失败,因为事实证明,作为中间等级的贵族根本无法阻止君权专制,所以急需寻找更稳固、更有效的手段。因此,越来越多的人要求召开全国三级会议。高等法院的法官和律师再次成为排头兵。③ 波尔多高等法院一名年轻法官塞日表达了更激进的思想。塞日深受卢梭的影响,将契约看成是一切政治社会的根源,"经所有社会成员明确表达的共同意愿"是权力的基础。在他看来,不仅高等法院是公意的产物,王权也不外如是。塞日认为,莫普犯的是叛国罪,因为挑战高等法院等同于挑战全民的公意。既然以代表国民意愿自居的高等法院已经垮台,那么公意由谁来代表更为合适呢? 自然就是全国三级会议。正如塞日所言,在这个国家中,真正由全体国民参与的、代表立法权的是全国三级会议。④ 从18世纪70年代开始,直至1789年,要求召开全国三级会议的呼声一直未曾中断。

从短期来看,莫普改革成效显著。新组建的高等法院很顺从,泰雷神甫推行的改革畅行无阻。此外,随着高等法院的去势,舒瓦瑟尔失去了许多支持者,而且他的政策也越来越得不到国王的支持。路易十五先前重用他,因为法国需要恢复国力,重振君威。但是,国王是一位非常虔诚的人,不喜扩张,更厌恶战争,认为战争和扩张永远是不正义的。⑤ 但是,舒瓦瑟尔公爵始终不忘与英国对抗,他进行改革、恢复国力的目的是

① Jean Egret, *Louis XV et l'opposition parlementaire*, 1715—1774, p. 209.
② 转引自 Elie Carcassonne, *Montesquieu et le problème de la Constitution française au XVIIIe siècle*, Paris: PUF, 1927, p. 453。
③ Elie Carcassonne, *Montesquieu et le problème de la Constitution française au XVIIIe siècle*, pp. 421, 464—465.
④ Keith Baker, "A Classical Republican in Eighteenth-Century Bordeaux: Guillaume-Joseph Saige," in *Inventing the French Revolution: Essays on French Political Culture in the Eighteenth Century*, Cambridge: Cambridge University Press, 1990, p. 144.
⑤ Lucien Bély, *La France moderne*, p. 519.

为了扩张。他原先希望借助西班牙的力量,干扰英国在大西洋尤其是福克兰群岛的贸易,以达到损害英国利益的目标,结果并不理想,于是,舒瓦瑟尔公爵计划正面对抗英国。这显然不仅会与莫普与泰雷神甫缓解国家债务的计划冲突,更不是路易十五所愿。国王对舒瓦瑟尔说:"先生,我要告诉你,我不想看到战争。"[1]在辞退舒瓦瑟尔的同一日,路易十五便正式通告西班牙国王卡洛斯三世(Carlos Ⅲ,1716—1788),法国会坚定地维持与西班牙的盟国关系,但是不会卷入与英国的任何争端。

1771 年 6 月,路易十五召回达吉永,令其出任外交国务秘书。达吉永奉行和平外交,敦促西班牙将福克兰群岛归还英国,并进一步通过秘密和谈改善与英国的关系。这一系列和平外交政策,既符合路易十五的愿望,也吻合莫普改革的方向。莫普、泰雷与达吉永并称"三巨头"(Triumvirat),主导了 18 世纪 70 年代初期的大部分改革。莫普与泰雷之间的合作更为紧密,1770—1774 年间,政府颁布 170 道敕令,都由他们两人联署签名。[2] 这一系列改革的主要内容,就是结束了法国自 18 世纪 60 年代以来推行的谷物自由贸易。1770 年 7 月 14 日下达的决议废除了 1764 年 7 月敕令,取消了国内的谷物自由贸易。同年 12 月 23 日颁布法令,废除谷物自由出口。该决议声称:"国王考虑到谷物价格以及 1763 年 5 月 25 日诏令与 1764 年 7 月敕令的执行情况,认为必须要废除这些干扰谷物贸易的弊端,恢复实施旧有的官职体制的某些条例。"[3]

为何法国重回粮食管制?这主要同农业歉收有关。从 1765 年开始,法国的农业一直歉收,1768 年情况略有好转,但因该年冬天出现了严寒,春天遭遇干旱,谷物价格上涨了一倍,面包价格更是创造了新的纪录。葡萄歉收使东南地区的葡萄园陷入危机,手工业工场倒闭,失业率

---

① Michel Antoine, *Louis ⅩⅤ*, p. 923.

② Lucien Laugier, *Un ministère réformateur sous Louis ⅩⅤ : le Triumvirat*(1770—1774), p. 12.

③ Henry Clark, "Grain Trade Information: Economic Conflict and Political Culture under Terray 1770—1774," *The Journal of Modern History*, Vol. 76, No. 4 (December 2004), pp. 793 - 834.

大幅上涨,而且由于人口持续增加,灾害变得更严重。前现代社会周期性的危机再次出现。经济危机带来了骚乱。从诺曼底,到弗朗什-孔泰,以及法国中部大部分地区,包括西南部、南部等,都出现了民众抗议,甚至出现了骚乱。奥弗涅督办官在报告中甚至说:"我们正处在最骇人听闻的饥荒的前夜。"①

公众认为,正是谷物贸易自由化导致了歉收。重农学派成为众矢之的。那不勒斯驻法国大使的秘书、经济学家加利亚尼撰写的《谷物贸易对话录》于1770年问世,他认为,谷物贸易自由化颠覆了君主制基本原则,因为等级不平等依赖于食物的低价,而保证低价的是管制,而非贸易自由化。② 狄德罗撰写《为加利亚尼教士辩护》(Apologie de l'abbé Galiani)。③当局也转变了态度,不仅审查重农学派的刊物《公民历书》,也不再支持各地的农业学会。1773年,内克所撰《颂科尔贝尔》(Éloge de Jean-Baptiste Colbert)获得法兰西学院大奖,这预示着风气的转变。④

不过,泰雷恢复谷物贸易的管制,并不完全是迫于形势。他对政府职责和市场贸易有自己的理解。首先,泰雷和当时大多数人一样,都认为导致谷物价格居高不下的,不是供不应求,而是商人的唯利是图,所以,允许自由买卖相当于为贪婪开了方便之门。⑤ 其次,他认为,既然谷物属于必需品,就必须接受公权力的监管,而不能与其他可以买卖的商

---

① 转引自 Steven L. Kaplan, *Bread, Politics and Political Economy in the Reign of Louis XV*, Vol. 2, p. 503。

② Ferdinando Galiani, *Dialogues sur le commerce des bleds*, Paris: Fayard, 1984. 有关加利亚尼的思想分析,参见 Steven L. Kaplan, *Bread, Politics and Political Economy in the Reign of Louis XV*, Vol. 2, pp. 599 - 609。

③ Diderot, "Apologie de l'abbé Galiani," in *Œuvres de Diderot*, Tome 3, Politique, édition établie par Laurent Versini, Paris: Robert Laffont, 1995, pp. 123 - 160.

④ Henri Grange, *Les idées de Necker*, Paris: C. Klincksieck, 1974, pp. 21 - 24. 格朗日(Henri Grange)基本上把内克视为实用主义者,认为他实际上有别于重商主义。学者哈里斯(Robert D. Harris)不同意这种观点,更强调内克的经济理论与他对整个法国社会结构的看法联系在一起。参见 Robert D. Harris, *Necker: Reform Statesman of the Ancien Régime*, Berkeley, London: University of California Press, 1979, p. 69.

⑤ René Girard, *L'Abbé Terray et la liberté du commerce des grains 1769—1774*, Paris: PUF, 1924, pp. 31 - 32.

品相提并论。政府不仅要管控谷物贸易,而且要全面搜集各产区的谷物生产与流通信息,加以集中分析,以此为基础,建立合理的谷物监管与分配体系。为此,他提出了"总体生计"(subsistance générale)的设想,这本质上还是一种重商主义思维。① 1771 年,泰雷建立了谷物专卖局(régie des grains),由专卖局负责建设谷仓,囤积粮食,定价销售。根据泰雷的设计,谷物专卖局应当是一个分工明确、职责清晰的现代官僚体制,管理必须依赖于精确的数据,而不是依靠类似"好年景"(bonne année)、普通年景(année commune)这类模糊的概念。可见,谷物专卖局体现了一种理性化的管理方式。②

除了恢复谷物贸易管制外,泰雷为缓解财政压力,采取了一系列比较专断的措施。首先,他于 1770 年降低年金公债的利息,并停止支付部分政府到期的债务。通过这两项举措,泰雷宣称为政府分别节约了1 100万和 1 700 万里弗。③ 此外,泰雷还通过增设待售官职来增加收入。在他任期内,至少增设了 9 000 个官职,其中还不包括数不清的行会师傅职位,总数超过了路易十五在位的任何时期,莫普的改革总体上也不过撤销了3 500 多个职位。④ 此外,泰雷颠覆了拉维尔迪的改革,把已经由选举产生的市镇官职,重新变成了可以买卖的官职。最后,他还试图从现有的卖官鬻爵的体系中抽取现成的利益,买官者应该自己来为所持职位估价,总监坚持估价将成为纳税义务的基础,并将百分之一税(centième denier)⑤扩

---

① Lucien Laugier, *Un Minisère réformateur sous Louis ⅩⅤ* , *Le Triumvirat*, *1770—1774*, pp. 267 - 270. Steven L Kaplan, *Bread*, *Politics and Political Economy in the Reign of Louis ⅩⅤ* , Vol. 2, pp. 546 - 549.

② René Girard, *L'Abbé Terray et la liberté du commerce des grains 1769—1774*, pp. 69 - 70. Lucien Laugier, *Un Minisère réformateur sous Louis ⅩⅤ* , *Le Triumvirat*, *1770—1774*, Paris: La Pensée universelle, 1975, p. 275.

③ 参见黄艳红《法国旧制度末期的税收、特权和政治》,第 261 页。

④ 参见黄艳红《法国旧制度末期的税收、特权和政治》,第 79 页。

⑤ 1703 年起实行的一种税。规定国王有权从一切不动产及不动产实际产权的转让(包括出售、交换、赠予及旁系继承等)过程中提取 1%的费用。1771 年后这一税收也针对官职转让进行征收。

展到了所有官职,带来了大量收益。

这些急功近利的措施尽管可以增加政府的短期收入,但是长期来看效果很不理想,既严重损害了政府的信誉,也不利于行政自由化的进程。不过,泰雷的财政改革也不是一无是处,在核准税基、建立地籍册方面,他延续了前任的工作,进行了一些有益的尝试。泰雷认为,廿一税总体上是比较公正平等的,问题在于要建立可信的地籍册,为此他在1771年向新成立的高等法院递交了一份法令,延长廿一税,重新明确按财产征税的原则,次年5月他要求各地督办官开展核查税基的工作。客观来说,这是一项比较进步的措施,但是由于泰雷的大部分措施都很不得民心,因此这项核查税基的措施也被时人看成是借着改革高等法院之际,粗暴地压榨纳税人之举。①

莫普当政的四年(1770—1774)是18世纪法国历史的转折时期。他的改革不仅触及了制度的根本层面,而且激起了一场与之前相比更为激进的观念论战。和以往不同,这场论战并没有消退,而是不断发酵。18世纪70年代以后,事态的发展和观念的衍生似乎成了两股互相推动的力量。事态促成政治观念原有的含义得到不断的阐发,而观念本身又赋予事态以越来越激进的意义。对君主制而言,莫普改革提出的基本问题是:以高等法院为代表的贵族等级并不是君主制不可或缺的构成部分,也不是保障国民权利的有效制度,那么,更有效的保障是什么呢? 启蒙思想与政治历史开始结合。公意理论不仅为召开全国三级会议做了充足的理论准备,而且为第三等级登上历史舞台准备了条件。

---

① Colins Jones, *The Great Nation：France from Louis ⅩⅤ to Napoleon*, p. 304.

第七章　君主制的自我拯救

第一节　开明内阁

　　路易十六生于 1754 年,是路易十五之孙,是王太子路易·费迪南德(Louis Ferdinand,1729—1765)的第三个儿子。路易·费迪南德与萨克森选帝侯的女儿萨克森的玛丽·约瑟芬(Marie-Josèphe de Saxe,1731—1767)共生下了八个孩子,其中五个男孩。路易十六的两个哥哥勃艮第公爵与阿基坦公爵,未及成年就遽然夭折。他还有两个弟弟,即后来封为普罗旺斯伯爵的路易十八(Louis ⅩⅧ,1755—1824)和封为阿图瓦伯爵的查理十世(Charles Ⅹ,1757—1836)。1765 年 12 月 20 日,路易·费迪南德患肺结核去世,路易·奥古斯特成为王太子。

　　路易·费迪南德思想开明,不反对启蒙运动。他不仅读过《论法的精神》,而且与其作者、那位波尔多高等法院院长有过多次私下会面。他的英文也很好,熟悉洛克、休谟的作品,尤其喜爱博林布鲁克的《爱国君王的观念》(Idea of Patriot King,1740 年)一书。路易·费迪南德的学识和教养对他的儿子很有影响。路易十六的英语说得也相当流利,还亲自翻译过英国人霍勒斯·沃波尔(Horace Walpole,1717—1797)的《有关理查三世生平和执政的历史疑点》一书。[1]　而且，路易十六对英国文化情有独钟。他私人藏书有 7 833 本，其中关于英国的有 586 本。[2]　这在当时，已算不小的规模。伏尔泰是有名的亲英派，他的藏书总量与路易十六差不多，但是有关英国的书籍只有 287 本。另外，或许是受他父亲影响，路易十六对启蒙运动兴趣颇浓，不仅自己出资购买了一整套《百科全书》，还是休谟《英国史》的忠实读者。1763 年，休谟访问法国的时候，9 岁的路易十六与这位英国哲人有过一次正式的会面。1792 年 8 月 10 日革命后，路易十六被关进唐普勒堡(Temple)，还把《英国史》带在身边。另外，他也很喜欢地理学。他的地理老师是启蒙时代著名的制图专家布阿什(Philippe Buache，1700—1773)。此人在 27 岁时绘制的《布阿什地图》展现了南极洲的样貌，轰动一时。在布阿什的引导下，路易十六对绘图的兴趣越来越浓厚，据说他的桌子上总摆着没有画完的地图。

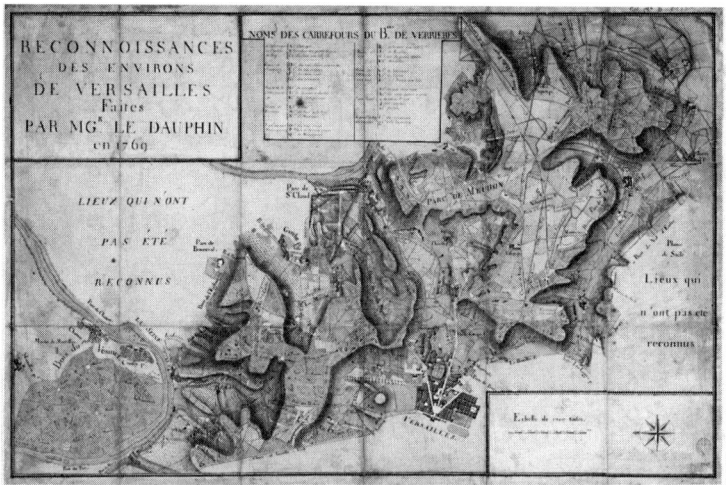

图 18　路易十六绘制的"凡尔赛周边"地图(1769)

---

[1] Horace Walpole, *Règne de Richard Ⅲ*, *ou doutes Historiques sur les Crimes Qui lui sont imputés. Traduit de l'Anglaise par Louis XVI*, *imprimé sur le manuscrit*, *écrit en entier de sa main*; *Avec Des Notes*, Paris：Lerouge, 1800.

[2] Georges Lamblin, "Louis XVI angliciste," *Études anglaises*, Vol. 22（1969），p. 131.

路易十六接受的国王技艺(métier du roi)教育,既受启蒙影响,也保留了传统的痕迹。① 拉沃居庸公爵(duc de La Vauguyon,1746—1828)是王储的导师,他命曾是御用史家、在莫普改革时坚定地捍卫王权的莫罗起草了一份有关君主职权的原则。公爵将这些原则改编为 32 条,以问答的方式教给王储。② 不过,路易十六似乎更爱读莫罗的另一本书《君主的义务》(Les Devoirs du prince)。此书写于莫普改革之时,为一种传统的父权君主制辩护。莫罗认为,君权本质在于立法权,而且这种权力不可分割,因为法国的君主享有绝对的权力,只向上帝负责。莫罗关于君权的看法很保守,但对社会的看法却体现了启蒙的影响。他认为,社会成员无一例外都应按财产进行纳税,这不仅关乎正义,也有助于经济繁荣。尽管不是重农学派,莫罗也相信农业乃是社会的根基。他认为,法国农民负担太重,必定不利于农业发展。而最合理的税收应当针对不动产,是一种按其产量征收的比例税,任何针对人征收的税都是不合理的。③《君主的义务》对路易十六的施政方针有一定影响,他在意社会公平,意识到思想交流的价值。正如韦里神甫(abbé Véri,1724—1799)所赞许的:路易十六时期,正是哲学统治的时代。④

路易十六性格懦弱,这一点很像他的祖父。这或许与他的经历有关。幼年双亲亡故,缺少家庭温暖,从小生长在充满阴谋的宫廷里,所以他并不擅长与人交流,而且缺少果断与勇气,显得特别腼腆,如果不是万不得已,绝不会在公开场合发言。王后玛丽·安托瓦内特(Marie Antoinette,1755—1793)就曾说:"所有的事情中,他最怕的是向一群人

---

① 有关"国王技艺",参见 Nannerl Keohane, "Orthodox Absolutist Theory and the Métier du Roi," in *Philosophy and the State in France*:*The Renaissance to the Enlightenment*, New Haven:Princeton University Press, 1980, pp. 246 - 261。

② Louis ⅩⅥ, *Les réflexions sur mes entretiens avec M. de La Vauguyon*, Paris:J. P. Aillaud, 1851.

③ Moreau, *Les devoirs du prince*, *reduits a un seul principe*, *ou Discours sur la justice*, *dedie au roi*, Versailles:Impr. du roi, depart. des aff. etr. , 1775, pp. 192, 179, 181。

④ 转引自 John Hardman, *The Life of Louis ⅩⅥ*, p. 72。

说话。"①所以,路易十六的姑妈阿黛拉(Marie Adélaïde de France, 1732—1800)总是耐心教他:"贝里,你讲话的时候放松点,喊出来,大声喊出来,像你的弟弟阿图瓦那样,声音响一点。"②另外,路易十六对君权的完整性看得很重,绝不容忍任何侵犯他权威的做法。所以,他有时表现得唯唯诺诺,有时又很像一个君主。苏拉威(Jean-Louis Soulavie, 1751—1813)说,路易十六"身体里有两个人,一个是知道要什么的人,一个是想要什么的人。他的第一重性格十分复杂,变化很大,但是,在治国方面,他从来不会表现出那种表达意愿、号令一切的性格特点"③。

路易十六爱把他的私事写进日记。从 1766 年开始,直到 1792 年 8 月 10 日被关进唐普勒堡,他就一直记日记,未曾中断。1789 年 7 月 14 日,他在日记中写道:"rien(无事)"。这段纪事经常被用来证明路易十六愚笨,竟对当天巴黎发生的大事一无所知。实际上,这是以讹传讹的误解。④ 因为路易十六在日记中所记之事,无非两类,其一为私事或家事,其二是他狩猎所获。7 月 14 日所记"rien"意味着他当天狩猎一无所获。路易十六和他祖父一样,酷爱打猎。苏拉威说,打猎是他唯一不需要培养的激情。他回忆说:"8 月 10 日后,我去过一趟凡尔赛,看到在路易十六那间不大的卧房里,在楼梯上,摆放着六张表格,上面详细记录了他或身为王储,或身为国王,每次打猎的情况。表格登记了每次打猎的猎物的数量、种类、品质,并对他在位期间的每个月、每个季节以及每一年的狩猎情况作了统计。"⑤据统计,13 年中,路易十六共猎杀了189 251头野兽,其中鹿有 1 274 头。⑥

---

① 转引自 John Hardman, *The Life of Louis XVI*, p. 26。
② 转引自 John Hardman, *The Life of Louis XVI*, p. 25。
③ 转引自 John Hardman, *The Life of Louis XVI*, p. 24。
④ Philippe Lejeune, "'Rien' Journaux du 14 juillet 1789," in *Le Bonheur de la littérature: Variations critiques pour Béatrice Didier*, sous la direction de Christine Montalbetti et Jacques Neefs, Paris: PUF, 2005, p. 277 - 284.
⑤ Jean-Louis Soulavie, *Mémoires historiques et politiques du règne de Louis XVI, depuis son mariage jusqu'à sa mort*, Tome 2, Paris: Treuttel et Würtz, 1801, p. 44.
⑥ Jean de Viguerie, *Histoire et dictionnaire du temps des Lumières 1715—1789*, p. 339.

路易十六于 1770 年 5 月 16 日完婚。这一年,他 16 岁,王后玛丽·安托瓦内特 15 岁。安托瓦内特是特蕾西亚第十五个孩子,婚前只和路易十六见过一次面。他们两人其实很不般配。路易十六兴趣广泛,知识丰富,喜欢独处,喜欢看书,而哈布斯堡宫廷素来以庸俗无知著称。安托瓦内特更是孤陋寡闻,嫁过来时甚至连自己的名字都不会写。她喜欢跳舞,喜欢看戏。而路易十六只有在万般无奈的情况下,才会陪王后出席舞会,或是看戏。舒瓦瑟尔公爵安排这场婚姻,主要考虑的是法奥两国的外交关系。所以,即便两人如此不和,特蕾西亚也欣然接受。她还特地请舒瓦瑟尔为王后选了两位开蒙导师,一位是韦尔蒙教士(abbé Vermond,1735—1806),另一位是图卢兹主教布里耶纳(Loménie de Brienne,1727—1794)。安托瓦内特尽管不太爱学习,但是比较擅长经营人际关系。多年后,布里耶纳能升任首相,与她的提携和安排分不开。

1774 年 4 月 27 日,周三,路易十六与国王一同在特里亚农宫进餐,有杜巴利夫人陪同。这是祖孙最后一次见面。路易十六在之后的日记中,很简要地写道:4 月 28 日周四国王病了,29 日周五上午国王被诊断出天花,5 月 10 日下午两点,国王去世。按照王国的仪轨,国王侍从院国务秘书拉弗里利埃(La Vrillière,1705—1777)以书面形式,向路易十六通告国王驾崩了,并将一份文件递交给他。这份文件分为两栏,左边是问题,右边是答案,主要内容包括即将继位的国王使用的头衔、内阁人员的去留等。拉弗里利埃建议他使用路易十六头衔,并保留所有前任内阁成员。不过,这些官员由于同病中的路易十五有过接触,所以都必须隔离。路易十六接受了拉弗里利埃所有建议,决定十天后召开御前会议。当天,他下达了第一道密札,将杜巴利夫人流放:"她知道得太多了,所以应当尽快被禁闭起来,给她寄去一份密札,流放到外省一个修道院,不让她见任何人。"[1]杜巴利夫人下台,预示着政府高层将会出现一场人事变动。

---

[1] John Hardman, *The Life of Louis XVI*, p. 43.

图 19　"钟下的王座"(La Royauté sous cloche)①

　　按照事先约定,1774 年 5 月 19 日,路易十六召开了登基后的第一次御前会议。出席会议的大臣包括司法大臣兼掌玺大臣莫普、财政总监泰雷神甫、外交国务秘书兼战争国务秘书达吉永、海军国务秘书布瓦讷(Pierre Etienne Bourgeois de Boynes,1719—1783)和国王侍从院国务秘书拉弗里利埃,还有一位刚结束 25 年流放生涯、奉诏回朝的老臣莫勒帕。② 莫勒帕 1718 年出仕,后因受蓬帕杜夫人排挤被流放。他为人正直,经历丰富,知人善用。路易十六对内阁人员进行了全面调整。"三巨头"被辞退。莫普与泰雷下台与民意有关。莫普的改革以及他设立的新法院,早已成为众矢之的。泰雷的财政改革,尤其是谷物管制措施,并没有解决粮食供给问题。一方面,地方经常抵制要求调拨谷物的法令;另

_____

① 转引自 Référence bibliographique:De Vinck,10479。蜥蜴象征泰雷神甫,后面的纸片代表设立各种税赋的法令文件,钟或有一种警告的意思。图片来源:法国国家图书馆。
② Edgar Faure, La disgrace de Turgot, Tome 1, Paris: Rencontre, 1961, pp. 42-47.

一方面,当局部饥荒再次出现时,公众自然相信这是因为谷物专卖局从中作梗,认为泰雷有意制造饥荒,以便操纵谷物买卖,从中牟利。① 路易十六很相信民意:"我总是会去考虑公共舆论,公共舆论从来不会有错。"②所以,解除莫普与泰雷的官职,主要是考虑到公共舆论。不过,前文说过,司法大臣是终身制,即便国王也无法令其革职,所以,莫普实际上是旧制度最后一任司法大臣。达吉永下台,主要是因为同王后不和。接替达吉永负责外交事务的是穿袍贵族韦尔热讷伯爵(comte de Vergennes,1719—1787)。新任战争国务秘书是穆伊伯爵(comte du Muy,1711—1775),他是一位老兵,参加过七年战争,受封为法国元帅。掌玺大臣为米罗梅尼尔。他先前执掌法国最不顺从的鲁昂高等法院长达14年之久,是一个既有手腕又保守的人。

新一届内阁中,最引人瞩目的无疑是新任财政总监杜尔阁。杜尔阁出身穿袍贵族世家,早年入索邦神学院学习,并担任院长。他是一位思想开放的启蒙哲人,相信理性,有进步思想。他于1750年在索邦神学院宣读的报告,是关于历史进步论最初的总结。③ 杜尔阁相信,随着生产技术的发展,人类必定能不断地提高自身的福祉。他同经济学家关系密切,深受古尔纳的经济自由主义思想的影响,但也吸收了重农学派的某些观点。杜尔阁还为《百科全书》撰写了许多词条,包括"集市"(foire)、"基础"(foundation)、"可膨胀性"(expansibilité)和"语源学"(étymologie)等。在进入中央之前,杜尔阁在利穆赞这个贫瘠的地区担任了13年督办官,并进行了一些卓有成效的改革。在回到巴黎之后,他一直未能得到重用,主要是因为他主张的经济自由主义,与当时舒瓦瑟尔领导的高等法院派不合。不过,没有人怀疑杜尔阁的能力。泰雷神甫的评价很能说明问

① Steven L. Kaplan, *Bread, Politics and Political Economy in the Reign of Louis XV*, Vol. 2, p. 650.
② 转引自 John Hardman, *The Life of Louis XVI*, p. 54。
③ 杜尔阁:《普遍历史两论提纲》,收入刘小枫编《从普遍历史到历史主义》,谭立铸等译,北京:华夏出版社,2017年,第37—98页。

题。他说:"在所有督办官中,杜尔阁先生有才智、有智慧、有美德。"①不过,泰雷也不忘提醒路易十六:"陛下,您要防范他的自由原则,它们很危险。"②对此,路易十六也很清楚,他说:"此人太有自己的思想(systématiqe),而且同'百科全书派'关系太密切。"③尽管如此,杜尔阁还是被任命为财政总监。路易十六的委任状上这样写道:

> 请立即通知杜尔阁朕要任命他为财政总监。为了臣民的福利,朕对这一选择充满期望。泰雷神甫贻害无穷的行政管理让人民受到如此多的惊吓。让杜尔阁明天上午来见朕,带上关于谷物的报告。④

任命杜尔阁,或许也是民心所向。得知泰雷去职,杜尔阁升任财政总监,巴黎民众连续庆祝了一周,他们举着泰雷的像以示羞辱。利穆赞的民众对杜尔阁这位前任地方官仍旧感恩戴德,为他举行了盛大的庆典。

这或许是旧制度历史上成员年纪最大的一届内阁。掌玺大臣米罗梅尼尔 51 岁,财政总监杜尔阁 47 岁,外交国务秘书韦尔热讷 55 岁,战争国务秘书穆伊伯爵 63 岁,海军国务秘书萨尔蒂讷(Antoine de Sartine,1729—1801)45 岁,国王侍从院国务秘书拉弗里利埃 69 岁,而那位没有大臣头衔却执掌核心中枢的莫勒帕已是 74 岁高龄。六位大臣中,至少有四人(米罗梅尼尔、杜尔阁、韦尔热讷、穆伊伯爵)的升任,与莫勒帕举荐有一定关系。这也说明,这届内阁关系融和,没有明显的派系分裂。事实上,这也正是路易十六一朝高层政治的基本特点。除了财政总监更替较为频繁,其他官员的任期都比较长,比如米罗梅尼尔和韦尔热讷一

---

① Gustave Schelle éd. , Œuvres de Turgot et documents le concernant avec biographie et notes , Tome 3 , Paris: Félix Alcan, 1919, pp. 265 - 266, note a.

② Joseph Alphonse de Véri, Journal de l'abbé de Véri , Tome 1 , Paris: J. Tallandier, 1928, p. 143.

③ Joseph Alphonse de Véri, Journal de l'abbé de Véri , Tome 1 , p. 160.

④ Steven Kaplan, Bread, Politics and Political Economy in the Reign of Louis XV , Vol. 2, p. 661.

直留任到 1787 年。另外，与前朝相比，这届内阁的另一个突出特点是穿袍贵族的比重有一定回升，只有穆伊伯爵是佩剑贵族，其他人都是律师出身。① 当然，最重要的是，这是一届开明内阁，寄托了公众对改革的希望。年迈的伏尔泰如此评价：

> 莫勒帕和杜尔阁很有思想，但绝对与迷信和狂热不沾边。莫勒帕先生差不多 74 岁了，只能以公正和稳重的典范这样的描述来总结他的职业生涯。杜尔阁天生聪明而富有正义，勤勉又注重实际，如果有人能复兴财政的话，这就是他了。②

杜尔阁在位仅两年。但是，在此期间，他所写下的改革方案，推行的若干措施，产生了深远的影响。③《论地方行政》(Mémoire sur les municipalités) 一文由杜尔阁构思，形成于 18 世纪 60 年代，后由杜邦·德·内穆尔执笔加以修缮，于 1775 年成文，收入杜邦主编的《杜尔阁遗作》中。④ 这份文本并不长，但可以称得上是 18 世纪以来，对法国制度弊端最全面的总结、最深刻的分析，并且清楚体现了启蒙理性主义对政治思想所产生的激进影响。杜尔阁首先认为，人的权利不是来自历史，而是基于自然，合理性与王国"不可追忆的过去"毫无关系，这意味着，"您没有任何义务不改变先王建立的法令或者那些借助他们权威的机构"。接着，杜尔阁一针见血地指出：

---

① John Hardman, *The Life of Louis XVI*, p. 71.
② Gustave Schelle éd., *Œuvres de Turgot et documents le concernant avec biographie et notes*, Tome 4, pp. 19 - 20.
③ 有关谷物改革的具体内容，参见第五章第四节。
④ municipalités 是新词，第一次收入 1798 年第五版《法兰西学院辞典》，根据定义，该词有四个基本含义：1. 由被称为市政官员(municipaux)的官员负责管理的一片地区；2. 市政官员的身份头衔；3. 市政官员的组织团体(corps)；4. 市政管理的权利。无论取哪一种定义，似乎都与市这一行政层级有关。但在杜尔阁的这篇文字中，municipalité 实际上与行政层级无关，而指的是一种由有产公民组成的，负责地方事务的议会，教区、市镇、外省和全国层面的议会都被称作 municipalité，所以，这里采取意译，以避免歧异。文本参见 Gustave Schelle éd., *Œuvres de Turgot et documents le concernant avec biographie et notes*, Tome 4, pp. 568 - 628. 凡译文，皆从此出。要注意，由于《论地方行政》是在杜尔阁去世后刊印，所以无法确定是否文本所涉内容皆为杜尔阁设想。因为杜尔阁生前曾批评过杜邦，对某些文本擅做修改。

陛下,弊病的根源在于您的国家没有构成法。这个社会由各种相互冲突的原则构成,生活在这个原则之中的人们虽然数量众多,但社会联系薄弱。因此,每个人都只顾着谋私利,几乎没有人如兄弟般履行他的责任或明确他与其他人的关系。

王国是由构成原则截然不同的各个部分组成。每个省、每个地区都有各自不同的权利,等级之间毫无共性,甚至每个个体,都因为从属于不同团体,拥有不同身份。这种复杂的差异性正是特权体制的本质特征。但是,在杜尔阁看来,正是因为特权,因为这种"不统一的精神(esprit de désunion)",所以,在这个国家中,毫无公益可言,人们只认可自己的私利,从来意识不到自己同他人、同国家的关系:

很少有家庭自己意识到他们依附于这个国家,是这个国家的一部分:他们没有认识到与国家相互联系的本质。他们将为了维持公共秩序所必需的税收看作是法律的强制,他们无力反抗,而只能遵守。因此,每个人都试图欺骗权威,把这份社会责任转移到邻人头上。

如何革除弊端? 杜尔阁认为,首先需要开展公共教育,培养公民责任意识;其次,需要在全国建立一套统一的、由地方市镇直至全国层面的三级行政议会,代表由民选产生。由此,公德得以培育,税赋逐渐被视为个人的职责,在寻求维护自身权利的同时,也会承担对王国的公共职责。杜尔阁说,有朝一日,"王国最偏远(les plus reculés)、最不起眼的地方,便能通过这套建制所形成的纽带,毫无困难地统一在您的手里"。《论地方行政》预示着,从 18 世纪 70 年代开始,改革开始超越局部的修修补补。有识之士已经明确意识到,若不进行整体性变革,若不改变制度本质,那么任何局部的弊政都难以彻底革除。不过,杜尔阁将《论地方行政》束之高阁,原因在于他觉察到,这份方案太激进,若照此改革,法国有可能会变成共和国。他意识到,"作为公民,我很乐意进行改革",但身为臣民,却不能这样做。杜尔阁认为,应等时机成熟,才可以推行改革计划。①

　　1774 年,杜尔阁废除泰雷神甫的禁令,全面恢复谷物自由贸易。很不幸,当年收成很差,谷物价格飞涨。各地又出现了骚乱。在第戎地区的某个村庄里,"很多人都在疯狂地寻找一个垄断商的磨坊。他们进了城,在一片混乱之后,来到高等法院参政员圣-科隆布(Filsjean de Sainte-Colombe)的家……这些叛乱者闯入他家;声明什么都不想拿走,他们把一切东西都弄碎,都摔坏,都扔到窗外了"②。地方当局不得不再次恢复管制,并强迫商人和农民出售谷物。但是,骚乱仍旧在蔓延。1775 年 4 月—5 月间,骚乱波及法兰西岛、东诺曼底、南皮卡第、香槟西部地区和北奥尔良,史称面粉战(Guerre de Farines)。③ 5 月 3 日,骚乱的民众逼近巴黎城。次日,政府出动军队予以严厉镇压,逮捕了 162 人,将 30 多人关入了巴士底狱。在不少人看来,杜尔阁的改革与这场危机之间有不可否认的联系。

　　面粉战之后,法国迎来了一个好收成,民怨随之平息。对杜尔阁而言,更为有利的是,他的至交马尔泽尔布升任国王侍从院国务秘书,圣-日耳曼伯爵(Comte de Saint-Germain)升任战争国务秘书。这两人成了他的左膀右臂。杜尔阁继续推进自由化改革。1776 年初,他向路易十六进呈《六道敕令》,意在废除行会体制,实现纳钱代役。④ 这项改革无疑将触动特权体制的根基。路易十六一如既往地支持他。他对巴黎高等法院表达了自己的意愿:

---

① 杜尔阁在在同友人韦里神甫的交谈中,坦露了他的想法,参见 Gustave Schelle, ed. , *Œuvres de Turgot et documents*, Tome 4, pp. 626 - 627.

② 转引自 Gustave Schelle, ed. , *Œuvres de Turgot et documents*, Tome 4, p. 413, note a.

③ 参见 C. A. Bouton, *The Flour War: Gender, Class and Community in Late Ancien Régime French Society*, University Park, Pa. : Pennsylvania State University Press, 1993; E. P. Thompson, Florence Gauthier, Guy-Robert Ikni, *La Guerre du blé au XVIIIe siècle: la critique populaire contre le libéralisme économique au XVIIIe siècle*, Montreuil: Editions de la Passion, 1988.

④ 参见本书第五章第四节。

　　我并不想混淆各三级会议省之间的区分,也并不想剥夺我王国的贵族通过他们的贡献而获得的特殊身份……我将永远保护这些特权身份。但这里要讨论的,也不是一种令人备感羞耻的税收(taxe humiliante),而是一种捐税(contribution),每个人应当骄傲地分摊这份捐税,因为我本人就会根据我的领地收入进行纳税。①

不过,路易十六很清楚,即便他躬先表率,也不足以平息高等法院以及其他特权团体的反对。于是,他组织了一场辩论,让米罗梅尼尔与杜尔阁进行辩论,因为米罗梅尼尔在司法界很有威望,他的观点或能影响贵族。这是一场自然权利与历史传统这两种不同话语之间的对话。米罗梅尼尔从历史中寻找理由,为贵族权利抗辩。杜尔阁则诉诸理性主义,为一种普世原则抗辩。当然,对话不会有任何结果。米罗梅尼尔不可能被杜尔阁说服,高等法院依旧会反对。但是,路易十六表现出少有的果敢,决定支持杜尔阁,尽管莫勒帕告诫他,"这一决定将影响到您接下来的统治"。1776 年 3 月 12 日,路易十六以钦断的形式,迫使高等法院注册通过《六道敕令》。

　　不过,就在路易十六做出这一重大决定之后两个月,杜尔阁被革职辞退。朝局缘何会出现这一根本逆转? 一直以来都有很多说法,大多数人认为与宫廷政治派系有关。杜尔阁因吉讷公爵(duc de Guînes,1735—1806)的大使任免问题与王后发生矛盾,又因改革本身同米罗梅尼尔产生冲突。另外,他深得路易十六信任,这令莫勒帕心生妒忌,后者巧妙地利用了路易十六的性格弱点煽动国王对杜尔阁的猜忌。有一天,国王这样说:"杜尔阁先生想要取代我,但我不想他取代我。"②当然,改革触动了一部分人的既得利益,激起他们的反对,这也是杜尔阁下台的原因之一。③

① Joseph Alphonse de Veri, *Journal de l'abbe de Veri*, Tome 1, p. 419.

② Joseph Alphonse de Veri, *Journal de l'abbe de Veri*, Tome 1, p. 448.

③ 持此观点的,如 Douglas Dakin, *Turgot and the Ancien Régime in France*, London: Methuen, 1939。法国学者 Edgar Faure 的反驳,参见 Edgar Faure, *La disgrace de Turgot*, Tome 1, pp. 226 - 252。

1776 年 5 月 12 日,杜尔阁接到由前任财政总监贝尔坦送来的密札后,离开了凡尔赛。前一天,马尔泽尔布也被革职。杜尔阁的幕僚,包括杜邦・德・内穆尔、《商业日报》(*Journal du commerce*)的主编罗博(André Roubaud,1730—1792)、博德神甫(abbé Baudeau,1730—1792)等人,在同年夏天被流放。重农学派的杂志《公民历书》被停刊。[1] 随着新一任财政总监上台,杜尔阁推行的改革措施基本被废除。一场或许有可能改变旧制度法国的开明改革,在显贵和特权者的反对中,在一个优柔寡断、反复无常的国王的猜忌中,无果而终。

第二节　北美独立战争与内克改革

1763 年签订的《巴黎条约》不可能保证欧洲的长久和平。有四个潜在因素影响着 18 世纪 60 年代以后的国际关系。首先是英法之间的商业争端。法国的海外帝国已经瓦解,但是因为占领着印度群岛的大部分地区以及非洲和印度的一些重要贸易据点,所以仍旧可以与英国抗衡。其次,英国在七年战争中出尔反尔的做法引起诸国不满,与普鲁士的同盟关系也岌岌可危。再者,奥地利与普鲁士,更确切地说是哈布斯堡王朝和霍亨索伦王朝的矛盾,不断升温。另外,内乱频仍的波兰令群雄虎视眈眈。波尼亚托夫斯基承继王位,这本就是一笔政治交易,为之后的动荡埋下伏笔。

七年战争结束后,法国通过一系列改革,复苏经济,恢复国力,扩军备战,并进一步稳固与西班牙的家族同盟。舒瓦瑟尔公爵充分意识到法西关系的价值。他认为,奥地利始终靠不住,法国的外交重心应放在西班牙。他曾对路易十五说道:如果卡洛斯三世卷入了与英国的战争,法国一定要全力以赴支持,"不管您的王国境况如何"[2]。另外,西班牙也视

---

[1] Douglas Dakin, *Turgot and the Ancien Régime in France*, p. 263.

[2] Choiseul, *Memoires du duc de Choiseul, 1719—1785*, Paris: Plon-Nourrit et cie., 1904, pp. 389 - 390.

英国为仇敌,与法国有着共同目标。故此,18世纪60年代,法西同盟关系十分稳定。

同一时期,法国的海军实力不断壮大。在舒瓦瑟尔公爵下台前,法国拥有装备75门炮以上的战列舰多达60艘。另外,法国还在本土沿海以及西印度群岛的主要港口,建立了新的海军基地。与英国相比,法国海军军力不足,但技术占优。莫罗格(Sébastien Bigot de Morogues,1706—1781)于1752年建立了一个海军学院,是王家海军学院(Académie de Marine)前身,他在1763年完成了《海军战术》一书。① 路易十六登基后,海军事业得到了进一步的发展,因为这位新国王对工程建造和航海很感兴趣,因此利用举国之力,实施造船计划。历经前后数十年的努力,再加上有西班牙作为同盟,法国在一定程度上改变了海军落后的局面。法西同盟的战舰数量基本与英国持平。

法国民族主义情绪开始膨胀,自以为能同英国一决高下。这种仇英情绪由来已久。② 魁奈在为《百科全书》撰写的"人口论"词条中,就设想过法国如何对抗英国。他认为,法国一直都是航海强国,而凭借其海上力量,若能成功地干扰并破坏英国的海外贸易,那么英国不但会资源枯竭,而且也会因此越来越孤立。魁奈认为,法国完全不用担心英国会从陆路进攻,因为它没有这个实力。③ 舒瓦瑟尔公爵也有类似看法。从1765年9月开始,他就制定了一整套计划,逐步放弃陆战,转向海战,占领英国殖民地,或是援助北美殖民地反抗英国,不过决不能把对英战争演变为欧洲战争。④

舒瓦瑟尔的计划得到了不少佩剑贵族的首肯,所以,在他下台后,这

---

① Sébastien Bigot de Morogues, *Tactique Navale*, Paris, 1763.

② Francis Acomb, *Anglophobia in France*,1763—1789:*An Essay in the History of Constitutionalism and Nationalism*, Durham:Duke University Press, 1950.

③ François Quesnay, *Œuvres économiques complètes et autres textes*, p. 257. "人口论"这一词条大约写于1757年下半年,但由于种种原因,并未正式发表。

④ 古德温编:《新编剑桥世界近代史》,第8卷,中国社会科学院世界历史研究所译,北京:中国社会科学出版社1999年,第329页。

套外交军事方针基本得以延续。布罗伊伯爵（comte de Broglie，1719—1781）就曾劝告路易十六，法国既要维持《威斯特伐利亚条约》确立的大陆均势，保护德意志联盟，但也要时刻以法国的利益为重。1776 年 3 月，新上任的外交国务秘书韦尔热讷向内阁众臣提交了一份备忘录，包括两项主要措施，第一秘密资助北美殖民地，第二重振海军，并让各殖民地做好备战准备。① 西班牙与英国的冲突为法国的介入提供了机会。西班牙同葡萄牙就边界归属问题，发生了争端。西班牙错误地认为英国站在葡萄牙一边，所以向法国提出一份计划，要么与西班牙携手入侵英国本土，要么占领牙买加，以便今后用牙买加换取直布罗陀海峡。韦尔热讷尽管觉得西班牙异想天开，但是鉴于两国之前的家族同盟关系至关重要，权衡之下，决定介入北美殖民地，干扰英国的海外贸易。

这也符合北美殖民者的需要。自 1774 年 9 月 5 日召开第一届大陆会议以来，北美局势瞬息万变。直至 1775 年初，各个殖民地的代表议会纷纷召开，这俨然是对母国的挑衅。1775 年，列克星敦事件爆发后，第二届大陆会议决定建立大陆军，任命华盛顿为联军总司令。但是，联军军纪涣散，装备很差，而且军官指挥作战经验不足，所以，在此后几轮与英军的对抗中，损失惨重。不过，由于英军同时在两线作战，势力大为削弱，驻守波士顿的英军被困 11 月有余，最后撤离。1776 年大陆会议宣布北美 13 个殖民地正式脱离英国，7 月 4 日通过《独立宣言》。鉴于实力上的差距，大陆会议意识到，他们需要得到法国和西班牙的援助，因此于 1776 年 3 月授权一名来自康涅狄格的商人塞拉斯·迪恩（Silas Deane，1738—1789）前往法国，寻求援助。② 这同韦尔热讷的想法不谋而合。他认为，北美独立是必然的，这将大大削弱英国的实力。不过，杜尔阁出于财政考虑，反对介入，所以直到 1776 年 5 月，法国政府才给予了明确答复。路易十六答应当年援助 100 万里弗，他同时致

---

① John Hardman, *The Life of Louis XVI*, p. 110.
② Mark Allen Baker, "Silas Deane," *Spies of Revolutionary Connecticut：From Benedict Arnold to Nathan Hale*, Charleston, South Carolina：The History Press, 2014, pp. 61—69.

信卡洛斯三世,恳请西班牙保证尽可能在不直接介入大陆战争的前提下,羞辱英国。①

法国前后共援助美国 300 万里弗。尽管这笔资助抵不上王后玛丽·安托瓦内特一年里举办舞会的开销,但是对美国独立战争却起到了不容忽视的作用。战争前几年,90% 以上的军火都是从欧洲运来,而购买这些军械以及其他援助,都是通过博马舍(Pierre Beaumarchais, 1732—1799)名下的一家空头公司罗德里格·奥塔莱斯公司(Roderigue Hortalez et Compagnie),秘密送到北美。② 这位因《塞维利亚的理发师》出名的剧作家,受韦尔热讷之托,在援美问题上扮演了十分积极的角色,他不仅亲自管理罗德里格·奥塔莱斯公司,而且秘密出使英国,与迪昂骑士(Chevalier d'Eon,1728—1810)接头,打探英国情况。③ 迪昂骑士是一位传奇人物,有异装癖,很少有人知道她其实是一位女性。迪昂骑士经历十分传奇,大约 30 岁时扮成男性,进入政府高层,后来加入路易十五组织的"国王的秘密"(secret du roi),执行各种外交任务。迪昂骑士参加过七年战争,作为正式代表参与了《巴黎条约》的起草,受封为骑士,此后一直住在伦敦。据说,她手头有一批敏感文件,涉及英国和北美殖民地的详细情况。博马舍奉命取回,并据此对时局进行分析。在呈交给韦尔热讷的报告中,他认为,首先,殖民地独立是大势所趋,另外,首相诺斯勋爵(Lord North,1732—1792)会下台,皮特会成为新首相,这对法国和西班牙殖民地都会很不利。韦尔热讷相信了博马舍的判断,在 1776 年 1 月 22 日呈递给路易十六的报告中,他写道:"英国几乎要绝望了,我相信博马舍,他们的内阁马上就会出现一场翻天覆

---

① John Hardman, *The Life of Louis XVI*, p. 106.

② *La France et l'Indépendance américaine*, Paris: Presses de l'Université Paris-Sorbonne, 2008. 有关博马舍、迪恩之间的奇闻轶事,参见 Joel Richard Paul, *Unlikely Allies: How a Merchant, a Playwright, and a Spy Saved the American Revolution*, New York: Riverhead Books, 2009。

③ Evelyne Lever, *Maurice Lever: le Chevalier d'Éon: Une vie sans queue ni tête*, Paris: Fayard, 2009.

地的变化(révolution)。为了不下台,为了不被那柄悬顶的利剑砍下头颅,他们肯定会孤注一掷。"①

路易十六在外交事务上,不仅有天赋,而且很敢于发表自己的看法。他敏锐地注意到,博马舍的判断并不公允,也不全面,因为他掌握的信息全都来自议会反对党。所以,他不像韦尔热讷那样乐观,并不太愿意出兵。国王还有几点考虑。首先,他觉得,利用反对派颠覆政府,既有违那个国家的法律,不是正义之举,也有失尊严。路易十六和他的祖父一样,是虔诚的天主教徒。有一回他曾对某位外交使节说道:"正义将永远是我行为的准则。"②另一层原因是,他担心英国会趁机挑唆布列塔尼闹独立。当然,更重要的顾虑是,直接出兵干预,政府开支太大。建造战舰是一回事,出海征战是另一回事。路易十六登基时,法国新建了数十艘战列舰,但真正下水的只有一艘,其他战舰都停靠在港口。因为就当时的技术水平而言,下水一年后,就得整船翻新。另外,获取殖民地情报,巩固殖民地港口防御,耗资巨大。美国独立战争前,法国曾派出专门舰队巡视非洲和美洲殖民地,前后两次巡视,加上后期工程加固和船只翻新,共耗费 1 200 万里弗。③

基于上述考虑,法国决定出资援助北美独立战争,但不派兵。所以,当由迪恩、本杰明·富兰克林和阿瑟·李(Arthur Lee,1740—1792)率领的北美代表团抵达巴黎,希望获得法国对北美独立的正式认可时,路易十六仍旧拒绝做出正式承诺。不过,接下来发生的事情令法国转变了态度。首先是在上纽约州爆发了萨拉托加战役(Saratoga Campaign,1777年6月14日—10月17日)。这场战役本由英军发动,他们想要通过攻击奥尔巴尼诱使美军增援,从而孤立新英格兰地区。但是,由于种种偶然因素,这份完美计划彻底落空。英军接连遭受重创,在萨拉托加遭遇

---

① John Hardman and Price, Munro eds. , *Louis XVI and the comte de Vergennes*: *correspondence 1774—1787*, Oxford: Voltaire Foundation, 1998, p. 217.

② John Hardman, *The Life of Louis XVI* , p. 107.

③ John Hardman, *The Life of Louis XVI* , p. 119.

大陆军,大败后被迫投降。韦尔热讷意识到,这可能是整场战役的转折。他预计,经此一役,英国别无选择,只能和谈,所以,这也正是法国介入的良机。不过,他还是比较审慎的,认为法国不能单方面行动,根据法西家族条约,必须要同西班牙协商。可是,出人意料的是,西班牙拒绝了法国的提议,不愿支援北美,因为它担心一旦英国殖民地获得独立,本国的殖民地也会起而效仿。鉴于此,西班牙提出另一份计划,希望同法国携手,乘英国忙于应付北美争端,攻下伦敦,这样既能平息战事,又能速战速决,节省军费,也能把战火引到大陆。① 韦尔热讷当然不会接受这种异想天开的计划,决定单独行动。他将计划告知路易十六,并与美国代表协商了相关的商业与结盟条约。

促成法国态度转变的另一个原因是欧陆局势的变化。1777 年底,巴伐利亚选帝侯约瑟夫三世(Maximilian Ⅲ Joseph,1727—1777)死后无嗣。最有资格继承的选帝侯卡尔・泰奥多尔(Karl Theodor,1724—1799)对这块领地的兴趣不大,宁愿用下巴伐利亚与奥地利交换奥属尼德兰。哈布斯堡家族对这个提议很有兴趣,因为一旦获得了巴伐利亚,便拥有了一片以多瑙河流域为中心的完整领地。不过,这笔交易也存在问题,正如玛丽亚・特蕾西亚自己所承认的:哈布斯堡对巴伐利亚的领土要求"是过时的、缺少根据的"②。不过,皇帝约瑟夫二世和考尼茨侯爵都很自信,认为奥地利的盟友法国一定会给予援助,而且腓特烈二世年事已高(时年 65 岁),很有可能置身事外。另外,俄国忙于近东事务,一时无法脱身。但是,奥地利对时局的评判并不准确。首先,普鲁士绝不会对皇帝无视继承权的专横行为坐视不管。其次,实力不可小觑的布吕肯公爵(Duke of Zweibrücken,1746—1795)也有继承权,很快便加入了

---

① 关于这个计划,参见 A. T. Patterson, *The Other Armada:The Franco-Spanish Attempt to Invade Britain in 1779*, Manchester:Manchester University Press, 1960。另见 Lucien Bély, *Les relations internationales en Europe XVIIᵉ- XVIIIᵉ siècle*, Paris:PUF, 1992, pp. 609 - 635。

② M. S. Anderson, *Europe in the Eighteenth Century 1713—1789*, London:Longman, 1987, p. 304.

反奥阵营。最重要的是,法国不会出兵。因为它同奥地利的盟友关系徒
有其名。七年战争的经历让法国意识到,凭它目前的实力,介入欧洲战
场注定会是一场灾难。尽管如此,如果没有充足理由,法国很难义正辞
严地拒绝奥地利的提议,不仅因为两国是盟友,而且,当时传出了玛丽·
安托瓦内特怀孕的消息。皇帝约瑟夫想利用这个事情作为借口,说服路
易十六出兵干涉。所以,路易十六决定此时出兵支援北美,目的之一就
是以此作为借口,拒绝约瑟夫的请求,因为法国无力顾及欧陆战争。

　　1778年1月27日—2月4日,法国与北美签订了两份条约,其一是
《友好与通商条约》,规定法国和美国在商业上实现互惠互利的政策,其
二是《防御条约》,规定一旦英法开战,美国和法国的联盟关系立即生效。
此外,条约规定,法国和美国保证尊重各自在新世界的领地,同意进行战
争,直到美国的独立"被正式承认或默认",在此之前,双方保证不会单独
媾和。

　　法国和美国签订条约,迫使英国改变战略计划。被派往北美殖民地
承担和解任务的委员会无功而返,而且围攻费城的英军少将克林顿爵士
(Sir Henry Clinton,1730—1795)被迫撤军。此后,英军在北方也渐渐处
于守势。法国参战对战局影响最大的是海战。因为美国人基本上没有
一艘像样的军舰,使用的都是一些改装后的商船,或是快速帆船,根本无
法突破英国的海上封锁。1778年6月,法国海军正式参战,7月与英国
海军在西部的韦桑岛(Île d'Ouessan)交锋,史称韦桑岛海战(Battle of
Ushant)。此次战役中,法国出动26艘战列舰,英国出动25艘。法国尽
管未能对英军造成重创,但是最终成功突破了英国的海洋防线,从某种
意义上来说,这场战役是北美独立战争的转折点。①

　　与此同时,欧洲局势也发生了变化。西班牙在万般无奈之下,于
1779年6月参战。西班牙始终担心北美独立会动摇它自己的殖民地统
治,但是为了收复直布罗陀,又不得不参战。西班牙参战有两个条件:第

① 参见古德温编《新编剑桥世界近代史》,第8卷,第641页。

一,要求法国帮助西班牙夺取梅诺卡岛、莫比尔(Mobile)、彭萨科拉(Pensacola)、洪都拉斯和坎佩切湾;第二,除非英国答应归还直布罗陀,否则西班牙拒不和谈。另外,荷兰与英国关系恶化,主要源于有关中立海域权利以及荷属西印度的圣尤斯特歇斯(Saint Eustatius)出现的争端。圣尤斯特歇斯战略地位十分重要,因为这是向北美输送武器的中转站。1789年11月,荷兰和英国正式宣战。最后,在韦尔热讷的周旋下,俄国沙皇叶卡捷琳娜二世联合波罗的海沿岸对英国搜查中立国船只不满的国家,建立了武装中立同盟(League of Armed Neutrality,1780—1783)。在同盟解体以前,几乎所有的欧洲国家都参加了这个组织。[1]

所以,18世纪80年代初,英国在外交上日趋孤立。不过,这对战争的影响并不大。因为不仅武装中立同盟基本上形同虚设,而且西班牙的加入既起不到决定性的改变,也无法减轻法国的财政负担。仅1778年一年,法国的海军开销就高达1.5亿里弗,1779年为1.55亿里弗。法国靠什么资助这场战争? 这副担子落在了新一任财政总监内克肩上。

内克是新教徒,在从政之前靠倒卖股票发了财,还结识了一大批银行家。据说,他从政主要是因为他夫人的推动。内克夫人是一位名媛,主持一个沙龙,汇聚了当时社交界最负盛名的一群人。内克的经历有点类似约翰·劳,都是金融家出身,从政之前都没有在法国政府效力的经历,而且都受命于非常时期。[2] 约翰·劳靠发行纸币计划打动奥尔良公爵。内克也一样,用一套十分大胆的方案说服了路易十六。他说,既不需要征税,也不需要宣布国家破产,就能帮助法国打赢战争。1776年10月22日,路易十六正式任命内克掌管国家财政,因他是新教徒,故只能授予财政总管(directeur général des finances)一职。

上任后,内克发现,法国财政已经陷入了一种难以摆脱的结构困境。

---

① 参见古德温编《新编剑桥世界近代史》,第8卷,第641—642页。另见Isabel de Madariaga, *Britain, Russia and the Armed Neutrality of 1780*, New Haven: Yale University Press, 1962。
② 内克的情况稍有不同,1765—1767年他曾短暂地担任过法国东印度公司的理事。

民众再也无法承担更高的赋税,除非先改革整个税赋制度,但目前完全
不适合改革。所以,对内克来说,唯一可行的就是举债。事实上,18 世
纪,战时举债已经成为一种比较流行的做法。在西班牙王位继承战争
时,英国绝大部分军费就来自公债。法国也越来越依赖公债。根据莫利
诺的统计,奥地利王位继承战争和七年战争期间,法国通过借债筹得的
资金约占战争开支的 28％和 65％,在美国独立战争中,这一比例上升到
91％。① 据统计,内克任职期间,法国总共借了 5.3 亿里弗的新债,而这
批债务中,终身年金(rentes viagières)有 3.86 亿里弗,占了 72.8％。②
这些公债给法国造成了灾难性的影响,主要有两个原因。首先,战时所
借公债已远远超过了政府的正常收入,超出了政府偿还能力。所以,有
研究者批评说,内克不征税,光借债,赢得了民心,却把政府拖入了更深
的泥潭。其次,内克为借到债,不惜提高利率,结果他发行的终身年金利
息高达 8％—10％,这自然会吸引很多人认购,但是代价就是债务负担太
高,总计有 5.3 亿新债,每年的利息和分期偿还的数额约占债务总额的
8.3％,这样政府每年要为这些债务花费 4 440 万,这远远超出了政府的
承受能力。③ 当然,利息之高,也不全是内克之过。因为法国政府的信用
本来就不好,只能靠高息才能吸引投资者。毫无疑问,援助北美独立战
争,给法国带来了沉重的债务负担,总开支约 10 亿里弗。④

---

① Michel Morineau, "Budgets populaires en France au XVIIIe siecle," *Revue d'histoire économique et sociale*, Vol. 50, No. 2 (1972), p. 326.

② E. N. White, "Was There a Solution to the Ancien Régime's Financial Dilemma?," *The Journal of Economic History*, Vol. 49, No. 3 (Sep., 1989), pp. 545 - 568. Robert D. Harris, "French Finances and the American War, 1777—1783," *The Journal of Modern History*, Vol. 48, No. 2 (Jun., 1976), pp. 233 - 258.

③ E. N. White, "Was There a Solution to the Ancien Régime's Financial Dilemma?," p. 558. 学者哈里斯曾为内克辩护,认为用举债手段支持独立战争,实属无奈,并非本意。参见 Robert D. Harris, *Necker: Reform Statesman of the Ancien Régime*, Berkeley, London: University of California Press, 1979, pp. 117 - 136。

④ Robert Harris, "French Finances and the American War 1777—1783," *The Journal of Modern History*, Vol. 48, No. 2 (Jun., 1976), p. 236. 该文作者哈里斯的立场比较亲内克,他认为内克用借债的办法支持独立战争实属无奈,因为他本身认为公债是恶的,尽管是必要的恶。

1778 年,战事进展很不顺利。这年秋天,法国打了三场仗,但都得不偿失,而且西班牙根本无法提供事先应允的援助。内阁压力越来越大,渐渐萌生了休战的想法。莫勒帕和内克都支持与英国和谈,分别通过自己的线人与英国方面取得了联系。韦尔热讷反对和谈,1778 年夏秋之际,他向路易十六提交了一份作战计划。根据这份计划,法国将佯装在西印度群岛等地区援助西班牙,以换取西班牙的援助。[①] 没想到,这份计划收到了奇效,1781 年在约克敦,法军和美军分别从海上和陆路发动进攻,重创英军,俘虏英军统帅康沃利斯(Charles Cornwallis, 1738—1805),导致首相诺思下台,最终促成了英法和谈。未来的空想社会主义先驱圣西门也参与了围攻约克敦战争。

与之前的情况类似,内阁的矛盾根本上还是穿袍贵族和佩剑贵族之间的冲突。海军国务秘书萨尔蒂讷以扩军备战作为本部的主要任务,丝毫不在乎财政赤字。海军部一名官员说:"没有人能像萨尔蒂讷这样,在如此短暂的时间里造出这么多艘优良的战舰,能为这么多港口提供充足的军需供给。"[②]尽管内克在 1779 年下拨给海军部 1.2 亿里弗,但仍旧不能满足萨尔蒂讷的要求。他甚至私自举债 2 100 万里弗,利息高达6%。[③] 内克大为恼火。在他的极力劝说下,路易十六终于答应辞退萨尔蒂讷,令卡斯特里侯爵(marquis de Castries, 1727—1801)接任海军国务秘书。卡斯特里侯爵与内克关系不错,曾一同在东印度公司供过职。同年年底,内克又劝说国王辞退莫勒帕的堂兄、战争国务秘书蒙巴雷(comte de Montbarrey, 1732—1796),任命塞居伯爵(count de Ségur, 1753—1830)接任。此番内阁改组,既与北美独立战争有关,同时也是穿袍贵族和佩剑贵族矛盾激化的结果,另外也势必加剧内克与莫勒帕之间的冲突。莫勒帕最终失势,与此不无关系。

---

① John Hardman and Price, Munro eds. , *Louis XVI and the comte de Vergennes*: *correspondence 1774—1787*, pp. 291 - 292.

② 转引自 John Hardman, *The Life of Louis XVI*, pp. 147 - 148。

③ John Hardman, *The Life of Louis XVI*, p. 148.

内克当政期间,不仅只用公债就打赢了独立战争,[1]而且还对财政体制乃至行政体制进行了全方位的改革。首先,内克把金融家从政府的财政部门中清除出去,削弱总包税局的职权范围,将商品税和王家领地税的征收和管理归入国家税务总局,并由中央下派的带薪税吏直接负责征收。其次,内克对中央层面也进行了改组,四个财政总管(intendants des Finances)职位不再是可售卖的官职,而是由政府直接任命并对财政总监负责的公职。[2] 最后,内克进一步推进廿一税的税基核准工作。前任财政总监泰雷神甫,曾借着打压高等法院的机会,尝试在全国范围内建立地籍册,一改曾经以个人申报税基的方式,并敦促各地督办官参照军役税税册、地方修缮教堂和救济的估价、教会什一税税册等相关数据进行核准。[3] 杜尔阁延续了核税工作,但有所改动,主要依靠新建的地方核税委员会进行调查核准。核税委员会由教区的执事(syndic)和三名由教区委员会选出的有产者组成,其调查工作显然会比泰雷的方式更稳妥公平。内克的做法与杜尔阁类似,由委员会核税,由督办官处理相关纠纷。廿一税的核税工作延续了十余年,直至1782年结束。据1787年卡隆的估算,全国税区地区22 308个教区中,完成核税工作的有4 902个,税区地区的廿一税税额增加了1/4。[4]

内克还试图改革地方行政制度。1778年,他向路易十六提交了一份《呈报国王建立外省行政议会的备忘录》,表达了他对现行地方制度的看法。[5] 内克指出,督办官制度存在各种弊端,这类官员大多不是本地人,

---

[1] 当时英国的银行家庞舒(Issac Panchaud,1737—1789)将内克之作为称为"世界的奇迹"。

[2] 参见 J. F. Bosher, *French Finances 1770—1795*:*From Business to Bureaucracy*,Cambridge:Cambridge University Press,2008。

[3] Lucien Laugier, *Un Minisère réformateur sous Louis XV*,*Le Triumvirat*,*1770—1774*,p. 211.

[4] Calonne, *Collection des Mémoires présentés à l'assemblée des notables*,Versailles,1787,p. 10. 参见黄艳红:《法国旧制度末期的税收、特权和政治》,第153页。

[5] Necker, "Mémoire au Roi sue l'établissement des Administrations provinciales," *Œuvres completes de M. Necker*,Tome 3,publiées par M. le Baron de Staël,Paris:Chez Treuttel et Würtz,1820,pp. 333 – 401.

长期不在辖区内,而且对他们而言,这一官职不过是升迁手段,所以,没人会对他辖区内的民众负责。如果有纠纷,民众往往无处申诉。所以,督办官既不能传达民意,也得不到民众认同,让他们负责征税,结果必然是不尽如人意。另外,由于受传统影响,贵族把纳税看成是身份低贱的标志,这自然对税收体制的改革和推进很不利。所以,内克认为,需要通过让贵族和显贵亲自参与到地方事务管理中,参与税收的核定与征税,进而逐渐改变他们的文化习惯。① 基于以上几点考虑,内克相信,只有依靠省行政议会(administration provinciale),才能逐步克服这些弊端,建立起有序的税收体系。

从全面性和深刻性来看,内克的报告不及杜尔阁的《论地方行政》,但是更为具体,更容易贯彻执行。而且,他的态度更为审慎。内克并不要求一下子在全国各地进行改革,而是先在贝里、上吉耶纳、波旁和多菲内四个财政区进行改革试点。不过,后因继任者弗勒里(Joly de Fleury,1718—1802)的阻挠等原因,此次改革只在贝里和上吉耶纳两个地区落实。另外,和杜尔阁不同,内克并不想要在各个地方建立统一的制度,相反,他意识到,各个地方应当根据当地的具体情况,在服从统一原则的前提下,建立适合自身的制度。② 原则上,省行政议会是由不动产所有者组成的行政会议,形式接近朗格多克省三级会议,即第三等级代表数量与前两个等级代表之和相等,而且采取了按人头投票的方式。这也说明,在1789年全国三级会议召开之前,增加第三等级代表人数以及按人头投票逐渐获得了认可。

不过,内克绝不是要挑战王权。省行政议会也与地方分权体制无关,因为这只是一个负责征收税赋的执行机构,征税权和摊派权都保留在国王手里:"摊税权是君主信任的衍生物(émanations de la confiance

---

① Robert D. Harris, *Necker: Reform Statesman of the Ancien Régime*, Berkeley, London: University of California Press, 1979, p. 91.

② Necker, "Mémoire au Roi sue l'établissement des Administrations provinciales," in *Œuvres complètes de M. Necker*, Tome 3, p. 341.

du monarque)"。① 另外,省行政议会在任命代表方面也并不自由,因为内克坚持采用"通过任命选举来增补新成员"(cooptation)的方式。② 这说明,省行政议会只是执行部门,是一种"最经济的管理手段",不是一种地方代议制机构。③ 尽管如此,省行政议会由于不断侵占督办官的职务,对这类地方大员的权威依旧构成了挑战。督办官体制的动摇是绝对君主制这座大厦开始坍塌的前奏。

内克本打算将省行政议会逐步推广到全国。他曾给路易十六写过一封密信:"有一天,十分有序的外省行政议会通过强有力的方式纠正并完善三级会议省的现行体制,而当下对这类体制的弊端,人们还保留着一定程度的尊重。"④但是,他没能等到那一天。从 1781 年开始,批评内克的小册子越来越多。内克出版《上疏》(Compte Rendu au Roi,1781 年 2 月)为自己辩护。他强调,四年战争,既没有征税,也没有增加民众负担,而且政府每年财政盈余约有 1 020 万里弗。当然,他的计算有误,事实上,政府非但没有盈余,反而亏损 7 000 万里弗。但是,民众不可能知道这些情况,他们只因为没被征税,所以很支持内克。《上疏》在出版当年就卖掉了 2 000 份,成为"贵妇人厕上最时尚读物"⑤。不过,反内克的人并未就此罢休。1781 年 4 月,路易十六的弟弟普罗旺斯伯爵将内克在 1778 年写给国王的秘密备忘录公之于众。这份备忘录显示,内克建省行

① Necker, "Mémoire au Roi sue l'établissement des Administrations provinciales," p. 346.
② "Arrêt du conseil, du 11 juillet 1779, portant établissement d'une administration provincial dans la généralité de Montauban," in Œuvres complètes de M. Necker, Tome 4, p. 393.
③ Necker, "Mémoire au Roi sue l'établissement des Administrations provinciales," pp. 342 - 343. 内克在下野后出版的《论法国的财政管理》中写道:"省议会不能允许彻底选举的方式,因为它不代表民意。"(Necker, "De l'administration des finances de la France," Œuvres complètes de M. Necker, Tome 5, publiées par M. le Baron de Staël, Paris: Chez Treuttel et Würtz, 1820, p. 55.)
④ Jean Louis Giraud Soulavie, Mémoires historiques et politiques du règne de Louis XVI, Tome 4, pp. 129 - 130. 这里的外省行政,指的就是行政议会。
⑤ 转引自 John Hardman, The Life of Louis XVI, p. 158。

政议会的主要目的是削弱高等法院和督办官的权力。[1] 他很快成了众矢之的。各地督办官群起攻之,其中最猛烈的攻击来自佛兰德督办官卡隆。中央高层中也有人开始抨击内克。韦尔热讷指责《上疏》触犯了国家基本法,因为唯一有权向民众说话的是国王。另外,久病在床的莫勒帕也加入反内克阵营。他认为,任命内克本身就已经违背了基本法,因为此人是新教徒。

在众人围攻下,1781 年 5 月 19 日,内克下台。大约半年后(11 月 21 日),莫勒帕撒手人寰。在莫勒帕去世前半个月,王储降生,被封为勃艮第公爵。1781 年 10 月,约克敦大捷的消息传到了凡尔赛。美国独立战争的胜利以及内克在《上疏》中公布的国家财政盈余的消息,让法国民众沉浸在欣喜与狂热中。

图 20　《康沃利斯将军的投降》[2]

---

[1] Léonard Burnand, *Les pamphlets contre Necker：médias et imaginaire politique au XVIII* *siècle*, Paris：Classiques Garnier, 2009, pp. 151 - 161.

[2] 图片来源:美国国会大厦官网;作者:约翰·特朗布尔(John Trumbull,1756—1843),创作时间:1820 年。

第三节　胜利的代价

莫勒帕死后数日,路易十六宣布亲政。这位 27 岁、身体略微发胖的国王,没有任命莫勒帕的接班人。[1] 他废除了莫勒帕当政时期的管理方式,规定由各国务秘书领导的各个部门分管相关政务,所有政务先经御前会议的不同分会协商讨论,最后由国王统一决定。这等于放弃了莫勒帕的首相制,回到了正统的绝对君主制统治。科瓦雷公爵(duc de Croÿ,1718—1784)在日记中这样写道:"在固定的日子和固定的时间与各部国务秘书进行会面,每次会面都只讨论与该部门相关的事情,如果他们偏离了主题,国王会当即加以制止。此外,他表现得相当坚定,很果断。"[2]但是,路易十六不太可能完全按照路易十四的方式统治。政局不稳是最突出的问题。内阁大臣更换有如走马灯,政策更是朝令夕改,派系斗争不止,财政紧张。而且,绝对君主制本身的合法性渐渐丧失,不少高层官员对现行体制的可行性也产生了怀疑。所以,在北美独立战争结束后,法国政府要解决的两个最棘手问题是财政紧张与思想冲突。

财政问题最为紧迫。在签订《巴黎和约》六个月后,政府才完全理清了账目。国库总管布尔加德(Bourgade,1718—1784)上交了一份完整的清账文件。这份文件显示,内克在《上疏》中公布的财政情况完全不属实,即使不考虑战争时期的额外开销,正常开销部分的赤字也有1 500万里弗,而不是像《上疏》说的那样有 1 000 万里弗的盈余。布尔加德认为,如果战后十年中要还清所有的债务,那么平均每年政府的赤字大约是5 200万里弗。他还指出,内克关于卖官鬻爵的考虑也欠妥,因为内克认为,如果撤销部分财政官员和法官的职位,一年就能为政府省省大约8 400万里弗,但实际上政府先得支付一笔高额赔付金,才有可能撤销官

---

[1] 当时有不少人猜测韦尔热讷会成为莫勒帕的接班人,相关分析参见 J. -F. Labourdette,
"Vergennes ou la tentation du 'ministériat'," *Revue historique*, N°. 245, pp. 73 - 107。
[2] 转引自 John Hardman, *The Life of Louis XVI*, p. 181。

职。总之,布尔加德的清算结果表明,美国独立战争耗资约 10 亿里弗,加上每年需要分期偿还的利息,总赤字大约是 1.17 亿里弗。①

面对如此局面,内克的继任者弗勒里束手无策,只能竭其所能,寻找财源。弗勒里出身穿袍贵族家族,与高等法院关系融洽,这为他征税提供了便利。另外,1782 年,法国海军在桑特海峡战役中被英国海军打败,失去了对西印度群岛的控制权。此次战争失利为弗勒里征税提供了合理借口。1782 年 7 月,弗勒里开征第三个廿一税,许诺在战争结束三年后(1786 年)取消。高等法院答应注册,但是要求停止廿一税税基核查工作。但是,征税不仅需要时间,而且即便征收顺利,最终能够征得的税款也远远不足以弥补亏空。根据估算,廿一税只能征到 2 100 万里弗。所以,弗勒里不得不像他的前任一样举债。到 1782 年底,各种类型的新债金额已经高达 2.5 亿里弗。② 此外,为解燃眉之急,弗勒里推翻了内克的改革,重新把 48 名税收官员的官职投入官职市场,而且也不再要求各部门向财政总监汇报财政开支,因此又回到了之前各部门各行其是、各自走账的情况。在卡斯特里侯爵接任海军国务秘书、塞居伯爵接任战争国务秘书以后,这一松散的状况更为突出。卡斯特里侯爵认为战争虽已结束,但法国还是应当继续保持海军上的优势,于是将本部 1783 年上半年的预算定为 1 亿里弗。而此前因"狮子大开口"而被内克撤下的前任海军国务秘书萨尔蒂讷在 1782 年一年的开支也不过 1.2 亿里弗。事实上,这依旧是佩剑贵族与穿袍贵族之间纷争的延续。对佩剑贵族来说,

---

① 有关美国独立战争后法国的财政情况,参见 Marcel Marion, *Histoire financière de la France depuis 1715*, Tome 1, p. 335; Eugene Nelson White, "Was There a Solution to the Ancien Régime's Financial Dilemma?," *The Journal of Economic History*, Vol. 39, No. 3 (Sep., 1989), pp. 545 - 568; R. D. Harris, "French Finances and the American War, 1777—1783," *The Journal of Modern History*, Vol. 48, No. 2 (Jun., 1976), pp. 233 - 258; R. D. Harris, "Necker's *Compte Rendu* of 1781: A Reconsideration," *The Journal of Modern History*, Vol. 42, No. 2 (Jun., 1970), pp. 161 - 183. 另见黄艳红《法国旧制度末年税收、特权和政治》,第 258—273 页。如果没有特别注释说明,相关的财政数据皆出自以上文献。

② Eugene Nelson White, "Was There a Solution to the Ancien Régime's Financial Dilemma?," p. 560.

增加军费开支,整军备战,永远是当务之急。最终,在卡斯特里侯爵和塞居伯爵的排挤下,弗勒里于 1783 年 3 月 29 日下台。

继任者奥尔梅松(Henri Lefèvre d'Ormesson,1751—1808)同样一筹莫展。他和弗勒里一样,也是穿袍贵族出身,很有声誉。路易十六曾这样评价他:"你是有操守的人,不会搞阴谋诡计。"[1]但是,好名声也无法填补赤字。他也只能一方面设立更多官职,一方面靠借钱,但他只借到了 4 800 万里弗。1783 年 11 月 2 日,奥尔梅松离职。

当卡隆接任财政总监时,他面临的可能是旧制度法国最严重的财政危机之一。他估算,截至 1786 年 8 月,当年政府财政收入应当是 4.75 亿里弗,但是财政支出可能是 5.87 亿里弗,赤字 1.12 亿里弗,相当于财政收入的 1/4。他认为,1774 年路易十六登基的时候,政府的财政赤字已达 4 000 万里弗,此后这一数字有所下降,但 1777 年后又急速上升,根本原因是举债,随着债务增多,利息也随着增加。到 1776 年政府总共借了 12.5 亿里弗,卡隆估计到 1794 年之前,每年大约要偿还 5 000 万里弗的到期债务,而与此同时每年债务偿还将花掉一半的财政收入,更糟糕的是,来年税收中已经预支了 2.8 亿里弗。[2] 更不幸的是,随着第二笔和第三笔廿一税即将到期,政府收入随之每年减少约 5 000 万里弗。

所以,从美国独立战争之后,法国财政状况陡转直下,难以逆转。一个债台高筑的政府,为了顺利举债,不得不提高利息,但是它又没有足够的税收作为担保。推出的改革计划,非但解决不了困境,反而会雪上加霜,使局势更加恶化。但是,公允地说,旧制度末年的这些财政总监,并不是尸位素餐、毫无责任感的人。他们对局势有清醒的认识,也提出了不同的应对方案和计划。比如弗勒里曾组建财政委员会(comité des finances),意在统一各部的预算与开支。奥尔梅松虽长期以来被视作碌碌无为之辈,但事实上他起草过一份废除包税局的方案。卡隆的改革计

---

① Colins Jones, *The Great Nation: France from Louis XV to Napolean 1715—1799*, p. 320.
② Jean Égret, *La Pré-Révolution française 1787—1788*, Pairs: PUF, 1962, pp. 5-6.

划也是经过了长期酝酿,并且得到了杜邦·德·内穆尔等重农学派的支持。即便如此,财政问题也没有得到根本的解决,究其原因,不是没有能臣干将,而是因为存在制度缺陷。

美国学者威尔(David Weir)比较了1788年法国与英国的财政与债务情况。根据他的计算,法国和英国债务负担占税收收入的比例分别是61.9%与56.1%,占国民生产总值的比例分别是55.6%与181.8%,年度债务负担占债务总额的比例是7.5%与3.8%,这就是说总体上英国的债务占收入比不低于法国,但是债务负担却少一半。可见,法国政府的信用要远远低于英国政府。[①] 两国政府的税收差异也反映了类似的情况。根据马赛厄斯(Peter Mathias)和奥布莱恩(Patrick O'Brien)两位学者对英法两国18世纪税赋状况的比较研究,1715年法国名义上的税收为1.66亿里弗,1750年为2.07亿里弗,1785年为4.24亿里弗,剔除通货膨胀的影响,以1715年税收为基准指数100,那么1785年比1715年增加了83%。但是,如果考虑人均收入,税收的情况就远不及英国。整个18世纪,法国税收占人均收入的比重从12%上升到17%(1735年),后降到11%(1790年),而同期英国则由1715年的16%增加到1790年的24%,若以小麦为等价物进行衡量,英国的人均税负基本上是法国的两倍。[②] 可见,英国政府汲取税收的效率与能力都远远高于法国。

所以,法国政府缺乏信用,是它税源不足、税基不公、税改难行的主要原因,同时也决定了想把钱借给政府的人越来越少。而信用不足,根本上是制度决定的。因为,法国的王权从理论上说不需要向任何尘世的利益负责,上帝或者通常说的神权,是它的唯一来源。这就是绝对君主

[①] David Weir, "Tontines, Public Finances, and Revolution in France and England, 1688—1789," *The Journal of Economic History*, Vol. 49, No. 1 (Mar., 1989), pp. 95–124. 参见黄艳红:《法国旧制度末年税收、特权和政治》,第270页。

[②] Peter Mathias & Patrick O'Brien, "Taxation in Britain and France, 1715—1810: A Comparison of the Social and Economic Incidence of Taxes Collected for the Central Government," *Journal of European Economic History*, Vol. 5, No. 3(1976), pp. 601–650. 熊芳芳:《再论法国大革命的财政起源》,《史学月刊》2018年第11期。

制的应有之义。所谓"绝对的",意思就是豁免的、自由的、不受约束的。当然,也存在着某些约束,比如基本法(lois fondements)。这个概念在18世纪的政治冲突中时常出现,但是究竟有哪些具体含义?没有人能说得清楚,说到底,基本法充其量不过是充满了争议的发明。所以,事实上,它对绝对王权并不存在任何有效的限制。王权既然不需要对任何团体负责,不代表任何社会阶层,那么实际上也就是一种没有任何社会基础的权力。[①] 这必然与公债的本质发生冲突,因为在绝对君主制下,债权人的利益得不到任何保障。这一矛盾,在不同阶段会以不同方式表现出来。所以,究其根本,债务危机就是如何重建政府信用的问题,卡隆决定在全国建立外省议会,也是出于这个目的。

美国革命对法国产生的第二重影响体现在思想层面。这比较复杂,可以分为三个层次进行讨论。首先,官方必须主导这场战争的宣传基调,既要掀起反英仇恨,又要弱化美国革命的自由共和色彩。其次,从参与者来看,美国革命符合佩剑贵族的基本倾向,但在底层民众埋下了反封建的种子。最后,美国革命推动思想激进化。随着新一代启蒙哲人的登台,美国革命推动了政治理想主义的发展,同时也强化了哲人对平等的坚定信念。下面分而述之。

身为外交国务秘书,韦尔热讷试图主导援美抗英的宣传。他以官方名义,资助出版《英美事务》(Affaires de l'Angleterre et de l'Amérique)这份新闻刊物,作为刊登时事、转载北美地区出版物的小册子以及英国议会辩论的主要渠道。《英美事务》还刊登了一些名人撰写的文章,比如罗杰·普莱斯(Richard Price,1723—1791)的《论公民自由的本质》、潘恩的《常识》,以及美国某些州的宪法。[②] 韦尔热讷为了既掀起抗英情绪,又尽可能弱化美国革命的反君主色彩,所以在每段关键引文之后都写了一段"编者导论",引导读者,尽可能避免任何过激的解读。比如,在《美国

---

① E. H. Kossmann, *Politieke Theorie en Geschiedenis*, Bert Bakker: Amsterdam, 1987, pp. 127, 129, 134—135.

② 这份杂志创刊于1776年5月,于1779年10月停刊,本杰明·富兰克林列为主编之一。

独立宣言》的引文后有这样一段评论:"毫无疑问,《宣言》是这场战役、这场战争本身乃至整个世纪最为伟大的事件……幸好本国中这样的言辞,这样的颠覆性的话并不多见。"①在官方的宣传中,法国援助美国革命,乃是英法矛盾以及仇英主义(Anglophobia)这一民族心态发展的一个篇章。法国宛如慈父,带领着刚刚摆脱野蛮阶段的美国,以欧洲为范本,建立一套成熟的制度。美国革命不具有普世价值,更不是历史转折点。这是官方宣传的基本导向。

尽管如此,这场革命对那些亲身参战的军官士兵而言,意义却大不一样。当时,巴黎有个私人俱乐部,名为三十人俱乐部(Société des Trente),成立于1787年年底,实际成员不止30人。这个组织的成员撰写了大量小册子,攻击旧制度,对革命爆发起到过关键的推动作用。其中,有不少是佩剑贵族,而且参加过北美战争。②拉法耶特侯爵(Marquis de Lafayette,1757—1834)就是成员之一。他十分崇拜华盛顿,给自己的儿子取名为乔治·华盛顿·德·拉法耶特(Georges Washington de La Fayette,1779—1849)。这些佩剑贵族对法国宫廷的腐化、贵族等级的孱弱深恶痛绝,渴望彻底革新,建立一个真正能够以才取士的社会。当然,他们所谓的才能,指的是贵族的军功。美国革命的胜利让他们看到改革的希望。革命对底层士兵的影响则截然不同。美国史家麦克唐纳(F. McDonald,1927—2016)曾做过一项有趣的研究。他统计了参与过美国革命的法国士兵的出生地,发现征兵越多的地区,在1789年夏天的农民革命中态度越激进。征兵最多的五个地区分别是阿尔萨斯洛林(541人)、皮卡第(385人)、诺曼底(325人)、勃艮第(303人)和弗朗什-孔泰

---

① 转引自 Francis Acomb, *Anglophobia in France, 1763—1789: An Essay in the History of Constitutionalism and Nationalism*, Durham: Duke University Press, 1950, pp. 83 - 85; Jean-Louis Lecercle, "L'Amérique et la guerre d'Indépendance," Paul Jansen et al. (eds.), *L'Anné 1778 à travers la presse traitée par l'ordinateur*, Paris: PUF, 1981, pp. 17—42。

② Munro Price, "The Court Nobility and the Origins of the French Revolution," in Hamish Scott and Prendan Simms (eds.), *Cultures of Power in Europe during the Long Eighteenth Century*, Cambridge: Cambridge University Press, 2007, pp. 269 - 288。

（245 人），这五个地区无一例外，在 1789 年革命，尤其是 1789 年夏天废除封建制度的运动中，表现十分积极。比如革命伊始，阿尔萨斯的农民便拿着他们伪造的文件，宣称政府已经下令摧毁一切封建遗迹，开始继续破坏。诺曼底是革命时期西部地区激进运动的中心，农村的暴乱在 1789 年 7 月 17 日就已出现。反之，那些征兵不多的地区，比如奥内斯（Aunis）、昂古穆瓦（Angoumois）、安茹等，则在法国革命中表现比较温和。麦克唐纳解释道，美国革命战争的经历让这些底层农民意识到，农民如果有自己的土地，也能过上富足的生活，而 1789 年的危机便为他们提供了一个通过占有土地彻底改变自己命运的机会。①

美国革命对思想界的影响十分复杂，总体上推动了政治理性主义的发展。随着孟德斯鸠、伏尔泰等启蒙时代的哲人陆续离世，新一代思想家开始登上公共舞台。他们更有锐气，更不妥协，更毫无保留地支持进步、支持理性主义。雷纳尔神甫是新一代哲人的代表。由他领衔撰写的《两印度哲学史》一经出版便迅速引起了巨大轰动，被译成五六种语言，并在接下来的 30 年内再版了 55 次。梅西耶说他在逗留纳沙泰尔期间，曾看到过八个版本同时印刷的盛况。②《两印度哲学史》一改此前启蒙思想支持商业扩张的立场，站在人道主义和宗教宽容角度，无情抨击殖民主义的愚蠢与凶残，表达对专制暴政的仇恨，热情颂扬了自由的神圣以及至高无上的人民。对雷纳尔而言，美国革命就是一场

---

① Forrest McDonald, "The Relation of the French Peasant Veterans of the American Revolution to the Fall of Feudalism in France, 1789—1792," *Agricultural History*, Vol. ⅩⅩⅤ, 1951, pp. 151-161. 麦克唐纳的解释可能存在漏洞。他首先假设引发农民革命的充分必要条件是私有财产的观念，而美国革命教给了这些农民财产观念的价值与意义。但他忽略了几点：首先，1789 年的农村革命很大程度上是应对谣言的自发的自卫性的革命运动，而并非具有积极进取的精神；其次，他完全将革命视为一种外来因素的影响，而忽视了原生因素。实际上，这些出兵多的地区，大多都比较贫困，在 18 世纪 80 年代经历了较为严重的经济危机。

② 莫尔内:《法国革命的思想起源》，黄艳红译，上海:上海三联书店，2011 年，第 217 页。这部作品是多人合写，作者包括狄德罗、拉格朗日、霍尔巴赫等。国内学者相关研究，参见王晓德:《"雷纳尔之问"与美洲"发现"及其后果之争》，《世界历史》2018 年第 5 期;王晓德:《雷纳尔美洲退化思想与启蒙时代欧洲的他者想象》，《历史研究》2019 年第 5 期。

人道对抗专制、自由反抗压迫的战争,美国人想要实现的,正是欧洲人多年来一直追求和梦想的自由与平等。1783 年,雷纳尔在里昂科学院举办了一场征文活动,主题是"发现美洲有益还是有害于人类"。参与竞赛的有孔多塞、夏斯特吕(François-Jean de Chastellux,1734—1788)等人。这些思想家一致认为,美国革命清除了宗教狂热和奴隶制造成的恐怖。孔多塞更激进地指出,对欧洲人而言,美国革命是一个典范,它唤起了对人权的尊重,而真理必将在全世界赢得胜利。[①] 1777 年,定居在巴塞尔的彼得·奥克斯(Peter Ochs,1752—1821),即未来的赫尔维蒂共和国(Helvetic Republic)的督政官,向他的导师、瑞士重农学派代表艾瑟琳(Issak Iselin,1728—1782)询问道:"关于美国人的胜利,您怎么看? 有没有可能,我们在另一个大陆也能实现您曾经教导的那些有关人道主义历史的教义呢?"艾瑟琳回答:"我真诚地认为,北美孕育的理性和人道很快会到处生根发芽。"[②]

对这一代哲人而言,美国革命不仅具有普世意义,还代表历史的转折点,是新时代的开端。因为这场革命向世人证明,人类完全有可能摆脱历史和传统的包袱,仅凭理性,就能实现民族重生,创造全新的世界,而且,革命也让人意识到,在一片广袤的领土上,完全有可能建立共和国,脱离君主制也不是空谈。而此前,这一切都是不可想象的。简而言之,美国革命开创了一个新时代。穆尼耶(Jean-Joseph Mounier,1758—1806)敏锐地意识到他身处于一个"对变革的蠢蠢欲动与热烈渴望"的时代。[③] 1784 年,图卢兹的盖伊·萨伯维持会(Consistori del Gay Saber)

---

① Condocret, "De l'influence de la révolution d'Amérique sur l'Europe," in Œuvres de Condocret, Tome 18, par F. Arago, Paris: Frimin Didot Frères, 1847, pp. 1 - 113. 可参见英译 Durand Echeverria,"Condocret's The Fluence of the American Revolution on Europe'," The William and Mary Quarterly, Vol. 3, No. 25 (Jan. , 1968), pp. 85 - 108。

② 转引自 Robert Palmer, The Age of the Democratic Revolution: A Political History of Europe and America 1760—1800, Princeton, New Jersey: Princeton University Press, 1959, p. 242。

③ Adolphe, ou Principes élémentaires de politique, London, 1795, p. 91. 转引自多伊尔《牛津法国大革命史》,第 82 页。

举办了一次征文比赛，主题是"论北美革命的伟大与重要性"。① 年轻文人马耶（Jean-Baptiste Mailhe，1750—1834）在他提交的论文中写道："从此之后，在这个世界上没有任何东西，是人类所不能期待、不能希望的。"他将文章寄给了华盛顿，并写了一封热情洋溢的信。他说："还有什么比把您尊为美国的辛辛纳图斯更高的荣誉？您为了自由的事业进行复仇，并建立了一个至高无上的国家，而自愿重新回到一个普通人的生活。"② 马耶后来成为国民公会代表，1793 年投票赞成处决路易十六。

另外，美国革命进一步激发了法国人热议平等问题。这场讨论有两个主题，其一是关于北美辛辛那提社（Society of the Cincinnati），其二是关于美国及其各州宪法。两场讨论持续时间不长，影响范围不大，但是由于与法国人对自己国家的制度与体制的思考牵涉在一起，因此意义颇为特殊。③

北美辛辛那提社成立于 1783 年，发起人有北美大陆军将军亨利·诺克斯（Henry Knox，1750—1806）、汉密尔顿等人。协会对成员身份有严格规定，只招收在大陆军服役满三年并有一定军衔的军人。尽管协会本身的目的是要让后世铭记美国人为赢得独立付出的努力，但是这毕竟是一个体现身份殊荣的组织，与共和平等原则相悖。富兰克林当时身在巴黎，正想为那些有意移民北美的人写一份小册子，向他们宣扬美国的平等。他说，对旧大陆的人来说，出身是身份尊贵的标志，然而在新大陆，出身"确实仍有价值，但在美国这个市场上销量一定很差"④。此时，

---

① 盖伊·萨伯维持会是一个文学组织，创办于 1323 年，也译作百花诗社。

② Jean-Baptiste Mailhe, *Discours qui a remporté le prix à l'Académie des Jeux floraux en 1784, sur la grandeur et l'importance de la révolution qui vient de s'opérer dans l'Amérique septentrionale*, Toulouse, 1784, p. 29. *The Papers of George Washington, Confederation series*, Vol. 1, Charlottesville: University Press of Virginia, 1992, p. 339. 参见 Robert Palmer, *The Age of the Democratic Revolution: A Political History of Europe and America 1760—1800*, p. 259.

③ 国内研究参见李剑鸣《从跨国史视野重新审视美国革命》，《史学月刊》2021 年第 3 期。

④ 转引自 William Doyle, *Aristocracy and its Enemies in the Age of Revolution*, Cambridge: Cambridge University Press, 2009, p. 121.

一批从北美战场凯旋的贵族军官回到了巴黎,其中不少人获得了入选辛辛那提社成员的殊荣。他们纷纷要求路易十六认可这个新身份。于是,国王颁发特许状,正式认可辛辛那提社,为那些获准入会的法国贵族专门制定了特殊的配饰,其身份特权可与金羊毛骑士团比肩。① 这引起不少哲人的反对。于是,富兰克林急于把他的小册子译成法语出版,证明北美不是一个等级社会,打消人们的顾虑。

富兰克林首先找到了莫雷尔神甫,请他翻译。但是,莫雷尔很敏感地意识到,这份小册子明显是在挑衅贵族制和等级制,一定出版不了,因此拒绝。富兰克林并不甘心,最后找到了当时因丑闻而债务缠身、以卖字为生的米拉波伯爵(count de Mirabeau,1749—1791)。米拉波伯爵是重农学派的缔造者、魁奈的合作者米拉波侯爵的长子,他还有个弟弟,参加了北美独立战争,当时正准备加入辛辛那提社。

1784 年年底,米拉波伯爵根据富兰克林提供的材料,创作了《论辛辛那提团体》(*Considérations sur l'ordre de Cincinnatus*)。这其实不是富兰克林作品的译本,而是一个全新的作品。米拉波伯爵以辛辛那提团体为靶子,对贵族制展开了全面抨击。他认为,辛辛那提社的目的就是建立"真正的贵族等级制……一批军事贵族,而这些人慢慢地就会变成民事方面的贵族以及更危险的贵族"。他认为,辛辛那提社是旧大陆的遗产,因为它想要同欧洲所有王室建立联系,并获得它们的支持和援助。米拉波进而对更一般意义上的不平等展开了批评。他认为,平等是人的首要权利,任何试图将人分为贵族和平民的做法,就是对这种权利的挑战,辛辛那提社违背了美国立宪的基本准则,即"自然的平等、政治的平等和公民的平等"②。

米拉波伯爵的《论辛辛那提团体》没有深奥的理论,但是文字极有煽动性。在正文之后,他又附上了近年来搜集的相关材料,包括杜尔阁在

---

① William Doyle, *Aristocracy and its Enemies in the Age of Revolution*, pp. 124 – 128.
② 转引自 William Doyle, *Aristocracy and its Enemies in the Age of Revolution*, p. 108。

1778 年批评美国分权原则的信件,拉罗什富科公爵(La Rochefoucauld d'Enville,1734—1792)应富兰克林之邀翻译的《美国独立宣言》文本,马布里(Gabriel Bonnot de Mably,1709—1785)的《论美利坚合众国的政府与法律》(Observations sur le gouvernement et les loix des États-Unis d'Amérique,1783),他与约翰·亚当斯的通信,以及普莱斯的《论美国革命的重要性及其惠及全世界的方式》等。《论辛辛那提团体》在当时文人圈产生了不小的影响,引起了公众对不平等更强烈的愤怒。

关于北美宪法的讨论在杜尔阁和马布里之间展开。这位前任财政总监对罗杰·普莱斯撰写的《论公民自由》(Observations on Civil Liberty)给予了高度评价,但在评论中也表达了对美国各州宪法的不满。他认为,宪法的主要缺陷在于同母国宪法太相似:权力分散,且保留了团体:

> 我承认,我对迄今为止美国各州宪法很不满……我觉察到,大部分宪法都在模仿英国习俗,又好像没有特定的用意。不是把所有权威集中到一个中心,即国家的中心,而是建立不同的团体(corps différents),有代表的团体,有议会(council),有总督(governor),因为在英国有下议院、上议院和国王。①

杜尔阁此前就研究过美国各州宪法,认为最可取的是宾夕法尼亚州宪法,因为这最符合重农学派的理想,即一个威权领导、由绝对平等个人而非团体组成的社会。

马布里表达了类似的看法,但出发点不同。他早年是一位共和主义者,18 世纪中叶逐渐转向无政府主义,对欧洲历史的看法越来越悲观,认为自由在欧洲已经覆灭,而美国也难以逃避类似的宿命。1782 年,马布里与约翰·亚当斯相识。两人一见如故,相谈甚欢。在亚当斯的建议

---

① Richard Price, *Richard Price and the Ethical Foundations of the American Revolution*: *Selections from His Pamphlets*, *with Appendices*, Durham, N. C.: Duke University Press, 1979, pp. 218 - 219. 法文原文参见 *Œuvres de Turgot et documents le concernant*, *avec biographie et notes*, Tome 5, pp. 532 - 540。杜尔阁的评论写于 1778 年,以书信方式寄给普莱斯。

下,马布里写了一部专门讨论美国宪法的作品,这就是 1783 年夏天问世的《论美利坚合众国的政府与法律》。[①] 马布里赞赏美国的民主,认为这套民主制度充分体现了洛克思想的影响,与其母国制度有天壤之别,但同时也表达了他对民主的焦虑。马布里始终认为,民主的延续需要适宜的社会制度。他觉得乔治亚州宪法和宾州宪法虽然都采取了一院制,体现了比较彻底的民主原则,但是相比之下,乔治亚州宪法更为可取,因为乔治亚州以农耕经济为主,更为平等。

1785 年,普莱斯出版了杜尔阁的回信。约翰·亚当斯于次年开始写作《捍卫美国政府的宪法》(*Defence of the Constitutions of Gouvernment of the United States*,1787—1788)一书,予以反驳。他考察了欧洲共和制的历史,为两院制辩护,并主张强化行政权,认为唯有如此才能有效地抵制富人对穷人的压榨。[②] 但是,这部巨著在巴黎遭到冷落。因为独立战争结束后,美国希望同法国建立友好的政治与贸易关系,所以新任驻法大使杰斐逊身边都是支持发展商业、反对混合政体的人,比如孔多塞、斯特吕、拉法耶特等。杰斐逊的好友菲利普·马泽伊(Filippo Mazzei,1730—1816)与孔多塞合作,完成了四卷本巨著《北美之合众国历史与政治研究》,用专门一卷反驳马布里。[③] 马泽伊认为,马布里对美国体制如此不满,这本身就表明他是个贵族,认为马萨诸塞州宪法不民主,这完全是一种误解。这一卷还专门收入了孔多塞的两篇文章《论美洲革命对欧洲的影响》和《论由不同团体分享立法权的无用》。马泽伊以重农学派惯有的

---

① Mably, "Observations sur le gouvernement et les lois de Etats-Unis d'Amérique," in *Collection complete des œuvres de l'abbe de Mably*, Tome 8, Paris, imprimerie de Ch. Desbrière, l'an Ⅲ de la République, pp. 337 - 485. 有意思的是,这本书还没问世,便引起了不小的波澜,法国文人圈中开始流行一个说法,说马布里受美国政府的正式邀请,为他们起草一份新的宪法。

② 莱尔森提醒道,《捍卫美国政府的宪法》第一卷写于 1786 年 12 月,早于费城会议五个月,所以这部作品不像通常认为的那样是为了应对大陆会议的问题。参见 Richard Alan Ryerson, *John Adams's Republic: The One, the Few, and the Many*, pp. 270 - 311。

③ Filippo Mazzei, *Recherches Historiques et Politiques sur les États-Unis de l'Amérique Septentrionale*, 4 tomes, Paris: Chez Froullé, 1788.

那种抽象的、理性的和推演的笔调论证了一院制和直接民主的意义与价值。介入讨论的另一份重要文献是新泽西州的斯蒂文斯(John Stevens，1715—1792)撰写的《论英国政府与美国宪法的比较》。该文献于1787年问世，1789年被译成法语。[①] 斯蒂文斯是一位富农，主张彻底平等。他认为，美国是大一统的国家，不需要任何"独立的、自在的权力"，更不需要任何"有别于共同体的利益"。这种观点很符合重农学派的立场，所以译者孔多塞和杜邦·德·内穆尔专门为此书撰写了一篇热情洋溢的导论。

马泽伊和斯蒂文斯的著作问世的时候，全国三级会议选举正在紧锣密鼓地进行。当时，很多人觉得，法国需要一部成文法。但是，到底需要的是怎样一部宪法？众说纷纭，莫衷一是。孔多塞等人借着讨论美国宪法的机会，向他们的同胞传递了这样一个信息：法国要像美国一样，创造一个全新的国家，建立类似的政体，而这个政体绝对不是英国那种模式。《论英国政府与美国宪法的比较》所唤起的平等与美德引起了法国人的共鸣，也引起了西耶斯(Emmanuel-Joseph Sieyès，1748—1836)的关注。《第三等级是什么？》第三版中提到，西耶斯认为此书对一院制的论述极为有用。[②]

美国革命对法国的影响，表现在两个方面，首先是财政赤字，其次是思想激化。当然，这两个问题并不肇始于美国革命。对旧制度法国而言，财政赤字从来都是家常便饭。此外，即便没有富兰克林、约翰·亚当斯的介

---

① John Stevens, *Observations on government*, *including some animadversions on Mr. Adams' Defense of the Consitutions* ··· *and on Mr. Delolmes' Constitution of Enland*, by a Farmer of New Jersey, N. Y. , 1787. 法译本为 *Examen du gouvernement de l'Angleterre compare aux constitutions des Etats-Unis*, Paris, 1789,题目改得面目全非。斯蒂文斯批评的对象是亚当斯，因为他误认为亚当斯是贵族派。关于斯蒂文斯这份文献在法国的影响，参见 Pierre Rosanvallon, *Democracy Past and Future*, New York: Columbia University Press, 2006, pp. 127 - 143; Robert Palmer, *The Age of the Democratic Revolution: A Political History of Europe and America 1760—1800*, pp. 280 - 282. 本章论述特别参考了帕尔默的著作。

② Sieyès, *Qu'est-ce que le Tiers état?*, Paris: boucher, 2002, p. 48, note 9. 需要注意的是，中译本《论特权　第三等级是什么?》(冯棠译，北京:商务印书馆,1990 年)省略了注释。

入,革命前的思想辩论也不太可能有完全不同的面貌。但是,对法国而言,美国革命却使上述两个问题以一种特殊的方式得以发展。首先,就财政问题来说,人们一般认为法国革命的起因是民众税负太重。这种看法有一定道理,但不够全面。因为对最后几任财政总监而言,令他们感到最为棘手的不是税收,而是公债。这当然同内克用发行债务来支援战争有密切联系。公债利息很高,意味着偿还成本极高,而且债务市场越来越国际化,意味着政府越来越不能随意赖债。思想上的影响则更为直接。伴随着各方面的交流,美国和法国虽然远隔重洋,但是关注和热议的问题确有重叠,本质上是共和主义和自由主义之间的交锋。马布里与杜尔阁的分歧、亚当斯与斯蒂文斯之间的对话,反映的都是类似问题。对法国人而言,美洲出现了一个平等、自由、全新的社会,既解放了他们的想象力,也为他们树立了典范。法国人意识到,美国代表了全新的开始,因为它同它所脱离的母国完全不同。重农学派刻意凸显了这种差别,忽视了共同之处。既然美国人可以创造崭新的未来,法国人也可以这么做。对他们而言,美国革命的意义在于展现了一种解决类似社会政治问题的手段。

第四节　项链事件

1784 年 8 月 11 日深夜,在巴黎一处密布矮灌木的小巷里,站着一位手持玫瑰、身披斗篷、脸上盖着面纱的女士。不远处,走来一个披着宽大斗篷的男士,帽檐压得很低,看不清脸。他走到女士面前,深深鞠了一躬,吻了一下女士袍裙的褶边,从她手里接过了玫瑰。女士低声说道:"您最好希望一切都没发生过。"随后,两人各自离去。仅四天后,这位男士被捕。没过十天,这次会面演变成了一件轰动全欧的案件:项链诈骗案。[1]

---

[1] 有关这场案件的叙述,本章叙述主要参见 John Hardman, *The Life of Louis XVI*, pp. 199 - 217;Sarah Maza, "The Diamond Necklace Affaire, 1785—1786," in *Private Lives and Public Affairs：The Causes Célèbres of Prerevolutionary France*, Berkeley：University of California Press, 1993, pp. 167 - 211. 哈德曼的分析注重政治关系,玛莎的研究则关注身体与性别,有所不同。

图 21　王后的项链
（藏于布勒泰伊城堡，复制品）

　　案件所涉赃物是一串项链。这原本是路易十五准备送给他的情妇杜巴利夫人的礼物。实际上，这不是通常意义上的项链，因为太长，远远超过正常尺寸，一直可以挂到裙子下摆处，而且也太重，根本不适合日常佩戴。这串项链出自宫廷珠宝商博玛（Charles Auguste Boehmer）之手，共用去 647 颗大钻石，据估算，大约花费 200 万里弗，远远超过了法国当时最先进战舰"布列塔尼号"的造价。

　　案件的主人公之一是宫廷大神甫（Grand aumônier de France）、枢机主教罗昂（Cardinal de Rohan，1734—1803）。此人出身显赫，据说同布列塔尼公爵家族有血缘关系，所以身份高于一般公爵，仅次于血亲亲王。不过，到了 18 世纪，因为各种原因，罗昂家族中大部分人已是债务缠身。1781 年，罗昂堂弟盖梅内亲王（prince de Guéméné，1745—1809）破产，欠下了 3 200 万里弗债务,无奈之下卖掉了他们在巴黎的宅邸罗昂-盖梅内府邸(Hôtel de Rohan-Guéménée)。[①]　于是,整个家族都把希望寄托在罗昂身上,希望他能出人头地帮助家族渡过难关。但事实上,罗昂本人的处境也不太好。他背了一身债,而且宅邸又遭火灾,雪上加霜。所以,他唯一的指望就是当上国务大臣,领取丰厚的年金。当时很多住在城里、负债累累的贵族都这么打算。对罗昂而言,要升官,就得讨好王后安托瓦内特,"化敌为友",因为主教一直同王后和舒瓦瑟尔公爵共同的政敌达吉永来往密切。

案件的第二位主角是一位女士,名叫瓦卢瓦的让娜(Jeanne de Valois,1756—1791)。她是亨利二世私生子的后代,不过早已家道败落,靠混迹于王公勋贵、夫人小姐身边领取赏钱度日。她在凡尔赛租了间房,与国王的妹妹伊丽莎白公主(Madame Élisabeth,1764—1794)门对门。让娜的丈夫是一名宫廷卫兵,叫勒摩特(Nicholas de la Motte,1755—1831),自称祖上是伯爵,以勒摩特伯爵自居。案件还有两位配角。一人名叫德维莱特(Rétaux de Villette,1754—1797),是让娜的情人。另一人是名妓女,23 岁,名叫勒盖(Le Guay),自称多丽娃男爵夫人(baronne d'Oliva)。

让娜消息灵通。当她知道主教想要接近王后时,便萌生了借机捞一把的念头。她让主教相信,她和王后关系非同一般,完全可以帮主教牵线搭桥。让娜起初不过是想骗点钱。但是,当主教托她转交一封信给王后的时候,她想出了一个大胆的计划。让娜找来情人德维莱特,一起伪造了王后的回信,措辞极为真切,答应与主教见面。罗昂信以为真。让娜告诉他,考虑到他和王后之前的关系,见面选在晚上比较稳妥。罗昂欣然答应,于是,便有了本章开头那一幕。当然,那位盖着面纱的女士并不是王后,而是妓女勒盖。

经历了此次见面,罗昂对让娜更是言听计从。让娜发现时机已经成

---

① 即现在的孚日广场雨果故居。

熟,于是开始实施那个大胆的计划。她首先找到了珠宝商博玛,告诉他,王后很想买那串项链,但是因为太贵,为避免风言风语,决定委托罗昂主教代她购买。博玛信以为真。实际上,他本人也急于将项链脱手,因为他后来坦陈,为打造这条项链,他光从某位银行家那里就借了80万里弗,每年利息高达5 000里弗。接着,让娜又去劝说主教。她伪造了一份文件,还有一封王后的信,给了主教并告诉他,王后想要买这串项链,但是一时凑不够钱,所以想请主教资助,并答应自半年后,也就是1785年7月开始,分四次付清。让娜还请来了当时巴黎最著名的炼金术师、江湖骗子卡里奥斯特罗(Alessandro Cagliostro,1743—1795)出面周旋。主教答应作为中间人,以分期付款方式买下项链。他凑够16万里弗给了博玛,并带着项链来到凡尔赛让娜的房间。德维莱特登场,扮演王后的贴身侍卫,取走了项链。

等到罗昂离开了凡尔赛,让娜和德维莱特取出刀砍断了项链,匆忙间还损坏了好几颗钻石。德维莱特很快就在巴黎卖掉了好几颗,不过价格太低了,引起别人的猜疑,报了案。布勒特伊男爵的亲信、巴黎警长总长勒努瓦几经调查,无果而终。让娜的丈夫带着剩下的珠宝,来到伦敦找买主。他光是卖掉大颗钻石,就挣了15万里弗。勒摩特用这笔钱在法国购置了好几处房产。

罗昂主教渐渐起了疑心。他发现,王后对他的态度没有什么改变,而且平时也根本不戴这串项链。罗昂找到了让娜,想要问清缘由。让娜骗他说,王后不戴,因为她还没敢告诉国王。而且,恰好在这个时候,玛丽·安托瓦内特怀孕了,所以很少公开露面。罗昂也就信以为真。不过,事情最终还是败露了。1785年7月底,罗昂带着王后的信找到卡里奥斯特罗。这名江湖骗子笃定地说:"我用我所有的财产打赌,这信是假的。"事实上,要辨认信的真假毫无困难,因为王后的签名应该是"玛丽·安托瓦内特",而不是这封信上签的"法国的玛丽·安托瓦内特"(Marie Antoinette de France)。很快,国王和王后便获悉了此事。8月15日,罗昂主教被捕并被关入巴士底狱。很快,让娜在奥布河畔巴尔(Bar-sur-

Arbe)被捕,被押解回巴黎。让娜的情人德维莱特也被从日内瓦押解回国,承认了伪造信件的事实。

王后怒不可遏,认为自己的名誉遭到了不可挽回的侵犯,要求亲自参与内阁会议的商议,坚持要求让高等法院而不是国务会议审讯此案。她还一再坚持必须逮捕罗昂主教,甚至当面责骂米罗梅尼尔,因为后者认为逮捕主教有违宪制。玛丽·安托瓦内特说:"我与此案有关。公众认定我拿了项链,但没付钱。有人胆敢以我的名义行骗,我想知道整个事情背后的真相。主教的亲属都想要通过正规司法程序(justice réglée)审讯,主教本人也这么想,我想案件就应当这样审讯。"①事实上,王后的大部分举措都有违传统。作为王后,她无权列席会议。国王更无权逮捕主教。尽管如此,路易十六很支持她,决心为她挽回声誉,在写给韦尔热讷的信中,他说:"这是我见过最恶劣、最可怕的事情。"②因此,国王不顾米罗梅尼尔的劝告,同意了王后的一切要求。罗昂被捕,高等法院成为案子的主审。另外,作为王后的心腹,布勒特伊男爵一直在煽风点火。他对罗昂主教顶替他出任法国驻奥地利大使一事耿耿于怀,所以想借此事,利用巴黎高等法院进行打击报复,因为巴黎高等法院院长达利戈尔(Étienne François d'Aligre,1727—1798)与他关系非同一般。于是,在多重因素的推动下,一件原本发生在王公显贵之间的诈骗案变成了一桩举国轰动的大案。

但是,出人意料的是,情势反而对罗昂越来越有利。一方面,财政总监卡隆与布勒特伊不和,因为后者曾为了讨好王后私自动用公款为她购买宅邸,所以卡隆想借机保住罗昂,扳倒布勒特伊。这恰好也符合他重组内阁,以便推行改革的想法。另外,巴黎高等法院庭长(président à mortier)拉穆瓦尼翁(Chrétien-François de Lamoignon,1735—1789)是

---

① 转引自 John Hardman, *The Life of Louis XVI*, p.208。所谓正规司法程序指的就是由高等法院审讯。

② 转引自 John Hardman and M. Price, *Louis XVI and the Comte de Vergennes: Correspondace, 1774—1787*, Oxford: Voltaire Foundation, 1998, p.376。

卡隆的至交,有改组高等法院的计划,因此也想乘此机会打压政敌。所以,他和卡隆携手,拉拢了不少高等法院的法官。

1786 年 5 月 31 日,巴黎高等法院对涉案人员进行了庭审,并以唱票方式进行表决。每一位法官都必须要陈述自己的观点和判决意见。最终判决结果如下:让娜被判终身监禁和公开执行烙刑。或许是行刑官太紧张,又可能是被让娜的美貌迷住了,在行刑的时候,原本要烙在肩膀的"V"①烙在了胸部。入狱两年后,让娜成功越狱,逃亡至伦敦。此外,法庭以微弱优势(26∶23)宣判罗昂主教无罪释放。当判决宣布后,法官们被高呼万岁的民众簇拥着。大约有一万人结队赶赴巴士底狱,迎接被释放的主教。《莱顿公报》(Gazette de Leyde)这样报道:"被压迫的无辜的人,终于战胜了诈骗、阴谋、欺诈和忘恩负义。"②罗昂主教被宣判无罪并获释,被视为对抗专制的胜利,因为正如巴黎书商哈代(Siméon Prosper Hardy,1729—1806)所言,囚禁主教这一行径,本身就是在"行使绝对专制和专断的权威"③。

18 世纪上半叶,大部分政治事件,无论是冉森派冲突,还是高等法院与王权的对抗,最终都演变成了公共事件。这首先与当事人的意图分不开。他们想主动把事件公开化,想要引公众作为审判官,或是借助舆论为自己辩护。项链案的情况有所不同。涉案任何一方都没想要挑起公共舆论战。他们的所作所为,不过是传统的宫廷内斗。但是,公众不请自来。拘押罗昂,被民众抨击为专制行径。释放主教,则被视为公正战胜了阴谋。这说明,在 18 世纪 80 年代,政治的公共化已经成为不可避免的趋势。

案子发生后,各类小册子在街头巷尾传播。有可怜王后的,有同情主教的,有指控让娜夫妇的,也出现了很多相关故事书和小说。如《圣雷

---

① 法语小偷一词为"voleur"。

② Colins Jones, *The Great Nation*, p 338.

③ 转引自 Sarah Maza, "The Diamond Necklace Affaire, 1785—1786," in *Private Lives and Public Affairs*, p. 187.

米的让娜信史:勒摩特伯爵夫人历险记》(1786)就是一本地下出版物,出版地是伪造的,名为"自由之城"(Villefranche),出版商名叫"自由寡妇"(la Veuve Liberté),显然是假名。[1] 案件中的任何一个细节似乎都会引起关注,有写卡里奥斯特罗秘史的,有卖画像的。画像大部分粗制滥造,完全和真实人物不相像,比如勒摩特的像实际上抄袭了蒙巴雷亲王(prince de Montbarey,1732—1796)的像,但是卖得很好。很快,案子又带起了一波时尚潮。贵妇人中开始流行一款新帽子:"稻草垛上的枢机主教"(Cardinal sur la paille)。这种帽子乍看起来与主教的帽子颇为相似,但是多了几条红绸带,颜色也同主教的袍子接近,帽檐是稻草编的。稻草象征着巴士底狱牢房上长满的枯草,而整个帽子则暗指主教被囚禁。[2] 案情摘要或是辩护书,也成了当年最热销的印刷品之一。截止到1785年年底,也就是在审判之后半年间,律师为让娜辩护的小册子已经印了数千份,她的律师也收到数千封来信,索要辩护书的副本。罗昂公爵的辩护律师是当时巴黎高等法院的著名人物塔尔热(Jean-Baptiste Target,1733—1806)。他起草的辩护书,在正式刊印出版之前,销售的数量就已无从计数。卡里奥斯特罗的辩护书开始售卖的时候,当局不得不派出八名警察,以维持律师寓所门口的秩序。[3] 此案相关律师本就都是名人。塔尔热不仅在律师圈很有声望,而且在政治上也很活跃,是三十人俱乐部的重要成员,后作为布列塔尼代表入选国民制宪议会代表。担任卡里奥斯特罗律师的特龙谢(François Denis Tronchet,1723—1806)当时已年过六旬。这两位能言善辩的律师肯定想不到,七年后,也就是在1793年,他们会同时被选为路易十六的辩护律师。不过,塔尔热拒绝了,特龙谢

---

① *Histoire veritable de Jeanne de S. -Remi : ou Les aventures de la Comtesse de La Motte*, À Villefranche: Chez la veuve Liberte, 1786.

② 关于项链事件与时尚的关系,参见 Caroline Weber, *Queen of Fashion: What Marie Antoinette Wore to the Revolution*, New York and Company: Henry holt and Company, LLC. , pp. 164 - 192。

③ Sarah Maza, "The Diamond Necklace Affaire, 1785—1786," in *Private Lives and Public Affairs*, pp. 190 - 191.

则接受了这个艰难的任务。

这个案子为什么会如此轰动？为什么会如此吸引公众？有几个原因。首先，整个事件本身太具有戏剧性了。所有的一切好像是一幕精心编排的戏剧。让娜是导演："这幕戏剧是勒摩特夫人构思的，是她安排并导演的，那天晚上，在花园的小路上，上演。"所有其他人都只是演员，他们并不知道为什么这么做，他们只是按照剧本演出。妓女勒盖这样申辩："我不知道我要扮演谁，我从来就不知道，现在也还不知道，我也不知道我要和谁见面。"此外，整个事件的情节曲折离奇。一个卷入宫廷阴谋还被关入巴士底狱的主教，最后竟然被无罪释放。身份低微的妓女竟然成功假扮了王后，还骗过了主教。一名据说有瓦卢瓦王朝血统的女人，竟然能操纵这么多高官显贵，像操纵木偶一样，将他们玩弄于股掌之间。群臣之间内斗不休，完全不顾王朝的体面，将一件私事闹得满城风雨。国王也一点不像国王，而只是一个醋意横生的丈夫，无视王国规制，一心想要替王后挽回面子。

这出戏，情节之曲折，角色之丰富，或许只有当时正在巴黎上演的《费加罗的婚礼》才可比拟。《费加罗的婚礼》最初被禁演了三年（1778—1781）。但是，玛丽·安托瓦内特很喜欢，所以，布勒特伊男爵投其所好，费尽周折，终于令《费加罗的婚礼》于1781年在法兰西剧院以半公开的形式演出，很快引起了轰动。截止到1787年，《费加罗的婚礼》在巴黎演出了不下一百次。有意思的是，舞台上的《费加罗的婚礼》和巴黎小巷中上演的骗局有太多相似之处。两部戏都有易装的情节，都有庭审与律师辩护的场面。妓女勒盖和德维莱特的易装让人想起剧中的童仆凯鲁比诺（Cherubino）。两部戏同样都是对贵族的讽刺，都涉及阴谋诡计，而设计这些阴谋的都是女人，被蒙骗的或者被玩弄的都是出身好的人。种种巧合，不断激发起公众的好奇心。

更重要的是，这个案件将当时法国人对他们社会的种种不满，以非常具体、形象的方式表现了出来。首先，性别秩序出现了混乱。在时人眼里，性别秩序的颠倒是社会秩序不稳的表现。这是项链案件的核心所在。秩序颠倒的本质是某种原本处于边缘的社会力量,不断侵占社会的核心,从而颠覆了既有的合法性。① 几名身份低贱的人竟能把王国的显贵玩弄于股掌之间。让娜和她丈夫身边竟也聚集了一批自称"伯爵""公爵"的人,好像是一个宫廷社会。"公共女人/妓女"(public women)混淆了尊贵与低贱的界限,这难道不正是那位曾身为交际花,而后掌控王国命脉的杜巴利夫人的缩影吗?

　　这种性别与政治秩序的混乱,在王后身上体现得尤为明显。玛丽·安托瓦内特尽管事实上没有卷入案件,但是却无法不受牵连。高等法院既然判定罗昂主教无罪,等于隐射王后本人或许与事件有关。实际上,自从与路易十六成婚,玛丽·安托瓦内特就一直是种种公共话题的中心。成婚当日,在巴黎举办的婚礼上就发生了踩踏事件,死了136人,好像是一个不祥的预兆。后来,她和国王的私生活成了街头巷尾流传的小册子的主题,尽管不少纯属谣言,毫无根据,但说明人们对她并无好感。在公众眼里,玛丽·安托瓦内特干预政治,生活奢侈,喜欢炫耀,又迷恋赌博,盲目又很愚蠢。她的哥哥、神圣罗马帝国皇帝约瑟夫二世一心要把法国带进欧洲战争中去。种种迹象都让法国人很不喜欢这位王后。小册子把她描绘成荡妇,愚蠢的女人,是腐化且无知的贵族的代表。而且干涉政治的女人不仅愚蠢,还很危险。这是18世纪以来,公共领域不断性别化之后,人们逐渐形成的看法:社会秩序要稳定,性别必须有分工,公共领域是男性占领的空间,家庭才是女性的空间。如果性别分工出现紊乱,整体的社会秩序就会出现危机。这一点正是18世纪后半叶法国社会的问题所在,正如卢梭所说:"看看我们当代的戏剧,无所不知的总是女人,教导男人的也总是女人。"②

① 参见玛丽·道格拉斯《洁净与危险:对污染和禁忌观念的分析》,黄剑波等译,北京:商务印书馆,2018年。
② J. J. Rousseau, *Politics and the Arts*, 转引自 Sarah Maza, "The Diamond Necklace Affaire, 1785—1786," in *Private Lives and Public Affairs*, p. 205. 另见 Joan Landes, *Women and the Public Sphere in the Age of the French Revolution*, Ithaca: Cornell University Press 1988。

　　除了性别问题,整个案子还反映出贵族等级的危机,这也是吸引公众关注的原因之一。贵族的德行遭到了侵蚀,他们素来看重的那些传统——持剑作战、保卫王国——几乎丧失殆尽。试想,谁会指望把保护国家和社会的职责交给这些会如此轻易上当受骗的贵族呢? 另外,作为一个等级,贵族的财富根基也岌岌可危。大部分贵族,包括宫廷贵族,都已负债累累。当时,阿图瓦伯爵和普罗旺斯伯爵两人的债务总计高达6 500万里弗,最后靠他们的哥哥路易十六的帮助,才得以侥幸避免破产。这一现象是贵族不断离开自己的领地庄园、转而定居城市这一历史过程长期发展的结果。路易十四时代确立的宫廷文化,更起到了推波助澜的作用。结果,对18世纪大多数担任公职的贵族而言,他们的财务负担相当沉重,因为他们至少得打理三处房产:首先是自己领地的庄园,其次是城里的一处宅邸,最后还得在凡尔赛有一处安身之所。如果不考虑其他开销,仅三处房产的维护费用本身就是一笔庞大的开支。而且,很多贵族缺乏必要的理财能力,导致债务积欠越来越多。另外,18世纪十分流行庄园翻新以及室内装修,贵族又喜好炫耀,这无疑又增加了不少开支。比如,巴黎高等法院庭长奥卡尔(Jean Hocquart,1727—1778)为装修寓所就花费了24 000里弗。[1] 因为种种原因,到了18世纪后半叶,住在城市里的很多贵族,他们的主要收入不再来自领地,而是来自政府年金。[2]这说明,贵族越来越依赖于政府,逐渐失去独立性。这也正是罗昂主教要千方百计巴结王后的原因。

　　除了财产和债务,贵族等级更严重的危机来自他们的身份认同。这

① Jean de Viguerie, *Histoire et dictionnaire du temps des Lumières 1715—1789*, p. 245. Allan Braham, *The Architecture of the French Enlightenment*, Berkeley: University of California Press, 1989. 奥卡尔的寓所(Hôtel Hocquart)现位于巴黎七区,靠近奥赛博物馆。

② Tim Le Goff, "Essai sur les pensions royales," in M. Açerra et al. , *État, marine et société: Hommage à Jean Meyer*, Paris: Presses de l'Universite de Paris-Sorbonne, 1995, pp. 251 - 281.

同样与 18 世纪的社会变迁有关。[①] 传统上,贵族不能经商,因为这与他们的身份不符。[②] 但是,一方面因为商业带来可观的财富,另一方面很多贵族越来越穷困,所以,政府不断放宽禁令,允许贵族经商。1701 年,政府颁布法令允许贵族参与越洋批发商业、船只租赁与造船行业以及相关的保险行业,1767 年开放了金融业和制造业,并规定此后每年可以有两名成功的商人晋升贵族。夏多布里昂的父亲便是在这个时候投身船只制造业与奴隶贸易,重振家业,并购回了祖上的产业贡堡(Château de Combourg)。[③] 但是,与此同时,另一股与此相反的趋势也正在形成。等级意识和保守观念不断被强化。夸耶神甫鼓励贵族经商,德阿尔克据理力争,认为经商将败坏整个等级的价值观念。18 世纪后半叶,这种保守的趋势表现得越来越明显。1751 年,巴黎王家军事学院(École militaire)建立与改组的目的之一就是重塑佩剑贵族的价值。1764 年,法国中南部热沃当(Gévaudan)地区,前后有数十人被一头狼人袭击。在前现代社会,类似的事件很多,但是这头狼人却引起了举国关注,甚至惊动了凡尔赛。路易十五派出御前火枪手,方才平息事端。史家史密斯认为,热沃当狼人之所以会轰动全国,是因为贵族已觉察到等级危机,必会利用这次难得的机会证明他们的价值。[④]

① 下文分析参见 Colin Jones, *The Great Nation: France from Louis XV to Napoleon 1715—99*, pp. 326 - 335。有关 18 世纪贵族的综合研究,参见:Mathieu Marraud, *La noblesse de Paris au XVIII siècle*, Paris: Seuil, 2000; Marcel Reinhard, "Elite et noblesse dans la seconde motié du XVIII ème siècle," *Revue d'histoire moderne et contemporaine*, 3 (1956), pp. 5 - 37; Guy Chaussinand-Nogaret, *The French Nobility in the Eighteenth Century: from Feudalism to Enlightenment*, Cambridge: Cambridge University Press, 1987; Jay Smith, *The French Nobility in the Eighteenth Century: Reassessments and New Approaches*, PA: Pennsylvania State University Press, 2012.
② 比如魁奈在写于 1757—1758 年的"租税"词条中,就谈到了贵族的经商问题。当然他持反对意见,因为觉得这会让更多贵族脱离土地,参见 Quesnay, "Impôt," in *Œuvres économiques complètes et autres*, textes édités par Christine Théré, Loïc Charles et Jean-Claude Perrot Paris: INED, 2005, pp. 247 - 248。
③ 又称孔堡城堡,现位于法国布列塔尼伊勒—维莱讷省孔堡市。
④ Jay M. Smith, *Monsters of the Gévaudan: The Making of a Beast*, Cambridge, Mass., Harvard University Press, 2011.

这些矛盾从根本上反映了一个在传统和现代之间摇摆不定、犹豫不决的君主制国家所遭遇的困境。国家为了填补财政赤字,不断放松经商限制,鼓励社会流动。除了奖掖经商致富的贵族外,政府还通过卖官鬻爵吸收新鲜力量。据统计,1725—1789 年,大约有 6 000 到 8 000 人通过买官成为贵族,其中路易十六一朝大约占了一半,这些新贵族占了贵族总人数的 1/6 到 1/8。① 另一方面,君主制国家没有放弃等级制,反而不断强化了等级意识。但是,这非但不能重新团结贵族,反而更加深了分裂。而且,在贵族内部,财富差异、观念分歧也在不断加深。贫困的外省贵族仇视珠光宝气、腐化透顶的首都和宫廷世界,佩剑贵族又看不上舞文弄墨的穿袍贵族。项链事件就发生在这样一个贵族身份与品质被广泛讨论,并且备受质疑的时代。《费加罗的婚礼》本是一部讽刺贵族的戏剧,却吸引了不少贵族,原因在于他们认为博马舍讽刺的,实际上是一种过时的价值。而在公众眼里,无论是《费加罗的婚礼》,还是项链事件,都强化了同一种信念:贵族已经不再是国家荣耀和美德的守卫者,不过就是一群已经丧失道德操守的可怜虫。

第五节 1787 年改革前的法国局势

18 世纪 70—80 年代,法国不仅经受了思想与观念的考验,而且在欧洲的影响力也急剧下降。② 英法关系始终是欧洲国际秩序的主导因素,但是随着两国国情和国际地位的变化,关系慢慢走向对立。七年战争之后,在舒瓦瑟尔公爵领导下,法国以恢复工业、振兴军事作为主要目标,

---

① 有关 18 世纪卖官鬻爵的情况,参见史密斯《魔物的诞生:1760 年代法国热沃当怪兽事件》,林剑锋译,上海:上海书店出版社,2022 年;多伊尔《捐官制度:十八世纪法国的卖官鬻爵》,高毅等译,北京:中国方正出版社,2017 年;Jean Nagle, *Un orgueil français : la vénalité des offices sous l'ancien régime*, Paris: Odile Jacob, 2008。

② 下文有关欧洲局势的分析,参考了以下文献:M. S. Anderson, *Europe in the Eighteenth Century : 1713—1783*, London and New York: Longman, 1987, pp. 238 - 254; Lucien Bèly, *Les relations internationales en Europe XVIIe- XVIIIe siècle*, pp. 538 - 608; Jeremy Black, *From Louis XIV to Napoleon : The Fate of a Great Power*, pp. 128 - 147。

取得了令人瞩目的成就。与此同时,法国外交的重心也发生了转移,前后几任外交国务秘书一直把打击英国的海外力量、避免卷入欧陆争端作为基本的外交策略。七年战争后,英国的政策也有所调整,通过降低贷款利息增加了大量的资本投入,工业得以复苏。但是,英国在欧洲大陆日益陷入孤立,这当然同它在七年战争中首鼠两端、背信弃义的表现有关,另外英国在海外殖民地的扩张也引起了各国普遍不满。在这样的背景下,英国需要新的盟友。①

英法的外交调整对欧洲的国际局势产生了一定影响。法国逐步从欧陆事务中脱身,这为其他势力的进一步崛起创造了条件。在中欧和东欧地区,俄国从未停止过扩张。随着1768年俄土战争的爆发,俄国的军事与外交重心不断南移,陆海军的表现令整个东欧心惊胆寒。奥地利想通过与土耳其结盟(1771年7月)牵制俄国,奥俄关系更为紧张。这又进一步加速了对波兰的瓜分。因为,对列强而言,瓜分波兰实际上是一种分割利益、缓解矛盾、保证和平的临时手段。但是,瓜分波兰只能暂时缓解矛盾,无法阻止俄国扩张。第五次俄土战争(1768—1774)结束后,俄国终于获得了梦寐以求的黑海出海口。

法国调整了外交策略。这不仅影响中东欧局势,也影响到整个欧洲的格局。因为传统上,法国是东西欧之间的屏障。如果它考虑在欧陆扮演某种角色,那么它的一举一动势必会让西欧、中欧和东欧连成一片。反之,如果法国不愿介入欧陆争端,那么,西欧与中东欧之间就会失去联系,彼此孤立。这就是北美独立战争前的欧洲状况。独立战争之后,局势有了改变。这主要同法国的处境有关。因为战争使得它同英国的关系越来越紧张。面对英国的海军威胁,法国需要别国援助,既然西班牙

---

① 俄国外交大臣帕宁伯爵(Nikita Ivanovich Panin,1718—1783)在18世纪60年代提出建立"北方联盟"(Northern System),包括普鲁士、英国、瑞典、丹麦、波兰等国。参见 K. R. Schmidt, "The Treaty of Commerce between Great Britain and Russia 1766: A Study on the Development of count Panin's Northern System," *Journal Scando-Slavica*, Vol. 1, No. 1 (1954), pp. 115 - 134。

靠不住,只能拉拢荷兰。但是,这一选择会威胁到奥属尼德兰,进而疏远与奥地利的关系。随着奥地利野心不断膨胀,法国维持与奥地利的关系变得越来越难。

奥地利从未停止扩张。尽管理由并不充分,约瑟夫二世通过侵占巴伐利亚选帝侯领地,挑起与普鲁士之间的争端,无奈碍于俄国的压力,被迫缔结了条约(1779 年 2 月—5 月)。但是,约瑟夫二世不甘心失败,在玛丽亚·特蕾西亚去世后,更加肆无忌惮地扩张,以支援俄国进攻奥斯曼土耳其作为交换条件,与俄国结成同盟,并仰仗这个后援,开始向尼德兰扩张。1648 年签订的《明斯特和约》(Treaty of Münster)规定,作为重要交通枢纽的斯凯尔特河仅向荷兰船只开放。约瑟夫二世认为,这项带有重商主义性质的规定不仅损害了奥地利在尼德兰领地的贸易,而且侵犯了奥地利人使用河流的天然权利。他以此为由,在 1783 年底至 1784 年初,故意制造争端,迫使荷兰开放河禁。

法国出于自身考虑,为了避免荷兰与英国结盟,不得不介入争端。韦尔热讷代表法国向荷兰担保,法国一定不会坐视不管。一方面因为法国的干涉,一方面叶卡捷琳娜二世虚与委蛇,奥地利一无所获。根据 1785 年签订的《枫丹白露条约》(Treaty of Fontainebleau),荷兰依旧保留对斯凯尔特河的主权,只需向奥地利支付 1 000 万弗罗林(florin)。法国援助荷兰,导致了与奥地利关系不断恶化。这让法国在随后一场危机中付出了沉重的代价。

1786 年,普鲁士国王腓特烈二世去世,他的侄子威廉二世(Friedrich Wilhelm II,1744—1797)继位。这位国王体弱多病,性情反复无常,一改腓特烈二世的审慎,在外交上采取相对冒进的举措,选择亲英的立场。普鲁士外交倾向的改变使欧洲的局势发生转变,因为一旦普鲁士选择联合英国,那么东欧和西欧将再次连成一片,欧洲又会回到七年战争之前的状态。英荷战争的爆发,又进一步推进了这一进程。第四次英荷战争(1780—1784)中,荷兰不敌英国,国内出现分裂,一派为联省执政威廉五世(William V,1748—1806),另一派是亲法且受美国独立战争鼓舞的爱国党(Patriots)。爱国党在 1784 年举行了第一次全民族大会,武装了近 3 万人。[①] 威廉五世的妻子普鲁士的威廉明娜(Wilhelmina of Prussia, 1751—1820)既是威廉二世的妹妹,也是乔治三世的堂妹。这层关系既给英国与普鲁士的联手提供了契机,也为两国插手荷兰国内争端提供了充足的借口。1787 年,英普联军成功剿灭了爱国党,恢复了威廉五世的执政,并缔结了英荷同盟条约、普荷同盟条约以及英普防卫同盟条约。

荷兰爱国党被剿灭,法国却爱莫能助。这一事实再次证明法国在欧陆越来越没有影响力。外交上的无能进一步损害了政府的信誉。领土扩张、称霸欧洲历来是支撑波旁王朝政治形象的主要基础。捍卫王国一直都是征税的正当理由。亲赴前线战场、又在梅茨奇迹般康复,这为路易十五赢得了不少支持。美国独立战争的胜利也助长了民族自信心。但是,18 世纪 80 年代以后,法国在国际事务中表现越来越无能,极大地损坏了王国的信誉。信誉越低,则越难调动资源,若无法摆脱财政困境,就更加不可能恢复法国在国际事务中的形象。正如韦尔热讷所说,法国的资源并不比英国少,但调动资源的能力不如英国,问题主要出在公共舆论上,因为在绝对君主制中公共舆论所能发挥的效力远不如混合君主制。简单地说,绝对君主制的信用不及混合君主制。[②]

这便是卡隆接任财政总监时候法国的基本情况:国家的声誉远不如前,财政状况却日渐恶化。除此之外,还出现了几个新问题。首先,内阁内部的矛盾愈演愈烈。在莫勒帕去世后,内阁就出现了分裂,大体上出现了三大派系。最有威望的是韦尔热讷,他想承袭莫勒帕的位子,成为实至名归的首相。他建立了财政委员会(comité des finances),总领内政,牵制各部国务秘书。第二股势力是以布勒特伊男爵为代表的王后派。第三派是卡隆。卡隆原本也属于王后一派,因为他的晋升就得到了王后派的举荐。但是,卡隆更忠于国王,忠于君主制。他是 1776 年路易

① 安博远:《低地国家史》,王宏波译,北京:中国大百科全书出版社,2013 年,第 193—200 页。
② 转引自 Colin Jones, *The Great Nation: France from Louis XV to Napoleon 1715—99* p. 379。

十五在高等法院宣读的那篇《鞭笞训辞》的起草者。所以,一旦大权在握后,卡隆便着手削弱后宫势力,捍卫王权。这正是他介入项链事件的目的。奥地利大使梅西伯爵敏锐地注意到:那些投票保下罗昂主教的人,都拿了卡隆的好处。①

　　政府高层一旦出现分裂,高等法院便有了可乘之机,历来如此。1774年莫普改革后,大约有十余年时间,高等法院表现得较为驯服,有三个原因。其一,莫普改革有效地打压了他们的气焰。其二,莫勒帕和米罗梅尼尔成功地拉拢了大法庭中有资历的年长法官,从而有效地维持了政府与高等法院的和睦关系。当时法律界人士把这些效忠政府的法官,称之为内阁派(parti ministériel)。这一举措的代价是疏远了那些年轻的、资历尚浅的法官。这些人之后将成为政治激进运动的领袖。其三,卡隆之前的几任财政总监基本上都是举债,不征税,所以很少同高等法院发生正面冲突。在卡隆任财政总监之时,这种和睦关系结束了。18世纪80年代以后,高等法院的态度骤变。在卡隆四年任期内(1783年11月至1787年4月),巴黎高等法院不断提交谏净书,前后多达17次,而且某些外省高等法院也表现得越来越激进。

　　卡隆不仅处境艰难,而且选择也很有限。一方面,因为廿一税和与包税局签订的租约都将到期,意味着国库会损失4 000多万里弗的收入。另一方面,公众又相信内克在《上疏》中公布的数字,认为国库充盈。所以,卡隆既不可能增税,也不敢当众揭穿这个谎言。他更不可能宣布破产,因为泰雷早已宣布过破产,再次宣布破产,势必导致灾难。基于上述原因,面对高达1 000万里弗的赤字和40亿里弗的债务,卡隆只能继续借钱。任期内,他总共举债4. 88亿里弗,利息大约是7%到8%。1784年,卡隆又建立了一笔偿债基金(caisse d'amoritissement),希望每年能还掉300万里弗债务。除此之外,他尽管竭力削减开支,尤其是削减军费开支,但不仅无济于事,还可能削弱了国力,导致了法国盟友荷兰遭到

① Colin Jones, *The Great Nation*: *France from Louis XV to Napoleon 1715—99*, p. 342.

英国与普鲁士的入侵。

　　卡隆采取的最后一项措施是经济刺激计划。他相信,法国人民很有钱,因此问题在于如何能让他们消费。这就关系到政府的信用,必须首先让公众相信社会很繁荣。卡隆把政府看成企业,认为最便捷的凑钱手段就是举债或是发行债券,因此政府信用很重要,能花钱的政府一定是可靠的政府。[①]卡隆有此想法,与他的经历有关。他当过里尔与梅茨两地的督办官。这是法国除了巴黎之外最富有的两个地区。所以,卡隆不太相信法国人很穷。另外,他热衷于金融投机,与银行家关系密切。为他出谋划策的,除了重农学派代表杜邦·德·内穆尔外,还有瑞士银行家、日后成为吉伦特派骨干的克拉维埃(Étienne Clavière,1735—1793),比利时银行家瑟内夫伯爵(comte de Seneffe)。这群银行家也认为,法国的经济状况很健康,不比英国差,政府也很有信誉。应该说,美国独立战争之后,有类似想法的人不少。开明督办官塞纳克·德·梅朗(Sénac de Meilhan,1736—1803)在一本小册子中写道:"如果借钱给英国,其实就是借给了一个赌徒,他只有赢了才能还你钱,而借给法国,则是借给了有真正不动产的人。"[②]英国银行家艾萨克·潘乔(Isaac Panchaud,1737—1789)认为法国的国家信用在迅速发展,而英国的国家信用正在萎缩,而且英国银行马上要破产了,不堪重负,而金融和经济的未来在法国,如果它能把握住机会。[③]

　　基于上述考虑,卡隆发行债券,允许贴现银行从事信贷服务,从而吸收大量的资本,并将政府资本注入到各行业中,推动了冶铁、纺织、公共建设等行业的迅速发展。由于贷款的便利、利润的可观,显贵们纷纷投资工业。科瓦雷公爵资助昂赞的采矿业,卡斯特里侯爵和孔蒂亲王合资

[①] 转引自 John Hardman, *French Politics*, 1774—1789: *From the Accession of Louis XVI to the Bastille*, London; New York: Longman, 1995, p. 153。

[②] Sénac de Meilhan, *Considérations sur les richesses et le luxe*, Amsterdam: Chez la Veuve Valade, 1787, p. 492.

[③] Derek Jarrett, *The Begetters of Revolution England's involvement with France 1758—1789*, Totowa, New Jersey: Rowman and Littlefield, 1973, p. 206.

开挖煤矿,韦尔热讷和当吉韦里耶伯爵(comte d'Angiviller,1730—1810)与英国人合资在鲁昂开办了纺织厂,奥尔良公爵与彭铁弗尔公爵(duc de Penthièvre,1725—1793)在香槟地区投资了多家冶铁厂,就连国王本人也在勒克勒佐(le Creusot)投资了冶铁厂。其他一些科学创举也得到了地方政府的支持,如孟格菲兄弟的热气球实验就得到了朗格多克三级会议的支持。

此外,法国政府通过各种方式,引进国外技术,招揽顶尖人才。正如当时英国技术工人威尔森(William Wilkinson,1744—1808)所言:法国人如果不再跳舞唱歌,开始发展冶铁业,那么英国人就会颤抖。流亡的詹姆斯党人胡克(Jean Holker,1745—1822)将阿克莱特的水利棉纺织机和克朗普顿(crompton)的纺纱骡子引入法国。瓦特受邀来到巴黎,与数学家蒙日(Gaspard Monge,1746—1818)、拉普拉斯侯爵(marquis de Laplace,1749—1827)等人一道改进凡尔赛那台噪声太大、效率不高的马尔利供水系统(La Machine de Marly)。此外,政府还对工业发展给予支持与奖励,在工厂雇用童工的人可以因此而被封为贵族,如果农民不把他们的孩子送去学校,而是留在家里干零活,政府会给予一定的补助。内克后来回忆说,美国独立战争之后的和平时期,为投资者提供了极具吸引力的投资环境,就好像当年秘鲁对西班牙一样具有吸引力。[1]

上述措施带有明显的重商主义色彩。资本是国家的,工业发展也基本上受到政府的管控,正像当时一位考察法国的英国人所说,法国人服从于任何可能的管制,这是他们最突出的特点。[2] 不仅如此,最先得到政府支持的是那些与国家实力关系最为密切的行业,比如矿业、冶金、化工等,扶持这些行业有助于提升国家竞争力。同时,东印度公司得以重建,

---

[1] Derek Jarrett, *The Begetters of Revolution England's Involvement with France 1758—1789*, p. 211.

[2] J. Andrews, *Letters to a Young Gentleman on His Setting out for France*, London: J. Walter, 1784, p. 390. Derek Jarrett, *The Begetters of Revolution England's Involvement with France 1758—1789*, p. 207.

总资本为 2 000 万里弗,分 2 000 股发行,以七年间垄断好望角的贸易作为特权。[①]

卡隆的举措不禁让人想起了大半个世纪前的约翰·劳。两人的确有很多共同之处,卡隆尽管不是银行家,但是身边聚集了一批银行家。另外,时代氛围也比较类似。18 世纪 80 年代也是一个热衷投机、狂热且亢奋的时代。独立战争的胜利,内克奇迹般地不征税就打赢了战争,让很多人对法国充满了希望。塔列朗(Talleyrand,1754—1838)后来回忆道:"没有在 1789 年之前生活过的人,是不知道真正的生活乐趣(le plaisir de vivre)是什么样子。"[②]帕斯基耶(Étienne-Denis Pasquier,1767—1862)曾任巴黎高等法院的参事,七月王朝复辟后担任司法大臣,他对此也有类似的看法。他在《回忆录》中写道:"我见证了帝国的伟大,因为在 1814 年复辟中,我也看到了财富与日俱增,但是在我看来,没有什么能与 1783—1789 年巴黎的奢华相比。"[③]金融投机的风气早已十分兴盛。18 世纪中叶以后,法国的殖民地经济日渐繁荣,圣多明各的蔗糖产量增加了一倍,咖啡产量增加了十倍,这吸引了大量的资本。商人们把从殖民地贸易中获得的利润,投资到地产和公债。商业投机为法国参与美国独立战争提供了重要的资金来源,战争的胜利反过来又进一步助长了投机之风。宫廷贵族与各国银行家也建立了紧密的关系。这张关系网越来越国际化。日内瓦的银行家从 18 世纪中叶就开始担任孔蒂亲王和阿图瓦伯爵的财政顾问,普罗旺斯伯爵在独立战争之前就与美国商

[①] Philippe Haudrère, *Les Compagnies des Indes orientales*：*Trois siècles de rencontre entre Orientaux et Occidentaux*（1600—1858）, Paris：Desjonquères, 2006.

[②] 这句话是基佐转述,参见 François Guizot, *Mémoires pour servir à l'histoire de mon temps*, Tome 1, Paris, 1858, p. 6. 引用这句名言的人很多,但误引也很多,比如以赛亚·伯林在《个人印象》中将之转述为:"没有在旧制度下生活过的人们,不知道真正的生活乐趣是什么。"(伯林:《个人印象》,林振义、王洁译,南京:译林出版社,2013 年,第 18 页。)

[③] J. Étienne-Denis Pasquier, *Mémoires du chancelier Pasquier*：*histoire de mon temps*, Tome 1, Paris：Librairie Plon, 1894, p. 42.

人有金融商业往来。① 上述情况也导致了法国债务的国际化。

卡隆实施的这套工业刺激计划成效显著。国家内需得以扩大，工业生产得以不断集中化和规模化，技术也有了突飞猛进的发展。18 世纪中叶以后，法国国内工业中心出现了转移。某些传统的工业中心从世纪中叶以后就开始衰弱，但是，新的产业中心逐渐成熟，到 18 世纪 80 年代，法国约有 115 座棉纺织业工场，每年布匹产量大约是 1 600 万米，而英国同时期棉纺织工场大约是 111 座，年均产量是 1 240 万米。② 但是，尽管卡隆尽可能将资本吸引到实业，最终还是没能避免约翰·劳式的悲剧。1786—1787 年，金融泡沫开始出现。贴现银行原本以 4% 到 5% 的利息借钱给银行家，后者再以 5% 到 6% 的利息借出，或是购买政府的债券，结果一大批金融家开始哄抬股价。实业能吸收的资金越来越少。卡隆同样难以脱身，因为他本人也参与了投机。就连王室也没能幸免于难。巴黎水务公司是观察这一时期技术创新、金融投机和政治斗争如何相互交叠的有趣个案。

巴黎原来只有两台水泵，供应全城的用水，但机器早已陈旧。1778 年，发明家扎克-康斯坦丁·佩里埃（Jacques-Constantin Périer，1742—1818）与奥古斯丁·佩里埃（Auguste Charles Périer，1773—1833）发明了离心泵（pompe centrifuge），成立巴黎水务公司（Compagnie des eaux de Paris），从英国引进了瓦特的蒸汽机，改建抽水系统，不仅大大提升了供水效率，还建成了一套消防体系，既用于救火，也用于清洗街面。③ 巴黎水务公司 1777 年 4 月获准在巴黎证券交易所上市，吸引了不少显贵投资，包括奥尔良公爵、沙特尔公爵、卡隆等。公司的股票价格在 1786 年夏天开始疯涨，引起了旁人的猜忌，其中就有布勒特伊。他支持由工

---

① Herbert Lüthy, *La banque protestante en France de la révocation de l'édit de Nantes à la Révolution*, 2 tomes, Paris: S. E. V. P. E. N., 1959.
② Colin Jones, *The Great Nation: France from Louis XV to Napoleon 1715—99*, p. 355.
③ 佩里埃兄弟建成了两套蒸汽水泵，第一套在现在的纽约大道中心，靠近夏乐宫，另一套建在奥赛附近。

程师拉诺儿(Nicolas Defer de la Nouere,1740—1794)建立的伊薇特公司(Entreprise de l'Yvette),并动用一些人鼓吹这个方案更卫生、更有效。结果,巴黎水务公司的股票开始迅速下跌。卡隆最后给了某个意大利银行家一大笔钱,重新抬高了股票价格,但无济于事,年底公司股票价格大跌崩盘。由于缺乏资金,巴黎市府被迫认购了80%的股份。①

　　1787年上半年,金融泡沫破灭。仅上半年,就至少有五家王家银行破产,税款滞留令金融家无力回天。2月,卡隆被迫重组贴现银行。这给金融界带来了致命的打击,大量的金融家和包税商破产,或被投入监狱,或是流亡国外。一场延续了几乎三十年的金融投机风潮随之覆灭。而旧制度法国最彻底和最全面的一场改革,即将拉开帷幕。②

---

① Jean Bouchary, *L'eau à Paris à la fin du XVIIIe siècle: la Compagnie des eaux de Paris et l'entreprise de l'Yvette*, Paris: Marcel Rivière et Cle, 1946. Jacques Payen, *Capital et machine à vapeur au XVIIIe siècle: Les Frères Périer et l'introduction en France de la machine à vapeur de Watt*, Paris: Mouton et Cie, 1995.
② 有关这一时期投机活动的研究参见 Jean-Marie Thiveaud, "La Bourse de Paris et les compagnies financières entre marché primaire et marché à terme au XVIIIe siècle (1695—1794)," *Revue d'économie financière*, 1998, vol. 47, pp. 21 - 46.

第八章　国家再造

第一节　1787—1788 年改革

财政总监卡隆很清楚,厉行节俭是杯水车薪,无济于事,举债更是犹如抱薪救火,饮鸩止渴,而其他如修建公共工程、发放年金恩赏之举也不过是为了粉饰太平、安定人心。要想摆脱财政困境,非得进行彻底改革不可。他在就职宣誓时说:

> 我一旦处理完战争遗留的债务问题,就会全心全意投入全面改革中,这项改革将涉及君主制的构成(constitution),包括所有方面,将会带来资源重生而非枯竭,将会揭示减轻税负的真正的秘密,而这样的税收应当以对财产的正确评估为基础,而且征收的方式会相当简洁。①

1786 年 8 月 20 日,卡隆面谒路易十六,正式告诉他国家濒临破产,并将一份全面改革计划进呈国王。这就是旧制度法国最重要的历史文献之

---

① 转引自 Marcel Marion, *Histoire financière de la France depuis 1715*, Tome 1, p. 354。

一:《1786 年 8 月 20 日进呈国王之改善财政计划纲要》。① 在探究革命起源的史家看来,《纲要》的出台预示着革命进程已经启动。《纲要》开篇就坦陈了如下激进观点:

> 二十年来的研究与思考已经让我确信,改善财政关系到整个公共秩序(ordre public),只有改革国家现行的结构(la constitution actuelle),才能牢固地重建财政。但是,自从我对长期以来被忽视或掩盖的财政状况有了透彻了解之后,我对这一真理更加深信不疑。我被它所呈现的危险所吓倒,深深地意识到纠正它的迫切需要,在彻底讨论了所有可以使用的手段,所有到目前为止已经使用的手段,所有看起来最合理的手段之后;在排除了一大堆无知所带来的、被推断为无懈可击的虚妄计划之后,我越来越认识到,局部的改革不可能拯救国家(le salut de l'Etat),相反,要想避免这座大厦倾覆,就要重建整座大厦。

在卡隆看来,要彻底扭转当前的财政困境,必得进行一场全面改革,重建整个体系。所谓全面改革,至少有两层含义。首先,改革必须涉及体制的各个层面,而不仅限于财政税收。其次,改革要针对根本问题,而非只是做一些修修补补的工作。另外,在法国旧制度的历史上,卡隆起草的这份文献首次将财税改革提高到预防制度崩塌的高度。所以,财税改革所关系的,不只是充盈国库,更是君主制能否延续这一关键问题。

根据现有的材料,无法获知《纲要》具体起草过程和起草时间。但是,可以肯定的是,杜邦·德·内穆尔必定参与了《纲要》的起草,而且很

---

① Calonne, "Précis d'un plan d'amélioration des finance remis au Roi le 20 août 1786," in Calonne, *Réponse de m. de Calonne á l'écrit de m. Necker*:*publié en avril 1787*, *contenant l'examen des comptes de la situation des finances*, *rendus en 1774*, *1776*, *1781*, *1783*, *& 1787*:*avec des observations sur les résultats de l'Assemblée des notables*, Londres:De l'Imprimerie de T. Spilsbury, 1788, pp. 79-89. 下文简称《纲要》。下面引文括号中楷体文字为引者所加。

可能参考了杜尔阁的《论地方行政》。① 另外,《纲要》中有关道路徭役捐部分征求了路桥工程局的工程师兼主管勒·米里耶(Chaumont de la Millière,1746—1803)的建议,关税改革方案得到了之前负责国内关税的科尔梅尔(baron de Cormeré)以及巴黎前警长总长、时任国务参事勒努瓦等人的协助。② 所以,正如塔列朗所说,这份计划"多少是一群聪明人研究了多年后的成果"③。

《纲要》涉及如下十个方面。第一,终止廿一税,建立土地税,以实物形式收取,无豁免权;第二,建立堂区议会、区议会和省议会组成的省议会体制;第三,实现谷物贸易自由化;第四,废除实物形式的道路徭役,改为以钱代役;第五,取消国内关卡,统一关税;第六,出售王室领地的永久租约,限制其封建权利,重组王室森林的管理,收益用于偿还国家债务;第七,减少部门开支;第八,延长印花税(droit de timbre),获取额外的2 500万里弗;第九,重新制定债务归还的时间,改为 20 年而不是 10 年;第十,建立贴现银行,尽可能实现国家化。④

《纲要》的真正意义在于其全面性和彻底性。从全面性而言,《纲要》延续了杜尔阁的《论地方行政》和内克的《呈报国王建立外省行政议会的备忘录》的基本原则。卡隆同样清楚地意识到,任何局部改革都是无效的,要想革除弊端,必须进行一场全面变革。在彻底性上,较之上述两份文件,《纲要》的认识更为深刻。卡隆意识到,君主制的根本弊端在于"君主制不同部分之间的差异性(disparité)、不和谐(discordance)以及缺乏整合性(incohérence)"。《纲要》对所谓制度缺乏整合性,作了更为透彻

---

① Ambrose Saricks, *Pierre Samuel du Pont de Nemours*, Kansas: Lawrence, 1965, p. 108.

② John Hardman, *Overturn to Revolution The 1787: Assembly of Notables and the Crisis of France's Old Regime*, p. 28.

③ 转引自 Jean Égret, *La pré-révolution française*, 1787—1788, p. 8。

④ Calonne, "Précis d'un plan d'amélioration des finance remis au Roi le 20 août 1786," in Calonne, *Réponse de m. de Calonne á l'écrit de m. Necker: publié en avril 1787, contenant l'examen des comptes de la situation des finances, rendus en 1774, 1776, 1781, 1783, & 1787: avec des observations sur les résultats de l'Assemblée des notables*, Londres: De l'Imprimerie de T. Spilsbury, 1788, pp. 87 - 89.

的分析：

> 　　这个首要问题令整个制度软弱无力,束缚了所有的组织,不可能只摧毁其中一项,而不攻击其他所有的,这项原则滋生了一切,也渗透进一切,它自身就影响了一切,败坏了一切,也与一切公益相悖。这个君主国家,由三级会议省、税区地区、外省行政地区(pays d'administrations provinciales)①、混合行政的地区构成。这个君主国内,各外省彼此殊异,国内的重重阻碍分裂且分化了同一君主的臣民,某些地区完全豁免一切税负,而其他地区却要承担所有的税负。最富裕的阶级(la classe la plus riche)纳税最少,特权打碎了所有的均衡,不可能有稳定的规章,不可能有共同的心愿。在这样一个如此不完善的君主国家,在这样一个充满了滥权(abus)的君主国家,这是必然的,因此不可能有良治。实际上,由此看来,整体的行政管理太过复杂了,公共捐税不平等,商业受到千重阻碍,流通的各个环节也都受到阻隔,农业承载太重的负担,国家的财政因征税的费用,因实物变质(altération des produites)而变得很贫瘠。我证明,如此繁多的滥权,众人都很清楚,也得到了公正的批判,却依旧得以延续,尽管有公共舆论对此抨击,尽管有努力改革的行政官员的努力,其原因是没有连根拔除,没有通过建立更统一的体制,从根源上消灭这一切阻碍。②

这或许是旧制度历史上,对法国制度弊端最透彻、最精炼的剖析。卡隆指出,之前所有类似的改革之所以会失败,原因在于这些改革都是局部的,而且都没有以体制的统一化作为目标。若想要永久根除财政弊端,

---

① 代指内克的改革。——引者注

② Calonne, "Précis d'un plan d'amélioration des finance remis au Roi le 20 août 1786," in Calonne, *Réponse de m. de Calonne á l'écrit de m. Necker*: *publié en avril 1787*, *contenant l'examen des comptes de la situation des finances*, *rendus en 1774*, *1776*, *1781*, *1783*, &. *1787*: *avec des observations sur les résultats de l'Assemblée des notables*, Londres: De l'Imprimerie de T. Spilsbury, 1788, pp. 83 - 84.

就必须一劳永逸地解决制度的根本问题,建立一套统一有序的体制。

《纲要》在正式公开之前,先提交了御前会议进行讨论,反对者很多。路易十六尽管也有疑虑,但还是毫无保留地支持卡隆。但是,《纲要》若要颁布实施,必须得到批准。高等法院肯定反对,不可能接受土地税。如果要绕开高等法院,就需要召开全国三级会议讨论,但因为代表人数太多、周期太长,所以只能召开显贵会议。1786 年 12 月 29 日,路易十六不顾米罗梅尼尔等大臣的反对,宣布:"我决定,将向显贵会议进行咨询。"

显贵会议(Assemblée des notables)是王国的一种传统咨询议会,一般来说有权审议三类重大问题:第一是类似王室婚约、国际条约等与王国公法相关的问题,第二是讨论改革,第三是关于税收。第一届显贵会议于 1470 年召开。"显贵"这个称呼大约出现在 1596 年,亨利四世的财政总监絮利(Duc de Sully,1560—1641)把召集来的勋贵显要统称为"显贵先生"(Monsieur notable)。① 显贵会议与全国三级会议的区别表现在:首先显贵是由国王遴选,而不是地方选举产生;其次第二代表组成不考虑等级之间比例,一般由教士、贵族、城市团体代表和高级法院(cours souveraines)②的法官代表组成。所以,相对全国三级会议而言,显贵会议代表人数较少,比如上一届显贵会议(1626—1627 年)只有 50 多名代表,因此更容易控制。这其实是卡隆选择召开显贵会议的主要原因。

尽管做了周密安排,也得到了国王的支持,但还是出现了一些对卡隆不利的变故。1787 年年初,金融危机爆发,卡隆名誉扫地。不久之后,

---

① Arlette Jouanna, "Assemblées de Notables," in Lucien Bély éd. , *Dictionnnaire de l'Ancien Régime*, pp. 91 - 93.
② "高级法院"是一个范畴,包括以下几类法庭:第一,高等法院;第二,高等议事会(Conseils souverains ou supérieurs,1789 年之前仅有三个:阿尔萨斯高级议事会、鲁西永高等议事会和科西嘉高等议事会);第三,殖民地高等议事会(包括魁北克殖民地高等议事会、圣多明各高等议事会等);第四,审计法院(Chambres des compts,1789 年之前共 6 个,设于巴黎、格勒诺布尔、第戎、南特、巴莱度(Bar-le-Duc)和南锡等,普罗旺斯、诺曼底和朗格多克三个地方的审计法院与税务法院为一体,称"审计、税收和财政法院"[Cours des comptes, aides et finances]);第五,税务法院(1789 年前有 4 个,分别设于巴黎、克莱蒙费朗、波尔多和蒙托邦);第六,大法院(Grand Conseil);第七,货币法院(Cour des monnaies,设于巴黎与里昂)。

他病倒了,结果原定于1月29日召开的显贵会议不得不推迟举行。2月13日,韦尔热讷病逝,卡隆失去了最得力的支持者,显贵会议再度延期。米拉波伯爵十分敏锐地注意到:"韦尔热讷突然去世,卡隆失去了唯一信任的同僚,他现在考虑的可能仅仅是他自身的安危,而不是国家的组织与构成。"[1]在显贵会议召开之前,反对派不断壮大。法官名单出自米罗梅尼尔之手,主教以及三级会议地区代表名单则很可能是由布里耶纳起草。布里耶纳多年来掌控着全国教士大会,经验丰富,尤其善于隐藏自己的野心。他们两人对卡隆的改革都持保留态度。另外,内克尽管流放在外,但是在法国仍有很多崇拜者,他们也成了卡隆潜在的敌人。再者,卡隆一直没有公布财政情况,很多人并不觉得有必要改革。即便他们不反对改革,但也未必支持改革。最后,会期不断延后,这不仅增加了公众的疑虑,也给反对派提供了可乘之机。当与会代表陆陆续续来到巴黎以后,他们有足够的时间打听消息,结党聚群。

图22　1787年2月22日上午11点,显贵会议在凡尔赛召开[2]

---

① 转引自 Jean Égret, *La pré-révolution française*, 1787—1788, p. 12.
② 图片来源:法国国家图书馆;作者:尼奎特(Claude Niquet,1770—1830)。

1787 年 2 月 22 日,显贵会议在装饰一新的凡尔赛梅尼大会堂(Hôtel des Menus-Plaisirs)举行。出席会议的显贵共 144 人,其中血亲亲王 7 人,主教 14 人,显贵(gentilhomme)36 人,御前会议代表 12 人,高级法院法官 37 人,巴黎夏特莱民事总监(lieutenant civil du Châtelet de Paris)[1]1 人,三级会议地区代表 12 人,地方市镇长官 25 人。开幕式上,卡隆做了长达一个小时的报告。之后,与会全体代表分为七组,每组由一位血亲亲王主持,向卡隆提交了总共六份备忘录,将进行为期一周的讨论。国王在一片沉寂中退场。无人高呼国王万岁。[2]

参与讨论的七组中,只有阿图瓦伯爵领导的小组支持卡隆方案。反对派的意见主要集中在三点。首先,他们反对土地税。大部分显贵并不反对公平捐税,也认为特权者免税并不合理,但是怀疑征缴一种永久且数额不确定的税赋是否公平,因为所有权是绝对的,显贵认为他们不能代表全体国民,因此无权对类似的根本问题作出决定。另外,他们也不认为放弃免税特权,就能像卡隆说的那样为国库增加 5 000 万里弗收入,减轻民众负担。最后,他们认为让教士等级短期内还清债务很不现实,因为债务高达 1.495 亿里弗,所以教士们觉得比较可行的债务清偿时间是 1810 年。[3]

显贵们最反对的是省议会改革。卡隆设想的省议会方案是一套三级的行政体制:堂区议会(assemblées paroissiales)、区议会(assemblée de district)和省议会(assemblée provinciale)。各级议会代表都由本选区选举产生,代表资格只考虑不动产,不考虑等级身份。在中央层面,建

---

① 夏特莱,也称巴黎的夏特莱(Châtelet de Paris),就是巴黎地区的治安法院,因为历史上巴黎并没有类似其他地区的司法法庭(bailliage)。夏特莱民事总监大约出现于 17 世纪,指的是夏特莱法院的主管官员,参见 Marie-Françoise Limon, "Châtelet de Paris," in Lucien Bély éd. , *Dictionnnaire de l'Ancien Régime*, pp. 252 - 254;Jean Égret, *La pré-révolution française, 1787—1788*, p. 13.

② John Hardman, *Overturn to Revolution The 1787: Assembly of Notables and the Crisis of France's Old Regime*, p. 111.

③ John Hardman, *Overturn to Revolution The 1787: Assembly of Notables and the Crisis of France's Old Regime*,第 5 章。

立一个由省议会推选的代表与各部大臣共同组成的协商议会。所以,严格来说,这是一套有产者组成的代表议会。① 卡隆的方案与杜尔阁的很相似,所不同的是,杜尔阁建省议会意在摆脱督办官的控制,卡隆则不然,依旧保留督办官,且对省议会享有一定控制权。卡隆明确指出,这不是地方分权体制,只是为了"让行政管理变得更开明,但既不能给他们权力,也不让他们有那种自己来管理自己的企图"②。

显贵们的反对意见主要有以下几点。首先,他们认为,以拥有 600里弗不动产作为堂区议会代表资格,标准过高。其次,显贵接受财产标准,但要求保留等级身份。最后,他们反对督办官的控制。与会代表以佩剑贵族和法官居多,与督办官素来不和,自然更倾向于类似省三级会议那样的地方分权体系。正如拉瓦尔公爵(duc de Laval,1747—1817)写道:"当讨论到督办官权威的时候,没有人不认为,只要削弱督办官的权威,无论怎么做都是好的。"③

另外,显贵们对卡隆迟迟不肯公开财政情况也很不满。他们怀疑改革是否有必要。万般无奈之下,卡隆于 3 月 2 日公布了财政数据,公开批评内克的《上疏》不仅内容不实,而且有严重误导性。此举非但没有消除显贵的疑虑,反而进一步激发了他们的不满。他们群起而攻之。有人认为数据要核实,有人认为财政赤字乃是卡隆铺张浪费所致。卡隆没法

---

① 另外需要注意,按照卡隆原先的设计,省议会将在所有税区地区设立,而且每个省议会管辖的人口基本一样,所以设立省议会也意味着对税区地区的重新划分,这个想法在他 1786 年 11 月提交给国王的方案中有所体现(这份方案参见 Calonne, "Denkschrift des Ministers Calonne über die Einrichtung von provinzialversammlungen," in Von Hans Glagau ed., *Reformversuche und Sturz des Absolutismus in Frankreich* [1774—1788], München & Berlin: R. Oldenbourg, 1908, pp. 372 - 373),但在后来提交给显贵会议的方案中删除。除此之外,原先的计划规定第三等级代表人数加倍,与前两个等级代表人数总和一致,这一方案后来也删除了。

② Calonne, "Denkschrift des Ministers Calonne: Objections et réponses (Mitte November 1786)," in Von Hans Glagau ed., *Reformversuche und Sturz des Absolutismus in Frankreich* (1774—1788), München & Berlin: R. Oldenbourg, 1908, p. 362.

③ 上述意见参见 John Hardman, *Overturn to Revolution The 1787: Assembly of Notables and the Crisis of France's Old Regime*, pp. 137 - 138。

给出证明,因为财政问题牵涉到王室,若要核实,势必得罪国王。而路易十六是他最重要的后援。

　　公共舆论也对卡隆很不利。有关显贵会议的小册子四处散播。在民众眼里,这位财政总监大兴土木,投机倒把,声誉很不好。另外,一些原先受雇于卡隆的文人,也因为种种原因纷纷倒戈。米拉波伯爵指责卡隆专制蛮横,奢侈挥霍,渎职无能。而正当他饱受责难的时候,卡隆却出人意料地宣布,国王很高兴看到显贵会议在一些重要事项上取得了一致意见。这一消息显然不属实,不仅让路易十六十分恼火,而且让显贵们也怒不可遏。无奈之下,卡隆铤而走险,公然违背显贵会议的基本原则,将改革方案公之于众,并附上一份题为《通告》(Avertissement)的文本,抨击显贵会议中那群不顾公益、只顾谋取私利的内克派的险恶行径,并暗示改革的真正目的是谋求公共的利益,为了国家的利益,阻挠改革的便是私利,是特权:

　　　　我们要付更多的钱! 这是毫无疑问的,但是谁是"我们"? 只是那些付得不够的人。他们要按照公正的比例缴纳税款,没有人会负担过多。

　　　　特权会被牺牲! 是的,这是公正的需要,是当下境况的需要。难道将负担加诸无特权者的肩上会更好吗?

　　　　将会出现强烈的抗议! 这在我们的预料之中。如果不牺牲少数个人的利益,怎么实现大众的利益呢? 世上哪次改革不会招来怨言呢?①

卡隆想要借助公共舆论的力量,对抗显贵们的反对与抨击。他很有信心,因为他觉得自己的改革方案既然有利于有产者参政,就必然会得到公众的支持。卡隆曾对国王坦露:"如果那些既得利益者吵吵闹闹,也会被人民的声音掩埋,人民必然占优势,尤其是当建立了这些议会后,国家

---

① Calonne, "Avertissement," in *De l'état de la France*, *présent et à venir*, Londres: Chez Laurent, 1790, p. 439. 转引自多伊尔《牛津法国大革命史》,第 93 页。

必定获得了国家利益的支持,这种国家利益,此刻可能是无力的,但必定会战胜一切困难。"①

但是,卡隆失算了,因为对抗特权等级的战斗时机尚未成熟,更何况他本人信誉并不好。所以,公众对他的呼吁毫无响应,对《通告》中那些颇具煽动性的言论也无动于衷。非但如此,反而涌现出不少反驳卡隆或是指控卡隆操纵股票市场的小册子。显贵们显然不会放过任何机会。他们纷纷向国王递交言辞激烈的小册子,抨击财政总监。4月8日,就在复活节前夜,路易十六辞退了卡隆和掌玺大臣米罗梅尼尔。史家古德温(Albert Goodwin,1906—1995)认为,由于卡隆的倒台,"法国政治中失去了一个可能医治财政混乱的人,而恰恰是财政的混乱很快导致了旧制度的崩溃"②。

不过,改革并未因此中断。路易十六亲自主持显贵会议,排除万难,并任命布里耶纳为新一任财政总监。布里耶纳只对卡隆的方案做了局部的调整。他坚持征收土地税,但不是以实物形式,而是以货币形式缴纳,把比例税改成固定税额。他在省议会的方案中增加了特权等级的席位,而且基层代表中除了由选举产生的,还有因权入席(membres de droit)的,比如领主代表和第一等级的代表,另外更强化了督办官的权力。③ 布里耶纳做出上述妥协,很大程度上是为了迎合贵族的需要。果不其然,显贵心满意足。不过,他们很快提出了新诉求。他们对卡隆的《通告》给出的财政数字十分困惑,对政府出尔反尔的行径也越来越不满。"贵族反动"的势头愈渐猛烈。1787年本身就有特殊意义,是贵族选

① 转引自 Hardman, *The Life of Louis XVI*, p. 233。

② Albert Goodwin, "Calonne, the Assembly of French Notables of 1787 and the Origins of the 'Révolte Nobiliaire'," p. 364.

③ Pierre Renouvin, *Les assemblées provinciales de 1787: origines, développement, résultats*, Paris: A. Picard, 1921, pp. 100 - 107. 布里耶纳起草的改革方案参见 Brienne, "Deuxième mémoire de Brienne," in *Journal de l'Assemblée des notables de 1787*, par le comte de Brienne et Étienne Charles de Loménie de Brienne. (Bureau de Monsieur et Bureau du comte d'Artois). Texte publié avec introd., notes et index pour la Société de l'histoire de France par Pierre Chevallier, Paris: C. Klincksieck, 1960, pp. 79 - 83。

举的于格·卡佩(Hugues Capet,941—996)当选法兰克人的国王八百周年。显贵们要求恢复他们的权力,提出两点要求:一是设立限制王权的制度,二是定期召开显贵会议,审核政府的财政。从理论上说,这两点要求都挑战了绝对君主制的基本原则。路易十六当然予以否决,显贵极其不满,据说在听取国王的意见时,一片沉寂。

于是,显贵提出了更激进的主张。他们宣称自己无法代表国民,因此无权批准税法。这当然不符合历史,因为按照传统,显贵会议一直都有权审核王国的税法。5月21日,拉法耶特在阿图瓦伯爵主持的会议上宣称:"我认为,现在是时候恳请国王从现在开始汇总政府各部报告,并召开真正的国民会议(assemblée vraiment nationale),以确保更好的结果。"阿图瓦伯爵问道:"什么,先生,你难道说的是全国三级会议?"拉法耶特回答道:"是的,阁下,这正是我的要求,请记录在案,我就是要求召集全国三级会议的人。"①布里耶纳不得不解散显贵会议(5月25日),以免事态进一步激化。不过,他承诺,将继续推进改革,继续完善国家重生的事业。于是,1787年显贵会议无果而终。召开会议的初衷是想借助显贵的声望,批准改革方案。但是,持续百余日的讨论一无所获。原本以为显贵会议更好控制,结果显贵反而进一步要求召开全国三级会议。观念与舆论的激进化,一波高过一波,不同的是,此次高潮出现以后,再也没有消退。

布里耶纳并不是一位保守的主教,也不反对改革。他思想开明,曾领导修士委员会(Commission des réguliers)对法国教士阶层展开了大刀阔斧的改革,政绩卓著。② 他也支持启蒙运动。或许因为布里耶纳思想太激进,所以国王曾拒绝委任他担任巴黎主教,"至少主教得信上帝",这是路易十六的原话。随着布里耶纳入阁的,还有其他几位开明大臣,包括马尔泽尔布、拉穆瓦尼翁、孔多塞、莫雷尔神甫、阿德里安·迪波尔

---

① 转引自 Jean Égret, *La pré-révolution française*, *1787—1788*, p. 53。

② Suzanne Lemaire, *La Commission Des Réguliers*, *1766—1780*, Paris: Recueil Sirey, 1926.

(Adrien Duport,1759—1798),塔尔热也成为政府的顾问。

这届内阁政府似乎让人看到了希望。王室股票的价格很快回升。如果没有显贵会议所煽起的紧张与不信任的气氛,如果政府没有陷入如此难以摆脱的局面,这届内阁有望成为法国旧制度历史上很有作为的一届政府。拉穆瓦尼翁着手编订法律,废除刑讯逼供,进一步保证新教徒的身份,完善宗教宽容。中央层面的财政改革也在稳步推进,比如设立财政审核制度,实现中央财政集中化管理,制定明确的预算,清除金融家对国家财政的影响。此外,布里耶纳进一步推进商业自由化,限制行会特权。省议会的改革也没有中断。布里耶纳降低了代表的资格标准,以便容纳更多的有产者。新的地方议会主要协助政府起草税册并完成征税,但是没有自主权,也没有独立决策权,需要仰赖督办官。

从 1787 年 6 月底开始,布里耶纳陆续将改革方案提交高等法院审核注册。不少方案顺利获得通过,包括省议会改革。从 1787 年底开始,全国大约有 26 个财政区建立了省议会。此次改革触及范围之广、力度之大,令时人感到震惊。莫雷尔神甫感叹说:"国王已经放弃了他和他的前辈们享用了近两个世纪的特权,即由他个人独自管理国家的特权,或是借助那些受托于他的权威或持有他的权威的官员管理国家的特权。"[1]但是,税改方案搁浅。高等法院反对注册的理由是,政府必须先公开财政账目。国王强行要求注册。于是,高等法院就像显贵会议一样,宣称只有全国三级会议有权批准税法。显贵们像 18 世纪 70 年代那样,出席了高等法院的全体会议,其中参加过显贵会议的不少于 21 人。法官和显贵共同出席的同侪会议(Cour des pairs)起草了一份声明,并公之于众,正式要求召开全国三级会议。贵族革命达到了一个新的高峰。同侪会议的呼声得到了公众一致响应。基本上,上流社会几乎都支持法官的

---

① Abbé Morellet, *Observations sur le projet de former une Assemblée nationale sur le modèle des Etats généraux de 1614*, n. p. , November 1788, p. 7. Jean Égret, *La pré-révolution française*, 1787—1788, p. 117.

立场。巴黎一时间出现了很多俱乐部。各类小册子和报纸在街头巷尾被传阅。掌玺大臣拉穆瓦尼翁很形象地将国家比作女性，他觉察到这位女性已经不能单纯靠权威来统治：

> 这个国家（Nation）已经不是以前那个国家了。以前权威本身就很容易领导她，她很羞涩，也很轻信。而现在她既不羞涩，也不再轻信。在显贵会议之后，这个国家所关心的只是公共事务。她很清楚，或者说相信自己很清楚这些公共事务的基础是什么。此后，不经过一番劝服（la persuasion），是无法领导她的。因为必须通过让她相信政府目标与动机的价值，才能说服她。她不再轻信人，这是因为长久以来她的信任总是被人滥用，而且也是因为人们一旦开始审查或者相信他们能够审查，那就一定会审查下去。[1]

但是，王权并没有屈从。8月6日，国王决定以钦断的方式强行进行注册，不过答应政府会缩减开支，许诺从1788年1月开始，王室内务官员减少173个职位。事实上，这项措辞意义不大，因为王室开支仅占总开支的1/6。高等法院并没有接受这个条件，他们宣布，钦断无效。这无异于挑战王权的底线。高等法院还准备投票审判卡隆。情况不断恶化。政府只能采取极端措施，8月15日将高等法院法官流放到特鲁瓦（Troyes），并在此后四天内强制关闭巴黎所有的政治俱乐部和社团，清查所有未经授权的非法出版物。力挺巴黎高等法院的波尔多高等法院也受到了严惩，法官被流放到利布尔讷（Libourne）。8月底，卡斯特里侯爵和塞居伯爵先后辞职，接任陆军国务秘书一职的是主教的弟弟布里耶纳伯爵（comte de Brienne，1730—1794）。

　　经历了十余年的动荡和斗争后，法国终于又有了一个稳定、团结的内阁。这一状态尽管持续时间不长，但是对布里耶纳而言十分重要。因为没有了反对派，他终于可以全身心地投入改革中。9月初，布里耶纳制

---

① 转引自 Jean Égret, *La pré-révolution française*, *1787—1788*, p. 168。

定了一个新方案,不再征收印花税和土地税,只延长现行的两笔廿一税,尽可能公平地加以征收,并承诺在五年内恢复正常的财政秩序。法官们觉得,这个方案表明了政府的退让,他们的颜面得以保存,而且修改的内容也能让人接受,所以同意注册。9 月 20 日,流放令被撤销。法官们回到巴黎,不过很快就进入了常规的秋季休庭期。也就是说,按预定方案,11 月重新开庭之前,他们将着手起草一份新的国债法令,保证政府能顺利度过五年的财政紧缩期。[1]

布里耶纳自认为能掌控一切,也自信在 1792 年召开全国三级会议之前,能解决国家的财政问题。1787 年 11 月 19 日,高等法院重新开庭,注册国债。布里耶纳恳请国王到场,而且要求诸位法官自由发言、自由投票,因为他相信大部分人会支持注册贷款。[2] 法官们的发言持续了 8 个多小时。结果确如主教所料,大部分债务与财税法令都没有遭到阻挠。正当一切进展顺利之时,发生了一件出乎所有人预料的事。当法官们自由发言之时,列席会议的掌玺大臣拉穆瓦尼翁渐渐对某些人的大胆言论失去了耐心。他觉得有必要提醒国王,不能让法官们太过肆无忌惮。实际上,当时路易十六根本没在听,有些走神,也没关心具体讨论与协商过程。经拉穆瓦尼翁一提醒,他一下子回过神来,朗声说道:"听了你的话,我觉得有必要确立敕令中规定的那笔贷款,我已经做了承诺,1792 年前召开全国三级会议。我的话应当满足你的要求了。我命令注册这份敕令。"一阵短暂的沉默后,奥尔良公爵站起来,犹豫了一会儿,然后结结巴巴地说:"陛下……这样的注册是非法的……这样的一种注册方式,您应当通过一种明确的方式来表达。"[3]路易十六有些吃惊,他回答说:"随你怎么想,我不在乎……是的,这是合法的,因为这是我想要的。"[4]

---

[1] 多伊尔:《牛津法国大革命史》,第 99 页。

[2] 布里耶纳本人无权列席会议。

[3] 奥尔良公爵的意思是,国王只有用钦断的形式才能明白无误地表达自己的意愿。

[4] 这一事件被完整地记录下来,见 G. Sallier-Chaumon de Larouche, *Annales française depuis le commencement du règne de Louis XVI jusqu'aux états-généraux*, 1774—1789, Paris: Chez Leriche, 1813, pp. 128 - 129。

图 23　1787 年 11 月 19 日巴黎高等法院特别会议①

原则上,此次会议不是一次钦断,国王只是莅临高等法院,主持注册,所以强制注册不合规制。相反法官则有权提出抗辩。所以,这次冲突十分突然,结束了本已暂时趋于缓和的关系。局势再度朝着不可控的方向发展。在通过注册后,法官们在沉默中目送国王离去,之后又继续讨论了三个多小时。11 月 20 日,布里耶纳手持密札,将奥尔良公爵流放到维莱科特雷(Villers-Cotterêts),与他关系密切的两位法官也被流放到外地。1788 年 1 月 4 日,巴黎高等法院宣称,所有的密札都是非法的,有悖公意,也不符合自然法。不久,外省高等法院也加入了抗议的行列,有的抗议密札,有的拒绝注册廿一税,也有的反对业已建立的省议会,要求重新恢复省三级会议。越来越多的高等法院要求召开全国三级会议。

高等法院的行为越来越激进,除了受到王权威胁外,还有一个更重要的因素。1788 年初,有谣言说,政府正在酝酿计划,要改革高等法院,而且这次改革的力度可能会超过莫普改革。谣言并非完全子虚乌有,拉穆瓦尼翁确有改革司法体系的计划,而且得到了王后的支持。玛丽·安

---

① 图片来源:法国国家图书馆;作者:尼奎特。

托瓦内特在 1787 年 4 月 24 日写给兄长皇帝约瑟夫的信中,透露了她的想法:"我们将要对高等法院进行一场全面的改革(grands changements)。数月间,国王通过颁布命令和做出回应,宣布了一系列明确的原则……我们考虑限制高等法院的职权,让它只负责审判工作,另外建立一个议会(une autre assemblée),负责注册税收法令以及在王国内落实的一般法律(lois générales)……"①所以,从某种意义上说,高等法院要求召开全国三级会议,也是为了自保。马尔泽尔布曾在一份秘密备忘录中告诉路易十六,高等法院选择召开三级会议,原因是他们觉得建立省议会,改组高等法院的计划,都是在颠覆正统的体制,唯有全国三级会议才有能力扭转这个局面。② 高等法院在 1787 年 5 月 3 日公布的谏诤书透露了类似的立场。在这份可能是旧制度历史上最重要的一份谏诤书中,高等法院试图将所谓的基本法变成明确的成文法,从而为自身的权利提供更稳固的保障。他们提出了三项要求:第一,法官的职位不可撤销;第二,外省并入法国之时与国王签订的条约神圣不可侵犯;第三,征税必须要得到全国三级会议的同意。

王权与高等法院的关系进一步恶化。5 月 4 日法官提交了谏诤书,国王旋即下令逮捕谏诤书的起草者古瓦拉·德·蒙萨贝(Goislard de Montsabert,1763—1813)和德普雷梅尼(Duval d'Eprémesnil,1745—1794),两天后,将两人投入大牢。高等法院不顾一切地保护他们的法官。与此同时,政府高层也出现了分裂,原因在于,一些官员对未来没有信心,需要做两手准备,布勒特伊男爵偷偷向法官们透露风声。5 月 8 日,国王下达密札,令高等法院法官赶赴凡尔赛,出席钦断。此次钦断宣布了司法系统的改革,成为绝对君主制伸张自身"绝对性原则"的最后

① Marie-Antoinette, *Lettres de Marie-Antoinette: recueil des lettres authentiques de la reine*, edited by Maxime de La Rocheterie, Tome 2, Paris: A. Picard et fils, 1896, p. 115. 转引自 Jean Égret, *La pré-révolution française, 1787—1788*, p. 247。
② 参见 Malesherbes, *Malesherbes à Louis XVI ou les avertissements de Cassandre: mémoires inédits, 1787—1788*, Paris: Tallandier, 2010。

一次尝试。① 改革的内容与王后曾向其兄长泄露的计划原则上差别不大。高等法院的注册权和谏诤权,现在转移给新建的全权法庭(Cour plénière),后者则被改组成一个单纯的上诉法院。全权法庭不是由持官者构成,而是由遴选的显贵组成,性质有点类似显贵会议。此外,47个低级法庭被提升到大法庭(Grand Bailliage)的地位。钦断之后,政府动用了各类威权手段,下令高等法院进入休庭期,并在军队和地方总督的协助下,强迫外省高等法院注册了法令。

但是,稳定的局面没能维持很久。反政府者反而成了英雄。雷恩和波城两地的高等法院拒绝服从,继续开庭,得到了当地民众的支持。结束流放的波尔多高等法院法官受到民众的夹道欢迎。相反,支持政府的人倒成了民众宣泄不满的靶子。1788 年 6 月 7 日,多菲内省发生了民众袭击军队的事件,史称"抛瓦日"(Journée des Tuiles)。雷恩地区的总督也被民众赶出了城。事实上,1787 年以来,民众便将建立省议会看成是恢复地方自治的信号,开始尝试自己管理自己。另一方面,由于得不到中央支持,地方大员纷纷倒向民众。不少总督不愿镇压民众运动。政府高层分裂更为严重。布勒特伊男爵抗命不遵,拒不签署逮捕 12 名布列塔尼抗议民众的密札。在这样的局面下,司法改革也被迫悬置。

1788 年 7 月 5 日,布里耶纳公布了有关召开全国三级会议的章程。他宣布,国王欢迎所有人一起讨论会议的组织形式。布里耶纳把制定规则的权力交给公众,看似十分民主,实际上,他想利用全体国民讨论的机会,瓦解贵族和民众结成的反对王权的联盟。因为,有关全国三级会议的章程是一个既敏感,又很难取得共识的问题,很容易造成贵族和平民的对峙。于是,一场规模浩大的全国性辩论拉开了序幕,人们开始爬梳历史先例,挖掘档案材料。但是,讨论并没有转移公众的注意力,也没有消除他们的仇恨。抨击政府的小册子依旧若洪水般充斥着公共舆论场。

---

① 多伊尔:《牛津法国大革命史》,第 104—105 页。

　　尽管布里耶纳有着高明的政治智慧和高超的政治手腕,能在 1787 年这样一种极端复杂的政治局面中游刃有余,但是,他不可能控制一切。对整个 18 世纪每一届内阁政府造成根本冲击的事情又一次发生:政府破产了。破产的原因很简单:政府约有 2.4 亿里弗债务,需要用来年的税收来预垫。但是,抗议的风潮使得税款收不上来。另外,1787 年夏天的政治危机极大地损害了政府的信用。一场不期而至的冰雹几乎摧毁了巴黎盆地的大部分收成。各地出现了不同的天气灾害。国库空了,借款无望,税收也落了空,布里耶纳只得孤注一掷,于 8 月 8 日第一次宣布了三级会议召开的明确日期:1789 年 5 月 5 日。

　　这是政府又一次想要赢得公众信任的举动。布里耶纳希望通过公布三级会议召开日期来恢复政府信誉。但是,这次尝试又失败了。不仅市场毫无反应,而且政府的公债直线下滑,市场出现了恐慌,银行出现了挤兑。布里耶纳黔驴技穷,只得召回内克。不幸的是,内克明确表示,不愿在布里耶纳手下任职。无奈之下,主教于 8 月 25 日辞职,秘密离开巴黎。愤怒的民众焚毁了他的塑像。同时卸职还乡的,还有司法大臣拉穆瓦尼翁。就在布里耶纳离开巴黎之际,内克重新被任命为财政总管,27 日被任命为国务大臣,并成为事实上的首相,因为所有各部大臣在上奏国王之前必须先向内克通报。

　　1787—1788 年,法国已是危如累卵。古老的制度不断复生,既定的规制不断被打破,体制的颠覆与转型几乎是全面性的:召开了 160 余年未曾召开的显贵会议;一位深得国王宠信的大臣[1]被迫辞职;自撤销南特敕令以来首次准许一位新教徒进入国务会议,第一次废除了信仰身份与臣民身份之间的等同;自奥地利的安娜以来王后又一次肆无忌惮地参与大臣会议;黎塞留和科尔贝尔时代被废除的外省三级会议得以重建,而自路易十三以来不断强化和巩固的督办官体制却遭到了根本质疑。[2] 破

----

[1] 指卡隆。
[2] Colin Jones, *The Great Nation*, p. 393.

产也不仅仅是财政上的，更是政治与思想层面上的，尝试了一切可能的措施，讨论了一切可行的方案，一切值得考察的历史也都被考察过了，但是这一切在不同程度上都告以失败。现在所有希望都寄托在这个沉睡了160余年的历史遗产上。因此，可以说，绝对君主制此时已经丧失了可行性。

第二节　1789年三级会议

内克的复职再度让民众萌生了希望。1788年8月25日下午，消息传到巴黎，股市上扬。在罗亚尔宫、王储广场，民众载歌载舞，燃放烟花，让过路的行人下马车给亨利四世的雕像鞠躬。庆典延续了数周。民众还焚毁布里耶纳的雕像，甚至袭击了新桥附近的卫兵、哨卡以及官员的宅邸。拉穆瓦尼翁的家也遭到了袭击。①

内克停止了上一届内阁政府的所有改革，彻底颠覆了布里耶纳恢复政府威权的尝试。他先后下达了几道重要指令：全国三级会议召开的时间定于1789年1月1日，召回巴黎高等法院法官，恢复其全部权力，并停止司法改革。就在几天前，布里耶纳在离任前曾告诫国王："切不可无条件召回高等法院法官，否则您的君主制必将被摧毁，国家也将随之覆灭。"②布里耶纳的警告不无道理，因为高等法院法官一旦复职，必然会伺机报复。所以，在很多学者看来，内克不顾后果的做法，只为赢得民心，迎合民意。但是，内克也有他自己的理解。他认为，1788年5月间下达的一系列敕令在外省引起了广泛的不满与怨恨，很可能导致"全面的叛乱"（insurrection général）。③召回高等法院法官，明确三级会议的日期，是为了避免叛乱与暴动进一步恶化。

---

① Jean Égret, *La pré-révolution française*, 1787—1788, pp. 319 - 320.
② 转引自Jean Égret, *La pré-révolution française*, 1787—1788, p. 319。
③ J. Necker, "Sur l'administration de M. Necker par lui-Meme," in *Œuvres completes de M. Necker*, Tome 6, p. 24.

巴黎高等法院很快注册通过了召开全国三级会议的诏令,即 1788 年 9 月 23 日诏令。[1] 按照程序,高等法院即将进入秋季漫长的休庭期。但是,法官们仍心有顾虑,因为诏令并没有说清楚全国三级会议到底遵循什么样的程序,采取何种组织形式。另外,之前布里耶纳号召公众自由讨论,引发了一场声势浩大的公共舆论,高等法院如何才不会触犯众怒呢?基于上述两点考虑,巴黎高等法院于 9 月 25 日宣布:"定于来年 1 月举行的全国三级会议将定期召开,其构成方式遵循 1614 年的形式。"[2] 到目前为止,依旧不清楚高等法院为何会下达如此规定。法官们在制定规定之前,是否清楚 1614 年形式到底意味着什么?因为如果按照 1614 年形式,那么高等法院的法官将和第三等级共处一厅,这不就等于自贬身价吗?不过,"9 月 25 日决议"激发了人们研究 1614 年形式的兴趣。9 月 30 日,一位记者写道:

> 高等法院注册的条款要求三级会议遵循 1614 年的形式,这促使人们以极大的热忱研究这次会议的所有细节。人们发现这次会议代表一共 464 人,其中有 140 名教士、132 名贵族、192 名第三等级代表,第三等级如果要求王权独立,并支持王权独立于得到贵族支持的教士的观点,那么他们的处境会很糟糕。[3]

在复杂的政治局面下,任何一方的选择都有可能改变整个局面,影响之后的发展。要求召开三级会议的呼声持续了至少一年多。但是,之前人们关心的只是三级会议的性质与程序,如何能代表国民意志,如何能对抗内阁专制,并不关心会议如何组建,也不关心每个等级代表的数量和具体协商方式。从这个角度来说,"9 月 25 日决议"成了

---

[1] 诏令内容参见 Armand Brette, *Recueil de documents relatifs à la convocation des États généraux de 1789*, Tome 1, Paris: Paris: Imprimerie nationale, 1894, pp. 25 - 28。

[2] Armand Brette, *Recueil de documents relatifs à la convocation des États généraux de 1789*, Tome 1, pp. 28 - 29.

[3] *Mercure de France*, 8 Octobre, 1788, Paris: au Bureau du Mercure, 1788, p. 84. 转引自 Jean Égret, *La pré-révolution française*, 1787—1788, p. 338.

公众讨论的转折点。公众很快意识到，如果没有合适的组织形式，他们无论如何无法与特权等级抗衡。于是，有产者对抗特权的战斗开始了。①

1788年以来，一些地区的第三等级已经在为争取自身权利而战。新建的省议会为他们提供了平台，因为这些议会在不同程度上已经实现了第三等级代表数量加倍，从而与前两个等级代表数量总和持平，也实现了按人头计票。类似的方式也开始推广到其他地区。多菲内省的贵族向国王上书，要求恢复省三级会议，得到了格勒诺布尔其他等级的支持。7月21日，他们在维吉尔(Vizille)集会，不仅要求召开全国三级会议，而且要求全国三级会议的代表应当由选举产生，不仅第三等级代表数量应当加倍，而且应当按人头计票，合厅议事，而不是分等级。这一决议不仅得到了某些省的支持，也得到了中央的认可。布里耶纳批准了多菲内省的请求。于是，已经停开了整整160年的多菲内三级会议于1788年9月7日在罗曼地区重新召开，会期为两周。② 会议落实了维吉尔会议的决议。穆尼耶于11月8日发表了一封题为《致国王》的公开信，通告全体法国人，宣扬了等级平等的原则：

> 陛下，市镇中居住了你的大部分臣民，这些人担负了大部分税收，大部分财产也在他们手里，而正是他们承受了大部分的滥权……如果各等级是分开的，如果各外省都是分开的，那么这将形成不同的团体，这就不是一个通过其代表表达意愿的国家。③

在这一背景下，"9月25日决议"反而显得越来越保守。正如高等法院的推事萨里耶(Guy-Marie Sallier，1763—1839)所言：高等法院的意图就是

---

① 参见乔治·勒费弗尔《法国大革命的降临》，洪庆明译，上海：上海人民出版社，2010年，第24—49页。

② 多菲内省三级会议上一次召开是在1628年，此后撤销，变成财税区。

③ *Procès-verbaux dex assemblées générales des trois orders et des etats provinciaux du Dauphiné*，*tenus à Romans en 1788*，édit par Lebon，Lyon，1888，p.170-176.

要抵制"一切理性与创新的精神"①。不仅如此,这份决议实际上还打乱了内克的安排,因为他的基本想法是什么也不做,把一切问题和争端留给全国三级会议处理。和卡隆一样,他也意识到,唯有全面改革方能革除弊政,要实现"收入与开支之间的公正关系,审慎地使用信用,明智地分配捐税,确立公共救济的全面计划,建立立法的开明体制,尤其是确立保障政治自由与公民自由的宪政体制",绝非他一人所能为。② 但是,"9月25日决议"打乱了他的布局,引起了公众热议。后来成为国民公会代表的巴雷尔(Bertrand Barère,1755—1841)回忆说,当时位于罗亚尔宫的迪塞讷书店几乎天天客满,人们争先恐后地打听最新消息。③ 内克担心局面会失控,所以决定召开显贵会议,试图确立某种舆论基调。④

第二届显贵会议于1788年11月6日召开,12月12日闭会,与会代表总共152人,实际出席147人,人员名单基本与上一届会议类似。会议主要讨论了内克提交的25个议题。其中,讨论最激烈的就是全国三级会议到底是遵循1614年模式还是多菲内模式,分歧很大。绝大部分与会的贵族代表都反对第三等级代表数量加倍。他们认为,第三等级代表大多来自城市,代表不了农村,农民只能由领主代表。他们也反对人头计票,反对三个等级一起议事,认为这有违古制。⑤ 当然,也有贵族支持多菲内模式。其中,大部分人来自三十人俱乐部。

1787年7月政府放松审查力度后,巴黎一下子涌现出很多俱乐部,其中以三十人俱乐部最为有名。这个俱乐部大约出现在1788年11月10日。聚会地点在巴黎高等法院律师迪波尔家中,成员实际上超过30人。⑥

---

① 转引自 Jean Égret, *La pré-révolution française*, *1787—1788*, p.338。

② J. Necker, "Sur l'administration de M. Necker par lui-Même," pp.33 - 34.

③ Jean Égret, *La pré-révolution française*, *1787—1788*, p.325.

④ J. Necker, "Sur l'administration de M. Necker par lui-Même," p.37.

⑤ Jean Égret, *La pré-révolution française*, *1787—1788*, p.344.

⑥ Georges Michon, *Essai sur l'histoire du parti feuillant Adrien Duport*, Paris: Payot, 1924, pp.24 - 39. Elizabeth Eisenstein, "Review: Who Intervened in 1788? A Commentary on The Coming of the French Revolution," *The American Historical Review*, Vol.71, No.1 (Oct., 1965), pp.77 - 103.

这些人大多是巴黎律师行业、文学界和政治界的精英,其中有 5 位首席贵族,24 名法官,还有拉法耶特、孔多塞、塔尔热、塔列朗等一干名流。他们出资印刷小册子,攻击宫廷,宣扬激进观点。西耶斯的《论特权》得以顺利出版,与这群开明显贵的支持分不开。西耶斯表达了一个十分激进的观点,认为特权者便是寄生虫,是不劳而获的人。以《论特权》为代表的新一波舆论战迅速煽动起第三等级与特权等级之间的矛盾。正如米拉波所说:"特权在对抗王权时有用,但在国民面前则是可憎的。"①

在史家埃格雷(Jean Égret,1902—1976)看来,正是在这个时候,法国第三等级觉醒了。他们形成了自己的政治意识,不再依附于任何人。政治意识的觉醒充分表现在市镇请愿运动上。1788 年 11 月以来,市镇有产者通过地方团体组织,向国王或显贵会议传达他们就三级会议的组织协商形式的看法。这是一场几乎可以说是自发的运动,没有任何居间协调的力量。市镇请愿相继出现在第厄普(Dieppe)、里永(Riom)、南锡、蒙托邦、昂日等地区。有些地区的请愿出现了一种跨地区联合的形式。鲁昂是诺曼底请愿运动的中心,它的请愿书在周边 25 个城市间流传。上朗格多克地区的请愿运动以阿莱(Alet)为中心,下朗格多克的请愿运动则以于泽(Uzès)、贝济耶(Béziers)和尼姆三个城市为核心。根据当时一名信息灵通的记者的估计,截止到 1788 年年底,要求第三等级代表人数加倍的请愿书超过了 800 份。②

第三等级意识的觉醒同贵族的保守互为推力。第三等级越是毫不忌惮地表达自己的诉求,贵族越会担心局势不利,越是趋于保守。所以,第二次显贵会议总体上比上一届更加保守。只有 33 名显贵支持第三等级代表人数加倍的建议,基本上没有人支持按人头计票的方式。不过,贵族们还是做出了一些让步。他们单独给国王呈递了一份备忘录,表示他们愿意放弃与金钱利益相关的特权,实现税负平等。即便如此,等级

---

① 转引自 Jean Égret, *La pré-révolution française*, *1787—1788*, p. 335。
② Jean Égret, *La pré-révolution française*, *1787—1788*, p. 358.

之间的仇恨很难弥合。在不少激进人士看来,显贵的让步让人觉得很像是一场政治交易。即便是态度略微保守的英雷尔神甫也宣称:

> 不需要再掩盖了。要求税负完全平等,这不是第三等级祈求来的恩典(grâce),这是来自正义的需要。贵族和教士若要说:"我们可以(pourrons)放弃我们的特权",这并不能满足 2 300 万人,也就是贵族与教士的 2 300 万公民同胞的需求,他们应该说:"我们应当(devons)放弃特权,而且我们事实上也放弃了特权。"最重要的是,他们把放弃特权表现得好像是一种施舍恩惠(générosité)的行为,因为任何一个等级的公民都不能向人民施恩。①

第二届显贵会议除了将三级会议的召开日期推迟外,一事无成。面对第三等级的压力,高等法院也开始动摇。休庭期结束后,巴黎高等法院为挽回声誉,对"9 月 25 日决议"做了解释。12 月 5 日,高等法院以微弱的优势(45︰39)通过决议,宣布之前规定的 1614 年形式,实际上指的是按照大法官辖区进行选举,具体到每个等级多少代表,则应由"国王的睿智"(la sagesse du Roi)来加以说明,认为"这才是通过合法的形式,获得最完整的选民集合的唯一手段"②。可见,高等法院采取了不置可否的策略,对第三等级的要求,既不表示肯定,也不表示否定,只不过把这个棘手问题抛给了国王。但是,在这种斗争激烈的局势下高等法院很快发现,和稀泥的态度非但保护不了他们,反而让他们更加孤立,于是开始走向极端。在亲王、首席贵族等宣布放弃特权后,高等法院接着表态,宣布废除金钱方面的豁免权。

贵族的让步并未平息第三等级的抗议浪潮。布里耶纳曾许诺,多菲内省三级会议的形式将推广到其他地区。这让不少地区的民众萌生了

---

① Abbé Morellet, *Projet de réponse à un Mémoire répandu sous le titre de Mémoire des Princes*, 21 déc. 1788, [s. n.][s. n.], 1788, pp. 41 - 43. 转引自 Jean Égret, *La pré-révolution française*, 1787—1788, p. 346.

② Arrêté sur la situation actuelle de la nation. 转引自 Jean Égret, *La pré-révolution française*, 1787—1788, p. 348。

希望。他们觉得，一旦各地都建立起与多菲内省类似的三级会议，那么这类机构必然会成为推选全国三级会议代表的平台，不仅第三等级代表数量自然而然得到了加倍，还能实现三个等级合厅议事。但是，布里耶纳下台后，他的承诺也不了了之。希望虽然落空了，但反而成了民众更加积极争取的目标。布列塔尼地区在 11 月 4 日就要求限制贵族的人数，否则罢会。① 普罗旺斯、弗朗什-孔泰地区等地区也出现了类似的申诉。② 第三等级的诉求早已超出了贵族所愿承诺放弃的范畴。所以，贵族只愿意放弃财税特权，对三级会议的组织与协商形式这类更关键的问题闭口不谈，这种态度已经满足不了第三等级的要求。

因此，内克觉得不能听任事态发展。政府于 12 月 27 日下达了"御前会议决议"（Résultat du conseil du 27 décembre 1788），规定全国三级会议中第三等级代表人数加倍。但是，在向第三等级让步的同时，内克也不愿意与特权等级彻底决裂，因此在诸如计票规范等一些关键问题上没有做出让步。此外，决议认为，既然有不少特权者早已"怀揣着极大的热忱捍卫第三等级的事业，而且在捍卫从第三等级中选举代表一事上具有丰富的经验"，那么就应该让教士和贵族参与第三等级的选举。在税收问题上，决议的态度比贵族还保守，不接受税负平等原则，认为考虑到功勋等原因，贵族理应给予特殊考虑。但是，在个人自由方面，决议却显得十分开明，不仅允许今后定期召开省三级会议和全国三级会议，而且保障个人自由与出版自由。③ 但是，这实际上偏离了公共舆论热议的方向，因为此时第三阶段要争取的，不是政治自由，而是政治平等。他们希

① Jean Égret, "Les origines de la Révolution en Bretagne（1788—1789），" *Revue Historique*, T. 213, Fasc. 2 (1955), p. 199.
② Jean Egret, "La prerevolution en Provence 1787—1789," *Annales historiques de la Révolution française*, 26ᵉ Année, No. 135 (Avril-Juin 1954), pp. 97 - 126. Jean Egret, "La Revolution aristocratique en franche-comte et son echec（1788—1789），" *Revue d'histoire moderne et contemporaine*, (1954-), T. 1ᵉʳ, No. 4 (Oct. - Dec. , 1954), pp. 245 - 271.
③ Résultat du conseil du 27 décembre 1788, in *Œuvres completes de M. Necker*, Tome 9, pp. 64 - 68.

望不仅实现代表人数平等,同时也实现权利平等。正如瑞士记者杜庞(Mallet du Pan,1749—1800)所言:"公众的讨论已经发生了变化。现在国王、专制主义、宪法都只是次要的议题;这是一场第三等级和其他两个等级之间的战争。"①

在过去半年中,法国的政治氛围发生了巨大的改变。布里耶纳与拉穆瓦尼翁下台之时,人们尚在抨击内阁专制,其言辞与态度与莫普改革之时差别不大。但是,在"9 月 25 日决议"公布后,尽管抨击内阁专制的言论并未彻底消退,公众所关心的却不再是如何借助三级会议表达公意,限制行政权,而是为争取平等寻找更为稳固、更有效的制度保障。之前,实现税负平等是改革的核心目标,而现在,大部分国民认为,只要实现权利平等,自然就会实现税负平等。上述变化的最终结果表现为,领导运动的不再是贵族,而是第三等级和有产者。革命前的斗争已经超越贵族革命阶段,进入了有产者领导的政治革命。

在与特权等级的对抗中,第三等级的自我意识越来越清晰。他们不仅明确要求在全国三级会议中享有与前两个等级同等的代表数量与投票权利,也要求在地方市镇机构中拥有平等的权利。等级冲突逐渐转化为内战。1789 年 1 月,西耶斯出版了《第三等级是什么?》。他以极为清晰、简练和理性的话语,阐述了一个激进的观点:在组织结构符合理性原则的国家中,特权等级没有容身之所,因为就生产而言,它对国家的延续毫无贡献,而曾经什么都不是的第三等级,实际上就是一切,因为它承担了创造财富的一切工作。从法理的角度说,国民便是生活在同一部法律之下的人,而特权的本质便是例外于普通法,因此特权者从根本上来说便不属于国民。在西耶斯看来,第三等级完全可以自己组成这个国家。不过,要是认为西耶斯的看法代表了当时的普遍舆论,则可能有所偏差。史家马格里森(Kenneth Margerison)考察了在 1788 年 9 月至 1789 年 5 月间出版的 857 份小册子。他发现,有 149 份(约占 17.4%)呼吁第三等

---

① 转引自 Jean Égret, *La pré-révolution française*, *1787—1788*, p. 366。

级与贵族的统一,观点立场与西耶斯相近的小册子不超过 10 份。[①] 可见,有产者尽管形成了自我认同,但并没有试图摆脱前两个等级。即便在 1789 年夏天的斗争中,第三等级依旧邀请教士和贵族一同加入国民制宪议会。

　　灾害性天气进一步激化了舆情。1788 年,数省遭遇了冬干春旱,导致农田干涸。当年夏天,强劲的风暴肆虐法国北部,冰雹不期而至,砸死了不少人和牲畜,上千平方英里的农作物在收获前夜惨遭摧残。王国几乎所有地区都出现了不同程度的歉收。11 月开始,法国经历了有史以来最寒冷、最漫长的冬季。从 11 月到次年 4 月,北方大部分地区被冰雪覆盖,普罗旺斯和朗格多克的葡萄园与橄榄树林都未能幸免。路易十六即位后,经济一直很不景气,谷物、饲料和葡萄产量的大幅度波动多次造成社会混乱。政府的储备粮基本上在前一年已经耗尽。谷物价格开始飙升,至 1789 年 7 月,巴黎粮价达到了自路易十四时代以来的最高点。1789 年春天,收入最好的家庭也得把收入的 2/3 用来买面包。工业开始萧条,部分地区手工业产量下降了 50%,随后出现了大面积的失业。里昂有 2 万到 3 万名丝绸工人失业。因此,争取平等的政治斗争又掺杂着贫富之间的仇恨,布列塔尼的政治运动已经演化成了内战。[②]

　　"12 月 27 日御前会议决议"传到布列塔尼时,该省的三级会议刚刚开幕。会场旋即变成了三个等级斗争的舞台。第三等级决定,除非另外两个等级接受三级会议改革方案,否则就不参加会议讨论。贵族仗着人多,不愿意妥协。双方僵持不下。1789 年 1 月 3 日,中央下令强制休会一个月,非但不能平息矛盾,反而进一步激化了冲突。贵族谴责三级会议,高等法院指责未经许可的市镇集会,民众更加不满,不仅无视高等法院禁止集会的禁令,而且继续呼吁改革三级会议的组织方式。经济危机

① Kenneth Margerison, *Pamphlets and Public Opinion: The Campaign for a Union of Orders in the Early French Revolution*, West Lafayette, Indiana: Purdue University Press, 1998, pp. 98 - 100.
② 参见多伊尔《牛津法国大革命史》,第 119—120 页。

更是推波助澜。1月26日,一大群民众聚集在市中心,要求维持布列塔尼的宪政,降低面包价格。他们这种保守的态度遭到了爱国者的攻击,双方的对峙和冲突持续了好几天,当贵族被激进的民众围堵在会议厅后,他们拔出了剑,杀出一条血路,死伤数人。冲突一直延续到2月,但在关键问题上没有取得任何进展。缓和矛盾的希望基本上化为了泡影。[①]

正是在这样的氛围中,全国三级会议代表的选举开始了。选举制度十分复杂。[②] 根据1789年1月24日颁布的规定,基层选举单位是大法官辖区,即北方的巴伊(baillis)和南方的塞内夏尔(sénéchaux),同时为了确保选举人数相对均等,合并了一些小型的法官辖区。此外,像巴黎、鲁昂这些城市不仅保留了独立代表权,而且还保留了专门向三级会议派出特别代表(députés particuliers)的权利。除了多菲内省三级会议和纳瓦尔省三级会议,其他地区的省三级会议不作为选举的平台。总体上,全国所有234个选区中,每个等级在每个选区都有自己的选举会议。按照规定,每个选区产生两名教士代表、两名贵族代表和四名第三等级代表。任何享有完全可世袭头衔的贵族以及持有有俸圣职的教士都有资格参加贵族大会。第三等级由于人数众多,只能实行间接选举,凡是年满25岁的男性纳税人都有资格参加初选会,初选会以每100个家庭2个人的比例选出代表参加选举会,后者再选出最终的第三等级代表。选举会还需要提交陈情书(cahiers de doleances)。在第三等级中,每一个村庄,每一个城市行业协会和社团法人都有资格递交一份陈情书,并在选举会议上为该等级起草一份总陈情书。陈情书的起草过程十分复杂,有不少陈情书并不是第三等级自己写,而是由一些爱国者代写,或者照着其他地区的陈情书进行了修改。

---

① Jean Égret, "Les origines de la Révolution en Bretagne (1788—1789)," *Revue Historique*, T. 213, Fasc. 2 (1955), p. 205. 另见多伊尔《牛津法国大革命史》,第119—120页。

② J.-B. Duvergier, *Collection complete des lois*, Tome 1, Paris: A. Guyot et Scribe, 1834, pp. 13 - 19.

按规定,1789 年三级会议代表共计 1 000 人,前两个等级各 250 人,第三等级 500 人。然而,经过各种变动之后,最后选出了 1 200 人。但是,这些人并没有全部到场。出于各种原因,5 月 4 日抵达凡尔赛并参加了三级会议开幕式的代表约有 800 人。其中第三等级占了绝大多数,约有 500 人。剩余的代表在随后两个月里陆续抵达。根据美国史家塔克特(Timothy Tackett)的统计,到 7 月中旬,到会的代表约有 1 177 人,其中教士 295 人(占 25.1%)、贵族 278 人(占 23.6%)、第三等级 604 人(占 51.3%)。这个结果证明第三等级成功实现了代表数量加倍。①

这一局面既是此前漫长斗争的结果,也影响着之后政治运动的走向。295 名教士代表中,教区神甫为 249 名,占了绝大多数。高级教士只有 46 名,占 14%,其中主教仅 34 名。这说明,在选举中胜出的是与底层民众比较接近的底层神甫,这是 18 世纪里歇主义的胜利。278 名贵族代表基本上来自名门望族,其中有 4/5 其家族起源早于 1600 年,超过 7/10 的代表的家族历史可以追溯至中世纪,新晋封贵族不超过 6%。这也说明,贵族代表中占多数的是佩剑贵族。按选举规定,贵族无论有无采邑领地,无论家世长短,都需要出席第二等级选举,但实际上那些没有采邑或者刚受封的贵族被推到了第三等级选举中,比如米拉波伯爵就是由普罗旺斯地区选出的第三等级代表。在 604 名第三等级代表中,法官和律师占了绝大多数,占比分别为 36.1% 和 30%。代表中没有店主或技工一类的人,更没有代表底层的人,这是因为代表需要起草陈情书,又需要公开唱票,这令农民既感到局促,又很紧张,所以当选的往往是那些有一定文化的有产者。三个等级代表还有一个共同特点,就是与启蒙运动和文人世界的关系并不密切。仅有 1/10 的代表在 1789 年前出版过作品,其中一半以上是第三等级,而且他们的

---

① Timothy Tackett, *Becoming a Revolutionary*: *The Deputies of the French National Assembly and the Emergence of a Revolutionary Culture* (*1789—1790*), New Jersey: Princeton University Press, 1996, pp. 19 - 21.

作品大多立场温和,真正信奉卢梭主义的极少。① 正如不久之后即将出任巴黎市长的三级会议代表巴伊(Jean-Sylvain Bailly,1736—1793)所说:"选区议会对文人和学者基本没有好感。"②所以,三级议会代表在革命之初态度并不激进,他们的革命精神是在革命的过程中逐渐形成的。

图24　1789年5月5日全国三级会议在凡尔赛召开③

　　1789年5月5日,期待已久的全国三级会议在凡尔赛梅尼大会堂召开。三个等级的代表在前一天下午进行了宣誓,穿上了各自等级的服饰:教士穿着他们的祭袍;贵族穿着金线缝制的马甲,头戴嵌有白色羽毛的帽子;第三等级穿着肃穆的黑色衣服。围观的人很多,熙熙攘攘。路易十六主持会议。他发言简短,博得了阵阵掌声。内克的发言预计有三

① Timothy Tackett, *Becoming a Revolutionary*: *The Deputies of the French National Assembly and the Emergence of a Revolutionary Culture* (1789—1790), p. 61.

② Jean-Sylvain Bailly, *Mémoires d'un témoin de la Révolution*, ed., Berville and Barrière, Tome 1, Paris, 1821—1822, p. 50. 转引自 Timothy Tackett, *Becoming a Revolutionary*: *The Deputies of the French National Assembly and the Emergence of a Revolutionary Culture* (1789—1790), p. 50。

③ 图片来源:法国国家图书馆;作者:赫尔曼(Isidore-Stanislaus Helman,1743—1806)、莫内(Charles Monnet,1732—1808)。

个小时,结果讲不到半小时嗓子哑了,剩下的内容由别人代念。他的发言稿除了陈述国库现状和拟定改善的办法外,基本上没有提及核心问题。他原本想把一切原则性问题留待三个等级自己协商决定,但是这种不表明态度的做法让不少代表倍感失望。而且,会前曾流传一种阴谋论,说政府高层和高等法院曾想联手排挤内克,以推迟三级会议召开。所以,不少代表觉得,内克之所以会做这样一份毫无实质内容的报告,很可能是因为受到了某种势力的裹挟。① 阴谋论很快流传开来。

　　不久,更有争议的问题出现了。在会议召开之前,关于代表资格审查、投票计票与协商方式等问题,各方一直没有达成共识。现在,代表不得不应对这几个棘手问题。对第三等级而言,代表资格审查尤为关键,因为这将决定之后的投票计票与协商方式。他们很快发现,三个等级一起审查代表资格,似乎不太可能。5 月 6 日,两个特权等级受到指示,分别赶赴各自议厅商议。② 5 月 7 日,第二等级通过投票,以绝对多数票(188∶46)支持分等级审查资格。贵族等级的审查持续了 4 天,5 月 11日,他们宣布自己等级乃是依宪所设。③ 尽管并不是所有贵族都认为应当与第三等级分离,但是在第三等级看来,贵族等级这一投票结果无疑意味着团结已无可能。

　　教士等级的态度不像贵族那么坚决。他们虽然以微弱多数(133∶114)支持分等级审查资格,但是并未宣布自己自成一体,而且建议每个等级派出若干代表进行和谈,找到妥协的办法。贵族和第三等级都接受了这个建议。5 月 23 日,和谈开始,并持续了 4 天。事实证明,等级之间要达成共识非常困难。在讨论中,贵族代表发现,如果实现了合厅议事并按人头计票,不仅意味着本等级可能失去优势,更重要的是很可能就

---

① 参见勒费弗尔《法国革命史》,第 113—114 页。

② Timothy Tackett, *Becoming a Revolutionary*: *The Deputies of the French National Assembly and the Emergence of a Revolutionary Culture*(1789—1790), p. 122.

③ James Murphy & Patrice Higonnet, "Les députés de la noblesse aux États généraux de 1789," *Revue d'Histoire Moderne & Contemporaine*, 1973, vol. 20, no. 2, pp. 230 - 247. 多伊尔:《牛津法国大革命史》,第 129 页。

会逐步迈向等级融合。他们认为,在法国的传统中,没有任何历史先例能证明可以采取合厅议事和按人头计票的合理性。5月26日,贵族退出了讨论,并于次日宣布根据国家的构成法(constitution),三个等级理应有别,这才是自由的保障。在启蒙时代,这套理论曾多次用来捍卫政治自由,防止君主制堕入专制,但是现在却成了维护私利的借口。

不过,和谈的努力并没有就此结束。不断有第三等级代表抵达凡尔赛,要求合厅议事的呼声越来越高。国王主动提出,由他来主持调解与和谈。5月28日,三个等级赞成了国王的决定,与内阁大臣一道进行会谈,依旧一无所获。此时,患病已久的王储去世,路易十六情绪低落,不问国事,和谈会议无人主持,会场陷入混乱。6月9日,会议结束,最终决定三个等级应该分别验证代表资格,而有争议的资格验证由三个等级的全体大会裁决。但是,贵族拒不接受。

三级会议原本担负了国家与民族重生的使命。但是,会议持续了一个月却一事无成。三个等级非但没有形成共识,反而因一些程序问题,各执一词,争论不休。第三等级于是决定不再等待其他两个等级的同意,单独行事。西耶斯在数月前提出的规划,现在终于得以落实。6月10日,他建议立即向另外两个等级发出一起审查代表资格的最后邀请。如若不成,"平民们"将执意继续行动。这个提议以493票对41票通过。邀请在第二天发出,到6月12日仍未得到另外两个等级回应,第三等级开始自己点名审查代表。

第三等级此番表决和行动构成一个关键性的转折。因为一旦如此选择,等于宣告与前两个等级决裂,再无逆转可能。第三等级等待其他两个等级代表到来。此时,一种新的秩序正在形成。因为第三等级渐渐觉得尽管其他两个等级同样也是合法团体,但是他们自己才代表了新的权威。正是在这个意义上,主权开始发生转移,国家的最高权力机构也随之发生改变。革命开始了。

公共舆论支持第三等级。阿瑟·杨在6月9日时写道:"我到罗亚尔宫去看最近有什么新的出版物,并将所有出版物编目。每个小时都有新东西出来。今天出版了 13 本,昨天 16 本,上周 29 本……从门到柜台都摆满了书……这些书刊中的 95% 是歌颂自由的,大多猛烈抨击教士和贵族。……但罗亚尔宫的咖啡屋的景象更加让人惊异,不仅屋里坐满了人,还有翘首以盼的人群挤在门口和窗户旁,聚精会神地聆听某个演说家的讲话,演说家则往往站在桌椅上滔滔不绝地向听众们发言。人们倾听其发言时的期望之高,以及每当他们提议对现有政府采取更普遍的抵抗和暴力时,其获得的掌声之热烈,都是难以想象的。"① 罗亚尔宫享有特权,巴黎警察无权审查,所以成了舆论中心。人们在此讨论凡尔赛发生的一切。三级会议的代表开始办报纸。5 月 10 日,米拉波伯爵创办了《米拉波伯爵致选民》(*Lettres du comte Mirabeau à ses commettants*),后更名为《普罗旺斯信使报》(*Courrier de Provence*)。米拉波并不是一个有原则的人,革命前他什么都干过,三级会议刚召开的时候也没有什么威望,但是,他嗓门很大,有无人能及的雄辩能力,对局势的发展也有预见力,于是很快成为第三等级的领袖。②

　　不久,等级的融合开始了。6 月 13 日,第一批特权等级的代表加入了第三等级的队伍,他们是来自普瓦图(Poitou)的三名教士。在之后的一周里,大约有 16 名教士脱离了自己的等级。随着代表的融合,旧制度的政治结构正在崩溃。一个亟待解决的问题是,这个即将诞生的、没有等级的议会代表谁的利益? 6 月 15 日,代表们就这些问题展开了讨论。首先要解决的是会议的名称。西耶斯建议,会议更名为"为法国国民所公认并经过资格审查的代表"(Assemblée des représentants connus et vérifiés de la Nation française),穆尼耶建议改为"大多数国民的合法代表,在少数国民缺席的情况下代为行事"(Assemblée légitime des représentants de la majeure partie de la Nation, agissant en l'absence de la mineure partie)。来自贝里的代表勒格朗(Jérôme Legrand,1746—

---

① Arthur Young, *Travels in France during the years 1787*, *1788*, *and 1789*, p. 134.
② Patrick Brasart, *Paroles de la Révolution : Les Assemblées parlementaires*, *1789—1794*, Paris: Minerve, 1988.

1817)提出三级会议正式更名为"国民议会"(Assemblée nationale),获得通过。[1] 国民议会正式规定,暂时认可现行的税收制度,不经国民议会的同意,不能增加税收,并认可国家所有债务。因此,国民议会成了国家的主权机构。不过,主权并未完全转移到国民身上,因为,6月3日当选为议会主席的巴伊早就宣布议会通过的任何措施都需得到国王的批准。

王储去世后,路易十六十分悲痛,无暇顾及国事。6月14日,他离开凡尔赛,前往马尔利城堡(Château de Marly)。[2] 当他听说三级会议更名为国民议会后,只淡淡地说了一句:"这不过是个名字。"[3]但是,内克和掌玺大臣掌玺大臣巴朗坦(Paule de Barentin,1738—1819)很快意识到问题的严重性。内克建议国王立即召集紧急会议,商议是否应当采取钦断,予以干涉,巴朗坦认为应当立即取缔第三等级的决定。综合考虑了他们的意见后,路易十六决定6月23日召开御临会议,并许诺会拿出包括税收在内的改革方案,在此之前,关闭第三等级的会议厅。但是,不知何故,此项决定并未公开宣告。6月20日清晨,代表们像往常那样来到会议厅,发现大门紧闭,被守卫阻拦在外。代表们带着愤怒和怀疑,决定继续开会。他们被民众簇拥着,来到另一个议厅——网球场厅(salle du Jeu de paume)。穆尼耶原先反对第三等级擅自行动,现在改变了主意。他提议代表们像多菲内省维吉尔会议那样,进行宣誓。巴黎代表贝维耶尔(Jean-Baptiste-Pierre Bevière,1723—1806)写下了著名的宣誓词:"在王国的宪法得以确立、其基础得以稳固之前,绝不分开,不论在何处,只要情况需要,就要聚集在一起。"巴伊宣读了这份誓词。在场一共51名代表进行投票,除一人反对外,其他人通过宣誓词并署名,证明此非强迫

---

[1] 有关议会更名的讨论,参见 *Archives parlementaires de 1787 à 1860*,Première série,Tome 8。Sophie Wahnich,*La révolution française*,Paris:Hachette,2012,p. 55.

[2] 18世纪末马尔利城堡被卖给了一位实业家,他改成了一座棉纺纱厂,工厂倒闭后,城堡也被拆除了。后拿破仑将该地产购回。

[3] John Hardman,*The Life of Louis XVI*,p. 313.

的结果。①

图 25 《网球场宣誓》②

网球场宣誓发生后,国王才回到凡尔赛。又过了两天,也就是 6 月 23 日,他召开了御临会议。这是 1789 年三级会议召开后,国王唯一一次,也是最后一次直接干涉会议讨论。事前,内克曾提醒国王,不要让事

① *Archives Parlementaires*,Tome 8,pp. 139 - 140. 反对的代表为洛拉盖(Lauragais)地区第三等级代表马丁-道赫(Joseph Martin-Dauch,1741—1801)。

② Philippe Bordes,"Jacques-Louis David's 'Serment du Jeu de Paume':Propaganda without a Cause?," *Oxford Art Journal*,Vol. 3,No. 2,Propaganda(Oct.,1980),pp. 19 - 25. 画上可辨识的人共有 35 个,当时并没有都在网球场厅,比如最右上方探出窗户的马拉并没有出席宣誓。画作正中拥抱着的三人从左向右分别是多姆·热尔勒(Dom Gerle,1736—1801,夏尔特尔教会的教士)、神甫格雷古瓦(abée Grégoire,1750—1831)和圣艾蒂安(Rabaut Saint-Étienne,1743—1793,新教徒),象征宗教宽容与团结。画作左方飘动的窗帘象征了新生。此画作于 1790—1791 年,创作过程比较曲折。1791 年,画家雅克-路易·大卫(Jacques-Louis David,1748—1825)说服宪法之友俱乐部(即后来的雅各宾俱乐部)筹划一次募捐,计划绘制一幅巨幅画作(7 米×10 米),纪念网球场宣誓,但是所集资金不足。大卫只画了草图。不过后来他卷入革命,无暇作画,而且画上原先设计的几个人物中,有成为反革命的,所以草图也未曾公开展出,一直存放在他的学生让·格罗斯(Antoine-Jean Gros,1771—1835)处,直到大卫去世后才公之于众。

态激化,不要与第三等级发生正面冲突。但是,国王的两位兄弟,普罗旺斯伯爵和阿图瓦伯爵却认为,这样做会有损王权的威信。路易十六表现得很犹豫,他觉得,应该实现税负平等和按人头投票,还应当建立两院制。但是,巴朗坦建议他不要这么做,因为这会使法国变成和英国一样,也实行立宪君主制。路易十六不知所措,只能将御临会议推迟到 23 日。

在御临会议上,路易十六公布了几项方案:一切税收开支均需得到三级会议同意,保证个人自由和出版自由,省三级会议将保证地方权利,会向三级会议提供一项庞大的改革计划。同时,他否认了特权等级和第三等级的要求,提出资格审查按照 6 月 4 日政府的方案进行,即分开审查,将审查的结果申报其他等级,并听取他们的意见。但是,在第三等级最为关心的平等问题上,国王却保持沉默,既不说承担公职方面的平等,也不认可税收平等,他只是希望前两个等级能担负他们理应担负的税负,并明确表示维持三个等级。

很明显,这些决定彼此矛盾,立场含糊,完全让人捉摸不透,但是可以肯定的是,御临会议的决定与第三等级争取平等的斗争发生了冲突。国王若是在一年前给出这些承诺,必定会赢得第三等级的一致欢呼。但是现在,这些承诺非但不会赢得支持,反而成了革命的阻碍。御临会议后,民众群情激奋。阿瑟·杨这样描述 6 月 24 日巴黎的情形:"巴黎的骚动简直难以形容,有 1 万人一整天都待在罗亚尔宫……让我惊讶的是,国王的提议遭到了一致鄙弃……这里,人们处于某种亢奋状态,他们似乎拒绝任何妥协的念头,坚持要求三个等级的结合……对于内克主动请辞的说法,他们也满腹狐疑,他们似乎更关心这种事情,而非很多更加本质的问题。"[1]

御临会议结束后,国王、教士和贵族退场。第三等级,包括那些前些日子加入他们队伍中的教士,则拒绝离开。大会的司仪官布勒泽(Dreux-Brézé,1762—1829)再次宣布国王令他们离开议厅的命令时,巴

---

[1] Arthur Young, *Travels in France during the years 1787, 1788, and 1789*, p.134.

伊回答道:"代表国民的议会不能接受这样的命令。"米拉波高呼:"去告诉那些派你来的人,我们是根据人民的意愿(la volonté du peuple)来到这里的,我们只有靠刺刀的力量才能离开我们的地方。"代表们重申了网球场宣言,重新确认了他们的决议,并宣布国民议会神圣不可侵犯。如果说前几天更名为"国民议会"的行动标志了主权的转移,那么,这次对峙便表现为国民主权与王权权威的正面交锋。

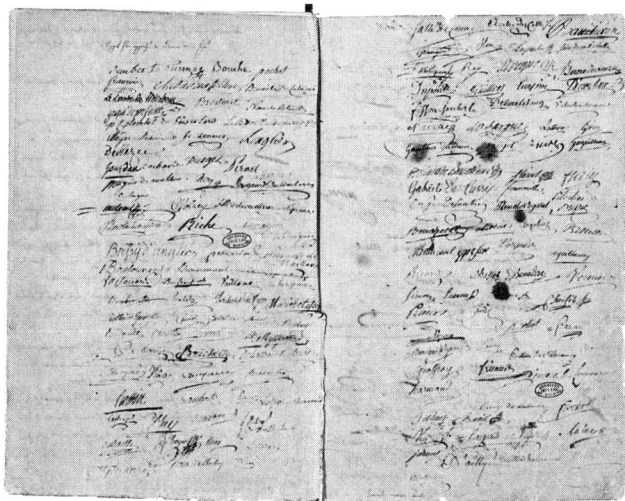

图 26　网球场宣言签名册(藏于法国国家图书馆)

6月23日,又有149名教士加入了国民议会。26日,另有46名贵族在奥尔良公爵的带领下加入了国民议会。有不少人认为奥尔良这么做是为了登上王位。6月27日,路易十六做出了巨大让步,他命令剩余的贵族和教士加入他们的同胞中,并解除了代表的"强制委托权"。这意味着代表们不再是他们地方选民的代表,而是全体国民的代表,他们的协商与投票不再受选民的约束,而可以本着自己的信念,基于对公益的理解来制定宪法。闻听这个消息,阿瑟·杨兴奋地说道:"这场革命现在完成了。"不过,他指出,国王让步实在是无奈之举,因为"他现在处境同查理一世差不多,有效的决议都出自长期议会(Long Parliament),他不过是无权的旁观者"①。

但是,事态非但没有缓和,反而朝着更不可控制的方向发展。国王尽管做出了让步,但是暗地里却在调动军队,赶赴巴黎驻防。7月11日,在毫无征兆的情况下,内克以及其他三名内阁大臣被辞退,三位保守派贵族被征调进入内阁,布罗伊公爵出任陆军国务秘书。代表们开始怀疑,国王在6月27日做出上述让步,很可能只是为了拖延时间。7月11日,内克下台的消息传到巴黎,已经闷烧了许久的愤怒瞬间变成一场大火。

自去年夏天以来,物价上涨和粮食短缺一直困扰着这座城市。现在正值夏天,储备粮基本上都已耗尽,地里的庄稼还没收割,所以,粮食供应不足问题尤为突出。内克一直想尽各种办法,控制价格,从别的地区调运物资,保证巴黎的粮食供应。所以,当内克被辞退的消息传到巴黎,民众立刻行动起来。罗亚尔宫广场上,记者兼报人德穆兰(Camille Desmoulins,1760—1794)跳上一张桌子,高呼:"武装起来!"杜伊勒里宫前,民众与军队发生了冲突。巴黎人像不久之前的里昂人一样,围攻了包税商的税卡。选举三级会议代表的407名选举人在选举会议结束后并未解散,现在他们重新聚集起来,组成了临时的市政议会。城市的有产者自发组成了国民卫队。7月13日,民众攻击了圣拉扎尔(Saint-Lazare)修道院,发现了大量谷物,这更激怒了民众,认为有人故意囤积粮食,想要饿死他们。次日,荣军院也受到了围攻,民众拖着缴获的大炮和其他武器,在巴黎大街小巷游行,最后,他们将这些武器摆放在市政厅外的格雷夫广场上,这里曾是处决达米安的地方。民众涌向巴士底狱,因为据说里面有大量的武器。尽管选举人试图与他们进行谈判,但是民众还是冲向了监狱。事实上,如果法兰西近卫军(Gardes-française)没有倒戈,巴黎人要攻下巴士底狱并非易事。但是从6月底以来,越来越多的近卫军士兵加入了群众的队伍。在职业军人的协助下,民众很快攻陷了巴士底狱。

---

① Arthur Young, *Travels in France during the years 1787, 1788, and 1789*, p. 160.

在革命叙事中,攻占巴士底狱一直被看成法国革命的起点。但是,真实的历史更为复杂。事实上,事件爆发后,国民议会陷入了恐慌,因为代表们觉得,这非但无助于摆脱僵局,反而会让他们身陷险境。国王调来的军队就在不远处,随时准备镇压暴乱。奥地利驻法国大使梅西伯爵说:"拯救君主制的唯一可能的办法就是动用武力。"所以,在国民议会的讨论中,攻占巴士底狱一开始被看成是灾难性的行为,议会一片悲恸。所有讨论都停止了。但是,出人意料的是,国王突然改变了主意,下令部队离开巴黎,并解散了现任内阁,召回内克。这一系列突如其来的变故意味着国民议会得救了,意味着代表和民众的呼声得到了回应。三级会议开幕两月有余,这是第三等级的要求第一次得到了认可。所以,国民议会代表认为,攻占巴士底狱是历史性的转折点。这不再是一场旧式的暴民骚乱,而是现代意义上的主权人民表达自己意愿的革命行为。国民议会代表比佐(François Buzot,1760—1794)在 7 月 20 日的发言中阐述了攻占巴士底狱的历史意义:

> 我们怎能忘记,具有高尚勇气的巴黎人夺取武器后,给我们争取了自由,解散了内阁,平息了阴谋,把国王带到了议会? ⋯⋯还不止这些;要不是他们,谁会告诉我们专制不能在我们中间重生呢? 谁来保证专制不会完全重构? 如果有一天,专制集结了自己的力量压垮我们,公民们届时又将用什么来武装自己、拯救祖国呢?[①]

第三节　法国再造

1789 年 7 月 17 日,路易十六来到巴黎市政厅,接见了巴黎市长巴伊和国民卫队指挥官拉法耶特,并戴上了三色徽。三色徽由红白蓝三色组

---

① 转引自 William H. Sewell, Jr.,"Historical Events as Transformations of Structures: Inventing Revolution at the Bastille,"*Theory and Society*,Vol. 25,No. 6(Dec.,1996),p. 857。

成,红蓝徽章是巴黎军队的象征,革命爆发后,拉法耶特建议在其中加入象征波旁王朝的白色。三色徽象征了政治团结与社会和谐。国王这番举动意味着革命中由民众自发组建的临时组织变成了合法机构组织。新的秩序正在诞生。

随着巴黎革命的消息传到外省,各地民众备受鼓舞,以不同方式表达了他们的欣快与热情。不断有地方以巴黎为榜样,自发改组地方行政组织。所谓的市镇革命(révolution municipale)在大多数情况下都是以和平的方式完成。新的市政当局一般包括负责地方政务的常设委员会或议会,以及负责地方治安的治安组织或国民卫队。新机构并不都排斥之前掌权的地方缙绅或显贵,但是也有不少地方出现了督办官弃官出逃的情况。从性质上来说,市镇革命是地方分权运动,既不听命于国民议会,更不服从国王指示。地方往往不等巴黎下令,就强制推行一些他们自己认为对地方有益的措施。事实上,这种地方主义态度在革命前起草的陈情书中,就已表现得十分明显。各地对中央政权的敌视态度往往就是借助这种褊狭的地方主义而出现。而此时,这种地方主义又借助市镇革命的形式不断强化,并一直延续贯穿整场革命。地方主义尽管有分裂的危险,但是在 1789 年的情境下起到了不可替代的作用,因为法国人之所以愿意放弃他们的地方特权,赞成民族统一,是因为他们认为从此就可以自己管理自己了。①

地方主义很快从市镇蔓延到乡村。1789 年夏天,法国谣言四起,说贵族里通外国,敌人就要打进法国,也有说会有匪徒抢劫田间成熟的庄稼。许多农村出现了恐慌。农民纷纷武装起来,保卫农村,保护他们的收成,史称大恐慌(Grande Peur)。② 大恐慌波及范围比市镇革命更广,几乎遍布了整个法国。导致大恐慌的原因有心态方面的因素。法国农民的生活一直都很不稳定,任何变故都可能使一家人走上乞讨之路,这

① 参见勒费弗尔《法国革命史》,第 160 页。
② 参见勒费弗尔《1789 年大恐慌:法国大革命前夜的谣言、恐慌和反叛》,周思成译,太原:山西人民出版社,2019 年。

预示着农民一定会为保护收成铤而走险。从短期来看,起草陈情书,召开三级会议,让民众萌生了希望,觉得情况一定会有所改善。但是,随着三级会议陷入僵局,加上各地骚乱不断,农民开始不安。国王非但没有惩戒攻占巴士底狱的民众,反而接见了巴黎市长,这不就表明国王站在了民众一边吗? 正在此时,谣言开始出现,所以,心态与事件交错作用,民众开始自卫武装起来。根据勒费弗尔的研究,大恐慌本身是由六次地方事件引起的,这几次事件之间没有联系,但很快形成了燎原之势。在出现恐慌的地方,农民们袭击了贵族的宅邸和修道院,焚毁了文书档案,强行取消了领主权。骚乱与无序又让有产者警觉起来,他们组织了法庭和地方国民卫队。总体上,大恐慌从客观上废除了封建权利,彻底破坏了旧制度农村的经济结构。

　　大恐慌延续到 8 月 6 日。这让不少国民议会代表十分恐惧,因为他们中有不少人是领主。于是,他们决定加速讨论进程。国民议会早在 7 月 9 日更名为"国民制宪议会"(Assemblée nationale constituante),以制定宪法,作为议会的基本使命。自 8 月 1 日起,代表们围绕着应先颁布《人权与公民权利宣言》(以下简称《人权宣言》),还是先起草完成宪法,讨论了一周,未能达成共识。部分贵族尽管口头认可权利平等,但是并不情愿将平等诉诸法律文件。这遭到其他代表的指责与抨击。正当议会分歧日益加深之时,大恐慌的消息传到了巴黎。代表们意识到,如不采取有效措施,很快整个法国将陷入无政府状态。布列塔尼俱乐部(Club breton)发挥了领导作用,逐渐成为激进自由派代表的阵营。布列塔尼地区的代表常在凡尔赛圣克卢大道与加尔诺大道相交的阿摩利咖啡馆(café Amaury)集会讨论。起初这不过是个很松散的组织,渐渐形成了规模,称为布列塔尼俱乐部。拉梅特(Lameth)兄弟、巴纳夫(Antoine Barnave,1761—1793)、格雷古瓦教士(Henri Grégoire,1750——1831)、米拉波、西耶斯、达吉永公爵(duc d'Aiguillon,1761—1800)①等人都是这个俱乐部的成员。布列塔尼俱乐部提议,应当采取更彻底的措施,废除封建制度,平息民众骚乱。

---

① 即布列塔尼事件中达吉永公爵之子。

俱乐部策划了一次行动,他们估计参加 8 月 4 日晚间会议的制宪议会代表不会很多,而且主持会议的又是俱乐部的激进代表勒沙普利耶(Isaac Le Chapelier,1754—1794),因此他们安排了达吉永公爵进行发言,并提交一份废除封建制度的法案,以期获得通过。

出人意料的是,在 8 月 4 日夜间会议上,出席会议的诺阿耶子爵(vicomte de Noailles,1756—1804)似乎觉察到一些端倪,突然抢先提出要求废除封建制。达吉永公爵只能表示附和。会场气氛越来越激烈,代表们争相要求废除各种各样的特权。代表费里埃尔侯爵(Marquis de Ferrières, 1741—1804)后来回忆说:这是一个"沐浴在爱国主义中的时刻"[1]。在热烈的气氛中,与会代表一致同意:在法律面前人人平等,除人身依附应无偿取消外,其他封建权利实行赎买,实现刑罚平等,人人有权出任公职,废除卖官鬻爵以及教会的什一税,宗教仪式一律免费,禁止教士兼职牟利,废除首岁捐,市镇和省区代表宣布放弃近 500 年间传袭下来的权利和免税权。之后,讨论持续到 8 月 11 日。当天,制宪议会颁布法令,宣布"完全废除了封建制度"。尽管这一说法有夸张之嫌,因为长子继承权和领主的荣誉特权尚未废除,而且捐税在被真正赎买之前仍需缴纳,但是从 8 月 11 日开始,全法国的农民都可以不用再缴纳封建地租和什一税。农民把这部法令视为护身符。他们觉得,既然地租和什一税都不用交,那么其他税金更不需要缴纳。所以,尽管制宪议会尚未就废除封建捐税的细节问题达成共识,但是农民们早已通过他们的实际行动推翻了封建制度。

8 月 11 日法令有效地缓和了乡村骚乱。在废除了封建权利后,制宪议会着手起草《人权宣言》。[2] 代表们认为,法国应当像美国一样,先宣布

---

[1] Marquis de Ferrières, *Correspondance inedited 1789, 1790, 1791*, publ. et annotée par Henri Carré, Paris: Colins, 1932, p. 114.

[2] Dale Van Kley, "From the Lesson of French History to Truths for All Times and All People: The Historical Origins of an Anti-Historical Declaration," in *The French Idea of Freedom: The Old Regime and the Declaration of Rights of 1789*, Stanford: Stanford University Press, 1994, pp. 72-113.

《人权宣言》,再颁布宪法。实际上,从 7 月 9 日开始,制宪议会就已启动了《人权宣言》的起草工作。西耶斯、杜邦·德·内穆尔等人陆续提供了各自的宣言草案。8 月 20 日以后,制宪议会正式开始讨论这些草案,一周后,即 8 月 26 日,投票通过《人权宣言》。《人权宣言》共 17 个条款,体现了平等与法治。人在权利方面的平等,完全由出生这一自然事实所确定,"生而平等"否认了历史与传统的合法性,颠覆了旧制度的根基。但是,平等不等于没有区别,有必要保留那些有利于公益的社会区分,这体现了功利主义的原则。《人权宣言》另一项核心原则是法治。17 条中有 9 条提到了法治。法是公意的体现,这是卢梭主义的表现。《人权宣言》承认代议制,认为立法需借助国民直接或间接参与。如果按照博丹的界定,立法权是主权权威的核心,那么这一原则的公布无疑颠覆了王权权威。法律面前平等的权利,以及自由、财产、安全和反抗暴政的权利,是任何政治结合的基本目的(第 2 条),第 16 条明确提出:"凡是权利无保障或分权未确立的社会,均无丝毫宪法之可言。"这便指明了宪法的基本目标。平等更表现在承担赋税的平等(第 13 条)和担任公职的平等(第 6 条)上。《人权宣言》在界定自由方面显得语焉不详,只是泛泛地承认思想意见的自由交流是人类最宝贵的权利之一,规定任何人不得因其思想观念、宗教信仰而受到干涉。《人权宣言》重视平等,相对轻视自由,这说明 1789 年革命者的首要目标是身份平等,而不是政治自由。①

但是,无论是废除封建特权的法案,还是《人权宣言》,若要生效则需要得到国王的同意。议会曾就国王在新体制中享有何种权力,展开了漫长的讨论。② 代表的态度分为两派。一派认为,国王享有立法批准权,即

---

① 上述分析参考多伊尔《牛津法国大革命史》,第 148—149 页。

② 有关否决权的研究,参见:Raoul Bompard, *Le Veto du Président de la République et la sanction royale*, Paris: A. Rousseau, 1906; François Furet & Mona Ozouf eds., *Le Siècle de l'avènement républicain*, Paris: Gallimard, 1993; Robert H. Blackman, "What Was 'Absolute' about the 'Absolute Veto'? Ideas of National Sovereignty and Royal Power in September 1789," *Proceedings of the Western Society for French History*, vol. 32, 2004, pp. 123 - 139。

可以否决议会法律,也就是绝对否决权(véto absolu)。如果接受了绝对否决权,就等于接受了两院制。支持绝对否决权的,包括以穆尼耶、拉利-托伦达尔(Lally-Tollendal,1751—1830)、克莱蒙-托内尔(Clermont-Tonnerre,1747—1792)和马鲁埃(Pierre-Victor Malouet,1740—1814)为首的王政派(Monarchiens)或是崇英派(Anglomenes),还有内克与米拉波。① 另一派支持暂时否决权(véto suspensif)。所谓暂时否决权,即国王需在收到法案两个月内表示赞同或否决,但是如果否决后,议会又两次通过,则否决无效。② 支持暂时否决权的人包括以迪波尔、巴纳夫和拉梅特(comte de Lameth,1760—1829)三巨头为领导的爱国派。绝对否决权和暂时否决权的本质区别在于,后者代表了卢梭主义,强调了主权不可分,绝对否决权则将立法权分割为对等的两部分,一部分为议会所有,一部分为国王所有。③ 9 月 10 日,制宪议会就上述两方案进行投票。结果,以绝对多数票否决了绝对否决权和两院制,次日,投票通过了暂时否决权。

不少代表支持暂时否决权,觉得这是一项折中选择,不至于激化矛盾。事实却并非如此。因为,国王只要动用否决权,就必然会同代表公意的议会的决定发生冲突。9 月 15 日,路易十六指责《人权宣言》第五条和第十一条,拒绝签署。④ 消息传到巴黎,民情激愤。罗亚尔宫一片哗然。开明贵族圣-于吕古侯爵(Marquis de Saint-Huruge,1738—1801)鼓

---

① Jean Egret, *La révolution des notables*; *Mounier et les monarchiens*, *1789*, Paris: A. Colin, 1950.

② Jacques Godechot, *Les institutions de la France sous la Révolution et l'émpire*, Paris: PUF, 1951, p. 82.

③ Keith Baker, "Constitution," in François Furet & Mona Ozouf eds., Critical Dictionary of the French Revolution, translated by Arthur Goldhammer, Cambridge: The Belknap Press of Harvard University Press, 1989, pp. 479 - 493.

④《人权宣言》第五条写道:法律仅有权禁止有害于社会的行为。凡未经法律禁止的行为即不得受到妨碍,而且任何人都不得被迫从事法律所未规定的行为。第十一条写道:自由传达思想和意见是人类最宝贵的权利之一;因此,每个公民都有言论、著述和出版的自由,但在法律所规定的情况下,应对滥用此项自由承担责任。

动民众向凡尔赛进军,不过没有成功。9 月 12 日,多年不得志的马拉(Jean-Paul Marat,1743—1793)创办了《巴黎政论》(*Le Publiciste de Parisien*),评论时事,宣扬他的激进观点。《巴黎政论》后更名为《人民之友》(*L'Ami de Peuple*),成为革命时期法国最重要、最激进的出版物之一。阴谋论开始出现。民众对国王的举动心生疑虑,对贵族也越来越怀疑。根据当时一位心存疑虑的书商记述,巴黎人的言论中充满了"私刑"和"路灯柱"等语汇,任何被称作"贵族"的人都受到威胁,而任何不招人喜欢的人都会被称作"贵族"。①

政治是局势激化的直接原因,经济危机则是催化剂。革命爆发后,巴黎有许多外国商人、富人和贵族,辞退了他们的家仆,逃离首都。很多下层民众因此失去了生计来源。奢侈品行业和手工业顿时陷入萧条。尽管 1789 年夏天北方地区农业收成情况还算理想,但是社会骚扰影响了交通运输,所以市场上面包供给依旧不充足,价格居高不下。此时,又传来一件令他们更为愤怒的事情。10 月 1 日,宫廷队军官设宴欢迎来自佛兰德的军队。席间,这些人将三色徽扔在地上践踏。佛兰德的军队原本驻守在东北前线,此次调回专为拱卫凡尔赛。"践踏三色徽"事件传开后,巴黎民众又沸腾了,准备再次起义。10 月 5 日,市郊圣安东尼区(Saint-Antoine)与哈勒区(Halle)的市场妇女(Marche des femmes)在马雅尔(Stanislas-Marie Maillard,1763—1794)这位"战胜巴士底狱勇士"(vainqueurs de la Bastille)带领下,在市场附近聚集起来,结队向市政厅行进。当天晚上,她们又拖着大炮,挥舞着武器,向凡尔赛进发。一路上,不断有人加入队伍,人数越来越多。在民众的压力下,巴黎公社也被迫派出了两名代表,陪同由拉法耶特带领的大约两万人的国民卫队一同前往,他们的任务是把国王带回巴黎。

10 月 5 日傍晚,大约有 7 000 名民众抵达凡尔赛。他们的要求很简单,保证巴黎的粮食供给,撤走佛兰德军队。国王态度和善地接见了民

---

① 多伊尔:《牛津法国大革命史》,第 150 页。

众,答应了他们的请求。部分民众陆陆续续返回。后半夜,拉法耶特的部队抵达,他以巴黎的名义要求国王同他一起回巴黎。国王犹豫了。次日,一伙民众溜进了王宫,与侍卫发生了冲突,一名市民和几位侍卫丧命。民众又开始激愤起来。拉法耶特尽力维持秩序,保证国王安全,但是完全无法平息民愤。国王只得宣布他将与民众一道回到巴黎。当日中午,一支吵吵闹闹、毫无秩序的队伍离开了凡尔赛。一些民众在刺刀上挑着面包,国民卫队护卫着装有小麦和面粉的货车。队伍中,既有骑在炮筒上的工人和妇女,也有佛兰德军队和宫廷卫队的士兵。拉法耶特骑马紧随国王和王后的车辇。制宪议会也派出了一百多名代表护送。大约花了九个小时,队伍抵达巴黎。市长巴伊在市政厅前举行了简单的欢迎仪式。王室搬入了杜伊勒里宫。

对法国革命而言,1789 年 10 月 5、6 日事件(Journées des 5 et 6 octobre 1789)具有重要的转折意义。① 国王在民众的要挟下,迁往巴黎,从此以后,除了瓦伦事件,他再也没有离开过这座曾令他厌恶的城市。就像一位英国观察家所言:"与其说是国王,不如说是囚犯。"②制宪议会于 10 月 19 日离开凡尔赛,先暂借大主教府,11 月 9 日搬入杜伊勒里宫的骑术大厅(Salle du Manège)。从此,凡尔赛作为世界之都的历史结束了,巴黎成了法国的政治中心,并将领导和影响着法国革命。在此后五年里,巴黎人民以革命的守护者自居,一次又一次地直接干预了国家政治。10 月 5、6 日事件的直接起因是国王拒绝签署《人权宣言》和废除封建法令。巴黎民众认为,如果不以这样的方式,法令或许很难获得批准。所以,1789 年的民众并不觉得他们改变了革命的进程,只不过认为他们的行动成功保住了夏天的成果。但是,也有一些代表觉察到了革命的转折。作为革命初期的领导人,穆尼耶退出了议会,他回到了多菲内,次年

---

① 有关这一事件的详细研究,参见 Albert Mathiez, "Étude critique sur les Journées des 5 et 6 octobre 1789," *Revue historique*, t. 67, 23ᵉ année, mai-août 1898, pp. 241 - 281, t. 68, 23ᵉ année, septembre-décembre 1898, pp. 258 - 294, t. 69, 24ᵉ année, janvier-avril 1899, pp. 41 - 66.
② 转引自多伊尔《牛津法国大革命史》,第 153 页。

亡命国外,直到 1801 年才回国。

1789 年 10 月 5、6 日事件也是革命民众第一次有意识地干涉革命的行动,所以和攻占巴士底狱有着本质区别。但是,与人们预想的不同,此次事件不但没有摆脱危机,反而造成了分裂。一方面,由于被取消了特权、等级以及封建权利,财产和威信受到威胁,不少贵族因此对革命恨之入骨,逃亡国外,向外国求援,挑唆国内叛乱。这类人被称为流亡者(émigrés)。1789 年 7 月 16、17 日,阿图瓦伯爵、孔代亲王和布罗伊公爵逃离巴黎,这是第一批流亡者。1789 年 10 月 5、6 日事件后,又有一大批流亡者逃出法国。流亡者的历史贯穿了革命始终。第三等级内部也出现了分裂。政治民主化和激进化让不少有产者心生畏惧,他们也加入流亡者队伍中。在革命时期大约十万流亡者中,第三等级占了绝对多数(68%),而教士仅占 25%,贵族大约是 17%。① 分裂之下,法国急需一个强有力的政府。尽管制宪议会采取了一定措施,将行政权力置于议会下设的各委员会的监督之下,施行了议会专政(la dictature),但是这种专政并不稳固,除了王权以及贵族大臣从中阻挠外,根本原因在于革命进程的推动力量是民众,巩固议会权威的力量也来自民众,议会只能认可民众的自发运动。正如市镇革命爆发后,米拉波所说的,只能让地方民众自己来决定"组织市镇的一切细节问题……而我们不能命令他们"②。1793 年前,法国一直没有一个强有力的政府。

在欧洲和北美,大多数国家对法国所发生的一切非常感兴趣。《圣彼得堡日报》(Saint Petersburg Gazette)和布达佩斯的《马扎尔信使报》(Magyar Kurir)上都刊登了《人权宣言》的译文。曾遭镇压的荷兰爱国党以及希望从奥地利统治下获得独立的比利时人,备受鼓舞。在伦敦,

① D. Greer, The Incidence of the Emigration during the French Revolution, Cambridge, Mass.: Harvard University Press, 1951. 另见 Kirsty Carpenter and Philip Mansel eds., The French émigrés in Europe and the struggle against revolution, 1789—1814, Hampshire: Macmillan Press, 1999。

② Archives Parlementaires, Tome 8, pp. 261 - 266.

《巴士底狱之战》(*Bastille War*)在许多剧院上映。温和的英国改革者把1789年看成是另一次1688—1689年革命,而辉格党议会不断警告"没有及时想到的危险"。在美国,即便是比较温和保守的联邦党人,对革命的态度也很积极。约翰·马歇尔(John Marshall,1755—1835)后来回忆道:"我真诚地相信,人类的自由取决于……法国大革命的成功。"拉法耶特把一枚巴士底狱的钥匙寄给了华盛顿:"这份礼物犹如一名儿子向养父报恩,一名副官对将军的敬意,一名自由传教士对于教主的感恩。"华盛顿六个月前已经当选第一任美国总统,他在10月13日对美国驻法国大使莫里斯(Gouverneur Morris,1752—1816)说道:"革命已经影响到了法国,它是如此美妙,以至于在思想上难以接受事实。如果革命正如我预料的那样,这个国家将会成为欧洲最强大和幸福的国家。"①

制宪议会着手重建法国。以艾德蒙·伯克(Edmund Burke,1729—1797)为代表的保守主义者经常指责革命代表深受启蒙理性主义者毒害,政治经验不足,想法严重脱离实际。这种看法失之偏颇。塔克特的研究证明,大部分代表并不是启蒙运动的积极参与者,更不信奉卢梭思想。有些代表尽管很熟悉启蒙哲学的思想,比如费里埃尔侯爵或是莱泽-马尔内西亚(Lézay-Marnésia,1735—1800),但是他们同时也有着丰富的政治经验。制宪议会既需要处理反革命威胁,又要承受民众的压力,还要照顾不同社会集团的利益。制宪议会的伟大业绩表明,他们始终平衡着理想主义和现实主义之间的关系。或许正是因为这一点,制宪议会的相当部分业绩才会最终落空。②

制宪议会尝试妥协理想与现实,充分表现他们对政府组织的改组。《人权宣言》既已明确政府一切权力来自人民,那就意味着政府应对国民

---

① Michael Rapport,"The International Repercussions of the French Revolution,"in Peter McPhee ed., *A Companion to the French Revolution*, Oxford: Wiley-Blackwell, 2013, pp. 381 - 396. Peter McPhee, *Liberty or Death: The French Revolution*, New Haven: Yale University Press, 2016, pp. 86 - 87.
② 勒费弗尔:《法国革命史》,第 163 页。

负责。所以,路易十六理所应当地被看成是国家第一公务员(le premier fonctionnaire de la nation)。这个头衔在当时并无贬义,因为人们只把人民的政治代理人称作公务员,不包括雇员。但是,国王毕竟是世袭的,毕竟是可以不对委托人负责的、神圣不可侵犯的公务员,他的人身权利和具体掌握的行政权到底应该如何安排呢? 这是一个难题。制宪议会既不能疏远国王,也不能令其凌驾于法律之上。为此,议会做了不少预防措施:征税必须经过议会的同意,警察和公务员也必须服从法律,最后王室领地归国家所有(1790 年 5 月 9 日)。尽管如此,路易十六还是保留了很多特权:可以支取 2 500 万里弗的王室年俸(liste civile),另加 400 万为玛丽·安托瓦内特的费用,有宣战媾和的权力,有权组织政府,挑选并任命六名内阁大臣。更重要的是他享有对立法决议的暂时否决权,为期两届,不超过四年。

国王尽管享有上述特权,但是不能单独行使,他下达的命令必须要得到一名大臣的副署。大臣必须对议会负责,随时可能被议会弹劾。针对税收、宣言以及弹劾大臣的法令,国王的否决权是无效的。尽管如此,国王的存在、他的特权以及王室年俸的数量,都成了新旧制度无法调和的矛盾。制宪议会的调和态度,反而使新生的法国失去了一个强有力的行政权。政府组织既没有威信,也不能有效地贯彻下达的命令,更不能组织和动员地方官员。

相对而言,地方行政体制改革得到了更为彻底的改造。大多数代表赞成巴雷尔的看法:"抹去所有历史的痕迹,消除所有源于团体利益或出身的偏见。法国的一切从今天开始都必须是新的。"①1789—1790 年,旧制度的三级会议省、督办官等林林总总的地方体制,一并被废除。制宪议会建立了一套整齐划一的新体制。议会认可了民众在夏天大恐慌中建立的自卫机构,并于 1789 年 12 月 14 日颁布法令,建立地方市镇(commune),并赋予其很大的权力:分配和摊派税收,领导国民卫队和维

---

① 转引自 Peter McPhee, *Liberty or Death*: *The French Revolution*, p. 83。

持秩序,召集军队和宣布戒严,审理一般的违法案件。市镇机构以及市镇机构的长官市长(maire)都由地方民众直接选举产生,中央不派驻任何官员。1789年12月22日法令重新划分了行政区划,全国分为83个省(département),省下分为6—9个区(district),省、区和市都设议会(Conseil)①、政府(Directoire)②和检察官(Procureur-Syndic),区下设选区(canton),这主要是选举单位。检察官负责法令执行。

行政体制的改革实现了国家的大一统(Grand tout nation)③,结束了地方的差异与特权,形成了一套完整统一的行政体系。这套体制既是理性主义的体现,但同样也是基于现实的需要,并不背离传统。17世纪,财税区的设立就已表现出实现统一的倾向,尽管这不是改革者的初衷。革命不过是延续了这项工作。理性主义精神当然表现得十分突出,因为83个省的划分基本符合几何精神,面积大体相当。但是,历史和传统并没有像巴雷尔说的那样被彻底抹去,因为大部分省都是在旧制度外省框架内进行划分,地方认同依旧被保留下来。当然,也不能否认改革的意义。制宪议会的改革实现了前所未有的国家大一统。省既是行政单位,也统一了之前的税区、军区、宗教辖区等。新的行政框架也是新司法体系的基本单位。改革废除了高等法院及其辖区。新的司法区设立治安官(juge de paix),处理民事诉讼,区设法庭,负责那些不服判决的上诉。在刑事诉讼方面,市镇负责审理违章案件,治安官负责审理轻罪(les délits),省法庭(tribunal département)负责审理重罪(les crimes)。全国范围有两个法庭,即终审法庭(tribunal de caissation)和最高法院(Haute Cour)。终审法庭只负责对法庭业务进行评估,不干涉案件审理。与旧制度不同,新法庭不涉足行政事务。

所有的行政官员、法官一概由民选产生,这也是实现国家大一统的重要举措。《教士公民组织法》颁布后,连教士都由选举产生。1789年7

---

① 省称总议会(Conseil général)。
② 市府称市镇机构(corps municipal)。
③ *Archives Parlementaires*, Tome 9, p. 665.

月—10 月,代表们开始讨论公民权和选举权问题。1789 年 10 月 29 日法令中引入了积极公民的概念(citoyen actif)。[①] 法令规定,只有积极公民有投票权。所谓积极公民,指的是年逾 25 岁,纳税额相当于三天非熟练技工工资的男性。制宪议会规定了两级选举体制,先通过积极公民投票,选出有被选举权的选举人(électeurs),这些人的条件是纳税额超过 10 里弗。再从这些选举人选出议会代表。代表的要求更高,财产标准为交纳 1 银马克(silver mark)的税金,这相当于 54 天的工资,而且还得有不动产。根据这项规定,当时法国有被选举权的公民大约有 250 万,积极公民大约是 400 万,也就是说大约 60％的法国男性在政治生活中发出自己的声音。[②] 积极公民与消极公民的身份从某种意义上来说有违《人权宣言》的原则,但是这些原则毕竟不是抽象产生的,而是同当时的现实环境密切相关。对制宪议会而言,1789 年夏天的骚乱让他们不愿赋予群众更多的发言权,更重要的是,要形成纯粹一人一票的原则,还需时日。大多数代表认为,选举和当选既然是履行职责的一种方式,而履行职责自然是要有能力的。巴纳夫的发言总结了众人的意见,他认为诞生官员与立法议会代表的选举大会上应该存在三种担保(avantage):首先是智慧(lumière),其次是社会委托其进行选择的人有志于公共事务(l'intérêt à la chose publique),最后是存在于财产的独立之中(independence de fortune)。[③]

公民的政治自由受到了限制,但言论和集会自由相对而言得到了更好的保证。尽管有一部分公民不能参与议会的选举和讨论,却可以通过其他途径发表自己的看法。革命最初几年的政治文化展现了启蒙公共

[①] 西耶斯在 1789 年 10 月出版的《论制宪委员会就法国新组织报告》中最先使用"积极公民"一词。参见 Sieyès, *Observations sur le rapport du Comité de constitution concernant la nouvelle organisation de la France*, Baudouin, 2 Octobre 1789, pp. 20, 24。

[②] Patrice Gueniffey, *Le nombre et la raison: la Révolution française et les élections*, Paris: EHESS, 1993, p. 102, 表 1。

[③] 张弛、吕一民:《法国革命时期的财产观念、政治权利与资产阶级的自我认同》,《史学集刊》2015 年第 1 期。

领域的价值。1787—1788 年确立的出版自由,在革命时期得到了进一步的保证。1791 年法国人所享有的出版自由超过了任何时期。新闻报纸的繁荣充分证明了公共讨论的透明性和频繁。1790 年,仅巴黎就新增了300 多份报纸,到 1791 年 9 月制宪议会解散的时候,又新增了 300 多份出版物。1792 年之前,外省出版物大约有 2 000 多份,马赛在 1789 年仅有 2 份出版物,1791 年增加到 14 份,波尔多从 1789 年的 1 份出版物增加到 16 份。① 出现了专门面向女性的读物,但数量不多,延续时间也不长,大多是匿名的,比如 1789 年底创办的《太太献给国家的新年贺礼》(*Les Étrennes nationales des dames*)只存在了半年。② 政治集会的自由也得到了保证。布列塔尼俱乐部的发展最为迅速,搬迁到巴黎后,更名为宪政之友俱乐部(Société des amis de la Constitution),即雅各宾俱乐部的前身。地方上很快也建起了类似的俱乐部,并与巴黎的母会建立联系。这些俱乐部的讨论大多是公开的,任何人都可以旁听,也可以发表意见,充分体现了革命所崇尚的政治透明原则。这些俱乐部里挂着卢梭、富兰克林、加图等人的画像,是培育革命时期政治新生力量的摇篮。宪政之友俱乐部发展十分迅速,1790 年初与巴黎母会联络的 20 多个地方分会,到 1791 年增加到 1 000 多个。③

政治俱乐部与出版物是两股相互交织、互为推力的力量。出版审查取消了,出版业很繁荣。很多议会代表都有自己的报纸,最著名的如布利索(Jacques Pierre Brissot,1754—1793)的《法兰西爱国者》(*Patroite Française*),这份出版物在 1791 年瓦伦事件后成为宣扬共和思想的主要

① Hugh Gough, *The Newspaper Press in the French Revolution*, London: The Dorsey Press, 1988, pp. 44 - 82。另见 *Dictionnaire de la presse française pendant la Révolution*, 5 tomes, Paris: Centre International d'Étude du XVIIIᵉ siècle, 2005—2016。

② Creator Sullerot, *Histoire de la presse féminine en France des origines à 1848*, préf. de Jacques Godechot, Paris: Colin, 1966, p. 46.

③ Michael L. Kennedy, *The Jacobin Clubs in the French Revolution: The First Years*, NJ: Princeton University Press, 1982. *Atlas de la Révolution française*, Tome 6, Les sociétés politiques, Paris: EHESS, 1992.

平台。罗伯斯庇尔的《宪法捍卫者》(Le Défenseur de la Constitution)在1792年5月之后开始出版。其他有格尔萨(Antoine Joseph Gorsas,1752—1793)主编的《八十三省邮报》(Courrier des 83 départements)、孔多塞主编的《巴黎纪事》(Chronique de Paris)等。温和的戈诺维尔(Philippe-Antoine Grouvelle,1758—1806)主编了一份专门面向农民的报纸《乡民报》(Feuille Villageoise),用词简单,售价低廉。订阅《法兰西爱国者报》需36里弗,《巴黎纪事》为30里弗,而《乡民报》只需9里弗。[①]

　　制宪议会改革解除了旧制度的种种约束。伴随着政治选举和个人自由而得以重生的公共精神,制宪议会的代表满怀信心地相信一个富足、幸福的全新时代即将到来。尽管《人权宣言》没有明确宣布经济自由,但是代表们相信生产自由与商业自由是确保国民福祉的应有之义。[②]更何况,放任自由也是第三等级陈情书的要求之一。1789年8月4日法令废除了封建桎梏。在随后的两年里,贸易自由的范围有了极大的拓展。间接税、入市税均被废除。1789年8月4日对团体制度的抨击预示着行会和团体的取缔。《阿拉尔德法》(décret d'Allarde,1791年3月2日)废除了行会和师傅资格,同时也废除了国家赋予手工业制造者的特权。《勒沙普利耶法》(loi Le Chapelier,1791年6月17日)禁止工人结社,这使得直到1864年为止工人罢工一直是非法行为。[③]

　　相比之下,最棘手的是财政问题。革命前,政府已经破产。1789年

---

① Melvin Edelstein, La Feuille Villageoise: Communication et Modernisation dans les régions rurales pendant la Révolution, Paris: Bibliothèque nationale, 1977.

② 西耶斯在他起草的《人权宣言》草案中明确了经济自由,他说:"任何人都有权停留、迁徙、思考、演说、写作、印刷、发表、劳动、生产、保存、交通、交换以及消费等。"参见 Sieyès, Préliminaire de la Constitution française: reconnoissance et exposition raisonnée des droits de l'homme & du citoyen, Paris: chez Baudouin, impr. de l'Assemblée nationale, 1789, pp. 18 - 40。

③《阿拉尔德法》的起草者是代表阿拉尔德(Pierre d'Allarde,1748—1809)。《勒沙普利耶法》的起草者是布列塔尼代表勒沙普利耶。这两部法令引起了骚乱,参见 R. B. Rose, The Making of the Sans-Culottes: Democratic Ideas and Institutions in Paris, 1789—1792, Manchester: Manchester University Press, 1983, pp. 108 - 109。另见乐启良《近代法国结社观念》,上海:上海社会科学院出版社,2009年。

后,民众不仅拒绝纳税,还破坏税卡,唾骂征收间接税的包税商。制宪议会接连废除了盐税以及其他一些很不受欢迎的间接税,包括对皮革、铁、肥皂、油和酒类征收的间接税,还有人头税、廿一税等直接税,随之被取消的还有管辖这些税款的各种盘根错节的财政监管部门,以及个体商人管理税款的包税局。这一切变动使得国家的财政状况变得更加糟糕。间接税收入从1788年的5 200万里弗降到了1790年的不到1 400万里弗。① 除此之外,债务负担丝毫没有减轻。旧制度法国政府的债务既然"都是国民的钱"(米拉波语),那么制宪议会就承认所有债务,总计约有31.19亿里弗,其中有一半即将到期。清算旧制度的遗产以及支付改革的费用,比如赎买售卖官职,又得增加大约10亿里弗开支。② 新旧债务合并大约是42.62亿里弗,每年利息即2.62亿里弗。8月4日法令废除了教会什一税,那么宗教人士的薪金由国家负担,算上其他相应开支,用于教会的费用大约就有2.4亿里弗。

如何解决财政问题,缓解债务负担? 首先,制宪议会设立了三种新税:土地税(contribution foncière,1790年11月23日)、动产税(contribution mobilière,1791年1月13日)和商业盈利税(patente,1791年3月2日)。这些都是普遍税,即所有人按其能力缴纳,但是落实和征收都需要时间。其次,议会进行举债。内克在1789年8月9日和8月27日两次举债,第一次得3 000万里弗,利息4.5%,第二次得8 000万里弗,利息5%,但未达到应筹之数。③ 9月底,内克采纳了代表达尔西(Gouy d'Arsy,1753—1794)的建议,确立爱国捐税(contribution patriotique),由公民自己申报收入,并将收入的1/4捐给国家,既可以是

---

① Peter McPhee, *Liberty or Death*: *The French Revolution*, p. 91.
② Jacques Godechot, *Les institutions de la France sous la Révolution et l'empire*, pp. 130 - 143. 这新增的开支中,赎买司法职务需要4.5亿里弗,赎买财政职务为1.5亿里弗,赎买教士等级的债务需要1.49亿里弗,赎买封建什一税大约需要1亿里弗,此外还有需要缴纳的保证金大约2.03亿里弗。
③ 第一笔举债被否决,第二笔举债纳购很少,直到1790年3月才征得4 700万里弗,参见 J. Godechot, *Les institutions de la France sous la Révolution et l'empire*, p. 132。

现金,也可以是实物。爱国捐税缴纳了三次,分别是 1790 年 4 月、1791 年 4 月和 1792 年 4 月。尽管有些地区民众纳税的热情很高,但是效果并不明显。原先预计到 1790 年 4 月可以收入 1.5 亿里弗,但实际上只得 1 亿里弗,三次捐赠的总额占到了直接税的 25%。

上述措施都无法解决燃眉之急。于是,制宪议会接受代表的建议,决定将教会财产收归国有。10 月 10 日,代表塔列朗以主教身份提出,所有教会财产都应该国有化。他认为,这完全是合理的,因为教会的财产不是属于教士,而是属于整个教会,也就是全部信众,因此也就属于全体国民,所以代表国民的议会完全有权收回财产,服务于公众,这完全不违背信众捐献财产的初衷。他的提议激怒了教士代表,却赢得了大部分代表的支持。反对派的理由也站得住脚,他们认为教会的财产是基于历史传统,而不是侵占所得,而且《人权宣言》也保障了财产神圣不可侵犯。双方的辩论陷入僵局。旁听辩论的民众对教士的态度很不满,不断施压。在他们的记忆中,教士总能以各种理由免除税负。议会不得不做出选择,11 月 3 日以 568 票对 346 票通过了法令,规定教会所有财产收归国有。这笔国有财产以拍卖的方式进行售卖。

国有财产售卖既是一项财政措施,也是一项重要的经济措施,因为涉及大量土地的转移。经拍卖,至少有 1/8 的家庭购得了土地,主要购买者是城市和农村的有产者。拍卖最多的地区一般都是农业比较发达的地区,比如东北部、巴黎盆地、阿尔萨斯和朗格多克。普罗旺斯的格拉斯地区,有 7% 的土地因此易主。起初竞拍的是大块土地,后来为了更平等,将大块土地分割为小块出售。舞弊时有发生,有些地区出现了多达一百人组成的团体参与竞拍的现象。[1]

爱国捐税和国有财产总价值据估计有 4 亿里弗,这为制宪议会发行纸币和清偿债务提供了保证。革命初期,发行纸币的国家机构是成立于

---

[1] Michel Bur (ed.), *Histoire de Laon et du Laonnois*, Toulouse: Privat, 1987, p. 199. Peter McPhee, *Liberty or Death: The French Revolution*, p. 91.

1776 年的贴现银行。在革命爆发后,贴现银行需要增加贷款的提供,但是它本身的担保又没有相应增加,因此 1789 年 11 月 21 日,内克就贴现银行的情况向议会做了说明,在总共流通的 1.14 亿钞票中,没有担保的占了 1/4。[1] 贴现金库情况既已如此糟糕,再加上金融家本身得不到人们的信任,所以代表们越来越倾向于以国家的名义发行债券,这种债券以某种看得见的东西作为担保。制宪议会于 1789 年 12 月 29 日成立了特种金库(Caisse de l'Extraordinaire),以爱国捐税和国有财产为基础发行债券,即指券(assignats),单张的票面价值 1 000 里弗,利息为 5%。[2]

图 27　票面价值为 1 000 里弗的指券

　　指券这个名字便说明了它不是严格意义上的纸币,而是一种指定用途的债券,是交付特种金库的一种汇票,享有购买国有财产(bien national)即教会土地的特权。换言之,指券本质上是用土地而非现金偿还的国库债券,当出卖了教会土地后,便焚毁相应数量的指券。这在理

---

[1] Alain Plessis, "La Révolution et les banques en France: de la Caisse d'escompte à la Banque de France," *Revue économique*, vol. 40, no. 6, 1989, pp. 1001 - 1014. Jacques Godechot, *Les institutions de la France sous la Révolution et l'empire*, pp. 147 - 151.

[2] Jacques Godechot, *Les institutions de la France sous la Révolution et l'empire*, pp. 147 - 151.

论上行得通，但现实情况十分复杂。一方面土地虽然收归了国有，但是教会和教士还是土地的管理者，另一方面这些土地本身承担了债务，这些债务是否随着土地一起转让给购买者？制宪议会并没有解决这些问题，所以指券认购情况并不理想，正如巴伊所指出的："指券竟不能如人们期望的那样受人欢迎，而流通情况也不符合我们的要求，就是因为它不能在稳固而显著的基础上赢得人们的信任。"[1]直到议会解决了教会土地所附带的债务问题（1790 年 3 月 17 日、4 月 17 日法令）后，指券的信用才得以稳固。议会还规定："指券在全国各地任何人之间，必须如货币一样通用，公共机构和私人必须要将指券当作硬币一样接受。"[2]而且，税收体系既已崩溃，又有大量的官职费用需要偿还，所以，制宪议会不得不把指券作为自由流通的货币使用。

　　一旦指券进入自由流通，另一个问题就出现了：贬值。从任何角度来说，指券的贬值似乎都难以避免。1789 年 12 月发行 1 000 里弗大面额的指券，只考虑赎买教会土地，并没有想到其日后会成为纸币。大面额的指券在日常使用中很不方便，仍然需要金银，那么便存在硬币与指券之间的兑换。议会非但没有制止，反而给予鼓励，于是指券与硬币同在交易所标明实际上成了时价有起有落的商品。此外，议会鼓励用指券兑换土地，因此不断降低利息，直至 1790 年 9 月 29 日发行无息指券（assignats-monnaie sans intérêts）。而且，既然指券已经用于清偿短期债务，那么为何不能用来偿还其他债务？这似乎也很合理。1790 年 4 月至 9 月间，制宪议会先后不下 6 次发行指券，填补赤字，最后决定将指券转变成一种银行券，发行总量定为 12 亿（1790 年 9 月 29 日）。指券原先被用于救急，是将教会财产转交给国家债权人——持官者、金融家等——的工具，而一旦变成无息的流通货币后，等于鼓励所有人争夺这笔财产。议会又允许指券交易，这等于将指券变成一项投机事业，因为只有

---

① 1790 年 3 月 10 日发言，见 *Archives parlementaires*，Tome 12，p. 113。

② *Réimpression de l'ancien Moniteur*，Tome Ⅳ，p. 135.

在教会土地真正出售之后,指券才真的有价值。所以,指券必然会贬值。

但是,指券唯有贬值,才能起到真正的促进革命作用。因为指券越是贬值,就越有利于穷人,也越有利于投机者,越能加速教会财产的售卖,越能帮助革命征服国内外的敌人。正如勒沙普利耶所说:"我们不是在讨论宪法吗?指券之发行应当成为无需讨论的问题,因为它是树立宪法唯一可靠的方法。我们不是在讨论财政问题吗?我们不能基于正常情况(situation ordinaire)进行推论,我们已不能应付我们的债务,我们要忍受轻微的损失,但我们不能不使我们的宪法建立在稳定而坚固的基础上。"[1]是否支持指券变成了是否认可革命考验的标志,至于不断追加发行指券会造成怎样的后果,已经不重要了。

制宪议会的改革也体现了普世主义精神。新教徒享有选举权,而且由于革命时期主教由选举产生,所以意味着新教徒在宗教事务中有更实质的影响。但是,议会对 4 万犹太人的态度比较保守,直到 1791 年 9 月 21 日才承认阿尔萨斯与洛林的犹太人拥有公民身份。[2] 女性没有政治权利,因为她们始终被认为处于自然与社会之间,而不适合政治领域,随着革命政治日趋激进,这种卢梭主义的倾向将表现得越来越明显。仆人也没有政治权利,尽管他们符合积极公民的纳税资格,而且大多数仆人能读会写,但是当时人认为仆人没有独立意志,从属于他们的主人。[3] 认可有色人种的权利也经历了漫长的过程。1789 年的论辩已经提出了有色人种的政治权利问题。[4] 革命前就成立的黑人之友俱乐部(Société des

---

[1] 1790 年 9 月 28 日发言,见 *Réimpression de l'ancien Moniteur*,Tome 9,p. 769.

[2] Jay Berkovitz,"The French Revolution and the Jews:Assessing the Cultural Impact," *AJS Review*,Vol. 20,No. 1 (1995),pp. 25 - 86. Zvi Jonathan Kaplan, Nadia Malinovich eds. , *The Jews of Modern France:Images and Identities*,Leiden:Brill,2016.

[3] 参见皮埃尔·罗桑瓦龙《成为公民:法国普选史》,吕一民译,上海:文汇出版社,2017 年。

[4] Laurent Laurent Dubois, *A Colony of Citizens:Revolution & Slave Emancipation in the French Caribbean,1787—1804*,Chapel Hill:University of North Carolina Press,2004. Jeremy Popkin ed. , *Facing Racial Revolution:Eyewitness Accounts of the Haitian Insurrection*,Chicago:University of Chicago Press,2007. *La Société des amis des Noirs 1788—1799:contribution àl'histoire de l'abolition de l'esclavage*,présentée et annotée par Marcel Dorigny,Paris:UNESCO,1998.

amis des Noirs)，成员有西耶斯、拉瓦锡、拉法耶特、布利索等著名人士，他们并不要求废除奴隶制，只要求取消黑奴买卖。但是这个意见在 1789 年制宪议会中也不占据多数，因为大部分代表认为，黑奴贸易带来的财富是国家繁荣的必要构成部分。制宪议会代表中，殖民地代表共有 6 人，他们联合巴黎的种植园主，对议会施压，争取自治，他们组织了马西亚克俱乐部(Club de l'hôtel de Massiac)。海外殖民地利用了行政权下放的局面，无视议会权威，自己发号施令，制定宪法，组织政府。这种过激的行为既让议会警觉，也让代表们最终做出让步：取消了法国的奴隶制(1791 年 9 月 27日)，但是保留了殖民地的奴隶制。

制宪议会代表宣称他们是按照陈情书的要求进行改革。这种说法有一定道理，废除督办官、改革中央集权体制、废除封建权利、税赋平等，这些方面的改革的确满足了民众的要求。但是，在革命前，并没有人要求废除原有的地方行政体制，即便是 1787 年的外省改革也只是针对局部地区。革命前，人们尽管要求政治平等，但并不否认社会差别，他们只是希望在纳税和政治参与等方面不存在差别。革命前也提出了改革教会的要求，但没有这么彻底。因此，可以认为，制宪议会的大部分改革实际上是革命进程本身的产物，与 1789—1791 年不断变动的政治局势分不开。从这个方面来说，革命的敌人也是革命自己塑造的。

第四节　危机与分裂

1789 年的法国弥漫着一种欣快、狂热与喜悦。制宪议会代表很清楚，他们正处于一个历史性时刻。他们完全可以不受约束地创造历史。当三级会议改组为国民制宪议会后，强制委托权不复存在。他们不再是某个司法辖区的代表，而是整个国民的代表。他们所传达的，不是地方利益，而是国民公意。绝对君主制崩塌后，君权的约束也消失了。这些代表享有完全自由的立法权。当然，更重要的是，历史和传统也失去了合法性。旧制度末年，历经多次动荡，理性主义和激进主义逐渐被看成更有效力的尺度,历史的合法性和价值不断遭到削弱。新教牧师圣-艾蒂安说道:"历史不是我们的法典。"瑟茹迪在《法国人回忆录》中呼喊:"我们需要的,不是法国的档案,而是法国的解放。"文学家德默尼尔质问道:"我们的先辈所作的一切,对我们来说有什么意义?"①1789 年的改革者实践着国民赋予的立法权,摧毁了一切被他们视为不平等和不公正的体制。他们用一个新词概括了被他们推翻的一切:"旧制度"(ancien regime)。"旧制度"指的是 1789 年之前的整段历史。这段历史或许没有明确的起点,但是有明确的终点,即 1789 年。这是一段停滞的历史,没有任何变化,是"领主的时代""等级制的时代""强制的时代"。"旧制度"一词从反面彰显了 1789 年的特殊性。这是变革的时代,是自由的时代,是充满希望与变迁的时代,是创造新的开端的时代。

　　但是,这种欣快与狂喜并没有维持很久。制宪议会代表很快发现,理性主义和普世主义并不能解决一切,也不可能弥合现实中的所有矛盾。他们进行的每一次改革不可能让所有人都得益,也不可能满足各方意愿。当然有不少人愿意牺牲特权,换取 1789 年新体制所保障的自由与权力,他们自然会拥护革命。但是,也有不少人并不愿意这么做。更重要的是,改革本身不断制造出新的失意者,这些因素都构成了新体制内部的张力。正如米拉波所言,对人民承诺太多,实际做到得太少,总会给他们很多实现不了的梦想。对大多数人而言,对革命的判断只基于这样一个简单的事实:是获利了还是损失了。② 这些矛盾与冲突尽管在 1789—1790 年尚未爆发,但是随着国际国内局势的变化,则

① Jean Paul Rabaut Saint-Étienne, *Considérations sur les intérêts du tiers-état*: *Adressées au peuple des provinces*, (S. l.), p. 13. Joseph-Antoine Cérutti, *Mémoire pour le peuple français*, s. n., 1788, p. 37. Jean-Nicolas Demeunier, *Des conditions nécessaires à la légalité des Etats généraux*, s. n., 1788, p. 9. 转引自 Dale K. Van Kley, "New Wine in Old Wineskins Continuity and Rupture in the Pamphlet Debate of the French Prerevolution, 1787—1789," *French Historical Studies*, Vol. 17, No. 2 (Autumn, 1991), p. 462。

② Simon Schama, *Citizens*: *A Chronicle of the French Revolution*, New York: Knopf, 1989, p. 537. Colin Jones, *The Great Nation*: *France from Louis* XV *to Napoleon 1715—99*, p. 434.

不断激化。

地方行政改革在地方市镇之间埋下了不和的种子。省的划分既体现了理性主义,也兼顾传统。新的省基本都是在原先外省的框架内进行划分,比如布列塔尼三级会议省被分成了五个省,分别是菲尼斯泰尔省(Finistère)、北滨海省(Côtes-du-Nord)、伊勒-维莱讷省(Ille-et-Vilaine)、莫尔比昂省(Morbihan)和下卢瓦尔省(Loire-Inférieur)。而且,这些划分并不是随意的,而是参考了原先的教区。比如,东南的阿尔代什省(Ardèche)覆盖了原先的维瓦莱(Vivarais)地区。省的地位很重要,因为它同时承担了行政、司法、财政和宗教职能。所以,如何划分,哪个城市可以成为省会,关系到地方的具体利益。不少城市都想在行政区划的重新划分中获得更多利益,不断往巴黎派出请愿团和说客,1790 年 1 月制宪议会前后接待了四批来自布列塔尼不同地区的请愿团。事实证明,省下设的区越多,基本上来说这个地区的矛盾就越大。比如为了平息持续不断的争端,议会最后不得不在伊勒-维莱讷省内设立 9 个区。① 除此之外,省会的选址激化了更多矛盾。根据制宪议会的设计,省会应当选择距离该省最偏远的几个地区距离相等的那个城市,因此,罗讷河口省(Bouches-du-Rhônes)的省会是艾克斯。对此马赛一直很不满,因此在1792 年他们的国民卫队绑架了省府官员,并强行将省会搬迁到马赛。此外,巴约(Bayeau)因为不再是主教驻地,每年收入减少了 40 万里弗,拉昂(Laon)和吕松(Luçon)也抱怨他们的城市在新体制中变得毫无影响力。② 这种态度也影响了这些市镇在后期革命中的表现。

不少地区出现的农村骚乱也与改革有关。1789—1792 年,反对封建捐税或者拒缴捐税的骚乱超过 150 次的省大约占了 1/3。③ 1790 年 1 月

① Jean Bricaud, *L'administration du département d'Ille-et-Vilaine au début de la révolution*, Rennes: Imprimerie Bretonne, 1965, pp. 32 - 33.
② 关于这一议题,参见 Ted W. Margadant, *Urban Rivalries in the French Revolution*, Princeton: Princeton University Press, 1992.
③ D. N. G. Sutherland, *France 1789—1815: Revolution and Counterrevolution*, London: Fontana, 1985, p. 150.

15 日,多尔多涅省萨拉(Sarlat)市聚集大约 2000—2500 名农民,反对领主捐税。在西南地区,包括佩里戈尔(Périgord)、凯尔西(Quercy)等地,大约有 120 座城堡遭到袭击,骚乱沿着韦泽尔河蔓延,波及多尔多涅省、科雷兹省(Corrèze)以及洛特省(Lot)许多农村地区。农民攻击城堡,不缴捐税,此外还种下了象征自由的五月树(Arbre de mai)。马蒂厄称,五月树是民众记忆中最鲜活的革命象征物。① 出现大规模反领主骚乱的原因很多。和 1789 年大恐慌一样,农民觉得既然都已经革命了,那么自然可以不缴封建捐税了。所以,尽管制宪议会明确了哪些是需要赎买才能废除的封建权利,但实际上这很难落实。这是出现抗税的普遍原因。但是,有些地方骚乱更多,有些地方相对平静。这同各个地方的具体情况有关。总体上来说,在产权观念较为发达的南部地区和灌木林立的西部地区,反领主的骚乱较为密集,而在敞地的北部和东北地区,由于村社组织较为发达,领主控制较强,所以出现骚乱的情况并不多。另外,新税制也是导致地区骚乱的重要原因。尽管土地税从 1790 年开始征收,但是土地丈量工作以及制订新税册一直要到 19 世纪 30 年代才完成,这意味着新税的征收只能依靠旧税册。因此,新税征收导致两个未曾充分预见的结果。首先,由于废除了间接税,所以农村的税负远比城市重。其次,由于旧税册的沿用,旧制度下地方之间税赋的不均衡也得以保留。比如塞纳-马恩省(Seine-et-marne)人均税负是阿列日省(Ariège)的五倍。最终,综合各种因素,税负不减反增的地区很多。总体上,北方地区税负比旧制度时增加了 1/8—1/2,布列塔尼北部地区人均直接税的税负平均增加了一半。② 事实上,制宪议会秉持着财产神圣不可侵犯的原则,它所推

---

① Michel Biard, Philippe Bourdin & Silvia Marzagalli, *Révolution, Consulat, Empire 1789—1815*, Paris: Belin, 2014, p. 83. Jacques Godechot, *Les Institutions de la France sous la Révolution et l'Empire*, p. 233. Albert Mathiez, *Les origines des cultes révolutionnaires (1789—1792)*, Paris: Société nouvelle de librairie et d'édition, 1904, p. 33.

② L. de Cardenal, "Le citoyen de 1791, payait-il plus ou moins d'impôt que le sujet de 1790?," *Notices, inventaires et documents: comite des travaux historiques et scientifiques*, vol. 22 (1936), pp. 61-110.

行的改革本质上更有利于有产者,而不是佃农,这就是为何 1790 年 12
月 2 日,在几乎毫无异议的前提下,议会规定教会的什一税转移给土地
所有者,允许他们可以提供原先的租约,以弥补废除什一税后的损失,这
直接导致了布里萨克公爵领地区的农民在 1791 年必须多缴 25％的税。

与上述问题相比,宗教改革引起的分裂更为严重,影响也更为深远。
一旦法国启动了改革,教会很难毫发无损。陈情书中就要求对教会进行
全面彻底的改革。1789 年夏天的改革中,尽管宗教人士充当了领导的角
色,但是这也无法改变他们的命运。"八·四之夜"后,教会遭受了沉重
的经济打击。《人权宣言》肯定了信仰与言论自由,但是这等于赋予了新
教、犹太教与天主教同等地位,教会的宗教地位进一步削弱。教会财产
被收归国有之后,国家不仅要支付教士的薪水,而且将会取代教会履行
慈善和教育职能。议会规定,每位教区神甫将得到至少 1 200 里弗的收
入,但是这项承诺会在什么时候兑现,无人知晓。不过,有一点可以肯
定,就是当教会失去了社会价值后,也不会有人哀叹修道院的关闭。忧
心忡忡的天主教徒似乎想要挽回一些损失。1790 年 4 月 12 日,一直追
随爱国派的天主教教士热尔勒(Dom Gerle,1736—1801)提议,应当宣布
天主教为国教,并规定由天主教主导公众信仰。虽然有 300 名代表支
持,但是议案最终还是被否决了。

1790 年以后,宗教分歧开始在地方显现。这在天主教和新教原本关
系就较为紧张的南部地区表现得尤为突出。在这些地区,1789 年全国三
级会议选举以及当年夏天的市镇革命中,新教胜出,并控制地方国民卫
队。但是,天主教徒却在 1790 年春天的市镇选举中扳回一局,重新控制
了新组建的地方政府。结果,当年春天,蒙托邦和尼姆两个城市便笼罩
在宗派冲突之中。5 月,矛盾激化,蒙托邦一伙虔诚的天主教徒在一群虔
诚妇女的带领下攻击了国民卫队,5 名新教徒卫兵被杀,其余人慌忙出
逃。6 月,尼姆地区的天主教与新教教徒因省府代表选举,大打出手,新
教徒利用国民卫队对天主教徒进行了屠杀,三四百人死亡,史称尼姆斗

殴(bagarre de Nîmes)。① 宗教问题也很快在阿维尼翁和孔塔-弗内森(Comtat Venaissin)两地爆发。从 1789 年底开始,在这两块罗马教廷的飞地中,有大约 15 万人要求并入法国。此举遭到了庇护五世的反对。教宗谴责了《人权宣言》以及制宪议会推行的其他宗教改革措施。1790 年 6 月,两地出现了骚乱,愈演愈烈。亲法的爱国派利用他们控制的国民卫队镇压了反对并入法国的天主教势力。②

　　当宗教骚乱在法国南部地区蔓延之时,制宪议会正在讨论如何重组天主教。相关议案由教会委员会(comité ecclésiastique)负责起草。但是,自 1789 年 8 月 12 日成立以来,该委员会中天主教教士的数量不断下降,冉森主义和里歇主义越来越有影响力。马尔蒂诺(Louis-Simon Martineau,1733—1799)是一位坚定的冉森派教士。1789 年底,他代表教会委员会向制宪议会提交了一份完整的改革计划。1790 年 5 月底,制宪议会就该计划进行了讨论。正在此时,尼姆、蒙托邦以及阿维尼翁等地区的骚乱消息传到巴黎。代表们加快了议案的审议过程,因为无论是否支持改革,代表们都强烈意识到,当务之急是维持统一,保持稳定。所以,当有人提出的教会改革方案需要事先得到全国教务会议同意的意见被否决时,立场保守的教士也没有任何过激的表现。1790 年 7 月 12 日,马尔蒂诺的方案得以通过,几乎未经修改。这就是《教士公民组织法》(*Constitution Civile du Clergé*,下简称《组织法》)。③

　　《组织法》本身并不激进。④ 教士待遇十分优厚,巴黎主教的年俸为50 000 里弗,本堂神甫为 6 000 里弗,人口 5 万以上的城市的主教年俸为20 000 里弗,1 000 人以下的村庄的本堂神甫也能领到 1 200 里弗。另一

① Gwynne Lewis, *The Second Vendee: The Continuity of Counter-revolution in the Department of the Gard, 1789—1815*, Oxford: Clarendon Press, 1978, pp. 25 - 38.
② 多伊尔:《牛津法国大革命史》,第 170—172 页。
③ Timothy Tackett, *Religion, Revolution, and Regional Culture in Eighteenth-Century France The Ecclesiastical Oath of 1791*, Princeton, N. J.: Princeton University Press, 1986, pp. 1 - 16.
④ 法令参见 *Archives Parlementaires*, Tome 17, pp. 55 - 60。

方面,既然已经重新划分了行政区域,那么教区的重新规划也在情理之中。《组织法》规定,每个省设一位主教,全国共 83 位主教,并且减少了教区数量,居民人数少于 6 000 的市镇只能算一个教区。《组织法》还对教士晋升做了严格规定,主教必须先在教区中服务超过 15 年,教区神甫必须当过 5 年的助理神甫。采取这些措施也并不突然,因为有不少陈情书提出过类似要求。最激进的措施可能是教士的产生方式。《组织法》规定,所有教士都由选举产生,主教由省议会选出,教区的神甫由区议会选举产生。这明显是里歇主义的胜利。从此,任命主教的权力不再属于教宗,而且新教徒、犹太人都有权利选出他们自己的主教。

但是,法学家理解中的教会自主与高卢派教会心目中的教会自主之间,存在着根本分歧。对高卢教派而言,他们尽管要维持独立于罗马教廷的法国教会,但是并不愿意为国家而牺牲教廷,所以,在讨论《组织法》时,议会中有主教在投票中弃权,以示抗议。不过,他们的人数并不多。大部分教士代表还是采取了和解的姿态。也正是在他们的劝说下,路易十六在 7 月 16 日接受了这部法令。数天后,国王才收到庇护五世来信,劝他不要签署法令。但是,事情并未因此结束,因为到目前为止,制宪议会并未就《组织法》是否应得到教宗认可表明态度,但是国王却擅自同教宗联络。这就使问题变得复杂起来。实际上,议会之所以没有向教宗施压,是因为考虑到教宗很可能会用恢复对阿维尼翁的权力同议会做交易。可是,庇护五世采取了拖延战术,迟迟不与议会商量,想借机分化法国教会,造成其内部分裂。

教宗的策略很成功,因为原则上法国教会并未与教宗脱离,只要教宗不表明态度,法国的教士很难做出抉择。[①] 拖延与僵持使矛盾不断激化。宗教分歧渐渐与政治分歧交织在一起。尼姆和蒙托邦的新教徒组建了政治俱乐部,将天主教徒视为反革命。尼姆的天主教徒则毫不顾忌地公

---

① Nigel Aston, *Religion and Revolution in France*, *1780—1804*, Washington, D.C.: Catholic University of America Press, 2000, pp. 140 - 151.

开宣布自己是造反者,起草请愿书,控诉新教徒对省政府的控制。他们控诉道:"利用本来意在保护我们的政令,新教徒们正竭力把他们的法律强加到我们头上。从省到区,再到市政,到处都是他们的眼线。他们占尽升迁、官职和荣誉,法院对我们的恳求视而不见。"这支队伍很快被解散,却留下了一个筹划委员会,和阿图瓦伯爵的部下共同谋划下一步行动。当时,阿图瓦伯爵流亡出逃,正筹划着反攻法国,恢复旧制度。①

　　制宪议会迟迟拿不出决定。这让主教代表越来越不满。1790 年 10 月 30 日,在埃克斯大主教布瓦日兰(Boisgelin de Cucé Lavaur,1732—1803)的组织下,30 名主教代表投票反对《组织法》,并发表了一份《原则声明》(*Exposition des principes*)。② 《原则声明》坚持认为只有两种协商和处理宗教事务的合理途径:要么召开全国教务会议,要么同教宗协商。他们宣称,如果议会罔顾这个事实,那么从教规来说,主教和神甫的选举结果没有效力。③ 《原则声明》措辞和态度并不激进,却让原本就不太安稳的局面变得更为动荡。立场分化背后的政治意义越来越凸显。拥护还是反对《组织法》逐渐被看成是检验革命态度的标准。1790 年 10 月—11 月,法国人第一次选出了他们自己教区的神甫与主教。民选结果与教规的冲突爆发了。雷恩大主教拒绝批准埃斯比耶利(Jean-Joseph Expilly,1719—1793)当选菲尼斯泰尔主教。南特地区当选的 104 名神甫公开谴责《组织法》。④ 在色内(Senez)一个被废除的主

---

① G. Lewis, *The Second Vendée*: *The Continuity of Counter-Revolution in the Department of the Gard*(*1789—1815*), p. 28. 多伊尔:《牛津法国大革命史》,第 176—177 页。

② Jean de Dieu-Raymond de Boisgelin de Cucé, *Exposition des principes sur la constitution civile du clergé*: *par les évêques députés à l'assemblée nationale*, Paris: Herissant, 1790. Dale Van Kley, "The Ancien Régime, Catholic Europe, and the Revolution's Religious Schism," in Peter McPhee ed., *The Companion to the French Revolution*, Wiley-Blackwell: Blackwell, 2013, pp. 123 - 144. Albert Mathiez, *Rome et le clergé française sous la Constituente*: *La Constitution civile du clergé*, *l'affaire d'Avignon*, Paris: Armand Colin, 1911.

③ Nigel Aston, *Religion and Revolution in France*, *1780—1804*, p. 153.

④ Timothy Tackett, *Religion*, *Revolution*, *and Regional Culture in Eighteenth-Century France*: *The Ecclesiastical Oath of* 1791, p. 22.

教辖区,一位教区神甫宣称:"我不能再进一步放弃自己和教会的圣契,就像我不能放弃在受洗时许下的承诺一样。……不论生死,我都是属于我的信众的。……如果上帝要试炼他的儿女,那么18世纪也会和第一个世纪一样出现殉教徒。"①

拖延了两个多月后,制宪议会终于做出了决定。1790年11月27日,在经过两天的激烈讨论后,议会要求包括主教在内的所有神甫,以公务员的身份向法兰西宪法和包括在宪法中的《组织法》进行宣誓:"如有主教、前大主教和教士未能宣誓(无论是拒绝遵守国王接受或批准的国民大会法令,抑或组织或激发阻挠国民大会法令实施者),其薪水或津贴将受剥夺,其作为法国公民所拥有的权利也将宣告无效,将不得担任任何公职。"②12月26日,在议会的强行要求下,国王只得予以批准。

要求教士进行宣誓是大革命最重要的转折,也可能是制宪议会犯下的最致命的错误。从原则上说,宣誓并不违背《人权宣言》,因为议会并没有否认教士不宣誓的权利。不宣誓的教士依旧享有公开表达信仰的权利与自由。但是,认可这种自由权利,无异于承认教士有权反对法律,否定革命。或许制宪议会的代表对现实估计太过乐观,可能觉得拒绝加入新制度的人不会太多。但是,结果与他们的预想的完全不同。数月后,宣誓的局势逐渐明朗:全国有60%的教士和一半左右的本堂神甫愿意宣誓,但是接受《组织法》的主教仅7人,其中包括塔列朗和前任财政总监布里耶纳。决定教士是否宣誓的因素很多,也很复杂,包括上下层教士之间的冲突、教宗压力、地区政治局势、民众态度、地方传统等,所以不太容易找到影响各地区的普遍因素。比如西部地区的宣誓情况与自然环境和民俗传统很有关系。布列塔尼地区灌木丛生,交通不便,村与村之间不太往来,各自形成封闭的空间,教士成了地方共同体的天然领

---

① 转引自多伊尔《牛津法国大革命史》,第177页。
② Timothy Tackett, *Religion, Revolution, and Regional Culture in Eighteenth-Century France：The Ecclesiastical Oath of 1791*, pp. 22 - 23.

袖,态度极为保守,因此,在整个西部地区宣誓比例很低,只有从鲁昂到拉罗谢勒(La Rochelle)一线形成的一小块孤立地区里,宣誓教士超过了1/4。而且,农民对宣誓教士态度恶劣,会在他们家门口挂死物,出言不逊,扬言要活埋他们,就连孩子也会冲他们扔石头。1791年2月,曼恩-卢瓦尔省有三四百名民众闯入莫莱夫里耶(Maulévrier)的政府,高呼着"捍卫宗教""推翻区政府"。[1] 1791年5月初,旺代地区圣克里斯托夫-迪利涅龙(Saint-Christophe-du-Ligneron)一伙雇农冲进教堂,摧毁了当地有产者的专用长椅,并设置了街垒,占领教堂数日,最后被地方国民卫队和雅各宾俱乐部驱散。[2] 1791年夏秋之交,包括北部滨海省、下卢瓦尔和曼恩-卢瓦尔省在内的西北部地区,出现了一种奇特的现象,整个村庄的人在深夜一起出动,光着脚,举着火把,一言不发奔向圣祠,沿途不断有别的村庄加入,歪歪扭扭的火光蔓延数里。面对这样的情况,那些选择宣誓的教士以及支持《组织法》的官员都会离开本地。

但是,各地区宣誓的情况也不完全杂乱无章。总体来看,宣誓教士占比较高的地区有两个。第一个地区包括皮卡第在内,向东延伸到勃艮第北部,向西衍生到曼恩省(Maine)边界,并向南囊括贝里(Berry)和普瓦图(Poitou)南部地区。第二个地区包括东部安省(Ain)在内,沿着罗讷河的东部,穿过阿尔卑斯山,囊括整个南部地区。拒绝宣誓的地区主要有三块:其一是沿着朗格多克北部形成一块新月牙形的地区,穿过中央高原南部,延伸到里昂地区;另一块地区是北部的阿尔萨斯、诺尔省(Nord)以及加来海峡省(Pas-de-Calais);拒绝宣誓最为集中的地区是西部,从卡昂向南延伸到勒芒(Le Mans)和普瓦捷。总体上,宣誓与拒绝宣誓代表了民众对待革命的态度,并且与第二共和国和第三共和国时期左

---

[1] Charles Tilly, "Civil Constitution and Counter-Revolution in Southern Anjou," *French Historical Studies*, Vol. 1, No. 2 (1959), pp. 172 - 199. F. Uzureau, "Troubles a Maulevrier (1791)," *Anjou historique*, Tome XXIV (1924), pp. 232-235.

[2] Pierre de La Gorc, *Histoire religieuse de la revolution française*, Tome 2, Paris: Librairie Plon, 1912, p. 360.

派与右派的分布基本吻合。① 这证明了政治态度的地缘分布具有一定的
稳定性。

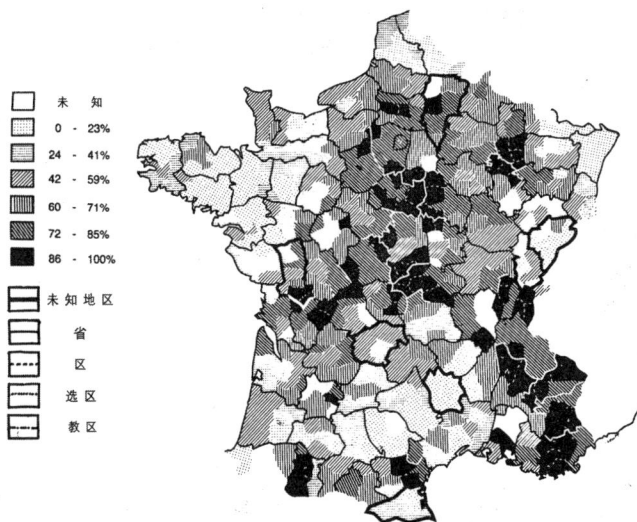

图 28　宣誓教士比例分布②

　　除了宗教分歧外,政治分歧也在不断加深。由于解除了审查,放松
了管制,各地政治俱乐部如雨后春笋般涌现。其中,雅各宾俱乐部的影
响与日俱增。雅各宾俱乐部的前身是布列塔尼俱乐部。严格说来,这不
是现代意义上的俱乐部,而是一群志同道合的人聚在一起讨论政治的聚
会,其中大部分人来自布列塔尼,故得此名。这个组织在 1789 年夏天的
几场重要讨论中,产生了重要影响。1789 年 10 月 5、6 日事件发生后,俱
乐部随议会迁到巴黎,以雅各宾修道院(Couvent des Jacobins)作为会
址,所以又被称为雅各宾俱乐部。1790 年 1 月,俱乐部正式更名为宪政

① D. N. G. Sutherland: *France 1789—1815*: *Revolution and Counterrevolution*, p. 98. 更详
　细的统计参见 Timothy Tackett, *Religion, Revolution, and Regional Culture in Eighteenth-
　Century France*: *The Ecclesiastical Oath of 1791*, pp. 34 – 56。
② Timothy Tackett, *Religion, Revolution, and Regional Culture in Eighteenth-Century
　France*: *The Ecclesiastical Oath of 1791*, p. 53.

之友俱乐部(Société des amis de la Constitution,以下简称为雅各宾俱乐部),主要成员有拉梅特兄弟、巴纳夫、迪波尔、罗伯斯庇尔、拉法耶特、佩蒂翁等。俱乐部渐渐成为激进派的大本营,规模不断扩大。1790 年 2月,俱乐部会员有 24 人,至 8 月增加到 152 人,11 月为 200 人。[1] 会员需要缴纳一定会费,巴黎的会费每年大约 24 里弗,说明加入俱乐部的大多是积极公民,而且其中不少人是议会代表。他们在俱乐部里讨论议案,会对议会辩论产生一定影响。外省也有自己的政治俱乐部(société populaire)。但是,和巴黎的情况不同,这些政治俱乐部大多是由革命前的共济会社或阅读社团改组而来。邻近地区的俱乐部之间很快建立起联谊关系,并逐渐奉巴黎俱乐部为母会。1790 年,大约有 20 个地方政治俱乐部与巴黎的雅各宾俱乐部建立联络关系。1791 年,分会数量增长到1 000多个。外省俱乐部的会费比巴黎低,比如北部圣塞尔旺(Saint-Servan)的俱乐部一年会费 9 里弗,如果是普通工人入会,会费更低,只需3 里弗。政治俱乐部尽管数量较多,但分布很不均衡,影响也有限。直到1791 年,全国雅各宾俱乐部总共也只有 300 余家,基本上集中在城市,农村很少,有 10 个省完全没有俱乐部。雅各宾俱乐部主要集中在西南的吉伦特省、多尔多涅省、上加龙省(Haute-Garonne),东南的埃罗省(Hérault)、德龙省(Drôme)、瓦尔省(Var)和北部的诺尔省、加来海峡省。[2]

雅各宾俱乐部不断壮大的同时,政治派系的分裂也进一步加深。与这些激进派对立的是以穆尼耶和马卢埃为首的王政派,支持他们的是一群富有且很有政治才华的城市贵族,包括米拉波、拉利-托伦达尔(Lally-

[1] F. A. Aulard, "Introduction," in Aulard ed. , *La Societe des Jacobins recueil de documents pour l'histoire du club des Jacobins de Paris* , Tome 1, Paris: Maison Quantin, 1889, pp. ii-cxxvi. 另见 Isabelle Bourdin, *Les Sociétés Populaires à Paris pendant la Révolution française* , Paris: Receuil Sirey, 1937; Crane Brinton, *The Jacobins: An Essay in the New History* , New York: Macmillan Company, 1930。

[2] Jean Boutier, Philipe Boutry et Serge Bogin, *Altlas de la Révolution française* , Tome 6, les sociétés politiques, Paris: EEHESS, 1992, p. 34.

Tollendal,1751—1830)和克莱蒙-托内尔(Clermont-Tonnerre,1757—1792)。① 王政派与反革命的黑党(Noires)沆瀣一气。黑党中最有影响力的人物是枢机主教莫里(Jean-Sifrein Maury,1746—1817)。黑党有自己的宣传刊物《国王之友》(*Ami du Roi*)。另外,新闻人苏录(François-Louis Suleau,1758—1792)在《使徒行传报》(*Actes des apôtres*)和《小高蒂埃报》(*Petit Gautier*)上咒骂爱国党,讥讽他们是败国主义(patrouillotisme)。② 1789年9月,王党派倡议两院制和国王绝对否决权,但是最后都被否决。1789年10月5、6日事件让他们倍感失望。政治意见的分歧逐渐变成了革命态度的分野。穆尼耶离开巴黎,回到了故乡多菲内,10、11月间,他试图利用本省的三级会议来重新进行一次选举,失败后,于次年3月逃离法国,进入瑞士,并将对民众暴行的恐惧带到了国外。王政派的另一位代表米拉波一直在玩两面派的把戏,一方面煽动议会中的激进言论,另一方面与王室牵连拉扯。他支持强有力的王权,试图通过恢复王权而终止革命,但是路易十六并不信任他,也从未采纳过他的建议。1791年4月,米拉波在郁郁不得志中去世。

政治激进化不仅疏远了一批代表,更疏远了贵族。他们与新体制很难共处。新的市镇机构中,贵族所占席位少之又少。尽管贵族的身份已经被无偿地取消(1790年取消了世袭性贵族头衔),特权的象征物,包括绸缎、盾徽等也陆续被废除(1790年6月19日),但这依旧不能打消民众对他们的怀疑。民众高呼着:"让我们把贵族们都吊在路灯上。"另外,贵族也成为民众实施暴行的对象。1789年末一位绝望的贵族妇人写道:

① Robert Griffiths, *Le centre perdu. Malouet et les "Monarchiens" dans la Révolution francaise*, Grenoble: Presses universitaires de Grenoble, 1988. 该书将王政派视为制宪议会的政治核心力量。塔克特批评了这个看法,参见 Timothy Tackett, "Nobles and third Estate in the Revolutionary Dynamic of the National Assembly, 1789—1790," *American Historical Review*, Vol. 94, No. 2 (Apr. , 1989), pp. 271-301。
② James Osen, *Royalist Political Thought During the French Revolution*, Westport, CT: Greenwood Press, 1995, pp. 32, 39. Jeremy Popkin, *Revolutionary News: The Press in France, 1789—1799*, Durham: Duke University Press, 1990, pp. 99-101.

"在奥弗涅,我们被农民们吓得六神无主。有一个村庄的所有人都非要见到所有权证书才肯交租,其他村庄则按兵不动。如果我们拿不出所有权证书,他们不会交租;如果我们拿出来了,他们就会把证书烧掉。"[1]所以,越来越多的贵族加入流亡者的队伍。一个驻守在阿尔萨斯的士兵在1790年5月记录道,每天都有贵族前往瑞士的马车经过。[2]

　　不过,上述情况也只能算是对革命不满,而不是反革命。真正反对革命,企图颠覆革命,恢复旧制度的,是那些流亡者。[3] 1789年7月16、17日,路易十六的兄弟阿图瓦伯爵、孔代亲王、博罗尼亚克一家纷纷离开凡尔赛,经东北部边境,离开法国。他们觉得,他们已经输掉了战斗。阿图瓦伯爵招揽流亡出逃的法国贵族,将他定居的都灵建成了一个反革命中心。1789年10月5、6日事件后,更多贵族和军官出逃,纷纷加入阿图瓦的队伍。起初,流亡者对革命并没有造成威胁,原因有很多。首先,阿图瓦伯爵既没有具体的反革命计划,也没有足够的资金财力。其次,大部分流亡者认为这根本不是一场革命,只是骚乱,不会持续很久,没必要进行武力干涉。再者,路易十六和王后不支持流亡者。玛丽·安托瓦内特不信任阿图瓦伯爵,而且认为如果真的让流亡者保驾成功,那么王室反而很可能会成为傀儡。然后,1789年10月5、6日事件发生后,法夫拉斯侯爵(marquis de Favras,1744—1790)一直在努力协助国王逃出巴黎,失败后被议会处决(1790年2月19日)。这证明类似的计划并不一定可行。最后,出于种种原因,其他国家也不太愿意干涉法国内政。约瑟夫二世卷入了低地国家的叛乱与土耳其的争端,无暇顾及法国。他死后,继位的利奥波德二世(Leopold Ⅱ,1747—1792)尽管反对革命,但也从没提供任何实际的援助。英王乔治三世(George Ⅲ,1738—1820)认为革命是对法国的惩罚,因为它之前干涉了英国在美洲的殖民地。西班牙卷入了与英国争夺温哥华群岛努特卡湾的纠纷。因此,整个欧洲,愿意支援

---

① Sydney Herbert, *The Fall of Feudalism in France*, New York: F. A. Stokes, 1921, pp. 121 - 122. 转引自多伊尔《牛津法国大革命史》,第 161 页。

② 转引自多伊尔《牛津法国大革命史》,第 158 页。

③ Jacques de Saint Victor, *La première contre-révolution*(*1789—1791*), Paris: PUF, 2010.

阿图瓦的只有他的岳父,撒丁王国国王维托里奥·阿梅迪奥三世(Victor Amadeus Ⅲ,1726—1796)。所以,在革命初期,大批流亡者有组织,有据点,但不成气候。①

尽管如此,制宪议会的措施却在不断助长流亡者的气焰。南部地区新教与天主教的冲突不仅关涉信仰也关系到利益。革命爆发后,尼姆地区的纺织业逐渐由新教徒接管,导致不少天主教徒失业。狂热的天主教信徒佛罗蒙(François Froment,1759—1825)对此十分不满,1790 年 1 月,他前往都灵,向阿图瓦伯爵透露了一份天主教反革命计划:南部几个城市的天主教徒一同起事,先控制地方政府,再控制国民卫队。② 阿图瓦被打动,同意里应外合。4 月,这些地区的天主教徒开始聚集,不久出现了骚乱。5 月 10 日在蒙托邦,6 月 13 日在尼姆,7 月 25 日在里昂,接连发生了流血事件。8 月,20 000 到 25 000 名天主教徒在阿尔岱雪(Ardèche)的雅赖斯(Jalès)集会,这是革命历史上第一次雅赖斯集结(Camp de Jalèso)。③ 阿图瓦伯爵准备从撒丁王国起兵,但是,路易十六拒绝了流亡贵族要求与他在里昂会师的请求。再加上雅赖斯的各支部队管理不善,信息泄露,结果在年底被剿灭。从此以后,在南部地区,“雅赖斯”成了反革命(contre- révolution)的同义词。④ 阿图瓦也离开都灵,前往科布伦茨。但是,骚乱并未停止。次年,于泽斯的保王派势力再次聚集,他们喊着“打倒国民”“贵族万岁”的口号,集结部队向尼姆进发。在同新教徒的火拼中,佛罗蒙领导的“塞贝茨”(Cébets⑤)败退,现在城内

---

① Jacques Godechot, *La contre-révolution：doctrine et action*, *1789—1804*, Paris：PUF, 1961, pp. 163 - 169.

② D. N. G. Sutherland：*France 1789—1815：Revolution and Counterrevolution*, p. 109.

③ D. N. G. Sutherland：*France 1789—1815：Revolution and Counterrevolution*, pp. 110 - 114.

④ Paul R. Hanson, *Historical Dictionary of the French Revolution*, Lanham, Maryland：Rowman & Littlefield, 2015, p. 168.

⑤ 意思是吃洋葱的人。François Rouvière, *Histoire de la Révolution française dans le département du Gard*, Tome 1, Nîmes：Librairie ancienne à Catélan, 1887, p. 145. 另见 Burdette Poland, *French Protestantism and the French Revolution：Church and State*, *Thought and Religion*, *1685—1815*, Princeton：Princeton University Press, 1957。

的武装力量完全掌握在新教徒手里。结果,天主教部队再次与新教控制的国民卫队发生冲突,大败后逃亡雅赖斯,沿途屠杀手无寸铁的新教徒。第二次雅赖斯集结人数达数万人之多,但是纪律涣散,不听指挥,很快在新教徒的镇压下作鸟兽散,他们的指挥官马尔博斯(Bastide de Malbos,1743—1791)曝尸荒野。

革命历史上第一场反革命运动就此告一段落。尽管两次雅赖斯集结并未对革命造成实质性影响,波及范围有限,却表现出革命时期反革命运动的几个基本特点。首先,反革命里外勾结。流亡者往往相信他们自己代表了真正的法国,而那些投靠革命的贵族,甚至包括王室,一定是受了某种阴谋的蛊惑。流亡在外的当特雷格伯爵(comte d'Antraigues,1753—1812)认为,这种阴谋的罪魁祸首是控制了整个雅各宾俱乐部的奥尔良派。这种想法看似荒唐,但是一旦国内出现了骚乱,流亡者就会相信他们不是孤立无援的,更为坚信阴谋论。[1] 其次,特权等级是反革命的主要力量,集结雅赖斯的部队中既有图卢兹高等法院推事与法官,也有来自教堂的会计,还有军官和士兵。此外,也有大量平民加入反革命行列,其中包括在改革中蒙受损失的有产者,比如里昂地区的领导者英伯-科勒梅(Jacques Imbert-Colomès,1729—1808)本是当地最富裕的批发商。教会改革,教堂关闭,不仅导致大批民众失业,也意味着地方慈善事业无人照管,社会问题滋生。一旦出现这些情况,天主教徒很容易将矛头指向新教徒。更何况,当制宪议会否决热尔勒将天主教立为法国国教时,主持会议的议会主席正是新教牧师圣-艾蒂安。这更为天主教叛乱提供了口实。

革命的政治与宗教措施不仅疏远了特权等级,也让国王萌生了逃亡的念头。1789 年 10 月 5、6 日事件发生后,谣传国王会逃走。这并不是空穴来风。法夫拉斯侯爵一直在暗中策划。而且,国王本人也同流亡者有书信往来。1790 年底,国王与阿图瓦暗中通信,敦促后者制定一份救

---

① D. N. G. Sutherland: *France 1789—1815*: *Revolution and Counterrevolution*, p. 112.

援计划。《组织法》是促成国王出逃的最直接原因。因为他很虔诚,起初是迫于无奈才签署《组织法》。当看到大量教士拒绝宣誓,就连教宗都反对,他动摇了,而且不再向那位他已经宣誓的忏悔神甫进行忏悔。1791年2月,路易十六的两个姑妈,法兰西的阿黛拉和法兰西的维朵儿(Victoire de France,1733—1799)逃离法国。这更坚定了路易十六出逃的决心。

流亡者的问题不可能不引起议会警觉。议会着手制定禁止出逃的计划。民众也采取了预防措施,他们深信国王肯定会出逃,而且文森城堡是必经之路。因此,1791年2月28日,他们赶往文森,拆毁城堡。拉法耶特闻讯赶来,维持秩序,却疏忽了对国王的保护。结果,一群手持匕首,自称“匕首骑士”的年轻贵族在杜伊勒里宫附近聚集。他们实际上只是为了保护国王,但在革命群众看来,他们好像是要保护国王出逃。冲突一触即发。拉法耶特率队赶回巴黎,解除了这些年轻贵族的武装。4月复活节周,路易十六听闻议会要在巴黎的圣日耳曼奥塞尔教堂(Saint-Germain-l'Auxerrois)举办一场公开的复活节弥撒,但他又很不愿意接触宣誓教士,于是想要在复活节那天前往圣克卢(Saint-Cloud)躲避一阵。不幸的是,出发前一天晚上,他接待了一位未宣誓教士。消息很快传开,加深了民众的猜忌。第二天,民众拦下了王室的车队,拉法耶特也无能为力,因为士兵拒绝服从命令。结果,有整整两个小时,国王既回不了杜伊勒里宫,也去不了圣克卢。① 当然,没有任何证据表明,匕首骑士和前往圣克卢以及逃跑有关。但是,民众相信国王要逃跑,也做了不少准备。这让国王越来越觉得不被信任。

1791年春天,由于指券管理不善,铸币消失,导致物价飞涨,大量教堂关闭,很多人失业,贵族出逃后奢侈品需求下降,技工的收入也大幅下降。制宪议会颁布《阿拉尔德法》(décret d'Allarde),废除了行会以及行

---

① Timothy Tackett, *When the King Took Flight*, Cambridge: Harvard University Press, 2003, pp. 39-44.

会师傅资格(1791 年 3 月 2 日)。① 结果,局面进一步恶化,在行会组织的推动下,出现了工人抗议的高潮。② 在政治压力和社会危机的双重威胁下,制宪议会的态度发生了微妙的转变。不少代表放弃了早先的激进立场,他们担心越激进,越有可能把国王推向反革命阵营,也会挑起内战。勒沙普利耶立场转变,很有典型性。他曾是推动 8 月 4 日法案的激进代表,也是雅各宾俱乐部的创立者,但是现在他相信,如果革命再发展下去,那么 1789 年取得的成果将付诸东流,所以,为了捍卫革命,就要停止革命,完善宪法,巩固已有的成就。这也是巴纳夫的理解。1790 年,巴纳夫曾领导巴黎雅各宾俱乐部对付保守派,关闭了王政派俱乐部(Club monarchique)。1791 年,巴纳夫立场逐渐转向保守。米拉波去世后,包括迪波尔、拉梅特和巴纳夫在内的三巨头成了议会的中坚力量。在他们的影响下,议会做出了让步:允许未宣誓教士继续履行宗教职务(5 月 7 日),禁止针对未宣誓教士或反君主制的政治俱乐部的政治请愿(5 月 18 日),禁止结社(《勒沙普利耶法》,6 月 14 日)。迪波尔在议会中宣称:"我们所谓的革命,已经结束了"(5 月 17 日)。③

　　在三巨头、勒沙普利耶等代表越来越保守的同时,议会中激进派代表的影响不断减弱。米拉波曾把这些激进派称为"三十人的嗓门"。④ 罗

---

① Alain Plessis ed., *Naissance des libertés économiques: liberté du travail et liberté d'entreprendre* (*le décret d'Allarde et la loi Le Chapelier*, *leurs conséquences*, *1791-fin* XI X *e siècle*), Paris: Institut d'histoire de l'industrie, 1993. Philippe Minard, "Le métier sans institution: les lois d'Allarde-Le Chapelier et leur impact au début du XIX e siècle," in Steven Kaplan et Philippe Minard eds., *La France, malade du corporatisme? XVIII e-XX e siècles*, Paris: Belin, 2004, pp. 81 - 97.

② 有关革命者对工人抗议的态度,参见 R. B. Rose, *The Making of the Sans-Culottes Democratic Ideas and Institutions in Paris*, *1789—92*, pp. 108 - 109。

③ "Ce que l'on appelle la Révolution est fait," *Archives parlementaires*, Tome 26, p. 342.

④ 1791 年 2 月 28 日,在议会辩论有关流亡者的法令中,激进派代表试图立法限制某些人逃离法国,但是在米拉波看来,此举有违《人权宣言》有关出行自由的规定,于是他高声控诉那些激进派代表"闭嘴,你们这三十个人的嗓门"(silence aux trente voix)。这也是米拉波最后一次捍卫个人权利与自由的发言。之后,"三十人的嗓门"就代指那些激进派代表。此次发言和相关背景参见 Henry Morse Stephens ed., *The Principal Speeches of the Statesmen and Orators of the French Revolution*, *1789—1795*, Vol. 1, Oxford: Clarendon Press, 1892, pp. 236 - 237。

伯斯庇尔是其中之一。他是阿图瓦地区代表,在制宪议会中影响不大。在雅各宾俱乐部成员迈尔斯(William Augustus Miles,1753—1817)看来,罗伯斯庇尔是共和派的代表,要求废除王权,而且"他正变得越来越举足轻重。但说起来奇怪,整个国民议会都轻视他,觉得他无足轻重,我曾跟一位代表说起我的猜测,我认为他很快就会上位,统治成千上万的人,结果遭到了嘲笑"[1]。但是,罗伯斯庇尔肯定不是共和派。不过,他代表了激进政治,而且他的激进言论正为他赢得更多的支持。他是当时少数几位呼吁普选、倡议直接民主的代表。罗伯斯庇尔认为,1789年规定的选举人纳税资格是对民主的背离。不过,激进派在民众中很有市场。1790年,巴黎出现了两性联谊会(société fraternelle des deux sexes),招纳女性,之后出现的科德利埃俱乐部(Club des Cordeliers)会费很低,成员主要是下层民众。还有专门吸收消极公民的贫民俱乐部(Club des Indigents)。聚集在罗亚尔宫的另一个俱乐部社会社(cercle social)影响更大,教士福歇(Claude Fauchet,1744—1793)在公共讲坛上宣讲卢梭思想,博纳维尔(Nicolas de Bonneville,1760—1828)的《铁嘴报》(*Bouche de fer*)与马拉的《人民之友》表达了对民众的同情。[2]

　　议会内部进一步分裂。米拉波去世后,三巨头成了新的领袖,他们接受宫廷的恩赏,创办了代表保守立场的《字谜报》(*Logographe*)。为了打压他们,议会中的极右派代表支持罗伯斯庇尔,通过两项议案,其一,制宪议会代表在本届议会结束四年之内不得担任公职(4月17日);其二,制宪议会代表不得被选入立法议会(5月16日)。作为回击,三巨头则推动议会重申1789年11月7日原则,即议会代表不能在中央政府任

[1] The Correspondence of William Augustus Miles on the French Revolution 1789—1817, ed. C. P. Miles, Vol. 1, London: Longman, 1890, p. 245. 转引自多伊尔《牛津法国大革命史》,第186页。

[2] Gary Kates, The Cercle social, the Girondins, and the French Revolution, Princeton, N. J. : Princeton University Press, 1985. R. B. Rose, "Claude Fauchet, 1744—1793, and the French Revolutionary Origins of Christian Democracy," Australian Journal of French Studies, vol. 23, no. 1(January-April 1986), pp. 83 - 101.

职。这些法令从表面来看体现了分权原则,实际上却是政治斗争的产物。① 极右派推动法案,意在阻止三巨头连任。三巨头强调 11 月 7 日原则,不过是为他们卸任后的政治生涯考虑,因为此项原则并没有限制议会代表卸任后担任官职。不过,这些政治斗争对之后的革命进程产生了决定性影响。

就在议会内部矛盾愈演愈烈的情况下,路易十六制定了出逃计划,并草拟了一份颇具挑衅色彩的声明,表明他对革命的真实态度。策划出逃的主谋是瑞典冒险家费尔森伯爵(Count Axel von Fersen,1755—1810)。此人是安托瓦内特的心腹,也是王室与布耶侯爵(marquis de Bouillé,1739—1800)联络的中间人。布耶承诺他会一路护送国王和王后,抵达靠近卢森堡的蒙梅迪(Montmédy),之后再同奥地利取得联系。尽管杜伊勒里宫早就加强了防御,但是 6 月 20 日晚,国王一家还是从一扇虚掩的大门逃跑了。不过,他们的车队比预计晚了五个多小时。在当时风声鹤唳、草木皆兵的情况下,等候接应的军官倍感不安,于是提前撤走。所以,等到国王于 6 月 21 日深夜抵达瓦伦(Varennes)时,因找不到驿马,只得停下来。圣梅内乌德驿站的站长德吕埃(Jean-Baptiste Drouet,1763—1824)认出了国王,并果断地采取行动,将车队截下。6 月 22 日清晨,拉法耶特派出的军队带着议会的命令抵达瓦伦:国王被押回巴黎。6 月 25 日,路易十六抵达看守更加严密的杜伊勒里宫。

事实上,人们并不清楚国王为什么要逃往瓦伦,是像他自己说的那样,要在安全距离之内与皇帝就宪法中的某些条款进行谈判,还是说他要引狼入室,挑起内战,或是说他深感不安,被迫出逃。但可以肯定的是,国王一定对革命有很多不满。人们在杜伊勒里宫发现一份他留下的文件,充满了对革命的各种不满。他埋怨自己被囚禁在巴黎,埋怨议会给他的权力太少,埋怨《教士公民组织法》,更痛恨雅各宾俱乐部。实际

---

① 1789 年 11 月 7 日制宪议会最后投票否决了米拉波的提议,立法机构的成员不能同时兼任行政职务。

上，国王对议会的不满由来已久，他在 1789 年 7 月 15 日写给西班牙国王查理四世的信中就坦露自己所做的一切都是被迫的。[1] 所以，国王背离了革命，所有人对这一点都没有疑问。

瓦伦事件构成了法国大革命的转折点。原本就有裂隙的议会更加分裂。保守派开始镇压民众请愿、关闭俱乐部，并试图与王室谈判，寻求妥协。激进派则开始反对议会和宪法，并从民众中寻求更多支持。巴黎民众对国王和政府越来越不信任。据说，当国王的车队通过香榭丽舍大街（Champs-Élysées）时候，民众一片沉默。巴黎的共和运动走向了高潮。反王权的情绪成了酝酿共和主义的温床。德穆兰说，1789 年 7 月 12 日巴黎仅有 10 个共和派。1790 年底出现了一些共和派的宣传物，比如罗贝尔（Pierre-François-Joseph Robert，1763—1826）的《国民信使报》（*Mercure national*）和拉维孔泰里（Louis-Charles de Lavicomterie，1746—1809）的《人民与国王》（*du people et des rois*）。但是，只有在瓦伦事件发生后，共和运动才真正发展起来。西耶斯说："仅仅是在 6 月 21 日事件后，我们才看到一下子涌现出一个共和派（un parti républicain）。"埃贝尔（Jacques Hébert，1757—1794）说："我们自由了，我们没有国王了。"[2]科德利埃俱乐部向议会请愿，要求废除国王，建立共和国。布利索、孔多塞在他们自己的出版物上讨论如何惩戒国王。在外省，7 月间雅各宾俱乐部的数量增加很快，已达 900 多个，是年初的三倍。至少有 60 个俱乐部要求审判国王，不过公开宣称要建立共和国的并不多。1791 年夏天的共和运动无果而终，一方面是议会与国王的妥协扭转了局势，另一方面，共和派并不成熟，他们只知道审判国王，但不敢废除君主制，更不敢建立共和国。另外，支援巴黎共和运动的外省市镇和政治俱乐部并不多，只有蒙彼利埃和斯特拉斯堡两地的雅各宾俱乐

[1] John Hardman, *The Life of Louis XVI*, p. 335.
[2] *Rimpression de l'ancien Moniteur*, Tome 9, p. 137. 相关分析参见 Carl Hamilton Pegg, "Les sentiments républicains dans la presse parisienne lors de la fuite du roi," *Annales historiques de la Révolution française*, 11e Année, No. 65 (Septembre-Octobre 1934), pp. 435–445。

部回应首都的共和请愿。对外省来说,尤其是边境省份,当务之急不是废除国王,而是如何应对随时可能入侵的国外势力。

瓦伦事件后,普罗旺斯伯爵逃出法国。之后,陆陆续续还有很多军官以及大约六千名士兵加入了流亡者队伍。阿图瓦伯爵在科布伦茨集结队伍,孔代亲王和米拉波子爵(vicomte de Mirabeau,1754—1792)在莱茵河地区召集队伍。谣言四起,有人说,巴黎北部聚集了一支由贵族和未宣誓教士组成的部队,下水道都已埋好了炸药,监狱随时准备暴动。市镇关闭城门,地方当局宣布进入永久会期(comité permanent)。民众抢劫了武器库,武装自己,并采取了激进的措施。诺尔省关闭了全省境内由未宣誓教士主持的教堂,阿列日省下令逮捕未宣誓教士。庇卡底和里昂地区,出现了焚毁城堡、屠杀贵族的情况。马恩省的圣默努尔德(Sainte-Menehould)的农民屠杀了领主。

这和1789年夏天的情况非常类似,但不同的是瓦伦事件发生后,恐慌并没有蔓延,秩序也没有崩溃。关键原因在于,第一,新组建的地方政府和国民卫队有效地维持了地方秩序;第二,1790年收成很好,而且预计1791年的收成也不会差,这对安定民心至关重要。只要确定了国王的出逃不会引发任何大规模的反革命,那就不存在真正的危机。当然,危机是存在的,但大多只是一些地方性骚乱。比如边境地区流亡者在集合部队,南部地区骚乱不断,未宣誓教士在各地滋事。另一不同在于1791年夏天的激进运动是有组织的。在巴黎,社会社和科德利埃俱乐部成了激进派的领袖,《铁嘴报》天天刊登共和派的请愿诉求。激进派则把矛头指向了制宪议会本身。①

为什么会反对议会?原因很简单,由三巨头把持的制宪议会完全无视民众的要求。制宪议会在获悉王室出逃后,宣布国王停止职务和否决权,行政权收归自己,由议会向大臣发号施令。从法律上说,这时法国已经成了一个共和国。正如费里埃尔侯爵所说:"你绝对难以想象,此时的

① D. N. G. Sutherland: *France 1789—1815*: *Revolution and Counterrevolution*, p. 127.

法国其实没有国王。"①6 月 21 日,议会从国民卫队中抽调了部队,专门用于卫戍。制宪议会有效地稳定了局势,但对民众的诉求置之不理,甚至否认国王主动出逃。拉法耶特与三巨头达成一致,宣布国王被挟持,被迫出逃。7 月 13—16 日,在经过激烈讨论之后,议会正式宣布,国王人身不可侵犯,暂时停止他的权力,但只要他能接受宪法,便可恢复其权力,而且国王出逃是被挟持的,策划阴谋的是布耶侯爵,并对他提起了公诉。② 巴纳夫发表了可能是他平生最重要的一场发言:

> 我认为,今天的任何改变都可能是致命的;革命一旦延长,就是灾难;这是我今天要在这里谈论的问题,也正是这个问题,是举国关注的问题,我们要结束革命;难道我们要重新开始革命吗?(阵阵掌声)。如果你们一举否决了宪法,那你们将在何处结束革命,更重要的是,我们的后代将在何处结束革命?
>
> ⋯⋯
>
> 当人们要将这场业已摧毁了一切有待摧毁之物的革命永远继续下去,那就犯下了巨大的错误,这场革命已经走到了一个不得不停止的阶段,唯有凭着平静的决心,共同的决心,凭着——如果我可以这样说的话——所有那些在将来塑造法国的一切因素之间的和解,才能停止革命。先生们,考虑考虑,在你们身后将会发生什么? 你们已经完成了有助于自由、平等的任务,没有一种专断的权力得到宽恕,没有一种对自尊的窃取或财产的窃取得以逃脱;你们已经塑造了民法和政治法律面前平等的人。你们已经恢复了那些从国民那里夺来的东西,并将它们还给了国民;由此得出一个伟大的真理,如果革命再多走一步,就不可能没有危险:如果是朝着自由的方向,那么首先就要推翻君主

---

① Marquis de Ferrières, *Correspondance inédite 1789, 1790, 1791*, pp. 362 - 363.
② 讨论过程参见 J. M. Thompson, *The French Revolution*, Oxford: Oxford University Press, 1945, pp. 235 - 237。R. B. Rose, *The Making of the Sans-Culottes: Democratic Ideas and Institutions in Paris, 1789—92*, p. 133.

制；如果朝着平等的方向，首先要侵犯财产。①

制宪议会为国王开脱，让不少激进派代表灰心丧气。丹东、德穆兰等原先激进运动的领导人决定退出运动。雅各宾俱乐部出现难以弥合的分歧。拉法耶特等人在废弃的斐扬修道院(Feuillants)单独集会，他们被称为斐扬派(Feuillants)。科德利埃俱乐部还在坚持，他们要求通过全民公决的方式审判国王，约定于7月17日在马斯校场(Champ de Mars，又译为战神广场)的祖国祭坛(autel de la patrie)前起草新的请愿书。他们的申诉得到了罗伯斯庇尔和社会社的支持。政治上的分歧也是社会利益冲突的表现。参与共和请愿的大部分人来自社会中下层，他们对权利的理解更为激进，认为积极公民和消极公民的区分本身就有违《人权宣言》。1791年上半年，由于指券贬值，铸币短缺，工人越来越无法负担他们的生活所需，运动的浪潮一浪高过一浪，他们与当局之间的关系日渐紧张。制宪议会为维持秩序，接连下达几道法令，限制工人请愿权利：禁止集体请愿，只允许以个人署名的方式进行请愿(5月18日)；颁布禁止工人集会和抗议的《勒沙普利耶法》(6月14日)。但是，效果并不明显。从1791年6月24日至7月3日，巴黎就爆发了三次大规模的失业工人运动，规模最大的一次有两万人之多。民众抗议，大革命不应当让少数人囤积大量的金银，而应当让每个人都有面包。所以，瓦伦事件后，共和运动和社会运动融合，要求废除王权的请愿同时也传达了社会平等的呼声。

共和请愿书早已刊登在6月25日的《铁嘴报》上，内容是：国王已经退位了，除非大多数国民做出决定，就不应有人来接替王位。这是一份要求废黜国王的共和请愿书。7月17日，大约有五万人聚集到马斯校场。截至当天下午，有六千多人在请愿书上签字。民众突然发现，有两人躲在祭坛下面，以为是奸细，于是将两人拖出，打死。巴黎市长巴伊以此作为借口，下达戒严令。国民卫队开进校场，向群众开枪，打死打伤了

---

① *Archives parlementaires*，Tome 28，pp. 326 - 332.

很多人,有 50 多人当场被击毙。此次事件史称马斯校场屠杀(Fusillade du Champ de Mars)①。事件发生后,议会授权进行大规模搜捕。监狱一时拥挤不堪。7 月下旬开始,议会逐步加强管制,查禁了不少民主派的出版物,关闭了某些俱乐部,并通过市镇治安法(7 月 19—22 日)、危机治安集会法(7 月 26 日)、政治集会法(9 月 30 日),重组国民卫队,规定只有积极公民有权加入。② 科德利埃俱乐部暂停了活动。保守派企图乘机扩大国王的权力,提高选举保证金,设立上议院,并恢复贵族爵位,允许议会代表连任,而且还能兼任大臣。所幸,这些企图均告失败。

三巨头一再向王权妥协,既是为他们自己的仕途考虑,也是希望国王能接受宪法,维持稳定。考虑到当时的欧洲局势,如果国王的利益和安危受到威胁,这很可能会成为外国势力干涉的借口。所以,从这些方面看,三巨头的选择不无道理。但问题是,路易十六是否会接受宪法,这并不确定。他对革命的态度一直摇摆不定。1791 年 7 月 31 日,国王曾写信给阿图瓦伯爵,劝他回国,放弃反革命计划。不久,议会颁布了更严厉的措施,责令流亡者在一个月内回国,并交纳三倍税金的处罚。局势变化如此之快,国王的确很难适应。③ 瓦伦事件让国王和议会的关系再度陷入僵局,虽然最终和解,但是和解的方式却没有让任何一方满意。左派必定觉得受挫,因为国王和王权完好无损,马斯校场牺牲者白白献出生命。右派也不满意,因为他们从不相信斐扬派。斐扬派实际上也孤立无援,尽管千方百计同国王实现了妥协,但是他们自己却始终根基不稳,不太可能得到国王和贵族的真正信任,更不可能赢得民众的支持。全国范围内,只有 72 个雅各宾俱乐部宣布脱离巴黎母会,而且之后又有不少俱乐部改变了主意。当禁令撤

---

① 有关马斯校场屠杀,新近研究参见:David Andress, *Massacre at the Champ de Mars: Popular Dissent and Political Culture in the French Revolution*, Suffolk, UK; Rochester, NY; Royal Historical Society, 2000。

② J. M. Thompson, *The French Revolution*, Oxford: Oxford University Press, 1945, pp. 266-267。

③ 多伊尔:《牛津法国大革命史》,第 192—193 页。

销,各大报纸重新复刊的时候,巴黎没有一家报纸支持斐扬派。[1]

所以,和谐只是表面的,曾经艰难维系的秩序和共识已然破裂。政治分歧达到了难以弥合的程度,议会中唇枪舌剑更是司空见惯。大部分人对君主制心怀不满,只不过他们对用什么样的制度取代君主制尚未达成共识。更重要的是,在瓦伦事件之前,民众会因一日三餐问题走上街头,而在此之后,面包和工资不再是他们诉求的核心问题,这说明,食物供给危机已不足以动员民众,他们更关心的是政治和法国的未来。不过,制宪议会的权威未曾受到根本挑战,仍有能力控制局面。大部分外省地区仍旧选择听命于议会,这也说明巴黎的激进派尚未成为革命的领导者。

瓦伦事件震动了整个欧洲。神圣罗马帝国皇帝利奥波德二世在 7 月 10 日发布了《帕多瓦公告》(Padua Circular),邀请各国君主一起恢复法国王室的自由。结果,只有普鲁士国王响应。乔治三世表示,尽管他本人对路易十六深表同情,但是英国保持中立。西班牙国王卡洛斯四世和撒丁国王维托里奥·阿梅迪奥三世都表示,他们不会先投入战争。这些国家有顾虑,这也合情合理。正如三巨头通告奥地利驻扎布鲁塞尔代表梅尔西亚金多伯爵(Comte de Mercy-Argenteau,1727—1794)时所说:如果各国君主把事情闹僵,他们的臣民将从法国学到废黜国王的危险榜样。[2] 所以,在这样的情况下,保持沉默,拖延时间,静观其变,才是明智的策略。但是,利奥波德二世不这么看。他认为,发表一份宣言足能慑服乱党。8 月 27 日,神圣罗马帝国与普鲁士一同发布了《皮尔尼茨宣言》(Déclaration de Pillnitz),邀请其他各国一道采取"最有效的手段加强法国国王的力量,在最完美的自由状态下,君主政府的基础既是君主的权利也是全体法国国民的幸福安康"。不过,在当时的背景下,就连利奥波德二世自己也认为,这不过是一种威胁的手段。

① 多伊尔:《牛津法国大革命史》,第 193 页。
② 勒费弗尔:《法国革命史》,第 189 页。

　　1791年9月3日,制宪议会完成了宪法,请求国王批准。9月14日,国王签名接受了宪法。斐扬派坚信,一个完美的君主立宪制得以确立,革命已经结束。9月30日,制宪议会宣告闭会。在26个月的任期里,国民制宪议会彻底瓦解了旧制度,确立了新制度的原则,并建立了一套一直延续至今的行政体制。1789年的原则的确值得称颂,但是激进的政治种子也已埋下,宗教分裂了法国,瓦伦事件破坏了共识,政治分歧伴随着经济利益的冲突,不断把社会运动推向一个又一个高潮。这些问题必将在1792年进一步发酵,因为欧洲的局势只会对法国越来越不利。利奥波德相信,路易十六之所以平安无事,完全应归功于他的恐吓,所以他决定继续进行恐吓。11月12日,利奥波德告诫各国宫廷,协商一致行动。《皮尔尼茨宣言》被分发给各国;根据各国的意见,决定来年春天的军事行动。但是,令利奥波德完全没有料到的是,法国人非但没有屈服,反而敢于主动挑起战争,将他的计划全盘打乱。1792年宣战又是一次历史事件,不仅改变了法国革命,更改变了欧洲。

第九章　战争与恐怖

第一节　共和革命

立法议会于 1791 年 10 月 1 日开幕。和制宪议会不同,这是一个依宪设立的立法机构,没有制宪权,只有立法权。立法议会代表共 745 人,大多是富有的有产者,这显然是银马克的选举标准起了作用。另外,与上一届代表相比,这些代表与旧制度社会上层的关系更为疏远。主教代表仅占 1/20,教士也不多,而来自传统第三等级的代表占了绝大多数。相较于制宪议会,立法议会的代表更年轻,涉世未深。很多人并无声望,像布利索或者孔多塞这样的人是少数。他们中大多数人成长于革命年代,曾在新的地方政府管理或政治俱乐部的辩论中,形成自己的政治立场和政治观点。简单地说,这些代表都是寂寂无闻之辈。[1] 无怪乎玛丽·安托瓦内特会恶毒地讽刺这群新人:"这届议会,聚集的都是无赖、恶棍和傻子。"[2]但是,既是因为有管理地方的经验,也因为同旧制度的关

---

[1] 多伊尔:《牛津法国大革命史》,第 214 页。关于代表的具体剖析参见 Jim Mitchell, *The French Legislative Assembly of 1791*, Leiden; New York: E. J. Brill, 1988。

[2] 转引自 Colins Jones, *The Great Nation: France from Louis XV to Napoleon 1715—99*, p. 449。

系不那么密切,更因为选举之时正值瓦伦事件爆发,所以当选代表对君主制和国王的态度更为冷淡,立场相对更为激进。

不过,立法议会首先需要面对的是未宣誓教士和流亡者带来的骚乱。自瓦伦事件发生以来,地方从未平静过。1791 年 8 月,未宣誓教士在旺代挑起叛乱。10 月 21 日,阿维尼翁屠杀的消息传到巴黎。反对阿维尼翁并入法国的人以私刑处死一名新上任的市府官员,10 月 16 日支持兼并的人给予了回击,他们屠杀了被监禁在教宗旧官邸里的那些支持教皇的人,总计有 60 名犯人被杀。10 月 7 日,来自奥弗涅地区的跛足代表库通(Georges Couthon,1755—1794)提出针对未宣誓教士的一项全面的流放措施。[1] 11 月 14 日,普罗旺斯代表伊斯纳尔(Maximin Isnard,1758—1825)宣称:"在顽固派教士这个问题上,我坚持认为唯一的办法就是把他们赶出这个国家⋯⋯你们难道不认为应该让这些教士和那些受他们蛊惑而误入歧途的民众划清界限吗?"[2]流亡者问题也同样紧迫。《皮尔尼茨宣言》公布后,出逃的人越来越多。尽管总体人数不多,拥有的资源和装备也少得可怜,但是出逃的大部分人人脉很广,影响不容小觑。10 月 20 日,布利索提出要用武力驱逐流亡分子。政治激进主义逐渐抬头。议会于 10 月 31 日下令:除非普罗旺斯伯爵在两个月内回国,否则将剥夺他的继承权;又于 11 月 9 日下令:如果流亡者不回国,等于叛国,将没收他们的领地。

作为议会中的激进代表,塞纳省代表布利索和吉伦特省代表韦尼奥(Pierre Victurnien Vergniaud,1753—1793)逐渐在辩论中脱颖而出,被其他人称为布利索派(Brissotins)[3]。19 世纪中叶,诗人兼历史学家拉马丁(Alphonse de Lamartine,1790—1869)为这一派代表撰写了《吉伦特

---

[1] *Archives Parlementaires*,Tome 34,p. 117.

[2] *Reimpression de l'ancien Moniteur*,Tome 10,p. 374.

[3] 也有人称之为罗兰派(rolandistes,rolandins)、蒲佐派(buzotins,取成员蒲佐[François Buzot,1760—1794]之名),参见 M. J. Sydenham,*The Girondins*,London:University of London,1961,p. 60;Serge Berstein et Michel Winock,*L'invention de la démocratie*,1789—1914,Paris:Seuil,2008,p. 620.

派的历史》(*Histoire des Girondins*)。① 之后,吉伦特派这一称呼就流传了开来。布利索起初以卖文为生,在革命前迫于生计,做过政府的密探。他曾游历美国,认可美国革命的原则。韦尼奥出生在商人家庭,在革命前就与葛瓦代(Marguerite-Élie Guadet,1758—1794)、让索内(Armand Gensonné,1758—1793)、格朗日内夫(Laffargue de Grangeneuve,1751—1793)等吉伦特派骨干相交甚深。作为新一代的革命者,吉伦特派进入政界后渴望出人头地。吉伦特派大多是有产者,且深受启蒙的影响,尊重财产,承认才能。吉伦特派的发言很有煽动性,但是他们容易激动,遇事又缺乏决断,性格软弱。

立法议会初期,斐扬派尽管不再担任议会代表,也未能如愿以偿进入政府,但是一方面靠着与王室的关系,另一方面仰仗着数量优势,仍有一定的政治影响力。国王似乎也愿意听从他们的建议,10月15日签署了一份正式的号召令,要求那些流亡者回国,协助宪政的实施。但是,斐扬派很快就失去了声望。他们的私人集会不接受旁观者,就连俱乐部的创办人也不愿抛头露面,这不仅会引起旁人的猜忌,而且也难以吸引有抱负、有口才的人,那样的人更愿意在雅各宾俱乐部里崭露头角。而且,1791年夏天斐扬派与王室的政治交易也让他们失去了民众支持。所以,雅各宾派很快控制了巴黎。佩蒂翁以明显优势击败了拉法耶特,当选巴黎市长,罗伯斯庇尔当选为巴黎刑事法庭的公诉人。更重要的是,议会惩戒流亡者和未宣誓教士的两部法令连遭国王否决。当然,根据宪法,国王理应有否决权。但是,在革命者看来,这难道不是国王反对革命的表现吗?瓦伦事件以来,一直有谣传,说王后秘密操控了一个叫奥地利委员会(comité autrichien)的组织,阴谋推翻革命。现在看来,国王的否决是最好的证据,不仅使斐扬派更加名声扫地,还推动了革命朝着激进的方向发展。所以,议会逐渐被吉伦特派控制。

---

① Alphonse de Lamartine, *Histoire des Girondins*, Paris: Jules Rouf et Cie Éditeurs, 1847. 另见 Frederick A. de Luna, "The 'Girondins' Were Girondins, after All," *French Historical Studies*, Vol. 15, No. 3 (Spring, 1988), pp. 506 - 518。

在吉伦特派的推动下,议会于 1791 年 11 月 29 日要求路易十六向特里尔和美因茨的选帝侯发出警告,驱逐流亡者的部队。这是一个高明的策略。因为只要国王发出了警告,实际上就等于断绝了与流亡者的关系,而且选帝侯必然会向皇帝求援,法国和奥地利的关系相应也会紧张起来。这样便能取得一箭双雕的效果:一方面对付了流亡者,另一方面迫于国际关系的恶化,国王就不得不让爱国派出任大臣。布利索对战争的看法充满了浪漫主义的色彩。他认为,革命对受压迫的民族具有天然的号召力。布利索在 11 月 30 日高呼:"进行一场新的十字军东征的时机已经来到。这将是为世界争取自由的一场十字军东征。"①身在巴黎的外国流亡者对此欢欣鼓舞。瑞士银行家克拉维埃加入了雅各宾俱乐部,英国发明家瓦特的儿子带领着一个英国代表团抵达法国,在雅各宾俱乐部受到了热烈的欢迎。比利时人准备投入战斗,列日人要求建立外籍军团,比利时和莱茵河地区首先将门户大开。这一切都让吉伦特派头脑发热。他们更坚信,如果法国发动突然袭击,奥地利必败无疑。

所以,布利索渴望战争,除了他本人的政治浪漫主义外,也有现实考虑。他希望利用开战之机,把爱国派推入内阁,限制国王的权力。② 除了吉伦特派外,还有不少人支持战争,理由各不相同。失势的拉法耶特支持开战,他希望借此能重新掌权,控制军队,能像 1791 年夏天时那样镇压骚乱,保障国王的权威。所以,纳博讷伯爵(comte de Narbonne,1755—1813)出任国防大臣并非偶然。他本人与波旁家族有血缘关系,又同情革命,与拉法耶特的政见基本一致,与吉伦特派的关系又很不错。

---

① Brissot, *Second Discours De J. P. Brissot*, *député*, *Sur la nécessité de faire la guerre aux Princes allemands*, *prononcé à la société*, *dans la séance du vendredi 30 décembre 1791*, De l'Imprimerie du Patriote François, place du Théâtre Italien, 1792, p. 27. Jean-Clément Martin, *La révolution française*, *1789—1799: une histoire socio-politique*, Paris: Belin, 2004, p. 146.

② Thomas E. Kaiser, "La fin du renversement des alliances: la France, l'Autriche et la déclaration de guerre du 20 avril 1792," *Annales historiques de la Révolution française*, No 351 (janvier-mars 2008), pp. 77 - 89. Jean-Paul Bertaud, *La Révolution française*, Paris: Perrin, 2004, pp. 126 - 148.

另外,国王本人也倾向于宣战。他觉得,尽管一开始不过是对两个小公国宣战,但是势必会把其他国家卷进来,一旦反法同盟形成,那么群龙无首、缺乏训练的法国军队必然不堪一击。他很清楚,战争不会对法国革命有利。他说:"这将是一场政治战,而不是内战,整个事态只会向好的方向发展。就现状而言,法国在物质和精神上都不能支持半个战役。"①玛丽·安托瓦内特事后在写给费尔森伯爵的信中也说:"蠢蛋们不知道,打仗会对我们很有利,因为所有国家的力量都会集结。"②议会大部分代表也支持宣战,他们认为,这会让国王退无可退,只能同革命共存亡。

只有两派人反对宣战。其一是斐扬派,他们担心吉伦特派会得势,但他们势单力薄,不起作用。少数左派也反对宣战,其中以罗伯斯庇尔为代表。1791 年 12 月初,雅各宾俱乐部就是否应该宣战,展开了激烈且持久的讨论。罗伯斯庇尔指出了战争可能导致的所有危险。最令他担心的是战争会导致独裁。如果取胜,可能会出现军事独裁。如果失败,革命就会失败,会出现王权复辟。如果从事后来看,罗伯斯庇尔很有预见性。十多年后,果然出现了那位科西嘉将军的独裁统治。不过,这是后话。1792 年初,罗伯斯庇尔在雅各宾俱乐部发表了反战演讲:

> 针对独裁者的运动才是可取的,就像美国或 7 月 14 日的起义;但在当前形势下,由政府挑起并指挥的对外战争毫无意义,它将是导致政治体走向死亡的灾难。这样的战争只会欺骗公共舆论,消除全国人民正当的忧虑,预示着将会让带来种种侵害的自由的敌人得以顺利地发难。这就是我向你们讲明不应发动战争的原因。③

罗伯斯庇尔的发言非常重要,因为这预示了之后恐怖统治的逻辑。罗伯

---

① 转引自 Jean-Clément Martin, *La révolution française*, 1789—1799: *une histoire socio-politique*, p. 146。
② 转引自 Colins Jones, *The Great Nation: France from Louis XV to Napoleon 1715—99*, p. 455。
③ Buchez & Roux, *Histoire parlementaire de la Révolution française*, Tome 13, pp. 122 - 142.

斯庇尔认为，真正危险的反革命不在国外，不是那些荒唐可笑、装腔作势的流亡者，而在国内，是隐藏在革命队伍中、隐藏在人民中的反革命分子。因此，革命的重点应放在国内，而不应对外宣战。可是，当时没人支持他的观点。就连一贯支持他的丹东和德穆兰也表示沉默。1791年12月14日，国王亲临议会宣布，他将向特里尔选帝侯发出警告。纳博讷伯爵要求成立三支大军，其中一支归拉法耶特指挥。议会爆发出一阵欢呼。

国外局势也有利于吉伦特派的好战策略。1791年12月21日，利奥波德二世宣布，如果法国人继续对莱茵河选民施加威胁的话，奥地利就会出兵。这充分证实了吉伦特派的预言：专制君主与革命势不两立。宣战从此刻开始便提上了议会讨论日程。立法议会于1792年1月25日宣布，因为神圣罗马帝国皇帝与其他国家阴谋破坏法国，所以，他们与法国于1756年确立的同盟关系宣告结束。之后，议会通告路易十六，要求他的姻亲兄弟们一同谴责所有反对法国的条约，公开宣布他和平的意向。另外，如果到1792年3月1日，国王未就此项提议给议会一个满意答复的话，那么议会将单方面宣战。实际上，国王给了答复，他已经表明了他的态度，因为外交政策是属于国王的宪政特权，议会无权干涉。路易十六现在正等待着奥地利的答复。

1792年2月7日，奥地利与普鲁士签订协约，放弃波兰，换取后者的协助，根据这项协议，缔约双方如果任何一方受他国攻击，另一方将派三万大军予以援助。4月12日，他们向各国发出了联合行动的请求。奥地利与普鲁士继续向法国发出警告，责令法国把德意志王公和教宗的领地归还原主，保障王室安全，维护君主政体。普鲁士进一步要求雅各宾俱乐部停止一切政治活动。不过，直到此时，利奥波德二世还是希望避免战争。他一直以为制宪议会是因为畏惧《皮尔尼茨宣言》，才保证了路易十六的安全，因此觉得法国革命者在威慑之下必会投降。这当然是误解。不幸的是，3月1日利奥波德二世去世，继任的弗朗茨二世（Franz Ⅱ，1768—1835）没有他父亲那么慎重，毫无保留地支持武力干涉法国。

不过,令这位皇帝没有想到的是,法国人比他更想开战。3月初,奥地利与普鲁士结盟的消息传到巴黎。议会和政府一片哗然。纳博讷乘势鼓动。众人把矛头指向了外交大臣德莱萨尔(Valdec de Lessart,1741—1792),说他搞阴谋,没能阻止普奥两国联盟。德莱萨尔被弹劾。3月10日,国王改换了整个政府,新上台的基本都是吉伦特派。迪穆里埃(Charles François Dumouriez,1739—1823)代替德莱萨尔出任外交部长。迪穆里埃是一位老兵,参加过七年战争,对奥地利恨之入骨,后来又充当路易十五的秘密外交官,有丰富的外交经验。迪穆里埃出现在雅各宾俱乐部,头戴红色的自由之帽,他激情洋溢的演讲赢得了不少人的掌声。4月20日,法国正式向波西米亚与匈牙利王国宣战。①

事实上,正如路易十六所预言的,法国人无论是在物质上还是精神上都没有能力应付战争。在爱国主义情绪高涨的同时,法国正遭遇着严重的经济危机。1791年收成很一般,暖夏之后是多雨的秋天,冰雹成灾,延迟了冬天的播种。阿尔卑斯山冰雪融化,导致罗讷河泛滥,中部地区暴雨成灾,大水冲毁了桥梁和堤坝,吞噬了低洼地区的耕地。橄榄树、桑树和葡萄树还没有从1788—1789年的严寒损失中缓过来。粮食暴乱频频发生。西北博斯(Beauce)地区爆发了大规模的暴乱,蔓延到西部和北部地区。民众拦截粮船粮车。敦刻尔克进口粮食的船只、奥兹省沿河港口的船只都遭到民众的围攻。1791年8月,圣多明各爆发了奴隶起义,据估计有1 000名白人被杀害,200座蔗糖庄园和1 200座咖啡庄园被毁,15 000名奴隶失踪。这对法国本土的经济造成了严重的影响。1792年初,巴黎蔗糖价格涨了三倍;1—2月,首都东部的几个区都爆发了民众限价运动,大批妇女冲进仓库和杂货店,抢出蔗糖和咖啡,强制店家以平价出售。由于巴黎当局吸取了1789年的教训,在1790年秋天陆续储备了充足的粮食,所以巴黎民众抢劫的不是谷物、面包或者面粉这些生活必需品。这让不少激进的代表觉得民

---

① 之所以没有向神圣罗马帝国宣战,是因为弗朗茨二世直到1792年7月5日才正式当选皇帝。

众运动背后一定有阴谋。[1] 巴黎的储备粮有不少是在临近市镇中搜刮来的,这加剧了法国东北地区的危机。1792 年 2 月,巴黎南部小镇埃当普(Etampes)危机十分严重,市长西莫诺(Jacques Guillaume Simoneau,1740—1792)拒绝限价,结果被民众杀死。指券继续贬值,1791 年 11 月票面价值 82%,到 1792 年 6 月仅剩下 57%。纸币贬值,铸币减少,不仅交易更困难,而且物资更少,农民更不愿意拿手里的余粮交换指券。生计问题推动了政治的民主化。莫沙普(Mauchamp)的教士多利维耶(Pierre Dolivier,1746—?)在布道中反对私有财产,提出共同体的权利要高于个人权利。谢尔省的教士普蒂让(Jean Baptiste Petitjean)将财产共有与千禧年理论结合起来。[2] 他们为穷人着想,也被穷人当成是革命领袖,政治激进化的基础已经奠定。

南方地区骚乱持续不断。马赛人因为埃克斯成为省府,心怀不满,于是他们在没有中央号令的前提下自发组织起来,希望通过干涉其他市镇的事务确立自己的威望。他们支援阿维尼翁,积极促成该城并入法国,派出一支武装小分队,前往由未宣誓教士控制的小城阿尔勒(Arles)。这些举措非但于事无补,反而加剧了南部的宗教分歧。整个南方地区犹如一个炸药库,一点即燃。3 月 25 日事件成了导火索,这一天有 69 名国民卫队士兵在罗讷河口的圣神港口(Pont Saint-Esprit)淹死。没人相信这是一次偶然事件,都认为这是反革命阴谋的一部分。复仇的怒火点燃了南至加尔省、东及普罗旺斯,向西包括夏朗德(Charente)和上加龙省(Haute-Garonne)在内的一大片区域。愤怒的民众到处搜寻武器,摧毁教堂,两天内,加尔省有 25 座教堂被摧毁。阿尔代什省(Ardèche)的民众摧毁了当特雷格伯爵的财产,这位伯爵在革命开始时就在南部地区搞地下阴谋,里通外国,与流亡者频频联络,并散发传单,诋毁革命。除了

---

[1] Albert Mathiez, *La Vie chere et le mouvement social sous la Terreur*, Paris: Payot, 1927, p. 50. 马蒂厄认为发生粮食危机的主要原因不是歉收,而是指券贬值。

[2] Albert Mathiez, *La Vie chere et le mouvement social sous la Terreur*, p. 72. 多伊尔:《牛津法国大革命史》,第 223—224 页。

教会之外,民众运动的主要矛头还直指封建残余,这就说明南部农民已经认为无论通过什么样的手段,都要保卫1789年的成果。这也解释了为何在这个地区的农村,雅各宾俱乐部很受欢迎。1791年到1792年春天,南部各省雅各宾俱乐部的发展势头很猛,阿尔代什省、多姆省、加尔省、沃克吕兹(Vaucluse)、罗讷河口省以及瓦尔省,50%到90%的农村都成立了雅各宾俱乐部。[①]

所以,法国顶着巨大的社会经济压力向欧洲宣战。不过,吉伦特派如愿以偿,成功地掌控了政府。宫廷对拉法耶特失去了好感,却对那位从七年战争开始就追随法王的迪穆里埃很信任。在他的推荐下,政府的要职都由吉伦特派担任:克拉维埃出任财政部长,罗兰(Roland de la Platière,1734—1793)出任内政部长。其他职务依旧由王党派控制。吉伦特派与雅各宾派的分歧也越来越深:山岳派与吉伦特派的分裂由此开始。不过,吉伦特派尽管担起了政府的责任,却又指挥不了这个政府。他们没有明确的方案,在面对越来越激进的国内局势时显得畏首畏尾。罗兰夫人在她的丈夫成为内政部长后,自己也成了吉伦特派的智囊。但是女人干政总是让人耻笑的,因而,她的举动以及她在盖内戈尔街上的政治俱乐部反而削弱了吉伦特派的影响。

对法国而言,另外还有两个极为不利的条件。其一是法国得不到任何国家的支援。普鲁士、撒丁王国、土耳其这些传统上的反奥阵营都不愿支援法国。英国和瑞典决定保持中立。比利时、列日、荷兰等国的情况比较有利于法国,这些国家有外籍军团。在斯特拉斯堡和瑞士,借助雅各宾俱乐部,民主宣传也收到了一定的效果。另一个不利条件是法国的军队实际上根本没有做好作战的准备。[②]野战部队(troupes de ligne)缺额很多,发展缓慢。根据史家斯科特的统计,1789年时包括外国军团在内,野战部队总计15万人,到1793年2月下达混编改组之前,也不过

---

① 参见多伊尔《牛津法国大革命史》,第224—226页。
② 参见勒费弗尔《法国革命史》,第238—240页。

只有 17.8 万人。① 人们更愿意参加志愿军(bataillons de volontaires),因为待遇更好。但是志愿军的问题是武器不足,缺少训练。尽管如此,相对于反法同盟而言,法军集结在西部边界的部队在人数上占优。所以,迪穆里埃相信法军不仅一定能跨过国家边界,而且必然在边界对面受到欢迎。

1792 年 4 月 29 日,五万法军兵分四路,分别从富尔纳(Furnes)、里尔(Lille)、瓦朗西安(Valenciennes)和吉万(Givet)出发,力图突破敌军防线。但是,由于指挥不当,纪律涣散,在同敌军刚接触时,迪永(Théobald Dillon,1745—1794)和比隆(duc de Biron,1747—1793)便下令撤退,士兵纷纷溃逃。迪永本人在里尔被溃军所杀。法国出师不利,巴黎为之震动,人们互相指责,推卸责任。军官埋怨政府处理不善,军纪涣散,吉伦特派则忙着寻找替罪羊,下令追查杀害迪永的凶手以及鼓动士兵抗命的马拉。立法议会随即下达了法令,允许将军自行制订纪律,惩罚抗命的士兵。此举本来是为了巩固对军队的控制,但是这些军官大部分是王朝的军官,所以反而起了相反的效果。立法议会的无能可见一斑。5 月 18 日,军官擅自宣布无法再次发动进攻,建议国王媾和。不到一个月,吉伦特派在军事上就遭到了全面失败。

立法议会匆忙出台了一系列激进措施,5 月 18 日决定对巴黎的所有外国人实行监视,5 月 27 日重新开始讨论未宣誓教士问题,规定流放所有遭到本地 20 名积极公民联名指控的未宣誓教士。内阁也得到了重组。塞尔旺(Joseph Marie Servan,1741—1808)接替格拉夫侯爵(Marquis de Grave,1755—1823)出任国防部长,他提议全国组织两万联盟军,参加一年一度的联盟节,拱卫首都,同时解散国王身边的 1 800 人。

---

① S. F. Scott, *The Response of the Royal Army to the French Revolution*, Oxford: Oxford University Press, 1978. 所谓混编改组(l'amalgame),指的是 1793 年 2 月 21 日国民公会决定将志愿军和野战军合并,恢复统一的军事组织,但骑兵和炮兵仍实行募兵制,作为准备,首先在 2 月 21 日统一了军饷和晋升制度,采用了国民卫队的蓝军服作为统一的军服,并制定了新的番号和军衔。

这一提案惹恼了众人。一旦联盟来到巴黎,国王会更像一名阶下囚。巴黎的激进派也不满意,因为这等于完全不信任他们有能力保卫祖国。于是,出现了八千人请愿。国王乘机否决了组织联盟军、解散国王卫队和流放未宣誓教士三份法案,并于 6 月 12—13 日解散了吉伦特派内阁,重新组织了一个斐扬派内阁。① 这个内阁更得不到议会信任。而且,不仅政治派系之间的关系越来越紧张,政府和议会也难以相互信任。拉法耶特在一封公开信中指责雅各宾俱乐部,认为政府内部不和是产生危机的主要原因。议会不仅内部分歧严重,同政府的矛盾也开始公开化。

吉伦特派惨遭失败,但是他们的宣传却成功地鼓动起群众的革命情绪。鲁日·德·里尔(Rouget de Lisle,1760—1836)在斯特拉斯堡创作了《莱茵军团战歌》,后来成为共和国国歌。两万联盟军提案点燃了外省拱卫首都的激情。地方纷纷向巴黎雅各宾俱乐部或议会致信,表达他们的热情。6 月 19 日,马赛代表团来到议会大厅,慷慨激昂地说道:"人民释放怒火的时刻已经来到……现在人民站起来了。这只高贵的雄狮,现在被激怒了……民众的力量就是你们的力量。"②在吉伦特派的推动下,戴上小红帽成了无套裤汉的时髦。随着供给危机的加深以及反革命的猖獗,社会民主运动渗透到平民阶层。巴黎各区政治俱乐部数量增加了一倍,通过吸收消极公民,会员也增加了不少。议会赦免因南锡事件而被判苦役的瑞士士兵,4 月 5 日巴黎有上千人庆祝这些瑞士人重获自由。在政治急速激进化的情况下,新的政治领袖开始出现,他们因同情民众、要求经济平等,而在平民中很有声望。鲁(Jacques Roux,1752—1794)是巴黎格拉维尔区(section des Gravilliers)的教士,号召限价,并呼吁处死囤积商人。自称是阿那克萨哥拉(Anaxagoras)的肖梅特(Pierre Gaspard Chaumette,1763—1794)声名鹊起,他领导科德利埃俱乐部中

---

① Frédéric Braesch, *La commune du dix août 1792 : étude sur l'histoire de Paris du 20 juin au 2 décembre 1792*, Paris: Hachette et cie, 1911, pp. 65 - 66. 张弛:《法国革命恐怖统治的降临(1792 年 6 月—9 月)》,杭州:浙江大学出版社,2014 年,第 63 页。
② *Réimpression de l'ancien Moniteur*, Tome 12, p. 710。

的激进派脱离俱乐部，自成一派。① 政治危机与经济危机逐渐融合，革命不断朝着激进的方向发展，而随着革命的不断激进，革命的基础也不断扩大。

　　吉伦特派下野后，反倒成了英雄。巴黎各区决定采取联合行动，对国王施压，要求国王召回爱国派内阁。1792 年 6 月 20 日，大约有两万名起义者聚集到杜伊勒里宫门口。但是，国王表现出少有的镇定与勇气，他戴上小红帽，却拒不召回内阁。起义者在佩蒂翁的劝说下解散。国王的选择表露了宪法存在的严重问题：否决权成了反革命的保护伞。曼恩-卢瓦尔省（Maine-et-Loire）代表德劳讷（Joseph Delaunay，1752—1794）说："正是因为有了这样一部宪法，我们的敌人才敢如此肆无忌惮地筹划反革命行动。自由才会被扼杀。"②美国大使莫里斯也有类似看法，他在 6 月 20 日起义后说道："我想宪政已然是在作垂死挣扎了。"③

　　战场失利，国内叛乱四起。面对多重压力，立法议会开始讨论紧急应对措施，7 月 5 日宣布了"祖国在危机中"（la patrie est en danger）。爱国运动进入新一轮高潮。所有地方机构进入永久会期，他们有权从各自管辖地区的国民卫队中征调志愿军，与野战军一起开赴前线。源源不断的各路志愿军涌进巴黎城，他们带来了更激进的要求：停止国王的行政权，重新召开选举议会，组建国民公会。④ 无奈之下，国王遣散了斐扬派内阁，重新召回吉伦特派大臣。与一年前的三巨头一样，一旦重掌内阁，吉伦特派从革命者变成了国王的保护人。韦尼奥、葛瓦代和让索内与路易十六暗中联络，布利索威胁共和派，伊斯纳尔要求对罗伯斯庇尔提起公诉。所以，吉伦特派原本充当了民主救国运动的领导者，而当民主运动真正发展起来之时，他们却与革命者一刀两断。

　　但和 1791 年不同的是，1792 年的激进派更成熟，更有组织，也更有

① 阿那克萨哥拉是古希腊哲学家。肖梅特以阿那克萨哥拉为名，宣扬无神论。
② *Archives Parlementaires*，Tome 45，p. 711.
③ 转引自多伊尔《牛津法国大革命史》，第 231 页。
④ *Reimpression de l'ancien Moniteur*，Tome 13，p. 217.

民众基础。首先,各区议会逐渐放宽标准,废除消极公民与积极公民的区分,赢得了无套裤汉的支持。发动这场运动的是由丹东领导的法兰西剧场区(section de Théâtre-Français),之后有六个区追随。激进运动也得到了雅各宾俱乐部的支援。7 月 25 日,反法同盟指挥官布伦瑞克公爵(duc de Brunswick, 1735—1806)签署了一项声明《布伦瑞克宣言》(Manifeste de Brunswick),宣称如果路易十六的安全受到威胁,全体巴黎人都要负责。战事逼近,就连一贯慎重的罗伯斯庇尔都放弃了"宪法捍卫者"身份(Le Défenseur de la Constitution),要求采取革命行动。[①]军事方面的准备也在有条不紊地展开。巴黎的国民卫队与区这一建制密切相关,1789 年三级会议选举中,巴黎被分为 60 个区(district),国民卫队便由各区选派的 1 000 公民组成,60 个营对应 60 个区。但是,1790年的市镇改革打破了这种对应关系,经改组后,巴黎以积极公民人数为基准,重组为 48 个区。各区为了更有效地与国民卫队各营联络,从 1792年 4 月开始要求改组国民卫队。[②] 联盟军也不是乌合之众,马赛联盟军发挥了领导作用,联合其他地区的联盟军,组织了秘密起义指挥部(directoire secret d'insurrection),他们与巴黎各区一起服从统一指挥与统一调度。起义也是有计划的。各区向议会发出了最后通牒,如果在规定日期之前没有满足民众的要求,他们就会采取行动。他们紧锣密鼓地筹划,准备枪支弹药。国王不可能不知情,但是他不仅拒绝退位,也拒绝出逃,相反还调动瑞士卫队保卫他的王宫。

　　1792 年 8 月初,局势越来越紧张。8 月 3 日,市长佩蒂翁代表巴黎48 个区向议会提交了要求国王退位的请愿。8 月 6 日,马斯校场上再次

---

① 《宪法捍卫者报》(*Le Défenseur de la Constitution*)是罗伯斯庇尔主编的一份周刊,1792 年 5月 17 日开始发行,到同年 8 月底休刊。

② 1792 年 8 月 19 日立法议会重组巴黎国民卫队,将国民卫队重新整编成 48 个营,且受武装各区的直接指派,指挥官由各区民众选出,三个月一换选。巴黎各区成了真正的武装共和国。这对大革命后期的政治事件——1793 年 6 月起义和 1794 年热月政变——有直接的影响。参见 *Archives Parlementaires*, Tome 48, pp. 393 - 396; *Collection complète des lois*, Tome4, p. 339。

发生了与去年类似的一幕：民众签署了要求国王退位的请愿书。外省也传来废黜君主制的呼声。罗讷河口省检察总长贝耶（Moïse Bayle，1755—1815）在一份小册子中不仅提出要废黜国王，还提到任何自由政府与世袭代表都是不能兼容的，因此政府必须和议会一样，由选民选举产生。① 议会最终没有满足民众的要求，不愿指控拉法耶特。吉伦特派更不愿废黜国王，他们只想利用民众的压力重新掌权，而掌权之后则千方百计保住位子，所以他们与民众渐行渐远。因此，当起义一爆发，便成了一场既反对议会，又反对王权，也反对政府的革命。从法律的角度来说，1792 年 8 月 10 日起义是一场反对 1791 年宪法的革命。

　　8 月 9 日夜晚 11 点，巴黎盲人收容院区（section de Quinze-Vingts）率先敲响了起义的钟声，随后法兰西剧场区、蒙特勒伊区（Section de Montreuil）等纷纷响应。大部分区都派出了自己的武装部队，当然也有一些区按兵不动。圣安托瓦郊区（faubourg Saint-Antoine）灯火通明，民众也吹响了集结号。塞纳河左岸率先行动。杜伊勒里宫也做好了准备，防守的士兵虽然在人数上占优，但是弹药不足，而且没人指挥，因为指挥官曼达侯爵（marquis de Mandat，1731—1792）接到市府传唤，提前离开，途中被民众所杀。所以，卫戍部队无人指挥。战斗在 8 月 10 日上午 6 点打响，下令开火的是玛丽·安托瓦内特。但是路易十六无心作战，带着家眷，匆匆穿过花园，前往立法议会。不过，由于他没有下达停火令，忠诚的瑞士士兵和宪兵队伍只能继续抵抗。在骑术大厅中听到了枪炮声后，路易十六才反应过来，匆忙拿起一截白纸，写下"朕命令瑞士士兵马上放下武器，撤到军营里"。

　　8 月 10 日革命伤亡惨重，大约有 600 名瑞士士兵丧命，进攻方牺牲人数总计约 300 人，其中联盟军有 90 人，剩下的就是小店主、小商人和技工。8 月 10 日革命是革命爆发至今流血冲突最严重的一天，也是最具

---

① Moïse Bayle，*De l'Inutilité et du danger d'un roi dans un gouvernement libre et representative*，Marseille：impr. de Rochebrun et Mazet，1792.

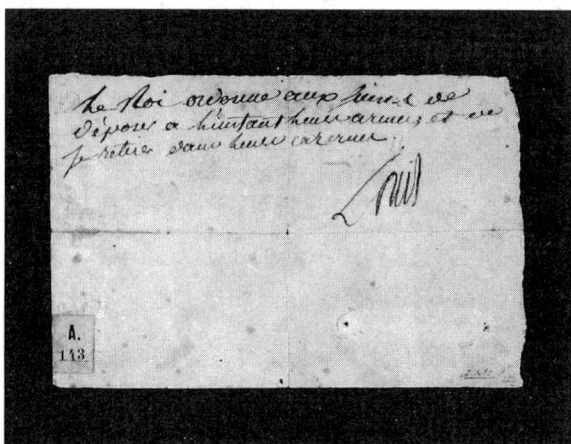

图 29　1792 年 8 月 10 日路易十六下令杜伊勒里宫守军放下武器①

决定性的一天。如果说 1789 年 7 月 14 日攻占巴士底狱是第一次革命，那么 8 月 10 日事件是第二次革命。这次革命的意义在随后几周里慢慢显露出来。首先，1789 年 7 月 14 日革命驱散了国王的军队，挽救了制宪议会。8 月 10 日革命则埋葬了立法议会。新掌权的是起义民众新组建的巴黎公社(Commune de Paris)。巴黎公社原则上是巴黎市的行政组织，但它也是一个革命组织，前身是为准备 8 月 10 日革命、由巴黎每个区的 6 名专员组成的核心指挥小组。革命后，巴黎公社人数一度增至 288 人。议会几乎完全听命于公社。在公社要求下，议会宣布停止国王的行政权，并满足了革命民众的基本要求，废除积极公民和消极公民的区分，实行普选，召开国民公会，准备制定新的宪法。在国民公会召开之前，立法议会基本上扮演着看守议会的角色。其次，8 月 10 日革命不仅瓦解了议会权威，也废除了 1791 年宪法，并改变了宪法合法性的来源。从此以后，革命人民所扮演的不再是挽救议会这般消极的角色，相反，负责制宪的国民公会直接诞生于他们的革命行动，革命本身产生了宪法。

---

① 便笺内容：Le roi ordonne aux Suisses de/déposer à l'instant leurs armes，et de/se retirer dans leurs casernes./Louis. 便笺藏于卡纳瓦莱博物馆(Musée Carnavalet)。

所以,8月10日革命是一场真正意义上的人民的主权革命,并将一种直接民主的实践引入革命历史之中。国家主权到人民主权的转变至此完成。[1] 另外,由于1791年宪法已被废除,新的宪法尚未制定,所以从法律上说,法国现在进入了革命政府(Gouvernement revolutionnaire)时期。根据当时人的理解,所谓revolutionnaire指的不是革命的,而是例外的(exceptionnel)、临时的(provisoire),有别于宪政的(constitutionnel)。由于1793年宪法制订后并未实施,所以,法国革命时期的革命政府应始于1792年8月10日,结束于共和三年宪法落实之日(1795年10月26日,共和四年雾月4日)。[2]

议会剥夺了国王的行政权,组织了临时政府(Conseil Exécutif Provisoire)。这基本上还是一个吉伦特派内阁,所不同的是司法部长由代表巴黎公社的丹东出任,这体现了巴黎公社的影响。临时政府行使一切行政权威。路易十六一家被关进了唐普勒堡,由巴黎公社负责看守。民众开始了摧毁君主制的运动。议会下令以自由的雕像取代一切象征王政派的纪念物。巴黎公社开始盘查参与过王政派俱乐部活动的人员,查禁一切王党派刊物,将1792年规定为平等元年(le premier à l'égalité),并要求临时政府在正式公文中用"公民"(citoyen)取代"先生"(monsieur)。[3] 外省也有类似的情况,斯特拉斯堡的民众移走了路易十六的雕像,阿维尼翁、卡昂等地也都有摧毁王像运动。这些现象意味着,君主制在事实层面逐渐被废除,尽管议会尚未下达正式法令。

另外,由于8月10日是一场流血革命,所以革命胜利后,民众想要

① Keith Baker, "Sovereignty," in *Critical Dictionary of the French Revolution*, edited by François Furet and Mona Ozouf, translated by Arthur Goldhammer, Cambridge: The Belknap Press of Harvard University Press, 1989, p. 835.

② Georges Lefebvre, *Le Gouvernement revolutionnaire*: (*2 Juin 1793—9 Thermidor Ⅱ*), Paris: Centre de Documentation Universitaire, 1947, p. 3. 另见张弛《法国革命恐怖统治的降临(1792年6月—9月)》,第91—100页。

③ Maurice Tourneux, *Procès-verbaux de la Commune de Paris*, Paris: au siège de la Société, 1894, pp. 20, 53.

报复那些怂恿国王的人,以及所有抵制他们请愿的人,后者包括未宣誓教士、瑞士士兵、流亡者,还有拉法耶特。恐怖统治由此开始。特别法庭成立,史称 8 月 17 日法庭(tribunal du 17 août),这是 1793 年革命法庭的雏形。8 月 17 日法庭专门用于审判革命敌人,但是由于种种原因,法庭工作进展缓慢,论罪宽大,在一个月里只判处了 7 次死刑。① 同时,立法议会也颁布了一些惩戒流亡者和未宣誓教士的措施,规定所有未宣誓的教士两周内必须离开法国,否则将被流放到圭亚那。② 议会还规定,没收并变卖流亡者的财产,对他们在国内的亲眷实施监控。但是,这些措施收效甚微。而且,另外一些措施进一步激化矛盾。议会于 8 月 25 日通过废除封建制度法案,无条件废除收成税,除非能提供有效合法的租约。8 月 27 日,议会下令,将佃农变成土地所有者,条件是以原本年租金20 倍的价格进行赎买,此举引起了布列塔尼人的广泛不满。③

　　和之前一样,很多地方在没有得到议会授权的情况下擅自行动。安省布尔格市于 8 月 12 日,罗讷河口省阿维尼翁市于 8 月 15 日,菲尼斯泰尔省于 8 月 16 日,瓦尔省于 8 月 19 日,伊泽尔省于 8 月 25 日先后下达了审查邮件通信的规定。巴黎各区成立了监察委员会,签发爱国公民证书(certificats de civisme),对出入巴黎的所有人员实行监控,监察私人通信。8 月 26 日,当隆维沦陷的消息传到巴黎,人们更加恐慌,因为巴黎失去了最后的屏障。在丹东的建议下,对全城居民实施了挨家挨户搜查(visites domiciliaires),搜寻武器,逮捕可疑分子。监狱人满为患。

　　9 月 2 日,凡尔登沦陷的消息传到巴黎,引起了恐慌。丹东发表了重

---

① 参见张弛《法国革命恐怖统治的降临(1792 年 6 月—9 月》,第 105—117 页。
② *Collection complète des loi*, Tome 4, pp. 361–362. *Archives Parlementaires*, Tome 49, pp. 8–9.
③ *Archives Parlementaires*, Tome 48, pp. 698–701. L. Dubreuil, "Une conséquence socialiste de la loi du 25 août 1792," *La Révolution francaise*, Vol. 61, 1911, pp. 491–504. John Markoff, *The Abolition of Feudalism: Peasants, Lords, and Legislators in the French Revolution*, University Park, PA: Pennsylvania State University Press, 1996, pp. 426, 497–498. P. M. Jones, *The Peasantry in the French Revolution*, Cambridge: Cambridge University Press, 1988, pp. 70–74.

要讲演,号召爱国者别再有所顾忌:"要拯救国家,我们就要勇敢,勇敢,更勇敢。"志愿军和民众都认为关押在监狱里的犯人准备越狱,计划待他们开赴前线后,便与外敌里应外合。于是,他们决定先安内,而后攘外。9月2日下午,一群监犯在被押到阿贝义监狱的途中,被无套裤汉劫持攻击,其中17名犯人被砍死。很快,巴黎大部分监狱都发生了屠杀。民众在监狱门口设立了临时法庭,有法官,有负责传唤囚犯的人,也有专门执行死刑的公民。屠杀持续了大约五天,到9月6日方才平息,史称九月屠杀(Massacres de Septembre)。在这五天中,总共处死1090—1395人。其中,非政治犯占了67.61%,而政治犯仅有353—392人,其中教士223人,瑞士士兵和国王卫队的士兵81—82人,各级军官47—87人。[1]可见,实际上被处死的大多是普通人。但是,巴黎公社不仅觉得很有必要,而且认为屠杀是一项光荣的爱国举动。屠杀者得到了嘉奖,被冠以"九月屠杀者"(Septembriseur)称号。

不过,屠杀确实起到了安定民心的作用。稳定后方之后,志愿军和巴黎公社的成员浩浩荡荡赶赴战场,迎战5万普奥联军。这支部队尽管纪律松散,装备也不好,但是士气高昂,人数很多,据说超过两万人。9月9日,一名英国官员说:"参军人数十分庞大,但是他们还称不上是军队……报名还在继续……今天我听说还有很多人来报名,或者直接奔赴沙隆,难以置信。底层民众的积极性远远超出我的想象。"他认为:"这些志愿者参军,只会给正规军带来麻烦",但是"我也情不自禁地认为……布伦瑞克公爵应该尽快来巴黎看看"。9月20日,在沙隆城(Châlons)西面,法军向普鲁士军队发起了最后冲锋,在克勒曼(François Christophe de Kellermann,1735—1820)和迪穆里埃的指挥下,意志坚定的法军无视敌军炮火,最终击溃了普鲁士军队。身在普鲁士军队中的歌德先前是一名革命的仰慕者,但是他现在与他的庇护人萨克森-魏玛的卡尔·奥古

[1] Pierre Caron, *Les Massacres de Septembre*, Paris: En vente à la Maison du livre français, 1935, pp. 76-102.

斯特大公(Karl August,1757—1828)一起出现在瓦尔密。这位诗人写道:"从此时此地开始,世界历史掀开了崭新的篇章。"[1]

迪穆里埃马上开始与普鲁士和谈。正如他所料,普奥之间的结盟从来都不是稳固的。威廉二世以为迪穆里埃想要成为第二个拉法耶特,凯旋回国后将复辟君主制,因此爽快答应了他的要求,宣布只要路易十六重登王位,谈判随时可以开始。而正在这时,威廉二世获悉,法国新成立的国民公会宣布成立了共和国。谈判因此破裂。

8月10日革命后,巴黎公社正式提出召开国民公会,制定新宪法。立法议会迫于各方压力,"邀请(invite)公民以自由、平等和祖国之名,"组建国民公会,废除了积极公民和消极公民的区别,实现男性公民的普选,但仍保留二级选举。[2] 8月27日召开初选议会,9月2日开始第二轮选举。这是法国历史上第一次普选,但是选举参与度并不高。在600万选民中,只有1/4到1/5的人参与了初选议会的投票。科尔马地区(Colmar)有一半人没有投票。西部四个省参加投票的选民仅有10%。造成选举参与度偏低的主要原因是政治危机,同时不少激进举措也让更多人开始疏远革命。

选举结果也证明了类似的分裂。尽管立法议会为巴黎公社所钳制,但是它在外省依旧很有威望。所以,当选的国民公会代表中,有200多人是立法议会的代表。相反,当选为代表的巴黎公社成员则不多。这表明,短期内公社尚不能号令革命。另外,有83人是前制宪议会代表,都是声名显赫之人。总体来看,最后当选的749名国民公会代表中,有357人在革命时期的地方政府担任过不同公职,贵族和教士的比例进一步减少,而且代表更年轻,年纪不到44岁的代表占了2/3。市镇代表居多,约1/4来自人口超过15 000人的市镇。从职业看,法律界代表较多,基本上一半人受过法律训练,而农学、医学或科学院成员较少,商人和技工比

---

[1] 转引自多伊尔《牛津法国大革命史》,第238页。
[2] *Archives Parlementaires*, Tome 48, p.29.

例基本稳定。①

1792 年 9 月 21 日,国民公会开幕,有 371 名代表出席。佩蒂翁以绝对多数票当选主席。在基内特(Nicolas-Marie Quinette,1762—1821)、库通、科洛·达布瓦(Collot d'Herbois,1746—1796)等代表建议下,国民公会宣布废黜君主制,并废除一切"高人一等"的东西(la prééminence)和一切彰显不平等的身份标志。② 这就是法国革命没有像美国革命那样尊崇国父的原因。这些提议顺利获得了通过。事实上,8 月 10 日革命已经废除了君主制。而国民公会诞生于这场革命,它的决议不可能违背革命者的意愿。另外,选举也把王党分子排除在外。不过,需要特别注意的是,国民公会并没有在讨论中宣布成立共和国。从法律上说,法兰西第一共和国不是通过法律形式认可的,而是在废除君主制后不得不采取的制度形式。

尽管在废除君主制上达成了共识,但是这并不意味着代表之间没有分歧。吉伦特派与山岳派两大阵营很快发生了冲突。吉伦特派在外省很有号召力,在国民公会代表中也很有威望。但是,在巴黎掌权的却是山岳派控制的巴黎公社,他们不断对国民公会施加影响。但两派之间的分歧与现代意义上的党争完全不同。首先,他们都不是党派,组织松散。吉伦特派的成员大多来自沿海省份,与商业有产者关系更为紧密。山岳派与小有产者的关系更为紧密。其次,两派之间既有人际关系方面的矛盾,也有政见上的分歧,但更重要的冲突表现为不同的革命倾向。两派很快在如何处置国王这个问题上展开了交锋。这是一个棘手的问题。吉伦特派倾向于把国王当作人质。山岳派反对,认为国王一定有通敌嫌疑。他们在巴黎公社的配合下,对国王展开了全面调查,11 月在杜伊勒里宫发现一个铁柜(armoire de fer),藏有不少文件,证明国王的确有通

① Alison Patrick, *The Men of the First French Republic : Political Alignments in the National Convention of 1792*, Baltimore and London: The Johns Hopkins University Press, 1972, pp. 196-246.

② *Archives Parlementaires*, Tome 52, p. 70.

敌嫌疑。① 国王需要接受审判,但是如何通过法律审判一位"人身不可侵犯"的人呢? 11 月 13 日,来自埃纳河省(Aisne)的年轻代表圣茹斯特(Saint-Just,1767—1794)做了发言,这是他当选为国民公会代表后第一次发言。他说,实际上国王已经在 8 月 10 日革命中接受了审判。所以,现在所需的不是审判,而是根据上一次审判定罪。罗伯斯庇尔的发言更为清楚有力:

> 路易曾经是国王,而现在共和国已经成立。仅凭这两句话,已经决定了你们正在讨论的这个著名的问题。……路易不能再受审,他已经被定罪,而共和国也未必死亡。起诉路易十六,不管可能出现什么方式,都是向君主的和立宪的专制的倒退。事实上,如果路易还可以成为一个诉讼案的对象的话,那么他可以被赦免,他可以是无罪的。我说什么呢? 他在被审判前就已经被假定为无罪者了。然后,如果路易可以被赦免,可以被假定为无罪者,那么革命又成了什么呢? 如果路易是无罪的,那么自由的一切保卫者倒成了恶意中伤者了,叛乱者倒是真理的朋友和被迫害的无辜者的保护人了。②

罗伯斯庇尔认为,无需审判路易十六,因为他已经被定罪了。他不可能无罪,因为如果路易十六无罪,那么革命和共和国就是有罪的。但是,任何形式的审判都有无罪宣判的可能,所以,他不能接受审讯。不过,由于大多数代表都接受过正式的法律训练,国民公会最终决定审判路易十六。

1792 年 12 月 11 日,路易十六出现在国民公会,接受民众对他的指控。他请了马尔泽尔布为自己辩护。这位旧制度时期的书报检查总长、间接税法院院长、《百科全书》的支持者,此时已经 71 岁了。他因为对路

---

① Andrew Freeman, *The Compromising of Louis* XVI: *the Armoire de fer and the French Revolution*, Exeter: University of Exeter, 1989.

② *Réimpression de l'Ancien Moniteur*, Tome 14, pp. 646 - 648. 译文参考王养冲、陈崇武编《罗伯斯庇尔选集》,上海:华东师范出版社,1989 年,第 111—120 页。

易十六改革不满,退出政坛,专心研究植物。他慷慨应允:"我不知道国民大会会不会给路易十六找个律师为他辩护,会不会让他选择。在这种情况下,我想让路易十六知道,如果他选择我担任这个职务,我愿意全身心地投入其中。"①国民公会还给路易十六配备了另一名律师雷蒙·德·塞兹(Raymond de Sèze,1750—1828)。塞兹来自波尔多,口才极好,是一位吉伦特派。12 月 26 日,塞兹做了辩护,将路易十六的所作所为描绘成迫于环境压力的无奈之举,否认他犯有叛国罪。他认为,这位君主给予了他的民众想要的一切,而且其人身不可侵犯,国民公会无权审判。国王也不断重申,他从来无意也无心伤害他的臣民。有不少代表被他的发言打动。吉伦特派趁机阻挠审判。他们的理由看起来很充分。他们认为,一旦国王被审判,那么有人可能会取而代之。他们先把矛头指向那位改名为菲利普·平等(Philippe Égalité)的奥尔良公爵(Louis Philippe Ⅱ,1747—1793),后来又指控山岳派是王党分子。他们还认为,如果审判国王,必会遭到全欧洲的讨伐。但是这些说法不仅站不住脚,更是搬石砸脚,因为挑起对欧战争,并在 1792 年 11 月主张把战争进行到底的正是吉伦特派。无奈之下,吉伦特派提出,审判必须经全民公决(referendum)。他们认为,能依靠自己的影响,让国王避免一死。

国民公会的唱票于 1793 年 1 月 15 日开始。投票经历了好几轮。首先,每一名代表都必须就以下两个问题陈述理由,表明立场:国王是否有罪? 是否需要全民公决? 第一个问题几乎没有异议,693 名代表投票国王有罪,没有人投票支持无罪释放。在是否支持全民公决问题上,产生了分歧:283 名代表投票支持全民公决,424 名代表投了反对票。第二轮投票从 16 日开始,决定国王的命运。结果,投票的 731 名代表中,387 人

① Louis Vian, *Les Lamoignon*: *une vieille famille de robe*, Paris: Lethielleux, 1896, p. 299. 以下陈述参考 David Jordan, *The King's Trial*: *The French Revolution vs. Louis Ⅺ*, Berkeley, CA: University of California Press, 1979; Michael Walzer ed., *Regicide and Revolution*: *Speeches at the Trial of Louis Ⅺ*, Cambridge: Cambridge University Press, 1974.

主张判处死刑,其中有 26 人建议考虑缓期执行,334 人反对死刑。次日,国民公会向国王宣告了投票结果。1 月 18 日开始第三轮投票,决定是否缓期执行死刑,结果 310 票支持,380 票反对。1793 年 1 月 21 日,周一,路易十六在革命广场上,就在曾耸立他的祖父得胜回还的骑马雕像之处,引颈受刑。

瓦伦事件以后,共和革命就启动了,8 月 10 日之后开始加速,直到审判路易十六,革命者完成了一场彻底、全面、不可逆转的摧毁君主制的运动。弑君罪这个罪名就意味着没有妥协的余地,更没有回头路。头脑清醒的只有少数人,他们明白当投票赞成处决国王之时,战火早已平息,整个波旁王朝早已土崩瓦解,因而处决路易十六并不意味着是胜利,而是一种挑战。处决国王的后果如何,则是一个争论不休的问题,一直影响着此后的革命历史。

第二节 分裂的共和国

审判路易·卡佩既没有缓和革命危机,更没能使国民公会团结起来。每一轮唱票都加剧了山岳派和吉伦特派之间的分歧和冲突,既激起了一些人对国王的怜悯,也强化了一些人反君主制的情绪。审判本身正是调和派和不调和派之间的斗争。前者为实现和平,有意识地准备同反革命达成妥协。后者则不考虑任何退路,将民族存亡同战争胜败联系在一起。[①] 不幸的是,吉伦特派若想实现和平,就应当选择停战,但是他们却深深地沉浸在政治浪漫主义中不能自拔,誓将战火燃烧到欧洲每一寸地方。革命者原想解放世界,但很快发现自己的国家正处于被入侵的危险中。吉伦特派发动了战争,却不能打好这场战争。这是他们最终倒台的原因之一。不过,在交战之初,这种政治浪漫主义还是发挥了一定的积极作用。

---

① 勒费弗尔:《法国革命史》,第 283—284 页。

　　1792 年的战争让法国革命者备受鼓舞。瓦尔密大捷后,迪穆里埃转道北上,进攻奥属尼德兰,11 月 3 日跨过了边界,三天后在热马普(Jemappes)大败奥军。萨瓦地区在瓦尔密战役后加入反法联盟,遭到了孟德斯鸠(Anne-Pierre de Montesquieu,1745—1792)指挥的法国军队的入侵,尼斯被攻占。在莱茵河地区,屈斯蒂纳(Comte de Custine,1742—1793)侵入各教会公国(ecclesiastical principalities),10 月 21 日攻占美因茨,23 日攻占了法兰克福。8 月 10 日革命前法国的军队几乎每仗必败,现在却所向披靡。主要原因在于,革命战争是一场全民参与的民族战役,战争的目的不是攻城略地,而是保护他们的革命事业,保护新生的共和国。革命时期,法国人口接近 2 900 万,远远超过任何一个欧洲国家。这从根本上决定了在任何一场战役中法军人数超过敌军。另外,随着革命的推进,旧制度的军官要么背弃了军队,要么叛逃出国,原先的王国军队基本上已被新征召的士兵取代。因此,与反法同盟的军队相比,法军的士气极为高昂。最后一个原因是,在瓦尔密和热马普两次战役中,发挥决定性作用的是炮兵,而炮兵是最讲技术、最需要作战经验的兵种,因此也最少受到革命剧变的影响。以上所有这些都意味着,法国的军队绝非像反法联盟想象的那样无能,那样不堪一击。

　　随着战争推进,法国人逐渐将这场自卫反击战变成了政治战争。国民公会认为,战争是正义的,战争的原则和目标是普世的,因而决定继续向东部深入。由此,革命法国向全世界宣战。1792 年 11 月 19 日国民公会发布了一份重要的宣言:"以法国国家的名义,将为所有那些想要恢复自由的人民伸出兄弟般的援助之手。"[1]11 月 27 日,格雷古瓦教士接待了英国代表团后宣称,一个新的共和国即将在泰晤士河诞生。布利索在11 月 26 日宣布"只有整个欧洲着了火,我们才能安宁"。[2] 12 月 15 日,国民公会授权军官在攻占的领土上废除封建制度、什一税、奴役、贵族特

---

[1] *Réimpression de l'ancien Moniteur*,Tome 14,p.517.

[2] 勒费弗尔:《法国革命史》,第 244 页。

权,并通过了那份"向宫廷开战,给茅屋以和平"(guerre aux châteaux, paix aux chaumières)的著名法律。[1] 但事实上,法国周边的很多地区并不愿意让法国来解放他们。其中最直接的原因是,法国政府要让占领地区承担共和国军队的装备与补给,这项规定令这些被解放地区十分反感。实际上,最后的结果是不管被占地区是不是自愿,他们都要为法国承担开销,法国则为他们建立新的制度。于是,在法国刺刀的保护下,少数革命分子着手建立专政体制,硬要被占领地区的人民出钱出力,去换取幸福。不过,事情进展到这一步,也不全是革命者的错。实际上,1792年9月当法国军队跨越萨瓦边界的时候,当地居民就高呼着他们要像阿维尼翁一样,并入法国。不久之后,类似的要求出现在莱茵河地区。在类似的事态推动下,1793年1月出使比利时的丹东便提出了"自然边界"说法:"法国应以自然边界作为疆界。我们应该抵达自然界限的四个点:海洋、莱茵河、阿尔卑斯山和比利牛斯山。"[2]1792年年底至1793年年初,萨瓦、尼斯等地区相继并入法国。

　　在这种心态的驱使下,法国革命者开始被胜利冲昏头脑,他们决定与整个欧洲为战,而且他们也相信自己有能力与欧洲为战。但是,欧洲的局势对法国很不利。英国首相皮特在1792年年初的预算报告中预言英国至少能享受15年和平,但是局势的发展令他倍感突兀。一方面因为当年英国农业歉收,面包价格奇高,工人生活无着,社会动荡;另一方面则因为受到法国革命的影响,政治激进主义开始蔓延。鞋匠哈迪(Thomas Hardy, 1752—1832)成立了伦敦通信委员会(London Corresponding Society),招收下层工人,推动政治社会改革。就连军队都受到影响。法国的入侵和兼并让皮特萌生了断交的念头,而处决路易十六给皮特提供了充足的理由。路易十六被处决后,西班牙放弃中立,与法国断交。从此,地中海的大门向英国敞开。有了英国作为后援,意

---

① *Réimpression de l'ancien Moniteur* , Tome 20, p. 284.
② 转引自多伊尔《牛津法国大革命史》,第247页。

大利各王公也可以义无反顾地反对法国。另外,东欧的局势也在发生变化。俄国已经结束了波兰战争,可以腾出手来处理西部边境问题。普奥联盟虽然连遭重创,但稳固如初。①

法国正要与这样一个同仇敌忾的欧洲宣战:1793 年 2 月 1 日向英国和荷兰宣战,3 月 7 日向西班牙宣战,到这年秋天,大部分欧洲国家都卷入了战争。法国不仅一开始就遭遇重创,而且国内也出现了哗变。3 月 18 日,迪穆里埃的部队在内尔温登遭遇奥军,一败涂地。更糟糕的是,他竟向奥地利求和,并承诺会与反法联盟合作,将率领剩余部队向巴黎进发,并释放被囚禁的王后和太子,宣布太子为路易十七。但是,当迪穆里埃下令向巴黎进发的时候,他的部下拒绝服从。4 月 5 日,迪穆里埃投靠了奥地利。法国人被赶出了莱茵河地区,而美因茨地区也只剩下两万孤立无援的法国人。从最初的胜利到溃败,这一转变不仅突然,而且彻底。1793 年 7 月,法国军队已经完全被赶出了比利时。反法联军侵入法国。奥军攻下了孔代的城邦,瓦朗西安沦陷。南部地区,西班牙侵入鲁西永,随后 7 月 12 日发生土伦叛乱。战局陡然转变,让很多法国人觉得根本原因就是军官变节。国民公会于 1793 年 3 月 19 日下达命令:凡军队变节者一律处以死刑,无上诉权。事实上,导致战局陡转直下的根本原因在于,很多志愿军在得到了国民公会的许可后解甲归田,所以到 1793 年 2 月,法国军队仅剩下 23 万人。实际上,如果不是反法同盟缺乏统一部署,不能通力合作,法国可能会遭遇到更惨痛的打击。

所以,共和国要存活下去,必须扩充兵源,但是,这一措施很快又引发了新的危机。② 1793 年 2 月 24 日,国民公会下达了三十万征兵令。根据征兵法令,入伍的新兵包括所有 18—40 岁的未婚法国人,或是无子的鳏夫,但并没有规定如何征召。于是,有的地区采取推选的方式,有的

① 参见勒费弗尔《法国革命史》,第 289—295 页。
② *Archives Parlementaires*, Tome 59, pp. 141 - 146.

地方则许可出钱购买壮丁。反对征兵的地方很多,因为这种措施总让人想起旧制度时期的强制征兵。[1] 但是,征兵刻不容缓。于是,国民公会决定派出 28 名专员,到地方强行推行征兵,之后又授权专员可对为首闹事者处以极刑。很多地方的局势得以缓和,但是更大的骚乱在旺代地区爆发了。3 月 11 日,旺代地区出现了叛乱,民众攻击国民卫队、市政当局以及宣誓教士,拒绝征兵。旺代人反对革命,不是因为他们忠于君主制。当路易十六被砍头,普罗旺斯伯爵宣布成为摄政王的时候,他们毫不在意。激怒他们的是宗教问题。因为长期以来,旺代民众的心态十分传统,对天主教有着深厚感情。诺曼底、布列塔尼、曼恩、安茹以及下普瓦图等地区,未宣誓教士的比例一直很高。征兵在旺代以及普瓦图的农民中都激起了强烈的反抗,这说明宗教政策疏远了这些人,他们绝不愿意为革命效力。叛乱也导致了这些地区的管理崩溃,卢瓦尔河南部大部分地区,一直延伸到丰特奈-勒孔特(Fontenay-le-Comte),包括曼恩-卢瓦尔省、下卢瓦尔省以及德塞夫勒省(Deux-Sèvres)的地方政府都陷入了瘫痪。[2]

旺代的叛乱令人毛骨悚然,其血腥程度堪比九月屠杀。叛乱在旺代多个地区同时爆发,好几座城被攻陷,行政机关被解散,担任公职的有产者遭到虐待。绍莱(Cholet)和马什库勒(Machecoul)两地大约有 500 名共和派被屠杀。叛军首领出身贫寒,卡特里诺(Jacques Cathelineau,1759—1793)原本是名纺织工,斯托夫莱(Jean-Nicolas Stofflet)是猎场看守人。沙列特(François de Charette,1763—1796)控制了马雷(Marais)地区,罗亚朗(Charles de Royrand,1726—1793)和萨皮诺(les Sapinaud)兄弟占领了整个博卡灌木地区。莫日地区掌握在天主教叛军手里,这支部队在蓬尚(Charles de Bonchamps,1760—1793)、斯托夫莱、累斯库尔(Louis

---

① 汉森分析了征兵在卡昂和利摩日地区引起的骚乱,参见 Paul Hanson, *Provincial Politics in the French Revolution: Caen and Limoges, 1789—1794*, Baton Rouge and London: Louisiana State University Press, 1989, pp. 83 - 84。

② Claude Petitfrère, "The Origins of the civil war in Vendée," *French History*, Vol. 2, No. 2, pp. 187 - 207.

Marie de Lescure,1766—1793)、拉罗什雅克林(La Rochejaquelein,1772—1794)的指挥下,与培尼埃教士(abbé Bernier,1762—1806)自立政府。叛军有一支向巴黎进发,也有一些部队向布列塔尼深入。但是,叛军总体上组织涣散,农民打完仗,就各自回家,但他们能充分利用地形,以散兵队形接近敌人,布置埋伏,当敌人出现时群起而攻之。所以,旺代叛乱尽管让共和国的军队疲于应付,但没有造成不可挽回的损失。

　　除了军事失利外,国民公会还必须应付生计问题。实际上,处决了路易·卡佩后,一日三餐问题再度成为民众最关心的问题,这也是政治激进化的最直接原因。1793年2月12日,在雅克·鲁领导的忿激派(Enragés)的带领下,巴黎民众向议会请愿,要求对基本生活品进行限价,"最高限价"(maximum)一词出现在他们的请愿书中。但是,正如前文所述,民众要求限价的是蔗糖、咖啡,而不是谷物、面包等生活必需品。所以,马拉并不支持民众请愿,认为这是富人的阴谋。国民公会轻易否决了请愿,代表们认为此举干涉商品的自由流通与交换,不仅会扰乱市场,而且也不能保证货物的充足。此外他们在1792年12月已经谴责过所有经济控制的手段。但是,经济形势不断恶化。

　　指券贬值得十分厉害。1793年1月,指券只剩票面价值的51%。国民公会把指券贬值归罪于外国银行家的阴谋,认为某些国内金融家与外国人串谋捣鬼。实际上,大部分人心知肚明,指券贬值是因为人们在用指券投机倒把,或是抛售指券,抢购物资。市场也十分混乱,原因很复杂。一方面征兵和征购军需物资扰乱了民众生活物资的供给。另一方面,对欧宣战对经济的影响开始显现。反法联盟封锁了近海海域,殖民地的物资无法进入港口,这不仅给西印度公司的产品带来了严重的打击,也使得法国本土的蔗糖咖啡等价格奇高。反法联盟的舰队趁火打劫,掠走了大部分物资。另外,皮特印刷了大量假币,偷偷运到法国,还鼓动各国的银行家抛售法国债券,造成资本外流,企图从经济上打垮法国。[1] 英国的封锁政

---

[1] 多伊尔:《牛津法国大革命史》,第277页。

策不只是一种战时措施,更反映了重商主义的原则,因为它针对法国的海上禁运管制措施也强加给其他国家的商船,甚至为了英国的利益而不惜牺牲盟国的商船,目的在于借助商业管制和商业封锁,帮助英国摆脱法国的竞争并占有法国市场。

物价的变化忠实地反映了法国经济情况的恶劣程度。与1790年相比,1793年2月,糖的价格涨了两到三倍,肥皂价格也翻了一倍多,其他像咖啡和蜡烛这些物品的价格也在不断飙升。从2月底开始,不少地方发生了抢劫食品和肥皂的事件。① 正是因为物价上涨,人们才会提出最高限价。另外,工人的工资上涨完全跟不上物价上涨速度,里昂工人要求制订最低工资标准。2月下旬,巴黎几乎天天有民众请愿,要求限价。2月25日,当请愿要求再次被国民公会和雅各宾俱乐部驳回后,民众打劫了杂货店和仓库,领头的大多是妇女。他们将抢来的东西,按照他们认为的合理价格当众销售,卖得的钱还给店铺老板。忿激派在民众中的声望越来越高。该派代表让·韦尔莱(Jean Varlet,1764—1837)出版过一本小册子《社会状态中人权的神圣宣言》,抨击私有财产,认为这完全是与公益背道而驰的东西。② 他几乎每天在国民公会门口的公开讲台上对过路人演讲。巴黎公社一开始还想利用国民卫队控制街面的骚乱,但是不久公社自己也陷入了类似的危机。公社的公诉人肖梅特认为必须要采取措施,要么制订法律打击囤积,要么减少指券的数量,要么开动一些公共工程,给工人提供就业机会,反正要想方设法把穷人拉进革命阵营中。③

政府和议会完全没有力量控制局面。党争非但没有结束,反而愈演愈烈。临时政府在内斗中耗尽了精力。1月22日罗兰辞去内政部长一

---

① Albert Mathiez, *La Vie chere et le mouvement social sous la Terreur*, pp. 113 - 114.

② Jean-François Varlet, *Déclaration solennelle des droits de l'homme dans l'état social*, Paris, 1793. 有关忿激派的研究,参见 R. B. Rose, *The Enragés: Socialists of the French Revolution?*, Sydney: Sydney University Press, 1965。

③ Albert Mathiez, *La Vie chere et le mouvement social sous la Terreur*, pp. 121 - 135.

职。但是为了扳回一局,吉伦特派也把倾向山岳派的国防部长巴什
(Jean-Nicolas Pache,1746—1823)赶出了临时政府。接任的博侬维尔
(marquis de Beurnonville,1752—1821)玩弄两面派手法。新任内政部长
加拉(Dominique Joseph Garat,1749—1833)亲吉伦特派,但是不想受任
何一派的牵连。司法部长戈叶(Louis-Jérôme Gohier,1746—1830)和海
军部长蒙日(Gaspard Monge,1746—1818)却是亲山岳派。国民公会在
1月1日成立了由吉伦特派控制的国防委员会(Comité de défense
générale),对各部进行监控,这个委员会庞杂臃肿,缺乏效率,更不可能
领导革命。

　　激进措施迟迟不能落实,强有力的行政权也迟迟不能确立。因为山
岳派和吉伦特派都担心,一旦应允民众的请求,可能自己会成为激进政
治的牺牲品。1793年2月,孔多塞在国民公会上就宪法问题做了一次报
告。但是,山岳派认为,现在讨论宪法不合时宜。这不过是借口,因为山
岳派很清楚,如果宪法获得通过,那么,国民公会的使命就结束了,需要
重新选举,吉伦特派很可能利用自己在地方上的影响排挤他们。所以,
宪法问题被搁置了。另外,山岳派内部也有分歧。丹东始终相信共和派
应当团结,但是罗伯斯庇尔对不少代表的革命立场心存疑虑,然而对于
是否应当完全依靠巴黎民众和无套裤汉,他又很犹豫,因为担心如果民
众不受控又会重演九月屠杀的惨剧,反过来如果国民公会顶住了街头民
众的压力,又会如何?1793年2月25日前后,巴黎爆发大规模骚乱,消
费者抗议肥皂与面包价格。马拉在当天的《人民之友》报上宣称,如果每
天吊死几个杂货铺老板,供给问题就解决了。① 国民公会并未采取任何
措施应对,吉伦特派仅仅指责马拉在背后挑唆。在这样一种莫衷一是的
局面下,国民公会根本不可能及时推出必要措施,扭转局面。

　　尽管2月25日事件背后并没有阴谋,但是阴谋论再度升温。3月1
日,列日和亚琛被奥军占领。指挥官科布尔(Cobourg,1737—1815)率军

① D. N. G. Sutherland, *France 1789—1815: Revolution and Counterrevolution*, p.170.

渡过默兹河。7日,丹东从比利时回来,立刻发出了警报:"我现在只知道要对付敌人,让我们先把敌人打败。"布列塔尼的农村出现了叛乱,他们组织了精良的部队,叫嚣着:"我们不交税了,因为国王没了,法律也没了……让国家见鬼去吧。"①旺代叛乱的势头更猛,组织更严密,叛军佩戴圣心、十字架,举起保王党的白色旗帜,他们的口号是:"国王万岁,我们的好神甫万岁!我们要国王,我们要教士,我们要旧制度。"到了3月的第2周,地方叛乱、法军败退的消息传到巴黎,惊恐笼罩着整个国民公会。

在奥军的威胁下,比利时岌岌可危。于是,又上演了1792年夏天的一幕。丹东鼓动巴黎的爱国者拯救比利时。但是,国内危机也必须有所遏制,但又不能听凭民众肆意妄为,不能重演九月屠杀。因此,必须要成立革命法庭,把惩戒控制在一定范围内。尽管遭到了吉伦特派的强烈反对,丹东的建议还是得到了司法部长巴什的支持,并于3月10日在国民公会获得通过。根据这部法律,国民公会成立特种刑事法庭(tribunal criminel extraordinaire),通常称为革命法庭(Tribunal révolutionnaire),专门受理所有反革命罪(entreprise contre-révolutionnaire),所有针对自由、平等、统一、共和国不可分割性、国家内部和外部安全的攻击行为,所有为了君主政体和其他任何与自由、平等以及人民主权相敌对之政权的利益而展开的阴谋。② 同时,国民公会确立了特派员制度。3月9日,国民公会将全国分为41个特别区,每区派驻2人,共计82名特派员(représentants en mission),主要负责征兵,同时享有便宜行事的权力,可自行决定一切合宜的措施。4月9日,国民公会往每支地方军队下派3名军队特派员,每三个月换选一次。③ 吉伦特派并未反对,是因为他们

---

① 转引自 D. Sutherland, *The Chouans*: *The Social Origins of Popular Counter-Revolution in Upper Brittany 1770—1796*, Oxford: Clarendon Press, 1982, p. 260。

② *Collection complète des lois*, Tome 5, pp. 190 - 191。

③ Aulard ed., *Recueil des Actes du Comite de salut public*, Tome 2, pp. 298 - 300, Tome 3, pp. 171 - 173.

觉得若将大批山岳派代表派往外地,便可以巩固他们在国民公会中的势力。结果,事与愿违。因为这些山岳派代表在地方上积极落实革命措施,逮捕疑犯,征收赋税,征发军需物资,保证民生,他们的所作所为极大地提高了山岳派在地方上的影响,并且拉拢了不少有威望的保守派。卡诺(Lazare Carnot,1753—1823)原本是保守派,他也渐渐认识到,必须推行激进措施:"只要敌人还存在,就不能指望有和平,外部的敌人是如此,国内的敌人更是如此。必须把敌人彻底消灭,不然我们就会被他们消灭。"①

迪穆里埃叛变加剧了人们心中的恐惧。3月12日,他向国民公会寄来了一封威胁信。这实际上是一份宣战书。他谴责特派员,说这些人都是嗜血的狂徒。他批评国民公会的法令,认为法国战败,是因为这本就是场贪得无厌的、不正义的战争。这封信直到3月15日才公之于众,刊登在《巴黎编年》(Chronique de Paris)上。吉伦特派与迪穆里埃关系密切,所以也遭到了公众的怀疑。丹东自告奋勇,偕德拉克鲁瓦(Charles-François Delacroix,1741—1805)一同去和迪穆里埃面谈,非但徒劳无果,反而使自己受到牵连。② 同时,西部叛乱的消息陆续传来。反对激进措施的代表越来越少。国民公会于3月18日决定,流亡者和被判处流亡的未宣誓教士,一旦在共和国的领土上被逮捕,便可处决,次日规定类似的措施也可用来针对手持武器的叛乱分子。要想在地方推行类似的措施,没有合适的机构是不行的。3月21日,国民公会在全国每个市(commune)设立监察委员会(comités de surveillance)。最初负责监控国内的外国人与疑犯,但逐渐掌握了更大的权力。

行政权也得到了重组。在君主制垮台后,行政权归属到每一个由部长领衔的委员会名下,但国民公会也设立了不少委员会。双方权限不明,常有冲突。成立国防委员会,本想解决这些问题。但是该委员会效率很低,缺乏魄力。在代表巴雷尔建议下,由25名国民公会代表组成救

---

① 转引自勒费弗尔《法国革命史》,第348页。
② Leigh Whaley, *Radicals: Politics and Republicanism in the French Revolution*, Stroud: Sutton, 2000, p. 130.

国委员会(Comité de Salut Public),接替国防委员会。4月7日,救国委员会成立。巴雷尔当选,而且成为任职时间最长的委员。救国委员会采取集体负责制,并非一个独裁组织。但是,在成立之初,救国委员会起的作用不大。丹东对委员会有绝对的影响力,但是他本人奉行拖延和妥协的政策,这或许能赢得平原派的支持,但是不利于委员会的工作。事实上,新成立的委员会只能监督各部部长的工作,不能直接下达逮捕令,因此只是徒劳无功地削弱了部长们的权力,本质上,这依旧是党争的结果。所以,在结束党争之前,不可能出现强有力的革命政府。

但是,革命政府正是在这样一个危机四伏、党争持续不断的环境下慢慢成形。从法律上来说,革命政府是一种临时体制,是在没有宪法,或者原有宪法被废除的情况下出现,一旦新宪法通过,就应当自动结束。从这个意义上来说,法国革命时期的革命政府应该从1792年8月10日革命开始算起。但是,革命政府也是战争时期的临时体制,通过暂停或悬置人权和法治,实施非常措施,打击国内外敌人,保卫革命。[1] 因此,从理论上说,革命所受的威胁程度与革命政府推行的非常措施的严厉程度成正比。1793年春天的历史证明了这一点。但是,这两者的关系并不总是成正比。因为历史过程总伴随政治派系的斗争,这意味着在某些紧要关头,有可能不能及时落实紧要措施。而当局势较为缓和以后,可能出于政治清算需要,非常措施反而会延续一段时间。这正是1794年春夏之交的历史。从这个意义上看,法国史家弗雷(Francois Furet,1927—1997)对传统环境论的批评未必站得住脚。他认为,由于革命的威胁程度与非常措施的严厉程度不成正比,所以不能将恐怖统治视为对危机的反应。[2] 另外,还需要注意,代表和公众越来越认识到"救国是至高无上

[1] Georges Lefebvre, *Le Gouvernement Révolutionnaire* (*2 Juin 1793—9 Thermidor II*), cours professé à l'École normale supérieure de Sèvres, 1946—1947, Paris: Centre de Documentation Universitaire, 1947, p. 3.

[2] François Furet, "Terror," in *A Critical Dictionary of the French Revolution*, edited by François Furet & Mona Ozouf. translated by Arthur Goldhammer, Cambridge, Mass.: The Belknap Press of Harvard University Press, 1989, pp. 137 - 148.

的法律(salut public est la loi suprême)",认识到温和的措施远比极端措施要危险。① 但是,必须要强调,不少激进法令或革命措施也是党争的结果。吉伦特派为了打击菲利普·平等,不惜剥夺他的议会代表豁免权。4月1日,在吉伦特派代表比洛托(Jean Birotteau,1753—1793)的建议下,国民公会通过法令,凡是有叛国嫌疑的议会代表,人身不受侵犯不再适用。吉伦特派本想利用这项法令对付山岳派,却为代表们之间的厮杀开启了大门。这类事实说明,脱离了政治社会史的具体背景,革命时期的政治文化很难得到完整的解释。

马拉成了这项极端措施的第一个受害者。1793年4月5日,当听说迪穆里埃和沙特尔公爵(duc de Chartres,1773—1850)②投敌叛国,马拉以雅各宾派俱乐部主席的名义发表通令,请求外省的爱国者前来援助受到迪穆里埃威胁的巴黎,同时揭发在审判国王案中持"人民公决"意见的议员实际上就是卖国将军的同谋者。这就把矛头指向了吉伦特派。在葛瓦代的鼓动下,国民公会于4月13日将马拉逮捕,因为这个"煽动谋杀"的人造成了"令人厌恶的流血派系冲突,是我们所有问题的祸乱之源"。③ 马拉被指控有罪(226票赞成,93票反对,47人弃权)送交革命法庭。④ 实际上,早就有一些激进民众要求惩戒那些持有"人民公决"立场的代表,但是没有人想要采用革命手段。吉伦特派打开了潘多拉的盒子。局势一下子紧张起来。4月15日,巴黎公社请愿,48个区中有35个区为马拉辩护。他们起草了一份"吉伦特派代表"名单,要求驱逐名单上22名"臭名昭著的吉伦特派成员"。他们还要求成立一支完全由无套

---

① 富歇(Joseph Fouché,1759—1820)的看法很有代表性,他说:"由于地方政府的软弱,我们丧失了一切,靠着这样一种温和、宽容的错误体制,他们背叛了他们的国家。"参见 D. N. G. Sutherland, *France 1789—1815:Revolution and Counterrevolution*, p. 172。
② 沙特尔公爵是奥尔良公爵(菲利普·平等)长子,七月王朝时期的国王路易·菲利普。
③ 转引自 Peter McPhee, *Liberty or Death:The French Revolution*, p. 193。
④ Morris Slavin, *The Hebertistes to the Guillotine:Anatomy of a "Conspiracy" in Revolutionary France*, Baton Rouge:Louisiana State University Press, 1994, p. 17。

裤汉组成的军队,国家发饷,剿灭反革命派。① 罗伯斯庇尔反对这么做,他不愿看到国家代表受到威胁。无论如何,4 月 24 日革命法庭宣告马拉无罪。当他走出法庭的时候,便被欣喜若狂的无套裤汉扛在肩上,抬回了国民公会。

由于马拉在他主办的《法兰西共和国报》(*Journal de la République française*)(即之前的《人民之友》)上曾鼓吹民众应当惩处那些囤积居奇者和投机倒把分子,国民公会和革命法庭又判他无罪,这无疑等于默许了民众可以擅自行动。巴黎民众更有信心。他们继续对政府施压,要求限价,要求惩罚商人。山岳派也加入了他们的阵营,同科德利埃俱乐部一道支援民众。罗伯斯庇尔在 4 月 24 日建议在《人权宣言》中增加四项条款:规定所有权是"法律保障公民享有的那部分财产的权利",所有权"不得损害我们周围人的安全、自由、生存和财产"。这意味着,首先财产权不是洛克意义上的绝对权利,相反受到法律的约束,前提是不能损害社会公益。4 月 18 日,巴黎公社决定发起请愿,要求限价。但是,吉伦特派坚决不愿接受。失去耐心的民众发动了骚乱。5 月 1 日,来自圣安托万郊区的八千请愿者围攻议会,承受着巨大压力的国民公会最终决定给面包和谷物限价,规定地方当局在搜寻和征购粮食方面有很大的权力。5 月 4 日,国民公会颁布限价令,是为"第一次最高限价"。

不过,令国民公会更担心的是愈演愈烈的地方自治(mouvement sectionnaire)。从 1789 年革命以来,马赛一直都是地方激进主义的代名词。无论是 1791 年他们自发清洗本省未宣誓教士的行动,还是 1792 年夏天赶赴巴黎的壮举,都令全国革命者记忆犹新。但是,政治激进派在马赛始终是少数派,占多数的是那些不愿将精力和财富浪费在爱国事业上的商人和有产者。所以,和巴黎一样,马赛的政治激进主义缺乏社会基础,而这种孤立状态又不断地促使这些少数派变得更激进。1792 年以后,由于生计问题的不断恶化,普通民众开始同有产者联合,一同对付激

---

① D. N. G. Sutherland, *France 1789—1815*: *Revolution and Counterrevolution*, p. 163.

进派,社会冲突更为激烈。当 1793 年 3 月来自巴黎的特派员抵达马赛时,武斗出现了。特派员无奈之下只得逃离,民众自发组织起来,逮捕了所有雅各宾俱乐部的成员。尽管这只是地方内部冲突,但在巴黎眼里,马赛已然是叛变了,反对这个统一而不可分割的共和国。革命时期的联邦运动(fédéralisme)由此开始。[①]

里昂也站在了国民公会的对立面,原因与马赛大体相同。里昂盛产丝织品。革命爆发后,原先的奢侈品行业严重受损,工人失业,对革命心生不满,很多人不愿卷入到混乱的革命政治中。1792 年之后经济危机加剧,民众的不满情绪强烈。地方革命政府信誉扫地。1792 年 11 月,约瑟夫·沙利耶(Joseph Chalier,1747—1793)领导的雅各宾派激进分子趁机接管了地方政府,并以巴黎为榜样,推行激进措施,执行限价,保证物资供给。沙利耶在政治宣传中,将革命与反革命的斗争看成是穷人与富人的矛盾:"里昂分为两部分:有钱的特权者、压迫者和更多数量的贫苦者。"[②]但是,他的政策未能奏效。5 月,局势进一步恶化。民众洗劫了仓库,妇女抢劫军需物资,按照合理价格抛售。国民公会决定调动军队,以期控制局面,结果情况越来越恶化,里昂市府和各区与国民公会公开对峙。里昂所在的罗纳-卢瓦尔省不顾里昂市府的反对,对国民卫队下达了战斗号令,第二天,国民卫队袭击了里昂市政厅,推翻了雅各宾派执掌的市府。

联邦运动很复杂。不同地区卷入联邦运动的理由不尽相同。正如史家佛雷斯特(Alan Forrest,1945—)所说:"联邦主义与其说是一种系

---

① W. D. Edmonds, "'Federalism' and Urban Revolt in France in 1793," *The Journal of Modern History*, Vol. 55, No. 1 (Mar. , 1983), pp. 22 - 53. 另见 Bernard Cousin ed. , *Les fédéralisme：Réalités et Représentations, 1789—1874*, actes du colloque de Marseille, septembre 1993, Aix-en-Provence：Publications de l'Université de Provence 1995. 以下内容撰写,参考了多伊尔《牛津法国大革命史》第 10 章内容。

② Joseph Chalier, Adresse de Joseph Chalier officier municipal de la ville de Lyon à l'Assemblée nationale. Paris：de l'Impr. Nationale, 1792, pp. 2, 5. 参见 William Edmonds, *Jacobinism and the Revolt of Lyons*, *1789—93*, Oxford：Clarendon Press, 1990.

统的意识形态,不如说是一种颇具争议的策略,是一场尖刻的和合谋的
政治攻讦的产物。"严格来说,联邦运动并不是反革命运动,并不反对国
民公会,他们的愤怒主要针对那些被当地人看成是滥用权力的雅各宾激
进分子。① 但是,巴黎的革命者并不这样认为。他们觉得,联邦运动以及
拒绝参军的现象实际上反映了大多数国民既依恋制宪议会的业绩,又急
于求得和平安逸的生活。所以,可能不仅吉伦特派"已不再有革命精
神",而且不少地区的民众也是一样。② 地方自治背后带有某种保守主义
和妥协主义的情绪,如果这样的精神在巴黎和外省同时发展起来,那么
吉伦特派迟早会以地方自治为名,掌控国民公会。因此,在史家勒费弗
尔看来,1793 年 6 月 2 日清除吉伦特派这一事件的主要原因是山岳派和
无套裤汉针对所谓贵族阴谋的变种而采取的防御行动和惩罚行动。

最高限价通过后,巴黎局势变得异常复杂。那些被罗伯斯庇尔称为
"穿着金套裤(culottes dorées)的人"③抨击国民公会和雅各宾俱乐部,要
求把马拉送上断头台。这些人成了吉伦特派的后援。在国民公会中,吉
伦特派乘势煽风点火。当时,巴黎各区中的确有不少激进分子想用极端
措施对付吉伦特派。5 月 18 日,葛瓦代在国民公会上揭发了这一阴谋。
根据巴雷尔的建议,国民公会决定成立十二人委员会(Commission de
Douze),负责调查巴黎各区。局势对山岳派很不利,因为大量的山岳派
代表充当特派员,派往外省,所以他们在国民公会中势单力薄。1793 至

---

① Alan Forrest, "Federalism," in Colin Lucas (ed.), *The French Revolution and the Creation of Modern Political Culture*, Vol. 2, The Political Culture of the French Revolution, Oxford: Pergamon Press, 1988, pp. 309 - 325.

② Jules Michelet, *Histoire de la Révolution française*, Tome 4, Paris: Marpon et Flammarion, 1879, p. 298.

③ 1793 年 5 月初,国民公会决定新征 12 000 名新兵,但是遭到抵制。不愿参军的民众在卢森堡公园和香榭丽舍大街集会抗议。国民公会和巴黎公社只得悬赏 500 里弗,征召士兵。罗伯斯庇尔把这些为了领赏而参军的人称为"穿着'金套裤'的人"。他说:"这些穿着'金套裤'的人天生是无套裤汉的敌人。只有两类人,一是腐化之人,二是有美德之人。"参见 Michael Sonenscher, *Sans-Culottes: An Eighteenth-Century Emblem in the French Revolution*, Princeton, NJ: Princeton University Press, 2008, p. 55。

1795 年(包括共和三年),总计有 426 名国民公会代表(包括大约一半候补代表)被派往外地,共执行 900 多次任务,其中山岳派代表约占一半。越是危急时刻,外派山岳派代表的比重越高,比如 1793 年 12 月 29 日(共和二年雪月 9 日),山岳派代表中 90％以上的成员被派到外地。① 另外,很多温和派或保守派代表缺席。史家汤普森(J. M. Thompson,1878—1956)说缺席代表一度多达 600 人。② 所以,十二人委员会清一色由吉伦特派组成,这也毫不奇怪。委员会很快找到了阴谋的证据,决定加强国民公会的驻防,并开始逮捕策划阴谋的人。吉伦特派将矛头对准了忿激派和埃贝尔派。埃贝尔在《杜歇老爹报》上,用激烈凶残的言辞,煽动无套裤汉,呼吁消灭吉伦特派"这群阴谋推翻公会的叛国贼"。国民公会主席伊斯纳尔面对涌进公会的民众,非但没有丝毫惧怕,反而大声宣告:"如果这样的起义一再爆发,那么国家代表就会深受其害,我代表法国人民告诉你们,巴黎也会荡然无存。"③在军事危机的背景下,这些威胁听起来像是布伦瑞克公爵在 1792 年 7 月的宣言,这激怒了巴黎劳动人民。

外省的联邦运动尽管同吉伦特派无关,但是在巴黎民众眼中,这却是吉伦特派阴谋背叛革命的证据。巴黎公社采取了应对措施,组织起义委员会(commission insurrectionnlle)。5 月 30 日深夜,各区统一行动,服从公社的统一指挥。昂里奥(François Hanriot,1761—1794)调动国民卫队,关闭城门,准备逮捕疑犯和反革命分子。他出身于一个仆人家庭,在 1792 年 8 月革命中崭露头角,逐步升任巴黎国民卫队总指挥,是一名坚定的无套裤汉。④ 这次起义行动与 1792 年 8 月 10 日革命很不一样。一方面关于如何行动,如何处置吉伦特派,巴黎公社和雅各宾俱乐部事先没有明确计划。而且,他们对行动也很犹豫,因为要对付的不是国王,

---

① Michel Biard, *Missionnaires de la République：les représentants du peuple en mission*, *1793—1795*, p. 171.

② J. M. Thompson, *The French Revolution*, p. 413.

③ 上述内容参考多伊尔《牛津法国大革命史》,第 289—290 页。

④ David Andress, *The Terror：The Merciless War for Freedom in Revolutionary France*, Farrar：Straus and Giroux, 2006, p. 396.

而是国民公会,如果起义失败,又该如何?不过,最后暴动还是发生了,只是没有造成大规模流血,更没有对国民公会造成威胁,仅仅解散了十二人委员会。因为起义领导者意见分歧很大,对行动造成了不利。而且5月31日是周五,响应起义的人不多。6月1日,起义委员会再次提出要求,仍无结果,便决定6月2日围困国民公会。

6月2日是周日,巴黎起义委员会做了周密安排。前一天晚上,昂里奥派人守住国民公会的几个要点,确保代表们无法离开会场。公社提交了请愿书,要求逮捕30名代表,围观的民众爆发出一阵阵欢呼。一直僵持到夜晚,国民公会终于同意下令逮捕了29名代表。除了2人,其他27名代表都是4月15日巴黎公社起草名单上的人。另外,还包括前任内政部长罗兰和他的夫人。在法国革命历史上,1793年6月2日事件是组织最好的一次行动,既没有爆发大规模冲突,更没有出现流血事件,主要原因在于各革命组织和革命群体内部充满了分歧。国民公会把难题抛给了救国委员会。由于丹东放任不管,救国委员会对革命群众毫无办法。在巴黎公社和起义委员会内部,就是否应该严惩吉伦特派这一问题,没有达成共识。① 即便激进派内部,意见也不统一。忿激派和无套裤汉想不惜一切代价赶走吉伦特派,而且他们不相信代议制,要加强选民对代表的控制,最好能建立直接民主制。雅各宾派则迟疑不决,他们担心如果吉伦特派和民众发生正面冲突,可能会让敌人趁虚而入。正是因为有这些分歧,所以吉伦特派被逮捕后,只是作为人质关押起来,既没有审讯,也没有处决。这种莫衷一是的情况,反而让内斗进一步加剧。这说明,在组建一个强有力的革命政府的过程中,清算吉伦特派不过只是一个过渡阶段而已。

不少国民公会代表因对6月2日事件不满,退出了公会。无套裤汉

---

① J. M. Sydenham, *The Girondins*, pp. 175 - 179, 215 - 216. D. Guérin, *Class Struggle in the First French Republic: Bourgeois and Bras Nus, 1793—95*, translated from the French by Ian Patterson, London: Pluto, 1977, pp. 82 - 87.

的要求也并没有得到满足,他们继续要求建立革命军(Armées révolutionnaires)。① 《1793 年宪法》草案于 6 月 24 日提交国民公会,强调了政治民主与经济平等,规定立法机构由全体选民以单名投票(scrutin uninominal)直接选举产生,政府则由立法机构在选民推举的候选人名单中遴选。草案拓展人民行使主权的范围,采取了公民投票(referendum)方式:宪法由人民批准;法令则可以仅由公民投票批准,但对一般法律则辅以严格的条件予以限制。草案没有提及社会民主,但是强调了社会共同体的目标是共同的幸福。② 山岳派没有否决草案,他们希望借此能平息民众对无套裤汉专政或群众专制的恐惧。这是 3 月间在香榭丽舍大街游行的那些纨绔子弟(muscadin)抗议的对象。同时,山岳派也没有忘记要满足农民的要求。随着革命社会基础的不断扩大,越来越多的下层民众获得了实实在在的好处。1793 年 6 月 3 日,国民公会宣布将流亡者的财产分成小块出售,价款分十年付清,便于中小有产者购买。6 月 10 日规定地方的公地(biens commnaux)按人口平均分配,7 月 17 日规定无偿废除剩下的一切领主权。

更严重的分裂出现在外省。1793 年春天已经浮现的地方自治倾向进一步强化。清剿吉伦特派的消息对波尔多打击最大。③ 波尔多本就是吉伦特派的大本营,大部分区都支持吉伦特派控制的自由之友俱乐部,"坚持和强化宪政与自由,讨论所有与公共福祉和社会安定相关的问题"④。1793 年夏天,当巴黎吉伦特派遭遇危难向外省求援时,波尔多很快响应,成立救国民众委员会(commission populaire de salut public),正

---

① Richard Cobb, *Les armées révolutionnaires*; *instrument de la Terreur dans les départements*, *avril 1793* (*floréal an II*), Paris: Mouton, 1961—1963.

② *La constitution du 24 juin 1793: l'utopie dans le droit public français?: actes du colloque de Dijon, 16—17 septembre 1993 organise par le Centre Georges Chevrier pour l'histoire du droit*, Dijon: Editions universitaires de Dijon, 1997.

③ 有关吉伦特派的研究参见 Anne de Mathan, *Girondins jusqu'au tombeau: Une révolte bordelaise dans la Révolution*, Bordeaux: Sud-Ouest, 2004。

④ 转引自 Alan Forrest, *Society and Politics in Revolutionary Bordeaux*, Oxford: Oxford University Press, 1975, p. 67。

式宣布波尔多叛变国民公会,并且积极向市民传播反山岳派的言论,拉拢周边省市,组织联军。6月2日事件发生后,外省联军成立,计划进军巴黎。波尔多的叛变也鼓舞了其他地区。马赛和里昂成立人民法庭(tribunal populaire),迫害山岳派的支持者,组织叛军。里昂处决了沙利耶。[①] 南部蒙彼利埃所在的埃罗省也下令征兵。土伦的反叛最为持久,除了政治原因,经济因素也不容忽视,不断贬值的指券让土伦的工人对国民公会失去希望。叛乱也在卢瓦尔以北地区出现,布列塔尼、诺曼底以及东部的弗朗什-孔泰、汝拉省也都出现了叛乱。西北叛乱中心与巴黎相距不远,所以对国民公会的威胁更大。伊勒-维莱讷省在5月25日宣布它想要的是一个统一的共和国,"而不是罗伯斯庇尔,也非葛瓦代,不是丹东,也不是让索内,不是山岳派,也不是平原派,不是诋毁神圣人民代表的任何派系朋党"[②]。菲尼斯泰尔省响应波尔多的号召,要求成立布尔日临时公会。卡昂6月9日宣告叛变,抵制前来镇压的部队,逮捕了两名在本省监控沿海防务的特派员。另外,由于6月2日事件,国民公会下达软禁吉伦特派代表的命令形同虚设。蒲佐、卢韦、佩蒂翁纷纷逃走,在卡昂会面。叛乱地方将这些人奉为英雄,气焰更甚。[③]

这就是1793年夏天最令巴黎畏惧的联邦叛乱(révolte Fédéraliste、insurrections fédéralistes)。总体情况的确堪忧,因为传言有50多个外省举旗反对清剿吉伦特派,有13省举旗反对山岳派把持的国民公会。波尔多、卡昂、里昂和马赛是叛乱中心,而这些城市所隶属的省府则成了本省叛军的领导中心。叛乱地区不再认可国民公会,绝不接受1793年5月31日之后颁布的一切法令。参与叛乱的,既有担心自己财产安全的有产者,也有反对普选制的斐扬派,还有依恋未宣誓教士的天主教徒与旧制度的拥护者,另外还有6月2日事件之后对残害国民公会代表的罪

---

① Aulard ed. , *Recueil des Actes du Comite de salut public*, Tome 4, pp. 536 - 539.

② Daniel Stone, "La Révolte Fédéraliste à Rennes," *Annales historiques de la Révolution française*, 43e Année, No. 205 (Juillet-Septembre 1971), pp. 367 - 387.

③ 多伊尔:《牛津法国大革命史》,第295—298页。

行感到愤慨的部分民主派。① 不过,实际情况没有那么糟糕。联邦叛乱只是乌合之众,成不了气候,必定走向覆灭。首先,各地叛军既没有明确的章程,也缺乏统一部署。他们想要的不过是自由,不过是想保护他们的财产,所以,他们不是真正意义上的反革命,基本不会同保王党或国外的流亡者同流合污。其次,参与叛乱的大部分人是沿海商业城市的有产者,既不是平民,也不是农民。换言之,联邦叛乱没有社会基础。再者,联邦叛乱的中心彼此分离,很难形成燎原之势。比如西北部和南部两块叛乱区之间隔着忠于国民公会的几个省,布列塔尼和阿基坦之间隔着保王派中心旺代。而且,各地叛军也没有统一指挥,各怀鬼胎,所以尽管都叫嚷着要进军巴黎,但是马赛军队从来也没有走出过阿维尼翁。波尔多军队也不是向巴黎进军,反倒向南挺进,最后在加龙河以北 20 里的葡萄园扎下营寨。②

联邦叛乱尽管不会造成军事与政治威胁,但却造成了严重的经济损失,因为这意味着国民公会在 5 月 4 日颁布的第一次最高限价得不到严格执行。反对中央的那些市镇,以及那些本身持温和立场的地方政府对粮食的调控和征调敷衍了事,结果造成粮仓空虚。越是缺粮的地区,越没有粮食运来。各地只顾自保,禁止粮食外调。所以,到了 6 月中下旬,民众的一日三餐问题变得十分严重。巴黎连面包都供应不上,而且肥皂价格猛涨,引起了新的暴动。在里昂人勒克莱尔·道茨(Leclerc d'Oze,1771—1820)以及演员克莱尔·拉孔勃(Claire Lacombe,1765—?)领导的革命妇女社(Femmes révolutionnaire)的支持下,忿激派继续撩拨人民的怒火。③ 雅克·鲁、马拉、埃贝尔、肖梅特也纷纷责骂商人。埃贝尔派主张把战争进行到底,消灭所有的贵族,他们得到了无套裤汉的支持。供给危机滋生了谣言。有传言说,成千上万的马赛人、里昂人和波尔多

① 勒费弗尔:《法国革命史》,第 354—358 页。
② 多伊尔:《法国革命史》,第 301 页;勒费弗尔:《法国革命史》,第 355—357 页。
③ Morin-Rotureau Evelyne ed., *1789—1799 combats de femmes*:*La Révolution exclut les citoyennes*, Paris:Editions Autrement, 2003.

人正向巴黎进发。滋事的也有外国人,瑞士银行家培勒戈(Jean-Frédéric Perregaux,1774—1808)出钱雇人,专门挑拨是非,煽风点火。里尔查获了一名英国间谍的皮包,其内容是挑动骚乱。王党分子巴兹男爵(baron de Batz,1754—1822)准备帮助王后越狱。前线以及叛乱各省传来的,除了噩耗,还是噩耗。

经历了漫长的无所作为,7月10日,国民公会决定改组救国委员会。经过投票,总是试图以和平手段解决内政外交问题的丹东被赶走,同他一起下台的还有他的同党德拉克鲁瓦(Charles-François Delacroix,1741—1805)。约两个月后,共和二年的大救国委员会(grand Comité)才得以组建成功。这是一个山岳派领导的政府,新的核心成员包括跛脚的库通、圣茹斯特、让蓬-圣安德烈(Jean Bon Saint-André,1749—1813)和马恩的普里厄(Prieur de la Marne,1756—1827),随后加入的是罗伯斯庇尔、卡诺和科多尔的普里厄(Prieur de la Côte-d'or,1763—1832)。另外,还有平原派的巴雷尔和兰代(Robert Lindet,1746—1825),代表山岳派的塞舍尔(Jean Hérault de Séchelles,1759—1794)、比约-瓦伦(Jacques-Nicolas Billaud-Varenn,1756—1819)和科洛·达布瓦(Collot d'Herbois,1749—1796)。大救国委员会共12人,史称十二位统治者。[1]这些人立场并不统一。兰代厌恶恐怖主义,他和卡诺的立场都比较保守,这与主张实行社会民主制的罗伯斯庇尔和圣茹斯特有明显区别。比约-瓦伦和科洛·达布瓦倾向于无套裤汉。但是,这十二人有一致目标,不允许国民公会与无套裤汉之间分裂而殃及他们的权力。正是这些廉洁勤奋但又独断专行的人,带领国民公会渡过了1793年的难关。[2]

新宪法终有所成。这部宪法主要是罗伯斯庇尔的功劳。他在一份新的《人权和公民权宣言》中保障了更为平等的权利和更为公正的社会秩序,并强调如果政府侵犯人权,任何人都有权反抗:"反抗是人民最神

[1] R. R. Palmer, *Twelve Who Ruled The Committee of Public Safety during the Terror*, Princeton N. J. : Princeton University Press, 1969, pp. 3-21.
[2] 勒费弗尔:《法国革命史》,第363页。

圣的权利和最不可推卸的义务,这样做是为了每一个人。"(第 35 款)①初选议会通过正式投票。根据官方统计,18 019 189 票赞成,11 610票反对。全国范围内大约有 1/3 的成年男性参与了投票,这是自 1790 年市镇选举以来参与度最高的。实际上赞成票超过 200 万,考虑到当时的战乱环境,这是一个极了不起的成就。此外,参与此次公投的不仅有男性,还有女性和儿童。在布列塔尼靠近英吉利海峡的朗巴勒,"妇女们涌入议会表达她们对于宪法的认可";在其他地方,巴黎北部的蓬图瓦兹(Pontoise)有 175 名妇女和 163 名儿童投票,拉昂(Laon)有 343 名妇女投票。②

　　1793 年 8 月 10 日,巴黎举办了共和国统一不可分割节活动。③ 统一而不可分割的原则通过一种拟人化的方式加以表现。全国每个省选出一名代表出席,代表随身携带一捆长矛。86 柄长矛捆起来的巨大束棒(fasces)设立在广场上,象征着祖国的统一。国民公会的代表和各省代表中最年长的人,依次通过由雅克-路易·大卫设计的重生之泉:一座古埃及丰饶女神伊希斯的雕像,她的乳房流着重生之水,其寓意满足了代表们对于美德的渴求。同时,卢浮宫这座百余年来一直都是王室专用的绘画和雕塑学院,现在成了共和国的博物馆,当天展出了超过 500 幅画作,大部分来自王室收藏和没收的教会财产。国家剧院还上演了《马拉松战役:自由的胜利》(*La Journée de Marathon, ou le Triomphe de la Liberté*)。宪法文本被存放在一个雪松木盒里,悬挂在国民公会的会议大厅。从法律上说,国民公会的任务完成了,应当和之前的制宪议会一样自行解散,让位于一个常规的立宪政府。8 月 11 日,德拉克鲁瓦就提出了这个问题。当天晚上,罗伯斯庇尔否决了这个提议。他认为,这只

---

① *Archives Parlementaires*, Tome 67, p. 143 - 150.
② Peter McPhee, *Liberty or Death: The French Revolution*, p. 207. Malcolm Crook, *Elections in the French Revolution: An Apprenticeshipin Democracy, 1789—1799*, Cambridge and New York: Cambridge University Press, 1996, pp. 111 - 112.
③ 参见奥祖夫《革命节日》,刘北成译,北京:商务印书馆,2012 年,第 123—152 页。

会让"皮特和科堡(Coburg)的特使"掌权。现在是共和国生死存亡的关键时刻,情势如此危急,绝不允许有任何政治波动。战时绝不适宜颁布宪法。无论如何,只要危机尚在,宪法就不能生效。① 于是,始于1792年8月10日革命的临时状态得以延续。

第三节 革命政府

革命政府诞生于内忧外患之际。曾经幻想解放世界的法国革命者被赶出了比利时和莱茵河地区,法国国土反而有随时遭到入侵的危险。旺代叛乱和联邦运动更是雪上加霜。这就是革命政府诞生的基本背景。革命政府的基本任务是保卫革命,抵抗反革命者和敌人的侵袭,是一种战时体制。同时,革命政府也是一种在没有宪法或者宪法暂不执行情况下的临时体制,所推行的革命措施的强烈程度大体上与革命遭遇的危险成正比。因此,局势缓和后,1792年8月10日之后立法议会执行的那些恐怖措施渐趋废弃。1793年春天,迪穆里埃叛变投敌,共和国军队节节败退,恐慌情绪急剧扩散,于是,极端措施又一次被提上国民公会的讨论日程,革命政府的制度框架逐渐成形。同年夏天,经过漫长曲折的内斗,山岳派终于赶走了吉伦特派。这是统一团结的革命政府得以诞生的第一步。1793年8月10日宪法通过公投。但是,国民公会认为当前宪法不具备实施的可能性,于是临时状态得以延续。对法国革命者而言,革命政府完全是一个全新的事物,是在不断摸索中慢慢形成的。②

清算了吉伦特派后,以山岳派为首的救国委员会组建完毕。但是,灾难再度爆发。7月13日,9名奥尔良市市民因为袭击特派员,被送上巴黎的断头台。行刑前他们穿着象征谋逆罪的红色衣衫。同一天,一名来自卡昂的吉伦特派支持者夏洛特·科黛(Charlotte Corday,1768—1793)刺死了马拉。此前,马拉在国民公会呼吁要镇压卡昂的叛乱,在其

① 多伊尔:《牛津法国大革命史》,第306页。
② 勒费弗尔:《法国革命史》,第338页。

他地方要将无套裤汉用"钢叉、镰刀、长矛、枪支和军刀武装起来,无情地将他们碾碎"。对于科黛来说,马拉就是极端革命的代表,她决定杀了他:"此外,我还受到了以自由之名的迫害。我感到不高兴。这就足以使我奋起反抗。"①7月17日被处决以后,科黛已然成了包括温和派和保王派在内的整个反对雅各宾派阵营的殉道者。人们担心在巴黎各处秘密活动的不止她一人。政治冲突引发的怀疑布满了各个街区。1793年7月雅各宾共和国与敌人的战斗陷入了低谷。和旺代叛军的战斗中,只有比隆取胜,他夺回了索米尔(Saumur),却同国民公会派去卢瓦尔河前线的代表之间产生了矛盾。他们的分歧实际上反映了国民公会内部的分裂。边境形势更加危急。联军的铁骑已经踏入佛兰德(Flanders)以及比利牛斯山沿线的领土。美因茨沦陷后,有数千法国军队投降。

7月27日,罗伯斯庇尔加入国民公会,局势方才平复。国民公会开始施行恐怖措施。8月1日,国民公会将玛丽·安托瓦内特移交革命法庭,并毁掉历代国王的坟墓,在旺代执行焦土政策。联邦叛乱的气焰也被打压下去了。布列塔尼人和那些出逃在外的吉伦特派开始厌倦东奔西跑,主动撤离卡昂,不久这座城市被救国委员会派出的兰代接管。吉伦特省的抵抗运动也开始瓦解,一方面是因为担心巴黎的报复,另一方面由于粮食开始供不上,联邦叛军的阵营开始崩溃解体。与卡昂和雷恩的叛军相比,吉伦特省的叛乱造成了更为严重的后果,他们也遭到了更严厉的惩罚。8月6日,吉伦特省的人民委员会所有的成员都被宣判为叛国者和不法之徒。不过,由于地方纨绔子弟的捣乱,国民公会直到10月才正式接管这个城市。②

马赛也投降了,但过程很曲折。按照国民公会的部署,卡尔图(Jean François Carteaux,1751—1813)带领阿尔卑斯地区的军队开赴马赛与里昂,7月27日从叛军手里夺回阿维尼翁。参与此次战斗的还有刚刚年满

---

① 转引自 Peter McPhee,*Liberty or Death*:*The French Revolution*, p. 205。
② 多伊尔:《牛津法国大革命史》,第309页。

24 岁的炮兵上尉拿破仑·波拿巴(Napoléon Bonaparte,1769—1821)。里昂和马赛的情况更为危急。里昂叛军司令普莱西(Louis François Perrin de Précy,1742—1820)向撒丁求救,马赛请英国出兵。卡尔图封锁了港口。马赛青黄不接,很快出现了供给危机。情急之下,马赛的激进分子更加猖獗,肆无忌惮地处决当地雅各宾派,最终向英国海军军官胡德(Samuel Hood,1724—1816)投降。8 月 23 日,卡尔图与英国海军发生正面冲突,两天后抵达马赛,剩余的反叛分子四散奔逃,不少逃去了土伦,同时也将恐慌带去了土伦。胡德得知马赛投降,倍感意外,他渐渐觉得招降其他城市也不是不可能。8 月 23 日,胡德通告土伦,只要承认路易十七,便给予军事保护。8 月 29 日,土伦投降,并交出地中海舰队。①

军事溃败的消息使犹豫许久的救国委员会终于在 8 月 23 日下定决心,通过了卡诺起草的《全民征兵法》(Levée en masse),规定 18—25 岁的未婚男子应服兵役,其他公民必要时可以应征参加兵工制造和后方勤务:年轻男性赶赴前线参战;已婚的男性制造武器和运送补给;妇女制作帐篷和制服;老年人要到公共场所鼓舞士气、唤起对各国国王的仇恨以及维护共和国的团结。② 1792 年,法军人数达到 155 000 人:113 000 名步兵、32 000 名骑兵和 10 000 名炮兵。1793 年征兵三十万使得军队人数显著增加,现在通过《全民征兵法》又使军队人数翻了一倍。军队人数在六个月内将会达到七十万人。③

大规模征兵意味着必须采取军需物资征购和粮食管制。7 月 26 日,国民公会通过了《惩治囤积居奇法》,根据这项法令,拥有粮食和日用品的商人,凡是不做申报和不把商品列单张贴在店门的,一律处死。地方政府负责追查囤积行动。8 月 1 日,国民公会禁止资本外流,15 日

---

① 多伊尔:《牛津法国大革命史》,第 309—310 页。
② *Archives parlementaires*, Tome 72, pp. 647 - 675.
③ Alan Forrest, *Soldiers of the French Revolution*, Durham, N. C. : Duke University Press, 1990, pp. 27 - 36.

开始禁止一些货物外运,8月下旬针对燃料、烟草和盐执行了限价。国民公会对金融也开始严加管制,取消了透支金库、印度公司和所有的股份公司。康蓬(Pierre-Joseph Cambon,1756—1820)致力于回收流通的指券,不仅禁止流通印有国王头像的指券,而且采取了一项重大的政治和财政决策:国家的所有债务,除了终身年金以外,一概由共和国将债权人应得的全部定期利益(不包括本金)转为公债。此项措施在共和二年花月二十三日(1794年5月12日)开始实施,将终身年金也包括在内。[1]

　　救国委员会承受着巨大的压力。经济危机仍在蔓延。指券持续贬值,仅在清剿吉伦特派后两个月内,价值就下跌了14%,至8月只剩下票面价值的22%。当年夏天收成不错,但是由于天气炎热无风,导致很多水力磨坊无法工作,所以面粉供应不上。6月以后,基本消费品不断涨价。有些商品的价格飙升得十分离谱:肥皂价格翻了三倍。[2] 忿激派和埃贝尔派煽动民众的不满,争夺马拉的遗产。埃贝尔是一个有政治野心的人,一心想当内政部长。他主编的《杜歇老爹报》已成了最热销的报纸。勒克莱尔(Jean Théophile Victor Leclerc,1771—1820)用《人民之友》来命名自己的报纸,宣称国家的决定都被国民公会中的"姑息纵容的态度"腐蚀削弱了,国民公会需要清洗,也不排除重新发动一场类似6月2日事件那样的民众运动的必要。[3] 这种极端态度在国民公会中也有表现。科洛·达布瓦提出对囤积者处以死刑,比约-瓦伦随时准备指控救国委员会的无能。[4] 9月2日,土伦沦陷的消息传到巴黎,人心惶惶。更多人认为,如果想要解决国家危机,只能靠恐怖统治。

　　1793年9月5、6日事件原本只是工人要求涨工资、要求更多面包的

---

① 勒费弗尔:《法国革命史》,第367—368页。

② Albert Mathiez, *La Vie chere et le mouvement social sous la Terreur*, pp. 224 - 242, 249 - 253.

③ Albert Mathiez, *La Vie chere et le mouvement social sous la Terreur*, pp. 246 - 249.

④ Albert Mathiez, *La Vie chere et le mouvement social sous la Terreur*, pp. 251 - 253. 科洛·达布瓦和比约-瓦伦均在9月6日被选入救国委员会。

一场自发的示威行动,但是,埃贝尔以及受他控制的科德利埃俱乐部共同利用了这场运动,劝说在革命广场聚集的群众,请求他们在 15 日那天重新聚集,还动员雅各宾俱乐部支持他们,准备清除罗伯斯庇尔。国民公会在民众重重包围之下,于 9 月 5 日开始讨论实施恐怖统治的问题,很快通过了一系列措施:9 月 5 日,决定将恐怖提上日程(Terreur à l'ordre du jour);①9 月 9 日,接受无套裤汉的请求,成立革命军,并让代表埃贝尔派的龙森任司令;9 月 17 日,颁布《嫌疑犯法》(Loi des suspects)。② 这是革命历史上最有争议的一部法令,因为关于什么样的人算是嫌疑犯,定义十分宽泛,导致地方革命委员会和特派员几乎可以为所欲为。比如吉拉丹侯爵(Marquis de Girardin,1735—1808)及其家人被当作嫌疑犯关押了起来,尽管他是一位开明贵族,支持革命,也是科德利埃俱乐部的成员。9 月 21 日,国民公会规定公民必须佩戴三色徽,22 日制订航海条例,排斥了中立国船只,使海上进口几乎不能进行,同时开始讨论最高限价。

随着恐怖提上日程,救国委员会继续巩固自己的权力。随着 7 月 27 日罗伯斯庇尔的加入,9 月 6 日委员会又巧妙地吸收了比约-瓦伦和科洛·达布瓦,乘势抛弃忿激派,逮捕了雅克·鲁和瓦尔莱。勒克莱尔失踪,拉孔勃的革命妇女社也被取缔,从而在一定程度上控制了激进派的势力。另外,对国民公会和公安委员会(Comité de sûreté générale)③也

---

① George Armstrong Kelly, "Conceptual Sources of the Terror," *Eighteenth-Century Studies*, Vol. 14, No. 1 (Autumn, 1980), pp. 18‐36. 有不少史家认为"恐怖提上日程"是街头的口号,国民公会从未正式在法令中提及这种说法。Annie Jourdan, *La Revolution*, *Une Exception Francaise*?, Paris: Flammarion, 2004. Jean-Clément Martin, *Violence et révolution: essai sur la naissance d'un mythe national*, Paris: Seuil, 2006.

② *Collection complete des lois*, Tome 6, pp. 172‐173.

③ 1789 年 7 月 28 日国民议会设立搜捕委员会(Comité des recherches),用于搜查变节叛变行为,实行政治监控。这是公安委员会的前身。立法议会设监察委员会(comité de surveillance,1791 年 11 月 25 日),专门起诉叛国罪(Lèse-nation),其职权不断扩大。国民公会保留此设置,并于 1792 年 10 月 2 日更名为公安委员会,负责国家安全,监控反革命活动。起初成员为 30 人,主要由山岳派组成,后吉伦特派的势力增加。1793 年 9 月 9 日后成员限制为 12 人。

进行了调整,清除了代表金融家利益的"腐化分子"(pourris)沙博
(François Chabot,1756—1794)、于连(Julien de Toulouse,1750—1828)
以及某些可疑的国民公会代表。对救国委员会来说,这套策略是一把双
刃剑,因为在不断巩固统治的同时,它的统治基础也在不断削弱。洪兹
肖特战役(La bataille d'Hondschoote,1793 年 9 月 6—9 日)胜利后,战
局陡转。法军军官连遭败仗,驻守康布雷的军队甚至被全部歼灭。公安
委员会成员杜里奥(Jacques-Alexis Thuriot,1753—1829)宣布辞职,乘
势挑起对国民公会和救国委员会的抨击。罗伯斯庇尔发表了他生平最
出色的讲演:

　　公民们,我曾向你们许诺,说出全部真理,现在我兑现我的
诺言:国民公会没有表现出它应有的毅力。有人向你们汇报了
有关瓦朗西安,报告的目的是让你们知道,此次投降并交出此地
的背景,但是真实的目的却是指控救国委员会。为了令他的指
责更含糊,报告人是他所谴责的委员会的助手。我可以告诉你
们,在敌人进入瓦朗西安后仍留在该地的那个人不配当救国委
员会的委员(掌声)。这位成员从来没有回答这个问题:你牺牲
了吗(Êtes-vous mort)? 如果我身处瓦朗西安,我就不可能有机
会向你们来汇报攻占的情况。我愿我能与那些勇敢的捍卫者共
命运,他们宁愿选择光荣的牺牲,而不愿选择可耻的投降……这
似乎太过严苛,但是,对一名爱国者而言,更严苛的则是,两年来
十万公民因叛国事件和行动不力而惨遭杀害;导致我们失败的,
正是对叛国者的软弱(la faiblesse)。①

① Robespierre, *Œuvres complètes de Maximilien Robespierre*, Tome 10, Paris:PUF, 1967,
pp. 116-121. 罗伯斯庇尔在发言中提到瓦朗西安的"那个人",指布里兹(Philippe Constant
Joseph Briez,1759—1795)。1793 年夏天,瓦朗西安为奥军围困,7 月 28 日布里兹弃城投降,
9 月 25 日在国民公会宣读一份有关北方军队的备忘录,言语间指控救国委员会应为战败负
责。杜里奥接着发言,并得到国民公会的认可。公会决定增选布里兹为救国委员会成员。
罗伯斯庇尔随后发言,指控了布里兹无所作为。译文部分参考勒费弗尔《法国革命史》,第
369—371 页。

罗伯斯庇尔的发言成功地击退了左右两派的围攻,赢得了国民公会的信任。9月29日,国民公会通过《全面限价令》,规定包括鲜肉、腌肉、火腿、奶油在内的39种生活必需品在1790年价格水平上再加上1/3,将工资固定在1790年水平的150%,并规定任何以高于最高价格出售商品的商人都视同疑犯。① 10月6日,国民公会重申逮捕一切侨民,开始审理叛国罪。10月10日,国民公会根据圣茹斯特的报告,正式宣布成立革命政府(gouvernement révolutionnaire):"在和平降临前,法国临时政府(gouvernement provisoire)一直保持为革命状态的政府(révolutionnaire)。"法令确立了救国委员会的统治地位:"临时政府、各部部长、军官和其他依宪而设的各个部门,接受救国委员会的监视,每周向国民公会汇报工作。"②

　　法国革命历史上最著名的也是最有争议的篇章开始了,这就是恐怖统治。审判速度加快了。断头台(guillotine)原本是为了更人道、更平等而设计,现在成了最有效率的杀人工具。在宣布成立革命政府直至热月政变的9个月里,大约有16 000人死于断头台。革命法庭在成立后半年内(1793年3月—9月)审理了260名嫌疑犯,只处决66人,但在1793年10月—12月间,审理了395人,处决了177人。10月16日,玛丽·安托瓦内特因被指控叛国罪和通敌罪,而被送上断头台。当囚车经过大卫画室楼下时,这位艺术家迅速为玛丽·安托瓦内特画了一幅素描像。同月,21名吉伦特派成员被送上断头台,包括布利索、巴伊和巴纳夫。罗兰夫人因同其他吉伦特派阴谋破坏共和国团结和统一而被判有罪,11月8日被送上断头台,留下了她那句名言:"啊,自由,多少罪恶假汝之名以行!"罗兰在逃难路上自杀,尸体于11月11日在鲁昂附近的乡间小路被发现。孔多塞听闻国民公会下达了逮捕令,在巴黎一所房子里躲了半

---

① *Collection complete des lois*, Tome 6, pp. 193 - 195.
② *Collection complete des lois*, Tome 6, pp. 219 - 220.

年。11 月,菲利普·平等也被处决了,其子沙特尔公爵叛逃国外。①

尽管实施了恐怖统治,但是救国委员会的根基依旧不稳。在巴黎,无套裤汉仍旧在动摇其基础,因为巴黎建立了不少平民社团,各区议会也恢复了常设性质,各方的利益很难照顾周全。经济统制主要是为了满足征兵,平民关心的是日常粮食供给,小生产者的利益也不能不兼顾。于是,国民公会于 10 月 23 日下令牲畜可以自由买卖。这一措施显然使得肉类的最高限价徒有虚名。另外,国民公会又不理睬黑市投机倒把的情况。政策前后不一,缺乏系统性,结果反而导致了市场空虚。无套裤汉的愤慨情绪依旧难以平息。

外省的情况有所不同,对救国委员会的权威构成挑战的不是民众的骚乱,而是地方政府或特派员自作主张。他们往往不经请示,就擅作主张。这些人享有相机处置的权力,一切都可以按圣茹斯特所谓的"革命的方式"行事。由于通信迟缓,事出紧急,国民公会往往不会过问,也无法监督。这些人类似旧制度时期的督办官,在非常环境下充当中央集权的工具。但是,由于地方环境不同,特派员本人的政治倾向和对革命的理解也不尽相同,因此他们的表现及其对地方的影响也都不一样。②

那些背叛共和国的城市遭到了报复性的打击。根据国民公会的指示,里昂因叛国,遭受最为严厉的制裁。这座反抗国民公会前后长达四个多月的城市,最后被彻底摧毁,只剩废墟上的一座碑:"里昂向自由开战。里昂已不复存在"(Lyon fit la guerre à la liberté, Lyon n'est plus)。但是,被派往里昂的库通在执行命令的过程中十分犹豫,11 月初,他被召回,代替他的是科洛·达布瓦和富歇。此二人开始"挨家挨户搜查",关

---

① 毕亚尔(Michel Biard)对国民公会代表的死,给出了新的解释,参见 Micel Biard, *La liberté ou la mort:mourir en député,1792—1795*,Paris,Tallandier,2015。

② 勒费弗尔:《法国革命史》,第 371—373 页。毕亚尔否认特派员体制是一种中央集权制度。他从职权内容、行动范围、中央与地方关系等多方面给出了证明,参见 Michel Biard, *Missionnaires de la République:les représentants du peuple en mission,1793—1795*,Paris:CTHS,2002。

押了上千名嫌疑犯,但是审判速度很慢。科洛·达布瓦认为 1 个月只处死 20 人远远不够,他组建了七人法庭,数天内斩首了 300 名叛乱分子。12 月 2 日—8 日,宣判有罪的人被扔进事先挖好的大坑,用加农炮和榴弹进行扫射。12 月 4 日、5 日就处决了 294 人。类似的处决一直延续到第二年春天,共 1 867 名里昂人被处决,史称里昂扫射(Fusillades de Lyon)。围攻土伦的战斗持续了三个月。12 月 17 日,在炮兵少校波拿巴的狂轰滥炸中,终于夺回了土伦,战斗中逮捕了 800 多人,未经审判就被枪决。随后,国民公会派特派员巴拉斯(Paul Barras,1755—1829)和弗雷隆(Louis-Marie Stanislas Fréron,1754—1802)接管了土伦,并把这座城市重新命名为山岳港(Port-la-Montagne)。两位特派员随后处决了大约 800 名叛国者。[1] 马赛和波尔多也遭到了镇压和报复。马赛的革命法庭从 1793 年 8 月至 1794 年 4 月总共判处了 975 人,其中有 467 人被无罪释放。审判有罪的人中有 289 人被处决,马赛被改名为无名之城(Sans nom)。波尔多没有被更名,起初由特派员塔里安(Jean-Lambert Tallien,1767—1820)和伊萨博(Claude-Alexandre Ysabeau,1754—1831)设立的军事委员会,量刑宽大,1793 年 10 月—1794 年 6 月仅仅处决了 104 人。[2] 旺代死亡人数更多,但大多不是死于断头台下。正式公布的死亡人数有 20 多万,其中 3 万人是士兵。1793 年 12 月至 1794 年 5 月,在平定了旺代叛乱后,图鲁尔将军(Louis Marie Turreau,1756—1816)指挥的"地狱纵队"(colonnes infernales)对 773 个已被宣判为"法外之地"的市镇公社实施了焦土式的复仇清洗:这些公社中有 117 000 人(占人口总数的 15%)死亡。[3] 解除围剿后,共和国收回了南特,将复仇的怒火对准了那些支持叛军的未宣誓教士。特派员让-巴普蒂斯特·卡

---

[1] 多伊尔:《牛津法国大革命史》,第 315—316 页。Malcolm Crook, *Toulon in War and Revolution*: *from the ancien regime to the Restoration*, *1750－1820*, Manchester and New York: Manchester University Press, 1991, pp. 126-152.

[2] 多伊尔:《牛津法国大革命史》,第 317 页。

[3] Peter McPhee, *Liberty or Death*: *The French Revolution*, p. 233.

里耶（Jean-Baptiste Carrier,1756—1794）本身就有强烈的反教会情绪，他执行了可怕的溺刑（noyads de Nantes）。11月19日，大约90名教士和猪绑在一起，被送上一艘凿了洞的船，沉溺于卢瓦尔河。总计有1 800名教士死于溺刑。[1]

但是，恐怖统治并没有蔓延到所有地区。比如西南地区的一些省并未受到很大影响。派往这片地区的特派员是圣安德烈（Jean Bon Saint-André,1749—1813）、约瑟夫·拉卡纳尔（Joseph Lakanal,1762—1845）、让-巴普蒂斯特·波（Jean-Baptiste Bô,1743—1814）、吉尔伯特·罗莫（Gilbert Romme,1750—1795）、皮埃尔·鲁-法兹雅克（Pierre Roux-Fazillac,1746—1833）。他们很有能力，但立场较为温和。他们试图落实雅各宾派的政治平等与社会公正，将社会共同的善放在个人利益之上。[2]被派往康塔尔的波在给救国委员会的报告中写道："只有威信，是不够的……人们更愿意聆听真理。"[3]法国中部地区出现恐怖统治的原因也比较特殊。涅夫勒省本来比较安定，并没有出现大规模的叛乱或骚乱。但是1793年9月，派驻此地的富歇点燃了这个地区宗教恐怖的星星之火。富歇虽是教士，但革命时期的经历让他深信那些狂热的教士对共和国极端危险，基督教与共和国绝不可能共存。或许是因为受到卢梭的影响，富歇鼓励市民宗教。抵达涅夫勒省后，他开始颁布宣言，宣称法国人只能崇拜"普遍德性"，虽然可以自由传播各种教义，但是公共场合严禁这类行为。墓地也不能有任何宗教标志。[4] 每个墓地的每扇大门上都要铭刻死亡乃是"永恒的睡眠"（La mort est un sommeil éternel）。[5]

---

[1] 多伊尔：《牛津法国大革命史》，第318—321页。

[2] 史家格罗斯和伊戈内从这个角度为雅各宾派辩护。参见 Jean-Pierre Gross, *Fair Shares for All：Jacobin Egalitarianism in Practice*, Cambridge and New York：Cambridge University Press, 1997；Patrice L. R. Higonnet, *Goodness beyond Virtue：Jacobins during the French Revolution*, Cambridge, MA：Harvard University Press, 1998。

[3] Aulard ed. , *Recueil des actes du Comité de salut public*, Tome 11, pp. 107 - 108.

[4] Jean Tulard, *Joseph Fouché*, Paris：Fayard, 1998, pp. 33 - 54.

[5] *Réimpression de l'ancien Moniteur*, Tome 18, p. 137. 多伊尔：《牛津法国大革命史》，第321—323页。

富歇的行为不过是一场声势浩大的废除基督教运动(déchristianisation)
的一部分。[①] 在共和二年的政治文化中,信仰基督和爱国越来越难以兼
容。国民公会中有 40 名教士代表宣布放弃他们的教士身份。有不少特
派员积极推进废除基督教。比如派往图卢兹的特派员帕加内尔(Pierre
Paganel,1745—1826)、派往波尔多的特派员克劳德-亚历山大·伊扎博
(Claude-Alexandre Ysabeau,1754—1831)纷纷把当地的教堂变成了革
命圣殿。[②] "克洛维神油"的药瓶也被捣毁。在民众的压力下,不少教士
选择还俗。总体上,约有 2 万教士选择放弃宗教身份。当然,各地还俗
情况很不一样。另外,革命时期约有 6 000 位教士结婚,其中有5 000人
在共和二年结婚。[③] 废除基督教运动很快成为恐怖统治的一部分,既为
了清除反革命分子,也为了征购军需物资:撕毁画像、捣毁教堂、砸掉雕
像、偷走圣衣、融化大钟。国民公会早有规定,每个教区只能有一口钟,
多余的都被用来铸造武器或硬币。全国范围内,从 6 万个教会钟楼收缴
的 10 万座钟都被熔铸了:获得的大约 5 万吨金属用于战争用途。[④] 征用
大部分教堂的鸣钟和有用的金属已经使大部分乡村变得沉寂。

虽然国民公会并不支持废除基督教运动,但是特派员和民众却将国
民公会颁布《共和历》这一举动视作对他们行动的默许。这场运动在
1793 年 11 月上旬达到顶点。巴黎圣母院变成了理性神庙。罗伯斯庇尔
对此十分警觉,他认为只有富人才是无神论者,穷人无论如何都需要信

---

① Michel Vovelle, *Religion et révolution:La déchristianisation de l'An Ⅱ*, Paris:Hachette,
1976. 一些重要地区的研究参见 H. Forestier, "Le culte laical, un aspect spécifiquement
auxerrois de la résistance des paroisses rurales à la déchristianisation," *Ann. Bourgogne*,
xxiv (1952), pp. 105 - 110; E. Campagnac, "Les débuts de la déchristianisation dans le
Cher," *Ann. Révolutionnnaires*, Tome 4 (1911), pp. 626 - 637, Tome 5 (1912), pp. 41 -
49, 206 - 211, 328 - 373, 511 - 520。

② Ruth Graham, "The Secularization of The Ecclesiastical Deputies to The National
Convention, 1792—1794," *Consortium on Revolutionary Europe*, *1750—1850*, Vol. 3
(1974), pp. 65 - 79. 注意:帕加内尔是教士。

③ Peter Mcphee, *Liberty or Death:The French Revolution*, pp. 245 - 246.

④ 参见阿兰·科尔班《大地的钟声:19 世纪法国乡村的音响状况和感官文化》,王斌译,桂林:广
西师范大学出版社,2003 年,第 14—23 页。

仰。发现阴谋论的证据并不困难,积极参与废除基督教运动的有"腐化分子"沙博、温和派杜里奥等。11 月 14 日,罗伯斯庇尔在雅各宾俱乐部发表了一场攻击无神论的演讲。国民公会于 12 月 6 日再度申明信仰自由原则。但是,这也无法阻挡废除基督教运动。革命军有三四十万人,遍布 56 个省。随着他们的足迹,废除基督教运动迅速拓展。到了 1794 年春天,只有像汝拉山区这样的偏远地带,还保留着接待信徒的教堂。

恐怖镇压和废除基督教运动充分体现了共和二年恐怖统治的基本特点:恐怖统治既是积极的、活跃的,同时也是无序混乱的。特派员完全可以自由行动,彼此之间没有任何协调。中央对地方也缺乏监管。革命军本身是应巴黎无套裤汉的需要而建立,本质上成了城市强制向农村征购粮食的工具,慢慢演变成特派员的重要后盾。在政府决策迟缓、缺乏铁腕、无所作为的情况下,正是这种积极的、活跃的恐怖拯救了共和国,保证了民族的统一、军需物资的调配以及军队的征召,也保证了民众免于饥饿。当然,政出多门、互不配合和纪律废弛的情况在一定程度上损害了革命政府的效率,并且引发了许多原本可以避免的矛盾。像 1789 年市镇革命一样,平民的革命积极性曾起到了积极的作用,但是过度发展则会损害革命本身。正如国民公会代表勒瓦舍尔(René Levasseur,1747—1834)所指出的,"无政府状态已不能再延续下去了"①。救国委员会意识到,必须健全政权机构,加强中央集权,但这并不容易,因为这样做有可能挫伤革命精神,阻碍主动精神的发挥,削弱对反革命的镇压。救国委员会左右为难,犹豫不决,但是经济局势让它无法采取其他措施。

原因其实并不复杂。因为根据 9 月 29 日法令,最高限价所体现的并不是统一原则,而是地区之间的差异。根据规定,受管制的食品价格在 1790 年价格的基础上增加 1/3,工资则增加 1/2。但问题是各地的物价和工资价格本就有差别,结果导致了 1793 年各地制定的最高限价差别更大,而且不少地方总是抬高本地物资价格,压低外地货物的价格,走

---

① *Mémoires de Levasseur de la Sarthe*,Tome 1,Paris:Beaudouin,1830,p. 44.

私、黑市买卖猖獗。此外，因为征兵，各地的粮食依旧供应不上，所以很多地区只求自保，毫不顾及邻近市镇。这些问题十分严重。一方面救国委员会不能放弃限价，否则会失去无套裤汉的支持，而且指券也会崩溃；另一方面，实物征购也不能抛弃，因为征兵意味着需要大量的物资。这都意味着救国委员会必须要健全经济统制，统一食物最高限价，并由中央政权决定的实物征购和征用制度作为手段，在共和国各地区之间实行公平的分摊。对外贸易也应当由救国委员会统一控制。于是，在经济和政治双重推动下，有关经济统制的理论、行动计划和执行机构逐渐形成。革命政府的理论和制度框架进一步成形。①

圣茹斯特已经在 1793 年 10 月 10 日的报告中指出，政府的不作为是局势恶化的首要原因。他阐述了革命政府的基本原则，即强调救国委员会在整个国家中的核心角色。此后，比约-瓦伦在 11 月 18 日的报告中进一步突出救国委员会的领导地位，第一次提出"革命政府法令"这个概念。比约-瓦伦的建议终于在 12 月 4 日获得通过。根据共和历，这一天是霜月十四，所以，这部法令又称《共和二年霜月十四法令》(Loi du 14 frimaire an Ⅱ)。根据这部法令，革命政府的原则是高度集权："国民公会是政府运作的唯一中心(centre unique)。"但是，真正负责国内行政和治安一切事务的，不是国民公会，而是救国委员会，"使依宪而设的各个部门和公职人员都要接受救国委员会的及时有效的监管"。原来的政府仍旧保留，但是事权压缩，只接受和传达救国委员会与公安委员会下达的命令。在基层，由区和市的议会负责落实革命法令，它们每隔十天就要向两大委员会直接报告。省这一建制被架空，无权插手诸如税收和公共工程一类的常规行政管理。为保证区议会和市议会的工作，救国委员会和公安委员会各自下派一名专员，专员需要独立向委员会报告。所有非官方的地方组织，包括所有的地方革命军、民众俱乐部，以及各类地方

① 勒费弗尔：《法国革命史》，第 375 页。另见 Carla Hesse and Marie-Pascale Brasier d'Iribarne, "La logique culturelle de la loi révolutionnaire," *Annales. Histoire, Sciences Sociales*, 57e Année, No. 4 (Jul. - Aug., 2002), pp. 915 - 933。

自建的监视委员会等全部废除,因为这些组织"削弱了政府统一管理,有联邦党的倾向",只保留监察委员会,不过需要受公安委员会的监督。法令同时吸收了比约-瓦伦在 11 月 18 日报告中提出的其他建议:对法律的下达、公布和传递,规定地方政府在收到法令后 24 小时内必须予以公布、三天内必须执行,创办《共和国法令通报》(*Bulletin des lois*),并刊印所有关系到公共利益且必须统一执行的法令,统一发送地方政府。①

《霜月十四法令》的核心原则同 1789 年革命者的期望背道而驰,同《1791 年宪法》的原则也有所区别。1789 年的原则是权力下放(décentralisation)、分权制衡(Séparation et balance des pouvoirs)。《霜月十四法令》强调的是中央集权(centralisation),着重于权力中心的首要性。② "中央集权"是革命时期出现的新词,被收入 1798 年版《法兰西学院辞典》附录"革命以来使用的新词"中,意思是"权威(autorité)集中在少数人手里"。③ 罗伯斯庇尔在 12 月 25 日的发言中,进一步阐述了革命政府的性质。④ 他首先强调,革命政府和这场革命一样,都是史无前例的新生事物,不能在过去的政治理论著作中寻找依据,也不能在君主的法典中寻找理论,而只能在不断探索中形成合宜的理论。换言之,革命政府是一种历史创制。其次,罗伯斯庇尔着重指出了革命政府的性质:

> 革命政府需要一种非常行动(activité extraordinaire),因为它正在战争中。它被置于不那么划一的和不那么严格的准则的制约下;因为它的处境是变幻多端、动荡不定的,尤其是为了应付新的和

<hr/>

① 有关革命政府组建过程中的重要法令,参见 Paul Mautouchet ed. , *Le Gouvernement revolutionnaire* (*10 aout 1792—4 brumaire an IV*), Paris: É. Cornély et cie, 1912; *Collection complete des lois* , Tome 6, pp. 317 - 322。

② Lucien Jaume, *Le discours jacobin et la démocratie* , Paris: Fayard, 1989, pp. 108 - 156.

③ *Dictionnaire de l'Académie française* , Tome 2, Paris, 1798, p. 767. 19 世纪上半叶,"中央集权"这个词越来越频繁地被使用,而且开始与其他一些形容词连用,1878 年第 7 版《法兰西学院辞典》中第一次把"中央集权"同"行政的""政治的"这类词连用,参见 *Dictionnaire de l'Académie française* , Tome 1, Paris, 1878, p. 271。

④ *Réimpression de l'ancien Moniteur* , Tome 19, pp. 51 - 54.

紧急的危险,它必须不断采取新的和迅速的对策。

罗伯斯庇尔认为,革命政府可以更主动地做出决策、下达命令,可以更自由地应用权力、理解法律,但这并不意味着革命政府就是无政府。因为无政府状态是完全没有法律,但革命政府有法律,而且是遵循了"一切法律中最神圣的法令,即拯救人民(le salut du peuple)",而且革命政府"以最不可抗拒的名义"行动,这就是"必要性"(la nécéssité)。因此,革命政府非但有别于无政府,更是为了消灭无政府和无序状态,为了"迎接并巩固法律的统治(le règne des lois)"。革命政府和专断权力(l'arbitraire)也完全不同,因为"引导革命政府的不是个人的激情(les passions particulières),而是公益(intérêt public)"。在此意义上,罗伯斯庇尔提出了有关革命政府和立宪政府(gouvernement constitutionnel)的根本区别,从而明确了革命法国当前所处的历史阶段以及所应当担负的历史职责:

> 立宪政府的目标是维系(conserver)共和国。革命政府的目标是建立(fonder)共和国。革命是一场自由对抗自由敌人的战争。宪法则是取得胜利且维持安宁(paisible)的自由的统治。……立宪政府主要关心公民自由(liberté civile);而革命政府则主要关心公共自由(liberté publique)。在宪政制度下,几乎只要保护个人、反对滥用公权力就可以了;而在革命体制下,公共权力本身不得不打击进攻它的一切派系,实行自卫。革命政府应当将国家的一切保护赋予好公民,而把死亡带给人民的敌人。

这意味着,在全面战胜人民敌人之前,法国将一直处于革命政府的状态。共和二年的革命政府,包含了几项最基本且彼此联系的职责。这些职责的性质与目的不尽相同,因此,革命政府是一个复杂的整体。

实行经济统制是革命政府的基本职责之一,首要目的是满足国防需要。救国委员会很清楚,大举征兵意味着必须要解决军服、武装、物资供给等问题。海岸封锁使法国无法进口德意志地区的钢、印度的硝石等。

经济统制既是物资的统制，也是各类资源的统一调配。所有人都是动员对象，包括科学技术人才。在这方面，救国委员会量才取用，很少考虑政治因素，比如工业家佩里埃（Claude Perier，1742—1801）和沙普塔尔（Jean-Antoine Chaptal，1756—1832）、银行家培勒戈都得到了重用。蒙日、旺代蒙德（Alexandre-Théophile Vandermonde，1735—1796）、贝尔托莱（Berthollet）等科学家也投身于军事工业生产。① 所有物资都在征用之列，农民必须要交出粮食、草料、羊毛等，手工业者必须要交出他们的产品。私人武器也必须征作军用。军事原材料的征集范围十分广泛，不仅包括各种金属和教堂的钟，还有绳索、废纸、破布等，甚至墙脚的硝土和厨房的炉灰也被用来制造钾盐。除了新动工建造的大型工场，杜伊勒里宫和卢森堡宫的两座花园也被征用为制造武器的工场。不过，军工业发展并不快，因为法国本质上还是个农业国，资本不够集中，工业也比较分散。粮食的调配是重要问题，主要由供给管理委员会（commission des subsistance）负责。委员会从有余粮的地区征集粮食，主要供应军队，很少会照顾缺粮的地区，它并不关心消费者和民众的利益。为解决民众的口粮，雾月 25 日（1793 年 11 月 15 日）国民公会发布了《面粉管理条例》，规定磨坊将各类粮食混合加工，制成所谓的"平等面包"（pain de l'égalité）。② 但是，由于技术条件有限，统计数据不足，供给管理委员会既无法有效落实《面粉管理条例》等相关规定，也无法有效确保每个法国人应得的粮食供应。在这样的情况下，粮食供给还是由地方当局管理，各区政府主要负责粮食的征购与供应，各市政府负责监督磨坊、面包坊

① 有关科学研究与法国革命的关系，参见 *Sciences à l'Epoque de la Révolution française：recherches historiques*，travaux de l'Equipe REHSEIS，edités par R. Rashed，Paris：Libr. scientifique et technique A. Blanchard，1988；*Scientifiques et sociétés pendant la Révolution et l'empire*，actes du 114e comgrès national des sociétés savantes，Paris 3—9 avril 1989. Paris：Comité des travaux historiques et scientifiques，1990。

② Jean-Pierre Gross，"Romme en mission et le pain de l'égalité，" *Annales historiques de la Révolution française*，No. 304，GILBERT ROMME：actes du colloque de Riom（19—20 mai 1995）（Avril-Juin 1996），pp. 345 - 357。

等工场定量供应。实际上，限价措施不可能遏制工人运动。道理很简单，因为工资价格比 1790 年上涨了一倍，战争时期劳动力必然不足，工人怎么会放过这个有利机会？但是，这显然又与救国委员会对战时工场生产的管制冲突，因为革命政府必须要有充足的劳动生产力作为后盾。所以，从这个角度便不难理解，救国委员会不可能完全满足工人的要求。[①]

　　备战是革命政府的另一项职责，也是革命政府诞生的直接原因。但是，这场战争不仅是民族战争，也是阶级战争。革命起源于贵族反叛，是从贵族要求限制王权的斗争中演化而来。这一点解释了当革命在 1789 年夏天陷入僵持后，为何很快出现了特权阶层阴谋论。从那时开始，第三等级在守土卫国的同时，也进行着反贵族的斗争。在大恐慌中，第三等级早已看到本等级中的部分成员投靠了革命敌人，其中既有富人，也有穷人。无套裤汉更强烈要求把敌对阶级和所有的背叛者铲除干净。伴随着革命进程，产生于贵族阴谋的那种自卫决心和恐怖镇压的本能始终存在。相应地，像马拉和埃贝尔派那种激进言论也总是挥之不去。总有不少人认为，就应该用断头台来对付所有投机取巧的商人。这说明，革命政府所承担的不仅仅是一场卫国战争，也是一场社会战争。只有从这个角度才能理解，革命政府为何会推行社会平等的政策。事实上，大部分山岳派代表对社会不平等都怀有敌意。圣茹斯特在《共和体制》一书中非常清楚地表达了这种倾向。[②] 罗伯斯庇尔也觉察到如果社会不平等加剧，那么公民自由与平等必将受到损害。所以，共和国的任务必须包括限制财产，并不断扩大有产者的数量，此外还要采取推行救济、推广教育等民主措施。但是，他们从根本上不反对私有财产。罗伯斯庇尔当然意识到私有制的缺点，但他认为这是必不可少的缺点。所以，国民公

---

① 勒费弗尔：《法国革命史》，第 412 页。

② Saint-Just, "Institutions républicaines," in Œuvres complètes de Saint-Just, Paris: Gallimard, 2004, pp. 1085 - 1147.

会尽管会推行社会经济平等法令,但是落实往往很不力。① 共和二年雾月 5 日(1793 年 10 月 25 日)和雪月 17 日(1794 年 1 月 6 日)废除长子继承制,规定遗产将在直系子嗣内进行均分,目的是避免不平等的累积。国有财产售卖的原则是土地分成小块出口,霜月 2 日(1793 年 11 月 21 日)法令将这项原先只适用于流亡者财产的措施推广到所有国有产业。由圣茹斯特起草的《风月法令》(Loi de Ventôse)规定,"赤贫的人"可以从没收的疑犯财产中得到救济,圣茹斯特甚至认为这类土地应无偿转让。② 不过,救国委员会可能无心落实,因为既没有可能没收这么多人的财产,更无暇进行统计分配,而且正式公布的法令只字未提如何转让。这绝非无关紧要的小事,因为这反映了山岳派与小农以及市镇中下阶层之间的根本分歧。山岳派本质上并不在乎后者的利益,推行社会平等和经济管制不过是迫于战事。1789 年制宪议会之所以能赢得农民的支持,是因为它的确推动了有利于农民的政策,但是山岳派的社会平等始终悬于空中,因而他们的统治也悬于空中。

　　恐怖统治是革命政府最后一项重要职责,也是革命政府应有之义。恐怖统治产生于威胁革命的一种危机。这种危机既可能是真实的,比如 1792 年凡尔登沦陷;也可能仅仅是想象的,比如凡尔登沦陷后巴黎人担心犯人越狱。不能用现代人的眼光或者是和平时期的心态理解革命时期的法国人。对这些前现代社会的普通人来说,他们抵御风险的能力很差,任何变故都有可能使勉强温饱的日子变成过去。信息交流不畅,人们更相信道听途说。更何况身处在变幻莫测的革命时代,安全感和确定感荡然无存。在真实的或想象的危机感的推动下,产生了一种非常原始

① 有关山岳派的社会平等观点,参见 Jean-Pierre Gross, *Fair Shares for All:Jacobin Egalitarianism in Practice*, Cambridge;New York,NY,USA:Cambridge University Press,1997 以及 Patrice Higonnet, *Goodness beyond Virtue:Jacobins during the French Revolution*, Cambridge, Mass.:Harvard University Press,1998。
② Albert Mathiez, "La Terreur instrument de la politique sociale des Robespierristes," *Annales historiques de la Révolution française*, 5e Année, No. 27 (Mai-Juin 1928), pp. 193 – 219.

的但是极为强烈的恐惧。18 世纪的法国人对这种恐惧的心态并不陌生。① 比如 18 世纪 50 年代,巴黎接连失踪了很多儿童,就引起了民众的恐慌。② 革命时期的恐惧心态与此类似,率先采取行动的往往是革命者和民众,因为他们认为自己是少数,是弱者,在明处,而操纵阴谋的贵族是多数,躲在暗处,他们的力量不容小觑。恐怖一开始也往往始于屠杀。屠杀不是为了彻底消灭贵族,而是为了以儆效尤。③

基于上述心理,恐怖统治有两个基本特点。第一个特点是预防性(préventif),也就是说会在危机真实发生前采取行动,让阴谋者害怕,从而使他们变得软弱无力。正如丹东说的,革命者首先要让自己变得恐怖起来。第二个特点是镇压性(répressif),即革命取得阶段性胜利后,阴谋者和革命敌人都必须接受惩罚。预防性和镇压性两个特点伴随着恐怖统治,彼此交错,不容易分离。首先采取行动的往往是革命者和民众,恐怖往往始于屠杀,屠杀和报复慢慢让位于一种有章程、有制度的方式。这就是恐怖统治。和嗜血屠杀不同,恐怖统治是一种精打细算的行为,根据目的需要不断调整手段,是有节制地使用暴力,而不是滥用暴力,是对恐惧的一种经济有效的使用。比如,立法议会对未宣誓教士和流亡者的处置方式很不一样:把前者驱赶出国,为的是不让他们鼓动国内民众反对革命;号召流亡者回国,是为了不让他们联络国外敌对势力。结合上述分析,从1789 年夏天以来,恐怖统治一直伴随着革命,只是其表现方式有所不同,惩戒的力度也有差别。随着革命政府的确立,卫国战争和经济统制被提上日程,恐怖的对象也发生了变化,不再只是针对贵族阴谋,而是一切拒绝共和美德、拒绝为卫国战争效力的行为,就连藏匿钱财、拒收指券这样的行为,

---

① Jacques Berchtold et Michel Porret eds. , *La peur au XVIIIe siècle: discours, représentations, pratiques*, Genève: Droz, 1994.

② 阿莱特·法尔热、雅克·勒韦:《谣言如何威胁政府:法国大革命前的儿童失踪事件》,杨磊译,杭州:浙江大学出版社,2017 年;阿莱特·法尔热:《法国大革命前夕的舆论与谣言》,陈旻乐译,上海:文汇出版社,2018 年。

③ Georges Lefebvre, *La Première Terreur*, Paris: Centre de Documentation Universitaire, 1952, p. 28.

都有可能受到惩处。在这个意义上,恐怖统治也不只是预防与镇压,而是更有强制性,即强迫那些不愿为公共利益牺牲的人加入革命,迫使全民族服从政府,从而维持民族统一和团结。正如罗伯斯庇尔在 1794 年 2 月 5 日的发言(共和二年雨月 18 日)中所说:

> 如果和平时期人民政府(gouvernement populaire)的动力是美德,那么革命时期人民政府的动力既是美德,也是恐怖:没有美德的恐怖是邪恶的(funeste),没有恐怖的美德是软弱的(impuissante)。恐怖无非是迅速、严厉、不灵活的正义;因此,它是美德的发泄;它与其说是一个特殊的原则,不如说是民主的一般原则应用于祖国最迫切的需要的结果。①

在恐怖统治下,有多少人被判为疑犯? 很不幸的是,这个问题至今没有准确的答案。根据革命时期留下的材料,1793 年 9 月 17 日的《嫌疑犯法》大约锁定了 50 万人。这些嫌疑犯到底是什么人? 缺乏全面统计,只能参考一些地方研究。比如鲁昂逮捕了 1 158 名嫌疑犯,其中 29% 是贵族,19% 是教士,7.5% 是旧制度时期的官职持有者,有产者大约占了 17%,工人大约是 27%。这些平民常常因为反革命言论而被捕。② 值得注意的是,在鲁昂逮捕的嫌疑犯中,妇女几乎占了 2/5,这不是个别现象。在嫌疑犯中,妇女占比不低,一般来说有两个原因。第一,男人可以出逃或武装反抗,留在家里的女人就成了疑犯;第二,女性因其性别特征,更容易受到怀疑。比如外派里昂的科洛·达布瓦对女性施以重刑,他认为里昂的女性不仅引诱他的军队,而且把刺杀马拉的夏洛特·科黛视为圣徒。另外,嫌疑犯逮捕令的下达有一定节奏。总的来说,1793 年秋天以前下达的逮捕令相当少,1793 年秋至 1794 年春则陡然增加,这说明逮捕

---

① *Réimpression de l'ancien Moniteur*, Tome 19, p. 404.
② Gilles Fleury, "Analyse informatique du statut socioculturel des 1578 personnes déclarées suspectes à Rouen en l'an Ⅱ," in *Autour des mentalités et des pratiques politiques sous la Révolution française*, Vol. 3, Paris: CTHS, 1987, pp. 9 - 23.

令更多被用在党争上,忿激派、埃贝尔派、丹东派相继落马,这是逮捕令颁发最密集的时段。

恐怖统治下处决了多少人? 根据美国史家唐纳德·格里尔(Donald Greer,1896—1978)在1935年发表的研究,如果不考虑旺代叛乱,那么总共处决了40 000余人,其中约16 600人是囚犯,3/4的人被逮住时手拿武器,有20 000人是被当场处决,这些主要发生在叛乱省份。里昂处决了约1 700人,土伦处决1 000—1 100人,南特枪杀了2 600名俘虏、溺杀了上千人。[①] 一般认为,革命政府执行死刑有两个阶段。第一阶段是1793年春—1794年6月10日(共和二年牧月22日),特点是行刑主要集中在外省,并在1793年秋天达到高峰,而巴黎在这14个月里仅处决1 251人。第二阶段是1794年6月10日(牧月22日法令下达)至热月政变,死刑集中在巴黎,6周内处决1 376人,其中获月(Messidor,1794年6月19日—7月18日)平均每天处决27人。导致旺代人口大量死亡的是一场内战(guerre civile),尽管内战一词直到1793年才开始使用。根据马丹(Jean-Clément Martin,1948—)的估算,内战中有17万人丧生,还不包括牺牲的共和国军队。[②]

革命政府的性质随着事态发展而不断发生改变。各派对如何执行恐怖统治以及执行到什么程度,意见从未统一。经济危机不断加剧这一分歧。随着风月事件和芽月事件的发生,革命政府的另一个特点开始显现,即通过执行恐怖和集权统治,革命政府日益变成救国委员会维持自身统治的工具。在恐怖统治时期,国民公会两大委员会承担了大量的日常工作。公安委员会一般负责警戒任务,以及挨家挨户搜查、逮捕、囚禁及与革命法庭联络等事务。救国委员会负责执行国民公会颁布的法律条例,类似政府。[③]

---

① Donald Greer, *The Incidence of the Terror during the French Revolution: A Statistical Interpretation*, Gloucester, Mass. , P. Smith, 1935.

② Jean-Clément Martin, *La Vendée et la France*, Paris: Seuil, 1987.

③ 但是救国委员会自视为"立法核心"(centralité législative)。这是比约·瓦伦给它的界定,参见 Michel Biard, "La 'Convention ambulante': Un rempart au despotisme du pouvoir exécutif?," *Annales historiques de la Révolution française*, No. 332, Une révolution du pouvoir exécutif? (Avril/juin 2003), pp. 55 - 70。

不过,国民公会从来不信任救国委员会承担的行政权,也从未承认过救国委员会的地位。[1] 1794 年初,经济形势再度恶化,面包供应不上,食物越来越少,救国委员会却没有采取相应的措施,表现比较温和。科德利埃俱乐部煽动民众的情绪,埃贝尔指名道姓地批评罗伯斯庇尔,龙森也扬言要再次起义,科洛·达布瓦调解无果。罗伯斯庇尔在 1794 年 3 月12 日(风月 22 日)将埃贝尔派等一干人指责为外国阴谋集团,并在 3 月24 日(芽月 4 日)将他们处死。随后宽容派也遭到了惩戒,丹东等在 4 月5 日(芽月 16 日)被送上断头台。在革命历史上风月事件和芽月事件具有转折性意义,这是革命政府自 1789 年以来第一次抢先行动,压制平民领袖。随后救国委员会又采取一系列措施,取消了革命军,撤销了临时政府的部长,逮捕了文森。经此危机,无套裤汉也武力威吓救国委员会。随后出现了针对科洛·达布瓦和罗伯斯庇尔等人的暗杀,某种惩戒的心态再次被激化,库通提出了《牧月二十二法令》(La loi du 22 prairial)。大恐怖(Grand Terreur)开始,取消了一切开庭前的预审,被告不得请律师,法庭只有两种判决:死刑或释放。从风月与芽月危机,直至《牧月法令》的颁布,这一过程表明:救国委员会加强恐怖统治,其实是为了维护自己的统治,这一趋势越来越明显。《牧月法令》颁布后,一些国民代表就怀疑这项法律实际上让救国委员会不需要通知国民议会就可以对代表提起公诉。对救国委员会很不利的是,当时革命军在战场上已经稳操胜券,民众对贵族阴谋的恐惧也在消失,群众的惩戒心理也趋于缓和,平民的狂热也在下降。因此《牧月法令》与大恐怖的出现令救国委员会更不得人心。

国民公会终于迎来了军事胜利,革命军将西班牙军队驱赶到比利牛斯山的另一侧,并且在北方取得了一系列关键性胜利,尤其是在图尔宽(Tourcoing,5 月 18 日)和图尔奈(Tournai,5 月 22 日)这两个城市取得

---

[1] Raphaël Matta-Duvignau, *Gouverner, administrer révolutionnairement：le comité de salut public*, Paris, L'Harmattan, 2013.

的胜利,这都是革命军以少胜多的典型,来之不易。1794 年 6 月 8 日,摩泽尔和阿登的军队合并成桑布尔-默兹方面军,归茹尔当将军(Jean-Baptiste Jourdan,1762—1833)指挥。先前,这支部队接连进攻四次,都没能拿下沙勒洛瓦(Charleroi)。6 月 25 日,75 000 名法军再次渡河,与萨克森-科堡亲王腓特烈统帅(Prince Josias of Coburg,1737—1815)的 52 000 名奥地利士兵正面交锋,此即弗勒吕斯战役。在这场战役中,法方使用了热气球作为探查敌情的工具。在猛烈炮火的攻击下,奥军撤退。

第四节　热月政变

弗勒吕斯战役的胜利结束了奥地利军队对法国的威胁。共和国终于有了喘息之机,但是内部的矛盾却愈演愈烈。在得知胜利消息后,巴黎很多区都组织起公共宴会,人们将自家的食物摆在街头餐桌上。当时一份报纸如此报道:"所有的差异都完全消失了;富人和穷人一起吃着粗茶淡饭,他们都体会到了平等。"但是,救国委员会感到很不舒服,它觉得这些集会可能是当地激进分子打着庆祝军事胜利的名义复苏的迹象,因此下令禁止举行类似的宴会。① 还有一些人要求回到宪政时期,可以脱离恐怖统治。比耶科克(Jean-Bap Billecocq,1765—1829)是巴黎的一位年轻律师,理解革命,也拥护革命,但是比较倾向于立宪君主制。1794 年一些巴黎人发起请愿,要求落实 1793 年宪法。比耶科克也签了字。7 月 1 日他和其他请愿者被捕入狱。救国委员会并不打算回归到宪政统治时期,每天仍在进行审判和处决。它在不断巩固并垄断权力。革命政府越来越成为少数人把持权力的工具。

救国委员会在 1794 年 4 月 1 日废除了临时政府,并由委员会的成员

---

① Rebecca L. Spang, *The Invention of the Restaurant*: *Paris and Modern Gastronomic Culture*, Cambridge, MA: Harvard University Press, 2000, pp. 109 - 112; Peter McPhee, *Robespierre*: *a Revolutionary Life*, New Haven: Yale University Press, 2012, p. 210.

接管各部工作。两周后,即 4 月 16 日,救国委员会规定所有密谋的案件都移交巴黎处理。《牧月法令》加快了审判速度,增加了法官和陪审员的人数,审判的过程也更加简单。处决的人数很清楚地反映了集权的趋势,在 1 月到 3 月之间,处决的人数曾迅速下降,4 月份的人数有所上升,原因是对旺代的镇压再次强化,5 月份处决的人数又有回落;但是,从 6 月初开始,处决人数再次大幅攀升。新的恐怖高潮中的受难者主要是在巴黎被处决的。从 1793 年 3 月到 1794 年 8 月,共有 2 639 人被送上革命广场上的断头台,其中一半以上——共 1 515 人——是在 1794 年 6 至 7 月被处死的。[①] 在这些受难者当中,社会上层成员的比例也远高于整个恐怖时期的总比例:贵族占 38%,教士占 26%,此外还有将近一半的富裕资产阶级。革命政府越来越不是为了惩治反革命,而是成了控制社会的工具。

一些新颁布的社会政策也反映了类似趋势。在处决了埃贝尔派和丹东派后,救国委员会与民众分道扬镳。公安委员会逐步控制了巴黎公社,重新修订了成员资格。从此之后,巴黎公社成了一个完全驯服的工具,并将矛头指向那些不断索求高工资的工人。从 4 月开始,就有人要求利用《勒沙普利耶法》对付那些请愿的工人。1794 年 4 月 16 日的三周之内,37 家巴黎的大众团体被关闭(占总数的 3/4)。6 月初,大部分民众组织也被解散。[②] 工人这时已没有任何有效的抗议渠道。7 月 23 日公布了新的工资表,大幅度削减工人工资。政府通过提高净利润的方式鼓励市场买卖,生活必需品价格迅速上涨。与此同时,指券的购买力继续下降。1793 年 12 月其票面价值为 1790 年的 48%,到了 1794 年 7 月只有 36%。这一切措施都对工人生计造成了致命打击。

山岳派及其支持者一直处于夹缝中。一边是国民公会里的温和派或平原派,这群人始终认为救国委员会不过是临时机构,一旦实现和平,

---

① 多伊尔:《牛津法国大革命史》,第 342 页。

② Raymonde Monnier,*L'Espace publique démocratique:essai sur l'opinion à Paris de la Révolution au Directoire*,Paris:Kimé,1994,pp. 177-187.

就应当马上恢复宪政。另一边是无套裤汉,他们有更为强烈的社会平等和激进民主思想,要求实施监控并不断清洗官员和代表。但是,山岳派始终不认为革命状态应当结束,也不认为应当只为了考虑社会平等而实行限价。革命政府确实是一个国防政府,但也不只是国防政府,如果它仅仅是国防政府的话,那么在风月和芽月事件之后,恐怖统治应当缓和,但实际上并不如此。山岳派也并没有真正代表无套裤汉的利益,因为如果它代表无套裤汉,就不应该在战时紧张状态有所缓和之后马上废除限价,这说明山岳派的限价政策主要是为了保护国家利益。这难免会让无套裤汉失望。所以,不论从社会角度还是政治角度看,山岳派始终悬在空中,缺乏社会基础。

另外,革命政府作为中央集权统治工具的特点表现得越来越明显。[①]这种集权不仅表现在政治统治上,还表现在文化控制上。共和国依旧分裂,大规模的地方叛乱尽管消除了,但是民众仍有许多不满。普罗旺斯地区的贝端(Bédoin)是一个人口仅 2 000 的小镇,原属教宗领地。1794年 5 月 1—2 日(花月 12—13 日)夜,小镇居民砍断了自由树,把挂在自由树上的自由帽扔在井里,他们还撕掉了国民公会的公报。国民公会特派员迈涅(Étienne Christophe Maignet,1758—1834)率领军队抵达此地后,建立革命法庭,宣判 63 人有罪,处决了 28 人。[②] 这些情况让巴黎的山岳派很不理解,为什么有那么多民众没有他们所期待的那种共和美德? 为什么有那么多人不愿为共和国牺牲? 1794 年 4 月 7 日库通就提议,要将国民的精神情感引向更具爱国主义的方向。1794 年 4 月 20 日(共和二年花月 1 日),比约-瓦伦代表救国委员会,在国民公会上做了如下发言:

> 为重生想要恢复自由的人民,就应当摧毁所有过去的偏见,改

---

① 勒费弗尔:《法国革命史》,第 396—397 页。

② Jacques Guilhaumou et Martine Lapied, "La Mission Maignet," *Annales historiques de la Révolution française*, No. 300 (Avril-Juin 1995), pp. 283 – 294.

变所有过去的陋习,完善那些已然败坏的情感,节制所有冗余的需求,根除一切根深蒂固的陋习。应当有一种强有力的行动(action forte),一种令人振奋的推动力,适合于发展公民美德,压制贪婪的激情、阴谋与野心。[1]

罗伯斯庇尔深受古典主义影响,认为公共节日既能教化民众,也能避免类似狂欢节那种无序。5 月 7 日(共和二年花月 18 日),将近一个月没有露面的罗伯斯庇尔再一次出现在国民公会上。[2] 他提出了一种新的节日,即最高崇拜节(Culte de l'Être suprême)。崇拜节是在每个旬日(décadi)举行的一系列共和节日中的第一个,它将宣告法国人民承认最高主宰的存在和灵魂的不朽。罗伯斯庇尔认为,举行这样的节日,能保证"我们居住的这片祥和土地将会是自由和幸福的土地":

> 自然告诉我们,人是为自由而生的,但是,数个世纪的经验却证明,人是被奴役的。人的权利铭刻在内心,而对人的羞辱却记载于史册……斯巴达在巨大的阴影中像一道闪电一样闪耀着……事物的秩序已经发生了改变:道德和政治的秩序也必须发生改变。革命的一半已经完成,另一半也必须完成……自然的上帝同教士的上帝

---

[1] 转引自 Lucien Jaume, "Le public et le privé ches les jacobins (1789—1794)," *Revue française de science politique*, Vol. 37, No. 2 (Avril 1987), p. 243. 另见 Lucien Jaume, *Le religieux et le politique dans la Révolution française: l'idée de régénération*, Paris: Presses universitaires de France, pp. 29 - 48。

[2] Peter McPhee, *Robespierre: A Revolutionary Life*, pp. 194, 207 - 208. 罗伯斯庇尔为什么有一个月没露面?学界有两种解释。亲罗伯斯庇尔的学者往往强调身体原因。麦克菲统计,整个 1793 年,罗伯斯庇尔每周大约要做四次长篇演讲,总计约 200 次讲演,101 次在国民公会,96 次在雅各宾俱乐部,参见 Peter McPhee, *Liberty or Death: The French Revolution*, p. 217. 法国史家勒维尔(Hervé Leuwers)在较新的一本传记中,也为罗伯斯庇尔辩护,除了强调身体原因外,他还认为罗伯斯庇尔越来越被同伴孤立,参见 Hervé Leuwers, *Robespierre*, Paris: Fayard, 2014(尤其参见此书第 22、24 章)。另一派学者则强调罗伯斯庇尔本人的专断与专制,如 Jonathan Israel, *Revolutionary Ideas: An Intellectual History of the French Revolution from The Rights of Man to Robespierre*, Princeton, N. J.: Princeton University Press, 2014(中译本参见乔纳森·伊斯雷尔《法国大革命思想史:从〈人的权利〉到罗伯斯庇尔的革命观念》,米兰译,北京:民主与建设出版社,2020 年)。

有根本区别……教士用他们自己的形象创造了上帝:他们让上帝变得有嫉妒心,脾气任性,又贪婪,又残忍,又无情……他们将上帝放逐到天堂,就像放逐到宫殿里,又将他召唤到尘世,只是为了索取什一税、财富、荣耀和权势,供他们自己享用。①

最高崇拜节定于 1794 年 6 月 8 日(共和二年牧月 20 日)举行。各地大约有一个月时间来准备。巴黎的准备工作由大卫负责。他在马斯校场上建起一座假山,山顶栽上一株自由树,从杜伊勒里宫出发的群众游行队伍朝这里汇聚。当日,国民公会的主席碰巧是罗伯斯庇尔。他穿着他最爱的淡蓝色上衣,手持一束蓝花,带领议员,走在队伍最前面。他利用这个机会又发表了两篇关于美德与共和宗教的颂辞。罗伯斯庇尔未曾料到,他的这些举动进一步削弱了他本已不太牢固的威望。丹东曾经的伙伴杜里奥喃喃地说:"当主子他还嫌不够,还要当上帝。"②

图 30　1794 年 6 月 8 日巴黎最高崇拜节③

---

① Robespierre, *Œuvres*, Vol. 10, pp. 442 – 465. 转引自 Peter McPhee, *Liberty or Death*: *The French Revolution*, p. 261。有关最高崇拜节分析,参见 Michel Vovelle, "The Adventures of Reason, or From Reason to the Supreme Being," in Colin Lucas (ed.), *Rewriting the French Revolution*, Oxford: Clarendon Press, 1991, pp. 132 – 150。
② 转引自多伊尔《牛津法国大革命史》,第 344 页。
③ 图片来源:法国国家图书馆;作者:让-皮埃尔·西蒙德(Jean Pierre Simond)。

认为罗伯斯庇尔搞独裁的人越来越多。就连救国委员会和公安委员会里也有不少人这么认为。两大委员会中,那些负责共和国实际事务的代表发现自己忙得焦头烂额,而其他人却在争权夺位,很快对他们心生厌恶。[1] 这进一步加剧了委员会内部的分裂,使罗伯斯庇尔失去了更多支持者。据统计,共和二年牧月(1794 年 5 月 20 日—6 月 18 日)救国委员会签发的、签署人信息确实的 608 份法令中,兰代签署了 183 份与物资供应和运输有关的法令,科多尔的普里厄签署了 114 份法令,涉及军队弹药供给,卡诺签署了 130 份与陆海军相关的法令。[2] 对于军事危机缓解后恐怖措施却不断加强,这些人很不理解。兰代拒绝在逮捕德穆兰和丹东的命令上签名:"我是来保护公民的,不是来谋害爱国者的。"卡诺也曾指着圣茹斯特,说他和罗伯斯庇尔都是"荒谬的独裁者"[3]。

救国委员会不断扩大权力,这让公安委员会越来越不满。4 月 23日,救国委员会成立了总监察局(Bureau de police gérérale),隶属救国委员会,罗伯斯庇尔、库通和圣茹斯特为成员。这很明显侵占了公安委员会的职权。[4] 随着《牧月法令》的颁布,审判权收缩,审判程序不断简化,公安委员会更加觉得自己被架空。另外,公安委员会里有不少成员有埃贝尔派倾向,他们支持废除基督教运动,十分痛恨最高崇拜节。[5]

罗伯斯庇尔四面树敌。恰在此时,他又一次精神崩溃,体力透支。1794 年 6 月 10 日(共和二年牧月 22 日)至 7 月 26 日(共和二年热月 8日),罗伯斯庇尔很少在救国委员会和雅各宾俱乐部露面,即便出席会议,也常常一言不发。这让人越发摸不透他的想法。恐怖的气息越来越

① R. R. Palmer, *Twelve who Ruled*: *The Year of the Terror in the French Revolution*, p. 364.

② Peter McPhee, *Liberty or Death*: *The French Revolution*, p. 265.

③ 转引自 Peter McPhee, *Liberty or Death*: *The French Revolution*, p. 265。

④ Arne Ording, *Le Bureau de police du Comité de salut public*: *étude sur la Terreur*, Oslo: Skrifter utgitt av det Norske 1930.

⑤ Georges Belloni, *Le Comité de sûreté générale de la Convention nationale*, Paris: L. Arnette 1924.

浓烈。按理说,共和国的危机已经大为缓和。6月,奥军对法国的威胁业已解除。来自南美的庞大运粮船顺利抵达,大大缓解了供给压力。但是,现实却让人更加紧张。这一个月中,平均每天处决二三十人,据说有60名代表晚上都不敢睡在自己的床上。两大委员会被各种猜忌撕裂着,各方都在含沙射影地威胁对手。没有人知道怎么结束屠杀,但是每个人都很清楚,自己可能成为下一个受害者。在牧月23日,一些嘲弄罗伯斯庇尔在最高崇拜节上的显赫地位的人提出了一个动议,要求新法令特别保护代表的豁免权。动议通过了。从这一刻起,反罗伯斯庇尔的力量开始走向联合。

　　各方也在努力尝试恢复团结,化解矛盾。巴雷尔在7月22日(热月4日)举行了一次联席会议,安排国民公会和两个委员会的代表共同出席,讨论的主旨是"如何制止诽谤和迫害最热诚、对共和国贡献最大的爱国者"。与会者认识到,尽管有分歧、有过节,但是法国仍然需要一个统一政府。可是,这种共识很快崩塌,因为在第二天联席会议上,近一个月未曾露面的罗伯斯庇尔出现在会场,开始攻击比约-瓦伦、科洛・达布瓦、公安委员会代表阿玛尔(Jean-Pierre-André Amar,1755—1816)和瓦迪埃(Marc Vadier,1736—1828)等人。结果,原先相信有必要化干戈为玉帛的代表反而觉得,团结很可能是愚蠢的选择,因为一旦团结,一旦放弃警惕,反而会让罗伯斯庇尔有可乘之机,将他们一网打尽。于是,一些代表暗中联络,积蓄力量,伺机行动。

　　1794年7月26日(共和二年热月8日),国民公会原本在这一天组织一场讨论,商议关于战争胜利后外国移民安置问题。结果,出人意料的是,罗伯斯庇尔出现在会场。他发表了讲演,冗长而凌乱,完全没有平时说话时那种清晰有力的风格。[1] 他指责国民公会和救国委员会,在他未出席议会的六周里,救国委员会工作拖沓,作风懒散。罗伯斯庇尔提

---

[1] 英译参见 Richard Bienvenu, *The Ninth of Thermidor: The Fall of Robespierre*, New York: Oxford University Press, 1968, pp. 143-174.

醒道,敌人虽然撤退,但这不过是一种计谋,因为他们想"让我们内部分裂"。他的这番话有两层潜在含义:第一,情况并没有因为放松"我所谓的那种独裁"而缓和,所以革命政府和独裁统治有必要延续;第二,这段时间,国内一切问题都是其他所有人的责任。罗伯斯庇尔接着说了一句更含糊的话:"为了我的良知,我就应当是世上最不幸福的人。"换言之,为了公益,他将背负本不应该由他背负的责任,为了赢得这场自由革命的胜利,他更不会顾惜自己的身体。罗伯斯庇尔坚定地说道,美德深深地扎根在他的灵魂中:"毫无疑问,美德是一种自然的情感……这是对暴政最深层的恐惧,是对受压迫者感同身受的热忱,是对祖国最圣洁的爱,是对人性的最崇高的、最神圣的爱……你能在任何时候感觉到美德燃烧着你的灵魂……"。在肯定了自己的使命和职责后,罗伯斯庇尔开始把矛头指向其他人。他反复说有"危害公共自由的阴谋",阴谋甚至已经渗透到救国委员会里。但是,他只提到了康蓬(Pierre-Joseph Cambon,1756—1820)的名字。康蓬是山岳派,负责财政,担任国民公会财政委员会主席一职,他在共和二年将共和国债权人赢得的利息全部转为公债,就连终身年金都不放过,引起众怒,被冠以"利息刽子手"(le bourreau des rentiers)之名。除了康蓬外,罗伯斯庇尔没有指出其他具体的人,只是宣称,阴谋必须要被清除,叛徒必须要被惩罚,两个委员会也必须要被清洗,"只要权力还与一伙无赖牵扯在一起,自由的卫士将永远被放逐"[1]。

当日晚上,罗伯斯庇尔在雅各宾俱乐部中再一次宣读了他上午的发言。国民公会开始就此次发言进行讨论,最后采纳库通的建议,将罗伯斯庇尔的发言刊印发行,并赞成驱逐所有反对刊印的代表。在热月政变前,库通和圣茹斯特是少数几位始终支持罗伯斯庇尔的代表。气氛变得越来越紧张。比约-瓦伦和科洛·达布瓦整晚都奔波于两大委员会之间。积极密谋的还有富歇、弗雷隆、塔里安、巴拉斯等。他们担心罗伯斯庇尔会清算他们在外省的血债。正如雅各宾派代表博多

---

[1] 转引自多伊尔《牛津法国大革命史》,第 346—347 页。

(Marc-Antoine Baudot,1765—1837)后来回忆说:"热月 9 日的斗争不是一个原则问题,而是一个你死我活的问题……罗伯斯庇尔必须要死。"①

7 月 27 日(热月 9 日)当天,国民公会主席是科洛·达布瓦。当会议进行了大约两个小时的时候,圣茹斯特出人意料地走进了会场,准备发言。② 他连夜起草了一份稿子,措辞精巧,态度温和,原本很有希望赢得大部分代表的赞成。但是,当他念到第十三行的时候,突然被塔里安打断。一幕不可思议的场景发生了:圣茹斯特显得惶惶然不知所措,他中断了发言,丝毫没有要为自己辩护的迹象。这位相貌英俊、生性高傲的人,竟然被一位平庸的投机者轰下了台,一言不发地蜷缩在议厅的角落里。③ 塔里安抢占了讲台。比约-瓦伦绝不会放过这个机会,他也乘机发言,肆无忌惮地抨击罗伯斯庇尔。当时,罗伯斯庇尔正坐在讲台下面,不知为何,一时间也沉默不语,他一度从沉默的状态中清醒过来,当走上讲台要求发言时,却被"打倒暴君"的呼声淹没了。作为会议主席,科洛·达布瓦一直拒绝让他发言。代表们轮番攻击,情绪越来越高亢。当有人提议逮捕罗伯斯庇尔时,国民公会竟然接受了这个提议。会上,还有人提出逮捕圣茹斯特和库通。国民公会很快发出了指令,逮捕巴黎国民卫队司令昂里奥。罗伯斯庇尔再次准备登台,结果四面八方爆发出一阵阵"打倒暴君"的口号。随后,瓦迪埃冲上讲台,尽其所能奚落罗伯斯庇尔。他讲的一些逸闻引得哄堂大笑。罗伯斯庇尔第三次试图发言,他终于说清楚了第一句众人能听见的话:"我能把讨论引回到……,"结果,会场上

① Françoise Brunel, *Thermidor: la chute de Robespierre*, Lausanne: Complexe, 1989, p. 7.
② 此前,将近有一个月时间圣茹斯特都在外省,并未在巴黎,也没有参与 1794 年 6 月—7 月的大恐慌。他大约是在 6 月 28 日(获月 10 日)回到巴黎。当时他便发现,巴黎各派剑拔弩张,气氛十分紧张,而且他完全不明白缘由。参见 Norman Hampson, *Saint-Just*, Oxford, UK; Cambridge, Mass., USA: Blackwell, 1991。
③ 关于热月政变前后历史,最详尽的叙述参见 Gérard Walter, *La Conjuration du Neuf Thermidor 27 July 1794*, Paris: Gallimard, 1974。不过,瓦尔特(Gérard Walter, 1896—1974)的叙述有明显的倾向。另见瓦尔特《罗伯斯庇尔传》,姜靖藩等译,北京:商务印书馆,1983 年,第 413—436 页。

又响起一阵阵"打倒……"的呼声,淹没了他的声音。

当然,罗伯斯庇尔不是完全孤立无援。巴黎公社站在他一边。巴黎公社命令巴黎所有监狱禁止接受囚犯,这等于关闭了监狱。昂里奥被捕后,也得以逃脱,集结国民卫队,准备起义。罗伯斯庇尔、库通和圣茹斯特躲在巴黎市政厅。但是,没有人支持他们。无套裤汉和工人早已与他们分道扬镳。响应昂里奥号令准备营救罗伯斯庇尔的,也只有 17 个区。而且,面对态度强硬的国民公会,这几个区也很快泄了气。巴拉斯带领着忠于国民公会的武装士兵,于 7 月 28 日(热月 10 日)凌晨两点,冲进了无人防守的市政厅,把留在那里的人统统逮捕。除了罗伯斯庇尔外,还有他的弟弟奥古斯丁·罗伯斯庇尔(Augustin Robespierre,1763—1794)、库通和圣茹斯特。罗伯斯庇尔自杀未遂,下巴上挨了一枪,流血不止。紧接着,国民公会开始在整个巴黎对巴黎公社成员和雅各宾俱乐部的支持者进行了大搜捕。

7 月 28 日(热月 10 日)晚间,罗伯斯庇尔、圣茹斯特、库通等 18人,被送上革命广场受刑。次日,有 71 人被杀,这是革命期间单日处决人数最多的一天。第三天,又有 12 人被执行死刑。罗伯斯庇尔等 22人的尸体被埋在埃朗西公墓新挖的一个深坑里。按照国民公会的指示,坑挖得特别深,铺上了厚厚一层新石灰:"不让他们有朝一日成神。"这就是国民公会的命令。这块墓地原是奥尔良公爵的产业。玛丽·安托瓦内特在被关进唐普勒堡前,曾在这里散步。在督政府时期,这块墓地被一位投机商人买走,1823 年建了一座舞厅,歌声缭绕,红男绿女进进出出。这幅场景,曾让 19 世纪浪漫主义史家米什莱(Jules Michelet,1798—1874)感叹法国人的健忘。

革命时期的法国人更健忘。民众簇拥在断头台四周,推推搡搡,当看到罗伯斯庇尔人头落地时候,一群工人高呼:"最高限价作废啦!"第二天,他们继续罢工,要求涨工资。兰代以救国委员会之名,发表了一份《巴黎工人的宣言》,表示认可工人的合理要求,因为"工资价格和物资价格之间不成比例的关系,这样的情况不能容忍"。这为新政府赢得了民心。[①]　外省接受热月政变相对迟缓,它们对巴黎在 1794 年夏天所发生的变化并不知情,所以听到罗伯斯庇尔倒台后,大多感到惊慌失措。布列塔尼地区的小港口奥雷(Auray)的雅各宾俱乐部,成员有 70—100 人,他们认为推翻罗伯斯庇尔一定是"无耻叛徒"和"一群恶棍"所为。热月政变以后,他们依旧坚持在每次闭会前高呼"共和国万岁!山岳派万岁!无套裤汉万岁!"[②]不过,很快,人们都能接受这个事实,他们很满意,因为罗伯斯庇尔的倒台意味着不会再有大规模的屠杀,意味着恐怖统治结束了。

　　从政治上来说,热月政变的主要意义不在于推翻某人或某个集团的统治,而在于否定了革命政府这一统治形式,并恢复了议会制。革命政府诞生于 1793 年共和国所经受的内外危机中,收回了 1789 年以来就丧失的强有力的行政权。通过 1793 年 9 月以来救国委员会和公安委员会代表从不间断的连任,革命政府保证了行政权的稳定性和连续性,借助外派特派员并牢牢控制任命权,恢复了中央集权统治,最后通过革命法庭和恐怖统治,击溃了一切反对势力。革命政府通过它的独裁控制了议会,但它本身却同 1789 年确立的议会体制相悖。这是国民公会与救国委员会根本矛盾之所在。因为,在国民公会看来,救国委员会维持其权威和独裁,完全仰仗着雅各宾俱乐部和无套裤汉这类宪法之外的力量。国民公会只能一再忍让,为避免被无套裤汉冲垮,它只得交出了吉伦特派,为了保存自己,不得不牺牲埃贝尔派和丹东派。而在热月政变前,救国委员会内部出现分裂,邀请国民公会前来实行仲裁之时,国民公会必然会夺回被罗伯斯庇尔等人垄断的权力,并且为了维护自己的权威与地位,它不仅会对付街头一切民众运动,而且对所有以它自己名义掌权的

[①] Colin Jones, "The Overthrow of Maximilien Robespierre and the 'Indifference' of the People," *The American Historical Review*, Vol. 119, No. 3 (June 2014), pp. xxiv, 689—713, 119 (2014), pp. 689 - 713. Peter McPhee, *Liberty or Death: The French Revolution*, p. 269. 乔治·鲁德:《法国大革命中的群众》,何新译,北京:生活·读书·新知三联书店,1963 年,第 137—150 页。

[②] 转引自 Peter McPhee, *Liberty or Death: The French Revolution*, p. 270。

个人保持警惕。[1]

热月政变之后,国民公会旋即对革命政府体制进行了全面改组。1794 年 7 月 29 日(共和二年热月 11 日),国民公会通过法令,规定所有委员会每个月改组 1/4 成员,而且每一名落选成员必须在落选一个月以后才有资格重新当选。一个月以后,除了卡诺因其军事才能留任外,曾主持过恐怖统治的人全部被换下。巴雷尔宣称:"国民公会就是一切(la Convention est tout)。"国民公会的代表们纷纷登场,可是,他们只有权力,而无权威。政府的稳定性岌岌可危。[2] 成员既然撤换,权力不可能不做任何更改。1794 年 8 月 12 日(共和二年果月 7 日),国民公会对革命政府的架构也进行了全面改组,设立 16 个委员会,各司其职,代行各部职权的 12 个执行机构分别置于 12 个委员会管辖之下。救国委员会的职责仅限于战争与外交,公安委员会仅负责治安,两大委员会都无权调动军队,财政委员会被独立出来,而全面负责国内行政和司法的是立法委员会(comité des législationn),它与救国委员会、公安委员会,并称三委员会(les trois comités),形成真正的权力中心。这意味着共和二年的中央集权体制不复存在。最后,"罗伯斯庇尔式的恐怖统治"也宣告结束。1794 年 7 月 28 日(共和二年热月 10 日)宣告停止执行《牧月法令》,暂停革命法庭的审判,释放犯人。在 8 月 5 日—10 日(热月 18 日—23 日)五天内,总计释放了 478 人,8 月间,共有 3 500 人重见天日,而只有 6 人被送上断头台。[3] 另一方面,裁撤地方监察委员会(comité de surveillance),规定每个市只能保留一个监察委员会。国民公会召回山岳派特派员,委派温和派,但是很快又出现了随意曲解政令,自作主张的现象。不过,革命政府的强制性不复存在。

[1] Georges Lefebvre, *The Thermidorians and The Director*: *Two Phases of the French Revolution*, translated by Robert Baldick, New York: Random House, 1964, pp. 3 - 9.

[2] Georges Lefebvre, *The Thermidorians and The Director*: *Two Phases of the French Revolution*, p. 11.

[3] Georges Lefebvre, *The Thermidorians and The Director*: *Two Phases of the French Revolution*, p. 16.

热月党人不仅瓦解了革命政府,而且也撇清了与恐怖统治的关系。在罗伯斯庇尔被处决后,流言很快四散开来,有人说他是独裁者,还有人煞有介事地说他本来要迎娶路易十六的女儿,当上国王,或者说他和库通、圣茹斯特就是罗马的三巨头。伦敦还出版了一本小册子,说罗伯斯庇尔为从蜂群中捉一只蜂后,差一点丧命,幸亏一位老人出手相救,才得以保全性命,他出于感恩,终于向老人倾吐衷肠,他的一生就是为了恢复君主制。① 1794 年 8 月 28 日(共和二年果月 11 日),塔里安这位国民公会山岳派成员、推翻罗伯斯庇尔的主谋者之一,在国民公会上做了一次重要发言。② 在这次发言中,他前后数十次使用与"恐怖"(terreur,Terreur)相关的表述,如"恐怖体制"(système de la terreur)、"恐怖机构"(agence de terreur)和"恐怖政府"(gouvernement de la terreur)等。他认为,恐怖统治的本质是一种针对人身的威权手段,它有意识、有目的地利用恐惧,制造恐惧,并将恐惧植入人的内心,而与人是否有罪毫无关系:

> 恐怖是永恒的、弥漫的战栗,是一种外在的战栗,却能影响机体最深层的神经,是对一切道德器官的干扰,是一切观念的颠覆,是所有情感的颠倒,剥夺了希望的一切温存,是绝望的根源,恐怖是一种极端的情感……要么无处不在,要么什么也不是……(共和国)被分为两类人,一类实施恐怖,一类感到恐怖,一类实施迫害,一类遭遇迫害……恐怖体制意味着权力将尽可能被集中起来……

热月党人有一种被德国史家卡尔拉称之为叙述冲动的激情,自发地萌生了秋后算账的念头。③ 他们把共和二年的所有血债,都算在了罗伯斯庇

① *Robespierre chez les orphelins ou Histoire secrète des derniers jours de Robespierre*,Londres,1794.
② *Reimpression de l'ancien Moniteur*,Tome 21,p. 612 - 165. 转引自张弛《法国革命恐怖统治的降临(1792 年 6 月—9 月)》,第 1 页。
③ Anna Karla,*Revolution als Zeitgeschichte*:*Memoiren der Französischen Revolution in der Restaurationszeit*,Göttingen:Vandenhoeck & Ruprecht,2014.

尔及其同谋头上,把他当作恐怖体制的始作俑者。卡里安在发言中继续发挥他所谓的恐怖统治是一群人对另一群人统治的理论,他把罗伯斯庇尔看成恐怖的实施者,把国民公会看成受害者:

> 恐怖统治制度的前提是最集中、最接近统一且必然趋向于王权的权力……这种统一只能来自所有人对唯一的一个人的盲目服从,他的意志代替了法律……这种制度曾经是罗伯斯庇尔的制度;正是他在一些部下的协助下才将它付诸实践,这些人一部分和他一起死去,而另一部分即使活着也被公众的蔑视掩埋掉了。国民公会是他的牺牲品,从来都不是同谋。

罗伯斯庇尔的"同党"也背负了类似的恶名:比如芒什省的代表德拉芒斯(Le Carpentie,1759—1829)被称作"下诺曼底的苏拉、卡里耶和勒邦的追随者"(Sylla bas-normand, l'émule de Carrier et de Joseph Lebon),国民公会代表莫勒(Nicolas Maure,1743—1795)被称为"罗伯斯庇尔的长子"等。[1] 热月党人还夸大了恐怖统治的结果,说特派员迈涅把沃克吕兹(Vaucluse)某地区的小镇焚之一炬,处决了 12 000 人,还说让-巴普蒂斯特·波曾郑重其事地对一些人说:法国实际上只需要 1 200 万人就足够了。

　　但是,这一系列行为并不能确保热月党人的团结。抨击"罗伯斯庇尔式恐怖"的人恢复被革命政府取缔的某些措施,包括出版自由。1794年 8 月底出现了一本题为《罗伯斯庇尔的尾巴》的小册子,说凡是不承认出版自由的,就是要借助恐怖手段重新掌权的嗜血狂徒。[2] 国民公会内,

---

① Arsène Brachet, *Le conventionnel J.-B. Le Carpentier, 1759—1829: d'après de nouveaux documents*, Paris: Perrin, 1912, p. 276. 勒邦(Joseph Le Bon,1765—1795),国民公会代表,山岳派成员,曾作为特派员被下派加莱海峡省(Pas-de-Calais)和索姆省(Somme)镇压反革命,于 1795 年 7 月 10 日(共和三年获月 22 日)被捕,10 月 10 日(共和四年葡月 24 日)被处决。

② La Touche, *La queue de Robespierre: ou, Les dangers de la liberté de la presse*, Paris: Rougyff, 1794. 参见 René Scherer, "La queue de Robespierre (sur le langage de la terreur)," *L'Homme et la société*, Vol. 63—64, 1982, pp. 27-51.

众人唇枪舌剑。有人提议要弹劾巴雷尔、比约-瓦伦、科洛·达布瓦。但也有人担心,这样做是否会让反革命分子乘虚而入,因此号召共和派团结起来,为此,国民公会下令将米拉波的遗骸从先贤祠迁出,把马拉和卢梭安置其内。① 此举令激进派重新抬头。雅各宾俱乐部于 1794 年 9 月 4 日(共和二年果月 16 日)驱逐了弗雷隆、塔里安和勒库恩特尔(Laurent Lecointre,1742—1805),次日下达命令,执行《嫌疑犯法》,强化革命法庭的审判力度,把教士和贵族赶出政府。与此同时,右派势力开始抬头。泰雷扎·卡巴吕(Thérésia Cabarrus,1773—1835)是一位巴黎贵妇,现在她成了塔里安的情妇,人称热月圣母(Notre-Dame de Thermidor),是社交场的红人。沙龙重新开张,权力也重新回到了金融家和投机家手里,人们自然愿意开戒取乐。巴黎街头出现了一群所谓的金色青年(jeunesse dorée),他们中有些是被释放的囚犯,有些是逃避兵役者,很多人是文员和小官僚。他们穿着炫目的服饰,理了一头几周前才敢展示的发式。金色青年的总人数为两千到三千。他们专门骚扰知名的恐怖分子,扰乱后者的聚会,破坏他们不赞成的公共活动。② 弗雷隆在他主编的《人民代言人》(L'Orateur du peuple)上公开怂恿这些捣乱分子。

右派的言论很具有煽动性,势头很猛。之前,被特派员卡里耶送到巴黎审讯的 132 名南特人,现在被无罪释放,他们披露了南特溺刑的细节。右派绝不会放过这个机会。1794 年 11 月 11 日(共和三年雾月 21 日),罗姆(Charles-Gilbert Romme,1750—1795)在国民公会上揭发了卡里耶的罪行。有谣传说,当晚雅各宾俱乐部计划攻击国民公会,而且有计划屠杀那些想要结束恐怖统治的代表。塔里安和弗雷隆带领着一群金色青年,围攻了雅各宾俱乐部:"让我们去给这个野兽的巢穴一个惊喜。"冲突爆发了,国民公会出动大批警察镇压了骚乱,次日,下令关闭了

① Serge Bianchi, *Marat*:"*l'ami du peuple*'", Paris:Belin, pp. 197 - 232.
② François Gendron, *La jeunesse dorée*:*épisodes de la Révolution française*, préf. de Albert Soboul, Sillery, Québec:Presses de l'Université du Québec, 1979, pp. 255 - 322.

雅各宾俱乐部。12 月 16 日（共和三年霜月 26 日）卡里耶被送上断头台。[1] 右派的攻击变本加厉。12 月 27 日（雪月 7 日）他们成立了专案组，调查比约-瓦伦、科洛·达布瓦、巴雷尔等人的情况。在街头，人们砸毁了马拉的胸像；在剧院里，《人民的觉醒》（*Le Réveil du Peuple*）代替了《马赛曲》，这首充满煽动性的歌曲最先由作者皮埃尔·加沃（Pierre Gaveaux, 1761—1825）本人在 1795 年 1 月 19 日（共和三年雪月 30 日）纪尧姆-特尔地区的会议上演唱：

> 一个由暗杀者和强盗组成的邪恶团伙
> 让你们受尽苦难。
> 在他们的残暴统治下，
> 我们生存的土地充满罪恶。
> 所有这些人都是嗜血恶魔！
> 向所有罪恶的爪牙开战！
> 将他们逮捕并处死！
> 让他们感到我们的恐惧！
> 他们摆脱不了我们！[2]

宗教回潮也是必然的。天主教徒站在热月党人一边，掌权的右派也必定会改善他们的处境。西部的叛乱尽管被打压下去，但没有根本消灭。斯托夫莱等人还控制着旺代地区，国民公会便觉得，如果不恢复未宣誓教士的地位，很难从根本上解除争端。在共和三年雨月，国民公会先后向旺代叛军和舒安党妥协。1795 年 2 月 21 日（共和三年风月 3 日）国民公会重申宗教庆典不得受干扰，但同时也确认了政教分离的原则：共和国既不给教会盖教堂，也不给予任何津贴，宗教严格属于个人行为，

---

[1] Georges Lefebvre, *The Thermidorians and The Director：Two Phases of the French Revolution*, pp. 61 - 64.

[2] 转引自 Peter McPhee, *Liberty or Death：The French Revolution*, p. 280。

不得在公共场合穿教服、敲钟等。[1] 宗教回潮不仅仅是政治需要，同时也是社会需要，尤其在农村。在传统家庭中，农村妇女往往扮演"德育导师"的角色，地方的教士是她们工作的重要支持者，《教士公民组织法》削弱了教士的权威，同时也削弱了妇女的权威。在革命时期，她们就不断要求恢复宗教活动。1791 年 1 月，斯特拉斯堡传出谣言说地方教堂要被关闭，于是妇女们开始闹事。热月政变给她们表达自己的诉求提供了契机，农村妇女游行示威，要求重开教堂。她们未必有政治目的，但是很容易给反革命势力提供可乘之机。[2] 南方一些地区出现了耶稣团（compagnies de jésus）和太阳团（compagnies du soleil），矛头不仅指向地方上的雅各宾派，还指向购买国有财产的人、宣誓神甫以及 1789 年的爱国派。[3] 共和三年雨月 14 日（1795 年 2 月 2 日），里昂出现了热月政变后第一次白色恐怖（terreur blanche）。这也毫不奇怪，革命时期斗争特别惨烈的地方，在热月后反动的势力也同样猛烈。[4]

热月党人不仅需要承受政治分裂和宗教回潮，还需要面对经济危机带来的压力。1794 年下半年，经济危机加剧。首先，指券持续贬值。从 8 月到 12 月，其价值从票面价值的 34％跌至 22％。物价暴涨。整个秋天，工人不断要求涨工资。国民公会不再像 7 月 29 日那样轻易满足他们的要求，反而关闭了工场。最高限价失效，市场上的物价普遍高于政府规定的最高价格。[5] 1794 年 12 月 24 日（共和三年雪月 4 日），国民公会正式宣布废除最高限价。实际上，热月党人注定会放弃最高限价，因为他们使恐怖统治污名化，并废除了革命政府得以确认自身权威的那种

[1] Nigel Aston, *Religion and Revolution in France*, *1780—1804*, pp. 279 - 352.
[2] Sutherland, *France 1789—1815：Revolution and Counterrevolution*, pp. 117, 252.
[3] Bronisław Baczko, *Comment sortir de la Terreur：Thermidor et la Révolution*, Paris：Gallimard, 1989, p. 331. 另见 Jacques Godechot, *La Contre-Révolution：Doctrine et action*（*1789—1804*）, Paris：PUF, 1984。
[4] Renée Fuoc, *La réaction thermidorienne à Lyon*（1795）, Lyon：IAC, 1957. 有关热月政变后地方上的白色恐怖，参见 Marc Bonnefoy, *Les suites du neuf thermidor：terreurs blanches：1795—1815*, Paris：Fischbacher, 1892.
[5] 多伊尔：《牛津法国大革命史》，第 355 页。

强制力,从而在某种程度上恢复了政治自由,认可人的私欲,这也意味着对自由经济的确认。而最高限价与另一套截然不同的实践方式关联:管制、征用与国家控制。这是共和二年的特点,也是山岳派接受最高限价的原因所在。1794 年 12 月 23 日(共和三年雪月 3 日),山岳派代表塔依菲(Jean-Guillaume Taillefer,1764—1835)在国民公会上宣称"所有地方都在要求废除最高限价,所有公民都认识到必须要废除最高限价"①。这实际上也反映了热月反动的社会意义:结束共和二年的临时状态,重建经济自由。不幸的是,这一过程十分艰难。1794 年收成很差,夏天出现了严重的干旱,而且由于人力物资征购,大量马匹和青壮年都被征走,更直接影响了收割的效率,结果这年收成只有 1793 年的 1/3。这个冬天很冷,很可能是 1709 年以来最冷的冬天,有"九五之冬天"(Nonante-Cinq)一说。塞纳河、罗讷河封冻,勒阿弗尔港口结冰,给国内物资调拨增加了难度。另外,在秋季就已变得稀缺的煤和木材的供应完全停止。指券继续贬值,到牧月仅剩下票面价值的 8%。商人哄抬价格,物价飞涨,农民囤积物资不愿出售,从 1794 年 12 月到 1795 年 4 月,巴黎肉价上涨了 300%,黄油价格上涨了 1 倍。1795 年 4 月,总体物价水平大约是 1790 年的 7.5 倍。食物开始定量配给,最严重的时候(1795 年 3 月)巴黎人每天只有 1 磅面包,外省人配给的粮食更少。饿死的和自杀的人越来越多。狼群出现在巴黎市郊。②

经济危机进一步动摇了根基本来就不稳固的热月政府,因为一旦遇到经济危机,共和二年的激进政治就会复苏。很多人开始怀念共和二年。1795 年初,巴黎警察报告记录了不少人对罗伯斯庇尔的怀念。一位女面包师被顾客举报,因为她说:"罗伯斯庇尔被所有的爱国者看成是伟大的共和派,他被暗杀了,反革命取而代之。"还有人说罗伯斯庇尔"是无

---

① *Reimpression de l'ancien Moniteur*,Tome 23,p. 77.
② 多伊尔:《牛津法国大革命史》,第 355—356 页。Peter McPhee, *Liberty or Death*:*The French Revolution*,p. 284.

辜的受难者,他能为法国带来幸福,将今天进行统治的僭主赶走"①。激进平等思想开始孕育。巴黎东部各区流传着一份新报纸《人民保民官》(Tribun du Peuple),办报人是一直默默无名的极端民主派巴贝夫(François-Noël Babeuf,1760—1797)。② 巴贝夫在革命前研究封建法,1793年因篡改财产登记簿,将国有财产分给穷人,被捕入狱。在狱中,他改名为格拉古。格拉古是公元前2世纪罗马土地改革家,认为私有财产阻碍了真正的平等。1795年1月底,巴贝夫号召举行新的人民起义,落实《1793年宪法》。情况似乎又回到了1793年。不同的是,热月政变后,激进主义越来越缺乏社会基础,反而遭到了共和分子和拥护旧制度的人的围攻。因为共和二年的经验使他们懂得秩序的重要性。他们现在还掌握着政权。而且,平民的情况也和1793年不同,因为最年轻和最活跃的成员都上了战场,因此平民的组织十分涣散。

在巴贝夫号召起义后仅一周,国民公会就下令将他逮捕,《人民保民官》也被金色青年焚毁。紧接着,国民公会关闭了群众俱乐部,并将马拉的遗骸移出先贤祠,之后规定任何人死后十年才有条件进入先贤祠。这一规定的真实目的是阻止共和二年的殉道者进入先贤祠。1795年4月1日(共和三年芽月12日),一伙民众冲进了国民公会,高呼:"面包和93年宪法!"③这次行动非但未见任何成效,反而让保守派势力的反扑变本加厉。当晚,国民公会决定把比约-瓦伦、科洛·达布瓦、巴雷尔等人不经审判就流放到圭亚那。几天后,国民公会下令逮捕了康蓬等20多名代表,4月10日(芽月21日)下令解除参与恐怖行动的暴徒们的武装,4月16日(芽月27日)任命一个由11人组成的宪法起草小组。1795年5月7日(花月18日),国民公会将富基埃-丹维尔(Fouquier-Tinville,1746—1795)等一干革命法庭成员送上了断头台。巴雷尔最后并未被流

---

① 转引自 Peter McPhee, *Liberty or Death*：*The French Revolution*, p. 285。
② R. B. Rose, *Gracchus Babeuf*：*the First Revolutionary Communist*, Stanford, Calif.：Stanford University Press, 1978.
③ 鲁德:《法国大革命的群众》,第159页。

放,在奥尔良关了两年。康蓬逃到了瑞士。饥荒依旧在蔓延,民心更加不稳。但是,国民公会牢牢控制着军队。而且,经过混编改革后,军纪严明。在巴黎西区国民卫队的配合下,国民公会不费吹灰之力就控制了局面。这是军队从 1789 年以来第一次开进巴黎城。对峙之下,爆发了牧月事件。对热月时期的法国而言,这一事件具有转折性意义。

1795 年 5 月 20 日(共和三年牧月 1 日),群众冲进国民公会,杀死了代表费罗(Jean-Bertrand Féraud,1764—1795)。骚乱轻易就被平息下去。次日,群众答应和解,5 月 22 日(牧月 3 日)军队开进了圣安东尼郊区,这是无套裤汉的大本营,也是巴黎政治激进派的根据地。军队解除了民众的武装。从 5 月 23 日(牧月 4 日)开始,白色恐怖开始肆虐。军事审判一次竟然判处 36 人死刑,其中山岳派只有 6 人。这些人被称为牧月英烈(Martyrs de prairial)。[1] 从牧月 5 日开始,巴黎各区展开了广泛的搜捕和清洗运动,一直持续到 13 日,超过 4 000 名雅各宾派和无套裤汉被捕,1 700 人被剥夺公民权,塞舌尔和圭亚那成了关押犯人的集中营。这两个地方因为气候炎热干燥,所以被戏称为干燥的断头台(guillotine sèche)。此外,国民公会下令驱逐并逮捕原救国委员会所有成员以及其他国民公会成员,包括兰代、让邦(Saint-André Jeanbon,1749—1813)、大卫、攻占巴士底狱的英雄艾利(Jacob Job Élie,1746—1825)、拉考斯特(Élie Lacoste,1745—1806)、杜巴朗(Du Barran,1761—1816)、拉维孔泰里等人,卡诺因战功卓著而侥幸存活。外省也开始了搜捕行动。在里昂、蒙贝里松、马赛等地区,雅各宾分子或被监禁,或被屠杀。耶稣团和太阳团更是肆无忌惮地扑杀爱国者。军事委员会迅速审判 132 名罪犯;34 名起义者被判监禁,18 人被驱逐出境,36 人被判死刑。[2] 芽月和牧月事件是 1789 年以来革命运动的转折点,巴黎的民众运

---

[1] *Les Martyrs de prairial*, textes et documents inédits, présenté et édité par Françoise Brunel, Sylvain Goujon, avant-propos de Bronislaw Baczko, Genève: Georg, 1992.

[2] Michel Biard & Pascal Dupuy, *La Révolution francaise*: *Dynamique et ruputures 1787—1804*, Paris: Armand Colin, 2008, p. 125.

动自此一蹶不振。从此,无套裤汉也退出了历史舞台。

国民公会一面镇压革命运动,一面开始颠覆共和二年落实的种种措施,宽恕反革命分子。1795 年 5 月 30 日(共和三年牧月 11 日),国民公会决定把教堂还给教徒,恢复宗教的祭礼,加快了宗教的复苏,但教会内部矛盾实际上并未缓解,因为宣誓神甫与未宣誓神甫共同主持庆典,必然会有矛盾。此外,国民公会还决定偿还流亡者财产,赦免联邦叛乱者,取消革命法庭。这必然助长保王党的势力。波尔多亲保王党的金色青年非常乐于佩戴象征波旁王朝的白色徽章,在大街上殴打无套裤汉。① 保王党人公开声称,供应短缺表明共和国已经失败。一些较为保守的议员觉得,由坚定的宪政主义者培养的路易十七还有可能成为一个可以为人接受的君主。但是,这位 10 岁的孤儿在当年夏天(1795 年 6 月 8 日,共和三年牧月 20 日)去世。流亡在外的普罗旺斯伯爵闻听此事,自封为路易十八,6 月 25 日从维罗纳发出一则宣言,宣称他将恢复三个等级、天主教的地位以及整个旧制度。他承诺,今后若不召开全国三级会议就不再征税,但没有明确召开三级会议的时间。此外,他同意大赦臣民,不过不宽恕那些弑君者。但是在宣言中,普罗旺斯伯爵并未提及如何处置国有财产。所以,这份宣言虽然让那些极端保王派萌生了希望,却也让温和派和平原派的热月党人更为团结,他们加快了起草宪法的进程,希望尽快通过一部宪法,为双方握手言和提供更稳固的基础。

但是,环境还不适宜施行宪政。虽然革命政府已经垮台,但是战争还在继续,国内的王党派也没有放弃与外敌勾结,随时准备挑起内战。巴黎就有他们的秘密联络点,曾在 1795 年 6 月间试图策反占领佛兰德的莱茵河军团指挥官庇什格律(Jean-Charles Pichegru, 1761—1804)。为控制局面,国民公会只得驱散巴黎的大型群众集会,逮捕任何一个有

---

① Alan Forrest, *The Revolution in Provincial France: Aquitaine, 1789—1799*, Oxford: Clarendon Press; New York: Oxford University Press, 1996, p 334. Laura Mason, *Singing the French Revolution: Popular Culture and Politics, 1787—1799*, Ithaca: Cornell University Press, 1996, pp. 130 - 154.

可疑记录的人。① 弗朗什-孔泰以及法国南部一些地区,王党分子也在策动叛乱,迎接外敌。此外,动荡的热月政治以及经济危机也给共和国的军队带来了灾难。军官抗命、士兵逃跑的事情时有发生。既然革命政府已经垮台,祖国已不再处于危急中,那么很多人自然会认为,解甲归田并无不可。共和二年,逃兵会受到追究。但是共和三年,国民公会却听之任之,而且停止了征兵入伍,年满18周岁的未婚男子不再应征入伍,只有那些在1793年入伍的士兵可以无限期地在军队服役。因此,军队在编人数大为减少。1794年9月,在编军人约75万人,1795年8月—9月间(共和三年果月)减少为50万左右,到1796年夏天只剩下401 749人,年底仅为326 729人。② 不过,万幸的是,军队的混乱没有影响战局。法国依旧占领荷兰以及莱茵河北左岸地区。

在取得了弗勒吕斯胜利,解除了共和国危机之后,国民公会内部对于战争的目标产生了严重的分歧。事实上,这一分歧在共和二年就已出现。1794年夏初,局势稍稳之后,救国委员会内部就有两派意见:一派认为只要把敌人和他们在国内的同党赶出法国,战争就可以结束了;另一派则认为应当以莱茵河作为法国的自然边界。热月时期,这一分歧再度浮现。从1792年宣战以来,一场原本为了解放受压迫的邻国的战争,逐渐变成了一场领土扩张战争。最后,自然边界论占据了上风。相关的论辩被收集在《莱茵河左岸才是法兰西共和国的边界》这本小册子中,认为法国领土地理上的自然界限也追溯到恺撒时期高卢的历史。③ 除了表达一种强烈的民族主义情绪外,这种观点也有一定的军事价值,正如代表杜埃(Merlin de

① Gustaaf Caudrillier, *La trahison de Pichegru*, Paris: Alcan, 1908, p. 402.
② Alan Forrest, *Conscripts and Deserters: The Army and French Society During the Revolution and Empire*, New York: Oxford University Press, 1989, p. 34. 勒费弗尔估算,1795年3月,军队名义上有110万,但实际上在编的只有45万,参见勒费弗尔《法国革命史》,第386页。
③ *La rive gauche du Rhin, limite de la République Française: ou récueil de plusieurs dissertations, jugées dignes des prix proposés par un négociant de la rive gauche du Rhin; avec une gravure*, Desenne: Louvet et Devaux, 1795. *Réimpression de l'ancien Moniteur*, Tome 26, p. 65.

Douai,1754—1838)所言,兼并比利时,法国便拥有了对抗奥地利的缓冲地带。①

　　战火很快蔓延到北方的荷兰。1795 年 1 月 19 日,第一个姊妹共和国(Sister Republic)巴达维亚共和国(Batavian Republic)诞生,4 月 5 日与普鲁士签订的《巴塞尔和约》(Peace of Basel)将莱茵河左岸割让给了法国。不过,法国实际上并不把巴达维亚共和国看成与其平等的共和国,而是看成一个被征服地区,强迫它支付大量的战争赔偿,并为占领军提供补给。1795 年 10 月 1 日(共和四年葡月 9 日),法国吞并比利时,宣布比利时占领地区为法国的领土。于是,一个人口不到 300 万的国家要为将近 30 万的法国军队提供补给。这让比利时社会顿时陷入了骚乱与失序。据说,有三四千人在布鲁塞尔和尼维尔之间的森林中艰难生活,洗劫马车一类的事时有发生。② 事实上,出现此种局面,也有一定客观原因。法国军队原本物资不足。当时一名士兵给家里人写信,抱怨军队条件太差:"几乎赤脚,军装也破破烂烂。"驻守在莱茵河畔的军队,有时三四天吃不上面包,只能从冻土里挖萝卜、土豆充饥。③ 法国国内的经济危机进一步加剧了军队供需不足。尽管如此,国民公会依旧在外交与军事上取得了重要收获。这在很大程度上与反法同盟自行瓦解有关。许多敌对国家和法国一样,渴望和平。普鲁士、托斯卡纳、西班牙纷纷主动与法国进行和谈。

　　不过,事态尚不明朗,英国和奥地利不断从中作梗,使得法国同其他国家握手言和之路变得十分曲折。《巴塞尔和约》更加使得反法同盟的

---

① Daniel Nordman,"Le Sacré du territoire sous la Révolution," in Raymonde Monnier (ed.), *Citoyens et citoyenneté sous la Révolution française*, Paris: SÉR, 2006, pp. 103 – 114.

② Michael Rapport, "Belgium under French Occupation: Between Collaboration and Resistance, July 1794 to October 1795," *French History*, Vol. 16, No. 1 (March 2002), pp. 53 – 82. Peter McPhee, *Liberty or Death: The French Revolution*, p. 292.

③ "Lettres d'un jeune soldat des armées révolutionnaires à ses parents (1793—1795)," *Fédération des sociétés d'histoire et d'archéologie de l'Aisne*, 23 (1978), pp. 96 – 127. 转引自 Peter McPhee, *Liberty or Death: The French Revolution*, p. 292。

其他国家结成了更紧密的联盟。1795 年 5 月 20 日,英国答应支援奥地利,以维持一支 20 万人的军队。随后,俄国也加入了英奥同盟。但是,和往常一样,这个同盟貌合神离,因为俄国从不愿冲锋陷阵,而奥地利对英国令其夺回荷兰和比利时的计划兴趣不大。英国从来都是反法同盟的中坚力量。对英国而言,尽管反法战争对国内统治阶级很有利,但是,在《巴塞尔和约》签订后,作战前景越来越不明朗,一方面它和奥地利在作战规划方面渐行渐远,另一方面,随着共和国征服战的推进,法国在中立国中重新开始了贸易,这使得英国失去了大量市场。1795 年,英国的农业收成十分糟糕,不断爆发群众集会与示威。迫于各种压力,英国乔治三世明确表示,如果法国主动提议,英国将接受谈判。

随着国际局势的和缓,热月党人面对的另一个挑战是如何确立一种合适的国内秩序,既要避免共和二年的政治激进主义,也要防止保王主义的复辟。这种立场充分体现在国民公会代表布瓦西·邓格拉(Boissy d'Anglas,1756—1826)于 1795 年 6 月 23 日(共和三年获月 5 日)做的一次重要发言中:

> 公民平等才是一个理智之人可以要求的全部。绝对平等是妄想;如果要实现这种平等,所有人在智力、德行、力量、教育和财富方面都须是绝对平等的。但是,殚精竭虑设计这样一套宪法是枉然的,如果对秩序的无知与漠然存在于这座大厦的捍卫者和管理者中。我们必须由最优秀的人来统治;最优秀的人是那些受过最佳教育、最关心法律之维持的人。然而,除了个别例外,你只能在以下人士中发现这样的人:他们有一份财产,忠诚于财产所在的国家、保护财产的法律和维系财产的和平局面;财产和经济安全使他拥有教育机会,而教育则使他可以明智而准确地探讨决定国家命运之法律的利弊。相反,没有财产的人必须运用坚定的美德,才能关心那种于他毫无益处的社会秩序,才能抵制各种向他展现希望的行动和运动……由没有财产的人统治的国家存在于自

然状态之下。①

"有产者(les propriétaires)统治的国家处于社会秩序(ordre sociale)中，无产者(non-propriétaires)统治的国家处于自然秩序(état de nature)中，"这是布瓦西·邓格拉发言的核心思想。有类似想法的不止他一人。朗瑞内(Jean-Denis Lanjuinais,1753—1827)1795 年 7 月 9 日(共和三年获月 21 日)的发言表达了类似倾向。他认为,政治平等是可笑的,因为这只能把选举权交给那些"愚昧无知、自私贪婪和好吃懒做"的人,同时也会给"疯子、傻子、妇女、儿童和外国人"选举权。毫无疑问,女性当中也有睿智的,但是最理想的情况是女性应当依附于她们的丈夫。无论如何,她们都有着更重要的任务:"从摇篮开始向孩子灌输共和美德;格拉古的母亲就是她们的模范。"②确立并保护有产者统治正是《共和三年宪法》的核心精神。

这部宪法在 1795 年 8 月 22 日(共和三年果月 21 日)通过。与之前的宪法一样,《共和三年宪法》以《人权宣言》作为序言,但不同的是,这部宪法不涉及出身平等,只保障法律面前的平等(第 3 条)。财产被视为社会的基础:"耕种土地、一切的生产、所有形式的劳动以及整个社会秩序都依赖于拥有财产。"③政治与选举方面有三个重要变化。首先,选举人团体数量大为减少。尽管选举依旧是两级投票方式,所有年满 21 岁的男性纳税人都有投票权,但是国家议会代表是由选举人(electeur)选出,而这批人须拥有价值相当于 100—200 天(具体依选区大小而定)劳动的

① Boissy d'Anglas, *Projet de Constitution pour la République française, et discours préliminaire prononcé par Boissy-d'Anglas, au nom de la Commission des onze, dans la séance du 5 messidor, an 3. Imprimé par ordre de la Convention nationale*, Paris: de l'Imprimerie de la République, 1795, pp. 27 - 28. 参见 *La Constitution de l'an III, ou, L'ordre républicain*, actes du colloque de Dijon, 3 et 4 octobre 1996, textes réunis par Jean Bart, Dijon: Universitaires de Dijon, 1998。
② *Reimpression de l'ancien Moniteur*, Tome 25, pp. 498 - 499.
③ 关于《共和三年宪法》的内容,参见 John Stewart ed., *Documentary Survey of the French Revolution*, New York: Macmillan, 1951, pp. 572 - 612。

**图31 国民公会代表、新教徒邓格拉，
1795 年宪法(《共和三年宪法》)主要起草者**

财产,符合条件的只有三万人左右,这是 1789 年选举人的 1/3,是 1791
年的一半。其次,为保证政治稳定,每年进行一次选举,但只改选 1/3 的
议会代表。最后,《共和三年宪法》建立两院制。下院,也就是五百人院
(Conseil des Cinq-Cents),享有法律的创设权,成员 500 人,年龄不得低
于 30 岁。上院为元老院(Anciens),由 250 人组成,年龄不得低于 40 岁,
其权力仅限于批准或驳回五百人院的立法案。督政府(Directoire)设 5
名督政官。督政官年龄不得低于 40 岁,从五百人院提供的候选人名单
中选举产生,负责任命各部部长,部长仅对督政官负责。每年通过抽签,
撤换一名督政官。无论是督政官还是督政官任命的部长,都不得成为立
法机构的成员,这符合 1789 年三权分立的原则。修改宪法也变得更困
难。《共和三年宪法》规定修宪程序不得短于九年。最后,《共和三年宪
法》的附加条款规定,第一届议会的两院成员,其中 2/3 应从国民公会议
员中选出,即所谓的《三分之二法》。这些设计都是为了保证新体制的稳

定,但很不得民心。在 1795 年 9 月初举行的全民公投中,约有 130 万男性参与了投票,只有 208 000 人支持《三分之二法》。几乎 1/4 的省反对《三分之二法》,巴黎的 48 个区中只有一个区表示赞成。[1]

此外,热月党人进一步采取一系列措施,防止雅各宾派和反革命派掌权,规定巴黎和各个大城市不再成立公社(commune),也不再设置市长(maire),而是划分成许多区(plusieurs municipalités)。政府和议会有专门的防御部队,元老院有权决定首都迁址这一重大问题。恢复俱乐部,但只允许普通的公众聚会。立法机构有权暂停出版自由一年,并批准搜捕。督政府有权在不经司法当局许可的前提下直接下令逮捕嫌疑分子,并规定针对流放者和未宣誓教士的法令依旧有效。共和四年雾月 3 日(1795 年 10 月 25 日)进一步明确了流亡者的亲属不能担任公职,流亡者的财产被封存。[2]

《共和三年宪法》揭示了热月政变的真正意义:它只是结束雅各宾专政,恢复 1789 年传统的过渡阶段而已。制宪议会的君主立宪派与热月党的共和派虽然在具体问题上有分歧,但是根本上都同意必须由选举产生自由政府,而且必须要有富裕的有产者掌握国家的政治与经济领导权。不同的是,在经历了六年的动荡后,热月党人认识到,只有排斥共和国的创立者,共和国才能生存;只有使部分资产阶级不能掌权,共和国才能是资产阶级的。只有打着自由的名义,专权才能延续,因此选举制和保留《三分之二法》构成了一种奇怪的组合。[3]

政府体制的设计主要是为了保持稳定,但是在国内外战争仍在继续的前提下,能否保持稳定,这很难说。《三分之二法》遭到了普遍的反对与嘲讽。地方上,民众对民主必须考虑社会财富限制的做法倍感愤怒。利摩日市一部分投票者抱怨说:“我们非常不愿意看到富人将其他所有

[1] Malcolm Crook, *Elections in the French Revolution: An Apprenticeship in Democracy, 1789—1799*, pp. 124 - 128.
[2] 勒费弗尔:《法国革命史》,第 468 页。
[3] 勒费弗尔:《法国革命史》,第 468—469 页。

公民排挤出去。"①《共和三年宪法》有关选举的规定也遭人怀疑。热月党人曾抨击山岳派停止选举，搞专政。而现在人们发现热月党人恢复选举，也是为了搞专政。另外，每年频繁改选，包括 1/3 的议员、1/5 的督政府和省级行政官员以及一半市镇官员，这显然会严重影响行政的连续性和稳定性。最后，集权倾向更为明显，表现在两个方面。首先，1789 年革命者为防止革命前的行政集权，将国家权力尽可能分割成相互独立的权力部门。热月党人吸取了革命初期行政权软弱的教训，赋予督政府以制定规章权（pouvoir réglementaire），即在外交、军事、治安等方面可以随意制定政令，并对外省行政实行相当严格的控制。② 其次，随着地方选举的恢复，地方分权再次出现，热月党人及时进行调整，省府仅设由 5 人组成的行政中心（administration centrale），取消区（district）这一级建制，市镇权力也被压缩，只有居民在五千人以上的城市设市镇官员（officiers municipaux），其他城镇一概设联络员（agent）和联络助理（adjoint），这些市镇在选区（canton）首府组建由联络员组成的市镇当局。督政府对地方政治有权直接干涉，可以废除地方决议，罢免官员，还有权下派常驻地方的专员（commissaire）。

这一体制看似与共和二年的革命政府类似，但有根本区别，因为征税权仍旧控制在地方手里。不过，这套中央集权体制也无法保证督政府的稳定，因为督政府与五百人院和元老院之间的合作几乎没有任何保证。两院除了拒绝批准政府预算或对行政长官进行弹劾外，没有迫使督政府接受其立场的任何手段，而督政府没有任何立法权，更无权延缓执行或取消两院通过的法案。这些宪政缺陷正是革命的遗产，因此政变的危机并没有被根本清除。③

---

① 转引自 Malcolm Crook, *Elections in the French Revolution：An Apprenticeship in Democracy，1789—1799*，p. 124。

② Michel Verpeaux, *La naissance du pouvoir réglementaire：1789—1799*，Paris：PUF, 1991. *La Constitution de l'an Ⅲ，ou，L'ordre républicain*，p. 170.

③ 勒费弗尔，《法国革命史》，第 470 页。

第十章　从共和国到帝国

第一节　不稳定的共和国

《共和三年宪法》通过把权力赋予既有能力,又有资产的人,排挤了王党分子和激进派,既保证了革命的主要成果,也消除了民众恐吓的威胁。但是,这个由有产者组成的极端居中派(extrême centre)的共和国必然要同时面对保王派和激进派的冲击。[①]《共和三年宪法》的公投成为矛盾爆发的焦点。《共和三年宪法》及其附属条款有两项内容,引起左右两派极端不满。《三分之二法》让右派代表通过选举掌权的希望破灭。高额的选举保证金让大多数民众没有政治权利,但宪法又需要他们的投票。共和国的不稳定性本质上源于政权基础的广泛性和政治权利的狭

---

① "极端居中"(extrême centre)是法国史家塞尔纳(Pierre Serna)在其代表作《随风而倒的共和国(1789—1815)》(*La République des girouettes*:*1789—1815 et au-delà*:*Une anomalie politique*:*la France de l'extrême centre*, Paris:Champ Vallon, 2005)中提出的术语,用来形容督政府到复辟时期法国政治模式。在新近的研究中,塞尔纳将进一步阐发这一概念,强调极端居中根植于对宗教战争的内乱、投石党或七年战争导致的君主制不满的反应,然后,他展示了这种政府模式出现于革命时期,并延续到复辟王朝,而且同 2017 年后的法国当前时期之间存在一定的相似之处。参见 Pierre Serna, *L'extrême centre ou le poison français*:*1789—2019*, Paris:Champ Vallon, 2019。

隘性之间的矛盾。

宪法公投过程中,巴黎各区出现了骚动,其中难免有王党分子的挑唆。1795 年 9 月 17 日(共和三年果月 27 日),巴黎夏托纳夫-昂-提姆雷区(Châteauneuf-en-Thimerais)发生动乱。国民公会仓促应变,加强对反革命和保王党的惩戒力度,重申恐怖统治时期针对流亡者和教士颁布的各项法律,并于 1795 年 10 月 4 日(共和四年葡月 12 日)撤销了关于解除恐怖分子武装的措施。这无异于点燃了火药桶,王党于次日暴动。①

宪法公投的结果在 1795 年 9 月 23 日(共和四年葡月 1 日)公布。一些全票当选的巴黎议员受到质疑,理由是没有公布准确的选举数字。于是巴黎西部的几个区开始组织暴动,当地的初选大会拒绝国民公会要求它们解散的指令,并一致谴责国民公会操纵选举。10 月 3 日(共和四年葡月 11 日),巴黎以西大约 64 公里的德勒发生保王派骚乱,随后被武力驱散。次日,骚乱的消息传到首都,有人呼吁所有区的代表聚会商讨协同行动。国民公会赶忙宣布这类聚会非法,并在全城各要害之处部署配备大炮的部队。10 月 4 日(葡月 12 日)上午,七个区宣布起义并动员它们的国民卫队。10 月 5 日(葡月 13 日)上午,25 000 名叛乱者向国民公会汇聚。他们大部分来自塞纳河南岸,但是被驻扎在各主要桥梁上的部队阻截。下午 4 点 30 分,巴拉斯下令,26 岁的炮兵将领拿破仑·波拿巴向群众开炮。巴黎叛乱各区虽然装备不好,但人数上占优。双方势均力敌,战斗持续了六个半小时。零星的冲突一直延续到 6 日上午,有上百人死亡,史称共和四年王党派葡月十三政变(Insurrection royaliste du 13 vendémiaire an Ⅳ)。② 政变发生后,金色青年的力量基本被消灭。随后,国民公会对巴黎各区进行了彻底清查,大约有 35 000 人失去了公民权。③

---

① 参见勒费弗尔《法国革命史》,第 462—463 页。
② 关于葡月十三政变详细过程,参见 Georges Lefebvre, *The Thermidorians and the Directory*, pp. 187 - 212。
③ François Gendron, *La jeunesse dorée：épisodes de la Révolution française*, pp. 255 - 322.

图 32　共和四年葡月十三政变：王党分子攻击国民公会①

　　葡月十三政变是革命历史上巴黎最后一次试图将自己的意志强加给全国代表。这场政变影响深远。由于领导政变的主要是保王党和保守派势力，目标是攻击《三分之二法》，所以，叛乱失败意味着这项法令得到了完好无损的执行。国民公会中大约有 500 人进入两院，占了总数的 2/3。这 500 人被称为前国民公会代表（ex-conventionnel），其中，394 人是通过选举产生，大约占了 79％，剩余的 100 多人是连任。其他 200 多名两院代表中，有 88 人是反革命分子，73 人是温和的保王党。左派代表在选举中彻底失败。因此，督政府主要代表温和保守派的立场。② 不过，五名督政官清一色都是弑君者，即为投票处死路易十六的人。巴拉斯因其在葡月十三政变中的表现而当选督政官。从恐怖统治中存活下来的西耶斯再次出山，但是他拒绝出任督政官。督政府中最有经验、最有影响力的可能是卡诺，他作为"胜利组织者"（Organisateur de la Victoire）

① 图片来源：法国国家图书馆；作者：贝尔托（Pierre Gabriel Berthault，1737—1831）、吉拉尔代（Abraham Girardet，1764—1823）；创作时间：1802 年。
② 多伊尔：《牛津法国大革命史》，第 399—400 页。

的名声远远超过了他参与恐怖统治的记录。勒贝尔（Jean-François Rewbell，1747—1807）是一位铁腕人物，有左派倾向，之前是山岳派。拉雷维里埃（La Révellière-Lépeaux，1753—1824）是平庸之才，也没什么威望，但为人正直，是吉伦特派。勒图奈尔（Le Tourneur，1751—1817）行伍出身，立场不明。

　　国民公会在 1795 年 10 月 26 日（共和四年雾月 4 日）宣布闭会。在革命历史上，热月时期尽管短暂，但非常特殊。热月政治的典型特点是两面性：一方面抨击革命政府的专权和非人道，另一方面他们自己在惩戒保王党和激进分子的时候也很少考虑法律。他们反对国家干预经济，但比雅各宾派更加纵容金融家和投机商人支配国家命脉。热月党人尽管时常表现出随波逐流的特点，但是他们在以下问题上有着明确且坚定的共识：即政府应当由有产者组成，而政府的基本原则是尊重法律，保证法律面前人人平等。在这一点上，热月党人是 1789 年原则的支持者，他们的统治暂时结束了自 1789 年以来在君主立宪派和共和派之间因国家行政首脑的性质和权力而产生的分歧与斗争。君主立宪派坚持认为行政首脑应当世袭，共和派则认为应当选举产生。这种分歧在热月时期暂时得到缓和，但不久之后再度浮现，并贯穿了整个 19 世纪。[①] 不仅如此，在热月时期，革命钟摆的动荡最终形成了有助于培育资产阶级自我意识的政治环境。制宪议会践行的是较为宽容的政治，对改革和变革充满信心，对社会底层也怀有启蒙以来特有的那种普世情怀。共和二年的政治使革命统治阶层出现分裂，山岳派的作为令其他有产者大为震惊，他们对下层的态度越发蔑视，对财产的态度则更为坚决。而正是在热月时期，在对共和二年精神的反动中，法国的资产阶级逐渐形成了那种排外性的阶级意识。正如杜邦·德·内穆尔这位前重农学派代表对《共和三年宪法》所作的评价：

---

① 关于这一点，参见 Patrice Higonnet, *Sister Republics：The Origins of the French and American Republicanism*, Cambridge, Massachusetts：Harvard University Press, 1988。

很明显,如果没有有产者的同意,这个国家的任何人都不会有食物,也不会有住的地方。有产者是这个国家的主要公民(citoyens par excellence)。他们因上帝的恩典,因自然的恩典,因为他们的劳作、他们的进步,以及因为他们祖先的劳作和进步,而成其为主权者(souverains)①

尽管热月党人从政治上明确了有产者的统治,但是并没有为资产阶级提供一份基于《民法典》的社会章程。事实上,法典草案早在 1794 年 9 月 9 日(共和二年果月 23 日)就已被提交议会,但是一直被搁置,未曾提交讨论议程。不过,热月党人废除了共和二年的继承法,该项法律通过系统分割祖产,以实现财富均等的社会目标,还通过一项抵偿法案,并逐步针对债务违规行为建立起相应的惩罚机制。此外,热月政府于 1795 年 5 月 31 日(共和三年牧月 12 日)废除了分小块拍卖的国有财产出售法令。事实上,这项措施在热月政变前就饱受争议。代表洛佐(Paul Lozeau,1758—1798)于 1794 年 9 月 13 日(共和二年果月 27 日)所做的发言中表达了多数人的意见,他说:"让多数人成为有产者(rendre la majorité de la nation propriétaire)的想法是荒唐的,因为即便有足够的耕地,根据这种设想,每个人都必须耕种他自己的田地或葡萄园才能生活,那么,贸易、手工业和艺术就会凋零。"②换言之,必须通过限制所有权,保留为有产者提供必要劳动力的无产者。此外,热月党人对妇女权利的态度也渐趋保守。沃尔纳(Constantin-François Volney,1757—1820)在 1793 年推出的《自然法:法国公民教义问答》(*La loi naturelle;ou Catechisme du citoyen français*)中表达了一种十分传统的家庭观念,即限制女性的权利与活动,这成为热月党人对待该问题的基本教科书。但是,这很快引起了一些妇女的愤怒,斯塔尔夫人就是其中之一。尽管妇女抗议的风潮

---

① Dupont de Nemours, *Observations sur la constitution proposée par la Commission des onze:et sur la position actuelle de la France*, Paris:chez du Pont Imprimeur, 1795, p. 7.

② *Archives parlementaires*, Tome 97, p. 144.

并不猛烈,但是那些积极活跃、为了政治宁愿抛弃家庭的妇女的言行十分惹人注意,督政府担心社会关系正在瓦解,传统家庭伦理有败坏的危险,因此匆忙废除共和二年颁布的雪月 8 日法(lois du 8 nivôse)和花月 4 日法(lois du 4 floréal)。这两部法律建立的初衷是方便离婚。① 热月政府是现代法国有产者明确自身意识、确立统治的过渡阶段。从这个意义上说,督政府和热月政府没有本质区别。

对于全法国的富人来说,新成立的督政府(1795 年 11 月 2 日)代表了他们想要的一切:既确保了革命的主要成果,也消除了民众恐吓的威胁。② 督政府和热月政府一样,时常在激进和保守两派之间周旋摇摆:当激进派构成威胁时,就关闭他们的俱乐部,逮捕疑犯;当王党派势力过于膨胀时,就鼓动激进分子与之对抗。但是,和热月党人一样,督政府清楚地意识到,唯有结合了政治上的议会制、经济上的放任自由和社会上的政治保守的共和主义,才是稳定国家的最有效方式,因此必须要结束那种头脑发热、模糊不定的民众自发政治行为。在督政府眼里,无套裤汉就是无政府主义者,他们以及那些极端的保王派必须被排除在政治舞台之外。为此,督政府废除了巴黎各区的区议会,解散了他们控制的国民卫队组织,从 8 月 10 日革命以来,巴黎每个区都有自己的武装力量,由此组成巴黎的国民卫队。现在,巴黎的武装力量牢牢地掌握在政府手里。当然,军队既是秩序的保证,也是威胁。国民公会曾规定首都半径 60 公里范围内不得驻扎正规军。但是,督政官意识到,他们的统治更需要依赖军队,尽管他们自以为能赢得大多数选民的支持,但是事实证明其狭隘的政治基础和反复出现的内部动乱,使得督政府越来越依赖于以武力镇压叛乱。稳定秩序的代价是自由的丧失。但是,当督政官们在阴冷而破败失修的卢森堡宫安顿下来时,他们面临的最紧迫的难

---

① Georges Lefebvre, *Les thermidoriens*, Paris: Armand Colin, 1937, pp. 200 - 201. *Collection complète des lois*, Tome 6, pp. 442 - 443; Tome 7, pp. 183 - 184.

② D. M. G. Sutherland, *The French Revolution and Empire: The Quest for a Civic Order*, pp. 234 - 262.

题是经济问题。①

通货膨胀没有丝毫缓解的迹象。票面价值 100 法郎的指券仅值 15 苏。1795 年 6 月,24 里弗可兑换面值 1 000 法郎的指券,10 月 30 日为 2 600 法郎,1796 年 2 月则为面值 5 000 法郎的指券。② 就连巴黎的乞丐 都不收指券。铸币消失,爱尔兰共和革命者托恩(Wolfe Tone,1763— 1798)到达诺曼底时,他发现铸币竟被拒收,因为人们想当然地认为那不 是真的。革命政府时期遗留的经济危机并没有完全结束。英国的封锁 扰乱了海外进口,而国内大部分农业收成仍被军队征用。所有的基本食 物、蜡烛、木柴都实行严格的配给制,黑市交易很繁荣。这些因素都严重 影响了市场的物资供应。1795 年的收成不能说不好,但还不足以缓解春 天的饥荒。冬天又遭遇严寒,谷物播种推迟,而夏季的反常干旱又使得 庄稼长势不佳。物价涨得厉害。巴黎,面包每磅卖到 50 里弗,黄油为 100 里弗,咖啡 250 里弗,肥皂 170 里弗。一个巴黎人在日记中写道:"什 么东西都贵得要命。现在没有了秩序,没有了监管,人人都可以出售自 己的财物以换取所需的东西……什么东西都缺,冻饿而死的时刻好像真 的要来了。主啊,这是个什么样的共和国!最糟糕的是,没有人知道它 什么时候告终、如何告终。所有人都饿得要死。"③警察在逮捕巴黎激进 派时,同时抓住了十几个退伍军人,发现这些人甚至连自己的床和被子 都卖掉了,只睡在草席上。当时,床和被子往往是穷人最重要的财产。④

1796 年十分难熬,物价飙升,物资短缺。这加剧了民众对督政府的 不满。他们又开始怀念共和二年。1796 年 2 月,一份来自警察调查的报 告记录了一群在商店门口排队的妇女的抱怨。她们说道:"这是一个由 强盗组成的共和国,起初他们将我们送上断头台,现在他们让我们饿死。

---

① 多伊尔:《牛津法国大革命史》,第 400 页。
② Sutherland, *France 1789—1815 Revolution and Counterrevolution*, p. 298.
③ Guittard de Floriban, *Journal de Célestin Guittard de Floriban*, *bourgeois de Paris sous la Révolution*, présenté et commenté par Raymond Aubert, Paris: France-Empire, 1974, p. 575. 转引自多伊尔《牛津法国大革命史》,第 401 页。
④ Sutherland, *France 1789—1815: Revolution and Counterrevolution*, p. 298.

更有甚者,罗伯斯庇尔没有遗弃我们,他只处死了富人;这伙人每天都在让我们死亡!"①这年冬天很冷,饿死和冻死的人很多。东部城市布尔有居民 6 500 人,在这些年中共死亡 523 人,其中有 144 人是不满一岁的婴儿。② 当城市手工业者和工人生计难以维系之际,土地所有者却乘机牟利,他们从不断上涨的谷物价格中牟取暴利,投资地产,支付租金,并利用猖獗的通货膨胀还清债务。

为应对物价飞涨与指券贬值,督政府从 1795 年年底开始回收指券,重新投入铸币,并于 1796 年 2 月停止印刷指券。但是,流通的指券总价值仍然超过了 34 亿里弗。为弥补亏空,新任的财政部长拉梅尔(Dominique-Vincent Ramel,1760—1829)提议建立国家银行。但是,约翰·劳时代的悲惨记忆仍旧没有消除。计划遭到反对。经讨论,议会决定于 1796 年 3 月 18 日(共和四年风月 28 日)发行土地券(mandats territoriaux),用来兑换国有财产,或者以 30∶1 的利率兑换指券。因此,土地券本质上也是一种指券,而且发行量很大,相当于当时流通的指券总面值的三倍。③ 所以,在发行当天,土地券的市价就跌到了面值的18%,到了 7 月只剩下面值的 5%,几乎和废纸一样。无奈之下,发行不到一年,土地券就寿终正寝。不过,投机者从中赚取了大量利润,他们不仅用土地券来炒作国有财产买卖,而且仅仅靠用土地券兑换铸币就挣了不少钱。土地券退出历史舞台,这也标志着革命时期纸币实验走到了终点。

督政府并不太关心民生,任由投机者大发横财。民众受冻挨饿,怨声载道。于是,不可能完全根除的政治激进主义又有了用武之地。尽管督政府一直尝试把那些有恐怖嫌疑的激进派排除在政治权力之外,却难以阻止他们在议会外集会。1795 年 11 月 16 日(共和四年雾月 26 日),

---

① 转引自多伊尔《牛津法国大革命史》,第 404 页。
② Peter McPhee, *Liberty or Death*: *The French Revolution*, p. 309.
③ Florin Aftalion, *The French Revolution*: *An Economic Interpretation*, translated by Martin Thom, Cambridge: Cambridge University Press, 1990, pp. 173 - 174. Rebecca Spang, *Stuff and Money in the Time of the French Revolution*, Cambridge, Massachusetts: Harvard University Press, 2015, pp. 229 - 234.

先贤祠俱乐部(Club du Panthéon)成立,两周后就吸收了 900 名成员,到了共和四年风月,成员人数超过了 2 600 人,其中包括公安委员会成员阿玛尔、恐怖时期巴黎市长帕什(Jean-Nicolas Pache,1746—1823)、丹塔西(Augustin Darthé, 1765—1797)和邦纳罗蒂(Philippe Buonarroti,1761—1837)。[1] 先贤祠俱乐部宣传激进思想,它的某些言论也出现在巴贝夫的《人民保民官》上。巴贝夫把法国革命视为穷人与富人之间的战争,认为共和二年山岳派专政本质上就代表了穷人的胜利,只有废除私有财产,才能建立真正的平等,而要实现公有制和财产的平等分配,必须要借助强权,也就是要采取恐怖手段。《人民保民官》销量很高,几周之内就卖出了两千多份。激进政治发展的背后,事实上有督政府的推动,也得到了政府的资助。巴拉斯本意是借此来打压保王派。

但是,和共和二年不同,政治激进主义已经丧失了社会基础。一方面,民众群龙无首,巴黎的区议会已被解散,国民卫队的指挥权也收归政府。而且在芽月与牧月事件之后,生计问题再也不可能成为民众起义的动力,激进政治的热情本身就很难维持。如果连面包供应都出了问题,民众也无暇顾及政治。巴贝夫从 1796 年 3 月开始组织他的平等派密谋,想要政变,但很快就被控制了。另一方面,督政府尽管放宽了经济管制,但从没放宽政治监控。新成立的警务部(police général)由杜埃领导。1797 年 5 月 10 日(共和五年花月 21 日),巴贝夫被捕,5 月 27 日(牧月 8日)被送上断头台。督政府规定,任何人如果支持《1793 年宪法》,或是扬言恢复君主制,都将被判处死刑。1796 年 2 月,督政府令拿破仑动用军队,关闭先贤祠俱乐部,3 月,严格查禁出版物,取消结社自由。督政府还派出军队专员,清查地方上的可疑分子,判处死刑超过 30 起,其中包括前国民公会代表若沃格(Claude Javogues,1759—1796)。督政府还有效地控制了军队叛变。经济萧条对军队影响也很大,当时就有一万多士兵驻扎在马斯校场附近的格伦内尔(Grenelle)。这些士兵嫉妒那些领取高

---

[1] Pierre Serna, *La République des girouettes*, Paris:Champ Vallon, 2005, p. 277.

额军饷、物资充足的意大利远征军,倍感不公,因此对督政府产生了怨恨。1796 年 9 月 9 日,几百名雅各宾派向格伦内尔进发,希望策反军队。但是,政府早有警觉,行动失败,近 50 名雅各宾派成员被杀。①

左派势力被压制的同时,右派开始活跃。督政府尝试与教会和解,允许流亡者和被流亡的人自由回国,而且停止售卖这些人在国内的地产。但是,右派内部意见从未统一。最终得势的是以贡斯当为核心的温和保守主义,斯塔尔夫人的沙龙在当时很有影响。除此之外,还有克里希俱乐部(Club Clichy),这也是保守派的大本营,俱乐部成员包括温和的前国民公会代表邓格拉、拉里维耶尔(Pierre Henry-Larivière,1761—1838),还有流亡回国的杜马(Mathieu Dumas,1753—1837)。② 克里希俱乐部成立于热月时期,在葡月事件发生后偃旗息鼓,督政府时期再度出现。这个俱乐部基本支持宪法,也支持《三分之二法》,试图通过合法宪政的道路来影响政治。还有一些保守派更为顽固。比如暂住在布伦瑞克公爵家里的路易十八坚决不同意与宪政派妥协,甚至鼓动极端保王派采用暴力手段。当时巴黎也有他的代理人在秘密活动,并组建了秩序之友(Amis de l'ordre),后改名为慈善社(Institut Philanthropique)。③ 在瑞士的英国间谍头目维克汉姆(William Wickham,1761—1840)出资支持办报和组织选举宣传。身在意大利的当特雷格伯爵通过他在巴黎的代理人布罗迪埃(André-Charles Brottier,1751—1798)也组织了秘密机构。④ 但是,极端保王派既不得

① Martyn Lyons, *France Under the Directory*, Cambridge: Cambridge University Press, 1975, pp. 35 - 36.
② Colin Jones, *The Great Nation: France from Louis XV to Napoleon 1715—99*, pp. 511 - 514. D. M. G. Sutherland, *The French Revolution and Empire: The Quest for a Civic Order*, p. 283. Georges Lefebvre, *The Thermidorians and the Directory*, p. 303.
③ Jacques Godechot, "La contre-Révolution dans le midi toulousain," in *Les Résistances à la Révolution*, recueillis et présentés par François Lebrun et Roger Dupuy, Paris: Imago, 1987, pp. 119 - 125.
④ Harvey Mitchell, "Vendémiaire, a Revaluation," *The Journal of Modern History*, Vol. 30, No. 3 (Sep., 1958), pp. 191 - 202.

势,也不得人心。支持流亡贵族的国外势力越来越少,经历了多年战乱后,很多国家只想要和平。另外,国内的叛乱也接近尾声。拉扎尔·奥什(Lazare Hoche,1768—1797)对王党叛乱的镇压已进入最后阶段。而且,大部分国民实际上对旧制度并不留恋,对路易十八也不关心。他们在意的不是王政能不能复辟,而是会不会少交税,是不是不再打仗。国内战争趋于缓和,对外作战也接连获胜。

在这样的背景下,君主派只能把重掌国家的希望寄托在了选举上。1796年3月21日至4月9日举行选举,换选1/3的议员,鉴于大约234名前国民公会的成员将根据抽签退出议会,这次选举就是要补选这些议席。[1] 在选举前,督政府下达一道法令,规定所有选举人都要宣誓,反对君主制,反对无政府主义。公众对这次选举表现十分冷淡,这也证明了督政府的政治缺乏社会基础。234名前国民公会代表中,只有11人连任,这表明选举人议会反对国民公会的遗产。而且,在连任的代表中,没有一人有激进的表现。此次选举,右派大获全胜。63个省推选了182名保王派的代表,这些右派代表并没有统一的立场。有些想要复辟君主制,有些只是保守的君主立宪派,他们支持舒安党,但不愿意给予实际援助。右派中还有一大部分观望等待的人,称为肚腹派(le Ventre)。[2] 但无论如何,右派在选举中得势意味着选举人并不支持之前的督政府。督政府的意见也发生了分裂,勒贝尔倾向于专政,卡诺与其他人达成了妥协。但是,新的两院选上了巴特勒米(marquis de Barthélemy,1747—1830),撤换了卡诺的朋友勒图奈尔。巴特勒米是职业外交官,最著名的业绩是促成了《巴塞尔和约》签订。他的立宪主义信

[1] Jean-Rene Suratteau, "Les élections de l'an V aux Conseils du Directoire," *Annales historiques de la Révolution française*, 30ᵉ Année, No. 154 (Octobre-Décembre 1958), pp. 21 – 63.
[2] 史家马蒂厄分析了选举中肚腹派的胜利,参见 Albert Mathiez, "Les élections de l'an V," *Annales historiques de la Révolution française*, 6ᵉ Année, No. 35 (Septembre-Octobre 1929), pp. 425 – 446。

念并不坚定,之所以当选,可能是两院指望他能结束战争。①

右派不仅在选举中获胜,而且国际局势对他们越来越有利。1797 年 4 月 18 日签订了《莱奥本预备和约》(Treaty of Leoben),这对右派来说是莫大鼓舞。和平不仅是法国人的愿望,也是许多交战国所盼望的。恢复和平,能为君主制复辟扫清道路,甚至会加速复辟到来。所以,右派,尤其是保王派积极支持法国与奥地利和英国的和谈。五位督政官中,卡诺和巴特勒米务实地认识到,要实现和平,必须要主动做出让步,但这两人总体上属于息事宁人的和稀泥派。当选为五百人院议长的是庇什格律。他是莱茵河军团指挥官,荷兰的征服者,镇压了牧月起义,对王党派的复兴颇为动心。在《莱奥本预备和约》签订后的第三天,法国逮捕了逃到威尼斯的当特雷格。拿破仑在审讯中发现了庇什格律叛变的罪证。这意味着,国内的王党可能已经掌握实权。只有三位督政官——巴拉斯、勒贝尔和拉雷维里埃——反对君主制复辟。

右派出版物开始称巴拉斯、勒贝尔和拉雷维里埃为三巨头(Triumvirs)。对三巨头而言,可以仰仗的力量,不是民众,而是军队。因为军队一直都是共和主义的阵地。许多士兵对大革命以及不可分割的共和国怀有无比忠诚,他们为共和国浴血奋战,认为自己完全有权阻止王党胡作非为。1797 年 9 月 3—4 日(共和五年果月 17—18 日),面对右派的攻击和压力,三巨头发动政变,调集军队对巴黎进行军事管制,逮捕了巴特勒米、庇什格律等一干右派要员。卡诺只身逃走。督政府下令对复辟王政或者扬言要执行 1793 年宪法的人格杀勿论。在三巨头的建议下,两院在 9 月 5 日(果月 19 日)通过《非常法》,于 9 月 8 日(果月 22 日)通过了《新闻限制法》,封禁了大约 30 家报纸。这次政变即共和五年果月十八政变(Coup d'État du 18 fructidor an V)。政变刚结束,被清洗过的议会当即宣布当年春天 49 个省的选举结果作废,这意味着两院中出现了 177 个空缺。督政府内部的空缺由弗朗索瓦·德·内夫夏托

---

① 多伊尔:《牛津法国大革命史》,第 408—409 页。

(François de Neufchâteau,1750—1828)和梅尔兰・德・杜埃填补。内夫夏托是著名的反教权人士,杜埃是实际上已被果月政变摧毁的宪法的主要设计者。之前的其他法令也被撤销,已经回到国内的流亡者必须要在十天内离开法国,违者将被处死。督政府也剥夺了流亡者的选举权,那些被流放的教士必须再次离开家乡,违者会被流放到圭亚那,总共有1 600名教士被流放。政府的权力扩大了:从此撤换行政官员和法官的权力都被政府掌握在手里。

果月十八政变标志着温和政治的结束。督政府的初衷是以自由宪政的体制结束革命政府,恢复法治,但最后却迈向了威权统治。从果月政变中诞生的第二届督政府毫不犹豫地阻碍了宪政的进程,更多地依靠武力和军队来对付反革命,惩戒逃兵。若从政治史的角度看,果月政变本质上是彼此制衡的立法权与行政权之间的冲突。立法机构必然不甘心自己的地位下降。两权之间的合作愈渐困难。军事专政的前景进一步明朗。

果月政变后,拉扎尔・奥什将军因病去世,年仅29岁。他是孤儿,16岁参军,是一位富有激情的民主派和雅各宾派,又是坚定的共和主义者,1793年升任将军,在打击西部王党派和基伯龙战役中发挥重要作用。他的去世对于督政府的保守派精英来说是一种解脱。果月政变发生前,奥什将军和他的部下驻扎在巴黎附近。如果督政府利用他的部队的话,那么共和国的历史可能会改写。如果他没去世的话,必将成为那位科西嘉人的有力竞争者。不幸的是,果月政变后,随着军事专政的前景越来越明朗,拿破仑的威望与日俱增,无可匹敌。

拿破仑1769年出生于科西嘉的一个小贵族家庭,10岁时被送到了法国军校学习。他十分勤奋,表现突出,但是因为体形矮小,说话有口音,经常遭到他人的嘲笑。拿破仑在1793年围攻土伦之战中崭露头角。在督政府时期,他参与了1795年镇压保王党葡月叛乱,后来又帮助法国从英属科西嘉王国手里夺回科西嘉。此后,拿破仑成了家喻户晓、妇孺

表7 两届督政府督政官任职时间和政治立场

中间派（热月党）		右派（保守派—克里希派）	左派（激进共和派）	其他（平原派）
巴拉斯 1795.11.2—1799.11.9	拉雷维里埃 1795.11.2—1799.6.18	勒贝尔 1795.11.2—1799.5.16	卡诺 1795.11.2—1797.9.4	勒图奈尔 1795.11.2—1797.5.20
				巴特勒米 1797.5.20—1797.9.4
			杜埃 1797.9.4—1799.6.18	德·内夫夏托 1797.9.4—1798.5.15
				特雷拉尔 1798.5.15—1799.6.17
	狄柯 1799.6.18—1799.11.9	西耶斯 1799.5.16—1799.11.9	穆兰 1799.6.18—1799.11.10	戈伊埃 1799.6.17—1799.11.10

皆知的英雄人物。当时，有不少在咖啡馆、酒馆里传唱的歌曲，会把他的英雄事迹作为主题内容。1797年时，一首歌曲是这样歌颂他的：

> 向我们士兵的领导者致敬，
> 他勇敢而聪慧，
> 带领法国人投入战斗，
> 将士兵的勇气用在了战场上。
> 他是欧洲的胜利者，
> 是和平缔造者。
> 向这位有能力的勇士致敬，
> 他还不满三十岁，
> 就已经有了阿基里斯的勇气，

和涅斯托耳的美德。①

这位年轻将军的声望和杰出才干与无能的督政府形成了鲜明的对比。对督政府而言,共和五年(1796 年 10 月—1797 年 9 月)是无所事事、毫无作为的一年,只能听凭这位科西嘉人在欧洲横冲直撞。拿破仑在 1798 年 1 月入侵瑞士边境,兼并了米卢斯(Mulhouse),4 月吞并了日内瓦。1797 年时瑞士的部分地区已并入了奇萨尔皮尼共和国(Cisalpine Republic)②,剩余领地于 1798 年春天并入了赫尔维蒂共和国(Helvetic Republic)。军团旅长杜福(Mathurin-Léonard Duphot,1769—1797)随大使约瑟夫・波拿巴(Joseph Bonaparte,1768—1844)出使意大利,意欲煽动内乱,结果杜福被教宗军队开枪打死。尽管事后庇护六世(Pius Ⅵ,1717—1799)致歉,但是杜福之死成为拿破仑入侵意大利的借口,1798 年 11 月成立了傀儡罗马共和国。尚皮欧内(Jean-Étienne Championnet,1762—1800)更是违抗督政府的命令,占领了那不勒斯,建立了帕特诺珀共和国 (Repubblica Napoletana)。这使得原本趋于缓和的欧洲局势再度紧张起来。

　　第一次反法同盟正在解体,经年累月的战争让包括法国在内的很多国家疲惫不堪。作为同盟的中坚力量,奥地利和英国都希望利用旷日持久但毫无结果的和谈,分裂法国,从中渔利。但是,两国很快选择了不同的策略。1797 年 10 月 18 日,奥地利与法国签订了《康波福米奥协定》(Treaty of Campo Formio)。该协定基本延续《莱奥本预备和约》的立场。但是,负责签订协定的拿破仑并未完全依从督政府的意见,擅自把阿迪杰河(Adige)以东的威尼斯领地割给了奥地利,而把爱奥尼亚群岛留给了法国。作为交换条件,奥地利同意让出除科隆地区以外的莱茵河

---

① Laura Mason, *Singing the French Revolution: Popular Culture and Politics*, *1787—1799*, p. 199; Brigitte Level, *À travers deux siècles. Le Caveau: société bachique et chantante*, *1726—1939*, Paris: Presses de l'Université de Paris-Sorbonne, 1988. Peter McPhee, *Liberty or Death: The French Revolution*, p. 319.
② 亦译为阿尔卑斯山南共和国,因为 Cisalpine 一词的含义是阿尔卑斯山南。

左岸。督政府虽然不满,但也无可奈何,因为除了仰仗拿破仑外,别无他法。《康波福米奥协定》标志着第一次反法同盟结束。英法关系的走向比较复杂。英国原本有意同法国谈判,但是对后者提出的条款十分不满,于果月政变一周后取消了和谈。法国决定对英国用兵,旋即将刚刚结束意大利战争的拿破仑召回。但是,在巡视了法国北方港口之后,拿破仑很快确信,法国不可能在 1798 年之前对英国动兵。但是,他早有其他计划,就是通过埃及打击英国财富的最重要来源印度。1797 年 9 月,仍在意大利的拿破仑把这份计划透露给塔列朗,次年 3 月 5 日,两人向督政府提出了远征埃及的想法。督政府不可能不同意,一则是因为这位功勋显赫的将军只要出现在法国就会让他们不安,二则远征埃及,掠夺财富,既打击英国,又解决了资源匮乏问题,一举多得。庞大的军队和征服战争令督政府左支右绌。所以,从 1795 年开始,督政府就规定,姊妹共和国要为军队提供补给,并且商人作为军队的承包商,从征服地区抽取一定的税收,德意志地区提供了 1 600 万,意大利总共约有 2 亿。总体上,督政府有 1/4 的收入来自对征服地区的压榨。① 最后,远征埃及远比直接打击英国本土更现实,更经济。更何况,一旦远征失败,便可以顺势除掉拿破仑。基于上述三点考虑,督政府同意了他们的计划。1798 年 5 月 19 日,拿破仑带领着一支 3.5 万人的部队启程。

由于大陆基本实现了和平,所以第二届督政府主要关心内政问题。首先是财政危机。从热月开始的财政危机和债务重负,非但没有任何缓解,而且因为持续不断的扩张,问题更加恶化。纸币一再贬值,很多地方甚至回到了以物易物的自然经济模式。为应对这一棘手问题,督政府抛弃了自革命以来始终被视为不可打破的原则。1797 年 9 月 30 日(共和六年葡月 9 日),议会通过了由财政部长拉梅尔提交的清偿计划,史称"拉梅尔清账"(liquidation Ramel)或是"三分之二破产"(banqueroute

① Colins Jones, *The Great Nation*, p. 520.

des deux tiers)。① 根据这项法令,国家以一次性支付国有土地购买券的方式削减 2/3 的债务,国家债册(Grand Livre)仅保留债权人 1/3 的债券,这些债券可以用于纳税或购买国有财产时必须用铸币支付的那部分。《破产法令》公布后,债权人很快发现随后几个月里,支付给他们的票据的票面价值一年内贬值了 60%。但是,《破产法令》对国家很有帮助,因为每年可为国家减少 1.6 亿债务。不过,平衡收支,不仅需要清偿债务,还需要增加收入。督政府于 1797 年 11 月 12 日(共和六年雾月 22 日)建立税务管理局(agence des contributions),由督政府下派的专员(commissaires)与地方纳税人代表一起课税基数、制定税册。通过这项举措,一套管理上带有中央集权特色的征税体系开始恢复。不过,这项措施收效并不明显,因为这些专员还需要管理其他事务,而且他们对征税也并不在行。督政府另一项措施是恢复间接税征收。共和七年初批准的间接税包括营业税、印花税、注册捐、地产税、动产税、门窗直接税(impôt direct sur les portes et fenêtres)等。盐税因为饱受诟病,最终未能恢复。督政府推行的财政措施意味着革命以来的两项基本原则被颠覆,国家债务神圣不可背弃,放弃间接税。但是,面对共和六年高达 2.5 亿的财政赤字,上述措施短期内不可能使财政收入有显著增加。所以督政府主要依赖对各姊妹共和国的榨取。②

　　督政府还需要稳定政治秩序。督政府本身社会基础就很薄弱,而从果月政变以来,不断清洗议会,宣布选举无效,凡此种种举措只能进一步削弱其统治基础,因此一系列原本已被抛弃的非常措施重新被提上议程。这段历史,史称果月恐怖(Terreur fructidorienne),又称督政府恐怖

① Jean-Marie Thiveaud, "Lordre primordial de la dette: Petite histoire panoramique de la faillite, des origines à nos jours," *Revue d'économie financière*, No. 25, Droit et Finance (été 1993), pp. 67 - 106. Martyn Lyons, *France Under the Directory*, Cambridge; New York: Cambridge University Press 1975, p. 163.
② 多伊尔:《牛津法国大革命史》,第 414 页。勒费弗尔:《法国革命史》,第 517—520 页。Georges Lefebvre, *The Thermidorians and the Directory*, pp. 387 - 399.

(Terreur directoriale)。① 果月恐怖的惩治对象主要有三类：盗匪、流亡者和神甫。督政府时期盗匪肆虐，很大程度上与逃兵有关。第二届督政府制定了十分严苛的法令，规定盗匪按军法审判，两人以上作案的判处死刑。革命时期的流亡者法令再次生效，规定回国的流亡者限期内必须离开法国，违者处死。在随后几个月里，约有 160 人被处决。督政府还规定，凡是拥有贵族身份的人，都必须被剥夺法国公民资格。不过，这项规定并未落实，只是虚张声势。果月恐怖针对的最后一群人是教士。从革命以来，对教士，尤其是不愿宣誓的教士一直采取比较严厉的措施。热月政变后，基于恢复社会秩序的需要，对宗教的态度有所宽容。随着王党派和右派得势，宗教政策进一步松动。1796 年 8 月 24 日（共和四年果月 7 日）的法令允许流亡教士回国，但前提是他们宣誓成为公民。果月政变扭转了这一趋势，重新要求教士宣誓，以表明他们与君主制势不两立，而任何拒绝宣誓的教士当即被流放到圭亚那。不过，最后被流放到圭亚那的只有 230 人，大部分教士被流放到比利时各省。有 1 400 名拒绝宣誓的教士在前往圭亚那之前被送到雷岛和奥莱隆岛。果月恐怖当然不可能恢复到 1793 年的程度，一方面因为总体局势较为和缓，恐怖措施只在有限范围内落实，因此没有造成全民恐慌。另外，刑事法庭依法律审判，行事缓慢，前后只审判处决了 160 人。最重要的是，恐怖始终掌握在督政府手里，没有在全国各地建立类似监察委员会这样的机构，所以，秩序维持得比较好。

督政府始终像在走钢丝。果月政变后，对付教士、贵族和盗匪，原本只是一项打击保王派和右派的权宜之计，却让沉寂已久的左派势力再度兴奋起来。果月政变当日，一支来自巴黎东区——传统上激进派的大本营——的自称为无套裤汉的小武装团体自告奋勇地支持政变。尽管很快被勒令解散，却传递了这样一个信号，即在左派势力看来，果月政变既

---

① Howard G. Brown, "Mythes et massacres: reconsidérer la 'terreur directoriale'," *Annales historiques de la Révolution française*, No. 325 (Juillet/septembre 2001), pp. 23 - 52. 另见：勒费弗尔：《法国革命史》，第 511—515 页；多伊尔：《牛津法国大革命史》，第 415 页。

然打压了保王派，那就等于认可了他们的运动。所以，督政府为了团结共和派，重新允许俱乐部集会，以便在即将到来的选举(定于 1798 年 4月)中获胜。很多省在几周内迅速重建了各种形式的宪政俱乐部(constitutional circles)，好似雅各宾主义的复兴，尽管实际上情况并非如此。① 但是不可否认的是，某些左派力量的复兴夹带着比以往更为猛烈的仇恨。比如在 1798 年 2 月埃弗勒(Evreux)成立的宪政俱乐部中，"有些人当着 100 多人的面宣称巴贝夫在旺多姆是被暗杀的"②。但是，当选举临近时，不少激进的左派社团和雅各宾俱乐部又被查封关闭，其中包括位于巴黎左岸的巴克街俱乐部(Rue du Bac Club)，这个俱乐部一直在呼吁扩大选民基础，推进民主化。

在左右摇摆中，督政府不断失去支持者。它原本应当以所谓的有产的体面之人(honnêtes gens)作为自己的权力基础，但是其推行的财政和税收政策都令自己失去了这些人的支持，他们宁愿接受君主制，也不愿接受督政府的共和主义。③ 督政府对左派的倾向也只是徒有虚表，但是复苏后的雅各宾主义又不容小觑。当时一份官方刊物把这些民主派称作"无耻的无政府主义者"(anarchiste éhonté)，并指责他们在宣扬罗伯斯庇尔的平等主义(égalité de Robespierre)。④ 督政府对自己的处境有比较清醒的认识，也因此更加意识到下一轮选举的重要性。此次选举将选出不少于 437 名代表，其中包括果月政变后空出来的席位。因此，督政府只能操控选举。这便是花月政变(Coup d'État du 22 floréal)。

控制的主要方式是介入选举的每个环节中。1798 年 1 月 31 日(共

---

① Isser Woloch, *Jacobin Legacy*: *The Democratic Movement Under the Directory*, Princeton, N. J.: Princeton University Press, 1970, pp. 63 - 79.

② Isser Woloch, *Jacobin Legacy*: *The Democratic Movement Under the Directory*, p. 197.

③ François Wartelle, "Honnêtes gens en l'an IV: les mots, enjeu et reflet des luttes politiques," *Mots*: *Les langages du politique*, 1984, vol. 9, pp. 167 - 188. 有关"体面之人"一词在革命时期的使用，另见 Marcel Dorigny, "Honnêtes-gens, l'expression dans la presse girondine, juin-septembre 1792," *Dictionnaire des usages socio-politiques* (1770—1815), Tome 1 Désignants socio-politiques, Paris: Klincksieck 1985, pp. 79 - 92。

④ *Gazette nationale*, Tome 20, Paris: Leriche, 1798, p. 778.

和六年雨月 12 日），督政府规定，当官方的候选人名单拟定以后，任期即满的议会审核名单，这意味着 236 名前国民公会议员将同 297 名现任议员一起参加对即将代替他们的新议员的审查。督政府试图控制地方选举，并制定了详细的审核步骤，规定如果地方选举大会意向不明朗，那么地方官员和支持政府的人应当尽可能在选举会议上制造平局，以便议会可以在各竞争派别和候选人之间进行裁决。这个措施原本是为了控制雅各宾派和左派，但是来得太迟，难以改变局势。因为 1798 年选举中，有 1/4 省选举议会出现了平局，而地方初选大会出现平局的情况更多。[1]这意味着，地方推选的结果十分有利于左派。236 名前国民公会议员中有 162 人当选，其中有 71 人是弒君者。按照既定程序，如果对全国选举结果进行全面审查，那么最后选举就不可能按期进行。因此，督政府于 5 月 11 日（花月 22 日）强行规定，把 127 名代表从立法机构中踢出，8 个省的选举结果被撤销，只有 47 个省的结果保持不变。督政官中撤下了德·内夫夏托，换上了反教权主义者特雷拉尔（Jean Baptiste Treilhard，1742—1810）。

果月政变中，督政府利用军队打压了保王派。花月政变中，督政府操纵选举，肆意改换选举结果，打压了左派。两次政变，看似有别，本质相同，都是行政权对立法权的控制。这自然会让立法机构心生不满，而且进一步削弱了督政府本已十分薄弱的基础。实际上，督政府操控选举而选民不反对，原因有二。首先，热月政变后，中央对地方的控制有所松动，地方自治在一定程度上有所恢复，这满足了地方选民的意愿。其次，胜利与和平是民众的殷切希望，而正是在这方面，督政府的作为很让民众满意。但是，随着战火重起和军事失利，军队逐渐退到国境线以内，军费开支再次增长，这使得督政府走投无路。

---

[1] 多伊尔：《牛津法国大革命史》，第 417 页。Georges Lefebvre, *La France sous le Directoire 1795—1799*, Paris: Sociales, 1984, pp. 480—489. Denis Woronoff, *The Thermidorean Regime and the Directoire 1794—1799*, translated by Julian Jackson, Cambridge: Cambridge University Press, 1984, pp. 174 - 179.

在很长一段时间里,督政府仰仗着拿破仑这位军事天才,在外交方面表现得越来越傲慢。法国人越来越觉得自己是一个伟大民族,比其他国家更优越。拿破仑曾对督政官们说道:"你们已经成功地组织起了这个伟大民族,它的辽阔领土之所以界限分明,仅仅是因为大自然本身已经给出了界限。"[①]督政官们也这样认为。法国改变了欧洲的版图,建立了一个又一个姊妹共和国。远征埃及的举动更让整个欧洲瞠目结舌:拿破仑于 1798 年 5 月 17 日起航,6 月 12 日占领马耳他,解散圣约翰骑士团,并派法军驻防该地。7 月 2 日,拿破仑抵达埃及,猛攻之后控制亚历山大。21 日的金字塔战役中,他击溃马穆鲁克军队,几天之后抵达开罗,成了埃及的主人。但是,8 月 1 日,运载远征军的舰队被英国舰队主帅纳尔逊(Admiral Horatio Nelson, 1758—1805)粉碎,法军伤亡超过五千人,史称尼罗河口海战(Battle of the Nile)。纳尔逊不仅证明了法国最伟大的统帅也并非不可战胜,而且将数以千计的法军精锐部队阻隔在东方,并推动反法同盟的重组。

1798 年,第二次反法同盟建立,参与同盟的有神圣罗马帝国、土耳其和俄国。法国炫耀式的胜利令奥地利十分厌恶,而且其在亚平宁半岛的扩张更严重威胁到了奥地利在《康波福米奥协定》中获得的意大利地区的领土。埃及当时属于庞大笨重的奥斯曼帝国的七大行省之一,传播至此的革命原则很快引起了不小的反响。[②] 在尼罗河口海战爆发后,奥斯曼土耳其当即向法国宣战。俄国虽然长期与法国为敌,但在革命期间,叶卡捷琳娜二世实际上很少真正举兵。但是,在她去世后,继位的保罗一世(Paul Ⅰ, 1754—1801)是一位狂热的好战分子,反革命的立场十分坚定。另外,保罗一世对《康波福米奥协定》很不满:想要重新划分欧洲版图,怎么能不征求俄国的意见呢?而且,他自诩为马耳他保护者,又怎

---

① 转引自多伊尔《牛津法国大革命史》,第 419 页。

② Ian Coller, "Egypt in the French Revolution," in Suzanne Desan, Lynn Hunt and William Nelson eds., *The French Revolution in Global Perspective*, Ithaca, NY and London: Cornelle University Press, 2013, pp. 115 – 131.

么能容忍拿破仑占领马耳他。所以,在尼罗河口海战后,俄国也向法国宣战。第二次反法同盟由此形成。

但是,与第一次反法同盟相比,第二次反法同盟更为脆弱,内部矛盾很快就暴露出来。瑞典国王古斯塔夫四世(Gustav Ⅳ,1778—1837)虽然同意加入,但是拒绝提供军队。英国首相格伦维尔(William Grenville,1759—1834)向保罗一世保证,英国将围困马耳他,但不占领,因为他的目的是保证英国商船顺利通行。不过,格伦维尔答应英国会资助俄国,提供225 000英镑的军费以及每月 75 000 英镑的军饷,帮助俄国夺占地中海。但是,重新占领地中海的计划又同奥地利加入同盟的目标发生了冲突。英国还想要夺回荷兰,但是同盟的其他国家对此兴趣不大。另外,经过多年战争,大部分国家都背负了沉重的债务。保罗一世在位期间,国家债务翻了一番,奥地利的赤字从 1792 年的 3.7 亿盾上升到 1798 年的 5.02 亿盾,英国的财政也十分糟糕,随着金本位制的暂停执行,铸币减少,出现了通货膨胀,汉堡地区的危机也波及了英国本土。

不过,反法同盟在人数上占有绝对优势,总兵力超过 500 万。这正是法国的劣势所在。自共和二年以来,法国军队人数不断减少。1794 年夏天军队大约 732 000 人,1797 年 8 月仅剩 381 000 人。① 为应对反法同盟,督政府于 1798 年 9 月 5 日(共和五年果月 19 日)颁布了《茹尔当征兵令》(Loi Jourdan-Delbrel),规定除了 1798 年 1 月 12 日(共和六年雪月23 日,这是该法案起草的日子)前结婚的人之外,所有 20—25 岁的男子均有服兵役的义务。《茹尔当征兵令》延续了《全民征兵法》的精神,使全民兵役制永久化。应征服役的新兵登入国防部的名册,并根据出生日期分为五等,如需要用兵,立法机构先确定人数,国防部从最年轻的开始,

① Alan Forrest, *Conscripts and Deserters: The Army and French Society During the Revolution and Empire*, p. 34. Michel Biard & Pascal Dupuy, *La Révolution française: Dynamiques, influences, débats 1787—1804*, pp. 125-128.

按数征召。① 自 1793 年以来,征兵屡屡引发矛盾。上一次征兵引发了旺代叛乱,而这一次征兵更加糟糕。因为督政府遭人厌恶,一方面它操控选举的行径让选民不满,另一方面极端反教权主义的立场又令民众十分反感。而此前民众不反对督政府的唯一理由——胜利与和平——现在看来又成了一个遥遥无期的梦。督政府似乎正把大革命拉回到原点。近十年来撕裂了法国、也撕裂了欧洲大部分地区的那些难题,仍然没有获得持久而稳定的解决前景。

第二节　雾月政变

大陆和平尽管为督政府的专政、政治舞弊与金融腐败提供了庇护伞,但是终归未能使它赢得民众的支持。战端重启,民众自然把所有责任都归咎于督政府,督政官首当其冲。战争失利、选举造假以及新一届督政府的不和,使得督政府的统治摇摇欲坠。

面临第二次反法同盟的威胁,法国全面出击。茹尔当将军率领多瑙河军团 4.5 万人进入南德意志,贝尔纳多特(Jean-Baptiste Bernadotte,1763—1844)率领 3 万人沿莱茵河中段掩护其左翼。谢雷(Barthélemy Louis Joseph Schérer,1747—1804)从意大利 10 万驻军中,抽调 4.5 万人,沿意大利境内的阿迪杰河列阵。处在两人中间的马赛纳(André Masséna,1758—1817)占领瑞士的格里松斯州(Grisons),继而进逼奥地利的蒂罗尔(Tirol)。但是,各路进军几乎均遭受挫折。只有马赛纳进军神速,占领了格里松斯州,但在进入福拉尔贝格(Vorarlberg)后,在费尔德基希(Feldkirch)也惨遭失败。茹尔当同样遭受了挫折,1799 年 3 月 25 日被卡尔大公击败,退回莱茵河。谢雷在马尼亚诺(Magnano)遭遇敌军,未决胜负便撤退至阿达河(Adda)。5 月 12 日,俄军主帅苏沃洛夫(Alexander Suvorov,1730—1800)与法国统帅莫罗(Jean Victor Marie

---

① Alain Pigeard, "La conscription sous le Premier Empire," *Revue du Souvenir Napoléonien*, No, 420 (octobre-novembre 1998), pp. 3 - 20.

Moreau,1763—1813)决战,未有明显胜败。法军撤退至热那亚和库尼奥(Coni)。德意志和意大利的失利迫使马赛纳也撤出了格里松斯。卡尔大公尽管取得小胜,但其后方很可能被来自意大利的军队包抄。

图 33　1799 年苏沃洛夫翻越阿尔卑斯山①

　　1799 年夏天,苏沃洛夫连连告捷,接连攻下了亚平宁半岛几个要塞。苏沃洛夫的胜利与意大利本土叛变使法国陷入不利境地。1799 年春天,法军的失利使那些主张统一的意大利人对法国督政府倍感失望,他们站到了反法同盟的一边。拉赫兹将军(Giuseppe Lahoz Ortiz,1766—1799)向法军开火。诺威战役(Battle of Novi,1799 年 8 月 15 日)中,意大利军团司令儒贝尔(Barthélemy Catherine Joubert,1769—1799)阵亡,副帅莫罗挡住了苏沃洛夫的进攻,但是损失惨重,不得不撤退,俄军攻占皮埃蒙特(Piémont)。9 月,反法同盟全面控制了意大利。法军失利,反革命分

---

① 画作现藏于圣彼得堡俄罗斯博物馆;作者:瓦西里·伊万诺维奇·苏里科夫(1848—1916)。

子又开始兴奋起来。维克海姆回到了瑞士,他想在弗朗什-孔泰和法国南部组织暴动。舒安党的领袖布尔蒙(Louis de Bourmont,1773—1846)在法国西部又一次挑起了叛乱。不过,由于反法同盟一直没有统一的方略,整个夏天都浪费在毫无结果的争执中,丧失了良机。反法同盟的迟疑不决给法国提供了机会,与此同时,法国国内局势出现根本变化。

与1793年的《全民征兵法》一样,《茹尔当征兵令》不仅收效甚微,而且使各地骚乱愈演愈烈。督政府担心再次出现旺代叛乱,所以决定在西部地区暂停征兵,但是骚乱还是出现了,舒安党的活动越来越频繁,马耶讷省的贡捷堡(Château-Gontier)遭到了袭击。督政府四面楚歌:舆论指责它挑起战争,雅各宾派批评它对镇压反革命不利,两院更是不满督政府的专政。1799年选举临近,情况更为危急:米兰和那不勒斯先后失守,瑞士已遭敌军入侵。1799年选举中投票人数创历史新低。在推举的187名候选人中只有66人当选。27个选举大会出现选举平局,于是便产生了类似于1798年的竞争者名单。很明显,选举大会的意愿与督政府的意愿格格不入。大约50名雅各宾派及其同路人——包括花月中被清洗的一些人——进入了议会。[1] 但是,由于现在一些温和派的代表也对督政府不满,所以尽管左派代表人数不多,但是督政府的反对力量依旧不可小觑。[2] 同时督政府的改选也对两院有利:勒贝尔离去,西耶斯接替了勒贝尔。西耶斯想要修改宪法,并且与现在的督政官不和,巴拉斯的当选为他助了一臂之力。

1799年5月20日(共和七年牧月1日)新议会召开,政治危机不断加剧,因为行政机构是分裂的,局势可能会像1793年一样严峻。立法机构想要报一箭之仇。1799年6月6日(牧月18日),五百人院就战事失利,质问督政府。左派和雅各宾派代表指责政府的腐败。西耶斯不予介入,任由事态发展。一周后,五百人院决定将会期一直延续下去,直到督

---

① Georges Lefebvre, *La France sous le Directoire 1795—1799*, pp. 653 - 657.
② 多伊尔:《牛津法国大革命史》,第460页。

政府作出答复为止。随后,元老院也如法炮制。两院开始抨击督政官,他们说,特雷拉尔当督政官是非法的,随后又把矛头指向了拉雷维里埃和杜埃,说这两人在花月政变中的行为也是违宪的。特雷拉尔随后辞职,取代他的是戈伊埃(Louis-Jérôme Gohier, 1746—1830)。这是一位毫无作为的左派代表,他站在西耶斯一边,巴拉斯也加入他们的阵营。受议会弹劾的拉雷维里埃和杜埃现在成了少数派。6 月 18 日(牧月 30日),他们选择辞职,接替他们的是由西耶斯保举的弑君者狄柯(Roger Ducos, 1747—1816),以及由巴拉斯保举的穆兰(Jean-François-Auguste Moulin, 1752—1810)。共和七年这场督政官的改选,史称共和七年牧月三十政变(Coup d'État du 30 prairial an Ⅶ)。①

　　与果月政变和花月政变不同,牧月政变是督政府时期唯一一次立法权对行政权的清洗,尽管它无意凌驾于行政权之上或削弱行政权。这与热月政变性质相同。牧月政变也满足了将军们的希望。贝尔纳多特就任国防部长,儒贝尔任意大利军团司令,尚皮奥内被释放出狱,领导阿尔卑斯军团迎战苏沃洛夫。但是,更重要的是政变的社会意义。由于督政府始终与雅各宾派为敌,所以政变成了雅各宾派再次崛起的机会。那些在花月政变中被打压的人把牧月政变看成是复仇机会,不仅把持了政府要职,比如原来救国委员会的成员兰代出任财政部长,而且重新组织了一些激进派的俱乐部,比如骑术院俱乐部(Club du Manège)。② 这是个雅各宾派的俱乐部,会址设在原国民公会的会议大厅,召集人就是当年在瓦伦认出路易十六,后又卷入巴贝夫阴谋的德吕埃。人数最多的时候,骑术院俱乐部有 3 000 多人,其中议员差不多有 250 人。这难免不让人回想起曾经的雅各宾俱乐部。局势对左派也很有利。共和国好像再

---

① Ronald Mac Dougall, "La 'consomption' de la première République et le 'Coup d'état du 30 prairial' (18 juin 1799)," *Annales historiques de la Révolution française*, No. 275 (Janvier-Mars 1989), pp. 52 - 74. 多伊尔:《牛津法国大革命史》,第 460—462 页。

② 关于这一阶段雅各宾派的活动,参见 Isser Woloch, *Jacobin Legacy: The Democratic Movement Under the Directory*, pp. 366 - 386。

度身处危机之中,历史似乎又回到了共和二年。国外有反法同盟,国内则叛乱四起。左派以处境危急为由,推动议会下达了一些紧急法令。征兵的同时也征用物资。另外还发行了在有产者中按财产或收入进行累进摊派的公债,总价值接近一亿里弗。随后,又颁布了《惩戒法》(loi répressive),这是一项人质法,即当出现叛乱时,政府扣押人质并予以监禁,类似恐怖统治时期的《惩戒流放者法》。当然,最令代表们担心的是,雅各宾派揪住那些在牧月政变中下台的人不放,继续动议弹劾那些下野的督政官和军事指挥官,因为这些人有贪污之嫌。

1799 年 7 月中旬,雅各宾派与督政府之间的矛盾已十分明显。雅各宾派明确要求恢复 1793 年的做法,要依靠民众的革命热情,执行救国措施。对于措施本身,西耶斯并不反对,但是坚持认为恐怖应当控制在督政府手里。矛盾不断激化。征兵法的起草者茹尔当在巴士底狱纪念日公开提议:"为举矛起义干杯(à la résurrection des Piques)!"[1]。地方上也发生了骚乱,比如鲁昂、亚眠、波尔多等地方都出现了不同程度的骚乱,甚至是流血冲突。但是,秩序并未被颠覆,恐怖统治也没有重现。这是因为,首先大部分议会代表都不曾是雅各宾派,而且都想要避免 1793 年的政治激进主义。内夫夏托在选举时的警告表达了多数人的恐惧,他说:"难道你们愿意看到最高限价法再次出现吗？愿意再次看到杀人犯用长矛尖挑着血淋淋的费罗(Jean-Bertrand Féraud,1764—1795)的脑袋吗？"[2]其次,督政府牢牢控制着全部的行政力量和军事力量,巴黎驻防着一支只服从于它的两万人的卫戍部队。最后,经过长期的斗争,民众已完全没有了 1793 年的革命激情,变得灰心丧气。所以,暴乱的规模并不大,很快就被控制住。

议会对于压制激进派毫无异议。新任警察部长(la ministère de la

① Jean-Pierre Bois, *Histoire des 14 juillet：1789—1919*, Rennes：Editions Ouest-France, 1991, p. 87.
② 转引自 Georges Lefebvre, *La France sous le Directoire 1795—1799*, p. 653。费罗是国民公会代表,死于共和三年牧月起义。

Police)富歇毫不费力就关闭了骑术院俱乐部。某些过激军官也被撤换。西耶斯更是利用指控需调查满 30 天这项宪法条款,多方周旋,极力遏制雅各宾主义的复兴,最后成功使议会否决了那份试图起诉"牧月下台代表"(prairialisés)的提案(1799 年 8 月 18 日,共和七年果月 1 日)。但是,国内骚动并未平息,因为革命政府重新抬头的基本原因并未根除。前方战事失利的消息不断传到巴黎。1799 年 8 月 15 日(共和七年热月 28 日),诺维(Novi)一战失利,儒贝尔战死。英俄在荷兰登陆。作为法国的重要盟友和海军后援力量,荷兰舰队投靠了英国。国内,在保王派的鼓动下,自共和四年以来一直被雅各宾派控制的图卢兹爆发骚乱,延续了一个月,大约有一万余人集结在王党派的旗帜下。起义虽对周边城市有所影响,但终究未成气候。① 处于军事失利与地方骚乱的双重压力下,1799 年 9 月 13 日(共和七年果月 27 日),茹尔当在五百人议会上提议宣布祖国在危机中。② 经过激烈的讨论,议会于次日否决茹尔当的提案。这说明,大部分代表支持新的督政府,而对雅各宾主义持怀疑甚至拒斥态度。之后法军的几场胜利使这一立场变得更加坚定。9 月 19 日,布吕恩(Guillaume Brune,1763—1815)和邓戴斯(Herman Willem Daendels,1762—1818)击败了侵入荷兰的英俄联军。在瑞士,由于奥军主力被调离,以拱卫莱茵地区,俄军陷入孤立并被分割,伤亡惨重,9 月底,俄国人撤离赫尔维蒂共和国。军事胜利令左派颜面扫地。

但是,零星的骚乱持续不断。当巴黎得势的保守派要求解除《惩戒法》,废除流亡者法令的时候,10 月西部地区再次爆发了舒安党叛乱,叛军占领了勒芒。在左右两派围攻下的督政府,又如何确保即将到来的共和八年选举结果呢? 不少人对时局已经厌烦,既然战争取得了胜利,似

---

① Isser Woloch, *Jacobin Legacy*: *The Democratic Movement Under the Directory*, p. 84. 另见 Jean Beyssi & J. Bessy, "Le Parti Jacobin à Toulouse sous le Directoire," *Annales historiques de la Révolution française*, 22e Année, No. 117 (Janvier-Mars 1950), pp. 28 - 54, 22e Année, No. 118 (Avril-Juin 1950), pp. 109 - 133。
② Isser Woloch, *Jacobin Legacy*: *The Democratic Movement Under the Directory*, p. 389.

乎可以做出改变了。这一改变的实质是既能维持果月十八政变后确立的专政统治,但是又不能损害有产者的利益,实现这一目的的手段是扩大行政权。这正是果月十八政变后修宪主张的根本诉求。有类似想法的,除了三督政外,还有斯塔尔夫人、贡斯当等继承了启蒙精神的思想家。[1] 但是,修宪过程太漫长,不能解决眼前问题。西耶斯考虑进行一场政变,这也是两院大多数代表的想法。政变必须依赖军队,当时所有人对此心知肚明。儒贝尔已经战死,唯一能依靠的就是拿破仑。10月14日,这位将军回到巴黎,沿途有各种欢迎仪式,但是他表现得很低调,像一名恭顺的共和主义者。

这是一场政变。五百人院在拿破仑的弟弟、主席吕西安·波拿巴(Lucien Bonaparte,1775—1840)的动议下,借口有人搞阴谋,将议会迁到郊区的圣克卢王宫(royal palace of Saint-Cloud),以躲避民众的影响。接着,督政府全体辞职,此举意在引诱立法机构在次日,也就是共和八年雾月18日,在圣克卢建立一个临时政府。但是,事情进展并不顺利,因为当拿破仑在议会提出修宪要求,元老院反应冷淡,而为雅各宾派所控制的五百人院更是群情激奋。拿破仑被代表包围殴打。吕西安·波拿巴以有人试图谋杀拿破仑为由,清空了会议厅。晚间,元老院以及已达法定人数的五百人院共同投票决定,两院休会,同时开除了62名代表,新成立了一个50人组成的代行委员会,负责对宪法进行修改。休会期间,行政权力被授予由三位执政组成的临时政府,他们是狄柯、西耶斯和波拿巴,史称三执政。督政府结束了,法国进入了执政府时期。

雾月政变的本质是什么?从建立以来,督政府一直在夹缝中求生存,国内外局势稳定时承受着来自保守派和保王派的压力,一旦出现危机,左派势力和残留的雅各宾派就开始登台。即便在果月十八日政变后推行专政统治,并适度恢复恐怖,秩序似乎也难以得到保证。究其原因,正如勒费弗尔所言,这是因为督政府还是想要保留共和三年的自由宪

---

[1] 勒费弗尔:《法国革命史》,第562—565页。

法,毕竟每年的选举与换选总会带来不可知的情况。从本质上说热月党人和山岳派一样,都代表有产者的利益,专政统治和革命政府不过是情急之下的无奈之举,所以,他们必然要保证革命专政的组织不至于损害有产者的利益。这正是雾月政变的目的所在。[1]

从这个角度来说,雾月政变和之前的果月政变没有本质区别,甚至和山岳派专政也没有本质区别,都是加强行政权威,确保行政权高于立法权。当权者尽管从根本上赞同主权来自国民,但是实际上通过不同的方式,试图摆脱选民的约束。革命政府时期,宪法暂停执行,救国委员会尽管原则上实行定期换选,但是人员始终不变。督政府也没有废除选举,但是总能操控选举,总能排挤掉那些它不喜欢的人。正如政变后拿破仑所说:"我所赋予的各级政府的权威,应被视为民族的真正代表。"[2]西耶斯对督政府也很不满,那时候的政治精英争权夺利、声色犬马,完全不顾公共利益,民众慢慢丧失了政治激情,而且一次又一次的选举操控让他们更加心灰意冷。面对此情此景,西耶斯说"必须拥有一个大脑和一个臂膀",意思是必须要通过强有力的手段进行变革,变革后得有一个睿智的人来支持改革。[3]　不过,西耶斯并不支持专政,他和1789年的革命者一样认为主权在国民,但是对于督政府的选举是不是表达主权的最好方式,他表示怀疑。另外,督政府和山岳派一样,仍然沉浸在卢梭的公意学说中,不接受党派政治。任何党派都被看成是小宗派,是对宪政的非法密谋,其目的是制造分裂而不是促进共识。这对督政府本身也不利,因为它自己尽管代表了处在保守派和激进派之间的中间立场,却并没有建立一个温和的中间政党来支持自己的权威。

《共和八年宪法》解决了行政权力软弱的问题,确立了行政权对立法权的绝对控制。首先,立法权分属三个机构:元老院有权提交法律议案;

① 勒费弗尔:《法国革命史》,第481页。
② 转引自多伊尔《牛津法国大革命史》,第467页。
③ 转引自乐启良《现代法国公法的诞生:西耶斯政治思想研究》,杭州:浙江大学出版社,2017年,第65页。

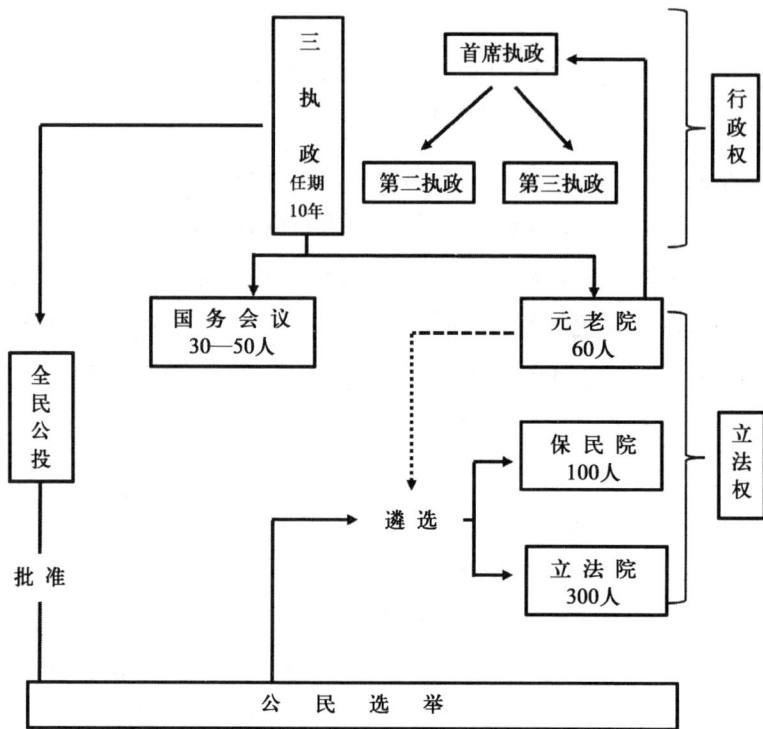

图 34　《共和八年宪法》基本结构

保民院(Tribunat)有审议法律议案的权力,但无权表决;立法院(corps légslatif)有表决权,但无审议权。行政权同样也分属三执政。分权的目的不是制衡,而是削弱其中任何一方的权力,确保第一执政独享大权。①其次,立法机构的代表虽由民众选举产生,但第一执政保留任命权。在构成元老院的 60 名代表中,有 31 人由执政官任命,剩下 29 人又是由这些任命的代表选举产生。这说明,元老院基本依附于行政权。第三,立法权本身也遭到了严重削弱。立法创议权由第一执政掌握,起草法案与提审法案则是执政官与国务会议(Conseil d'Éate,或译"参政院")的职

---

① Jacques Godechot, *Les institutions de la France sous la Révolution et l'Empire*, p. 481.

务。而国务会议是第一执政的咨询机构,成员由第一执政亲自任免,没有独立性。① 因此,严格来说,立法院和保民院不过是贯彻行政权意志的工具而已。三执政中,第一执政(或称首席执政)独揽大权,任命第二执政、第三执政以及各部部长,提交法案,指挥军队。1802 年后,第一执政为终身制,除非被元老院强制吸纳。所谓强制吸纳,意思是元老院下令后,此人必须要进入元老院,而卸去原来的职务,若拒绝,便可判处其叛国罪。不过,这项权力没有出现在最后的法案中,因为拿破仑不想当"肥猪"(fatted pig),他要的是真正的权力。②

1799 年 12 月 15 日,《共和八年宪法》起草完毕,提交全民公投。共和八年雪月(1799 年 12 月 21 日到 1800 年 1 月 20 日),每个公社都开放登记处。依照选举规定,当时法国有资格投票的选民大约为 800 万,但是根据 1800 年 2 月初公布的结果,尽管当时出任司法部长的吕西安·波拿巴操纵了选票,最后也仅仅得到了 3 011 007 张赞成票,反对票为 1 562 张,而弃权率高达 80%。③ 12 月 25 日,也就是在公投结束之前,宪法已经生效。起草者宣称:宪法"建立在真正的代议制政府原则与神圣的财产、平等和自由权利之上。它所确立的权威将是强大而稳固的,因为这些权威必定是为了保障公民的权利和国家利益的。公民们,革命已经奠基于其最初的原则之上。革命结束了"④。

正如当时人所说,这部宪法为拿破仑掌权铺平了道路。宪法共 95 条,除了不允许夜间搜查民宅之外,没有一条提及所谓的公民权利。简短而含糊的宪法正符合拿破仑的心愿,因为他有了自由行动的余地,不

① Jean-Louis Mestre, "Le Conseil d'État de France du consulat au début de la Ⅲᵉ République (1799—1872)," *La Revue administrative*, 52ᵉ Année, No. 8, Numero special No 8, Les Conseils d'État français et italien (1999), pp. 17 - 32.
② 参见多伊尔《牛津法国大革命史》,第 470 页。拿破仑把大选侯称之为肥猪。另见 Irene Collins, *Napoleon and His Parliaments*, 1800—1815, London: E. Arnold, 1979, p. 48。
③ Michel Biard, Philippe Bourdin & Silvia Marzagalli, *Révolution, Consulat, Empire: 1789—1815*, p. 183.
④ 转引自多伊尔《牛津法国大革命史》,第 470 页。

仅有权宣战与媾和,还得到了全部的行政权,能够任命高级官吏。而且令他担心的"吸纳权"最后也被废除。立法机构的作用也被削弱,其中很重要的原因是取消了选举。在两位即将卸任的临时执政与新上任的第二、第三执政任命了第一批 31 名元老院成员之后,这 31 人又任命了剩余的 29 名元老院成员。此后,元老院便以这种互选的方式更替与补足成员。元老院指定保民院和立法院代表,并在现任的三执政期满后任命新执政。人民依旧是主权者,但是他们无法再表达他们的意愿。雾月党人把持统治地位,他们只代表自己,不代表任何人。政府和立法机构中被任命的所有人,就是所谓的名流(notabilité)。所谓代表,不过是拿破仑招募,并在他认可的范围内来协助他的名流。勒费弗尔说得好,这并不是雾月党人的初衷。元老院的名单是西耶斯精心起草的,他认为如果控制了元老院,便能够控制保民院和立法院,通过这样的安排,他相信能迫使拿破仑同他们合作。这事实上是立法权试图反抗行政权的表现。不过,宪法并没有规定解决争端的手段,更重要的是在当时的情况下,只有拿破仑掌握了政变的手段。所以,执政府到帝国的历史,实际上表现为立法权逐步屈从于行政权的过程。从一开始,拿破仑就侵犯了立法权。1799 年 12 月 26 日(共和八年雪月 5 日)他授权国务会议以发布"意见"的形式解释法律。[1]

那么,在执政府时期,组成政府和立法机构的都是些什么人呢? 大体上是温和派。元老院是空论派(Idéologues)的大本营,保民院中大多是作家和演说家,比如有经济学家萨伊(Jean-Baptiste Say,1767—1832)、贡斯当。不太有名的人被安插在立法院。从他们的经历来说,大约有 330 名议员曾在督政府的两院中供职,而在革命时期三届议会中有席位的只有 57 人。雅各宾派和保王党都只占极少数。而且,拿破仑有意识地招募旧制度的官员名流进入政府。他令康巴赛雷斯(Jean-

---

[1] 参见勒费弗尔《拿破仑时代》,上卷,河北师大外语系《拿破仑时代》翻译组译,北京:商务印书馆,1995 年,第 77—81 页。

Jacques-Régis de Cambacérès，1753—1824）这位曾在蒙彼利埃法庭任职、在革命时期属平原派的人出任第二执政；而担任第三执政的是曾任司法大臣莫普秘书的保王派勒布伦；管理财政的是戈丹（Martin-Michel-Charles Gaudin，1756—1841）和莫利昂（Nicolas François Mollien，1758—1850），这两位都曾在革命前的财政总监总署中任过职。[1] 这些选择都有象征意义，因为这造成了革命的资产阶级和那些旧制度遗留下来的、但已向新秩序妥协的人混杂在一起。在《共和八年宪法》的那些简明而模棱两可的条款中，1789 年原则只剩下一点残缺不全的痕迹。1789 年以来，第一执政肯定不是第一个宣布大革命结束的人。但是，现在革命或许走到了终点。因为一旦稳定局势的承诺变成现实，一旦十年来撕裂法国的难题得到圆满解决，那么牺牲 1789 年大部分原则也不过只是付出的一个小小代价。

图 35　执政府的三执政
（从左到右依次是：康巴赛雷斯、拿破仑、勒布伦）

---

[1] 勒费弗尔：《拿破仑时代》，上卷，第 80—81 页。

　　1799 年年底,国际形势也比较有利于拿破仑掌权。反法联盟内部的矛盾越来越突出,这主要是因为奥地利人的贪婪和两面三刀。图古特(Johann Amadeus von Thugut,1736—1818)不愿支援瑞士境内的俄国盟友,擅自撤回了卡尔大公的精锐部队,在莱茵河沿岸驻防。在意大利战场,奥地利急于建立控制权,因此放弃驱赶法军残部。于是,苏沃洛夫的部队被迫在 1799 年秋天撤出瑞士,损失惨重。同时,英俄联军入侵巴达维亚共和国失败。保罗一世性情反复无常,他认为之所以会出现这样的情况,是因为英国和奥地利背叛了他,于是在 1800 年召回了俄军,退出了同盟。拿破仑利用这个机会,与英国和奥地利和谈。不过,这或许只是幌子,因为拿破仑很清楚,此时和谈不会有任何实际结果。他这么做的真正目的是为进军维也纳争取时间。拿破仑在法国东部极为隐秘的地区集中部队,提供给养,于 1800 年 4 月从瑞士穿越阿尔卑斯山。6月 2 日,他进入米兰,14 日与奥军在马伦哥正面交锋。马伦哥战役(Bataille de Marengo)中,法军险胜,奥军无心再战,急于签订停战协议。很快莱茵河方面也签署了停战协定。法国再次提出议和,没有对停战条约做任何更改。但是,奥地利人相信自己有力量取得更好的议和条件。因此 11 月,战事再起。这时第一执政地位已经足够稳固,有能力发动一次横贯德国的致命攻击。12 月 3 日,莫罗在慕尼黑外围的霍恩林登取得决定性胜利。圣诞节时,战斗停止,谈判正式开始。根据这个协定,奥地利人撤离整个伦巴第和利古里亚地区。谈判的结果是签订了《吕内维尔条约》(Treaty of Lunéville,1801 年 2 月 9 日),这不仅进一步确认了《康波福米奥协定》的条款,承认比利时和莱茵河左岸是法国领土、承认法国在意大利北部的各姊妹共和国,而且认可奥地利人对威尼斯的控制,从而将哈布斯堡家族逐出托斯坎尼。

　　《吕内维尔条约》令英国陷入了孤立。[①] 尽管英国舰队基本上挫败了

[①] 有关《吕内维尔条约》的全面影响,参见 Alexander Mikaberidze, *The Napoleonic Wars: A Global History*, Oxford: Oxford University Press, 2020, pp. 111-126。

解救或增援留在埃及的法军的尝试,但是这些守军并未被消灭,接连不断的胜利反而让他们信心大增。其间,英俄之前的关系几经波折。最根本的原因是英国国内出现的经济危机以及普遍的厌战情绪。1801 年小皮特(William Pitt the Younger,1759—1806)辞职,继任者阿丁顿(Henry Addington,1757—1844)选择了与法国和谈,并于 1802 年签订《亚眠和约》(Treaty of Amiens)。法国并没有做出重大让步。经过十年的战争,欧洲恢复了和平。法国的疆界推进到莱茵河和阿尔卑斯山山脊,并且控制了从北海到亚得里亚海的所有附庸领地。不管战争努力是否值得,甚至是否必要,结果无疑是辉煌的;波拿巴也能确保自己的声望臻于顶峰。1800 年 7 月,他对一位普鲁士外交官说:"大家还没有充分意识到,只要战争的祸害还在继续,法国大革命就没有完结……大革命在自己的进程中将继续扰乱、颠覆和推翻很多国家。我想要和平,我同样也需要稳定当前法国的政府,并将世界从混乱中拯救出来。"[1]胜利与荣耀为拿破仑掌权提供了条件。

第三节　确立威权

共和八年雾月政变后,法国的国家体制与政治生活都发生了重要的转变。从政治的角度来看,执政府(Consulat,1799—1804)虽然仅仅延续了五年,却标志着根本转折。执政府借助军队的力量才得以确立,其威权色彩和保守色彩越来越明显,最终为拿破仑掌权奠定了基础。此外,执政府时期政治体制的演变也标志着一个从大革命中诞生的现代国家的不断成熟。行政权不断巩固,不断完善,这与国家领导者地位的不断上升是同一个过程的两个方面。五年内,法国通过了三部宪法:《共和八年宪法》《共和十年宪法》和《共和十二年宪法》。在《共和八年宪法》中,行政权至高无上的地位已经表露无遗,而随着后两部宪法的通过,拿破

---

[1] A. Fugier, *Histoire des relations internationals*, Tome 4, Paris: Hachette, 1954, p. 153. 转引自多伊尔《牛津法国大革命史》,第 474 页。

仑的地位得以进一步巩固,权力更无可争议。

《共和八年宪法》主要有以下几个特点。首先,行政权和立法权无限分散,行政权分属三执政,立法权分属元老院、保民院和立法院。分权不是为了制衡,而是为了削弱其中任何一方的权力,只有第一执政享有大权。[1] 其次,明确确立行政权对立法权的控制,这充分体现在元老院的构成上。依据宪法,元老院是立法机构,但是 60 名代表中,有 31 名是执政官任命,剩下 29 人又是由这些任命的代表选举产生。由此可见,元老院的人员组成根本上依赖于行政权。第三,立法权本身也遭到严重削弱。立法创议权由第一执政掌握,起草法案与提审法案则是执政官与参政院(Conseil d'Éate)的职务。立法院是一个"哑巴"投票单位,只能投票,不能协商。保民院能协商,但无权投票。所以,对第一执政来说,立法院和保民院不过是贯彻他意志的工具而已。第四,参政院也没有独立地位。参政院是第一执政的咨询机构,成立于 1799 年 12 月 25 日(共和八年雪月 4 日),其成员由第一执政亲自挑选。除两人外,其余 27 名参政官都是政治温和派,只有 3 人是前国民公会成员。参政院的地位甚至不如旧制度的御前会议。因为旧制度的官职是私产,不可轻易撤回,而且贵族本身有根深蒂固的团体精神,能对王权起到一定制约作用。但是,参政官由第一执政任免,没有任何独立性,完全依附于第一执政。[2] 这意味着,法国公民尽管依旧有选举权,但是他们的选举影响不到行政机构,更影响不了立法机构。举国上下,仅有治安法官(juges de paix)直接产生于他们的投票。有意思的是,尽管公民越来越没有实权,选举权的条件却在放宽。执政府时期,除了雇佣的仆人、破产商人外,年满 21 岁的男性都有选举权。根据这项规定,当时法国有资格的选民大约为 800 万。但是《共和八年宪法》公投过程中,有 80％的选民弃权。尽管当时出任司

① Jacques Godechot, *Les institutions de la France sous la Révolution et l'Empire*, p. 481.

② Jean-Louis Mestre, "Le Conseil d'État de France du consulat au début de la Ⅲᵉ République (1799—1872)," *La Revue administrative*, 52ᵉ Année, No. 8, Numero special No 8, Les Conseils d'État français et italien (1999), pp. 17 - 32.

法部长的吕西安·波拿巴操纵了选票,最后也仅仅得到了 3 011 007 张支持票。① 这充分证明了西耶斯在起草宪法时宣扬的原则:"信任自下而上,权力则自上而下。"②

反对派依然存在。立法机构尽管没有独立性,但仍然会对第一执政提交的议案提出反对意见。1802 年 5 月 19 日(共和十年花月 29 日),拿破仑建立荣誉军团,总共包括 15 批。每一批军团 250 人,年金总数为 20 万法郎,作为军团成员薪俸、住所和疗养院的费用。军团成员由拿破仑本人从新贵名流中遴选产生。该议案在国务会议中遭到了猛烈抨击,在立法院中也仅以 166 票对 110 票勉强通过。1802 年 5 月 8 日当一名元老院议员提出终身执政时,元老院最后也仅仅同意重选"拿破仑·波拿巴"连任十年。就连《拿破仑法典》草案一开始都在立法院搁浅。③ 社会上反对拿破仑的人更多。马伦哥战役后,拿破仑的威望如日中天,这令保王派和雅各宾派倍感绝望。1800 年 10 月—12 月间,连续发生了三起雅各宾派的暗杀行动。在 1800 年 12 月 24 日晚发生的圣尼凯斯大街(rue Saint-Nicaise)爆炸案中,22 人被当场炸死,56 人受伤,拿破仑却安然无恙。保王派也蠢蠢欲动。1800 年 6 月间,舒安党的残余力量开始复苏,他们的领袖卡杜达尔(Georges Cadoudal,1771—1804)在布列塔尼农村十分活跃。④ 他人脉很广,里通外国,连富歇控制的警务部里也被他安插了眼线。卡杜达尔曾偷偷潜入巴黎,计划绑架拿破仑,多次躲过政府的搜捕,据说他参与了圣尼凯斯大街爆炸案。9 月,舒安党人绑架了元老院议员里斯(Clément de Ris,1750—1827),暗杀了菲尼斯泰尔省主教奥德利安(Yves Marie Audrein,1741—1800)。

拿破仑实施铁腕手段,对付叛乱分子。1800 年 12 月 25 日(共和九

---

① Michel Biard, Philippe Bourdin & Silvia Marzagalli, *Révolution, Consulat, Empire*:*1789—1815*, p. 183.

② Jacques Godechot, *Regards sur l'époque révolutionnaire*, Toulouse:Privat, 1980, p. 187.

③ 参见勒费弗尔《拿破仑时代》,上卷,第 144 页。

④ 参见勒费弗尔《拿破仑时代》,上卷,第 178 页;多伊尔《牛津法国大革命史》,第 475—476 页。

年雪月5日),他在议会中咒骂"那些败坏共和国声誉,并用各种过激手段,特别是他们在九月事件中所扮演的角色,以及类似的手段来毁坏自由事业的人"。次日,他宣称:"必须流血。"在他的动议下,1801年年初,除了将一批雅各宾派送上断头台外,还流放了130人。① 贝尔纳多特率领带有军事法庭的三支纵队展开扫荡,尽管最终也没能清除舒安党残余。为了恢复秩序,拿破仑加强了警备力量。他借鉴旧制度宪警法庭(Cour des Prévôts)的传统,简化了审判程序,"抓住就绞死"。另外,他颁布了《共和九年雨月18日法令》(1801年2月7日),在全国32个省建立特别刑事法庭,法庭由一名庭长、两名普通刑事法庭法官和另外5人(3名军官和2名文官)组成,所有这些人都由第一执政亲自任命。特别刑事法庭针对无业游民、惯犯、惯盗、凶杀犯、纵火犯、造假币者、参与煽动性集会者、非法携带武器的人等进行终审判决,不得上诉,也不得重审。次年,在所有省另立特别法庭,专门审理敲诈罪。为加快审讯速度,根据元老院提案,1803年10月18日(共和十一年葡月26日),很多省撤销了陪审制度。② 阴谋暴乱既有政治原因,也有社会原因。盗匪、地下走私团伙、勒索钱财的人,到处都有。农村中总有成群结队的乞丐和游民,他们中的一些人不可避免地会成为不法之徒。再加上社会经济状况恶化,失业者很多。所以,控制叛乱,恢复秩序,强化警力,完善治安,这不仅有助于拿破仑确立个人威望,也符合民众的心愿,因为对他们来说,再也没有比恢复治安更有益的事情了。

在恢复治安的同时,拿破仑加紧了对出版舆论的监管。③ 他很讨厌

① Michel Biard, Philippe Bourdin & Silvia Marzagalli, *Révolution, Consulat, Empire: 1789—1815*, p. 183. 另见 M. Sydenham, "The Crime of 3 Nivôse (24 December 1800)," in J. F. Bosher ed., *French Government and Society 1500—1850: Essays in Memory of Alfred Cobban*, London: Athlone, 1973, pp. 295-320. 勒费弗尔,《拿破仑时代》,上卷,第126页。
② 参见格尼费《帝国之路:1769—1802》,王雨涵等译,北京:九州出版社,2020年,第613—619页;勒费弗尔《拿破仑时代》,上卷,第123—134页。
③ Dennis Trinkle, *The Napoleonic Press: The Public Sphere and Oppositionary Journalism*, Lewiston, N. Y.: E. Mellen Press, 2002.

印刷品,因为印刷品"诉诸公共舆论,而不是诉诸当局权威"。他曾对人说:"出版物越少越好。"在拿破仑统治时期,书报检查自始至终都十分严苛。在雾月政变后不久,即 1800 年 1 月 17 日(共和八年雪月 27 日),拿破仑对巴黎出版物进行了全面审查,结果,有权刊登政治新闻的刊物从原来的 73 份减少到 13 份,一年以后只剩下 10 份。拿破仑称帝后,继续加紧控制,到 1814 年,巴黎发行的正规刊物只有 4 份。1805 年,拿破仑下令,所有报纸都必须向警察局呈报账目,并缴出 1/3 收益,给那些负责监视它们的政府官员支付薪水,而且任何印刷商必须有政府颁发的个人执照,并宣誓效忠政府,否则个人印刷执照随时可以被收回。拿破仑对外省舆论的控制也同样严格。除了塞纳省外,其他每个省都只能有一份刊物,任何带有雅各宾色彩或者与旧制度有关的刊物都被禁止发行。1807 年以后,外省所有出版物都只能刊登政府官方报纸《导报》(Moniteur)上刊登过的新闻,全国唯一一份有权通报军事新闻的是《大军通报》(Bulletins d la Grande Armée)。凡是涉及 1600—1800 年历史的内容,尤其是与波旁王朝有关的历史出版物一律被禁止发行。简而言之,在拿破仑统治期间,只有歌功颂德的出版物才允许发行。所有独创的或个人的文艺思想遭到了禁止。斯塔尔夫人被流放,夏多布里昂和贡斯当遭到迫害。剧场都受到了严格的监督。剧团和戏剧的演出必须要服从军事化的管理,皇帝的思想渗透到艺术、教育甚至教会之中。当然,反对者依旧坚持不懈,监狱人满为患。"是的,伟大的拿破仑就像一条大变色龙,"诗人德索盖斯(Desorgues)因为说了这样一句话,被投入了精神病医院。圣路易一名住院医生富尔(Faure)因为在 1804 年 12 月 5 日颁发鹰徽时候高呼:"不自由,毋宁死",也被监禁了起来。1810 年 2 月 10 日,拿破仑正式建立出版管理署,由他亲自任命帝国监察官(Censeurs impériaux),地方上则由每个省的省长负责检查。①

---

① 有关舆论和出版控制,参考克劳利等编《新编剑桥世界近代史》,第 9 卷,中国社会科学院世界历史研究所组译,北京:中国社会科学出版社,1999 年,第 404 页;勒费弗尔《拿破仑时代》,下卷,第 163—166 页。

　　另外,拿破仑采取一系列手段清洗保民院。[1] 事实上,保民院并未对第一执政构成威胁。据统计,1800 年—1802 年间保民院只反对过第一执政的 7 项提案,通过了 87 项议案。但是,保民院里有不少代表参加过革命时期各届议会,经验丰富,他们不愿只做橡皮图章,对不少提案反复讨论。然而,拿破仑总是迫不及待地想看到他的计划得以落实,所以,保民院始终是个麻烦。雾月政变后不久,他就开始削弱保民院的权力。1800 年 1 月 9 日(共和八年雪月 19 日),拿破仑限制了保民院政治辩论的时长。1802 年,议会需要进行改选,但是《共和八年宪法》并没有规定如何改选。于是,拿破仑把问题交给了元老院,后者十分恭顺地提出由它自己投票提出保民院卸任议员名单。结果保民院中最杰出的空论派成员基本被免职,贡斯当、萨伊等人下野,接替他们的只是一些二流人物。军官也都被撤换,只有卡诺一人留任。吕西安·波拿巴进入保民院。1802 年 4 月 1 日(共和十年芽月 11 日),根据吕西安·波拿巴的提议,保民院进行改组,分为三个组,各组分别秘密审议法案,这样便有效地瓦解了其整体性。不久又颁布了一项措施,即法律草案首先要在第一执政主持的特别委员会里由各组"报告人"和参政院专职官员一同商定。[2]

　　拿破仑需要专家的意见,他的这一立场从未改变。但是,他手下的专家更像是技术官僚。他们彼此之间相互隔离,不是公众授权,而是由第一执政任命,并且由于缺乏公开讨论,行政当局又缺乏问责性,所以,这些专家只对拿破仑负责,不对公众负责,无法形成真正知情的且带有批判性的公共舆论。国务会议也没有实权,只是一个由分管各专门事务的部长组成的咨询机构。起初,拿破仑与他们共商国是,但是很快,部长们只能通过公文文书与拿破仑交流,他们所做的便是把情况写在卷宗里,上报拿破仑,然后得到拿破仑的指示。在他们中间传递文书和指令

---

[1] Martyn Lyons, *Napoleon Bonaparte and the Legacy of the French Revolution*, London: St. Martin's Press, 1994, pp. 116 - 118.
[2] 勒费弗尔:《拿破仑时代》,上卷,第 141 页。

的是马雷（Hugues-Bernard Maret，1763—1839），他从督政府时期就领导国务秘书处（bureau de secrétaire d'État）。实际上，各部大臣成了拿破仑个人的办事员。部门数量不断增多，共和九年成立国库部，共和十年成立军务部。部门越多，部长人数越多，那么彼此之间的倾轧也随之增多，拿破仑对此很满意，因为这有利于他的统治。

最后，元老院的权力也越来越受限制。1802 年 8 月 2 日（共和十年热月 14 日），元老院宣布拿破仑终身执政，两天后未经讨论，通过了《共和十年宪法》。这部宪法极大地限制了元老院参与政治的权利。[1] 第一执政独揽缔约权、特赦权，以及指定元老院、最高法院乃至第二、第三执政的候选人，并从选民提出的候选人中遴选治安官等权力。更重要的是，第一执政保留了通过《元老院决议案》（senatus-consultum）来解释或补充宪法的权力。此外，元老院先前有维护宪法的权力，也有权在三位执政的动议下，通过《元老院决议案》进行修宪。经《共和十年宪法》的授权，拿破仑窃取了这项权力，并借此打压其他机构。拿破仑执政时期，不少有争议的法令都是借助《元老院决议案》这一形式下达，比如 1803 年10 月 18 日（共和十一年葡月 26 日）撤销多省陪审制度。此外，元老院虽能通过互选增补成员，但是只能从拿破仑提供的名单中选取，而且他有权直接任命 40 名附加成员。1814 年后元老院人数增加到 141 人。元老院本是雾月政变后拿破仑支持者的大本营。正如史家沃洛克（Isser Woloch）所言："尽管元老院的政府管理职能并不清楚，但是它是雾月党人眼中的战利品，是政治安全和财产安全的来源和保障……是政治庇护的主要集中地方。"[2] 所以，在剥夺了拥趸的实权后，拿破仑也给予适当恩惠。原先元老院议员年金就很高，大约每年 25 000 法郎。从共和十年开始，拿破仑在每个上诉法院管辖区设立元老院议员庄园（sénatorerie），每

① 勒费弗尔：《拿破仑时代》，上卷，第 147—148 页。

② Isser Woloch, *Napoleon and His Collaborators: The Making of a Dictatorship*, W. W. Norton & Company, 2001, p. 45. 埃利斯：《拿破仑帝国》，陈西帆译，北京：北京大学出版社，2012 年，第 40 页。

个庄园下拨国有土地和宅邸,并且允许元老院议员兼任各部部长以及政府各类要职。[①]

拿破仑也没有忽视控制军队,他惯用的策略就是利用和平的间歇调动军队驻防,比如把意大利方面的军队调动到葡萄牙,把莱茵河军队派往圣多明各。执政府和帝国时期的军队依旧保留了革命共和精神。但是,这不足以构成威胁,因为拿破仑的威望足以震慑大部分军人。对他而言,真正的威胁来自军官,比如威望极高的莫罗和贝尔纳多特。这两位统帅虽然战功赫赫,但是性格上都有缺陷,不难控制。莫罗优柔寡断,贝尔纳多特则缺乏统领全局的能力,更在意眼前得失。而且贝尔纳多特的妻子克拉莉(Désirée Clary,1777—1860)曾是拿破仑的未婚妻。不过,他的部队中的确有人散播反对他的谣言,西蒙将军因此被捕。拿破仑惩罚那些有嫌疑的军官毫不手软,很多人被送往圣多明各或别的殖民地。拿破仑对军官很不信任,一次他在参政院中说道:"毫无疑问,文官要高明得多。"[②]

拿破仑的威望越来越高。正如史家格尼费(Patrice Gueniffey)所言,这个国家已经忘记了大革命,所有人都感激他给国家带来了和平与秩序。但他本人依旧表现很谦逊,拒绝为自己树碑记功,尽管约瑟夫、吕西安、塔列朗等人都劝他重建君主制。元老们以不同方式向他献媚,支持他再次连任十年。拿破仑一一谢绝。这番拉锯之下,有着复杂的政治利益较量。最终1802年5月6日(共和十年花月17日),拿破仑趁《亚眠和约》提交元老院审议之际,让议员们讨论用什么来感谢他。一名议员提议终身执政。不过最后元老院只同意重选拿破仑连任十年。康巴赛雷斯建议:"我们让参政院起草一个方案,交给全民公投。用这种符合人民主权精神的方式,我们就可以换上一个替代方案。我们将向人民发

---

① 勒费弗尔:《拿破仑时代》,上卷,第 148 页。Michel Biard, Philippe Bourdin & Silvia Marzagalli, *Révolution, Consulat, Empire:1789—1815*, p. 184.

② 转引自格尼费《帝国之路:1769—1802》,第 668—671 页。勒费弗尔,《拿破仑时代》,上卷,第 143 页。

问:'是让波拿巴将军延长十年执政任期,还是让他成为终身执政?'"①
1802 年 8 月 2 日(共和十年热月 14 日)举行的公投中,有将近 60% 的公
民参与,远高于革命时期任何一次公投,而且"是"的票数几乎达到了
100%,约计 350 万张,仅有 8 374 张反对票。大部分反对票来自军人,拉
法耶特、卡诺都投了反对票。在拿破仑身上,法国民众发现了他们自
1789 年以来苦苦追寻的政治模式:权威与自由的结合,个人权力与人民
主权的结合。在公投之后,元老院旋即宣布拿破仑为终身执政(consul à
vie),根据两天后通过的《共和十年宪法》,拿破仑还有权在遗嘱中规定他
的继任者,元老院只有两次驳回机会。

　　在完成公投,颁布《共和十年宪法》后,选举人的权力也进一步被削
弱。拿破仑建立了选举人团制度代替名流名单。所谓选举人团制度
(collège électoral),指的是在基层,由各选举的公民大会提供地方治安法
官和地方议会的候选人,并提名市选举人团的候选人和省候选人团的选
举人团的成员,后者是从纳税最多的 600 名公民中选出来的,这样一来,选
举人的财产资格就出现了。市选举人团为保民院和立法院的每个空缺
席位提供两名候选人;省选举人团为立法院和元老院的每个空缺席位提
供两名候选人。这样议会就具有了地方代议制的性质。选举人团必须
在自己的成员以外选举候选人,因而就不完全是寡头性质的。第一执政
对选举人团有直接影响,因为他不仅指定他们的主席,而且还可以给市
选举人团追加 10 名代表,给省选举人团追加 20 名代表,并且授权政府
官员加入选举人团。选举人团是个十分稳定的组织,因为选举人一经提
名便是终身职务,并且只有在选举人团成员有 1/3 空缺的时候才能增补
空缺。所以,直到共和十二年,新近被选定的市新贵名流才组成区议会,
而他们组成的选举人团继续发挥作用,直到帝国灭亡之时也一直没有变
动。这一改动的目的有两个:其一在尽可能减少地方选举的前提下,保
证制度的代议制性质;其二建立一批只能依靠拿破仑才能保持其地位的

---

① 转引自格尼费《帝国之路:1769—1802》,第 676 页。

官僚阶层。[1]

　　拿破仑能有效地巩固自己的权力,靠的不仅仅是政治手腕。他结束了欧洲战争,恢复了和平,通过各项措施,缓解了国内的矛盾,无论国内国外,和平是众多人的希望。经历了十年动荡,法国民众或许已经对政治失去了热情,唯一的希望是恢复平静的生活。拿破仑满足了他们的愿望。

　　拿破仑就任第一执政后,着手缓解了与美国的矛盾。实际上,法国和美国并没有根本矛盾,两国之间的冲突是英法对峙的副产品。法国一直想要用 18 世纪英国行之已久的那套封锁政策来对付英国。随着战争规模的扩大,法国对英国的封锁范围也不断扩大。督政府将封锁策略推向了极端,1798 年 1 月 18 日(共和六年雪月 29 日)规定,如果发现中立国船只运载英国商货或者船只在任何一个英国港口停泊过,这些船只就被视为合法的捕获品。这项策略同时侵害了与英国有密切商业往来的美国的利益。美国与法国断交。拿破仑成为第一执政后,废除了《共和六年雪月 29 日法》,并进一步稳定美法两国关系。对于法国抛出的橄榄枝,美国人欣然接受,因为拿破仑领导下的法国远比以往任何时候都要可怕。1800 年两国签订《莫特方丹条约》(Treaty of Mortefontaine),主要内容包括从西班牙处转让路易斯安那给美国,美国原本索要 2 000 万美元赔偿,但碍于法国的强大,急于签订和约,当时并未索要全部赔款。[2]

　　欧陆战火渐趋平息。第二次反法同盟内部分歧很多,而且各国财力有限,对法国并未构成实质性威胁。《吕内维尔条约》签订后,奥地利正式认可法国对比利时以及莱茵河右岸地区的统治,这对整个神圣罗马帝国的版图影响很大。马伦哥战役(1800 年 6 月 14 日)奠定了局势,法国重新掌控了意大利的北部和中部地区,以及皮埃蒙特大区,建立了一系列姊妹共和国。但是,之后几乎同时发生的两个事件打破了拿破仑建立

---

① 勒费弗尔:《拿破仑时代》,上卷,第 148 页。
② 格尼费:《帝国之路:1769—1802》,第 591—600,611—613 页。赔款问题实际上一直拖到 1914 年才最终得到解决。

普世君主制的迷梦。1801 年 3 月 23 日,保罗一世被暗杀。这不完全是一个偶然事件,因为当保罗一世决定与英国断交,俄国的粮食和木材出口受阻,贵族利益受损,他们势必会迁怒于保罗一世。迫于各方压力,继位的亚历山大一世(Alexander Ⅰ,1777—1825)着手恢复与英国的关系,并与丹麦等国签订和约。无奈之下,拿破仑也只得与俄国和好,几乎把从保罗手里骗来的一切都还给了亚历山大。此外,埃及冒险失利,不仅让拿破仑失去了战舰上的优势,而且无法通过地中海将埃及和大陆连成一片。正是在这样的背景下,拿破仑同英国于 1802 年 3 月 25 日(共和十年芽月 5 日)签订《亚眠和约》。① 这一和约从签订之日开始,就注定了不会有结果,因为英法两国对和平的理解根本不同。英国渴望和平,因为他们承受了巨大的经济压力,所以在签约时愿意做出让步,基本承认了法国对意大利北部和莱茵河西岸的占领,还归还了占领的荷兰、西班牙等这些法国附属国的殖民地。英国公众得到了和平,自然欢欣鼓舞,只有一些冷静的政治家看到了问题。辉格党贵族温德姆(William Windham,1750—1810)把和约称之为英国的亡国判决书(National death-warrant)。② 拿破仑对和平有他自己的理解,和平是保证他变得更强大的手段。他将利用难得的喘息机会,稳定秩序,发展国力。

首先需要缓和政教关系。革命时期颁布的一系列法令对宗教社会秩序的打击很大。宗教生活基本荒废。未宣誓教士受到打压,宣誓教士也未能在法国立足,反而成为共和二年被迫害的对象。结果,全国 87 个教区中有 59 个教区只有一个教士。雾月政变后,拿破仑逐步采取缓和

---

① John Grainger, *The Amiens Truce. Britain and Bonaparte, 1801—1803*, Woodbridge: Boydell and Brewer, 2004. Martin Philippson, "La paix d'Amiens et la politique générale de Napoléon Iᵉʳ," *Revue Historique*, T. 75, Fasc. 2 (1901), pp. 286 - 318, T. 76, Fasc. 1 (1901), pp. 48 - 78.
② 转引自 Jacques Khalip, "Dead Calm: The Melancholy of Peace," *The New Centennial Review*, Vol. 11, No. 1 (Spring 2011), p. 250. 另见 Imprison'd Wranglers: *The Rhetorical Culture of the House of Commons 1760—1800*, Oxford: Oxford University Press, 2012, p. 97。

宗教矛盾的措施,规定教士不需要宣誓仇恨君主制,1799 年 11 月 2 日
(共和八年霜月 8 日)废除了流放措施,12 月 28 日(雪月 7 日)批准天主
教徒使用那些没有被当作国有财产卖掉的教堂,允许他们每天有做礼拜
的自由。但是,这些举措效果不佳,未宣誓教士继续顽抗,秘密的宗教礼
拜也继续存在,教堂钟声和某些宗教巡行仍是无数冲突的直接导火索。
拿破仑很快意识到,如果不能和教宗达成和解,法国国内的宗教分歧将
很难平息。共和八年热月 30 日(1800 年 8 月 17 日)他公开批评那些对
宗教分歧采取强硬手段的人,他说有些人认为,只要神甫保持沉默,就应
把他们扔在一边,不去搭理他们,如果他们捣乱,就把他们逮捕起来。这
就好像说:"有些人在你的房屋周围举着火把,你别管他们,假如他们放
火,就逮捕他们,这是极其荒唐的。"那么更合理的办法是什么呢? 拿破
仑说就应当用照顾他们利益的办法,把他们的首领争取过来。① 这正是
他于 1797 年给庇护六世写信的基本用意:"让宣誓教士和未宣誓教士和
解有着重大的意义,最终,罗马教廷的措施将能清除一切障碍,并能够带
给大多数法国人宗教信仰。"②于是,在征服意大利的过程中,他开始与教
宗和谈。

　　当然,不可否认,寻求与教廷和解也是一项政治手段:能削弱奥地利在
意大利的影响,对兼并也有帮助,尤其是比利时和莱茵地区,因为这些地方
从来没有成立过独立的国家,臣民忠诚于神甫,因此要拉拢这些臣民,就要
首先争取教士。就国内而言,这能让拿破仑赢得那些信众和有产者的支
持,削弱王党派的社会基础。宗教复兴是革命后法国社会的基本特点,有
不少作家乐于写这个主题,夏多布里昂创作了《基督教的真髓》(*Le Génie
du Christianisme*,1802 年)。拿破仑赞同他们的说法,他曾说:

　　　　没有财产的不平等,社会就不能存在,而没有宗教,就不能保持

---

① 转引自勒费弗尔《拿破仑时代》,上卷,第 134 页。
② 转引自格尼费《帝国之路:1769—1802》,第 628 页。勒费弗尔有类似看法,他认为拿破仑很
　清楚,如果只推行局部措施,收效不会很明显,而且因为不少法国主教已被英国买通,所以恢
　复宗教秩序困难重重,唯一可行的办法是争取教宗的支持。

财产的不平等。当一个人饿得要死,身旁却有另一个人饱得要吐,
他是不能忍受这种差别的,除非有一个权威对他说:上帝的意志就
是这样,这个世界上必须有穷人也有富人;但是,在来生和永生中,
贫富之分将完全不同。①

形势也有利于法国谋求宗教和解。新任教宗庇护七世(Pius Ⅶ,1742—
1823)是一个软弱的人,不好斗,温文尔雅,意志薄弱,他给出的条件是只
要认可罗马教宗有权任免高卢主义的教士,就同意恢复罗马天主教在法
国的统治地位。当然,进逼意大利的法军也给教宗增加了压力。经几轮
谈判,《教务专约》(Régime concordataire français)于 1801 年 7 月 16 日
签订。拿破仑没有让步,罗马天主教没有成为国教,只是被宣布为大多
数法国人、同时也是执政官们信奉的宗教,假如一个非天主教徒继任政
府首脑,就必须另行谈判。宗教仪式可公开举行,但应遵守世俗政府为
保证公共安宁而制订的必要的规章。国家支付主教和教区神甫的薪给,
后者的人数应相当于治安法官的人数,即 3 000—3 500 人。国家允许恢
复大教堂圣职会和主教管区的修道院,但是不给他们捐助资金;国家还
许可天主教徒捐款成立基金会。教宗答应劝告顽抗派主教放弃教职,如
不能做到,就除其教职。波拿巴也应对宪政派主教提出同样的要求,以
结束教会的分裂。主教的权力也大大地增加了:他们有权指定教区神甫
和下属人员,这是主教在旧制度下未曾拥有过的权力。作为交换条件,
波拿巴获得了一个由他挑选的新主教团。教士进行忠诚宣誓,在礼拜仪
式结束时为共和国做祈祷,教会答应不再要求收回已出售的教产,也不
再要求重新划定主教管区。主教由第一执政提名,由教宗授予圣职。就
波拿巴来说,这一点是至关重要的,他认为,通过控制主教就能控制他们
的教士,由于害怕未宣誓教士难以驾驭,他宁可把教区的教士置于主教

---

① P. -L. Roederer, *Journal du Comte P. L. Roederer, notes intimes et politiques d'un familiar
des Tuileries*, introduction et notes par Maurice Vitrac, Paris: H. Daragon, 1909, pp. 18 -
19. 转引自勒费弗尔,《拿破仑时代》,上卷,第 135—136 页。

团的监管之下,也不愿意亲自监视他们。[1]

第一执政还必须缓解社会矛盾,最突出的就是财政问题。和督政府一样,执政府从成立第一天开始就为财政拮据所困扰。国库是空的,财政收入也与之前差不多,以间接税为主,除此之外,从姊妹共和国以及其他征服地区掠夺来的财富占了政府总收入的1/4。戈丹负责财政改革。他认为,政府财政来源枯竭的主要原因有两个:第一没有核实税基,更没有可靠的税册;第二摊税拖拉,征税不力。因此,地方财政改革的主要内容是强化对地方税收的控制。1799年11月24日(共和八年霜月3日)法令剥夺了地方政府确定每年税额的权力以及征收部分直接税的权力,改由中央政府指派的官员负责征收,每个省设一个总征收员(receveur général),省内的每个区(arrondissement)设立专门征收员。1801年9月6日(共和十一年果月19日)法令规定,在全国另立15名总监督员(inspections générales),进行全面监督。执政府对地方财政控制的力度甚至超过了旧制度。1803年1月24日(共和十一年雨月4日)法令规定,15 000人以上市镇的税收官员都由第一执政亲自任命。[2] 土地税占直接税的3/4,从1807年开始起草土地税的税册,到拿破仑帝国结束的时候才完成1/3地区的统计,这项工作一直持续到19世纪中叶才完成。

与旧制度和革命时期相比,执政府到帝国时期的债务问题不算严重,因为拿破仑不相信公债,他吸取旧制度的教训,严格控制公债发行,以免危及制度。雾月政变前,法国政府公债为3 500万法郎,到1810年仅增加到6 300万。[3] 但是,银行问题变得很迫切,因为这与新的税收体

---

[1] 有关《教务专约》签订前后事,参见 Henry Horace Walsh, *The Concordat of 1801: a Study of the Problem of Nationalism in the Relations of Church and State*. New York: Columbia University Press, 1933; E. E. Y. Hales, *Napoleon and the Pope: the Story of Napoleon and Pius Ⅶ*, London: Eyre & Spottiswoode, 1962;勒费弗尔:《拿破仑时代》,上卷,第138页。

[2] Michel Biard, Philippe Bourdin & Silvia Marzagalli, *Révolution, Consulat, Empire: 1789—1815*, p. 203.

[3] Michel Biard, Philippe Bourdin & Silvia Marzagalli, *Révolution, Consulat, Empire: 1789—1815*, p. 204.

系有关。1799 年 11 月 27 日(共和八年霜月 6 日),法令规定建立年度期
票证券制度。这些证券是根据预计的岁入提出的,由总征收员以预定支
付的期票形式提交给国库,这些期票然后由银行家为国库贴现。期票按
月份分 12 次发行,但证券上规定的税额实际上需 20 个月以上才能付
清。期票需要有信用支持,为此,戈丹建立了一个抵押银行(Caisse de
Garantie,1800 年 1 月 18 日)。期票的贴现需要银行家来操作。法国革
命使银行家可与一些大企业联合创办若干发行纸币的机构,来满足他们
各自的需要。其中主要是共和四年的往来存款银行(Caisse des Comptes
Courants) 以及共和六年的商业存款银行(caisse d'escompte du
commerce)。而往来存款的股东们也想要得到国家银行的特权,以便扩
大他们的业务。股东们就这样与政府达成了最后协议。① 1800 年 2 月
13 日建立了法兰西银行,发行三万股,每股 1 000 法郎。法西兰银行同
时也是一家发行银行、储蓄银行和贴现银行,但只能发行 500 和 1 000 法
郎面值的纸币,不能随意发行钞票,因为它一旦掌握了这个权力,就会给
自己的股东贴现钞票。另一项重要改革是建立了会计制度,迫使税收专
员签署为期 4 个月的期票,并且在 7 月 14 日建立了公款存付银行
(Caisse de service):此后税收专员只能把税款存入银行,否则他们所收
的税款将得不到利息。②

　　行政改革或许是执政府时期最重要的改革内容之一。1800 年 2 月
17 日(共和八年雨月 28 日)确立了行政中央集权。总体上,地方行政区
划延续了 1789 年的改革方案,只是随着不断扩张和兼并,1800 年时省的
数量比 1790 年多了 20 个,到帝国末年时达到了 130 个。但是,行政建制
发生了根本转变。省设省长(Préfet),行使行政权,有两位副手,一位负
责摊税,一位负责行政诉讼。省长与内政部长直接联系,权力很大,基

---

① Gilles Jacoud, *Le billet de banque en France*, *1796—1803*: *de la diversité au monopole*, Paris: Harmattan, 1996, pp. 58 - 68.
② Michel Biard, Philippe Bourdin & Silvia Marzagalli, *Révolution*, *Consulat*, *Empire*: *1789—1815*, p. 204. 勒费弗尔:《拿破仑时代》,上卷,第 85—86 页。

图 36　拿破仑帝国时期身穿制服的省长①

本上无所不管。取消原先的区(district)，新设大区(arrondissement)，面积更大，设区长(sous préfet)，每省设 2—6 个大区。大区是联络省与市的中间组织。市这一建制被保留。地方行政体系中的官员都不是选举产生，而是由第一执政任命，只有人数不足 5 000 的市的市长由省长任命。另外各级地方行政官员没有实权，只有咨询权(pouvoir consultative)。②

　　既然行政体系发生了变动，司法体系也需要做相应调整。1800 年 3 月 18 日(共和八年风月 27 日)开启了司法体系的改革。除了塞纳省，每个大区建初审法院(tribunaux de première instance)，此外，共设 28 个上

---

① 图片来源：法国国家图书馆；作者：匿名。
② Jacques Godechot, *Les institutions de la France sous la Révolution et l'Empire*, pp. 508 - 520.

诉法院,原先刑事法庭的结构基本保留下来,每个省一个刑事法庭。法官任选方式也做了根本调整。首先,除了治安法官以及商务法庭的法官外,法官不再由选举产生。第一执政任命所有法官,只有最高法院的法官由元老院指派。这些法官虽可终身保留其职位,但薪俸和晋级却完全仰仗国家。从某种意义上来说,这是莫普改革的延续。其次,重新设立国家检察官一职。由此可见促进实行改革的原因在于稳定公共秩序。司法体系改革不仅仅是为了整顿司法人员,保证其效忠于政府,更重要的是解决社会与政治失序中如何强化镇压和控制的问题。司法系统的集权化尚未彻底完成,但是集中化的进程在加速。①

共和八年改革的意义仅次于 1789 年制宪议会改革,同时也延续了后者的精神。1789 年的改革彻底废除地方特权以及居间权力,造就了国家的统一。这是共和八年行政改革得以顺利推行的主要原因。但是,出于种种原因,1789 年改革并未塑造强大的行政权,国家没有变强,反而变弱。由此而言,共和八年改革推进了共和二年的未竟事业,建立了中央集权。在督政府时期,确立集权已成为共识。时人普遍认识到,统治问题(le problème du gouvernement)至关重要,若要解决这个问题,就必须建立一套与 1789 年体制截然不同的制度。加尼尔(Charles Ganilh,1758—1836)认为,这套制度"只有协商能力,毫无行动能力,是一套糟糕的制度"②。1800 年改革法案的主要起草人夏普塔尔(Jean-Antoine Chaptal,1756—1832)的发言表达了时人的共同看法:

一套良好的行政体制应展现力量、正义与执行力。这也是本法令③草案包含的内容。执行力体现在能够确保不折不扣地贯彻政府的法律与法令……执行法令要一竿子插到底,从部长直至被治理的

① 勒费弗尔:《拿破仑时代》,上卷,第 90 页。Jacques Godechot, *Les institutions de la France sous la Révolution et l'Empire*, pp. 521 - 543.
② 转引自 Michel Biard, *Les Lilliputiens de la Centralisation: des Intendants aux Préfets, les Hésitations d'un Modèle Français*, p. 268.
③ 指 1800 年雨月法令。——引者注

百姓,不容中断;要能把政府的法律与法令以电流的速度传到社会组织的基层去。①

法律编纂也是执政府时期一大贡献,这项工作一直延续到帝国时期,陆续完成了《民法典》(1804 年)、《民事诉讼法典》(1806 年)、《商法典》(1807 年)、《刑事诉讼法典》(1808 年)和《刑法典》(1810 年)。《民法典》肯定了封建贵族的消亡,并采纳了 1789 年的社会原则:个人自由,法律面前人人平等,国家世俗化,信仰自由和选择职业的自由。这就是为什么这部法典会被视为法国革命的象征。另一方面,《民法典》体现了共和主义色彩:从根本上确保财产所有权,并将其视为绝对权利,先于国家,是一项自然权利。有关契约的部分几乎全部关系到财产问题,有关雇佣问题的仅两条,家庭问题也是从保障财产出发,因此婚姻成了财产交易。此外,处理财产问题也不能有损国家利益,因此对某些财产的个人权利作了限制,比如地下资源,如依靠遗嘱处理的遗产等问题。《民法典》强化了家庭的作用,强化了父权,这都是约束个人行为的社会实体:父亲无需司法机关认可就可以把他的子女监禁 6 个月,完全有权控制他们的财产,也可以支配妻子的财产。为了避免家庭变得过于强大,法典限制了父亲通过遗嘱处置自身财产的权力,父亲遗嘱的权力被重新建立的"特留分"(légitime)所限制,而宣布继承权是一件关乎社会秩序的事,因此这样的法律遭到了旧贵族和资产阶级的反对。②

共和十年开始了教育改革,拿破仑很重视教育:"这是政府首先要关心的事"。富尔克鲁瓦(comte de Fourcroy,1755—1809)起草了《共和十年花月 11 日法令》(1801 年 4 月 30 日)。这部法令确定三级教育体系。首先是设在市的初级学校(écoles primaires),其次是中级学校(écoles secondaires),然后是由国家经费支持的国立中学(lycées)。教育体系照

① *Journal de Paris*,N°. 149, 29 Pluviôse, Ⅷ année de la République, Paris: Impr. du Journal de Paris, p. 659. 部分引文参见勒费弗尔:《拿破仑时代》,上卷,第 89 页。
② 勒费弗尔:《拿破仑时代》,上卷,第 151—152 页。

顾到了穷人,规定如果支付不起可以免除学费,但是免交学费的学生不能超过 1/5。初级教育既然是义务教育,也是免费的,这本是 1793 年就确立的原则,不过落实不力。拿破仑很重视中级教育,因为其目的在于培养技术人才与精英。根据法令第 33 条,设立了 6 400 份奖学金,其中 2 400 份授予军官和政府官员的子弟,4 000 份留给优等生。大学教育有起步,但发展很慢,相比之下专业技术学校发展较快。巴黎综合理工学院很受拿破仑器重,但学费高达 800 法郎,因而与执政府时期相比,表现出更明显的精英主义色彩。法令不涉及女子教育。①

从雾月政变到帝国建立,拿破仑无时无刻不在巩固自己的权力。他主持的改革都有两面性。一方面巩固了革命成果,比如他始终坚持政教分离,保持国家的世俗化,认可财产权;另一方面则带有保守性,《人权宣言》所确认的言论自由、人民主权等原则都被抛弃了。这种两面性还在更深远、更广泛的意义上表现出来。从法兰西民族的角度来说,《亚眠和约》签订后,不仅法国的疆域已经达到了巅峰,整个欧洲已同意放下武器,不再反对法国对自然疆界的要求,而且拿破仑也到达了他命运的巅峰。因为革命后的法国人最渴望和平,拿破仑给了他们和平,他们热爱 1789 年的成就,而拿破仑维护了这些成就。如果法国在这个时候止步,注重维护自己民族的利益与传统,那么法国可能将一无所失。但是,在签订和约之前,拿破仑就不是这样想的。法国人在为他们的领袖感到满意和自豪的同时,还没有意识到他正在滥用权力,正在与法国人真正的利益诉求以及真正需要捍卫的原则渐行渐远。②

---

① Michel Biard, Philippe Bourdin & Silvia Marzagalli, *Révolution*, *Consulat*, *Empire*:1789—1815, p. 212. 另见 June K. Burtok & J. Godechot, "L'Enseignement de l'histoire dans les lycées et les écoles primaires sous le Premier Empire," *Annales historiques de la Révolution française*, 44ᵉ Année, No. 207（Janvier-Mars 1972）, pp. 98 - 109; Jacques-Olivier Boudon ed. , *Napoléon et les lycées*: *Enseignement et société en Europe au début du XIXᵉ siècle*, actes du colloque des 15 et 16 novembre 2002, Paris: Nouveau monde, 2004。

② 勒费弗尔:《拿破仑时代》,上卷,第 117、158 页。Michel Biard, Philippe Bourdin & Silvia Marzagalli, *Révolution*, *Consulat*, *Empire*:1789—1815, p. 219。

第四节　拿破仑称帝

尽管和平是众多国家的愿望,但并不是所有人都对和平抱有希望。英国不少托利党人就反对和平,因为他们清醒地意识到,和平不仅有助于法国重新武装起来,而且将威胁很多行业的利益。《亚眠和约》签订以后,国际市场上商品的价格普遍下跌,连中立国利益都受到影响。的确,战端平息不过是为另一场没有硝烟的战争提供了机会,这就是经济战。

在恢复和平后,拿破仑大力支持并鼓励发展经济,是为了民生,但更重要的目的是积蓄国力,为征服扩张做准备。所以,这一阶段法国经济发展有以下特点。首先,经济政策带有明显的重商主义色彩,囤积硬通货,鼓励出口,尽可能减少进口,而且对一些商品实行极高税额的关税保护。由于法国现在的疆域包括比利时在内的莱茵河沿线,所以,关税保护策略对英国经济打击更大,因为他们的商品无法进入荷兰、瑞士和阿尔卑斯山以南市场,运输出口物资的商船总吨位从 1801 年之后开始直线下滑。[1] 其次,拿破仑不相信金融家与金融业,认为这是一种国际性资本,难以操控,更何况,大多数金融家与英国有瓜葛。相反,他重视农业,因为农业保证国家自给自足。他也重视工业,因为工业能消耗本国的原料。在这些方面,他是重农学派的追随者。在殖民地问题上,拿破仑也表现出类似倾向,强化对殖民地的控制,如逮捕奴隶起义领袖杜桑·卢维杜尔(Toussaint L'Ouverture,1743—1803),再如出于增加对外贸易额的实用目的尝试重建奴隶制,不过只在局部范围内取得成效。1802 年 5 月 20 日颁布的法令含糊地规定殖民地保持奴隶制,意思是废除的不会

---

[1] Witt Bowden, " The English Manufacturers and the Commercial Treaty of 1786 with France,"*The American Historical Review*, Vol. 25, No. 1 (Oct. , 1919), pp. 18 - 35.

再恢复,现存的还将继续存在。① 基于上述措施,执政府时期,法国的对外贸易恢复很快,贸易额从 1799 年的 5.53 亿法郎增加到共和十年的 7.09 亿法郎。②

在恢复经济的同时,拿破仑并没有停止扩张的步伐。③ 在《亚眠和约》签订期间,他就接受了意大利共和国总统的职位(1802 年 1 月 26 日),为吞并整个北意大利地区做准备。1802 年底,拿破仑占领了皮埃蒙特和帕尔玛,并重新占据了瑞士。《亚眠和约》的签订推动了土耳其人同法国人签订和约(1802 年 6 月 26 日),向法国开放博斯普鲁斯海峡和达达尼尔海峡,这为后者迅速在地中海东岸各国重建领馆,进一步将外交触角伸向埃及、叙利亚以及印度创造了条件。1802 年 8 月 8 日,拿破仑用那不勒斯刚刚割让给他的皮翁比诺(Piombino)公国,与伊特鲁里亚国王交换了厄尔巴岛。此外,他还利用《吕内维尔条约》向德意志地区扩张,借口是用莱茵河右岸的土地补偿那些由于法国占领了莱茵河左岸而被赶走的德意志诸侯,如符腾堡、巴登与黑森-卡塞尔等。这一主张得到了俄国的支持,而且以普鲁士为首的所有德意志王侯都参加了此次大会。1803 年 3 月 24 日,大会通过了《帝国大法》(Imperial Recess),后经皇帝弗朗西斯二世的批准,4 月 27 日它成为神圣罗马帝国的法令。《帝国大法》实现了 70 多个教会国家的世俗化,亲王主教区、亲王领地、帝国修道院等均并入邻近的世俗公国,大体上只保留了三个地区的教会性质:雷根斯堡大主教区、日耳曼骑士团和圣约翰骑士团的领地。十多所大学以及所有的隐修院脱离了宗教控制。《帝国大法》完成了自 1555 年开始启动的世俗化的过程,提升了世俗诸侯的地位,削弱了罗马天主教会的权力。根据《帝国大法》,帝国共有 112 个州易手,面积超过 1 万平方公里,人口超过 300 万。罗马教廷因此每年岁入减少 2100 万。在大

---

① Michel Biard, Philippe Bourdin & Silvia Marzagalli, *Révolution, Consulat, Empire: 1789—1815*, pp. 456 - 463. 勒费弗尔:《拿破仑时代》,上卷,第 169 页。

② 勒费弗尔:《拿破仑时代》,上卷,第 167 页。

③ 格尼费:《帝国之路:1769—1802》,第 665—666 页。

主教选侯中,经过这次大改组之后幸存下来的只有美因茨的达尔贝格,而他又被调往累根斯堡。神圣罗马帝国濒临崩溃,因为符腾堡、巴登与黑森-卡塞尔等新教各邦都成了选侯,这使得新教徒在德意志各邦和选帝侯中都一跃而成为多数。①

拿破仑为什么要扩张?关于这个问题,众说纷纭。② 共和派史家认为,拿破仑是法国革命的捍卫者,所以他的战争实际上是 1792 年对欧宣战的延续,继续推进捍卫自然边界这一未竟事业。也有史家认为拿破仑战争延续的不是革命传统,而是旧制度传统,实际上是路易十四时期开始的对英战争的延续。还有一些史家认为拿破仑不是法国的英雄,而是欧洲的英雄,因为他践行的是加洛林帝国的政治事业,实现欧洲的统一。③ 实际上,上述解释都有一定道理,但不能解释一切。很显然,如果拿破仑只是为了捍卫自然边界,那么在签订《亚眠和约》后他就应该止步。如果他只是为了对付英国,那么之后帝国推行的大陆政策就会截然不同。拿破仑也会自比加图和西庇阿,但是他的战争绝不是复古。正如勒费弗尔所言,没有任何合乎理性的解释可以把拿破仑的全部对外政策统一起来,因为他同时在追求不同的目的。不过可以肯定的是,拿破仑从未考虑过和平。在签订《亚眠和约》时,他与蒂博多(Antoine Claire Thibaudeau,1765—1854)有这样一番对话:

拿破仑:您有没有想过,五年或更长时间的和平是否适合环境,

———————————

① Robert Balmain Mowat, *The Diplomacy of Napoleon*, New York: Russell & Russell, 1971, pp. 150 - 151. Frederick C. Schneid, *Napoleon's Conquest of Europe: the War of the Third Coalition*, Westport, Conn.: Praeger, 2005, pp. 37 - 52. Eric Dorne Brose, *German History 1789—1871: From the Holy Roman Empire to the Bismarckian Reich*, New York: Berghahn, 2008, p. 44.

② 有关这个问题的早期经典综述,参见 Pierre Muret, "Une conception nouvelle de la politique étrangère de Napoléon," *Revue d'histoire moderne et contemporaine*, Tome 18, N°3, 1913, pp. 177 - 200, Tome 18, N°5, 1913, pp. 353 - 380. 新近研究参见 Hamish Scott, *The Birth of a Great Power System, 1740—1815*, London: Taylor and Francis, 2014. 本段综述主要参考 Pierre Muret 的文章,以及勒费弗尔《拿破仑时代》,上卷,第 159—161 页。

③ 这一观点的代表为: Édouard Dirault, *Napoléon et l'Europe: La politique extérieure du premier Consul* (*1800—1803*), Paris: Alcan, 1910。

是否适合我们的政体?

    蒂博多:我想,打了十年仗,法国人应该要休养生息了。

    拿破仑:您没有明白我的意思。我并不怀疑一种不受约束和稳定的自由对如此稳固的国家而言是一种福祉,我问的是我们的国家是否不再需要胜利了。……好好想想,第一执政和那些受上帝恩典(la grâce de Dieu)的国王们不一样。国王可以把国家看成世袭财产。他的权力乃是依附于古老的习俗。而我们的情况则相反,古老的习俗恰恰是权力的阻力。当今法国的政体与周边国家完全不同,是他们的眼中钉,所以我们国内不可能没有心怀敌意的人,面对如此众多的敌人,必须要有轰轰烈烈的行动,因此必须要有战争。①

拿破仑甚至从未掩饰过他的好战。他曾语气强硬地威胁英国人:"你们应该履行《亚眠和约》,就只应该履行《亚眠和约》,别无其他(rien que le traité d'Amiens)。"②塔列朗在 1802 年 10 月 23 日写给驻慕尼黑外交大臣奥托(Louis Guillaume Otto,1754—1814)的信中,谈到了拿破仑的意志,他说:"要让人明白,第一声炮响瞬间就能缔造高卢帝国(Empire gaulois),让我们听听,新的战争在多大程度上能够承载第一执政的荣耀和力量。"③拿破仑之所以会如此不加掩饰,主要因为他坚信战争不可能在 1804 年之前爆发,法国有足够的时间准备,但事实并非如此。

    英国很清楚,法国需要时间积蓄力量,因此开战越早对他们越有利。至少在 1802 年 10 月底,英国就在酝酿同俄国结盟。只不过,沙皇亚历山大一世的动作比较迟缓,直到拿破仑开始向东方用兵,他才真正决定

---

① Antoine Claire Thibaudeau, *Mémoires sur le consulat*, *1799 à 1804*, Paris: Ponthieu, 1827, pp. 389 – 390.

② 转引自 Martin Philippson, "La paix d'Amiens et la politique générale de Napoléon Ier," *Revue Historique*, T. 75, Fasc. 2 (1901), p. 318。

③ Bourbon Enghien & Boulay de la Meurthe, *Correspondance du duc d'Enghien (1801—1804) et documents sur son enlèvement et sa mort*, Tome 1, Paris: A. Picard et fils, 1904, p. 241. 另见 Marcel Dunan, "La naissance de l'allemagne napoléonienne l'alliance franco-Bavaroise de 1805," *Revue Historique*, T. 188/189, Fasc. 1 (1940), pp. 105 – 111。

向英国靠拢。英国继续秉持速战速决策略。1803年初,首相阿丁顿(Henry Addington,1757—1844)向法国发出了最后通牒:英国占领马耳他十年,补偿法国扩张给英国带来的损失。英国态度的骤然转变,令拿破仑有些手足无措。他邀请沙皇出面调停,但是英国绝不接受任何和谈条件。1803年5月12日,英国驻法大使惠特沃斯男爵(Charles Whitworth,1752—1825)离开巴黎,英国政府在没有事先通告法国的情况下,开始拿捕法国商船,英法正式断交。

英国主动撕毁《亚眠和约》,而且还开始怂恿并暗地里资助保王党在法国国内滋事生乱。1803年8月21日,卡杜达尔又潜回了法国,阿图瓦伯爵答应助他一臂之力。当特雷格也开始活跃起来,他在巴黎有很多眼线,甚至对第一执政的私生活也了如指掌。不过,这次他是为沙皇卖命。受到排挤的莫罗将军同舒安党秘密联系。对于这些阴谋,拿破仑并不都很清楚,但是他知道巴黎潜伏着各类暗探和杀手。1804年2月,他决定采取行动,最终抓住了卡杜达尔,将他送上了断头台。莫罗将军也被捕入狱,最后被判流放。此外,拿破仑还对一批旧贵族采取了比较极端的措施。尽管上层精英反应比较激烈,但是公共舆论基本保持平静。富歇等人乘此机会向拿破仑进言,说建立世袭制度,武装的刺客便会不战自退。3月底,元老院开始讨论,4月下旬,保民院通过提案。5月16—18日,元老院开始起草新宪法。1804年5月18日(共和十二年花月28日),新宪法通过公投,拿破仑成为共和国政府的皇帝。12月2日,他在巴黎圣母院加冕。加冕仪式充分说明了拿破仑与旧势力的妥协。

大卫从1805年12月18日开始创作油画《拿破仑加冕大典》,历时两年完成。画作高六米,宽十米。其构图与设计显示了拿破仑帝权的几个主要特征。首先,帝制承袭罗马传统。拿破仑身着红袍,头戴桂冠,图右下着黑袍者手持鹰杖(此人为第三执政勒布伦),这都是罗马帝制的象征,更突出的标志是在拿破仑右边站着恺撒。此外,帝制也承袭了加洛林传统。在加冕当日,巴黎圣母院大门前立起了查理曼的雕像。勒布伦身边两人,一位手持正义权杖——这是第二执政康巴赛雷斯,一位手捧

图 37　1804 年 12 月 2 日拿破仑在巴黎圣母院加冕①

图 38　拿破仑自我加冕②

---

① 油画《拿破仑加冕大典》，藏于卢浮宫，作者：雅克-路易·大卫、鲁热（Georges Rouget，1783—1869）。

② 铅笔画草稿，藏于卢浮宫，作者：雅克-路易·大卫。

王权宝球(Globus Cruciger)——这是法国元帅贝尔蒂埃(Louis-Alexandre Berthier,1753—1815),这些元素都是查理曼帝国的象征。最后,拿破仑的帝制也承袭了革命的遗产,表现在以下三点。首先,首都定在巴黎,而不是凡尔赛,这是对大革命的承认。其次,教宗庇护七世并未给拿破仑加冕,拿破仑是自己给自己加冕,最重要的是,整幅画以中心持十字架者(意大利枢机主教奥涅斯蒂-布拉什[Romoaldo Braschi-Onesti,1753—1817])为轴心,将右边的俗界与左边的教界彻底分开,这体现了政教分离的原则,而且在完成加冕仪式、教宗退席后,拿破仑还进行了宪法宣誓,保证捍卫共和国的完整性,"唯以法兰西人民的利益、幸福与光荣作为统治原则"①。

因此,拿破仑的帝权是一种混合的权力,既承袭罗马与加洛林双元传统,也继承了革命的原则。这种混合性反映了他统治的基本目的,即抚平革命以来的创伤,重新缔结社会的关联,尽可能拓展权力基础。应从这个角度理解《教务专约》,也应当从这个角度去看待他的加冕礼以及随后颁布的各项政策。

在帝国时期,被废除了 28 年的贵族身份得以重建。拿破仑陆续创建了铁冕勋章(Ordre de la Couronne de Fer,1805 年)、三条金羊毛勋章(Trois Toisons d'Or,1809 年)、联合勋章(Réunion,1811 年)。1808 年,皇帝创立帝国贵族(noblesse d'empire),逐步确立亲王(1804 年 5 月 19日)、公爵领(1804),直至 1808 年恢复了伯爵、男爵和骑士身份。这些贵族大多有地产,是终身制的,领地可以世袭(1810 年后规定幼子也有继承权)。那些帝国大勋爵,他们都被封为亲王;各部大臣、元老院议员、大主教、终身的参政官、立法院议长等都被封为伯爵,其他官员,比如各大城市的市长皆封为男爵;荣誉军团的成员则皆称骑士。与旧制度的贵族不同,这些贵族是皇帝亲授,但没有特权,虽然身份可以世袭,但只有长子

---

① 关于加冕仪式的多重意义分析,参见 Philip Dwyer, "Citizen Emperor: Political Ritual, Popular Sovereignty and the Coronation of Napoleon I," *History*, Vol. 100, No. 339, pp. 40 - 57。

有继承权。通过此举,拿破仑将社会各界名流招揽进帝国。

新贵名流是理解拿破仑帝国社会政策的核心概念。[1] 蒂拉尔根据 1808—1815 年间由拿破仑颁发的特许证和直接受封的贵族进行统计,认为帝国贵族名单约有 3 364 人,但不包括波拿巴家族及其姻亲家族,不过档案可能有遗漏,所以实际人数可能接近 3 600 人。法国史家贝尔托 (Jean-Paul Bertaud,1935—2015)认为帝国贵族可能有 3 224 个。[2] 在这些人中,22.5%为旧贵族,58%为有产者,19.5%为通过军功而跻身贵族的平民。总体上,从事军事的人占 59%。如果把考虑省级选举团名单上的人和纳税者算进去,名流人数更多,可能接近 8 万人。[3] 也就是说,帝国新贵名流占当时成年男性的 1/100。和旧制度时期的贵族一样,新贵名流的构成也很复杂,既有十分富裕的,也有年收入不足 1 000 法郎的。不过,拥有不动产的人很多。自由职业者或商人所占比例并不高,根据史家贝热隆(Louis Bergeron,1929—2014)等人的统计,这类人在 1810年的比例仅有 1/4。这其实也反映了革命的影响,显然有不少人是因在革命时期购买国有财产而发家致富。从政治立场上来说,帝国时期的新贵名流内部差异也很大。元老院就有西耶斯、狄柯、富歇之类的弑君者,也有认为国民公会无权审判路易十六的保守派雷德尔,还有前斐扬派成员加尼耶(Germain Garnier,1754—1821)。共和八年的元老院有 63 人,其中有十几名议员出身旧制度上层贵族,也有商界精英茹尔尼-奥贝 (Bernard Journu-Auber,1745—1815),有新封贵族头衔的银行家勒库特勒(Le Couteulx du Molay,1740—1823),还有一大批从革命中过来的有产者。从共和十一年到 1813 年,大约有一半元老院成员是之前的贵族。

---

[1] Louis Bergeron, *Les "Masses of Granite": cent mille notables du Premier Empire*, Paris: Éditions de l'École des hautes études en sciences sociales, 1979. Jean Tulard, *Napoleon et la noblesse d'Empire: avec la liste des membres de la noblesse imperiale* (*1808—1815*), Paris: Tallandier, 2001. 埃利斯:《拿破仑帝国》,第 120—130 页。

[2] Jean-Paul Bertaud, *Napoléon et les Français*, Paris: Armand Colin, 2014, p. xxxii.

[3] Michel Biard, Philippe Bourdin & Silvia Marzagalli, *Révolution, Consulat, Empire: 1789—1815*, p. 235.

在帝国时期,省长总计为 281 人,其中 1/3 至少在革命时期(1789—1799
年)担任过一届议会代表,其中在热月前担任过一次议会代表的占 2/3。
这都说明,拿破仑帝国既不排挤革命的人,也不排斥旧制度的人。

　　新贵名流是一个如此具有异质性的群体,是否就像蒂拉尔认为的那
样构成了新旧贵族融合的途径呢? 实际情况可能更复杂。一方面,名流
中旧贵族占的比例总体上来说不高。另一方面,即便在宫廷里,新旧贵
族的融合也只是表面现象。波默勒尔(Elisabeth Julienne Pommereul,
1745—1823)在每次新任命一个内廷侍从官时,就会嘟嘟囔囔:"这些贵
族头上又多了一个便壶。"在出席联合勋章典礼之后,蓬泰库朗(Doulcet
de Pontécoulant,1764—1853)问道:"您看到西耶斯了吗?《第三等级是
什么》?"因为西耶斯伯爵和其他受勋者一模一样,身穿闪烁的礼袍出现
在典礼上。在地方上,旧的贵族念念不忘他们失去的东西,帝国的贵族
却坚决不归还一丝一毫。归附新制度的前朝旧人在耐心等待,顽固派则
梦想复辟旧制度。从长远来看,如果把法国大革命看成是一场漫长社会
演变的高潮,而废除贵族、建立身份平等又是这一社会演变在政治上的
集中表现的话,那么这一社会革命造成的鸿沟是无法填平的,新旧贵族
仍然会长期相互敌视,而在 19 世纪,他们的敌视给民主政治的胜利创造
了必要的条件。[①]

　　行政体制基本延续 1800 年改革的精神。政府内阁的数量有所增
减,职能有所调整,各部工作人员数量明显增多,督政府晚期为 1 650 人,
执政府时期大约为 2 100 人,到帝国晚期为 3 600 到 4 000 人。政府规模
扩大与战争有关。[②] 全国基本行政单位依旧是省,但随着帝国的扩张,省
的数量时有变动。1800 年,法国有 98 个省,其中征服地区和海外地区有
10 个省。帝国时期共有 130 个省。省设省长(préfet),由拿破仑任命,有
两个咨询机构辅助他的工作,其一是负责摊税的省议会(Conseil

① 勒费弗尔:《拿破仑时代》,下卷,第 191—192 页。
② Irene Collins, *Napoléon and his Parliaments*, *1800—1815*, Palgrave：Macmillan, 1979
　p. 270.

général),其二是主要负责行政诉讼(contentieux administratif)的省长议会(Conseil de préfecture)。这套机制基本延续执政府的传统。长期以来,帝国时期的省长被看成是旧制度督办官的延续,哥德肖(Jacques Godechot,1907—1989)更是把他们称之为地方的小皇帝。[①] 但是这种说法言过其实,因为本质上省长的职责是管理性的,只有咨询权,没有领一省事务的实权,要服从于中央政府的意志,在重要的官方政策上不能只遂己愿。130 个省下有 402 个大区和将近 4 万个市。人口在 5 000 至 10 000人之间的城市还有 1 名警监,更大的城市会有更多的警监。1804年以前,里昂、马赛、波尔多等人口超 10 万的地方城市可以有多名市长及副市长。巴黎的地位更特殊。由于能够任命市长、副市长和警监,国家元首的权力增大了。

除此之外,唯一显著的变化就是警务部的改革。1804 年 7 月 10 日警务部重组,负责密切注视一切颠覆活动。警务部共有 120 人,分 6 个部门,各司其职。除此之外,有一大批训练有素的特务、密探、暗探为他们效力。领导警务部的是富歇,他从督政府以来就负责警务,在雾月政变前成为拿破仑的支持者。茨威格在《一个政治性人物的肖像》中刻画的富歇肖像,阴险狡诈,绝对忠诚于皇帝,这个形象深入人心,但并不符合史实。事实上,富歇心机很深,不会对任何人保持绝对忠诚。对此,皇帝本人也心知肚明,但还是会重用富歇,原因是后者在反对派中安插了大量眼线。[②] 帝国时期,法国警察体系有所调整。重要改变有两点,首先法国所有省都被划进四个大警区,巴黎周边算一个,阿尔卑斯山之外的地区也算一个。从编制上说,巴黎警区属于警务部,但是两位负责人杜

① Jacques Godechot, *Les institutions de la France sous la Révolution et l'Empire*, pp. 508 - 520.

② E. Arnold Jr., *Fouché, Napoleon, and the General Police*, Washington: University Press of America, 1979. Jacques Godechot, *Les institutions de la France sous la Révolution et l'Empire*, pp. 536 - 543. 埃利斯:《拿破仑帝国》,第 42—44 页。茨威格刻画的富歇肖像深入人心,但是他夸大了富歇与皇帝之间的亲密无间。参见茨威格《一个政治性人物的肖像》,张玉书译,上海:上海译文出版社,2007 年。

布瓦(Louis-Nicolas Dubois,1758—1847,任职时间 1800—1810)和帕基耶(Etienne-Denis Pasquier,1767—1862,任职时间 1810—1814)却需直接向拿破仑汇报,这说明从实际运作上看,巴黎警区独立于警务部,不受富歇管理。其次,为了加强监管,警务部向所有大城市派驻警务总监。此外,所有市镇,不论人口规模,都设警监,警监对市长负责。另外,拿破仑还派出了大量秘密警察,负责监督警察。负责日常治安与监管的最后一支力量是宪兵,军警和宫廷卫队。如有需要,拿破仑可以随时召集这些部队。所以,帝国时期的日常治安分属不同部门。拿破仑似乎非常喜欢这种马基雅维利式的分而治之政策,让不同人和不同部门互相牵制。当然,这会影响效率。总之,警察统治是拿破仑帝国的典型特点:"拿破仑统治的法国是一个警察社会,但是他的政府从来没有使用过恐怖统治。"①

总体上,帝国时期的行政体系的集权和统一的色彩更为突出。行政体系从里到外整齐划一,行政权力来自中央和高层,各个职业集团中的地位、权力和俸禄的等级森严。② 官职录用有严格规定。根据 1803 年 4 月 9 日法令,俸禄按照等级发放,升官既看年资也看表现。1803 年设立的国务议会协理专员(auditeurs au Conseil d'etat)和军事地理工程师(Ingenieurs geographe militaires)等新职业,也都严格执行等级和晋升制度。在较低级的职员中,俸禄的差别就更大了。③ 高级行政职务中晋升的机会很少,造成了一定的不满,这表明拿破仑想要的是俯首帖耳的人,而不是有独立创见的官员。从某种程度上来说,拿破仑的文官体制背离了他那句名言"对于有知识(lumieres)、有能力、有素质的法国人,不论其观点如何,都欢迎其就职"④。

---

① Philip G. Dwyer ed., *Napolean and Europe*, London and New York: Routledge, 2001, p. 79.

② Robert Holtman, *The Napoleonic Revolution*, Philadelphia: Lippincott, 1967.

③ C. H. Church, *Revolution and Red Tape: The French Ministerial Bureaucracy 1770—1850*, Oxford: Clarendon Press, 1981.

④ 上述内容参见埃利斯《拿破仑帝国》,第三章。

行政体制的另一个特点是跨越了雾月政变,保证了任职人员连续性。根据哥德肖的统计,在第一批任命的省长中,76 人曾供职于革命时期的立法机构,其中 15 人出席制宪议会、16 人出席立法议会、19 人出席国民公会,5 人曾是元老院议员,21 人位列五百人院。有些人曾担任部长或高级行政职务。[1] 他们的平均年龄在 43—44 岁之间。[2] 最早进立法院的 300 人中,有 240 人原先供职于督政府的立法院,剩下的 60 人中只有 21 人从未在大革命的立法机构中任过职。年龄在四五十岁的有

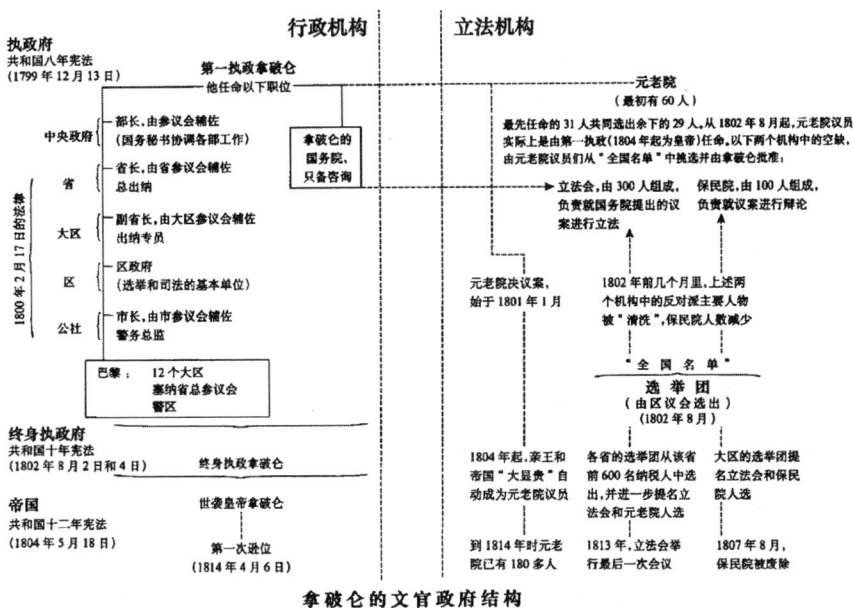

图 39　拿破仑帝国政府体系[3]

---

① 埃利斯:《拿破仑帝国》,第 47—48 页。Irene Collins, *Napoléon and his Parliaments*, 1800—1815, pp. 11 - 22. Isser Woloch, *Napoleon and His Collaborators: The Making of a Dictatorship*. New York: W. W. Norton, 2001, p. 46. Jacques Godechot, *Les institutions de la France sous la Révolution et l'Empire*, p. 509.

② Basile Panagiatopoulos, "Les structures d'âge du personnel de l'Empire," *Revue d'Histoire Moderne & Contemporaine*, Vol. 17, No. 3, pp. 442 - 446.

③ 埃利斯:《拿破仑帝国》,第 38—39 页。

200人以上。包括极少数以前是贵族的人在内,所有人都公开表示过支持革命。平均年龄稍低的保民院最初的100名成员中,69人曾供职于督政府时的立法院,5人曾在更早的立法机构里任职,只有26人毫无相关经验。元老院最初的60人中,38人曾在大革命时的立法机构任职,有些人还不止一次。雾月政变发生时有21人在政府中任职。

帝国的财政状况基本良好,尽管总体上没能保持收支平衡。金钱是战争的命脉。拿破仑的财政和经济政策基本为战争服务,是一种竞争性的国家经济,带有显著的重商主义色彩。和18世纪法国君主一样,拿破仑更喜欢间接税,一方面比较容易征收,其次能提供稳定的收入来源。1804—1812年间他两度减少土地税和动产税。不过,拿破仑并未忽视不动产税改革,继续推进地籍册的制定,但是此项工程在第一帝国时期未能完成。间接税改革于1804年启动。[1] 1804年2月25日(共和十二年风月5日),拿破仑设立专门部门,负责管理新设立的综合消费税(droits Réunis),此后陆续开征饮料税、盐税、烟草税,1810年恢复烟草专卖。同年,综合消费税的收入超过了直接税。[2] 但是,地方财政压力很大,因为一方面国家不断增加税负,另一方面帝国政府也不断把公共开支转嫁到地方预算上。比如,在1810年,省长一半薪水需要地方承担。而且,地方需上缴国库的份额越来越重。比如北部滨海省1800年上缴国库2 489 000法郎,1813年为3 424 000法郎。[3] 不过,总体上,帝国的财政状况比较健康,这主要不是来自税收,而是来自战争赔款。1805年,拿破仑设立军队财政库,专门征收来自奥地利和普鲁士的战争赔款。1805—1810年,战争赔款总计74 300万法郎,其中将近一半用于军队。[4]

---

[1] René Stourm, *Les finances du consulat*, Paris: Guillaumin et Cie, 1902, pp. 187 - 192.
[2] René Stourm, *Les finances du consulat*, pp. 226 - 229.
[3] 勒费弗尔:《拿破仑时代》,下卷,第166页。
[4] 勒费弗尔:《拿破仑时代》,下卷,第169页。

帝国的工商业政策也同样带有重商主义色彩,其显著特点是不断恢复对工业与商业生产的管制:1803 年恢复了织锦业和天鹅绒业的商标;1807 年恢复了运往地中海东岸各国的呢绒的商标;1810 年恢复了卢维埃的呢绒的商标;1811 年恢复了肥皂的商标;1812 年整个呢绒制造业的商标都恢复了。出于国家经济安全和战争需要,帝国对军火武器、货币铸造以及烟草,都实行专卖。有关国计民生的行业都处于帝国控制之下,包括矿业、面包行业和屠宰行业。革命时期被废除的面包行会又得以复苏,并扩展到外省好几个城市。① 另外,大陆封锁政策也促进了国内生产的发展。非常活跃且富有革新精神的棉纺业发展极快。1812 年,棉纺厂有一百万纱锭在运转,生产了一千万公斤纱线。② 在拿破仑时代,新式的纺织机常常是仿造英国旧式的珍妮纺纱机改装而成,还有不少机器出自英国移民技工之手。③ 机器在巴黎的理夏尔-勒努瓦(Richard-Lenoir)、帕西的(Passy)利埃万·鲍文斯(Liévin Bauwens,1769—1822)等大型工厂中发挥了明显的作用。

管制经济最突出的表现是大陆封锁,但是大陆封锁又不完全是管制的产物。④ 严格地说,大陆封锁指的是对不列颠的商业战争以及相关的工业和财政政策,既包括海洋,也包括大陆,始于 1806 年,大约延续到

---

① 参见 Steven Kaplan, Steven, *La fin des corporations*, traduit de l'américain par Béatrice Vierne, Paris: Fayard, 2001。

② 勒费弗尔:《拿破仑时代》,下卷,第 173 页。

③ 有关工业技术出口,参见 W. O. Henderson, *Britain and Industrial Europe 1750—1870*: *Studies in British Influence on the Industrial Revolution in Western Europe*, Liverpool: University Press 1954; Kurt Dopfer ed. , *The Global Dimension of Economic Evolution*: *Knowledge Variety and Diffusion in Economic Growth and Development*, Heidelberg: Physica-Verlag, 2012。

④ 有关大陆封锁的经典研究,参见:Eli Heckscher, *The Continental System*: *an Economic Interpretation*, England: Clarendon Press, 1922; François Crouzet, *L'économie Britannique et le blocus Continental 1806—1813*, 2 tomes, Paris: PUF, 1958; Geoffrey Elli, *Napoleon's Continental Blockade*: *the Case of Alsace*, Oxford: Clarendon Press, New York: Oxford University Press, 1981; Katherine Aaslestad & Johan Joor eds. , *Revisiting Napoleon's Continental System*: *Local*, *Regional and European Experiences*, Hampshire; New York, NY: Palgrave Macmillan, 2014。

1813 年。① 大陆封锁不是一个孤立的、偶然的事件,相反是一个漫长趋势的结果。法国革命不仅导致了本土工业的衰败,扰乱了各行各业,更重要的是破坏了法国经济中收益最丰厚的一部分,即海外贸易。如前文所述,旧制度末年,法国大约 1/3 的出口是通过殖民地商品的再出口而完成的,有 1/5 到 1/4 的手工业产品是通过安德列斯群岛和西班牙殖民地输出。革命以来,法国在海上商业竞争中日渐趋于弱势,不断丧失殖民地、跨海贸易和原材料产地。这些损失尽管在《亚眠和约》签订后略有恢复,但情况没有发生根本转变。1806 年 5 月 16 日,英国首先对法国进行了海上封锁,次年,英国两度加强对往来船只的检查,提高征税,并利用其强大的海军,基本控制了法国周边的海洋。

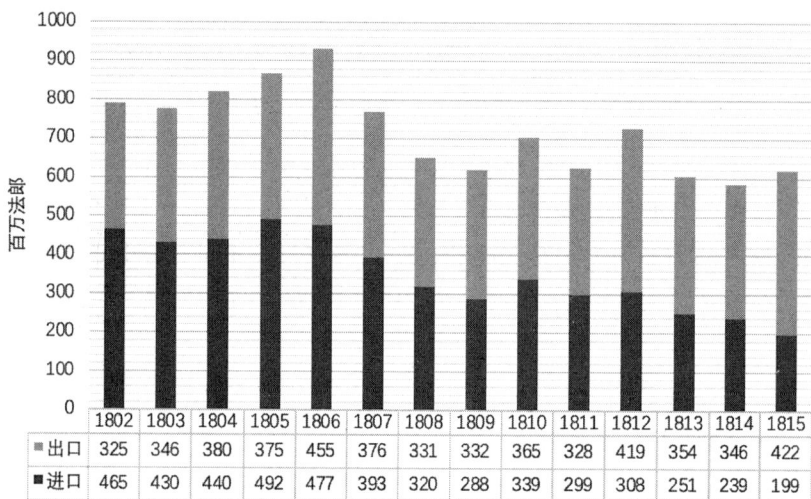

	1802	1803	1804	1805	1806	1807	1808	1809	1810	1811	1812	1813	1814	1815
出口	325	346	380	375	455	376	331	332	365	328	419	354	346	422
进口	465	430	440	492	477	393	320	288	339	299	308	251	239	199

图 40　1802—1815 年法国对外贸易额②

为了应对英国的封锁措施,拿破仑于 1806 年 11 月 21 日颁布《柏林敕令》(Berlin Decree),正式规定从陆地和海上封锁不列颠群岛,法国及

---

① 学界常用的另一个术语是大陆体系(Continental System,法语为 système continental)。但这两个术语有区别,简单地说,大陆体系包含大陆封锁,除此之外,还包含拿破仑帝国所追求的军事、政治、外交、财政、法律和社会政策等。

② Geoffrey Elli, *Napoleon's Continental Blockade : the Case of Alsace*, pp. 285 - 286.

其卫星国禁止与英国往来,后于 1807 年 11 月 23 日和 12 月 17 日发布
《米兰敕令》(Milan Decree),正式启动大陆体系,规定欧洲任何国家不得
与英国进行贸易,并授权法国军舰和私掠船可以捕获从英国港口驶出的
任何国家的船只及被英国占领的任何国家的船只。法国的海军力量原
本就不如英国。1803 年,英国有 55 艘战列舰,法国有 42 艘,但是仅有 13
艘处于备战状态。此外,英国海军在炮火上也占尽优势,英国有大量的
三层甲板战舰。1805 年的特拉法加战役(Battle of Trafalgar)后,英法差
距进一步拉大,法西联合舰队共出动 33 艘战舰,最后只有 11 艘回港。[1]
最后,从 1801 年开始策划的布伦登陆计划,两年后宣告破产。[2] 至此,法
国完全被封锁在大陆。

结合上述背景,拿破仑推行大陆封锁,有两个互为补充的目的。首
先,通过封锁打压英国经济。拿破仑相信,如果英国的商品无法销售到
大陆,那么它的黄金储备就会枯竭,就会出现通货膨胀,到那时,英国只
能求和。第二个目的是通过封闭欧洲,为法国的产品提供统一的市场。
所以,正如史家索雷尔(Albert Sorel,1842—1906)所指出的,大陆封锁本
质上是一个带有双触发器的发动机(machine à double détente):一方面,
它是一个毁灭性的机器,将欧洲大陆与英国海上霸权隔绝开来;另一方
面,它是一种市场设计,为的是在欧洲大陆上建立法国的工业和商业霸
权。[3] 正如拿破仑曾夸耀的:"我想通过大陆的力量(la puissance de la
terre)来征服海洋。"[4]从这个角度来看,大陆封锁与路易十四时代的重商
主义一脉相承,因为同样都是让工业生产处于严格控制下,以累积硬通

---

① 朱利安·S. 科贝特:《特拉法尔加战役》,陈骆译,北京:社会科学文献出版社,2016 年。

② 1803—1805 年,大约有 20 万法国军队聚集在布伦(Boulogne)、布鲁日(Bruges)、蒙特勒伊
(Montreuil)。由于入侵英国失败,这支大军在 1805 年之后向德意志进军。

③ Albert Sorel, *L'Europe et la révolution française*, Tome 7, Paris: E. Plon, Nourrit et cie, 1904,
p. 114. 转引自 Geoffrey Elli, *Napoleon's Continental Blockade: the Case of Alsace*, p. 91。

④ 转引自 Fohlen Claude, "Sur le blocus continental," *Revue économique*, Vol. 10, No. 2
(Mar., 1959), p, 298. 关于这个问题,参见 Gabriel Hanotaux, "L'Empire de recrutement:
La terre contre la mer 1806—1810," *Revue des Deux Mondes*, Septième période, Vol. 34,
No. 4 (15 Août 1926), pp. 824 - 863。

货作为主要目标,是一种军备竞赛。另外,大陆的贸易体系也不是平等自由的商业往来,而始终秉持法国优先原则(la France avant tout)。1810年8月23日,拿破仑在写给博阿尔奈(Eugène de Beauharnais, 1781—1824)的信中,解释了什么是法国优先:

> 我的基本原则是,首先是法国。你决不能忽视这样一个事实:如果英国贸易在海上取得胜利,那是因为英国人在海上最强大。因此,既然法国在陆地上最强大,法国的贸易也应该在那里取得胜利,这是合理的;否则,一切都会失去……如果法国在那里取得了一些商业优势。①

拿破仑想要通过大陆封锁,建立一个完全依赖于法国产品的共同市场。他坚定地固守重商主义原则,保护国内工业,对若干属国实施单边倾向性的贸易关税。同时,按照大陆封锁的要求,附庸国需要切断与英国的联系,他们必须接受法国的商品。

但是,大陆封锁想要运行良好,至少要满足以下两个条件。首先,封锁必须无懈可击,所有附庸国必须愿意付出高昂代价,去购买价格更高的食物、原材料和工业制成品。其次,海关系统必须高速运转,且极有效率。但实际上,这两个条件都不能满足。实则海关腐败越来越普遍,走私极为猖獗,而且参与走私的不仅有外国商人,还有法国本国臣民。另外,拿破仑起初为了疏散囤积在布列塔尼的红酒,向商人颁发了特许执照,允许他们输出红酒。当看到这一举措带来的财政前景后,拿破仑从1810年开始将这一措施普遍化。结果,禁运措施形同虚设。②

与工业发展情况不同,拿破仑对待农业基本采取自由放任的态度。但是,帝国的农业发展并不明显,并未出现农业革命。三年一休耕的轮

---

① 转引自 Eli Heckscher, *The Continental System: An Economic Interpretation*, p. 297。

② François Crouzet, "Les importations d'eaux-de-vie et de vins français en Grande Bretagne pendant le blocus continental," *Annales du Midi*, Vol. 65, No, 21, 1953, pp. 91 - 106. 埃利斯:《拿破仑帝国》,第164—165页。

作周期在各地盛行。地方差异依然显著,因此农村法典的编纂工作进展
十分缓慢。尽管如此,农业还是取得了一些进步,主要表现在作物的播
种面积有所提高,作物多样化水平提高,牛羊马匹数量稳步增加,农民生
活稳定。[1] 帝国时期,国有财产仍在不断出售,但是所剩无几,主要是一
些保留下来的森林。购买国有财产的主要是有产者,不过农民所占份额
也不低。根据最新的统计研究,革命至帝国时期售卖的国有财产占法国
国土面积的 10%,购买者的总数大约有 60 万人,这些土地中有 1/3 被农
民买走,剩余 2/3 为城市有产者所购,与十年前相比,1801 年法国土地开
垦者的数量增加了 10%。[2] 由此可见,售卖国有财产对法国农业的影响
主要表现在增加了小土地所有者。这一趋势更因为以下两个原因得以
推进:一是土地价格与革命前相比明显下降,更促进了私人购买土地;二
是农民的地产还通过继承的方式继续迅速地分散。所以,土地碎化的情
况十分突出。1814 年的调查证明,在芒托瓦区(Mantes)和下塞纳省
(Seine-Inférieure),一些大农庄已经被肢解。在阿尔萨斯、伊尔-维兰省
(Ille-et-Vilaine)、杜省(Doubs)和塔尔纳省(Tarn),小土地经营有所发
展。与此同时,影响农业发展的结构性问题并未得到解决,比如自耕农
占有的土地依旧很少,佃农负担很重。[3] 帝国时期的农民仍旧很穷,大量
移居俄国,问题很突出,因此 1808—1809 年,帝国政府不得不两度采取
较为严格的措施予以控制。

---

[1] 参见 Rosemonde Haurez-Puech, "Agriculture" in Jean Tulard ed. *Dictionnaire Napoléon*, Tome 1, Paris: Fayard, 1999, pp. 43 - 51; Octave Festy, "Le progrès de l'agriculture française durant le premier empire," *Revue d'histoire économique et sociale*, Vol. 35, No. 3 (1957), pp. 266 - 292; Octave Festy, *L'agriculture française sous le Consulat: les conditions de production et de récolte; étude d'histoire économique*, Paris: Académie Napoléon, 1952.

[2] Michel Biard, Philippe Bourdin & Silvia Marzagalli, *Révolution, Consulat, Empire: 1789—1815*, p. 274. 总体分析参见 Bernard Bodinier & Eric Teyssier, *L'événement le plus important de la Révolution: la vente des biens nationaux (1789—1867) en France et dans les territoires annexés*, avec la participation de François Antoine, préface de Jean-Marc Moriceau, Paris: Société des études robespierristes, 2000.

[3] 勒费弗尔:《拿破仑时代》,下卷,第 195 页。

帝国时期,法国工人的生存状况也没有明显改善。拿破仑政府对工人采取了高压管制的态度。共和十一年颁布的相关法律和1810年颁布的《刑法典》都延续了1791年《勒沙普利耶法》传统,严格控制工人集会和行会势力。地方各行其是,工人的权利得不到保障。比如约讷省(Yonne)省长把木排工人重新编组,对他们强行规定了运费标准。帝国政府为协调雇主与工人矛盾,于1806年3月18日创立劳资纠纷协调委员会(bureaux de conciliation)。这是一项创举。不幸的是,工人在委员会中没有代表。[①] 不过,拿破仑政府也颁布了若干完善工人工作状况的法律,比如1808年拿破仑着手改革,消除行乞行为,1813年规定不到十岁的儿童不能下矿井。但是由于财政紧张,收效甚微。以穷人为例,根据官方统计,巴黎穷困人口只增不减:1804年为87 000人,1807年98 000人,1810年为122 000人,1813年为103 000人。另外,当时巴黎平均有2万—3万的乞丐和流浪者。拿破仑应对这类社会问题,采取的措施和路易十四差不多:监禁、劳作与关押。《刑法典》将流浪判定为轻罪。根据共和八年的官方统计数据,帝国内有27 000名囚犯,其中乞丐收容所有5 000名苦刑犯和4 500名受禁闭者。[②] 不过,城市工人工资有所增加。1811年巴黎工人的平均工资增加了一倍。当然物价也在上涨,所以生活改善不多,但总体上工资的增加能够抵消一部分日常基本物资的消费,所以民众能维持生计。

结婚率有所提高。1812年新婚夫妇有220 000对,1813年增加到387 000对。但是,结婚率增加未必带来新生儿同比例增加,因为大多数人结婚是为了逃避兵役,而且由于革命规定了遗产分割继承制,所以越来越多的人选择小家庭模式。受上述原因影响,19世纪初人口增速开始

---

① 1791年,制宪议会创立类似组织。有关劳资纠纷协调委员会的组建及其影响,参见 Amalia D. Kessler, *Inventing American Exceptionalism:The Origins of American Adversarial Legal Culture 1800—1877*, New Haven: Yale University Press, 2017, pp. 200 - 262。

② 若兹·库贝洛:《流浪的历史》,曹丹红译,桂林:广西师范大学出版社,2005年,第252—261页。

放缓。巴黎每年新生儿平均只有2 5000—30 000人。帝国时期的法国人口当然增速很快,但这主要是因为领土扩张。1802年,法国人口为2 788万,1805年为2 892万,1815年为2 938万。[1] 但是,人口增加不能掩盖战争带来的损失。根据史家乌达耶(Jacques Houdaille)的精确统计,如果只算法国本土省份,不考虑征服地区,即只算89个省,那么帝国时期损失的士兵约有916 000人,若算上革命时期,1792—1814年法国损失人口共约140万人。战争对之后法国社会人口结构有持续影响,因为战争中丧生的大部分是育龄青年。这在一定程度上减缓了19世纪法国人口增速。[2] 1812年,法兰西帝国面积约75万平方公里,比一个世纪之前增加了将近25万平方公里,共有130个省。通过连年征服战争,新增的领土形成了两根分别向东北和东南方向延伸的触角。东北方向为由荷兰组成的9个省,还有北海沿岸由德意志各邦组成的另外四个省。帝国的版图从这里通过以卢卑克为首府的特拉弗河口郡直达波罗的海;东南边是瓦莱(Valais)、皮埃蒙特、利古里亚(Liguria)、帕尔玛、托斯卡纳和教皇属邦西部共15个省。这些新并入的省,保持其各自不同的建制,并未完全同化,比如伊利里亚尽管并入法国,却不算入130个省中。总之,除了较早合并的皮埃蒙特和利古里亚以外,拿破仑帝国体制只能在自然疆界的范围内正常推行。[3]

---

[1] André Armengaud, "Mariages et naissances sous le Consulat et l'Empire," *Revue d'histoire moderne et contemporaine*, T. 17ᵉ, No. 3, La France a l'époque Napoléonienne (Jul. - Sep. , 1970), p.390. 另见 Jacques Dupâquier, "Problèmes démographiques de la France napoléonienne," *Revue d'histoire moderne et contemporaine*, T. 17e, No. 3, (Jul. - Sep. , 1970), pp. 339 – 358; Jean-Noël Biraben, "La statistique de population sous le Consulat et l'Empire," *Revue d'histoire moderne et contemporaine*, T. 17e, No. 3, (Jul. - Sep. , 1970), pp. 359 – 372; Jean-Noël Biraben, "Mariages et naissances sous le Consulat et l'Empire," *Revue d'histoire moderne et contemporaine*, T. 17e, No. 3, (Jul. -Sep. , 1970), pp. 373 – 390。

[2] Jacques Houdaille, "Pertes de l'armée de terre sous le premier Empire, d'après les registres matricules," *Population*, Vol. 27, No. 1 (Jan. -Feb. , 1972), pp. 27 – 50。

[3] 勒费弗尔:《拿破仑时代》,下卷,第155页。

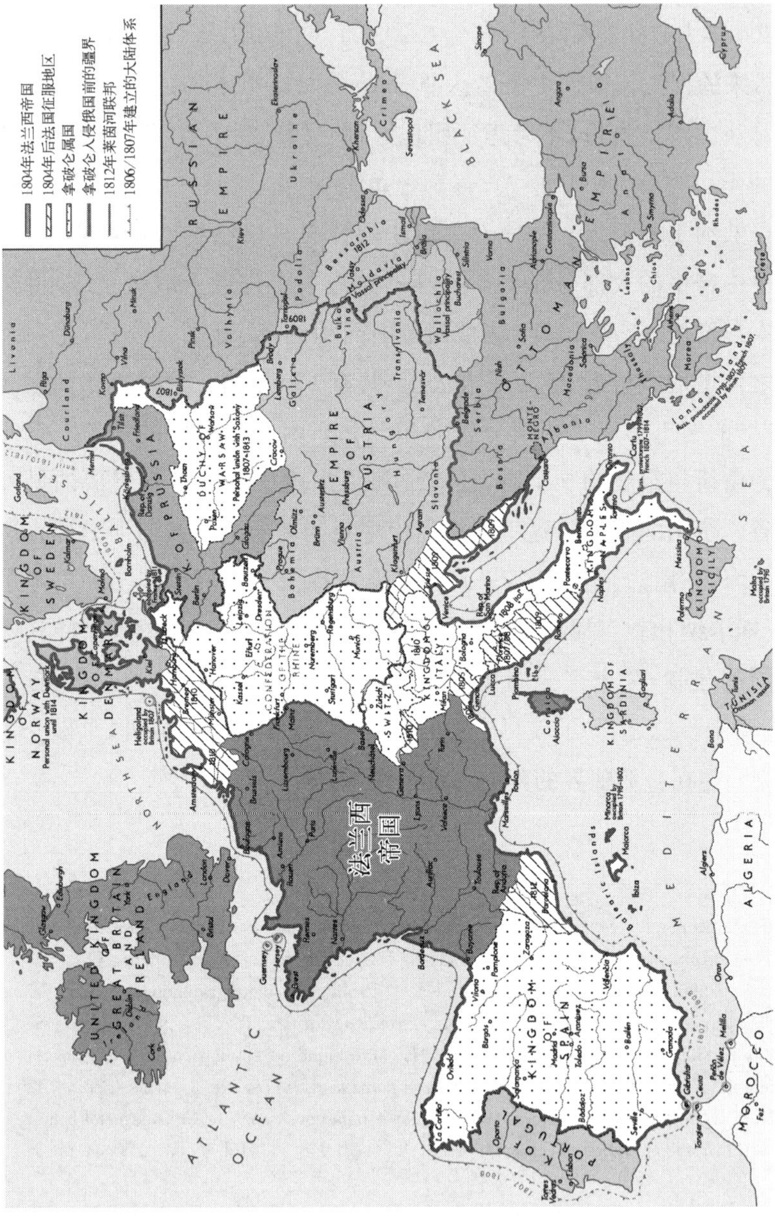

图 41 1812 年的欧洲

第五节　帝国的扩张与崩溃

从 1796 年拿破仑被任命为意大利军团指挥官开始,直至帝国崩溃,法国前后经历的大小战役有两千多场。史家施罗德(Paul Schroeder,1927—2020)形象地说道,1809—1811 年的欧洲"浑然像一座城堡"。[1]1811 年,帝国这一庞然大物的疆域达到了极限,在扩张过程中,军队无疑扮演了重要的角色。

拿破仑的军队继承革命遗产,同时也纠正了其弊端。革命时期,由于原先军队中贵族军官太多,以至于军队效忠很成问题,最初的解决办法是采取志愿兵役制。但是,志愿兵役制的问题是,一旦服满兵役,就自动回籍,无法应付瞬息万变的革命局势。于是,国民公会下令全民征兵,规定 18—25 岁男子都应入伍。督政府延续这一原则,但做了更合理化的规定。《茹尔当征兵令》规定 20—25 岁男子入伍,但免除已婚男子的兵役,同时考虑到经济财政原因,被征召的人可以出钱代役。但由于畏惧革命时期因征兵导致的叛乱,督政府在落实征兵令时不敢操之过急,结果征兵结果很不理想,实际征召 203 000 名士兵,最后到达营地的只有74 000 人。[2] 拿破仑在签订了《吕内维尔条约》后,着手对军队体系进行全面改革,前后花了四年时间,改组军事组织,完善征兵规范,重新审查和改进作战体系。拿破仑总体上忠实于法国革命的原则:混合编制和因功晋升始终是他的军队最重要的特征,但是相比之下,军队规模更为庞大,动员效率更高。

军事行政系统的改革主要有两方面。首先,1802 年,战争部(ministère de la Guerre)分解为两个部分:战争部(ministère de la

---

[1] P. W. Schroeder, *The Transformation of European Politics*, *1763—1848*, Oxford: Clarendon Press, 1994, p. 369.

[2] Jean-Paul Bertaud, *The Army of The French Revolution: From Citizen-Soldiers to Instrument of Power*, translated by Robert Parlmer, Princeton N. J.: Princeton University Press, 1988, p. 345.

guerre)和战争管理部(ministère de l'administration de la guerre)。战争部负责征兵、管理军队晋升与薪俸、行军和火炮等事务,由拿破仑的心腹贝尔蒂埃元帅、克拉克元帅(Henri Jacques Guillaume Clarke,1765—1818)掌管。战争管理部是一个后勤部门,负责军需物资供应。1802年改革前,战争部有500人,而改革后一度增至1 500人左右,人数超过其他任何一个部门。① 随着领土扩大,法国军区也在增加。1791年,法国有23个军区,1811年增加到32个,包括比利时、莱茵河左岸、皮埃蒙特、利古里亚、托斯卡纳、罗马、荷兰、汉堡以及在意大利王国的6个。按地理位置不同,军区面积有大有小,比如巴黎军区就涵盖了塞纳(Seine)、塞纳-瓦兹(Seine-et-Oise)、埃纳(Aisne)、塞纳-马恩(Seine-et- Marne)、瓦兹、卢瓦尔(Loiret)和厄尔-卢瓦尔(Eure-et-Loir)几省。②

　　拿破仑的征兵改革集中表现在将士兵征召置于他所设立的高度集权体制的管辖之下,对新兵的征召、体检以及其他相应环节做了更严格的规定,另外进一步明确军队晋升,为不少野心勃勃的青年人提供了出人头地的机会。就任执政官以来,拿破仑每年确定需征召士兵人数,分摊到各省,征兵起初由各省设立的征兵委员会(conseil de recrutement)负责,1805年以后完全由听命于皇帝的省长接管,由省长和副省长先列出适合征召的人员名单,然后通过抽签方式选择应召入伍的新兵。不过,出钱代役的做法被保留下来,所以被抽中的新兵可以由志愿兵代替入伍,即替换(substitution),也可以雇人代替,即顶替(remplacement)。③顶替的价格越来越高,到帝国中期,找一人顶替需要2000—3000法郎,这显然对富人很有利,他们可以轻而易举地把当兵的负担转嫁给穷人,从而改变了兵役制全民性的特点。帝国时期的征兵招人厌恶,因为新征

① 埃利斯:《拿破仑帝国》,第90页。C. H. Church, *Revolution and Red Tape：The French Ministerial Bureaucracy 1770—1850*, Oxford：Clarendon Press, 1981, pp. 270, 374.

② 参见 F. de Dainville and J. Tulard, *Atlas administratif de l'Empire français*, Genève：Droz, 1973, p. 12.

③ 勒费弗尔:《拿破仑时代》,上卷,第212—213页。

召的士兵未经训练就被送上战场,而且如果不受重伤就不能退伍。另外,随着帝国军队损失越来越严重,拿破仑越来越倾向于提前征召,就像征税一样,比如他在 1813 年 10 月征召了本应该在 1815 年应征入伍的人。只要帝国的行政体系健康无恙,征兵就不会有太大困难。1799—1812 年间,拿破仑一共征召了 130 多万人,1812—1813 年征兵数量急剧上升,两年高达 100 万人,尽管如此,实际上被征召的男子没有超过适龄男性总人口的 40%。最近的研究表明,执政府和帝国时期总共招募了260 万军人,不过真正入伍的人应该没有这么多。[①] 这些士兵有四部分来源,首先是 1789 年前的法国各省,约占总兵源的 1/3 到 2/5,剩余兵源中,大约 2/3 来自被占省份,1/3 来自附属国。除此之外意大利王国等地区也提供了大量兵源。[②]

尽管有强大的行政权力作为军队后盾,逃兵问题依旧很严重。勒费弗尔认为,法国入侵俄国失败后,违反军纪的问题才变得严重起来,而之前情况不算太糟,比如科多尔省的征兵记录表明 1806—1810 年间逃兵违纪者只占 3%。[③] 新近的研究更正了他的观点。小阿诺德(E. A. Arnold Jr)认为,1812 年之前,开小差、逃兵役的情况就已成为困扰当局的难题。根据他的统计,每年逃兵大约有 9 600 人,如果算上其他违规违纪行为,人数可能超过 15 000。[④] 据福雷斯特(Alan Forrest)估算,革命到帝国时期,当逃兵以及拒绝入伍(insoumission)的人可能超过

① O. Connelly (ed.), *Historical Dictionary of Napoleonic France*, *1799—1815*, Westport, Conn. : Greenwood Press, 1985, p. 126. Alan Forrest, *Conscripts and Deserters*: *The Army and French Society During the Revolution and Empire*, pp. 20 - 42. 史家罗森博格(G. E. Rothenberg)认为真正入伍的可能只有 150 万人,参见 G. E. Rothenberg, *The Art of Warfare in the Age of Napoleon*, Bloomington: Indiana University Press, 1978, pp. 134 - 135。

② 埃利斯:《拿破仑帝国》,第 100 页。勒费弗尔的估计略偏高,他认为约有 3/4 士兵来自旧法国,参见勒费弗尔《拿破仑时代》,上卷,第 214 页。

③ 勒费弗尔:《拿破仑时代》,下卷,第 214 页。

④ E. A. Arnold Jr, "Some Observations on the French Opposition to Napoleonic Conscription, 1804—1806," *French Historical Studies*, Vol. 4, No. 4 (Autumn, 1966), pp. 452 - 462.

10万人。① 不过,这些统计并不完全可靠,因为帝国时期战争部所掌握的逃兵情况基本依赖地方上报,而虚报谎报的情况比比皆是。

军队依旧采用1793年确立的混编原则(loi de l'amalgame)。② 所谓混编,简单地说,就是新兵部队分成小股奔赴前线,一旦编入团队,他们就和久经战场的老兵混合编制在一起,在行军和战斗中学习作战技能。拿破仑的军队有其自身的独特性,因为征召仓促,没有时间训练,混编能让士兵尽快在战斗中受训。弊端在于军纪很差,因为军官和士兵都觉得操练没有价值。拿破仑尽管对此时有不满,但是更看重士兵的士气,最关心士兵是否渴望战斗,是否能够奋不顾身地投入战斗。诞生于革命时期的集体精神——对不平等的仇恨,对共和的热爱——尽管在衰退,但依旧是拿破仑军中最宝贵的精神财富。拿破仑也依靠他自身的魅力,使帝国的扩张战争依旧能够得到民众的支持。③

能够维持这样一种士气,原因之一在于军队能够为很多有抱负的人提供晋升机会。④ 从革命到帝国,无论是显贵名流,还是受封的帝国贵族,因军功晋升的人占了很大的比例。比如1804年任命的18位帝国元帅(包括4位荣誉元帅),其中只有5人是贵族出身,1809年以后任命的元帅中只有2人可以算得上贵族。史家西克斯(Gegorges Six)对革命和帝国时期的各级军官进行了全面统计。1789—1815年,法国陆军中有2 248名将军,其中90%是法国人。西克斯发现,这些军官中,除去100人身份不明外,有632人(约占总数28%)出身于旧制度的贵族,其中214人有贵族封号(约占总数1%),1 516人(约占总数67%)出身于普通家庭。贝尔托分析了在1800年及其以后任命,并且在1814年时仍在职的

---

① Alan Forrest, *Conscripts and Deserters*: *The Army and French Society During the Revolution and Empire*, pp. 70 - 71.

② Jean-Paul Bertaud, "Notes sur le premier amalgame (février 1793-janvier 1794)," *Revue d'histoire moderne et contemporaine*, T. 20ᵉ, No. 1, Études d'histoire militaire (XVIIᵉ-XXᵉ siècles) (Jan. - Mar., 1973), pp. 72 - 83. 勒费弗尔,《拿破仑时代》,下卷,第214—215页。

③ 勒费弗尔:《拿破仑时代》,下卷,第214—215页。

④ 下述情况分析埃利斯《拿破仑帝国》,第93—94页。

上尉、中尉和少尉,总计 480 人,其中不到 5％出身于旧制度时期的贵族家庭,0.5％来自帝国时期的贵族,22.1％来自非贵族身份的土地所有者,其余为有产者或农民:9.6％为食利者,9.3％为农民,8.7％为小商人,8.4％为律师,军人家庭占 7.2％,8.7％为手工业者,6.9％为商人等。① 由此可见,在帝国时期,军队是社会晋升的重要途径。

战争的性质也发生了重要的变化。首先,战争不再是王朝战争,而是民族战争。克劳塞维茨(von Clausewitz,1780—1831)敏锐地注意到,自 1793 年法国革命政府颁布《全民征兵法》之后,"战争再一次变成人民的事情,变成了 3 000 万人民的事情,每个人都把自己看作是国家的公民……所有这一切都经拿破仑之手完善之后,这支以全民族力量为基础的强大军事力量就踏遍了欧洲,确确实实地粉碎了一切……因此自从拿破仑时代以来,战争首先在一方,然后在另一方成了全民族的事情,具有一种全新的性质"。相应的,战争不是为了攻城略地,而是彻底将敌人制服:"把敌人打倒,不到敌人颓然倒地就绝不可能住手或在双方战争目的上达成任何谅解。"②正因为战争变成了全民战争和全面战争,所以征兵规模和作战规模也出现了史无前例的扩大。18 世纪最骁勇善战的普鲁士军队也只有 8 万人,而拿破仑征召的士兵以百万计。战场规模扩大。自西班牙王位继承战争以来,18 世纪战场上作战双方投入的军队总人数基本不会超过 10 万,比如莫尔维茨会战(1741 年)约为 5 万人,1800 年爆发的马伦哥会战双方作战总人数不超过 6 万人。但在帝国时代,情况出现明显改变。拿破仑在乌尔姆会战投入兵力接近 20 万人,奥军则接近 10 万人。滑铁卢战场上聚集了 25 万人。军事史家所谓的武装集群

① J.-P. Bertaud, "Napoleon's Officers," *Past & Present*, No. 112 (Aug., 1986), pp. 91 - 111.

② 克劳塞维茨:《战争论》,中国人民解放军军事科学院译,北京:商务印书馆,1982 年,第 874—876 页。译文参考克劳利等编《新编剑桥世界近代史》,第 9 卷,第 81—83 页。

(armed horde)的时代由此开始。[①]

　　但是,这并不意味着战争死伤人数有同样比例的上升。长期以来,人们对帝国时期死于战场的人总是会用一种令人恐怖的笔调加以描述,这在很大程度上受到了 19 世纪那些保守史家的影响。泰纳说执政府和帝国时期死了 170 多万人。事实上并非如此,1800 年到 1815 年间实际损失可能不到 100 万人,约占总数的 40％,而且其中有 1/3 是失踪。这个数字还要加上从 1789 年以后法国新吞并的疆域内征召的大约 20 万法国人,以及从盟国和属国中征召的大约 20 万人。尤其不应忘记的是,阵亡人数仅占死亡总数的一小部分,在奥斯特里茨战役中阵亡 2％,滑铁卢战役中阵亡率最高,可能为 8.5％。[②]

　　死亡人数不多,主要同武器有关。军事史家缪尔(Rory Muir)提供了一个有意思的统计:1806 年的萨尔费尔德战役(Battle of Saalfeld)中,据说法国步兵总共使用了 20 万发子弹,普鲁士伤亡约 900 人。假设伤亡总数中有 2/3 是由法国火枪造成的,约 600 人,那么每射出 333 发子弹就有一人伤亡。[③] 由此可见,战争死伤人数不大,主要是因为武器改进速度比较慢,杀伤力有限。[④] 滑膛枪(musket)是步兵的主要装备,已经使用了将近一个世纪。这种武器的有效射程只有 200 码(约合 182.89

①　克劳利等编:《新编剑桥世界近代史》,第 9 卷,第 89 页。Hoffman Nickerson, *The Armed Horde, 1793—1939: a Study of the Rise, Survival, and Decline of the Mass Army*, New York: G. P. Putnam's Sons, 1942.

②　勒费弗尔:《拿破仑时代》,上卷,第 222—223 页。

③　Rory Muir, *Tactics and the Experience of Battle in the Age of Napoleon*, New Haven, Conn. : Yale University Press, 1998, p. 82.

④　关于拿破仑时代的军事与战争技术的通论研究,参见克劳利等编《新编剑桥世界近代史》,第 9 卷,第 81—121 页。Rory Muir, *Tactics and the Experience of Battle in the Age of Napoleon*, New Haven, Conn. : Yale University Press, 1998. Brent Nosworthy, *With Musket, Cannon, and Sword: Battle Tactics of Napoleon and His Enemies*, New York: Sarpedon, 1996. Paddy Griffith, *The Art of War of Revolutionary France*, London: Greenhill Books, 1998. 这三本著作在技术分析方面或多或少存在某些问题,不过缪尔的研究更全面。更专业的研究可以参考 Kevin F. Kiley, *Artillery of the Napoleonic Wars*, London: Greenhill Books, 1998. 此书更详细地分析了武器设计、制造与使用。

米),误差也很大,只有近距离时才能产生有效的杀伤力。^① 一门 12 磅火炮的有效射程是 3 500 码(约合 3 200 米),但是因为没有膛线,火药比较粗,又是炮口填药,所以精度很差。18 世纪惯用的做法是降低口径,改进旋膛工艺,减少游隙,增加准确性。这套做法为 18 世纪中叶法国的军事家格里博瓦尔所创,后经炮兵军官迪泰尔(Jean de Beaumont du Teil,1738—1820)改良,并在他创作的《野战中新式火炮的使用》一书中加以详述。^② 拿破仑曾在迪泰尔手下任中尉,有效地把理论化为作战实践,火炮不再是为了干扰,而是成为配合骑兵冲锋的有效武器。炮兵在拿破仑帝国时期的重要性越来越突出。平均而言,1805—1806 年,军队中每一千人配备两门大炮,到 1812 年每一千人配备三门半。拿破仑对骑兵也进行了改革。^③ 重骑兵数量减少,普通骑兵和轻骑兵增加,部分编入军队,部分与重骑兵混编,作为战场上的后备突击力量,这在乌尔姆战役和耶拿战役中发挥过重要作用。步兵作战方式也有明显改变。传统上,步兵一般在战争开始时会横向排列,然后一起开火或顺排开火。这种作战方式的前提是士兵必须训练有素,但是帝国时期,征召的新兵几乎没有时间训练,很大程度上依靠个人士气和勇气作战。所以,法国军队很少用上这种横向排列的方式,大多采用散兵作战、密集纵队或是纵队横队结合的方式。^④ 这些作战方式的优点是能适应更复杂的地形,而且能发挥不同形式的优势,比如散兵能有效骚扰敌人阵形,配合横列,能阻挡敌人进攻,后备突击力量能冲破敌军防线,不足之处在于如果遭遇训练有素、顽强抵抗的步兵横队,损失可能会很惨重。这就是滑铁卢战场上所发生的情况。^⑤

拿破仑时代,军需问题有一定改善,但进步不大。旧制度时候的战

① Rory Muir, *Tactics and the Experience of Battle in the Age of Napoleon*, pp. 58 - 59, 76 - 85.
② Chevalier du Teil, *De l'usage de l'artillerie nouvelle dans la guerre de campagne*, Metz: Chez Marchal Libraire, 1778.
③ Rory Muir, *Tactics and the Experience of Battle in the Age of Napoleon*, pp. 29 - 50.
④ Rory Muir, *Tactics and the Experience of Battle in the Age of Napoleon*, pp. 68 - 104.
⑤ 克劳利等编:《新编剑桥世界近代史》,第 9 卷,第 89 页。

争,不存在现代意义上的后勤军需系统。一般来说,很少有国家事前会准备好充足的军用物资,一般都是战争爆发前后,军需供应商开始搜集物资,不问价格贵贱,因为转手卖给国王或某位贵族,必然是一笔好生意。之所以会依赖于承包商来提供军需,主要是因为国家财力有限。这正是拿破仑建立战争管理部的目的所在。但是,国家生产能力毕竟有限,战争管理部无法为拿破仑大军筹集足够的武器与粮食。士兵很难准时拿到每天的口粮和一份肉。武器供应更是跟不上需求。大军大约需要300万支滑膛枪,但是1805年法国只能生产146 000支。火炮供应更加不足,很大程度上只能依靠掠夺敌人的军械。除了生产力不足之外,拿破仑大军常常出奇制胜,对行军速度有很高要求。一般来说,平均每天行进20公里。在乌尔姆战役前,更是以13天行军480公里的速度奔赴战场,而敌军主帅马克预期法军需要花上80天。由于辎重势必拖累大军,所以大军携带的军需不会很多,一般采用就地征集的方式。贝尔蒂埃元帅曾就此问题向内伊(Michel Ney,1769—1815)抱怨:"在皇帝发动的进攻战争中,根本不存在仓库,完全要依靠军官在行军经过的地区寻找给养。"①拿破仑在1796年3月接管衣衫褴褛、饥饿不堪的意大利远征军时,就鼓舞他们,出路在于征服米兰和富庶的伦巴第平原。很多士兵只穿着一双鞋就强渡了莱茵河,1806年奔赴耶拿战场的士兵连大衣都没有。但是,拿破仑凭借他出色的天赋,惊人的毅力,以及超乎常人的激情与机智有效地调动起庞大军队,以敌人完全无法想象的速度驰骋在欧洲战场。

　　大约从1801年开始,拿破仑筹划入侵英国本土。皇帝之所以这么考虑,是因为他觉得无论是封锁大陆,还是海战,可能都无法让英国彻底投降。他把一支35万人的部队集结在距离英伦三岛仅34公里的布伦,谋划

---

① 转引自 Charles Antoine Thoumas, *Les transformations de l'armée française : essais d'histoire et de critique sur l'état militaire de la France*, Tome 1, Paris: Berger-Levranit et cie, 1887, p. 55。另见 Colmar von der Goltz, *La nation armée, organisation militaire et grande tactique modernes*, Paris: Hinrichsen, 1884, p. 415。

登陆英国。此即赫赫有名的大军(Grande Armée),其中 1/4 的士兵参加过法国革命期间所有战争,指挥官包括参加过北美独立战争的贝尔蒂埃元帅、有铁帅(Le Maréchal de fer)之称的达武元帅(Louis-Nicolas Davout,1770—1823)以及茹尔当元帅。[1] 因为种种原因,布伦登陆计划宣告破产,而与此同时,欧洲各国正在酝酿再一次结成对抗法国的军事同盟。[2]

英法反目成仇是促成第三次反法同盟(1805 年)组建的关键因素,因为如果没有英国公开与法国为敌,欧洲大陆那些仇视拿破仑的君主不太可能拿起武器,与之对抗。这些王公贵族把拿破仑称为篡位者、科西嘉人,甚至是罗伯斯庇尔的继承者。另一个关键因素是法俄关系恶化。1803 年之前,法俄的良好关系一直都是拿破仑外交政策的基石。但是,沙皇亚历山大一世性格多疑,刚愎自用,虽然多次与法国结盟,但始终无法接受拿破仑崛起这一事实。他自视为欧洲救世主,认为法国攻占汉诺威和那不勒斯是对俄国的羞辱。1804 年 9 月,法俄断交。1805 年,在普罗旺斯伯爵的恳请下,亚历山大不顾米哈伊尔·库图佐夫(Illarionovich Golenishchev-Kutuzov,1745—1813)的反对,一意孤行,决定与法国开战。当时,英国内阁更替。小皮特接替阿丁顿担任首相,这也为英俄结盟奠定了基础。普鲁士原本想保持中立,利用英法争雄的机会,称霸北德意志地区,如有可能,重新占领汉诺威。但是,在同拿破仑谈判之后,普鲁士觉察到,即便能重占汉诺威,它也必然会付出极为沉重的代价。另外,拿破仑在德意志地区频频调动军队,这让包括普鲁士在内的大部分中立国家倍感恐慌。1804 年 4 月普法谈判破裂,但普鲁士仍旧选择中立。[3] 奥地利起初的

[1] Jean-Claude Damamme, *Les soldats de la grande armée*, Paris: Perrin, 2002. Michael Hughes, *Forging Napoleon's Grande Armée: Motivation, Military Culture, and Masculinity in the French Army, 1800—1808*, New York: New York University Press, 2012.
[2] 有关第三次反法同盟的组建,参见 Frederick Schneid, *Napoleon's Conquest of Europe: the War of the Third Coalition*, Westport, Conn.: Praeger, 2005。
[3] Frederick Schneid, *Napoleon's Conquest of Europe: the War of the Third Coalition*, pp. 58 - 59.

选择与普鲁士一样,首鼠两端,既不敢得罪法国,又不断向英国和俄国索取援助。[1] 最终,拿破仑称帝后,弗朗茨二世改变了主意。

　　帝国扩张分为以下四个阶段,首先是削弱和击败奥地利。[2] 拿破仑以出人意料的速度向奥地利进军,仅用 13 天,行军 480 公里,聚集了 19 万人,于 1805 年 10 月 20 日在德意志境内的乌尔姆(Ulm)迫使奥军主帅马克(Karl Mack,1752—1828)投降。六周后,即 12 月 2 日,拿破仑与俄皇亚历山大一世、神圣罗马帝国皇帝弗朗茨二世[3]在摩拉维亚的奥斯特里茨(Austerlitz)正面交锋,此即奥斯特利茨战役(Battle of Austerlitz),又称三皇会战。[4] 此次战役,拿破仑出动最精锐的部队 75 000 人,联军人数超过 8 万人。结果,法军死伤 8 000 人,被俘 573 人,联军死伤 15 000 人,12 000 人被俘。俄军撤退,法国和奥地利于 12 月 26 日签订《普雷斯堡条约》(Treaty of Pressburg),为拿破仑重组意大利铺平了道路。

　　事实上,重组意大利在拿破仑任总督时就已启动。他将共和制度和共和精神传播到亚平宁半岛,于 1798 年 2 月建立法国的第一个卫星国罗马共和国(Roman Republic),同年年底兼并皮埃蒙特(Piedmont),次年 1 月在那不勒斯建立帕特诺珀共和国(Neapolitan Republic)。[5] 这些共和国大体上仿效法国共和三年宪法,制定了新宪法。就连原先执行寡头制的卢卡(Lucca)也受到了影响。当最后一个卫星共和国帕特诺珀共和国 (Parthenope republic,1799 年 1 月 26 日)成立时,第二次反法同盟已经组建。这些立足未稳、根基尚浅的共和国很快出现了内乱。在《吕内维尔条约》签订以后,亚平宁半岛再度重整,分成三块,北部为意大利

---

[1] Frederick Schneid, *Napoleon's Conquest of Europe: the War of the Third Coalition*, p. 65.

[2] 有关拿破仑扩张过程,下文叙述参考埃利斯《拿破仑帝国》,第 83—88 页。

[3] 弗朗茨二世当时已称皇奥地利,是为弗朗茨一世,所以他的正式头衔应是弗朗茨二世及一世。

[4] Scotty Bowden, *Napoleon and Austerlitz: The Glory Years 1805—1807*, Chicago, Illinois: The Emperor's Press, 1997. Robert Goetz, *1805 Austerlitz. Napoleon and the Destruction of the Third Coalition*, London: Greenhill Books, 2005.

[5] S. Woolf, *A History of Italy 1700—1860: The Social Constraints of Political Change*, London; New York: Routledge, 1991.

共和国(Italian Republic),中部为教皇国,南部为那不勒斯。拿破仑称帝后,意大利共和国变成意大利王国。1805年5月26日,拿破仑在米兰加冕,任命他的继子博阿尔奈为新王国总督。① 第三次反法同盟期间,意大利又一次重组:帝国于1806年合并了维尼西亚(Venetia),于1808年合并乌尔比诺(Urbino)、马切拉塔(Macerata)、安科纳(Ancona)、卡梅里诺(Camerino)这几个教皇国控制的地区。1809年7月5--6日第三度击败奥地利后,签订了《申布伦条约》(Treaty of Schonbrunn,10月14日),特伦蒂诺(Trentino)和南蒂罗尔(Tyrol)被割让给意大利。1806年3月,法国从失势的波旁家族手中得到那不勒斯,组成新的属国,国王为约瑟夫·波拿巴,但益格鲁-波旁家族仍然控制着西西里。1808年5月,帕尔玛和伊特鲁利亚王国(Etruria)重组为4个省,并入帝国。此前,伊特鲁利亚王国自1801年起一直属于西班牙。这次兼并惹恼了托斯卡纳(Tuscany)的爱国人士,因此,次年拿破仑抛出橄榄枝,建立托斯卡纳大公国,委托其妹埃利兹(Elisa Bonaparte,1777—1820)和妹夫巴乔基亲王(Felice Pasquale Baciocchi,1762—1841)来管理,但仍是帝国的一部分。除去1808年2月被占领的部分,教皇国剩下的地方于1809年5月17日被正式吞并。1810年2月17日,罗马成为帝国第二大城市。②

　　帝国扩张的第二阶段是重新整合莱茵河地区的邦国。第三次反法同盟结束后,欧洲局势再度发生变化。英国和俄国分别表现出与法国和谈的意愿,当然各有各的动机。对英国来说,主战派遭受灭顶之灾、小皮特于1806年初忧愤而死,都成为扭转外交政策的直接原因。俄国需要考虑奥斯曼的影响,于是准备将重心放在东方。当两国使者分别开始与拿破仑谈判时,皇帝改变了主意。他原本想联合英国,孤立俄国,现在决定向俄国做出让步,联合俄国一起对付英国,因为毕竟英国是法国最可

---

① Ambrogio Caiani, "Ornamentalism in a European Context? Napoleon's Italian Coronation, 26 May 1805," *The English Historical Review*, Vol. 132, No. 554 (February 2017), pp. 41 - 72.

② 埃利斯:《拿破仑帝国》,第83—84页。

怕的敌人。俄国也有意向法国妥协,因为法国对德意志地区用兵,奥地利很可能遭遇灭顶之灾,俄法之间便失去了一块重要的战略缓冲地。1806 年 7 月 12 日,法国和神圣罗马帝国签订《莱茵邦联条约》(Rheinbundakte),成立了莱茵邦联(Confederation of the Rhine)。这让俄国最终下定决心与法国签订和约。[1] 1806 年 8 月 6 日,弗朗茨二世宣布放弃神圣罗马帝国的称号,仅保留奥地利帝国的帝号,神圣罗马帝国正式灭亡。[2] 拿破仑认为德意志问题已经得到了解决,准备把大军撤出德意志地区。此时,他得到消息,普鲁士因为莱茵邦联组建,决定与法国为敌。沙皇得知此事,决定撕毁与法国的和约,与普鲁士联手。所以,德意志境内邦国的重新组建,是第四次反法同盟诞生的直接原因。

事实证明,第四次反法同盟(1806—1807)不堪一击。普鲁士的作战能力已大不如前,但仍然十分自负,不等盟军支援,就擅自渡过易北河,结果为拿破仑各个击破创造了条件。在耶拿-奥尔施泰特会战(Battle of Jena-Auerstedt,1806 年 10 月 14 日)中,普鲁士大败。弗里德里希—威廉三世投降,于 10 月 30 日签署和约,割让整个易北河以西的普鲁士领地[3],支付 3.11 亿法郎战争赔款,并负担法国军事占领的费用。拿破仑则乘势稳定并扩大莱茵邦联,萨克森王国(Saxony)和威斯特伐利亚王国陆续加入。法军稍作调整,在埃劳会战(Battle of Eylau,1807 年 2 月)和弗里德兰战役(Battle of Friedland,1807 年 6 月 14 日)中两度击败俄军,迫使俄国于 7 月 9 日与法国签订《蒂尔西特和约》(Treaty of Tilsit)。《蒂尔西特和约》将欧洲一分为二,法国主宰西欧、中欧和中南欧,俄国主宰东欧和东南欧。威斯特伐利亚王国是支撑《蒂尔西特和约》的西部防线,拿破仑在东部的缓冲地则是新的华沙公国。该公国于 1807 年 7 月 22 日在波兰土地上成立,被拿破仑委托给盟友萨克森国王腓特烈·奥古

---

[1] P. W. Schroeder, *The Transformation of European Politics 1763—1848*, pp. 317 - 318.

[2] B. Simms, *The Struggle for Mastery in Germany*, *1779—1850*, New York: St. Martin's Press, 1998,第三章。

[3] 阿尔特马克(Altmark)除外。

斯特(Frederick Augustus,1750—1827)。①

　　帝国扩张的第三阶段是深入伊比利亚半岛和亚德里亚腹地。拿破仑一直窥伺葡萄牙,因为这里集中了英国的大量商业资本,同时也是英国商人走私和舰队据点。从德意志战场回到巴黎,拿破仑旋即组织远征军,1807 年 10 月 12 日派朱诺元帅征伐葡萄牙,人数很少,但基本没有遇到抵抗,11 月 30 日朱诺率军进入里斯本,索要 1 亿法郎赔款。1808 年 2 月,朱诺被任命为总督,布拉冈萨王室逃往巴西。② 拿破仑原本借着入侵葡萄牙的机会进军西班牙,但是 1808 年 3 月 17—18 日,阿兰胡埃斯(Aranjuez)发生暴动,军队反叛,国王费尔南多七世(Fernando Ⅶ,1784—1833)退位。拿破仑闻讯,亲自前往巴约讷(Bayonne),同时召集西班牙王室,并从查理四世手里得到西班牙王位。拿破仑于 6 月 15 日—7 月 7 日召开政务会(junta),与会者都是经过精心挑选。新的属国西班牙王国建立了,并且拥有一部法国式的宪法。③费尔南多七世被废黜,约瑟夫·波拿巴取而代之。④ 1809 年底,在奥地利败于瓦格拉姆(Wagram)后的数月,拿破仑将包括的里亚斯特港(Trieste)和阜姆港(Fiume)在内的伊斯特拉(Stria)全境、达尔马提亚(Dalmatia)以及卡尼奥拉(Carniola)、克恩滕(Carinthia)和克罗地亚(Croatia)的一部分从哈布斯堡王朝中分离出来,组成所谓的伊利里亚诸省(Illyrian Provinces),这是一个从罗马帝国借来的名称。⑤

① 参见勒费弗尔《拿破仑时代》,上卷,第 260—270 页。
② 勒费弗尔:《拿破仑时代》,下卷,第 15—19 页。
③ 关于这个过程,参见 G. H. Lovett, *Napoleon and the Birth of Modern Spain*, 2 vols, New York: New York University Press, 1965。
④ Owen Connelly, *The Gentle Bonaparte: A Biography of Joseph, Napoleon's Elder Brother*, New York: Macmillan, 1968.
⑤ Frank Bundy, *The Administration of the Illyrian Provinces of the French Empire*, 1809—1813, New York: Garland Pub, 1987. Alexander Grab, *Napoleon and the Transformation of Europe*, New York: Palgrave Macmillan, 2003, pp. 152 - 174. Reinhard Stauber, "The Illyrian Provinces," in Michael Broers, Peter Hicks & Agustin Guimerá eds. , *The Napoleonic Empire and the New European Political Culture*, New York: Palgrave Macmillan, 2012, pp. 241 - 253.

　　帝国扩张的第四个阶段是加强对北欧的控制。1810 年初,被法国占领的汉诺威余境正式割让给威斯特伐利亚王国,但是当年 12 月其中最富饶的地区分离出来,纳入拿破仑的特别财政署(domaine extraordinaire)管理。1810 年 4 月,莱茵河共和国的荷兰部分重组为两个省,并入帝国,三个月后,荷兰国王逃亡波西米亚,荷兰余境也归入拿破仑统治。英国又失去了一块重要的商业市场。1810 年 12 月—1811 年 1 月,包括汉堡、不来梅和吕贝克在内的汉萨同盟以及奥尔登堡大公国也被吞并了。瑞典原本在 1810 年初就加入了大陆体系。1810 年 5 月,瑞典出现继承危机,卡尔十三世(Karl XⅢ,1748—1818)指定的继承人去世。拿破仑在斯德哥尔摩亲法派的邀请下,予以干涉。贝尔纳多特元帅耍了手段,如愿以偿地成为瑞典国王。

　　拿破仑称帝后,考虑最多的自然是继承人问题,他与约瑟芬·德·博阿尔奈(Joséphine de Beauharnais,1763—1814)的婚姻必须结束。在签订《蒂尔西特和约》之后,拿破仑便开始向亚历山大一世试探。沙皇性格迟疑,始终不愿表态。[1] 精明睿智的奥地利外交官梅特涅(von Metternich,1773—1859)觉察到,这是为哈布斯堡家族复仇的好机会,因为若能促成法奥联姻,便能使法俄反目成仇。在他的极力斡旋下,法奥签订婚约,拿破仑迎娶 19 岁的玛丽·路易丝(Maria Louise,1791—1847),并于 1810 年 4 月 2 日在卢浮宫举行婚礼。次年 3 月 20 日,拿破仑二世(Napoléon Ⅱ,1811—1832)出生,封罗马王(Roi de Rome)。此时,帝国疆域达到了顶峰。

　　诚如梅特涅所预料,这桩婚姻加速了法俄关系的决裂。[2] 当然,这只是诱因。沙皇和拿破仑都清楚,为争夺欧陆霸权和东方霸权,法俄必有一战。拿破仑从 1811 年开始为征伐俄国做准备。他将超过 61.1 万人的大军以及大量后勤军需物资集结在东普鲁士。这支大军是拿破仑征

---

[1] Alan Palmer, *Metternich*: *Councillor of Europe*, London: Orion, 1972, pp. 72 - 77. P. W. Schroeder, *The Transformation of European Politics 1763—1848*, pp. 405 - 406.
[2] 有关法俄战争,基本框架参考勒费弗尔《拿破仑时代》,下卷,第 145—154 页。

服欧洲的最生动的写照。军中,大约有 20 万老法国人(即出生在 1789
年之前的法国疆界中),10 万人来自新征服的省区,包括荷兰人、比利时
人、德国人、瑞士人或意大利人。剩余 31.1 万人中,有 13 万人来自莱茵
邦联,还有 9 万波兰人和立陶宛人,2.7 万意大利人和伊利里亚人,5 000
那不勒斯人(皇家卫队),9 000 瑞士人,最后还有 3 万奥地利人和 2 万普
鲁士人。与大军一同行进的还有 2 000 门火炮、25 万匹马和 2.5 万辆
车。① 另外,拿破仑还试图孤立俄国,不过这项计划最终失败。俄国由于
深陷财政危机,赤字高达一亿卢布,纸币贬值了 5/6,所以没有能力趁拿
破仑集结队伍时,发动突然袭击。亚历山大一世选择了秘密外交。沙皇
从 1811 年 2 月开始,分别试探瑞典、普鲁士、奥地利等国的态度。普鲁
士十分犹豫,终不敢投靠沙皇。奥地利原本答应为拿破仑提供 3 万大
军,但在 1812 年 6 月 2 日与沙皇签订秘密条约,保证任何情况下绝不出
兵。贝尔纳多特对拿破仑素有二心,加上达武元帅的封锁对瑞典经济造
成严重打击,所以在 1814 年 4 月间与沙皇签订了多份协定。1811 年 10
月,俄土战争已见分晓,两国于次年 1 月开始和谈。拿破仑原本十分确
信瑞典和土耳其会投靠他的阵营,结果他的盟友却成了他的敌人。

　　1812 年 5 月,大军集结于华沙公国,共计 61 万人,兵分三路。拿破
仑亲自在东普鲁士指挥 25 万人的北方军,他的弟弟热罗姆率领在波兰
的南部军队,共 8 万人。在他们之间是博阿尔内指挥的第三方面军,约 8
万人。麦克唐纳德(Etienne-Jacques-Joseph-Alexandre MacDonald,
1765—1840)军的 3 万人和瓦滕堡伯爵(Johann Yorck von Wartenburg,
1759—1830)率领的 2 万普鲁士人守卫大军的北翼。3 万奥地利人在卡
尔·冯·施瓦岑贝格亲王(Karl von Schwarzenberg,1771—1820)的带
领下,守卫大军的南翼。大军于 1812 年 6 月 22 日渡过涅曼河。拿破仑
原计划利用热罗姆的军队诱使俄军出击,他自己则指挥主力,迂回到敌
军右侧,击溃敌军,这样一来,便能在波兰境内结束战争。所以,他一直

---

① Owen Connelly, *The Wars of the French Revolution and Napoleon*, p. 170.

把侵俄战争称为第二次波兰战役。[①] 正因为如此,大军携带的面粉干粮并不多。可是,俄国对拿破仑的计划了如指掌。在陆军元帅巴克莱·德托利(Michael Barclay de Tolly,1761—1818)建议下,沙皇迅速将俄军撤回至涅曼河以东320公里的德维纳河(River Dvina)地区。亚历山大告诉他的指挥官:"我们必须以争取时间和尽可能延长战争为目标。"[②]

拿破仑孤军深入,等待他的不是俄军,而是炎热的白天、寒冷的夜晚。道路泥泞难行,生病的士兵不可胜数,逃兵现象十分严重,三周内超过10万人离队。大量的马匹死亡。据说,最多一夜之间死了8 000匹马。广阔的平原上人迹罕至,行军数个小时也看不到任何村庄,只能在荒野过夜。拿破仑的随军秘书科兰古(Louis de Caulaincourt,1773—1827)很形象地把军队比作大海里的船:"找不到居民,抓不到俘虏,一个散兵游勇都没有。没有间谍……如果允许我这样比喻的话,我们就像一艘没有指南针的船,在茫茫大海中,对周围发生的事情一无所知。"军队缺少补给,士兵饥渴难耐,自杀的人比比皆是。科兰古回忆道:"每天我们都会听到公路附近的树林里传来孤声枪响。"[③]在这片广袤无边的土地上,法军的优势完全发挥不出来,骑兵还没有找到敌人就已经筋疲力尽。

在抵达圣彼得堡之前,法俄两军只发生过两次大规模的冲突。8月15日,在斯摩棱斯克战役中(Battle of Smolensk),法军迎击之前从热罗姆和达武的围攻中侥幸逃过的巴格拉季昂(Pyotr Bagration,1765—1812)率领的第二军,伤亡惨重。巴格拉季昂焚城后撤退。9月7日,拿破仑与库图佐夫在博罗季诺(Borodino)相遇并展开会战。这是自公元前216年坎尼会战以来,世界范围内单日伤亡最为惨烈的一场战役。法军人数约为13.5万,伤亡3万—3.5万人。俄军约为15.5万,伤亡为4

[①] 在拿破仑眼里,第一次波兰战役以《蒂尔西特和约》签订宣告结束。参见 Philip Dwyer, *Citizen Emperor:Napoleon in Power*, New Haven, CT:Yale University Press 2013, p. 371。

[②] 转引自 Philip Dwyer, *Citizen Emperor:Napoleon in Power*, p. 374。

[③] 转引自 Philip Dwyer, *Citizen Emperor:Napoleon in Power*, p. 376。

万—5 万人。拿破仑的表现令人难以置信,犹豫不决,多次错失良机。据说,他患病了,可能得了弗洛里希综合征(Fröhliches Syndrome),也可能是尿毒症。另一方,沙皇撤至圣彼得堡。库图佐夫在菲利会议(Council at Fili,1812 年 9 月 13 日)上与其他指挥官共同决定,放弃莫斯科。

1812 年 9 月 14 日下午两点左右,拿破仑进入莫斯科城。对西方人来说,这种东方的帝都就像是《一千零一夜》里的城堡,充满奇幻色彩,是一座"耸立在一片荒芜和不毛之地尽头"的伟大城市。士兵们越是靠近莫斯科,越是兴奋:"突然,前面的纵队里响起了一阵呐喊声。我们挤在一起,我们匆匆前行,然后众多的声音开始呼喊:莫斯科! 莫斯科!"拿破仑站在城外,他的帝国军队身着整齐的阅兵服,身后跟着高奏乐曲的军团乐队。他足足等了两个小时,没有一个使节出城迎接,更没有人向他递交城市的钥匙。进城后,迎面而来的不是一座圆形塔尖闪着金光的城市,而是一座空城,城内剩下的只有几千人,包括伤残士兵。拿破仑在 9 月 15 日进入克里姆林宫,但是头一天晚上皇宫就燃起了大火,大火一直蔓延到市中心,火势越来越猛,拿破仑被迫撤到郊外几公里处的沙皇行宫。大火烧毁了 9 000 栋房屋中的 6 500 栋,摧毁了 1/3 的教堂,还有 8 000多家仓库和商店,以及彼得罗夫斯基剧院和阿尔巴茨基剧院。拿破仑眺望着陷于浓浓火焰中的城市,说道:"多么可怕的景象! 竟然是自己干的! 所有这些宫殿! 多么非凡的决心! 为什么? 因为他们是斯基泰人。"[1]三天后,皇帝重新进城,他看到的是一片焦土。尽管依旧有足够多的石质建筑为士兵挡风御寒,但是食物短缺,饲料枯竭,伤员挤满了医院,得不到及时的治疗,而后援补给不断遭到哥萨克骑兵的骚扰,士兵们

---

[1] 转引自 Philip Dwyer, *Citizen Emperor*: *Napoleon in Power*, p. 391。古典作家将占据多瑙河以北和北高加索之间地区的人(今天主要包括乌克兰大草原)描述为斯基泰人。在希腊文献中,他们是典型的野蛮人。对于谁应对 1812 年莫斯科大火负责,学界存在争议。罗斯托普钦有不可推卸的责任,他在博罗季诺战役之前就开始撤走克里姆林宫里的珍宝,不过在多年后写下的记述中,罗斯托普钦矢口否认。也有学者认为这是法国士兵所为,如托尔斯泰在《战争与和平》中就持这种观点。相关论战,参见 Daria Olivier, *The Burning of Moscow 1812*, trans. M. Heron London: Allen & Unwin, 1966。

甚至发明了 cosaquer 一词来形容这种攻击。

10 月 13 日,拿破仑决定撤出莫斯科,一周后,大军撤离,随行约 10 万人,其中伤员 1.2 万。他们从城里、从沿途经过的村庄,掠夺了尽可能多的食品和衣物,并将它们装在抢来的马车上,这些非军用的车辆可能有 15 000—40 000 辆之多。[①] 在此期间,拿破仑考虑过多套方案,但都放弃了。或许,他只想与沙皇一战,但是俄军迟迟未来。他与沙皇之间的这场"顽固的战争"[②]就这样结束了。在撤离途中,法军遭到了库图佐夫的伏击,侥幸获胜。拿破仑又一次放弃乘胜追击的机会。[③] 其间,巴黎发生政变的消息传来,让拿破仑坚定了回国的决心。11 月 9 日,法军抵达斯摩棱斯克,大约只剩下四五万人,三天后分批撤离。途中,补给线被切断,隘口据点被占领,拿破仑只得强渡桥梁被拆毁、对岸又有俄军把守的别列津纳河(Berezina River)。12 月 9 日,法军撤至维尔纽斯。1812 年底,拿破仑的军队渡过涅曼河。随后,皇帝把指挥权交给缪拉,自己潜回了法国。

法俄大战中,到底有多少人幸存? 这个问题充满争议。勒费弗尔认为大约有 55 000 人,布莱宁(Tim Blanning)估算有 93 000 人。[④] 根据史家菲利普·德怀尔(Philip Dwyer)的详细统计,大军最后剩下 75 000 人,其中一大半是奥地利人和普鲁士人。出征时有 27 000 名意大利军人,回来的只有 1 000 人;有 25 500 名萨克森士兵进入俄国,6 000 人活着回来;28 000 名威斯特伐利亚人的部队,只有 250 人回来;大军中波兰人 11.8 万人,阵亡 9 万人。如果算上俄军伤亡,从 1812 年 6 月—1813 年 2 月间总共伤亡 100 万人,损失了 16 万到 20 万匹马。根据事后清理战场的报告,俄国人在莫斯科、维捷布斯克和莫吉廖夫(Mogilev)地区共焚烧了

---

① Philip Dwyer, *Citizen Emperor*:*Napoleon in Power*, p. 397.

② 法军军官塞居(Philippe-Paul Ségur, 1780—1873)之语。转引自 Philip Dwyer, *Citizen Emperor*:*Napoleon in Power*, p. 391. 塞居将军即路易十六战争国务秘书塞居伯爵的儿子。

③ Philip Dwyer, *Citizen Emperor*:*Napoleon in Power*, p. 400.

④ 参见勒费弗尔《拿破仑时代》,下卷,第 310 页;布莱宁《追逐荣耀:1648—1815》,第 824 页。

253 000具尸体,维尔纽斯地区有53 000具尸体,大部分是法国人。2001年在维尔纽斯市的一次考古发掘中,发现了法军的万人坑,其中有3 269具尸体。另外,还有不少法国人留在了莫斯科。1837年人口统计显示,莫斯科住着3 299名法国人。①

毋庸置疑,远征俄国是拿破仑帝国走向衰败的转折点。导致战败的主要原因至少有两个。首先是客观原因。以19世纪上半叶的物质条件和供给技术,根本不可能调动足够的兵力,征伐像俄国这样辽阔偏远、气候恶劣的国家。而且,俄军的战略十分明智:实行战略性的撤退,避开与法军正面交锋。其次是主观原因。客观来说,对法国而言,这是一场既无意义、又无目的的战争。拿破仑发动战争的初衷是想把俄国从他的帝国堡垒中清除出去。但是,事态的发展却使他陷入一种越来越被动的局面:若不能与沙皇一决胜负,就无法离开俄国。但他又不得不离开俄国,因为等不来与之决战的俄军。实际上,拿破仑从未承认撤退,在与附庸国的往来文书中,他把这次撤离莫斯科说成是战略转移。对他来说,巴黎政变可以说是天赐良机,终于可以凭借合理借口离开俄国。可见,入侵俄国纯粹是一场殖民灾难,一次失败的帝国主义冒险。

拿破仑侵俄失败,必然会导致欧洲发生巨变。普鲁士于1812年底与俄国签署《陶罗根协定》(Treaty of Tauroggen)②,宣布中立,并于1813年2月25日签订《卡利什条约》(Treaty of Kalisz),正式对法宣战。③ 梅特涅一贯慎重小心,直到确信法国的统治已深陷重重危机,才决定转变态度。1813年9月9日,俄、奥、普三国签订《特普利茨条约》(Treaty of Teplitz)。条约规定:三国同意各自出动15万人的军队,除非拿破仑同意议和,否则绝不停战;恢复奥地利在1805年初的权力地位(而不是疆界),废除莱茵邦联,恢复从莱茵河沿岸到普奥边界的各个德意志邦国的独立地位,并按以后谈判所确定的方针重新划分华沙公国。

① Philip Dwyer, *Citizen Emperor*: *Napoleon in Power*, pp. 425 - 416.
② 陶罗根即现在的立陶宛城市陶拉格。
③ P. W. Schroeder, *The Transformation of European Politics*, 1763—1848, p. 453.

随后,英国加入三国同盟,同意资助 50 万英镑。此即第六次反法同盟。

此次反法同盟调动了约 55 万人的军队、1 380 门大炮和 6 万骑兵。拿破仑仍控制着 42 万人的军队(其中 1/3 来自附庸国)和 1 284 门大炮。尽管实力相当,但是拿破仑接连不断地犯下战略性错误,非但没能集中主力迎击反法同盟,反而分散兵力,把守要塞,甚至在不同要塞之间来回调防,导致军队疲惫不堪,收效甚微。拿破仑仅在德累斯顿战役(Battle of Dresden,1813 年 8 月 23—27 日)中,重创盟军。1813 年 10 月 16 日,法军与反法同盟在莱比锡集结。法军有 13.5 万—19 万人,700 门大炮。盟军则有 26.8 万—43 万人,1 360 门大炮,在莱比锡周围排成了一个巨大的半圆形。[1] 由于参战国几乎包括了欧洲所有国家,所以,莱比锡会战被称为万国大会战(Battle of Nations)。这是一场极其惨烈的战役。10 月 18 日一天,法军伤亡 3.8 万人,盟军伤亡 5.4 万人。法军共发射 9.5 万发炮弹,10 月 16—19 日又发射了 20 万发炮弹。战后,盟军缴获的战利品十分可观,有 28 面军旗、325 门火炮,以及 900 辆弹药车和 4 万支步枪。[2] 英国驻维也纳大使阿伯丁勋爵(Lord Aberdeen,1784—1860)随奥皇出征,他在写给家人的信中,描述了战场的情况:"三四英里长的地面上,到处都是人和马的尸体。受伤的可怜虫无法爬行,在一堆腐烂的尸体中哭喊着要喝水。他们的惨叫声在极远的地方都能听到,至今还在我耳边响起。"[3]

一夜之间,帝国土崩瓦解。原先举棋不定的德意志邦国纷纷投靠了反法同盟。低地国家出现骚乱,尼德兰脱离法国控制,总督勒布伦出逃,奥伦治的威廉在希文宁根港(Scheveningen)登陆,12 月 2 日登基,是为威廉一世(William I,1772—1843)。缪拉于 1814 年 1 月 11 日同奥地利签订《那不勒斯条约》(Treaty of Naples),为保住那不勒斯王位,他答

---

① Philip Dwyer, *Citizen Emperor*:*Napoleon in Power*, p. 459.

② 富勒:《西洋世界军事史》,卷 2,钮先钟译,桂林:广西师范大学出版社,2004 年,第 397 页。

③ Arthur Hamilton-Gordon Baron Stanmore, *The Earl of Aberdeen*, London:S. Low, Marston & Company (Limited), 1894, p. 31.

应援助奥军 3 万人。① 早在 1813 年春，西班牙境内就已出现起义，6 月，威灵顿率 8 万人于维多利亚城(Vitoria)大败约瑟夫和茹尔当率领的 5.5 万法军。作为法兰西第一帝国附庸国的西班牙王国不复存在。同年 12 月，西班牙波旁王朝复辟。史家西蒙·沙玛(Simon Schama)形象地说道："帝国的权威崩塌，就像骨架上的死肉一样掉落。"②反法同盟势如破竹。1814 年 1 月 14 日，英、奥、俄等国在法国东北部城市朗格勒(Langres)会晤，商讨对策，诸侯一致同意，必须将法国的边界恢复到 1792 年之前的状况。③

此时的拿破仑，已是众叛亲离。他原计划征募 93 万人，实际只征召到 12 万人，逃兵比例很高，约占 33％—50％。④ 可见，法国人多么厌战。财政状况堪忧，政府债券从 74 法郎跌到 52 法郎，硬币被藏了起来，纸币反而倒流回法国。立法院趁机对拿破仑多加苛责，于 1813 年底通过了代表莱纳(Joseph Lainé,1767—1835)的提案：法国只是为了捍卫国家独立和领土完整才继续打下去，同时，要求皇帝保证臣民的公民自由和政治自由。⑤ 巴黎陷入恐慌。市府在 1814 年初张贴公告："为了捍卫从我们祖先那里获得的荣耀，让法国保持在其自然边界内，谁不愿抛头颅洒热血。"艺术家方丹(Pierre-François Fontaine,1762—1853)在日记中记述了他看到的场景："每个人看别人的眼神，好像他们都是一艘马上要沉

① 此项条约史称"缪拉的背叛"(La trahison de Murat)。

② Simon Schama, *Patriots and Liberators*: *Revolution in the Netherlands*, *1780—1813*, New York: Knopf, 1977, p.636. 转引自 Michael Broers, *Europe Under Napoleon*, London: I. B. Tauris & Company, 2014, p.246; Michael V. Leggiere, *The Fall of Napoleon*, Volume 1, *The Allied Invasion of France*, *1813—1814*, Cambridge; New York: Cambridge University Press, 2007, p.102.

③ 有关此次会晤，参见 P. W. Schroeder, *The Transformation of European Politics*, *1763—1848*, pp.485-495。

④ David G. Chandler, *The Campaigns of Napoleon*, New York: Scribner, 1973, p.949. Ralph Ashby, *Napoleon against Great Odds*: *the Emperor and the Defenders of France 1814*, Santa Barbara, Calif.: Praeger, 2010, pp.3-8, 21-42, 187.

⑤ 勒费弗尔：《拿破仑时代》，下卷，第 338 页。

没的船上的旅客。每个人都在收拾行装,藏起自己的值钱东西。"①

　　拿破仑于 1814 年 1 月 25 日凌晨三点离开巴黎,以 7 万法军迎战 20 万反法同盟军,虽然多次取胜,甚至连续在楠日战役(Battle of Nangis,2 月 17 日)和莫尔芒战役(Battle of Mormant,2 月 17 日)中两次击败奥军统帅施瓦岑贝格亲王,但终究无力扭转战局。甚至连他的臣民都更愿意相信皇帝战败了。民众陷入恐慌,仓皇出逃。据说巴黎警察总局每天收到多达 1 300 份要求办理出城的护照申请。② 同盟军长驱直入。3 月 28 日,施瓦岑贝格亲王和布吕歇尔率领 20 万军队开赴巴黎,进攻贝勒维尔(Belleville)和蒙马特高地。巴黎之战打响。这是自圣女贞德时代以来,巴黎首次遭到外敌入侵。从维莱特大街至香榭丽舍大街,遍地都是伤员。巴黎人怨声载道。一位英国人写道:"我第一次听到人们敢于公开大胆地抱怨皇帝,认为他是即将到来的灾难的唯一原因。"③3 月 31 日,盟军进入巴黎,沿着香榭丽舍大街游行。盟军将领当晚在塔列朗家中商议,直接向元老院下达指令。4 月 3 日,元老院和立法院以两院联名的方式宣布废黜皇帝,6 日,召路易十八归国即位。4 月 13 日,拿破仑签署反法同盟提交的《枫丹白露条约》(Treaty of Fontainebleau),宣布正式逊位。根据条约规定,拿破仑被流放到厄尔巴岛,他保留帝位,名义上统治该岛,并获得 600 万法郎的抚恤金。

　　1814 年 9 月—1815 年 6 月,英、奥、普、俄、法五国代表在维也纳集会,商讨战后欧洲格局,是为维也纳会议(Congress of Vienna)。严格来说,维也纳会议不是通常意义上的会议,而是一种外交组织框架,它将各

① Pierre-François Fontaine, *Journal:1799—1853*, Tome 1, Paris: École nationale supérieure des beaux-arts, 1987, p. 384. 转引自 Philip Dwyer, *Citizen Emperor:Napoleon in Power*, p. 475。

② Philip Dwyer, *Citizen Emperor:Napoleon in Power*, p. 478。

③ Thomas Richard Underwood, *A Narrative of Memorable Events in Paris, Preceeding the Capitulation, and During the Occupancy of that City by the Allied Armies in the Year 1814*, London: Printed for the editor, 1828, p. 53. 转引自 Philip Dwyer, *Citizen Emperor:Napoleon in Power*, p. 481。

国代表聚集在一起,就共同问题进行商讨。这在外交史上具有开创性意义,因为此前外交代表往往会在相关各国的首都之间来回交换照会,并在不同地方单独谈判。① 此次会议是一场马拉松式的艰难谈判。与会各国仅在两个问题上存有共识:其一,恢复法国在 1792 年之前的自然边界;其二,恢复欧洲秩序,恢复那些被拿破仑降服或推翻的权力。至于如何瓜分法国的殖民地,以及如何具体处理德意志和中欧局势,则争执不休。在这些问题上,各国往往自行其是。英国擅自占领了多巴哥岛、圣卢西亚岛、法兰西岛、罗德里格岛和塞舌尔群岛,西班牙重新获得它原来在圣多明各岛上所占领的部分。与往日一样,瓜分波兰再次引起争执。亚历山大一世主张建立自治的波兰立宪王国,便于他日后借机向中欧挺进。梅特涅自然反对,主张建立英奥普联盟,牵制俄国。法国代表塔列朗也持反对意见,他希望建立英奥联盟,以对抗俄国和普鲁士,以便点燃普鲁士和奥地利之间的旧仇,为法国提供可乘之机。

1814 年 6 月 4 日,路易十八未及登基,便正式宣布了一份宪章,即《1814 年宪章》(Charte constitutionnelle du 4 juin 1814)。② 该宪章是一份妥协的产物,目的在于调和新旧两种制度,它既接受 1789 年原则,也接受君权神授,但否认人民主权,宣布天主教为国教,恢复旧制度的贵族爵位,但也保留帝国贵族。宪章依据三权分立原则,确立了一套有限君主制的框架。③ 宪章规定,30 岁以上男子,凡缴纳 300 法郎直接税者均享有选举权,缴纳 1 000 法郎直接税者享有被选举权,选出的代表组成众

① Thierry Lentz, *Le congrès de Vienne: une refondation de l'Europe: 1814—1815*, Paris: Perrin, 2013.

② Stéphane Rials, "Essai sur le concept de monarchie limitée (autour de la Charte de 1814)," in Stéphane Rials ed., *Révolution et contre-révolution au XIXᵉ siècle*, Paris: Diffusion Université Culture et Albatros, 1987, pp. 88 - 125. Alain Laquièze, *Les origines du régime parlementaire en France, 1814—1848*, Paris: PUF, 2002, pp. 37 - 76.

③ Philippe Ardant et Bertrand Mathieu, *Droit constitutionnel et institutions politiques*, Paris: LGDJ, 2017, p. 99. Benoît Yvert, "Aux origines de l'Orléanisme: les doctrinaires, le Globe et les Bourbons," *Revue de la Restauration et de la monarchie constitutionnelle*, No. 7, 1994, pp. 39 - 55.

议院(Chambre des députés)，与由国王任命的贵族院(Chambre des pairs)及国王本人共同分担立法权。贵族院和众议院通过税法和法律，国王有权独立提出立法议案。行政权由国王，以及由他任命且只对他负责的大臣行使。总体来说，宪章本身是成功的，沉寂的政治生活又出现了生气，公民自由也得到了一定程度的保证，帝国时期的军官和文官并没有遭到清洗，就连弑君者也未被起诉。与后来复辟王朝第二次复辟的情况十分类似，试图在自由派和保守派之间寻求中间地带的路易十八难以避免地会遭到两派的围攻。但是，对他而言，最为致命的问题在于，尽管法国民众不反对新制度与《1814年宪章》，但是大部分军官和士兵不愿接受法国完败这一事实，他们仍然相信法兰西是伟大的民族，只不过目前承受了残酷的压迫。他们为此感到不公，满怀屈辱。[1] 这是拿破仑建立百日王朝(Cent-jours)的背景。

　　关于拿破仑回国的谣言早已在法国各地流传。有人说拿破仑带领20万军队已经回到了法国，也有人说他已经俘虏了路易十八。那些在城墙上张贴海报纪念拿破仑的人，被称为波拿巴主义者(Bonapartisme)。[2] 这些人在街上相遇，会高声说道："你相信耶稣吗？"另一位波拿巴主义者则会说："相信，而且相信他会复活。"教堂门口贴了这样一份传单："房子要卖掉，牧师要吊死，路易十八只有三天，拿破仑永恒。"1814年12月6日，有四人驾着战车冲进南锡城，高呼："波拿巴万岁，打倒波旁王朝！"据说，他们后面跟着很多人。[3] 拉勒芒(François Antoine Lallemand，1774—1839)和德吕埃(Jean-Baptiste Drouet，1763—1824)在北方地区发动兵

① P. W. Schroeder, *The Transformation of European Politics，1763—1848*, p. 522.

② Frédéric Bluche, *Le Bonapartisme：aux origines de la droite autoritaire*（1800—1850），Paris：Nouvelles Éditions Latines 1980.

③ Philip Dwyer, *Citizen Emperor：Napoleon in Power*, pp. 527 - 528. 上述材料另见 Georges Firmin-Didot, *Royauté ou Empire：la France en 1814，d'après les rapports inédits du Cte Anglès*, Paris：Firmin-Didot, 1897；comte Jacques-Claude Beugnot, *Napoleon et la police sous la première restauration d'après les rapports du comte Beugnot au roi Louis XVIII*, France：R. Roger & F. Chernoviz, 1913。

变,但失败了。就在此时,拿破仑回国了。①

　　1815 年 3 月 1 日凌晨三点多钟,拿破仑在离法国南部城市昂蒂布 (Antibes)不远的港口儒安(Golfe-Juan)登陆,他经过一段艰难的跋涉, 穿过白雪覆盖的山路,抵达迪涅(Digne),顺道北上,踏上通往格勒诺布 尔的主干道。西斯特龙(Sisteron)、加普(Gap)等市镇的民众夹道欢 迎。② 3 月 8 日,官方证实了拿破仑回国这一消息。奉命抓捕的内伊元 帅及其部队倒戈。巴黎的咖啡馆出现了第一批紫色花束。因为,据说皇 帝被罢黜的时候曾对人说,他将带着春天盛开的紫罗兰回来。此后,这 种紫色花就成了波拿巴主义的象征。3 月 19 日,路易十八逃离巴黎。次 日晚九点,拿破仑抵达杜伊勒里宫。冒雨等待的民众超过两万人。多年

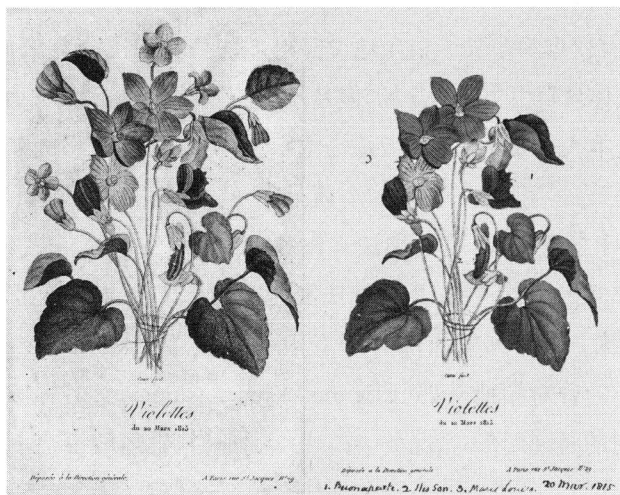

图 42　1815 年 3 月 20 日紫罗兰③

① 勒费弗尔:《拿破仑时代》,下卷,第 352—353 页。
② 有关拿破仑回国的细节,参见:Stephen Coote, *Napoleon and the Hundred Days*, London; New York: Simon & Shcuster, 2004. Paul Britten Austin, *1815: The Return of Napoleon*, Barnsley: Pen & Sword Books 2002. *De l'exil au retour de l'île d'Elbe*, Paris: Editions Historique Teissèdre, 2001.
③ 版画,作者为法国版画家卡努(Jean-Dominique-Étienne Canu,1768—1843)。右图图解:1 为 拿破仑,2 是玛丽·路易丝,3 是拿破仑二世。

后,莱昂·鲁蒂埃上尉(Léon Routier,1778—1861)回忆道:"民众的哭声太响了,让人觉得天花板都快掉下来了。"①军官蒂埃博尔(Paul Thiébault,1769—1846)为自己能够触摸拿破仑的衣服而感到自豪:"这就像见证了基督复活一样。"②

　　进驻杜伊勒里宫之后,拿破仑的首要任务是制定一部宪法,因为他必须表现得像一位自由主义者,也必须兑现曾经许下的实行立宪君主制的承诺。为此,他邀请了那位从1813年以来就毫不留情地批评帝国统治的贡斯当,起草新宪法。这就是1815年4月22日签署通过的《帝国宪法附加法》(Acte additionnel aux constitutions de l'Empire,以下简称《附加法》)。③《附加法》引入了一些变革,承认国家主权,强调司法独立、新闻自由,保留两院制,众议院实行选举,恢复普选权,此外人口不足五千的市镇也有权选举市长。公允地说,《附加法》比《1814年宪章》更捍卫分权原则,更体现自由主义的立场,但是,该法案反响很差。一方面的原因在于,拿破仑本人一如既往地想要成为主宰者,仍旧希望像1814年之前那样总揽一切权力。宪法起草过程本身就足以说明一切。另外,当时也没有人相信他会不折不扣地遵守宪法。作家西布蒂(Poumiès de la Siboutie,1789—1863)回忆道,在五月校场庆典上,那些1789年的老爱国者们毫不犹豫地大声抨击《附加法》④。拉瓦莱特伯爵(comte de Lavalette,1769—1830)曾对帕斯基耶(Étienne-Denis Pasquier,1767—1862)说道:"如果胜利的时刻到来,情况就会改变。到那时,谁还敢说他不会重新萌生复仇的欲望和需求呢? 不要相信他会执行这部自由宪法。"⑤更关键的

---

① Léon-Michel Routier, *Récits d'un soldat：de la République et de l'Empire，1792—1830*，Paris：Grenadier, 2001, p. 176. Philip Dwyer, *Citizen Emperor：Napoleon in Power*, p. 532.

② Philip Dwyer, *Citizen Emperor：Napoleon in Power*, p. 532.

③ Josée Bloquet, "L'Acte additionnel aux constitutions de l'Empire du 22 avril 1815：une bataille perdue d'avance?" *Napoleonica. La Revue*, Vol. 1, No. 13, pp. 3 - 39.

④ Poumiès de la Siboutie, *Souvenirs d'un médecin de Paris*, Paris：Plon-Nourrit, 1910, p. 354.

⑤ Étienne-Denis Pasquier, *Mémoires du chancelier Pasquier：histoire de mon temps*, tome 3, Paris：Plon-Nourrit, 1894, pp. 218 - 219.

因素在于,落实一部能够赢得资产阶级和开明舆论支持的自由宪法,与当时法国急需一位能够取得决定性军事胜利的坚定的领袖之间,存在着根本冲突。所以,《附加法》遭到各派围攻。共和派认为宪法不够激进,波拿巴主义者对制宪本身嗤之以鼻。1815 年 4 月 26 日—5 月底举行的宪法公投也说明《附加法》和百日政权都缺乏社会基础。只有约 1/5 的选民参加了投票,有大约 150 万张赞成票。[①] 众议院的选举结果更表明了拿破仑的失败,在大约 500 名代表中,只有 60 人是波拿巴主义者。[②] 1815 年 5 月 1 日,为庆祝《附加法》,举行了盛大的五月校场(Champ de Mai)庆典活动[③],结果很不理想,几乎成了一场闹剧,军队反应冷淡,拿破仑本人也因为衣服不合身,行动不便,草草下台。

对法国人而言,当务之急是抵挡步步紧逼的反法同盟。早在 3 月 13 日,同盟各国已经宣布拿破仑是法外之人,当务之急是要一劳永逸地扑灭法国大革命,彻底打垮在他们眼里已经成为大革命化身的这个人。俄国外交官博尔戈(Carlo Andrea Pozzo di Borgo,1764—1842)写道:"拿破仑正高举着大革命的火炬向巴黎挺进。跟随着他的是人民的渣滓,还有军队……外国列强必须趁早在罪恶萌芽时予以彻底扑灭,否则它将以热衷抢劫和暴行、破坏财产权和法律,再一次动摇社会秩序的一切基础。"[④] 同盟军出动了七八十万大军,向法国挺进。[⑤] 拿破仑急于一战,他迫切希望能通过打败反法同盟来巩固权力,因此不顾多位资深元帅拒绝参战的请求,在火炮、战马等物资严重不足的情况下,决定先发制人,突袭联军。

---

① Frédéric Bluche, *Le plébiscite des Cent-Jours*, *avril-mai 1815*, Genève: Droz, 1974, p. 38. Malcolm Crook, "'Ma volonté est celle du peuple': Voting in the Plebiscite and Parliamentary Elections during Napoleéon's Hundred Days, April-May 1815", *French Historical Studies*, Vol. 32, No. 4 (2009), p. 628.

② Philip Dwyer, *Citizen Emperor: Napoleon in Power*, p. 536.

③ Champ de Mai 也可译成五月会议。公元 5 世纪,法兰克人征服高卢以后,每年 3 月举行武士大会,称三月会议或三月校场(Champ de March),从 755 年以后,改在 5 月举行。这类组织既是军事操演,由法兰克人的士兵向他们的领袖致敬,同时也是集会商议大事的组织。

④ 转引自勒费弗尔《拿破仑时代》,下卷,第 355 页。

⑤ 关于盟军的兵力存在争议,塔尔列认为可能超过一百万,见塔尔列《拿破仑传》,第 363 页。

急于求胜的心态以及仓促的战前准备在一定程度上决定了拿破仑的战败。而且,对他更不利的是,威灵顿在战前做了充分准备。他曾多次考察过滑铁卢,确信这里坑坑洼洼、山多林密的地形既不利于骑兵冲锋,也不利于炮兵作战,但很适合他所擅长的背坡战术。1815年6月17日,在这片面积不到4平方公里的区域内,集结了20万人,400多门火炮。由于下着大雨,拿破仑不得不等到中午才发起进攻,内伊指挥的9000名胸甲骑兵无法冲散2万英军组成的方阵,大炮对躲在山丘背面的同盟军无法造成致命伤害,就连拿破仑麾下最精锐的部队近卫军也不敌威灵顿指挥的近卫旅。法军溃败,拿破仑带领残部退回塞纳河畔。雨果在《悲惨世界》中说道:"假使在1815年6月17日到18日的那一晚不曾下雨,欧洲的局面早已改变了。多了几滴雨或少了几滴雨,对拿破仑就成了胜败存亡的关键。上天只需借几滴雨水,便可使滑铁卢成为奥斯特里茨的末日,一片薄云违反了时令的风向穿过天空,便足使一个世界崩溃。"[1]

6月21日,拿破仑回到巴黎。在与身边那些仍旧忠诚于他的人秘密商议后,拿破仑考虑过实行军事独裁。但是,反对他的人动作更快。拉法耶特提议议会进入永久会期,实行紧急状态,富歇等人提议罢免拿破仑,如果拿破仑拒不服从,就宣布他为逃犯。支持拿破仑的人仅有五六千人,他们聚集在爱丽舍宫门口。尽管吕西安反复劝他要采取行动,但是,拿破仑决定放弃。6月22日,拿破仑正式宣布退位。7月3日,受任为军队总司令的达武元帅签署了投降书。7月8日,路易十八重新登基。拿破仑在7月3日抵达罗什福尔(Rochefort),他曾计划逃亡英国或美国,结果英军封锁了港口,15日,拿破仑向英国海军将军梅特兰(Frederick Maitland,1763—1848)投降。英国人把他关押在距离非洲西海岸约1870公里的圣赫勒拿岛。1821年5月5日,拿破仑与世长辞。

---

① 维克多·雨果:《悲惨世界》,李丹译,北京:人民文学出版社,1977年,第378—379页。

一、路易十五与路易十六时期内阁大臣一览表

		财政总监	司法大臣	掌玺大臣	外交大臣	军事大臣	海军大臣	王室内务大臣
路易十五	1715—1720 奥尔良摄政	诺阿伊（1715—1718）老达让松①（1718—1720）约翰·劳（1720）德拉乌赛（1721—1722）	拉努瓦雷（1714—1717） 达盖索（1717—1750）	拉努瓦雷（1714—1717） 达盖索（1717—1718，1720—1722）老达让松（1718—1720）	于克塞（1715—1718） 杜波瓦（1718—1723）	维拉元帅（1715—1718） 勒布朗（1718—1723）	图卢兹伯爵德斯特雷（1715—1718） 达尔梅农维拉（1718—1722）	费里波（1715—1718） 莫勒帕（1718—1749）
	1720—1725 首相波旁公爵	多丹（1722—1726）		达尔梅农维拉（1722—1727）	莫维尔（1723—1727）	布勒特伊（1723—1726）勒布朗（1726—1728）	莫勒帕（1723—1749）	
	1725—1730 弗勒里	福尔特（1726—1730）		肖夫兰（1727—1737）	肖夫兰（1727—1737）			

---

① 老达让松侯爵为达让松侯爵与达让松伯爵之义。

续　表

	财政总监	司法大臣	掌玺大臣	外交大臣	军事大臣	海军大臣	王室内务大臣
1730—1735 波兰王位继承战争	奥里 (1731—1745)		达盖索 (1737—1750)	沙永 (1737—1744)	达尔梅农维拉 (1728—1740)		
1735—1740							
1740—1745 奥地利王位继承战争				诺阿伊 (1744) 达让松侯爵 (1744—1747)	布勒特伊 (1740—1743) 达让松伯爵 (1743—1757)		
1745—1750	马肖 (1745—1754)		马肖 (1750—1757)	皮希厄 (1747—1751)	小达让松 侯爵① (1757—1758)	鲁耶 (1749—1754)	费里波 (1749—1775) 马尔泽尔布 (1775—1776)

弗勒里

路易十五

① 小达让松侯爵为达让松侯爵之子。

续 表

时期	财政总监	司法大臣	掌玺大臣	外交大臣	军事大臣	海军大臣	王室内务大臣
1755—1760	塞舍尔(1754—1756) 莫拉(1756—1757) 布隆涅(1757—1759) 西卢埃特(1759) 贝尔坦(1759—1763)	拉穆瓦尼翁(1750—1768)	路易十五(1757—1761)	鲁耶(1754—1757) 贝尼斯(1757—1758) 舒瓦瑟尔(1758—1761)	贝勒-伊斯(1758—1761)	马肖(1754—1757) 贝里耶(1758—1761)	
1760—1765	贝尔坦(1759—1763)	拉穆瓦尼翁(1750—1768)	贝里耶(1761—1762) 布鲁(1762—1763) 老莫普(1763—1768)	普拉兰(1761—1766)	舒瓦瑟尔(1761—1770)	舒瓦瑟尔(1761—1766)	
1765—1770	拉维尔迪(1763—1768) 丹沃(1768—1769)	拉穆瓦尼翁(1750—1768)	老莫普(1763—1768)	舒瓦瑟尔(1766—1770) 拉弗里埃(1770)	舒瓦瑟尔(1761—1770)	普拉兰(1766—1770) 泰雷(1770—1771)	

七年战争

续　表

	财政总监	司法大臣	掌玺大臣	外交大臣	军事大臣	海军大臣	王室内务大臣
1770—1775	泰雷 (1769—1774)	莫普 (1768—)	莫普 (1768—1774)	达吉永 (1770—1774) 贝尔坦 (1774)	德蒙泰尔 (1771—1774) 达吉永 (1774) 奥里维耶 (1774—1775)	布瓦讷 (1771—1774) 杜尔阁 (1774)	
1775—1780	杜尔阁 (1774—1776) 德尼泰 (1776) 雷奥 (1776—1777) 内克 (1777—1781)		米罗梅尼尔 (1774—1787) 拉穆瓦尼翁 (1787—1788) 巴朗坦 (1788—1789)	韦尔热讷 (1774—1787)	圣日耳曼 (1775—1777) 蒙巴雷 (1777—1780) 塞居 (1780—1787)	萨尔蒂纳 (1774—1780) 卡斯特里 (1780—1787)	代·查洛 (1776—1788)
1780—1785	弗勒里 (1781—1783) 奥尔梅松 (1783) 卡隆 (1783—1787)			圣埃雷 (1787—1789)	布勒特伊 (1787)	维尔戴伊 (1787) 拉吕采恩 (1787—1789)	布勒特伊 (1783—1788)

美国独立战争

莫勒帕

路易十六

续 表

	财政总监	司法大臣	掌玺大臣	外交大臣	军事大臣	海军大臣	王室内务大臣
1785—1789	富尔科 (1787) 维尔戴伊 (1787) 朗贝尔 (1787—1788) 内克 (1788—1789)				布里耶纳 (1787—1788) 皮塞居 (1787—1788) 布罗伊 (1789)		维尔戴伊 (1788—1789)

二、大事年表

1715 年

9 月 1 日路易十四驾崩,路易十五继位

9 月 2 日奥尔良公爵摄政

9 月 15 日多部会议制成立

1716 年

5 月 2 日约翰·劳建立私人银行,劳体系启动

10 月 10 日法国和英国于汉诺威会盟

1717 年

1 月 4 日法国、英国和联省王国在海牙缔结条约,三国同盟成立

3 月 1 日四名冉森派主教对《通谕》提起诉讼

9 月 6 日密西西比公司改组,更名为西方公司

11 月 16 日达朗贝尔出生

1718 年

4 月 21 日御前会议限制高等法院谏诤权

8 月 2 日神圣罗马帝国皇帝加入三国同盟,四国同盟成立

9 月 24 日多部会议制废除

12 月 4 日劳银行改组为王家银行

12 月 29 日发生切拉马雷阴谋

1719 年

1 月 9 日法国向西班牙国王腓力五世宣战。西班牙投降,加入四国同盟

该年杜博出版《关于诗歌和绘画的批判性反思》

1720 年

1 月 5 日约翰·劳成为财政总监

6 月 14 日马赛鼠疫爆发

7 月 17 日王家银行破产,巴黎发生骚乱

8 月 4 日《通谕》被确立为王国法律

10 月 10 日劳银行被撤

1721 年

3 月 27 日法国和西班牙缔结婚约

该年孟德斯鸠《波斯人信札》出版

1722 年

6 月 15 日宫廷回迁凡尔赛

8 月 23 日枢机主教杜波瓦任首相

10 月 25 日路易十五加冕

1723 年

2 月 22 日路易十五宣布成年,摄政结束

8 月 10 日首相杜波瓦主教去世

12 月 2 日奥尔良公爵去世,波旁公爵任首相

1725 年

3 月法国取消法西婚约

9 月 3 日法国、普鲁士和英国成立汉诺威同盟

9 月 5 日路易十五与玛丽·蕾捷斯卡在枫丹白露成婚

1726 年

6 月 11 日波旁公爵被免职,弗勒里任首相

6 月 15 日颁布法令,稳定币值

8 月 19 日总包税所重建

1727 年

5 月 1 日执事帕里斯去世,巴黎圣梅达尔教堂发生痉挛运动

1729 年

5 月 4 日巴黎主教诺阿伊去世,万迪密尔接任

9 月 4 日王储降生

1731 年

该年卡西尼开始制作法国地图,直至 1744 年完成。

1733 年

9 月 12 日路易十五的岳父莱什琴斯基被选举为波兰国王

10 月 10 日法国对奥地利宣战,波兰王位继承战争开始

11 月 7 日法国与西班牙缔结第一份家族协约

11 月 17 日重建 1/10 税

1738 年

6 月 13 日奥里改革道路徭役

11 月 18 日波兰王位继承战争结束

1740 年

5 月 31 日腓特烈二世继位普鲁士国王

10 月 20 日皇帝查理六世去世,《国事诏书》引起争议

12 月奥地利王位继承战争爆发

1741 年

5 月 28 日法国、西班牙、巴伐利亚、萨克森、波兰结盟,对抗玛丽亚·特蕾西亚

6 月 5 日法国与普鲁士结盟

7 月 11 日法国对玛丽亚·特蕾西亚采取军事行动

11 月 26 日法国与巴伐利亚联军攻入匈牙利

12 月巴伐利亚选帝侯查理·阿尔伯特加冕为波西米亚国王

1742 年

1 月 24 日巴伐利亚选帝侯阿尔伯特任神圣罗马帝国皇帝,是为查理七世

6 月 11 日普奥签订《布雷斯劳预备条约》,普鲁士退出战争,保留西里西亚,普奥战争结束

12 月 17 日玛丽亚·特蕾西亚重新占领波西米亚,法军撤出布拉格

1743 年

1 月 29 日弗勒里去世,路易十五宣布亲政,不设首相

9 月 13 日英国、奥地利和撒丁王国正式结盟,签订了《沃尔姆斯条约》

10 月 25 日法国与西班牙签署第二份家族协约

1744 年

3 月 15 日法国向英国宣战

4 月 26 日法国向玛丽亚·特蕾西亚宣战

6 月 5 日法国与普鲁士缔结新的盟约,对抗奥地利

8 月 7 日路易十五亲征,病倒于梅斯

1745 年

2 月 25 日王储与西班牙公主订婚

3 月 29 日伏尔泰任国王历史编纂官

5 月 11 日萨克森伯爵莫里斯在丰特努瓦大败英军

9 月 15 日弗朗茨一世当选皇帝

1746 年

8 月 5 日博蒙任巴黎主教,冉森问题激化

该年《百科全书》编订工程启动

1747 年

1 月 10 日达让松侯爵失宠

2 月 9 日王储与萨克森选帝侯的女儿萨克森的玛丽·约瑟芬成婚

7 月 2 日萨克森伯爵莫里斯在劳费尔德战役大败英军

1748 年

10 月 18 日签订《埃克斯拉沙佩勒和约》,奥地利王位继承战结束

该年孟德斯鸠《论法的精神》出版

1749 年

5 月 19 日 1/20 税取代 1/10 税

7 月 24 日狄德罗因《供明眼人参考的论盲人的书简》被关入文森城堡

1751 年

12 月 23 日路易十五免除教士廿一税

该年《百科全书》第 1 卷出版

1752 年

2 月 7 日御前会议查禁《百科全书》

1753 年

5 月路易十五解散高等法院

1754 年

8 月 23 日王储长子降生,即后来的路易十六

1755 年

6 月 10 日北美发生冲突,法国军舰阿尔西德号和百合花号遭英军伏击

该年孟德斯鸠去世;巴黎先贤祠动工

1756 年

5 月 1 日发生外交革命,法国与奥地利结盟,签订《凡尔赛条约》,对抗英国普鲁士联盟

7 月 7 日创建第二笔 1/20 税

8 月 29 日普鲁士入侵萨克森,七年战争爆发

1757 年

1 月 5 日达米安行刺路易十五

2 月 1 日财政总监马肖和外交国务秘书达让松伯爵被罢免

3 月 28 日达米安在格列夫广场受刑

5 月 1 日瑞典、萨克森与俄国加入法奥联盟

9 月 8 日法军在克洛斯特采文大败英军

11 月 5 日普鲁士于斯巴赫战役中大败法军

1758 年

4 月 27 日法国丢失加拿大地区两座要塞

6 月 23 日法军于克雷费尔德败于英普联军

7 月 27 日英军攻占加拿大路易斯堡要塞

12 月 3 日舒瓦瑟尔任外交国务秘书

1759 年

1 月 2 日法军侵入美因河畔法兰克福

11 月 20 日法国海军败于英国

11 月 23 日贝尔坦任财政总监

该年《百科全书》被禁

1761 年

8 月 15 日法国、那不勒斯、帕尔玛和西班牙签订新的家族协约

1762 年

2 月 4 日英国占领马提尼克岛

3 月 10 日卡拉斯受刑

11 月 3 日签订《枫丹白露条约》,法国将路易斯安那割让给西班牙

该年卢梭的《爱弥儿》《社会契约论》出版

1763 年

2 月 10 日签订《巴黎条约》,七年战争结束

3 月 10 日巴黎高等法院谴责耶稣会

12 月 13 日拉维尔迪出任财政总监

1764 年

4 月 15 日蓬帕杜侯爵夫人去世

11 月 26 日耶稣会被取缔

该年伏尔泰《哲学辞典》出版

1765 年

3 月 9 日卡拉斯平反

3 月 19 日《哲学辞典》被禁,当众焚毁

5 月 22 日雷恩高等法院法官集体辞职

11 月 11 日雷恩高等法院高级检察官拉夏洛泰被捕

12 月 20 日王储去世,其长子成为新的王储

1766 年

2 月 23 日莱什琴斯基去世,法国获得洛林

3 月 3 日巴黎高等法院与国王发生冲突,路易十五下达《鞭笞训辞》

1768 年

5 月 15 日科西嘉并入法国

6 月 24 日王后玛丽·蕾捷斯卡去世

9 月 18 日莫普出任司法大臣

1769 年

7 月 15 日雷恩高等法院重建,拉夏洛泰未能复职

8 月 13 日废除东印度公司的垄断权

8 月 15 日拿破仑出生

12 月 29 日泰雷神甫出任财政总监

1770 年

5 月 16 日王储与玛丽·安托瓦内特在凡尔赛举行婚礼

12 月 24 日舒瓦瑟尔被免职

1771 年

2 月 23 日国王颁布新法令,莫普开始进行司法改革,史称莫普革命

6 月 6 日达吉永公爵出任外交国务秘书

1774 年

5 月 10 日路易十五去世,路易十六继位

5 月 20 日莫勒帕伯爵出任国务大臣

8 月 24 日财政总监杜尔阁启动改革

9 月 13 日恢复谷物自由贸易

11 月 12 日重建高等法院以及其他法庭,废除莫普改革

1775 年

5 月巴黎发生面粉骚乱

6 月 11 日路易十六在兰斯加冕

7 月 20 日马尔泽尔布出任国王侍从院国务秘书

1776 年

1 月 5 日颁布敕令,废除道路徭役和行会

3 月 4 日巴黎高等法院拒绝注册 1 月 5 日敕令

3 月 12 日路易十六以钦断形式,强迫高等法院注册敕令

5 月 12 日杜尔阁被免职

5 月 13 日马尔泽尔布被免职

6 月 6 日韦尔热讷伯爵出任外交国务秘书

12 月 31 日本杰明·富兰克林恳请法国支援美国

1777 年

6 月 29 日内克出任财政总管

7 月 27 日拉法耶特抵达北美

1778 年

2 月 6 日法国与美国签订商业条款

7 月 10 日法国向英国宣战

该年伏尔泰和卢梭去世

1781 年

2 月 19 日内克出版《上疏》

5 月 19 日内克离职，乔利·弗勒里接任财政总监

9 月 3 日切萨皮克战役中，法国海军大败英军

10 月 20 日英军投降

1782 年

11 月 30 日美国与英国达成停战协议，初步签订和平条约

1783 年

9 月 3 日英法签订《巴黎和约》，正式承认美国独立

11 月 10 日卡隆出任财政总监

该年博马舍《费加罗的婚礼》首演

1784 年

8 月发生钻石项链事件

该年狄德罗去世；康德发表《什么是启蒙》

1785 年

8 月 15 日枢机主教罗昂被捕

该年本杰明·富兰克林出任美国驻法国大使

1786 年

8 月 20 日卡隆向路易十六呈交《完善财政纲要》

9 月 26 日英法签订商业条约

1787 年

2 月 22 日第一届显贵会议召开

4 月 8 日卡隆被免职

5 月 1 日布里耶纳出任御前财政会议主席

5 月 21 日拉法耶特在显贵会议上要求召开国民议会

5月25日遣散显贵会议

6月22日建立外省议会

7月16日巴黎高等法院拒绝财税改革,要求召开全国三级会议

8月6日路易十六采取钦断,强迫巴黎高等法院注册印花税

8月15—17日巴黎发生骚乱

11月19日路易十六采取钦断,强迫巴黎高等法院注册借贷法令

11月19日颁布敕令,对清教徒施行宗教宽容政策

1788年

1月4日巴黎高等法院公布谏诤书,反对国王密札

5月5日全国教士大会召开

5月8日拉穆瓦尼翁改革司法体系,将谏诤权转移到全权法庭

5月20日格勒诺布尔高等法院在休假期集会

5月外省高等法院抗议浪潮蔓延到贝桑松、图卢兹和雷恩

6月7日格勒诺布尔抛瓦日

6月12—13日多菲内高等法院成员被流放

6月14日"多菲内议会":要求召开三级会议

7月15日御前会议决议:召开全国三级会议

8月8日颁布敕令:定于来年5月1日召开全国三级会议

8月26日路易十六召回内克

9月25日巴黎高等法院注册通过召开三级会议法庭,规定依循1614年形式

11月6日—12月12日第二届显贵会议召开

12月5日高等法院接受全国三级会议上第三等级代表人数加倍要求

12月27日国务议会正式认可第三等级代表人数加倍

1789年

1月24日颁布召开全国三级会议诏书

5月5日全国三级会议在凡尔赛召开

6月17日第三等级宣布成立国民议会

7月爆发市镇革命

7月9日国民议会更名为国民制宪议会

7月11日内克被免职

7月14日攻占巴士底狱

7月16日召回内克,巴伊出任巴黎市长

7月20日大恐慌开始

8月4日八·四之夜,废除封建租税

8 月 26 日公布《人权与公民权宣言》

10 月 5、6 日发生 10 月 5、6 事件

10 月 19 日国民制宪议会移至巴黎

10 月 21 日巴黎粮食骚乱，颁布戒严令

11 月 2 日教会财产国有化

12 月 14—22 日颁布地方行政改革法令

12 月 24 日允许新教徒和戏剧演员担任公职，或是从军

1790 年

2 月 20 日约瑟夫二世去世，9 月利奥波德二世继位

2 月 26 日法国新建 83 个省

3 月 29 日教宗谴责《人权与公民权宣言》

4 月 27 日科德利埃俱乐部在巴黎成立

6 月 13—15 日发生"尼姆斗殴"

7 月 12 日颁布《教士公民组织法》

7 月 14 日第一次联盟节在巴黎举行

9 月 4 日内克离职

10 月 29 日圣多明各穆拉托人①起义

11 月 27 日制宪议会规定教士在两周内宣誓，否则必须离职

1791 年

3 月 2 日颁布《阿拉尔德法》，废除了行会和师傅资格以及国家赋予手工业者的
特权

5 月 16 日制宪议会接受罗伯斯庇尔建议，规定议会代表不参与立法议会的选举

6 月 14 日颁布《勒沙普利耶法》，禁止结社

6 月 20—21 日发生瓦伦事件

7 月 15 日制宪议会宣布国王人身不可侵犯。科德利埃俱乐部要求建立共和国

7 月 16 日雅各宾俱乐部分裂，斐扬派独立

7 月 17 日科德利埃俱乐部请愿，发生马斯校场屠杀

8 月 22 日圣多明各奴隶起义

8 月 27 日神圣罗马帝国和普鲁士颁布《皮尔尼茨宣言》

9 月 3 日制宪议会提交《宪法》，9 月 14 日获国王批准

10 月 1 日立法议会开幕

11 月 9 日颁布《流亡者法令》，被国王否决

---

① 穆拉托人（mulâtres）指黑人和白人的第一代混血儿或有黑白两种血统的人。

11 月 29 日强制未宣誓教士宣誓,被国王否决

1792 年

3 月 1 日利奥波德二世去世,弗朗茨二世继位

3 月 3 日多地出现粮食骚乱,埃当普市长西莫诺被民众处死

3 月 14—24 日吉伦特派内阁取代斐扬派内阁

4 月 20 日法国向波西米亚、匈牙利和奥地利宣战

4 月 25 日德·李尔谱写《莱茵河军队战歌》,即《马赛曲》

5 月征召志愿军

6 月 20 日民众涌入杜伊勒里宫,要求国王撤回否决权

7 月 11 日宣布"祖国在危急中"

7 月 25 日布伦瑞克公爵签署《布伦瑞克宣言》

8 月 10 日革命,国王与议会权力悬置

9 月国民公会选举

9 月 2—5 日发生九月屠杀

9 月 20 日瓦尔密大捷;国民公会开幕

9 月 22 日法兰西共和国成立,地方政府换选

9 月 25 日颁布共和国统一不可分割宣言

11 月 13 日国民公会开始讨论审判国王

11 月 27 日萨瓦并入法国

12 月 3 日国民公会决定处决国王

12 月 4 日国民公会颁布法令;支持君主制的人一律判处死刑

1793 年

1 月 15—20 日国民公会唱票,审判路易十六

1 月 21 日路易十六受刑被处死

1 月 31 日尼斯并入法国

2 月巴黎民众骚乱,得到忿激派支持

2 月 1 日法国向英国和荷兰宣战

2 月 24 日国民公会征召 30 万志愿军

3 月 7 日法国向西班牙宣战

3 月 9 日国民公会派出特派员,负责征兵

3 月 10 日巴黎设立革命法庭;西部、旺代出现叛乱

3 月 21 日组建监察委员会

4 月 6 日组建救国委员会

6 月 2 日逮捕吉伦特派代表

6 月 24 日国民公会颁布《1793 年人权宣言》与宪法

7 月 12 日土伦叛乱发生

7 月 13 日马拉遇刺

8 月 23 日颁布《全民征兵法》

9 月 4—5 日恐怖统治提上日程

10 月 5 日施行《共和历》

10 月 10 日国民公会宣布："维持革命政府,直至和平降临。"

10 月 16 日玛丽·安托瓦内特受刑

10 月 31 日吉伦特派代表受刑

11 月 10 日在巴黎圣母院首度庆祝理性节

12 月 14 日颁布《霜月十四法令》

1794 年

2 月 4 日废除殖民地的奴隶制

3 月 24 日埃贝尔派受刑

4 月 5 日宽容派受刑

6 月 10 日颁布《牧月法令》,大恐怖启动

7 月 27 日发生热月政变

7 月 28 日罗伯斯庇尔、圣茹斯特等受刑

8 月释放囚犯

9 月 8—15 日卡里耶受审,12 月 16 日受刑

10 月 11 日卢梭遗骸移入先贤祠

11 月 12 日关闭巴黎雅各宾俱乐部

12 月 24 日取消最高限价

1795 年

2 月白色恐怖启动

4 月 1 日发生芽月十二日事件

4 月 5 日签订《巴塞尔和约》,法国与普鲁士言和

5 月 16 日建立巴达维亚共和国

8 月 18—30 日全民公投,通过《三分之二法》

8 月 22 日国民公会通过《共和三年宪法》

10 月 1 日比利时并入法国

10 月 5 日发生葡月十三日事件,巴黎发生保王党动乱

10 月 27—28 日国民公会闭会,督政府成立

11 月 16 日重建雅各宾派俱乐部;先贤祠俱乐部

11 月 30 日巴贝夫在《人民保民官》上发表"平民宣言"

1796 年

1 月 26 日斯托夫莱在旺代起事

2 月 27—28 日先贤祠俱乐部关闭

3 月 2 日拿破仑被任命为意大利军团指挥官

4 月意大利战争开始

1797 年

1 月 14—15 日里沃利大捷,拿破仑大败奥军

3 月 27 日在博洛尼亚颁布《波河以南共和国宪法》

4 月王党派在选举中获胜

5 月 27 日巴贝夫受刑

7 月 9 日奇萨尔皮尼共和国成立

9 月 4 日共和六年果月十八日政变,第二届督政府成立

10 月 18 日法国与奥地利签订《康波福米奥协定》

1798 年

2 月 15 日罗马的"雅各宾派"宣布成立共和国

4 月 21 日赫尔维蒂共和国成立

5 月 11 日发生共和七年花月二十二日政变

7 月 1 日法国军队登陆埃及

7 月 21 日金字塔战役大捷

8 月 1 日发生阿布基尔海战,法军不敌英军

9 月 5 日颁布《茹尔当征兵令》

10 月比利时农民起义,反对法国统治

12 月 29 日英国、俄国、那不勒斯结盟,第二次反法同盟诞生

1799 年

1 月 26 日帕特诺珀共和国成立

6 月 18 日发生共和八年花月三十日政变,第三届督政府成立

7 月 6 日骑术院俱乐部成立

8 月法国中部和西南出现王党叛乱

8 月 13 日骑术院俱乐部遭查禁

10 月 16 日拿破仑回到法国

11 月 9—10 日发生共和八年雾月政变

12 月 13 日颁布《共和八年宪法》

1800 年

1 月 17 日巴黎政治刊物遭查禁

2 月 7 日《共和八年宪法》通过全民公投

2 月 13 日法兰西银行成立

2 月 17 日颁布《雨月十八日法令》

6 月 14 日马伦哥战役大捷

9 月 30 日签订《莫特方丹条约》

10 月 1 日路易斯安那归还法国

1801 年

2 月 9 日签订《吕内维尔条约》

7 月 15—16 日签订《教务专约》

8 月 24 日法国与巴伐利亚签订友好条约

10 月 8 日法国与俄国签订和平条约

1802 年

1 月 18 日清洗保民院

3 月 25 日签订《亚眠和约》

4 月 26 日大赦流亡者

5 月 1 日颁布《公共教育法》,创立公立高中(lycée)

5 月 19 日设立荣耀军团勋章(Légion d'honneur)制度

5 月 20 日法国在殖民地重建奴隶制

6 月 7 日奴隶运动领袖杜桑·卢维杜尔在圣多明各被捕收监

8 月 2 日拿破仑成为终身执政

8 月 4 日通过《共和十年宪法》

9 月 11 日皮埃蒙特并入法国

1803 年

3 月 28 日确定法国法郎币值

4 月 30 日法国将路易斯安那卖给美国

5 月 16 日英法关系破裂

6 月拿破仑始建布伦军营

11 月 19 日法军在圣多明各投降

1804 年

1 月 1 日海地独立

2 月逮捕军官莫罗、庇什格律

3 月 21 日立法院通过《法国民法典》

5 月 18 日通过《共和十二年宪法》,法兰西第一帝国成立

5 月 19 日任命帝国 18 名元帅

5 月 24 日普鲁士与俄国结盟

12 月 2 日拿破仑在巴黎加冕

1805 年

3 月 17 日拿破仑成为意大利国王

6 月 6 日兼并热那亚

9 月 25 日法军跨过莱茵河

10 月 21 日特拉法加战役,英军大败法军

11 月 15 日拿破仑占领威尼斯

12 月 2 日奥斯特里茨大捷

12 月 31 日废黜那不勒斯的波旁王朝

1806 年

3 月 30 日约瑟夫·波拿巴任那不勒斯国王

4 月 24 日重建盐税

6 月 5 日路易·波拿巴任荷兰国王

7 月 12 日莱茵邦联成立

8 月 6 日弗朗茨二世放弃神圣罗马帝国的称号,神圣罗马帝国结束统治

10 月 14 日耶拿-奥尔施泰特战役,法国击败普鲁士

10 月 27 日拿破仑进入柏林

11 月 21 日颁布《柏林敕令》,建立大陆封锁

1807 年

2 月 8 日埃劳战役打响

6 月 14 日法军在弗里德兰取得决定性胜利

7 月 9 日签订《蒂尔西特和约》

8 月 18 日热罗姆·波拿巴成为威斯特伐利亚国王

10 月 17 日法国与西班牙在枫丹白露会晤,商讨瓜分葡萄牙

11 月 13 日废黜布拉干萨王朝

10—12 月颁布《枫丹白露法令》与两道《米兰法令》,加强大陆封锁

1808 年

2 月 2 日占领罗马

3 月 1 日拿破仑创立帝国贵族制度

5 月 2 日马德里发生起义,反对法国占领

5 月 24 日托斯卡纳并入法国

6 月 6 日约瑟夫·波拿巴成为西班牙国王

7 月 15 日缪拉成为那不勒斯国王

1809 年

6 月 12 日拿破仑被教宗开除教籍

10 月 14 日签订《申布伦条约》

12 月 12 日拿破仑与约瑟芬离婚

1810 年

4 月 2 日拿破仑与玛丽·路易丝成婚

7 月 4 日荷兰并入法国

8 月 5 日颁布《特里亚农法令》,大幅增加殖民地商品进口关税

10 月 18、19 日颁布《枫丹白露法令》,加大对走私的惩罚

12 月 13 日兼并汉堡、不来梅和吕贝克,创立三个汉萨省

1811 年

3 月 20 日罗马王降生

1812 年

6 月 24 日拿破仑跨过涅曼河

8 月 16 日斯摩棱斯克战役打响

9 月 7 日博罗季诺战役打响

9 月 14 日拿破仑进入莫斯科

10 月 19 日拿破仑开始撤出俄国

10 月 23 日马莱阴谋发动政变

1813 年

3 月 16、17 日普鲁士向法国宣战

3 月 18 日俄军进入汉堡

8 月 12 日奥地利向法国宣战

10 月 16—19 日莱比锡战役发生

1814 年
1 月—3 月法国大战
3 月 3 日奥军进入里昂
3 月 30 日巴黎投降
4 月 3 日元老院罢黜拿破仑,召回路易十八
6 月 4 日路易十八颁布宪章

1815 年
3 月 1 日拿破仑在儒安港口登陆
3 月 20 日拿破仑抵达杜伊勒里宫
4 月 22 日拿破仑颁布《帝国宪法附加法》,通过全民公投
6 月 18 日滑铁卢战役爆发
6 月 22 日拿破仑第二次退位

三、参考文献

刊印材料

Archives parlementaires de 1787 à 1860：*recueil complet des débats législatifs et politiques des chambres françaises*，*premier série*（*1789—1799*）. 82 tomes，Paris，1867—1913.

Aulard，F.—A（ed.），*La Société des Jacobins*：*recueil de documents pour l'histoire du club des Jacobins de Paris*，6 tomes，Paris：Librairie Jouaust，1889—1897.

Aulard，F.—A（ed.），*Recueil des Actes du Comite de Salut Public*，*avec la correspondance officielle des représentants en mission et le registre des représentants en mission et le registre du Conseil exécutif provisoire*，28 tomes，Paris：Imprimerie nationale，1889—1996.

Barbier，Edmond-Jean-François，*Chronique de la régence et du règne de Louis XV*（*1718—1763*），8 tomes，Paris：Charpentier，1857—1885.

Brienne，comte de.，*Journal de l'Assemblée des notables de 1787*，par le comte de Brienne et Étienne Charles de Loménie de Brienne.（Bureau de Monsieur et Bureau du comte d'Artois）. Texte publié avec introd.，notes et index pour la Société de l'histoire de France par Pierre Chevallier，Paris：C. Klincksieck，1960.

Buchez, P. —J. —B. & P. —C. Roux (eds.), *Histoire parlementaire de la révolution française*, 40 tomes, Paris: Paulin, 1834—1838.

Calonne, *Réponse de m. de Calonne á l'écrit de m. Necker: publié en avril 1787, contenant l'examen des comptes de la situation des finances, rendus en 1774, 1776, 1781, 1783, & 1787: avec des observations sur les résultats de l'Assemblée des notables*, Londres: De l'Imprimerie de T. Spilsbury, 1788.

Chateaubriand, François-René, *Œuvres complètes*, Tome 1, Paris: Ladvocat, 1826.

d'Aguesseau, "Fragmens sur l'origine et l'usage des Remontrances," in *Œuvres complète du chancelier d'Augesseau*, Tome 10, Paris: Fantin et Cie, 1819, pp. 4 - 31.

d'Argenson, marquis, *Considerations sur le gouvernement ancien et present de la France*, edited and introduced by Andrew Jainchill, Liverpool, England: Liverpool University Press, 2019.

d'Argenson, marquis, *Journal et mémoires du marquis d'Argenson*, publiés pour la première fois d'après les manuscrits autographes de la bibliothèque du Louvre pour la Société de l'histoire de la France, par E. J. B. Rathery, 9 tomes, Paris: Mme ve J. Renouard, 1859—1867.

Daire, Eugène ed. , *Collection des principaux économistes*, 4 tomes, Osnabrück: Zeller, 1966.

Delandine, Antoine-François, *Couronnes academiques ou Recueil des prix proposes par les Societes Savantes*, Paris: Cuchet, 1787.

Duvergier, J. —B (ed.), *Collection complète des lois, décrets, ordonnances, règlemens avis du Conseil d'état*, 30 tomes, Paris, A. Guyot et Scribe, 1834—1838.

Ferrières, Marquis de. , *Correspondance inedited 1789, 1790, 1791*, publ. et annotée par Henri Carré, Paris: Colins, 1932.

Flammermont, J. de eds. , *Les Remontrances du Parlement de Paris au XVIIIe Siècle*, 3 tomes, Paris, Impr. nationale, 1888—1898.

Glagau, Von Hans ed. , *Reformversuche und Sturz des Absolutismus in Frankreich (1774—1788)*, München & Berlin: R. Oldenbourg, 1908.

Hardman, John & M. Price, *Louis XVI and the Comte de Vergennes: Correspondace, 1774—1787*, Oxford: Voltaire Foundation, 1998.

John Law, *Œuvres*, edited by Paul Harsin, 3 tomes, Paris: Librairie du Recueil Sirey, 1934.

La Rivière, Mercier de, *Ordre naturel et essentiel des sociétés politiques*, 2 tomes, Londres: chez Jean Nourse, 1767.

Marais, Mathieu, *Journal et mémoires de Mathieu Marais*, 4 tomes, Paris,

Firmin Didot frères, 1863—68.

Mautouchet, Paul ed. , *Le Gouvernement revolutionnaire* (*10 aout 1792—4 brumaire an IV*), Paris: É. Cornély et cie, 1912.

Mercier, Louis Sébastien &. Restif de la Bretonne, *Paris le jour*, *Paris la Nuit*, Paris: Robert Laffont, 1990.

Mercier, Louis-Sebastien, *Tableau de Paris*, 12 tomes, Amsterdam, [s. n.], 1782—1788.

Mirabeau &. François Quesnay. *Traite de la monarchie*, texte établi par Gino Longhitano, Paris: Harmattan, 1999.

Necker, Jacques, *Œuvres completes de M. Necker*, publiées par M. le Baron de Staël, 15 tomes, Paris: Chez Treuttel et Würtz, 1820.

Quesnay, François, *Œuvres économiques complètes et autres textes*, édités par Christine Théré, Loïc Charles et Jean-Claude Perrot, Paris: INED, 2005.

Réimpression de l'ancien Moniteur, 32 tomes. Paris: Au Bureau central, 1858—1863.

Robespierre, Maximillien,*Œuvres de Maximilien Robespierre*, sous la direction de Marc Bouloiseau, Georges Lefebvre, Albert Soboul &. Florence Gauthier, 11 tomes, Paris: PUF, 1950—2007.

Schelle, Gustave éd. , *Œuvres de Turgot et documents le concernant avec biographie et notes*, 5 tomes, Paris: F. Alcan, 1913—23.

Veri, Joseph Alphonse de, *Journal de l'abbe de Veri*, 2 tomes, Paris: J. Tallandier, 1928.

Weulersse, George, *Les manuscrits economiques de François Quesnay et du marquis de Mirabeau aux Archives nationales* (*M. 778 a M. 785*). *Inventaire*, *extraits et notes*, Paris: Librairie Paul Geuthner, 1910.

外文论著与论文

Acomb, Frances, *Anglophobia in France*, *1763—1789*: *An Essay in the History of Constitutionalism and Nationalism*. Durham: Duke University Press, 1950.

Adam, Antoine, *Du Mysticisme à la Revolte*, *les Jansénistes du XVIIe Siècle*, Paris: Fayard, 1968.

Adorno, Francesco Paolo, *La Discipline de l'Amour*: *Pascal*, *Port-Royal et la politique*, Paris: Kimé, 2010.

Aftalion, Florin, *The French Revolution*: *An Economic Interpretation*, translated by Martin Thom, Cambridge: Cambridge University Press, 1990.

Anderson, Matthew, *Europe in the Eighteenth Century 1713—1789*, London: Longman, 1987.

Andress,David, *The Terror: The Merciless War for Freedom in Revolutionary France*, Farrar: Straus and Giroux, 2006.

Andress, David. , *Massacre at the Champ de Mars: Popular Dissent and Political Culture in the French Revolution*, Suffolk, UK; Rochester, NY: Royal Historical Society, 2000.

Antoine, Michel, "Colbert et la Révolution de 1661," in *Un Nouveau Colbert: actes du Colloque pour le tricentenaire de la mort de Colbert*, organisé par le Ministre délégué à la culture représenté par Jean Favier Paris: Éditions SEDES/CDU, 1985, pp. 99 – 109.

Antoine, Michel, "En marge ou au cœur de l'affaire de Bretagne?: Intrigues et cabales de M. de La Chalotais,"*Bibliothèque de l'Ecole des Chartes*, Tome C XXVIII (July-Dec. 1970), pp. 369 – 408.

Antoine, Michel, "Genèse de l'institution des intendants,"*Journal des savants*, 1982, No. 3—4, pp. 283 – 317.

Antoine, Michel, "La notion de subdélégation dans la monarchie d'Ancien Régime,"*Bibliothèque de l'école des chartes*, 1974, Tome 132, No. 2, pp. 267 – 287.

Antoine, Michel, "Les remontrances des cours superieures sous le regne de Louis XIV (1673—1715)," *Bibliothèque de l'école des Chartes*, tome 151, 1993, p. 87 – 122.

Antoine, Michel, *Le Conseil du Roi sous le regne de Louis XV*, Genève: Droz, 2010.

Antoine, Michel, *Louis XV*, Paris: Fayard 1989.

Armengaud, André, "Mariages et naissances sous le Consulat et l'Empire," *Revue d'histoire moderne et contemporaine*, T. 17ᵉ, No. 3, La France a l'époque Napoléonienne (Jul. —Sep. , 1970), pp. 373 – 390.

Ashby, Ralph, *Napoleon against Great Odds: the Emperor and the Defenders of France 1814*, Santa Barbara, Calif. : Praeger, 2010.

Aston, Nigel, *Religion and Revolution in France, 1780—1804*, Washington, D. C. : Catholic University of America Press, 2000.

Atkins,Sinclair Ramsay, *From Utrecht to Waterloo: A History of Europe in the Eighteenth Century*, London: Methuen, 1965.

Aucoc, Leon, *Conferences sur l'administration et le droit administratif faites à l'Ecole des ponts et chaussees*, Tome 2, Paris, Vve. C. Dunod, 1886.

Baczko, Bronisław, *Comment sortir de la Terreur: Thermidor et la Révolution*, Paris: Gallimard, 1989.

Baecque, Antoine de, *The Body Politic: Corporeal Metaphor in Revolutionary France, 1770—1800*, translated by Charlotte Mandell, Stanford, Calif. : Stanford University Press, 1997.

Baker, Keith ed. , *The French Revolution and the Creation Modern Political Culture*, 4 vols, Oxford; New York: Pergamon Press, 1987—1994.

Baker, Keith, *Inventing the French Revolution: Essays on French Political Culture in the Eighteenth Century*, Cambridge: Cambridge University Press, 1990.

Barber, Elinor G. , *The Bourgeoisie in 18th Century France*, NJ. , Princeton, 1955.

Barbiche, Bernard, *Les institutions de la monarchie française à l'époque moderne: (XVIe-XVIIIe siècle)*, Paris: PUF, 2012.

Bardet, Jean-Pierre & Jacques Dupâquier, "Contraception: les Français les premiers, mais pourquoi?," *Communications*, vol. 44, 1986, pp. 3 - 33.

Beaurepaire, Pierre-Yves, *L'Europe des Lumières*, Paris: PUF, 2013.

Beaurepaire, Pierre-Yves, *La France des lumières 1715—1789*, Paris: Belin, 2011.

Beaurepaire, Pierre-Yves, *Le mythe de l'Europe française au XVIIIe siècle: diplomatie, culture et sociabilités au temps des Lumières*, Paris: Autrement, 2007.

Becchia, Alain, *Modernités de l'Ancien Régime: (1750—1789)*, Renes: Presses Universitaires de Rennes, 2012.

Behar Cem et Yves Ducel, "L'arithmétique politique d'Antoine Deparcieux," in *Arithmétique politique dans la France du XVIIIe siècle*, sous la direction de Thierry Martin, Paris: INED, 2003, pp. 147 - 161.

Bély, Lucien ed. , *Dictionnaire de l'Ancien Régime: royaume de France, XVIe-XVIIIe siècle*, Paris: PUF, 2010.

Bély, Lucien, *La France modern, 1498—1789*, Paris: PUF, 2013.

Bély, Lucien, *Louis XIV: le plus grand roi du monde*, Paris: Jean-paul Gisserot, 2005.

Bergeron, Louis, *France under Napoleon*, translated by R. R. Palmer, NJ. , Princeton University Press, 1981.

Berkovitz, Jay, "The French Revolution and the Jews: Assessing the Cultural Impact," *AJS Review*, Vol. 20, No. 1 (1995), pp. 25 - 86.

Bernard, Derouet, "Une démographie différentielle: clés pour un système auto-régulateur des populations rurales d'Ancien Régime," *Annales. Histoire, Sciences Sociales*, 35e Année, No. 1 (Jan. - Feb. , 1980), pp. 3 - 41.

Berstein, Serge et Michel Winock, *L'invention de la démocratie, 1789—1914*, Paris: Seuil, 2008.

Bertaud, J. —P. , "Napoleon's Officers," *Past & Present*, No. 112 (Aug. , 1986), pp. 91 - 111.

Bertaud, Jean-Paul, "Notes sur le premier amalgame (février 1793-janvier 1794)," *Revue d'histoire moderne et contemporaine*, T. 20e, No. 1, Études d'histoire militaire（XVIIe-XXe siècles）（Jan. -Mar. , 1973）, pp. 72 – 83.

Bertaud, Jean-Paul, *The Army of The French Revolution: From Citizen Soldiers to Instrument of Power*, translated by Robert Parlmer, New Haven: Princeton University Press, 1988.

Beyssi, Jean &. J. Bessy, "Le Parti Jacobin à Toulouse sous le Directoire," *Annales historiques de la Révolution française*, 22e Année, No. 117（Janvier-Mars 1950）, pp. 28 – 54, 22e Année, No. 118（Avril-Juin 1950）, pp. 109 – 133.

Biard, Michel &. Pascal Dupuy, *La Révolution française: Dynamiques, influences, débats 1787—1804*, Paris: A. Colin, 2004.

Biard, Michel, "La 'Convention ambulante': Un rempart au despotisme du pouvoir exécutif?," *Annales historiques de la Révolution française*, No. 332, Une révolution du pouvoir exécutif? （Avril/juin 2003）, pp. 55 – 70.

Biard, Michel, *Missionnaires de la République: les représentants du peuple en mission, 1793—1795*, Paris: CTHS, 2002.

Biard, Michel, Philippe Bourdin &. Silvia Marzagalli, *Révolution, Consulat, Empire 1789—1815*, Paris: Belin, 2013.

Bickart, Roger, *Les Parlements et la Notion de Souveraineté Nationale au XVIIIe Siècle*, Paris: Librairie Félix Alcan, 1932.

Bienvenu, Richard, *The Ninth of Thermidor: The Fall of Robespierre*, New York: Oxford University Press, 1968.

Biraben, Jean-Noël, "La statistique de population sous le Consulat et l'Empire," *Revue d'histoire moderne et contemporaine*, T. 17e, No. 3, （Jul. - Sep. , 1970）, pp. 359 – 372.

Biraben, Jean-Noël, "Mariages et naissances sous le Consulat et l'Empire," *Revue d'histoire moderne et contemporaine*, T. 17^e, No. 3, （Jul. - Sep. , 1970）, pp. 373 – 390.

Black, Jeremy, "French Foreign Policy in the Age of Fleury: Reassessed," in *The English Historical Review*, Vol. 103, No. 407, （Apr, 1988）, pp. 359 – 384.

Black, Jeremy, *Natural and Necessary Enemies: Anglo-French Relations in the Eighteenth Century*, London: Duckworth, 1986.

Blackman, Robert H. , "What Was 'Absolute' about the 'Absolute Veto'? Ideas of National Sovereignty and Royal Power in September 1789," *Proceedings of the Western Society for French History*, Vol. 32, 2004, pp. 123 – 139.

Blayo, Yves, "Mouvement naturel de la population française de 1740 à 1829," *Population*, 1975, Vol. 30, No. 1, pp. 15 – 64.

Bloquet, Josée, "L'Acte additionnel aux constitutions de l'Empire du 22 avril 1815: une bataille perdue d'avance?" *Napoleonica. La Revue*, Vol. 1, No. 13, pp. 3 – 39.

Bluche, François, *Le Grand Règne : La vie quotidienne au temps de Louis XIV*, Paris: Fayard, 2006.

Bluche, Frédéric, *Le plébiscite des Cent-Jours, avril-mai 1815*, Genève: Droz, 1974.

Bois, Jean-Pierre, *Histoire des 14 juillet: 1789—1919*, Rennes: Editions Ouest-France, 1991.

Bonney, Richard, *The Limits of Absolutism in ancien régime France*, Aldershot: Variorum, 1995.

Bonno, Gabriel, "La Culture et la Civilisation Britanniques devant L'opinion Française de la Paix d'Utrecht aux Lettres Philosophiques (1713—1734)," *Transactions of the American Philosophical Society*, Vol. 38, No. 1 (1948), pp. 1– 184.

Bontoux, Françoise, "Paris janséniste au XVIIIe siècle, les Nouvelles ecclésiastiques," *Mémoires publiés par la Fédération des sociétés historiques et archéologiques de Paris et de l'île de France*, 1955, p. 105 – 220.

Bordes, Maurice, *L'administration provinciale et municipale en France au XVIIIe siècle*, Paris: Société d'édition d'enseignement supérieur, 1972.

Bordes, Maurice, *La réforme municipale du contrôleur general L'Averdy et son application, 1764—71*, Toulouse: Association des publications de la Faculté des lettres et sciences humaines, 1963.

Bordes, Philippe, "Jacques-Louis David's ' Serment du Jeu de Paume ': Propaganda without a Cause?," *Oxford Art Journal*, Vol. 3, No. 2, Propaganda (Oct. , 1980), pp. 19 – 25.

Bosher, J. F. ed. , *French Government and Society 1500—1850 : Essays in Memory of Alfred Cobban*, London: Athlone, 1973.

Bosher, J. F. , "Chambres de justice in the French," in Bosher ed. , *French Government and Society 1500—1850: Essays in Memory of Alfred Cobban*, London: Athlone Press, 1973, pp. 19 – 40.

Bosher, J. F. , *French Finances 1770—1795 : From Business to Bureaucracy*, Cambridge: Cambridge University Press, 2008.

Boutier, Jean &. Philipe Boutry et Serge Bogin, *Atlas de la Révolution française*, tome 6, les sociétés politiques, Paris: EHESS, 1992.

Bowden, Witt, "The English Manufacturers and the Commercial Treaty of 1786 with France," *The American Historical Review*, Vol. 25, No. 1 (Oct. , 1919), pp. 18 – 35.

Braesch, Frédéric, *La commune du dix août 1792 : étude sur l'histoire de Paris du 20 juin au 2 décembre 1792*, Paris: Hachette et cie, 1911.

Brasart, Patrick, *Paroles de la Révolution : Les Assemblées parlementaires*,

1789—1794, Paris: Minerve, 1988.

Brewer, Daniel ed. , *The Cambridge Companion to the French Enlightenment*, United Kingdom; New York: Cambridge University Press, 2014.

Bricaud, Jean, *L'administration du département d'Ille-et-Vilaine au début de la révolution*, Rennes: Imprimerie Bretonne, 1965.

Briggs, E. R. , "La crise des idées à Paris entre 1727 et 1732 ou 'le brigandage d'Embrun' et la défense des droits individuels contre le ministère et la monarchie," in *Études sur le XVIII ème siècle*, Tome 11, Idéologies de la noblesse, éd. R. Mortier et H. Hasquin, Bruxelles: Éditions de l'Université de Bruxelles, 1983, pp. 21 - 38.

Broers, Michael, *Europe Under Napoleon*, London: I. B. Tauris & Company, 2014.

Broers, Michael, Peter Hicks & Agustin Guimerá eds. , *The Napoleonic Empire and the New European Political Culture*, New York: Palgrave Macmillan, 2012.

Brose, Eric Dorne, *German History 1789—1871: From the Holy Roman Empire to the Bismarckian Reich*, New York: Berghahn, 2008.

Brown, Howard G. , "Mythes et massacres: reconsidérer la 'terreur directoriale'," *Annales historiques de la Révolution française*, No. 325 (Juillet/ septembre 2001), pp. 23 - 52.

Brunel, Françoise, *Thermidor: la chute de Robespierre*, Lausanne: Complexe, 1989.

Burnand, Léonard, *Les pamphlets contre Necker: médias et imaginaire politique au XVIIIe siècle*, Paris: Classiques Garnier, 2009.

Burtok, June K. & J. Godechot, "L'Enseignement de l'histoire dans les lycées et les écoles primaires sous le Premier Empire," *Annales historiques de la Révolution française*, 44e Année, No. 207 (Janvier-Mars 1972), pp. 98 - 109.

Butel, Paul, *L'Économie française au XVIIIe siècle*, Paris: SEDES, 1993.

Buvat, Jean, *Journal de la régence: (1715—1723)*, Tome 1, Paris: Plon, 1865.

Caiani, Ambrogio, "Ornamentalism in a European Context? Napoleon's Italian Coronation, 26 May 1805," *The English Historical Review*, Vol. 132, No. 554 (February 2017), pp. 41 - 72.

Campbell, Peter, *Power and Politics in the Old Regime France*, London; New York: Routledge, 1996.

Carcassonne, Elie, *Montesquieu et le problème de la Constitution française au XVIIIe siècle*, Paris: PUF, 1927.

Cardenal, L. de. , "Le citoyen de 1791, payait-il plus ou moins d'impôt que le sujet de 1790?," *Notices, inventaires et documents: comite des travaux historiques et scientiftques*, Vol. 22 (1936), pp. 61－110.

Caron, Pierre, *Les Massacres de Septembre*, Paris: En vente à la Maison du livre français, 1935.

Carpenter Kirsty and Philip Mansel eds. , *The French émigrés in Europe and the struggle against revolution*, *1789—1814*, Hampshire: Macmillan Press, 1999.

Caudrillier, Gustaaf, *La trahison de Pichegru*, Paris: Alcan, 1908.

Chagniot, Jean, "Les rapports entre l'armée et la société à la fin de l'Ancien Régime," in *Histoire militaire de la France*, Tome 2, *de 1715 à 1871*, Paris: PUF, 1992, pp. 103－128.

Chartier, Roger & Henri-Jean Martin eds. , *Histoire de l'édition française*, tome 2, Le livre triomphant 1660—1820, Paris: Fayard, 1990.

Chaussinand-Nogaret, G. , *La Noblesses au XVIIIe siècle*, Paris: Hachette 1976.

Chaussinand-Nogaret, Guy, *Le cardinal de Fleury: le Richelieu de Louis XV*, Paris: Payot & Rivages, 2002.

Childs, Nick, *A Political Academy in Paris 1724—1731: The Entresol and its Members*, Oxford: Voltaire Foundation, 2000.

Church, C. H. , *Revolution and Red Tape: The French Ministerial Bureaucracy 1770—1850*, Oxford: Clarendon Press, 1981.

Clark, Henry, "Grain Trade Information: Economic Conflict and Political Culture under Terray 1770—1774," *The Journal of Modern History*, Vol. 76, No. 4 (December 2004), pp. 793－834.

Cobban, Alfred, "The Parlements of France in the Eighteenth Century," *History*, New series, Vol. 35, No. 123/124 (February and June, 1950), pp. 64－80.

Cobban, Alfred, *A History of Modern France*, 3 vols, London: Penguin Books, 1963—65.

Collins, Irene, *Napoléon and his Parliaments*, *1800—1815*, Palgrave: Macmillan, 1979.

Conchon, Anne, "Le temps de travail en quête de mesure. La corvée royale au XVIIIe siècle," *Genèses*, 2011/4 (n° 85), pp. 50－69.

Connelly, Owen ed. , *Historical Dictionary of Napoleonic France*, *1799—1815*, Westport, Conn. : Greenwood Press, 1985.

Connelly, Owen, *The Wars of the French Revolution and Napoleon*, London; New York: Routledge, 2006.

Cornette, Joël Cornette & Laurent Bourquin eds. , *La monarchie entre Renaissance et Révolution*, *1515—1792*, Paris: Seuil, 2000.

Crook, Malcolm, "'Ma volonte est celle du peuple': Voting in the Plebiscite and Parliamentary Elections during Napoleon's Hundred Days, April-May 1815", *French Historical Studies*, Vol. 32, No. 4 (2009), pp. 619－645.

Crook, Malcolm, *Elections in the French Revolution: An Apprenticeship in Democracy*, *1789—1799*, Cambridge and New York: Cambridge University Press, 1996.

Crook, Malcolm, *Toulon in War and Revolution: from the Ancien Regime to the Restoration*, *1750—1820*, Manchester and New York: Manchester University Press, 1991.

Crouzet, François, "Les importations d'eaux-de-vie et de vins français en Grande Bretagne pendant le blocus continental," *Annales du Midi*, Vol. 65, No, 21, 1953, pp. 91 - 106.

Crouzet, François, *De la supériorité de l'Angleterre sur la France: l'économique et l'imaginaire*, XVIIe-XXe *siècles*, Paris: Libr. académique Perrin, 1985.

Dainville, François de, "Un dénombrement inédit au XVIIIe siècle: l'enquête du Contrôleur général Orry 1745," *Population*, 7ᵉ Année, No. 1 (Jan. -Mar. , 1952), pp. 49 - 68.

Dakin, Douglas, *Turgot and the Ancien Régime in France*, London: Methuen, 1939.

Danley, Mark H. , & Patrick J. Speelman eds, *The Seven Years' War: Global Views*, Leiden: Brill. 2012.

Darnton, Robert, "The High Enlightenment and the Low-Life of Literature in Pre-Revolutionary France," *Past and Present*, Vol. 51, No. 1(May, 1971), pp. 81 - 115.

Darnton, Robert, *Poetry and the Police: Communication Networks in Eighteenth-Century Paris*, Cambridge, Massachusetts: The Belknap Press of Harvard University Press, 2010.

David Weir, "Tontines, Public Finances, and Revolution in France and England, 1688—1789," *The Journal of Economic History*, Vol. 49, No. 1 (Mar. , 1989), pp. 95 - 124.

Deck, Suzanne, "Les municipalites en Haute-Normandie," *Annales de Normandie*, 12ᵉ annee, 11ᵉ annee, No. 4, 1961, pp. 279 - 300, No. 2, 1962, pp. 77 - 92, 12ᵉ annee, No. 3, 1962, pp. 151 - 167, 12ᵉ annee, No. 4, 1962, pp. 213 - 234.

Dessert, Daniel, *Argent, pouvoir et société au Grand Siècle*, Paris: Fayard, 1984.

Deutsch, Harold Charles, *The Genesis of Napoleonic Imperialism*, Cambridge: Harvard University Press, 1938.

Dorn, Walter L. , "Frederic the Great and Lord Bute," *The Journal of Modern History*, Vol. 1, No. 4 (Dec. , 1929), pp. 529 - 560.

Doucet, Roger, *Les institutions de la France au XVIe siècle*, 2 tome, Paris:

A. et J. Picard 1948.

Dougall, Ronald Mac, "La 'consomption' de la première République et le 'Coup d'état du 30 prairial' (18 juin 1799)," *Annales historiques de la Révolution française*, No. 275 (Janvier-Mars 1989), pp. 52 - 74.

Doyle, William ed. , *The Oxford Handbook of the Ancien Régime*, Oxford: Oxford University Press, 2012.

Doyle, William, *Aristocracy and its Enemies in the Age of Revolution*, Cambridge: Cambridge University Press, 2009.

Doyle, William, *Officers, Nobles and Revolutionaries: Essays on Eighteenth-Century France*, London: Hambledon Press, 1995.

Doyle, William, *The Oxford History of French Revolution*, Oxford: Oxford University Press, 2002.

Doyle, William, *Venality: The Sale of Offices in Eighteenth-Century France*, Oxford: Clarendon Press, 1996.

Duby, Georges ed. , *Histoire de la France urbaine*, 5 tomes, Paris: Seuil, 1980—1985.

Duchet, Roger. *Les Institution de la France au XVIe siècle*, 2 tomes, Paris: A. et J. Picard, 1948.

Dull, Jonathan R. , *The French Navy and the Seven Years' War*, Lincoln: Nebraska, 2005.

Dupâquier, Jacques, "Les Caractères originaux de l'histoire démographique française au XVIIIe siècle," *Revue d'Histoire Moderne & Contemporaine*, 33 (1976), pp. 193 - 202.

Dupâquier, Jacques, "Problèmes démographiques de la France napoléonienne," *Revue d'histoire moderne et contemporaine*, T. 17e, No. 3, (Jul. - Sep. , 1970), pp. 339 - 358.

Dupâquier, Jacques, *La population française aux XVIIe et XVIIIe siècles*, Paris: PUF, 1979.

Dwyer, Philip G ed. , *Napolean and Europe*, London and New York: Routledge, 2001.

Dwyer, Philip, *Citizen Emperor: Napoleon in Power*, New Haven, CT: Yale University Press, 2013.

Echeverria, Durand, *The Maupeou Revolution: A Study in the History of Libertarianism, France, 1770—1774*, Baton Rouge: Louisiana State University Press, 1985.

Egret, Jean, "La prérévolution en Provence 1787—1789," *Annales historiques de la Révolution française*, 26e Année, No. 135 (Avril-Juin 1954), pp. 97 - 126.

Egret, Jean, "La Revolution aristocratique en franche-comté et son échec

(1788—1789)," *Revue d'histoire moderne et contemporaine*, (1954-), T. 1ᵉʳ, No. 4 (Oct. - Dec. , 1954), pp. 245 - 271.

Égret, Jean, *La Pré-Révolution française 1787—1788*, Pairs: PUF, 1962.

Egret, Jean, *Louis XV et l'opposition parlementaire*, 1715—1774, Paris: Armand. Colin, 1970.

Eisenstein, Elizabeth, "Review: Who Intervened in 1788? A Commentary on The Coming of the French Revolution," *The American Historical Review*, Vol. 71, No. 1 (Oct. , 1965), pp. 77 - 103.

Elli, Geoffrey, *Napoleon's Continental Blockade: the Case of Alsace*, Oxford: Clarendon Press; New York: Oxford University Press, 1981.

Emmanuelli, François-Xavier, *État et pouvoirs dans la France des XVIᵉ-XVIIIᵉ siècles: la métamorphose inachevée*, Paris: Nathan, 1992.

Esmonin, Edmond, *Études sur la France des XVIIᵉ et XVIIIᵉ siècles*, Paris: PUF, 1964.

Fairbairn, A. W. , "Dumarsais and Le Philosophe," *Studies on Voltaire*, Vol. 87 (1972), pp. 375 - 392.

Faure, Edgar, *La disgrace de Turgot*, 2 tomes, Paris: Rencontre, 1961.

Favier, Jean ed. , *Un Nouveau Colbert: actes du Colloque pour le tricentenaire de la mort de Colbert*, Paris: SEDES/CDU, 1985.

Félix, Joël, *Finances et politique au siècle des Lumièresle ministère L'Averdy*, *1763—1768*, Paris: Comité pour l'histoire économique et financière de la France, 1999.

Fogel, Michèle, *L'Etat dans la France moderne de la fin du XVᵉ au milieu du XVIIIᵉ siècle*, Paris: Hachette, 1992.

Follain, Antoine, *Le village sous l'Ancien Régime*, Paris: Fayard, 2008.

Foncin, Pierre, *Essai sur le Ministère de Turgot*, Paris: Germer-Baillière, 1877.

Forrest, Alan, *Conscripts and Deserters: The Army and French Society during Revolution and Empire*, New York: Oxford University Press, 1989.

Forrest, Alan, *Napoleon*, London: Quercus 2011.

Forrest, Alan, *Society and Politics in Revolutionary Bordeaux*, Oxford: Oxford University Press, 1975.

Forrest, Alan, *Soldiers of the French Revolution*, Durham, NC: Duke University Press, 1990.

Forrest, Alan, *The Revolution in Provincial France: Aquitaine, 1789—1799*, Oxford: Clarendon Press; New York: Oxford University Press, 1996.

Fox-Genovese, Elizabeth, *The Origins of Physiocracy: Economic Revolution and Social Order in Eighteenth-Century France*, Ithaca and London: Cornell

University Press. 1976.

Fréville, Henri, *L'intendance de Bretagne*, *1689—1790*: *essai sur l'histoire d'une intendance en Pays d'Etats au XVIIIe siècle*, 3 tomes, Rennes: Plihon, 1953.

Furet, François &. Mona Ozouf eds. , *Critical Dictionary of the French Revolution*, translated by Arthur Goldhammer, Cambridge: The Belknap Press of Harvard University Press, 1989.

Furet, François &. Wladimir Sachs, "La croissance de l'alphabétisation en France: XVIIIe-XIXe siècle," *Annales Histoire*, *Sciences Sociales*, 29e Année, No. 3 (May - Jun. , 1974), pp. 714 - 737.

Furet, François, *The French Revolution*, *1770—1814*, translated by Antonia Nevill, Oxford, UK; Cambridge, Mass. , USA: Blackwell, 1996.

Garden, Maurice, *Lyon et les Lyonnais au XVIIIe siècle*, Paris: Belles lettres, 1970.

Gendron, François, *La jeunesse dorée*: *épisodes de la Révolution française*, préf. de Albert Soboul, Sillery, Québec: Presses de l'Université du Québec, 1979.

Gérard Gayot, "Les entrepreneurs au bon temps des privilèges, la draperie royal de Sedan au XVIIIe siècle," in *Revue du Nord*, 1985, pp. 413 - 445.

Geyl, Peter, *Napoleon*: *for and against*, translated from the Dutch by Olive Renier, New Haven: Yale University Press, 1967.

Girard, René, *L'abbé Terray et la liberté du commerce des grains 1769—1774*, Paris: PUF, 1924.

Godechot, Jacques, *Les institutions de la France sous la Révolution et l'émpire*, Paris: PUF, 1951.

Goldie, Mark and Robert Wolker eds. , *The Cambridge History of Eighteenth-Century Political Thought*, Cambridge: Cambridge University Press, 2006.

Goubert, Pierre &. Daniel Roche, *Les Français et l'ancien régime*, 2 tomes, Paris: Armand Colin, 1991.

Greer, Donald, *The Incidence of the Emigration during the French Revolution*, Cambridge, Mass. : Harvard University Press, 1951.

Greer, Donald, *The Incidence of the Terror during the French Revolution*: *A Statistical Interpretation*, Gloucester, Mass. , P. Smith, 1935.

Griffiths, Robert, *Le centre perdu Malouet et les "Monarchiens" dans la Révolution francaise*, Grenoble: Presses universitaires de Grenoble, 1988.

Gross, Jean-Pierre, *Fair Shares for All*: *Jacobin Egalitarianism in Practice*, Cambridge and New York: Cambridge University Press, 1997.

Gueniffey, Patrice, *Le nombre et la raison*: *la Révolution française et les élections*, Paris: EHESS, 1993.

Guérin, Daniel, *Class Struggle in the First French Republic*: *Bourgeois and*

Bras Nus, *1793—95*, translated from the French by Ian Patterson, London: Pluto, 1977.

Guéry, Alain, "Etat, classification sociale et compromis sous Louis XIV: la capitation de 1695," *Annales ESC*, 41ᵉ année, N. 5, 1986. pp. 1041–1060.

Hanotaux, Gabriel, "L'Empire de recrutement: La terre contre la mer 1806—1810," *Revue des Deux Mondes*, Septième période, Vol. 34, No. 4 (15 Août 1926), pp. 824–863.

Hanson, Paul, *Historical Dictionary of the French Revolution*, Lanham, Maryland: Rowman & Littlefield, 2015.

Hanson, Paul, *Provincial Politics in the French Revolution: Caen and Limoges, 1789—1794*, Baton Rouge and London: Louisiana State University Press, 1989.

Hardman, John, *French Politics, 1774—1789: From the Accession of Louis XVI to the Bastille*, London; New York: Longman, 1995.

Hardman, John, *Overturn to Revolution The 1787: Assembly of Notables and the Crisis of France's Old Regime*, Oxford: Oxford University Press, 2010.

Hardman, John, *The Life of Louis XVI*, New Haven: Yale University Press, 2016.

Harris, R. D., "French Finances and the American War, 1777—1783," *The Journal of Modern History*, Vol. 48, No. 2 (Jun., 1976), pp. 233–258.

Haudrère, Philippe, *Les Compagnies des Indes orientales: Trois siècles de rencontre entre Orientaux et Occidentaux (1600—1858)*, Paris: Desjonquères, 2006.

Herbert, Sydney, *The Fall of Feudalism in France*, New York: F. A. Stokes, 1921.

Higgs, Henry, *The Physiocrats: Six Lectures on the French Économistes of the 18th Century*, New York: The Macmillan Company, 1897.

Higonnet, Patrice L. R., *Goodness beyond Virtue: Jacobins during the French Revolution*, Cambridge, MA: Harvard University Press, 1998.

Hincker, François, *Les Français devant l'impôt sous l'ancien régime*, Paris: Flammarion, 1971.

Horn Melton, James Van, *The Rise of the Public in Enlightenment Europe*, New York: Cambridge University Press, 2001.

Houdaille, Jacques, "Pertes de l'armée de terre sous le premier Empire, d'après les registres matricules," *Population*, Vol. 27, No. 1 (Jan. - Feb., 1972), pp. 27–50.

Hunt, Lynn, "The Global Financial Origins of 1789," in Suzanne Desan, Lynn Hunt, William Nelson eds., *The French Revolution in Global Perspective*, Ithaca &

London: Cornell University Press, 2013, pp. 32 – 43.

Jacob, Margaret C. , *Living the Enlightenment: Freemasonry and Politics in Eighteenth-Century Europe*, New York, Oxford: Oxford University Press, 1991.

Jacoud, Gilles, *Le billet de banque en France, 1796—1803: de la diversité au monopole*, Paris: Harmattan, 1996.

James Osen, *Royalist Political Thought during the French Revolution*, Westport, CT: Greenwood Press, 1995.

Jarrett, Derek, *The Begetters of Revolution England's Involvement with France 1758—1789*, Totowa, New Jersey: Rowman and Littlefield, 1973.

Jaume, Lucien, *Le discours jacobin et la démocratie*, Paris: Fayard, 1989.

Jones, Colins, *The Great Nation: France from Louis XV to Napoleon 1715—99*, New York: Columbia University Press, 2002.

Jones, P. M. , *Reform and Revolution in France*, Cambridge; New York: Cambridge University Press 1995.

Kaiser, Thomas E. , "The Abbe de Saint-Pierre, Public Opinion and the Reconstitution of the French Monarchy," *The Journal of Modern History*, Vol. 55, No. 4 (Dec. , 1983), pp. 618 – 643.

Kaplan, Steven et Philippe Minard eds. , *La France, malade du corporatisme ? XVIIIe-XXe siècles*, Paris: Belin, 2004.

Kaplan, Steven L. , "The Famine Plot Persuasion in Eighteenth-Century France," *Transactions of the American Philosophical Society*, Vol. 72, No. 3 (1982), pp. 1 – 79.

Kaplan, Steven, *Bread, Politics and Political Economy in the Reign of Louis XV*, 2 vols, The Hague: Martinus Nijhoff, 1976.

Kaplan, Zvi Jonathan & Nadia Malinovich eds. , *The Jews of Modern France: Images and Identities*, Leiden: Brill, 2016.

Keohane, Nannerl, *Philosophy and the State in France: the Renaissance to the Enlightenment*, Princeton, N. J. : Princeton University Press, 1980.

Kessler, Amalia D. , *Inventing American Exceptionalism: The Origins of American Adversarial Legal Culture 1800—1877*, New Haven: Yale University Press, 2017.

Kolakowski, Leszek, *God Owes Nothing: A Brief Remark on Pascal's Religion and on the Spirit of Jansenism*, Chicago: University of Chicago, 1995.

Konvitz, Josef, *Cartography in France, 1660—1848: Science, Engineering, and Statecraft*, Chicago: University of Chicago Press, 1987.

Kossmann, E. H. , *Politieke Theorie en Geschiedenis*, Bert Bakker: Amsterdam, 1987.

Kreiser, Robert, *Miracles, Convulsions, and Ecclesiastical Politics in Early*

Eighteenth-century Paris, Princeton: Princeton University Press, 1978.

Kwass, Michael, *Privilege and the Politics of Taxation in eighteenth-century France: liberté, égalité, fiscalité*, Cambridge; New York: Cambridge University Press, 2000.

Labrousse, Ernest, *La Crise de l'économie française à la fin de l'ancien régime et au début de la Révolution*, Paris: PUF, 1990.

Laugier, Lucien, *Un ministère réformateur sous Louis XV : le Triumvirat (1770—1774)*, Paris: La Pensée universelle, 1975.

Le Roy Ladurie, Emmanuel, *Saint-Simon and the Court of Louis XIV*, with the collaboration of Jean-François Fitou, translated by Arthur Goldhammer, Chicago: University of Chicago Press, 2001.

Le Roy Ladurie, Emmanuel, *The Ancien Régime: A History of France, 1610—1774*, translated by Mark Greengrass, Oxford, OX, UK; Cambridge, Mass. , USA: Blackwell Publishers, 1996.

Leclercq, Henri, *Histoire de la régence pendant la minorité de Louis XV* , 3 tomes, Paris: É. Champion, 1921—1922.

Lefebvre, Georges, *La Première Terreur*, Paris: Centre de Documentation Universitaire, 1952.

Lefebvre, Georges, *Le Gouvernement Révolutionnaire (2 Juin 1793—9 Thermidor II)*, cours professé à l'École normale supérieure de Sèvres, 1946—1947, Paris: Centre de Documentation Universitaire, 1947.

Lefebvre, Georges, *Les thermidoriens*, Paris: Armand Colin, 1937.

Lefebvre, Georges, *The Thermidorians and The Director: Two Phases of the French Revolution*, translated by Robert Baldick, New York: Random House, 1964.

Legay, Marie-Laure, "Un projet méconnu de decentralisation au temps de Laverdy (1763—1768): les grands Etats d'Aquitaine," T. 306, Fasc. 3 (631) (Juillet 2004), pp. 533 – 554.

Legay, Marie-Laure, *Les États Provinciaux dans la Construction de l'État Moderne: aux XVIIe et XVIIIe siècles*, Genève: Droz, 2001.

Lejeune, Philippe, "'Rien' Journaux du 14 juillet 1789," in *Le Bonheur de la littérature: Variations critiques pour Béatrice Didier*, sous la direction de Christine Montalbetti et Jacques Neefs, Paris: PUF, 2005, pp. 277 – 284.

Léon, Pierre, *Economies et societés pre-industrielles*, Tome 2: 1650—1780, Paris: Armand colin, 1970.

Léonard, Émile, *L'Armée et ses problèmes au XVIII siècle*, Paris: Plon, 1958, pp. 191 – 214.

Lespinasse, René de ed. , *Les métiers et corporations de la ville de Paris XIVe-XVIIIe siècle*, Tome 1, Paris: Imprimerie Nationale, 1886.

Levron, Jacques, *La vie quotidienne à la cour de Versailles aux XVIIe et XVIIIe siècles*, Genève: Famot, 1978.

Lewis, Gwynne, *France 1715—1804 : Power and the People*, Harlow, Essex; New York, N. Y. Pearson/Longman, 2005.

Lignereux, Aurélien, *L'Empire des Français 1799—1815*, Paris: Seuil, 2012.

Lough, John, *Essays on the Encyclopédie of Diderot and d'Alembert*, London, New York: Oxford University Press, 1968.

Lough, John, *France on the Eve of Revolution, British Travellers' Observations 1763—1788*, London and Sydney: Croom Helm, 1987.

Lucas, Colin ed. , *Rewriting the French Revolution*, Oxford: Clarendon Press, 1991.

Luna, Frederick A. de. , "The 'Girondins' Were Girondins, after All," *French Historical Studies*, Vol. 15, No. 3 (Spring, 1988), pp. 506 - 518.

Lyons, Martyn, *France Under the Directory*, Cambridge: Cambridge University Press, 1975.

Lyons, Martyn, *Napoleon Bonaparte and the Legacy of the French Revolution*, London: St. Martin's Press, 1994.

Maire, Catherine-Laurence, *Les convulsionnaires de Saint-Médard : miracles, convulsions et prophéties à Paris au XVIIIe siècle*, Paris: Gallimard: Julliard, 1985.

Maire, Catherine, "L'Église et la nation. Du dépôt de la vérité au dépôt des lois: la trajectoire janséniste au XVIIIe siècle," *Annales ESC*, 46e année, No. 5, 1991, pp. 1177 - 1205.

Maire, Catherine, *De la cause de Dieu à la cause de la Nation : Le jansénisme au XVIIIe siècle*, Paris: Gallimard, 1998.

Mansergh, J. , "The Revolution of 1771 or the Exile of the Parlement of Paris," unpublished D. Phi, thesis (University of Oxford, 1973).

Margadant, Ted W. , *Urban Rivalries in the French Revolution*, Princeton: Princeton University Press, 1992.

Margerison Kenneth, *Pamphlets and Public Opinion : The Campaign for a Union of Orders in the Early French Revolution*, West Lafayette, Indiana: Purdue University Press, 1998.

Marion, Marcel, *Dictionnaire des institutions de la France aux XVIIe et XVIIIe siècles*, Paris: A. Picard, 1923.

Marion, Marcel, *Histoire financière de la France depuis 1715*, Tome 1, Paris: Rousseau, 1914.

Marion, Marcel, *La Bretagne et le duc d'Aiguillon*, 1753—1770, Paris: Fontemoing, 1898.

Markoff, John, *The Abolition of Feudalism : Peasants, Lords, and Legislators in the French Revolution*, University Park, PA: Pennsylvania State University Press, 1996.

Marston Daniel, *The Seven Years' War*, London: Routledge, 2013.

Mason, Laura, *Singing the French Revolution: Popular Culture and Politics, 1787—1799*, Ithaca: Cornell University Press, 1996.

Mathias, Peter &. Patrick O'Brien, "Taxation in Britain and France, 1715—1810: A Comparison of the Social and Economic Incidence of Taxes Collected for the Central Government," *Journal of European Economic History*, Vol. 5, No. 3 (1976), pp. 601 – 650.

Mathiez, Albert, "Étude critique sur les Journées des 5 et 6 octobre 1789," *Revue historique*, T. 67, 23ᵉ année, mai-août 1898, pp. 241 – 281, T. 68, 23ᵉ année, septembre-décembre 1898, pp. 258 – 294, T. 69, 24ᵉ année, janvier-avril 1899, pp. 41 – 66.

Mathiez, Albert, "La Terreur instrument de la politique sociale des Robespierristes," *Annales historiques de la Révolution française*, 5ᵉ Année, No. 27 (Mai-Juin 1928), pp. 193 – 219.

Mathiez, Albert, "Les élections de l'an V," *Annales historiques de la Révolution française*, 6ᵉ Année, No. 35 (Septembre-Octobre 1929), pp. 425 – 446.

Mathiez, Albert, *La Vie chere et le mouvement social sous la Terreur*, Paris: Payot, 1927.

Mathiez, Albert, *Les origines des cultes révolutionnaires (1789—1792)*, Paris: Société nouvelle de libraire et d'édition, 1904.

Maza, Sarah, *Private Lives and Public Affairs: The Causes Célèbres of Prerevolutionary France*, Berkeley: University of California Press, 1993.

McDonald, Forrest, "The Relation of the French Peasant Veterans of the American Revolution to the Fall of Feudalism in France, 1789—1792," *Agricultural History*, Vol. XXV, 1951, pp. 151 – 161.

McPhee, Peter ed., *The Companion to the French Revolution*, Wiley-Blackwell: Blackwell, 2013.

McPhee, Peter, *Liberty or Death: The French Revolution*, New Haven: Yale University Press, 2016.

McPhee, Peter, *Revolution and Enviroment: Peasants, Lords, and Murder in the Corbières 1780—1830*, Oxford: Clarendon Press, 1999.

McPhee, Peter, *Robespierre: a Revolutionary Life*, New Haven: Yale University Press, 2012.

Melon, Jean François, *Essai politique sur le commerce*, préface par Francine Markovits, Fontes &. PaginÆ: Presses Universitaires de Caen, 2014.

Mestre, Jean-Louis, "Le Conseil d'État de France du consulat au début de la Ⅲᵉ

République (1799—1872)," *La Revue administrative*, 52ᵉ Année, No. 8, Numero special No 8, Les Conseils d'État français et italien (1999), pp. 17 - 32.

Michon, Georges, *Essai sur l'histoire du parti feuillant Adrien Duport*, Paris: Payot, 1924.

Mikaberidze, Alexander, *The Napoleonic Wars: A Global History*, Oxford: Oxford University Press, 2020.

Miller, Stephen, *State and Society in Eighteenth-Century France: A Study of Political Power and Social Revolution in Languedoc*, Washington, D. C. : Catholic University of America Press, 2008.

Milliot, Vincent, *Un policier des Lumières suivi de Mémoires de J. C. P. Lenoir, ancien lieutenant général de police de Paris, écrits en pays étrangers dans les années 1790 et suivantes*, Paris: Champ vallon, 2011.

Minard, Philippe, *La Fortune du colbertisme: état et industrie dans la France des Lumières*, Paris: Fayard, 1998.

Mitchell, Harvey, "Vendémiaire, a Revaluation," *The Journal of Modern History*, Vol. 30, No. 3 (Sep. , 1958), pp. 191 - 202.

Moffat M. M. , "Le Siège de Calais et l'opinion publique en 1765," *Revue d'histoire littéraire de la France*, 1932, pp. 339 - 354.

Monnier, Raymonde, *L'Espace publique démocratique: essai sur l'opinion à Paris de la Révolution au Directoire*, Paris: Kimé, 1994.

Montchrestie, *Traicte de l'oeconomie politique dedie en 1615 au Roy et a la Reyne mere du Roy*, avec introduction et notes par Funck-Berntano, Paris: Librairie Plon, 1889.

Montesquieu, *Pensées & Le Spicilège*, édition établie par Louis Desgraves, Paris: Robert Laffont, 1991.

Morineau, Michel, "Budgets de l'Etat et gestion des finances royales en France au dix-huitième siècle," *Revue Historique*, T. 264, Fasc. 2 (536) (octobre-décembre 1980), pp. 289 - 336.

Morris Slavin, *The Hebertistes to the Guillotine: Anatomy of a "Conspiracy" in Revolutionary France*, Baton Rouge: Louisiana State University Press, 1994.

Mousnier, Roland, *La plume, la faucille et le marteau: institutions et société en France du moyen Age à la révolution*, Paris: PUF, 1970.

Mousnier, Roland, *Le conseil du roi de Louis XII à la Révolution*, Paris: PUF, 1970.

Mousnier, Roland, *Les institutions de la France sous la monarchie absolue*, 2 tomes, Paris: PUF, 1980.

Mowat, Robert Balmain, *The Diplomacy of Napoleon*, New York: Russell & Russell, 1971.

附 录

Muir, Rory, *Tactics and the Experience of Battle in the Age of Napoleon*, New Haven, Conn. : Yale University Press, 1998.

Muret, Pierre, "Une conception nouvelle de la politique étrangère de Napoléon," *Revue d'histoire moderne et contemporaine*, Tome 18, N° 3, 1913, pp. 177 - 200, Tome 18, N°5, 1913, pp. 353 - 380.

Murphy James & Patrice Higonnet, "Les députés de la noblesse aux États généraux de 1789," *Revue d'Histoire Moderne & Contemporaine*, 1973, Vol. 20, No. 2, pp. 230 - 247.

Murphy, A. E. , *John Law: Economic Theorist and Policy-Maker*, Oxford: Clarendon Press, 1997.

Nicolas, Jean, *La rébellion française 1661—1789*, Paris: Gallimard, 2008.

O'Brien, Patrick & Caglar Keyder, *Economic Growth in Britain and France, 1780—1914: Two Paths to the Twentieth Century*, London; Boston: G. Allen & Unwin, 1978.

O'Brien,Patrick, "Taxation in Britain and France, 1715—1810: A Comparison of the Social and Economic Incidence of Taxes Collected for the Central Governments," *Journal of European Economic History*, Vol. 5, No. 3 (January 1976), pp. 601 - 650.

Palmer, R. R. , *Twelve Who Ruled The Committee of Public Safety during the Terror*, N. , J:, Princeton University Press, 1969.

Palmer, Robert, *The Age of the Democratic Revolution: A Political History of Europe and America 1760—1800*, 2 vols, Princeton, New Jersey: Princeton University Press, 1959—1964.

Panagiatopoulos, Basile, "Les structures d'âge du personnel de l'Empire," *Revue d'Histoire Moderne & Contemporaine*, Vol. 17, No. 3, pp. 442 - 446.

Pares, Richard, *War and Trade in the West Indies, 1739—1763*, London: Frank Cass, 1963.

Perrot, Jean-Claude, *Une histoire intellectuelle de l'économie politique: XVIIe-XVIIIe siècle*, Paris: EHESS, 1992.

Pesenson, Michael A. , "Napoleon Bonaparte and Apocalyptic Discourse in Early Nineteenth-Century Russia," *The Russian Review*, Vol. 65, No. 3 (Jul. , 2006), pp. 373 - 392.

Philippson, Martin, "La paix d'Amiens et la politique générale de Napoléon Ier," *Revue Historique*, T. 75, Fasc. 2 (1901), pp. 286 - 318, T. 76, Fasc. 1 (1901), pp. 48 - 78.

Pigeard, Alain, "La conscription sous le Premier Empire," *Revue du Souvenir Napoléonien*, No, 420 (octobre-novembre 1998), pp. 3 - 20.

Planert, Ute ed. , *Napoleon's Empire: European Politics in Global*

641

Perspective, Basingstoke: Palgrave Macmillan, 2016.

Poland, Burdette, *French Protestantism and the French Revolution: Church and State, Thought and Religion, 1685—1815*, Princeton: Princeton University Press, 1957.

Popkin, Jeremy, "Not Over After All: The French Revolution's Third Century," *Journal of Modern History*, 2002, Vol. 74, No. 4 (December 2002), pp. 801 – 821.

Popkin, Jeremy, *Revolutionary News: The Press in France, 1789—1799*, Durham: Duke University Press, 1990.

Price, Munro, "The Court Nobility and the Origins of the French Revolution," in Hamish Scott and Prendan Simms (eds.), *Cultures of Power in Europe during the Long Eighteenth Century*, Cambridge: Cambridge University Press, 2007, pp. 269 – 288.

Price, Richard, *Richard Price and the Ethical Foundations of the American Revolution: Selections from his Pamphlets with Appendices*, Durham, N. C. : Duke University Press, 1979.

Pritchard, James, *Louis XV 's Navy, 1748—1762: A Study of Organization and Administration*, Kingston: McGill-Queen's University Press, 1987.

Rapport, Michael, "Belgium under French Occupation: Between Collaboration and Resistance, July 1794 to October 1795," *French History*, Vol. 16, No. 1 (March 2002), pp. 53 – 82.

Renouvin, Pierre, *Les assemblées provinciales de 1787: origines, développement, résultats*, Paris: A. Picard, 1921.

Richet, Denis, *La France Moderne: l'esprit des institutions*, Paris: Flammarion, 1973.

Riley, James, *The Seven Years War and the Old Regime in France: the Economic and Financial Toll*, Princeton, N. J. : Princeton University Press, 1986.

Roche, Daniel, *France in the Enlightenment*, Cambridge, Mass. : Harvard University Press, 2000.

Rosanvallon, Pierre, *Democracy Past and Future*, New York: Columbia University Press, 2006.

Rose, R. B. , *The Making of the Sans-Culottes Democratic Ideas and Institutions in Paris, 1789—1792*, Manchester: Manchester University Press, 1983.

Rothenberg, G. E. , *The Art of Warfare in the Age of Napoleon*, Bloomington: Indiana University Press, 1978.

Rothkrug, Lionel, *Opposition to Louis XVI : The Political and Social Origins of the French Enlightenment*, Prineton: Princeton Vniversity Press, 1965.

Rowlands, Guy, *The Dynastic State and the Army under Louis XIV: Royal*

Service and Private Interest 1661—1701, Oxford: Oxford University Press 2012.

Saint-Jacob, Pierre de, *Les paysans de la Bourgogne du nord au dernier siècle de l'ancien régime*, Dijon: Bernigaud et Privat, 1960.

Schmidt, K. R. , "The Treaty of Commerce between Great Britain and Russia 1766: A Study on the Development of count Panin's Northern System," *Journal Scando-Slavica*, Vol. 1, No. 1(1954), pp. 115 - 134.

Schneid, Frederick, *Napoleon's Conquest of Europe: the War of the Third Coalition*, Westport, Conn. ; Praeger, 2005.

Schroeder, P. W. , *The Transformation of European Politics*, *1763—1848*, Oxford: Clarendon Press, 1994.

Schweizer, Karl W. , *England, Prussia, and the Seven Years War: Studies in Alliance Policies and Diplomacy*, Lewiston, N. Y. ; E. Mellen Press, 1989.

Scott, S. F. , *The Response of the Royal Army to the French Revolution*, Oxford: Oxford University Press, 1978.

See, Henri, *Economic and Social Conditions in France during the Eighteenth Century*, translated by Edwin H. Zeydel, New York: Crofts, 1927.

Serna, Pierre, *La République des girouettes*, Paris: Champ Vallon, 2005.

Shackleton, Robert, *Essays on Montesquieu and on the Enlightenment*, edited by David Gilson and Martin Smith Oxford: Voltaire Foundation at the Taylor Institution, 1988.

Shennan, J. H. , "The Political Role of the Parlement of Paris under Cardinal Fleury," *The English Historical Review*, No. 320, 1966, pp. 520 - 542.

Shennan, J. H. , "The Political Role of the Parlement of Paris, 1715—1723," *The Historical Journal*, No. 2, 1965, pp. 179 - 200.

Shovlin, John, *The Political Economy of Virtue: Luxury, Patriotism and the Origins of the French Revolution*, Ithaca and London: Cornell University Press, 2006.

Slavin, Morris, *The Hebertistes to the Guillotine: Anatomy of a "Conspiracy" in Revolutionary France*, Baton Rouge: Louisiana State University Press, 1994.

Smith, Jay M. , "Social Categories, the Language of Patriotism, and the Origins of the French Revolution: The Debate over noblesse commerçante," *The Journal of Modern History*, No. 72, No. 2(June 2000), pp. 339 - 374.

Soboul, Albert, *France à la veille de la Révolution*, Paris: Centre De Documentation Universitaire, 1964.

Sonenscher, Michael, *Sans-Culottes: An Eighteenth-Century Emblem in the French Revolution*, Princeton, NJ: Princeton University Press, 2008.

Spang, Rebecca L. , *The Invention of the Restaurant: Paris and Modern Gastronomic Culture*, Cambridge, MA: Harvard University Press, 2000.

Spang, Rebecca, *Stuff and Money in the Time of the French Revolution*,

Cambridge, Massachusetts: Harvard University Press, 2015.

Stone, Daniel, "La Révolte Fédéraliste à Rennes," *Annales historiques de la Révolution française*, 43ᵉ Année, No. 205 (Juillet-Septembre 1971), pp. 367 – 387.

Sullerot, Creator, *Histoire de la presse féminine en France des origines à 1848*, préf. de Jacques Godechot, Paris: Colin, 1966.

Suratteau, Jean-Rene, "Les élections de l'an V aux Conseils du Directoire," *Annales historiques de la Révolution française*, 30ᵉ Année, No. 154 (Octobre-Décembre 1958), pp. 21 – 63.

Sutherland, D. N. G., *France 1789—1815: Revolution and Counterrevolution*, London: Fontana, 1985.

Sutherland, D. N. G., *The Chouans: The Social Origins of Popular Counter-Revolution in Upper Brittany 1770—1796*, Oxford: Clarendon Press, 1982.

Swann, Julian, "'Silence, respect obedience': political culture in Louis XV's France," in Hamish Scott, Brendan Simms (eds.), *Cultures of Power in Europe during the Long Eighteenth Century*, Cambridge, UK: Cambridge University Press, pp. 225 – 249.

Swann, Julian, "Parlements and political crisis in France under Louis XV: the Besançon affair, 1757—1761," *The Historical Journal*, Vol. 37, No. 4 (December 1994), pp. 803 – 828.

Swann, Julian, *Exile, Imprisonment, or Death: The Politics of Disgrace in Bourbon France, 1610—1789*, Oxford: Oxford University Press, 2017.

Swann, Julian, *Politics and the Parlement of Paris under Louis XV, 1754—1774*, New York, NY: Cambridge University Press, 1995.

Sydenham, M. J., *The Girondins*, London: University of London, 1961.

Szabo, Franz, *The Seven Years War in Europe 1756—1763*, London & New York: Routledge, 2013.

Tackett Timothy, *Becoming a Revolutionary: The Deputies of the French National Assembly and the Emergence of a Revolutionary Culture (1789—1790)*, New Jersey: Princeton University Press, 1996.

Tackett, Timothy, "Nobles and third Estate in the Revolutionary Dynamic of the National Assembly, 1789—1790," *American Historical Review*, Vol. 94, No. 2 (Apr., 1989), pp. 271 – 301.

Tackett, Timothy, *Religion, Revolution, and Regional Culture in Eighteenth-Century France: The Ecclesiastical Oath of 1791*, Princeton, N. J.: Princeton University Press, 1986.

Thibaudeau, Antoine Claire, *Mémoires sur le consulat, 1799 à 1804*, Paris: Ponthieu, 1827.

Thiveaud, Jean-Marie, "La Bourse de Paris et les compagnies financières entre marché primaire et marché à terme au XVIIIe siècle (1695—1794)," *Revue d'économie financière*, 1998, Vol. 47, pp. 21 – 46.

Thiveaud, Jean-Marie, " Lordre primordial de la dette: Petite histoire panoramique de la faillite, des origines à nos jours," *Revue d'économie financière*, No. 25, Droit et Finance (été 1993), pp. 67 – 106.

Thompson, J. M., *The French Revolution*, Oxford: Oxford University Press, 1945.

Tilly, Charles, "Civil Constitution and Counter-Revolution in Southern Anjou," *French Historical Studies*, Vol. 1, No. 2 (1959), pp. 172 – 199.

Tourneux, Maurice, *Procès-verbaux de la Commune de Paris*, Paris: au siège de la Société, 1894.

Toutain, Jean-Claude, *Le produit de l'agriculture française de 1700 a 1958*, Paris: ISEA, 1961.

Tréca, George, *Les Doctrines et les réformes de droit public en réaction contre l'absolutisme de Louis XIV dans l'entourage du duc de Bourgogne*, Libraire de la Société du recueil général des lois & des arrêts & du Journal du palais, 1909.

Tulard, Jean, *Joseph Fouché*, Paris: Fayard, 1998.

Van Kley, Dale ed., *The French Idea of Freedom: The Old Regime and the Declaration of Rights of 1789*, Stanford, Calif. ; Stanford University Press, 1994.

Van Kley, Dale K, "New Wine in Old Wineskins: Continuity and Rupture in the Pamphlet Debate of the French Prerevolution, 1787—1789," *French Historical Studies*, Vol. 17, No. 2 (Autumn, 1991), pp. 447 – 465.

Van Kley, Dale K, *The Damiens affair and the Unraveling of the Ancien Régime, 1750—1770*, Princeton, N. J. ; Princeton University Press, 1984.

Van Kley, Dale K, *The Jansenists and the Expulsion of the Jesuits from France, 1757—1765*, New Haven and London: Yale University Press, 1975.

Van Kley, Dale K, *The Religious Origins of the French Revolution: from Calvin to the Civil Constitution, 1560—1791*, New Haven and London: Yale University Press, 1996.

Vaucher, Paul, *Robert Walpole et la politique de Fleury*, Paris: Plon-Nourrit, 1924.

Vergé-Franceschi, Michel, *La Marine française au xviiie siècle: guerres, administration, exploration*, Paris: SEDES, 1996.

Viguerie, Jean de, *Histoire et dictionnaire du temps des Lumières 1715—1789*, Paris: Robert Laffont, 1995.

Vidal Daniel, *Miracles et convulsions jansénistes au XVIIIe siècle: le mal et sa connaissance*, Paris: PUF, 1987.

Voltaire, *Dictionnaire philosophique*, *Œuvres de Voltaice*, Tome 35, Oxford:

Voltaire Foundation, 1994—1995.

Voltaire, *Lettres philosophiques*, édition critique avec une introduction et un commentaire par Gustave Lanson, 2 tomes, Paris: Librairie Hachette, 1915.

Vovelle,Michel, *La chute de la monarchie*, *1787—1792*, Paris: Seuil, 1972.

Vovelle, Michel, *Les sans-culottes marseillais: Le mouvement sectionnaire du jacobinisme au fédéralisme*, *1791—1793*, Provence: Presses de Université de Provence, 1995.

Weber,Caroline, *Queen of Fashion: What Marie Antoinette Wore to the Revolution*, New York and Company: Henry holt and Company, LLC. , 2006.

Weulersse, Georges, *Le Mouvement physiocratique en France (de 1756 a 1770)*, 2 tomes, Paris: F. Alcan, 1910.

Whaley, Leigh, *Radicals: Politics and Republicanism in the French Revolution*, Stroud: Sutton, 2000.

Whatmore, Richard, *Republicanism and the French Revolution: An Intellectual History of Jean-Baptiste Say's Political Economy*, Oxford; New York: Oxford University Press, 2000.

White, E. N. , "Was There a Solution to the Ancien Régime's Financial Dilemma?," *The Journal of Economic History*, Vol. 49, No. 3 (Sep. , 1989), pp. 545–568.

White, Eugene Nelson, "Was There a Solution to the Ancien Régime's Financial Dilemma?," *The Journal of Economic History*, Vol. 39, No. 3 (Sep. , 1989), pp. 545–568.

Wilson, Arthur McCandless, *French Foreign Policy during the Administration of Cardinal Fleury*, *1726—1743: A Study in Diplomacy and Commercial Development*, Cambridge: Harvard University Press, 1936.

Woloch, Isser, *Jacobin Legacy: The Democratic Movement Under the Directory*, New Haven: Princeton University Press, 1970.

Woloch, Isser, *Napoleon and His Collaborators: the Making of a Dictatorship*. New York: W. W. Norton, 2001.

Woronoff, Denis, The *Thermidorean regime and the Directoire 1794—1799*, translated by Julian Jackson, Cambridge: Cambridge University Press, 1984.

Wrigley, E. A. "BritishPopulation during the 'Long' Eighteenth century, 1680—1840," In *The Cambridge Economic History of Modern Britain*, vol. 1 Industrialisation, 1700—1860, edited by Paul Johnson & Floud, Roderick, Cambridge: Cambridge University Press, 2004, pp. 57–95.

Young, Arthur, *Travels in France during the Years 1787*, *1788 and 1789*, edited by Constantia Maxwell, Cambridge: The University Press, 1929.

中文著作与论文(含译著)

阿兰·科尔班:《大地的钟声:19 世纪法国乡村的音响状况和感官文化》,王斌译,桂林:广西师范大学出版社,2003 年。

爱德蒙·柏克:《法国革命论》,何兆武、彭刚译,北京:商务印书馆,2010 年。

安博远:《低地国家史》,王宏波译,北京:中国大百科全书出版社,2013 年。

彼得·盖伊:《启蒙运动》,2 卷,刘北成等译,上海:上海人民出版社,2015—2016 年。

彼得·迈克菲:《姐妹共和国?——比较视野下的美国革命和法国大革命》,黄艳红译,《世界历史》2016 年第 4 期。

布朗伯利编:《新编剑桥世界近代史》,第 6 卷,中国社会科学院世界历史研究所译,北京:中国社会科学出版社,2008 年。

陈文海:《法国史》,北京:人民出版社,2004 年。

崇明:《论十七世纪法国冉森派的神学和政治》,《浙江学刊》2013 年第 2 期。

达朗贝尔:《启蒙运动的纲领》,徐前进译,上海:上海人民出版社,2020 年。

达尼埃尔·莫尔内:《法国革命的思想起源》,黄艳红译,上海:上海三联书店,2011 年。

丹尼尔·罗什:《平常事情的历史》,吴鼐译,天津:百花文艺出版社,2005 年。

丹尼尔·罗什:《启蒙运动中的法国》,杨亚平等译,上海:华东师范大学出版社,2010 年。

端木正主编:《法国大革命史词典》,广州:中山大学出版社,1989 年。

蒂莫西·布莱宁:《追逐荣耀:1648—1815》,吴畋译,北京:中信出版集团,2015 年。

恩内斯特·康托洛维茨:《国王的两个身体:中世纪政治神学研究》,徐震宇译,上海:华东师范大学出版社,2018 年。

费伦茨·费赫尔编:《法国大革命与现代性的诞生》,罗跃军译,哈尔滨:黑龙江大学出版社,2010 年。

弗朗索瓦·弗雷:《思考法国大革命》,孟明译,北京:生活·读书·新知三联书店,2005 年。

弗朗索瓦·米涅:《法国革命史》,北京编译社译,北京:商务印书馆,1977 年。

伏尔泰:《路易十四时代》,吴模信等译,北京:商务印书馆,2018 年。

高毅:《"托克维尔悖论"评析》,《世界历史》2013 年第 5 期。

高毅:《法兰西风格》,北京:北京师范大学出版社,2013 年。

古德温编:《新编剑桥世界近代史》,第 8 卷,中国社会科学院世界历史研究所译,北京:中国社会科学出版社,1999 年。

郭华榕:《法国政治制度史》,北京:人民出版社,2005 年。

郭华榕:《法国政治思想史》,北京:人民出版社,2010 年。

亨利·皮雷纳:《中世纪的城市》,陈国樑译,北京:商务印书馆,2013 年。

洪庆明:《莫普改革与法国旧制度末年的政治文化转变》,《史林》2008 年第 3 期。

洪庆明:《试析 18 世纪法国"公众舆论"的演生与政治文化转变》,《史林》2010 年第 4 期。

洪庆明:《从社会史到文化史:十八世纪法国书籍与社会研究》,《历史研究》2011 年第 1 期。

洪庆明:《达米安事件的舆论建构与 18 世纪中期法国的思想气候》,《史学集刊》2014 年第 6 期。

黄艳红:《试析法国旧制度末年的教会免税特权》,《世界历史》2009 年第 2 期。

黄艳红:《法国旧制度末期的税收、特权和政治》,北京:社会科学文献出版社,2016 年。

黄艳红:《在公共与私人之间:法国旧制度时代的包税制度初探》,《史林》2011 年第 3 期。

黄艳红:《钱与权:制度史视角下法国旧制度时代的职位买卖》,《史林》2015 年第 5 期。

黄艳红:《近代法国莱茵河"自然疆界"话语的流变(1450—1792)》,《历史研究》2016 年第 4 期。

黄艳红:《法国大革命时期古典形象的演变》,《历史研究》2022 年第 2 期。

杰弗里·埃利斯:《拿破仑帝国》,陈西帆译,北京:北京大学出版社,2012 年。

卡尔·贝克尔:《18 世纪哲学家的天城》,何兆武译,北京:生活·读书·新知三联书店,2001 年。

科林·琼斯:《剑桥插图法国史》,杨保筠译,北京:世界知识出版社,2004 年。

克劳利编:《新编剑桥世界近代史》,第 9 卷,中国社会科学院世界历史研究所译,北京:中国社会科学出版社,1999 年。

克鲁泡特金:《法国大革命史》,杨人梗译,上海:华东师范大学出版社,2006 年。

孔多塞:《人类精神进步史表纲要》,何兆武等译,北京:生活·读书·新知三联书店,2003 年。

乐启良:《现代法国公法的诞生:西耶斯政治思想研究》,杭州:浙江大学出版社,2017 年。

雷吉娜·佩尔努:《法国资产阶级史》,2 册,康新文等译,上海:上海译文出版社,1991 年。

李剑鸣:《从跨国史视野重新审视美国革命》,《史学月刊》2021 年第 3 期。

李宏图:《欧洲近代政治思想史论》,天津:天津人民出版社,2012 年。

林·亨特:《法国大革命时期的家庭罗曼史》,郑明萱、陈瑛译,北京:商务印书馆,2008 年。

林赛编:《新编剑桥世界近代史》,第 7 卷,中国社会科学院世界历史研究所译,北京:中国社会科学出版社,1999 年。

刘大明:《"民族再生"的期望:法国大革命时期的公民教育》,北京:中国社会科学出版社,2005 年。

刘大明:《巴士底狱的传说与真相:专制主义象征的建构过程》,《世界历史》2013年第 5 期。

刘大明:《法国大革命 1792 年宣战动因析论》,《世界历史》2008 年第 2 期。

刘文立:《法国革命前后的左右翼》,广州:中山大学出版社,2010 年。

罗伯特·达恩顿:《催眠术与法国启蒙运动的终结》,周小进译,上海:华东师范大学出版社,2010 年。

罗伯特·达恩顿:《启蒙运动的生意:〈百科全书〉出版史(1775—1800)》,顾杭、叶桐译,北京:生活·读书·新知三联书店,2005 年。

罗杰·夏蒂埃:《法国大革命的文化起源》,洪庆明译,南京:译林出版社,2015 年。

罗伊·波特编:《剑桥科学史》,第 6 卷,方在庆译,洛阳:大象出版社,2010 年。

吕一民:《法国通史》,上海:上海社会科学院出版社,2012 年。

马克·布洛赫:《国王神迹:英法王权所谓超自然性研究》,张绪山译,北京:商务印书馆,2018 年。

米歇尔·福柯:《规训与惩罚》,刘北成、杨远婴译,北京:生活·读书·新知三联书店,2013 年。

莫娜·奥祖夫:《革命节日》,刘北成译,北京:商务印书馆,2012 年。

帕特里斯·格尼费:《帝国之路:1769—1802》,王雨涵等译,北京:九州出版社,2020 年。

潘戈:《孟德斯鸠的自由主义哲学:〈论法的精神〉疏证》,胡兴建、郑凡译,黄涛校,北京:华夏出版社,2016 年。

庞冠群:《冉森派与 18 世纪法国的政治》,载北京大学历史学系编《北大史学》11,北京:北京大学出版社,2005 年。

庞冠群:《从绝对主义理论看法国旧制度末年君主制改革的困境》,《浙江学刊》2008 年第 6 期。

庞冠群、顾杭:《"见贤思齐、臻于至善:18 世纪法国社会中富含美德的竞争观念》,《史学集刊》2013 年第 1 期。

庞冠群:《社会分裂抑或融合?:重审托克维尔的旧制度研究》,《浙江学刊》2014年第 2 期。

庞冠群、顾杭:《马克思主义影响下的法国拉布鲁斯史学探析》,《史学史研究》2015 年第 1 期。

庞冠群:《全球史与跨国史:法国革命研究的新动向》,《史学理论研究》2017 年第 1 期。

庞冠群:《法国绝对君主制下的司法界买官制问题再探讨》,《求是学刊》2018 年第 1 期。

庞冠群:《司法与王权:法国绝对君主制下的高等法院》,北京:人民出版社,2020 年。

皮埃尔·罗桑瓦龙:《公民的加冕礼:法国普选史》,吕一民译,上海:上海人民出版社,2005 年。

皮埃尔·米盖尔:《法国史》,桂裕芳等译,北京:中国社会科学出版社,2010 年。

乔治·杜比编:《法国史》,吕一民、沈坚、黄艳红译,北京:商务印书馆,2010 年。

乔治·勒费弗尔:《1789 年大恐慌:法国大革命前夜的谣言、恐慌和反叛》,周思成译,太原:山西人民出版社,2019 年。

乔治·勒费弗尔:《拿破仑时代》,2 卷,河北师大外语系《拿破仑时代》翻译组翻译,北京:商务印书馆,1995—1997 年。

乔治·勒费弗尔:《法国大革命的降临》,洪庆明译,上海:格致出版社,2010 年。

乔治·勒费弗尔:《法国革命史》,顾良、孟湄、张慧君译,北京:商务印书馆,2010 年。

让·马蒂耶:《法国史》,郑德弟译,上海:上海译文出版社,2002 年。

让-皮埃尔·里乌、让-弗朗索瓦·西里:《法国文化史》,4 卷,杨剑等译,上海:华东师范大学出版社,2006 年。

热拉尔·瓦尔特:《罗伯斯庇尔传》,姜靖藩等译,北京:商务印书馆,1983 年;吕一民等译,北京:商务印书馆,2017 年。

若兹·库贝洛:《流浪的历史》,曹丹红译,桂林:广西师范大学出版社,2005 年。

沈坚:《当代法国》,贵阳:贵州人民出版社,2000 年。

石芳:《警察日志中的伏尔泰与启蒙运动》,《世界历史》2017 年第 5 期。

苏珊·邓恩:《姊妹革命:美国革命与法国革命启示录》,杨小刚译,上海:上海文艺出版社,2003 年。

索布尔:《法国大革命史》,高毅等译,北京:中国社会科学出版社,1999 年。

汤晓燕:《法国旧制度晚期奢侈论争中的等级、性别与政治》,《世界历史》2015 年第 6 期。

汤晓燕:《"绝美女人"服饰与"热月"之后的法国社会》,《史林》2016 年第 4 期。

汤晓燕:《16—17 世纪法国女性摄政与君主制的发展》,《史学集刊》2017 年第 2 期。

汤晓燕:《十八世纪法国思想界关于法兰克时期政体的论战》,《中国社会科学》2018 年第 4 期。

汤晓燕:《法国大革命图像史研究的兴起、趋势及存在的问题》,《史学理论研究》2020 年第 4 期。

汤晓燕:《革命与霓裳:大革命时代法国女性服饰中的文化与政治》,杭州:浙江大学出版社,2016 年。

汤晓燕,《革命与图像:法国大革命时代的图像与政治文化》,北京:人民出版社,2023 年。

托克维尔:《旧制度与大革命》,冯棠译,北京:商务印书馆,1996 年。

王晓德:《"雷纳尔之问"与美洲"发现"及其后果之争》,《世界历史》2018 年第 5 期。

王晓德:《雷纳尔美洲退化思想与启蒙时代欧洲的他者想象》,《历史研究》2019

年第 5 期。

王养冲、陈崇武编:《罗伯斯庇尔选集》,上海:华东师范出版社,1989 年。

王养冲、王令愉:《法国大革命史》,上海:上海东方出版中心,2007 年。

威廉·多伊尔:《何谓旧制度》,熊芳芳译,北京:北京大学出版社,2013 年。

威廉·多伊尔:《牛津法国大革命史》,张弛、黄艳红、刘景迪译,北京:北京师范大学出版社,2015 年。

威廉·多伊尔:《法国大革命的起源》,张弛译,上海:上海人民出版社,2009 年。

熊芳芳:《近代早期法国的村庄共同体与村民自治》,《世界历史》2010 年第 1 期。

熊芳芳:《从"领地国家"到"税收国家":中世纪晚期法国君主征税权的确立》,《世界历史》2015 年第 4 期。

熊芳芳:《新财政史视域下法兰西近代国家形成问题述评》,《历史研究》2018 年第 3 期。

熊芳芳:《再论法国大革命的财政起源》,《史学月刊》2018 年第 11 期。

徐前进:《卢梭的病:医学与史学的综合解读》,《历史研究》2013 年第 5 期。

徐前进:《一七六六年的卢梭:论制度与人的变形》,北京:北京师范大学出版社,2017 年。

杨人楩:《圣鞠斯特》,北京:生活·读书·新知三联书店,1957 年。

詹娜:《近代早期法国贵族附庸关系初探》,《史学集刊》2012 年第 2 期。

张弛:《法国革命恐怖统治的降临(1792 年 6 月—9 月)》,杭州:浙江大学出版社,2014 年。

张弛、吕一民:《法国革命时期的财产观念、政治权利与资产阶级的自我认同》,《史学集刊》2015 年第 1 期。

张弛:《法国革命时期中央集权体制的废弃与重建》,《历史研究》2015 年第 6 期。

张弛:《〈法国古今政府论〉析义:兼论 18 世纪法国政治激进主义的起源》,《浙江大学学报·人文社科版》2018 年第 5 期。

张弛:《法国绝对君主制研究路径及其转向》,《历史研究》2018 年第 4 期。

张芝联编:《法国通史》,北京:北京大学出版社,2009 年。

四、索　引